Linda Giesel
NS-Vergleiche und NS-Metaphern

Linguistik –
Impulse & Tendenzen

―
Herausgegeben von
Susanne Günthner, Klaus-Peter Konerding,
Wolf-Andreas Liebert und Thorsten Roelcke

Band 84

Linda Giesel

NS-Vergleiche und NS-Metaphern

Korpuslinguistische Perspektiven auf konzeptuelle, strukturelle und funktionale Charakteristika

DE GRUYTER

Publiziert mit freundlicher Unterstützung der Axel Springer Stiftung und der Stiftung Zeitlehren.

ISBN 978-3-11-076603-5
e-ISBN (PDF) 978-3-11-064844-7
e-ISBN (EPUB) 978-3-11-064524-8
ISSN 1612-8702

Library of Congress Control Number: 2019938426

Bibliografische Information der Deutschen Nationalbibliothek
Die Deutsche Nationalbibliothek verzeichnet diese Publikation in der Deutschen Nationalbibliografie; detaillierte bibliografische Daten sind im Internet über http://dnb.dnb.de abrufbar.

© 2021 Walter de Gruyter GmbH, Berlin/Boston
Dieser Band ist text- und seitenidentisch mit der 2019 erschienenen gebundenen Ausgabe.
Einbandabbildung: Marcus Lindström/istockphoto
Satz: Meta Systems Publishing & Printservices GmbH, Wustermark
Druck und Bindung: CPI books GmbH, Leck

www.degruyter.com

—
Für Merlin

Inhalt

Danksagung —— XIII

Tabellen- und Abbildungsverzeichnis —— XV

    Tabellen —— XV
    Abbildungen —— XV

1 Einleitung —— 1

1.1   Einführung in die Thematik —— 1
1.2   Erkenntnisinteresse und Forschungsfragen —— 3
1.3   Konzeption der Arbeit —— 5
1.4   Forschungsüberblick —— 8
1.5   Hinweise zu Schreibkonventionen —— 11

2 Vergleiche und Metaphern —— 14

2.1   Vergleiche – Theoretische und terminologische Grundlagen —— 14
2.1.1 Funktion von Vergleichen —— 15
2.1.2 Struktur von Vergleichen —— 15
2.1.3 Adjektive und Komparation —— 17
2.1.4 Analogiebeziehungen in Vergleichen —— 19
2.1.5 Homogene und heterogene Vergleiche —— 20
2.2   Vergleichsarten und Vergleichsstrukturen —— 22
2.2.1 Modalitätsvergleiche —— 22
2.2.2 Komparativvergleiche —— 24
2.2.3 Superlativvergleiche —— 26
2.3   Makrostrukturelle Vergleiche im Text und lexikalische Vergleichsindikatoren —— 28
2.3.1 Modalitätsvergleiche auf der Textebene —— 28
2.3.2 Komparativkonstruktionen —— 32
2.3.3 Superlativkonstruktionen —— 34
2.4   Metaphern – Theoretische und terminologische Grundlagen —— 36
2.4.1 Metapherntheorien —— 36
2.4.2 Kommunikative Funktionen von Metaphern —— 41
2.4.3 Arten von Metaphern —— 42

2.5	Zum Verhältnis von Metaphern und Vergleichen —— 45
2.6	Zusammenfassung —— 48
3	**NS-Vergleiche und NS-Metaphern im öffentlichen Kommunikationsraum —— 50**
3.1	NS-Vergleiche und NS-Metaphern – Definitorische Grundlagen und Abgrenzung zu historisch-kritischen Vergleichen —— 51
3.2	Sprachliche Realisierung und Struktur von NS-Vergleichen —— 57
3.2.1	Vergleichsarten und Struktur —— 57
3.2.2	Referenziell unterspezifizierte Vergleichsbestandteile —— 59
3.3	NS-Metaphern und Nazi-Komposita —— 66
3.3.1	NS-Metaphern – *Hitler* und *Holocaust* als metaphorische Ausdrücke —— 66
3.3.2	Nazi-Komposita als okkasionelle Wortbildungen – *Feminazis*, *Grammatiknazis* und *Musiknazis* —— 72
3.4	Kommunikative Funktionen und Wirkungen von NS-Vergleichen und NS-Metaphern —— 78
3.4.1	Sprechakttheoretische Aspekte —— 80
3.4.1.1	Zur Illokution – direkte und indirekte Sprechakte —— 80
3.4.1.1.1	Kommunikationssituation – Produzent*innen, Adressat*innen und Rezipient*innen —— 85
3.4.1.1.2	Ausdruck von Emotion – E-Implikaturen und indirekte expressive Sprechakte —— 86
3.4.1.2	Zur Perlokution – Persuasion und Emotionalisierung —— 92
3.4.2	Ausgewählte kommunikative Funktionen und Wirkungen —— 96
3.4.2.1	Diffamieren und Aufmerksamkeit erzeugen —— 96
3.4.2.2	Geschichtsrevisionismus – Zum Kompositum *Bomben-Holocaust* —— 101
3.4.2.3	Satire, Polemik und Unterhaltung —— 107
3.4.3	Reaktionen im öffentlichen Kommunikationsraum – Wahrnehmung, Sanktionen und langfristige Effekte —— 114
3.5	Historischer Überblick und Diskurs zu NS-Vergleichen und NS-Metaphern in Deutschland und international —— 120
3.6	NS-Vergleiche und NS-Metaphern als Phänomen des Antisemitismus —— 125
3.6.1	Antisemitismus – Entwicklungslinien und Terminologie —— 126
3.6.1.1	Kontinuitäten, Modifikationen und öffentliche Tabuisierung —— 126
3.6.1.2	Israel als Projektionsfläche für antisemitische Konzeptualisierungen —— 135

3.6.1.3	Sprache als Instrument zur Tradierung antisemitischer Konzeptualisierungen —— 141	
3.6.2	Antisemitische NS-Vergleiche und NS-Metaphern —— 145	
3.6.2.1	Sprachliche und graphische Realisierung —— 150	
3.6.2.2	Funktionen und Wirkungen —— 152	
3.7	Zusammenfassung —— 158	

4 Das E-Mail-Korpus – Methodik, Korpusdesign und quantitative Auswertungen —— 160

4.1	Korpuslinguistik als methodischer Zugang zur Untersuchung antisemitischer NS-Vergleiche und NS-Metaphern —— 160
4.2	Design und Dokumentation des Korpus zu antisemitischen NS-Vergleichen und NS-Metaphern —— 168
4.2.1	Beschaffenheit des Korpus und die Kommunikationsform der E-Mail —— 168
4.2.2	Dokumentation der Korpuserstellung und Codierung —— 173
4.3	Quantitative Auswertungen der E-Mails mit NS-Vergleichen und NS-Metaphern —— 178
4.3.1	E-Mails mit NS-Vergleichen und NS-Metaphern in Abhängigkeit von der Empfängerinstitution —— 179
4.3.2	E-Mails mit NS-Vergleichen und NS-Metaphern im Zusammenhang mit militärischen Auseinandersetzungen im Nahostkonflikt —— 183
4.3.3	Soziodemographische Merkmale der Verfasser*innen —— 189
4.4	Zusammenfassung —— 191

5 Zur Analyse und Auswertung antisemitischer NS-Vergleiche und NS-Metaphern im E-Mail-Korpus —— 194

5.1	Sprachliche Realisierung antisemitischer NS-Vergleiche und NS-Metaphern —— 196
5.1.1	Vergleichsarten und Struktur von antisemitischen NS-Vergleichen —— 199
5.1.1.1	Modalitätsvergleiche —— 200
5.1.1.2	Komparativvergleiche —— 202
5.1.1.3	Superlativvergleiche —— 205
5.1.2	Lexikalische Vergleichsindikatoren in antisemitischen NS-Vergleichen —— 208
5.1.2.1	Vergleichsbezeichnende Lexeme —— 210

5.1.2.2	Negation – *kein Unterschied, nichts anderes* und *nicht besser* —— 213
5.1.2.3	Fokuspartikeln – *auch* und *sogar* —— 215
5.1.2.4	Temporaldeiktische Ausdrücke – *damals* und *heute* —— 218
5.1.2.5	Iterativa – *wieder* und *wiederholen* —— 219
5.1.2.6	*Nachfolger* und *Renaissance NS-Deutschlands* —— 221
5.1.2.7	Verweis auf kollektives Wissen – *Erinnerungen wecken* —— 224
5.1.2.8	Explizite Täter*innen-Opfer-Umkehr – *Vom Opfer zum Täter werden* —— 227
5.1.3	NS-Vokabular als Ausdruck von Anspielungen und als Bestandteil von NS-Vergleichen und NS-Metaphern —— 230
5.1.4	Antisemitische NS-Metaphern —— 237
5.2	Konstituenten der antisemitischen NS-Vergleiche und NS-Metaphern – Akteure, Sachverhalte und Ereignisse —— 245
5.2.1	Referenz auf NS-Deutschland und das NS-Regime —— 248
5.2.2	Referenz auf Nazis —— 252
5.2.3	Referenz auf Hitler —— 255
5.2.4	Referenz auf NS-Funktionäre —— 260
5.2.5	Referenz auf NS-Organisationen – Wehrmacht und SS —— 264
5.2.6	Referenz auf Konzentrationslager —— 267
5.2.7	Referenz auf das Warschauer Ghetto —— 271
5.2.8	Referenz auf die Shoah —— 273
5.2.9	Referenziell unterspezifizierte Konstituenten —— 276
5.3	Antisemitische Stereotype in NS-Vergleichen und NS-Metaphern —— 281
5.3.1	‚Israel als Mörder' sowie ‚aggressiver Unrechts- und Unterdrückerstaat' —— 283
5.3.2	‚Juden*Jüdinnen und Israelis haben nichts aus der Shoah gelernt' —— 287
5.3.3	‚Holocaustausbeutung – Juden*Jüdinnen und Israelis ziehen Vorteile aus der Shoah' —— 290
5.3.4	‚Juden*Jüdinnen und Israel sind schuld am Antisemitismus' —— 294
5.4	Zusammenfassung —— 298

6	**Resümee und Ausblick —— 302**
6.1	Zusammenfassung der Ergebnisse —— **302**
6.2	Ausblick und Forschungsdesiderata im Zusammenhang mit den durchgeführten Analysen —— **312**

Quellen- und Literaturverzeichnis —— 317

Quellen —— **317**
Nummerierte Beispiele —— **317**
Beispiele im Fließtext —— **320**
Forschungsliteratur —— **322**
Korpora und Tools —— **336**

Anhang —— 337

Register —— 351

Danksagung

Bei der vorliegenden Untersuchung handelt es sich um eine leicht überarbeitete Version meiner Dissertation, die im Herbst 2017 von der Fakultät für Geistes- und Bildungswissenschaften der Technischen Universität Berlin angenommen wurde.

Mein herzlicher Dank gilt Frau Prof. Monika Schwarz-Friesel für die Inspiration und die wissenschaftliche sowie persönliche Betreuung bei der Erstellung dieser Arbeit. Ich danke ihr und Herrn Prof. em. Evyatar Friesel außerdem sehr für die Bereitstellung des Datenmaterials, die E-Mails an den Zentralrat der Juden in Deutschland und an die Botschaft des Staates Israel in Berlin. Ohne diese Unterstützung wäre die Korpusstudie nicht realisierbar gewesen. Frau Prof. Heidrun Kämper möchte ich ebenfalls sehr für die freundliche und kompetente Unterstützung und die Bestärkung zur Bearbeitung dieses Forschungsthemas danken.

Für wertvolle Diskussionen, Denkanstöße und Anmerkungen zu den einzelnen Kapiteln gilt mein besonderer Dank Hagen Troschke, der damit einen großen Beitrag zum Vollenden dieser Arbeit geleistet hat. Bei Dr. Matthias Jakob Becker und Dr. Simon Meier bedanke ich mich für theoretische und methodische Ratschläge sowie für Ideen und Hinweise in den verschiedenen Stadien der Dissertation.

Ebenso danke ich Daniel Gietz und Stefan Diezmann des De Gruyter Verlags für die ausgezeichnete Zusammenarbeit und die professionelle Realisierung der Veröffentlichung. Bei den Herausgeber*innen von *Linguistik – Impulse & Tendenzen* bedanke ich mich für die Aufnahme in ihre Reihe. Durch großzügige Zuwendungen der Axel Springer Stiftung und der Stiftung Zeitlehren konnte diese Arbeit publiziert werden. Ihnen möchte ich herzlich für die Druckkostenzuschüsse danken.

Ein großer Dank für die liebevolle Unterstützung gilt Albina Töws, die mir nicht nur als exzellente Lektorin stets hilfsbereit zur Seite stand, sondern mich auch durch ihre tiefe Freundschaft außerordentlich bestärkt. Für den wunderbaren Beistand in jeder Phase der Promotion und die unendlich wertvolle Freundschaft über viele Jahre bin ich ebenfalls Laura Jackholt, Kirsten Dierolf, Wiebke Schneider, Elisabeth Zinser und Gisa Meißner sehr dankbar.

Meinen tiefen Dank möchte ich insbesondere meiner Familie aussprechen, durch deren Rückhalt und persönliche Stärkung diese Arbeit erst ermöglicht wurde: meinen Eltern Martina und Klaus Giesel, meinen Großeltern Inge und Werner Müller, Emmi und Hans Giesel sowie meiner Schwester (und Freundin) Anne Giesel. Dieser Dank gilt auch meiner zweiten Familie: Astrid Grüneberg, Max Schönke und Lavinia Grüneberg. Für seine unerschütterliche Geduld als Leser und Ratgeber, für jede Ermutigung und seine Liebe danke ich von ganzem Herzen Merlin Schönke.

Tabellen- und Abbildungsverzeichnis

Tabellen

Tabelle 4.1	Kontingenztafel, Gegenüberstellung der Häufigkeitsverteilungen der Anzahl der E-Mails mit und ohne NS-V/M in Bezug auf die uV (Institution: IBD vs. ZdJ) —— 181	
Tabelle 4.2	χ^2 nach Pearson —— 182	
Tabelle 4.3	Phi und Cramers V —— 182	
Tabelle 4.4	Kontingenztafel, Gegenüberstellung der Häufigkeitsverteilungen der aV (Anzahl der E-Mails mit und ohne NS-V/M) in Bezug auf die uV (Zeitraum: Konfliktzeitraum vs. kein Konfliktzeitraum) —— 187	
Tabelle 4.5	χ^2 nach Pearson —— 188	
Tabelle 4.6	Phi und Cramers V —— 188	
Tabelle 4.7	Auflistung der Verteilung soziodemografischer Merkmale der Verfasser*innen von E-Mails mit NS-V/M —— 190	
Tabelle 5.1	Absolute und relative Häufigkeitsverteilung von NS-V/M im Korpus nach Art der Realisierung —— 198	
Tabelle 5.2	Absolute und relative Häufigkeitsverteilung der sprachlichen Realisierungsformen von NS-V im Korpus —— 199	
Tabelle 5.3	Absolute und relative Häufigkeitsverteilung der lexikalischen Vergleichsindikatoren sowie des NS-Vokabulars —— 210	
Tabelle 5.4	Absolute und relative Häufigkeitsverteilung der NS-M nach konzeptuellem Ursprungsbereich —— 245	
Tabelle 5.5	Absolute und relative Häufigkeit der Komparationsbasen und konzeptuellen Ursprungsbereiche der NS-V/M —— 248	
Tabelle 5.6	Absolute und relative Häufigkeit der dominanten antisemitischen Stereotype in E-Mails mit NS-V/M —— 283	
Tabelle A1	Korpus: Anzahl der E-Mails —— 337	
Tabelle A2	Sprachliche Realisierung der NS-V/M —— 338	
Tabelle A3	Komparationsbasen und metaphorische Ursprungsbereiche der NS-V/M —— 339	
Tabelle A4	Komparanden und metaphorische Zielbereiche der NS-V/M —— 340	
Tabelle A5	Codesystem zur qualitativen Analyse der E-Mails mit NS-V/M† —— 341	

Abbildungen

Abbildung 4.1   Absolute Häufigkeitsverteilung der E-Mails mit und ohne NS-V/M an die IBD im gesamten Jahresverlauf (Konfliktzeiträume und keine Konfliktzeiträume inbegriffen) —— 186

Abbildung 4.2   Relative Häufigkeitsverteilung der E-Mails mit NS-V/M an die IBD im Verlauf der Jahre (Konfliktzeiten und keine Konfliktzeiten inbegriffen) —— 187

1 Einleitung

Worte können sein wie winzige Arsendosen:
sie werden unbemerkt verschluckt, sie scheinen keine Wirkung zu tun,
und nach einiger Zeit ist die Giftwirkung doch da.
Viktor Klemperer, LTI

1.1 Einführung in die Thematik

NS-Vergleiche und NS-Metaphern werden seit jeher in verschiedenen Auseinandersetzungen zum Einsatz gebracht, um Positionen von Kontrahent*innen öffentlichkeitswirksam zu skandalisieren und sie persönlich als hochgradig unmoralische Personen zu diffamieren. Dies zeigt sich insbesondere in politischen Debatten – hier sind NS-V/M[1] bereits seit der frühen Nachkriegszeit Teil einer kommunikativen Praxis, die von Politiker*innen jedweder Couleur genutzt wird (vgl. Stötzel 1989: 263 f., 1995b: 369 f.) und die bis heute eine außerordentliche Sprengkraft besitzt. Das wurde bspw. anhand der Äußerungen des türkischen Präsidenten, Recep Tayyip Erdoğan, im Frühjahr 2017 und der anschließenden öffentlichen Reaktionen deutlich. Die von der Bundesregierung erklärte Absage der geplanten Wahlkampfauftritte türkischer Politiker*innen in Deutschland erwiderte er mit dem Vorwurf, es würden „Nazi-Praktiken" angewendet (Die Zeit, 06.03.2017). Das erzeugte wiederum ein weitreichendes mediales Echo und zahlreiche Regierungs- wie auch Oppositionspolitiker*innen wiesen seine Anschuldigung zurück, indem sie diese als „deplatziert" und „absolut inakzeptabel" kritisierten (FAZ, 06.03.2017). Der hierauf folgende mediale und politische Schlagabtausch dauerte einige Wochen an und sorgte im Zusammenhang mit tiefgreifenden innen- und außenpolitischen Entwicklungen der Türkei für ein deutlich angespanntes Verhältnis beider Staaten.

Eitz/Stötzel (2009: 12) zufolge steigerte sich sowohl der Gebrauch als auch die Problematisierung von NS-V/M in den Jahren nach dem Kalten Krieg

> [...] zu einer schizophren anmutenden Kommunikationspraxis, in der die Entmaterialisierung der Geschichte durch Relativierung des ‚Einmaligen' zugleich massenhaft vollzogen und intensivst bekämpft wird. (ebd.)

---

[1] Um diese Äußerungen weniger umständlich zu benennen, werde ich im Fließtext dieser Arbeit die Abkürzung NS-V/M verwenden, wenn ich mich auf beide Ausprägungen der Analogiebildung beziehe. Wenn lediglich die Form des NS-Vergleichs thematisiert wird, kürze ich diesen im Fließtext mit NS-V ab und halte es hinsichtlich der Metapher, welche die Abkürzung NS-M erhält, ebenso. Zu Hinweisen bzgl. der Schreibkonventionen s. Kap. 1.5.

Die genauere Beschäftigung mit NS-V/M zeigt, dass diese Äußerungen nicht nur in politischen Konfliktsituationen, sondern auch im Rahmen gesellschaftspolitischer Debatten, satirischer Umsetzungen und anderen Diskurszusammenhängen gebraucht werden. Neben zahlreichen funktionalen Eigenschaften fallen NS-V/M zudem durch eine Vielzahl an sprachlichen Realisierungsmöglichkeiten auf. Es handelt sich hierbei um ein Phänomen, das es aus verschiedenen Perspektiven zu beleuchten gilt, um es in seiner Vielschichtigkeit und seinen Auswirkungen im Kommunikationsraum erfassen zu können. So nähere ich mich der Problematik über den Zugang sprachlicher und funktionaler Aspekte von Vergleichen und Metaphern allgemein. Basierend auf diesen Erkenntnissen charakterisiere ich NS-V/M nach verschiedenen Gesichtspunkten. Darauf aufbauend werden antisemitische NS-V/M als eine spezielle Ausprägung dieser Sprechhandlungen bestimmt, indem ihre Spezifika u. a. anhand einer korpuslinguistischen Analyse herausgearbeitet werden. Forschungsgegenstand dieser Arbeit sind demnach NS-V/M, die in unterschiedlichen Facetten sowohl im öffentlichen als auch, mit Blick auf die Korpusstudie, im nicht öffentlichen Kommunikationsraum verbalisiert werden.

Aus sprachwissenschaftlicher Sicht sind strukturelle und lexikalische Eigenschaften von NS-V/M interessant – auch ihre Erscheinung als explizite oder referenziell unterspezifizierte Äußerungen sowie funktionale Eigenschaften und die damit einhergehenden Wirkungen im öffentlichen Kommunikationsraum spielen hierbei eine besondere Rolle. Außerdem gewährt die Analyse Einblicke in die emotionale Involviertheit der Produzent*innen, die sie mit NS-V/M zum Ausdruck bringen (vgl. Schwarz-Friesel ^{2}2013: 197). Erkenntnisse über das historische Bewusstsein der Verfasser*innen, die Teil einer durch die NS-Geschichte geprägten Gesellschaft sind, können hiermit ebenfalls gewonnen werden. Diese Punkte beziehen sich ebenso auf die Rezeptionsgemeinschaft, an die solche Aussagen gerichtet sind und die unterschiedlich auf die geäußerten NS-V/M reagieren kann. Anknüpfend an diskursgrammatische Überlegungen, denen zufolge sprachliche „Formen und Konstruktionen als Indikatoren für gesellschaftlich geteiltes Wissen verstanden werden" (Warnke et al. 2014: 72), kann die Untersuchung jener Vergleiche und Metaphern Aufschlüsse über das kollektive und kulturelle Gedächtnis einer Sprachgemeinschaft und damit der Gesellschaft sowie deren Sprachsensibilität ermöglichen (vgl. dazu auch Stötzel 1989: 261 f.; Schwarz-Friesel/Reinharz 2013: 105).

Insbesondere NS-V/M, mit denen auf Juden*Jüdinnen und/oder Israel referiert wird, bilden in diesem Zusammenhang einen interessanten Untersuchungsgegenstand, da sie eine häufig gewählte antisemitische Manifestationsform nach 1945 darstellen, in der sich verschiedene Formen des Antisemitismus akkumulieren. So bietet eine Auseinandersetzung mit Äußerungen, wie „Israel verteidigt sich, so wie Hitler damals sich nur verteidigte" [IBD_12.07.2014],[2] wichtige Anhaltspunkte für Fragestellungen der Antisemitismusforschung. Die im Zuge des Dissertationsprojektes durchgeführte Korpusstudie, die sowohl von quantitativ als auch von qualitativ operationalisierten Fragestellungen geleitet ist (s. Kap. 1.2), zielt auf linguistische und kognitionswissenschaftliche Erkenntnisse ab und stellt eine methodische und inhaltliche Verknüpfung von Linguistik und Antisemitismusforschung dar. Im Rahmen dieser Untersuchung wurden mehr als 10.000 E-Mails ausgewertet, die bei der Botschaft des Staates Israel in Berlin (IBD) und beim Zentralrat der Juden in Deutschland (ZdJ) in den Jahren 2002 bis 2014 eingingen. Diese Texte wurden zum einen bzgl. des Vorhandenseins antisemitischer NS-V/M überprüft und zum anderen wurden all jene, die NS-V/M beinhalten, systematisch anhand struktureller, lexikalischer und konzeptueller Kriterien analysiert und ausgewertet. Die Untersuchung dieser Äußerungen schließt damit inhaltlich und in Bezug auf die Datengrundlage an die Studie von Schwarz-Friesel/Reinharz (2013) an, in der die Autor*innen zeigen, dass NS-V/M einen wichtigen Bestandteil des gegenwärtigen antisemitischen Diskurses darstellen (vgl. Schwarz-Friesel/Reinharz 2013: 26–32, 174 f.). Zudem führt die vorliegende Arbeit diesen Aspekt anhand einer dezidierten Auswertung dieser verbal-antisemitischen Manifestationsform mit Blick auf linguistische Charakteristika weiter.[3] Die hier bereits angedeuteten Ziele und Fragestellungen werden im nachfolgenden Abschnitt spezifiziert und in den dafür vorgesehenen Kapiteln genauer erläutert.

1.2 Erkenntnisinteresse und Forschungsfragen

Das Erkenntnisinteresse dieser Arbeit besteht in der Analyse linguistischer und kommunikativer Eigenschaften von NS-V/M sowie in der systematischen Untersuchung einer speziellen Ausprägung dieser Analogiebildungen: der antisemitischen NS-V/M. Ziel ist es, diesen Untersuchungsgegenstand aus verschiedenen Blickwinkeln zu betrachten sowie seine strukturellen, lexikalischen und konzeptuellen Spezifika herauszuarbeiten. Um NS-V/M umfassend linguistisch klassi-

---

[2] Dieses Beispiel stammt aus einer E-Mail, die anlässlich des Gaza-Konfliktes 2014 bei der Israelischen Botschaft einging und in der vorliegenden Korpusuntersuchung analysiert wurde. Zur Datengrundlage und der Bedeutung der Siglen s. Kap. 1.5 sowie ausführlich zum Korpusdesign 4.2.
[3] Schwarz-Friesel/Reinharz (2013) untersuchen sämtliche Formen der Zuschriften (Briefe, Faxe, Postkarten und E-Mails), die in den Jahren 2002 bis 2012 an den ZdJ und die IBD gesendet wurden. Zur Katalogisierung der Texte, dem Stichprobenumfang und der Analysekategorien ihrer Studie s. Schwarz-Friesel/Reinharz (2013 ebd.: 17 f., 28 f.).

fizieren zu können, werden zunächst grammatische Formen, verschiedene Realisierungen und funktionale Eigenschaften von Vergleichen und Metaphern aufgezeigt. Basierend auf den theoretischen Grundlagen sind anschließend die konkret auf NS-V/M bezogenen Fragestellungen zu bearbeiten. Vor dem Hintergrund unterschiedlicher Diskurszusammenhänge werden des Weiteren ausgewählte NS-V/M, die im öffentlichen Kommunikationsraum geäußert wurden, hinsichtlich ihrer funktionalen Charakteristika erfasst. Wesentliche Illokutionen dieser Sprechhandlungen werden zusammen mit entsprechenden Wirkungen und Reaktionen im öffentlichen Kommunikationsraum ermittelt sowie diskutiert. Die erste Forschungsfrage, der Kapitel 3 nachgeht, umfasst dementsprechend mehrere Gesichtspunkte:

1. Welche strukturellen, konzeptuellen und funktionalen Charakteristika weisen NS-V/M im öffentlichen Kommunikationsraum auf?

Neben der Analyse, welche die vielfältigen Ausprägungen und Verwendungsweisen fokussiert, wurde eine weitere Untersuchung durchgeführt, die demgegenüber eine systematische Korpusstudie umfasst. Deren Kern bilden NS-V/M, die als verbal-antisemitische Manifestationsform in Erscheinung treten. Die Klassifizierung dieser spezifischen Ausprägung der NS-V/M stellt den Abschluss des ersten Teilbereichs der vorliegenden Untersuchung dar. Folgende Fragestellung liegt den Betrachtungen in Kapitel 3.6 zugrunde:

2. Inwiefern unterscheiden sich NS-V/M, die auf jüdische und/oder israelische Entitäten referieren, von jenen, die andere Vergleichs- und Metaphernkonstituenten beinhalten hinsichtlich konzeptueller Spezifika sowie ihrer kommunikativen Funktion und Wirkung?

Während der erste Teil dieser Arbeit wesentliche kommunikative Funktionen und Realisierungsformen von NS-V/M aufdeckt, widmet sich der zweite Abschnitt der systematischen Analyse der Spezifika von NS-V/M, die typische Äußerungsmuster des antisemitischen Diskurses bilden. Hierzu wurde ein Korpus bestehend aus 10.235 E-Mails an die Botschaft des Staates Israel in Berlin (IBD) und an den Zentralrat der Juden in Deutschland (ZdJ) in den Jahren 2002 bis 2014 unter dem Aspekt des Vorhandenseins von antisemitischen NS-V/M untersucht (s. Kap. 4). Die quantitativ ausgerichtete Analyse in den Kapiteln 4.3.1 und 4.3.2 basiert auf folgenden Fragestellungen:

3. Besteht ein Zusammenhang zwischen den Häufigkeitsverteilungen der E-Mails mit NS-V/M und der jeweils adressierten Institution?
4. Gibt es einen Zusammenhang zwischen militärischen Auseinandersetzungen im israelisch-palästinensischen Konflikt und den Häufigkeitsverteilungen der E-Mails mit NS-V/M?

Diesen Betrachtungen liegen statistische Auswertungen der quantitativen Unterschiede zwischen den relativen Häufigkeitsverteilungen der E-Mails mit NS-V/M zugrunde: Zum einen in Bezug auf die Empfängerinstitutionen, der IBD und des ZdJ, und zum anderen hinsichtlich entsprechender Konfliktzeiträume, die von militärischen Auseinandersetzungen geprägt sind, in denen israelische Streitkräfte involviert waren. Dazu zählen militärische Konfrontationen mit der Hamas in den Jahren 2009, 2012 und 2014 sowie der Libanonkrieg gegen die Hisbollah im Jahre 2006.

Neben den quantitativen Auswertungen wurde im Rahmen der vorliegenden Arbeit auch die qualitative Analyse derjenigen Korpustexte durchgeführt, die NS-V/M enthalten. Kapitel 5 beinhaltet Ergebnisse der Korpusstudie, im Zuge der sämtliche E-Mails mit NS-V/M nach bestimmten Kriterien codiert wurden, die sich auf folgende Forschungsfragen beziehen:

5. Welche Vergleichs- und Metaphernstrukturen weisen die NS-V/M auf und welche lexikalischen Indikatoren zeigen die Analogiebildung an?
6. Welche konzeptuellen Spezifika in Form von Vergleichs- und Metaphernkonstituenten weisen antisemitische NS-V/M auf?

In Kapitel 5.1 und 5.2 wird in diesem Zusammenhang den beiden Fragen, die sich ausschließlich auf die NS-V/M beziehen, nachgegangen. Da es sich bei diesen Äußerungen um Antisemitismen handelt, die Teil eines Konglomerats aus antisemitischen Konzeptualisierungen und Entwertungen sind, werden sie außerdem im Zusammenhang mit Stereotypen untersucht, die im Kotext der NS-V/M realisiert sind. Kapitel 5.3 widmet sich daher dieser Fragestellung:

7. In Verbindung mit welchen antisemitischen Stereotypen werden NS-V/M in den E-Mails an die IBD und den ZdJ artikuliert?

Häufigkeitsangaben bzgl. der untersuchten Phänomene ergänzen die qualitativen Analysen in Kapitel 5. Diese Verbindung von quantitativen und qualitativen Auswertungen der Korpustexte ermöglicht es, NS-V/M nach verschiedenen linguistischen Gesichtspunkten zu kategorisieren und anhand ihrer Vorkommenshäufigkeiten zu klassifizieren.

1.3 Konzeption der Arbeit

Vergleiche und Metaphern, in denen NS-Verbrechen, nationalsozialistische Funktionäre oder Organisationen mit anderen Entitäten in eine Analogierelation gebracht werden, sind aus verschiedenen Perspektiven zu betrachten. Da sich die Arbeit der Problematik aus linguistischer Sicht widmet und verschiedene Facetten dieser Analogiebildungen behandelt, werden in Kapitel 2 grammatische und funktionale Charakteristika von Vergleichen und Metaphern eingeführt. Der Zugang über Vergleichsstrukturen des Deutschen und deren syntaktischen, morphologischen und lexikalischen Eigenschaften erlaubt in den darauffolgenden Schritten die linguistische Analyse des Untersuchungsgegenstandes und seiner Abgrenzung von konventionellen Vergleichen und ihren kommunikativen Zwecken. Hiermit soll zunächst ein Verständnis für Vergleiche und Metaphern geschaffen und der Blick auf die ferner untersuchten Äußerungen geweitet werden. Im Anschluss richten die folgenden Kapitel den Fokus spezifisch auf NS-V/M, die somit basierend auf linguistischen Kriterien definiert werden können.

Da ich NS-V von NS-M in Bezug auf die sprachlichen Realisierung trenne, erfolgt in Kapitel 2.4 eine grobe Skizzierung von Metaphern hinsichtlich theoretischer Beschreibungsansätze, ihrer Funktionen und ihrer Klassifizierungen. Abschließend werden Unterschiede und Gemeinsamkeiten von Metaphern und Vergleichen umrissen, um daran anknüpfend in Kapitel 3 auf NS-V und NS-M einzugehen und ihre sprachlichen sowie funktionalen Besonderheiten in verschiedenen diskursiven Zusammenhängen herauszuarbeiten. Sowohl in Kapitel 2 als auch in Kapitel 3 dienen exemplarische Belegsammlungen der Illustration spezieller struktureller, lexikalischer, konzeptueller und funktionaler Phänomene. Diese Beispielzusammenstellung basiert auf Texten des massenmedialen Kommunikationsraums sowie der Datenbank des Deutschen Referenz Korpus (Cosmas II) des Instituts für Deutsche Sprache.[4]

Kapitel 3 umfasst die Untersuchung der ersten beiden Forschungsfragen und behandelt NS-V/M in ihren diversen Erscheinungsformen im öffentlichen Kommunikationsraum (Kap. 3.1 bis 3.3) sowie ihren verschiedenen Verwendungen innerhalb unterschiedlicher Kontexte. Anhand einschlägiger Beispiele, wie dem Okkasionalismus *Babycaust*, Hitler-Metaphern, Nazi-Komposita und zahlreichen weiteren NS-V/M werden linguistische und kommunikative Phänomene diskutiert. Der letzte Abschnitt erörtert in diesem Rahmen außerdem die Abgrenzung zu historisch-kritischen Vergleichen (Kap. 3.1). Welche kommunikativen Funktionen sie erfüllen, welche Wirkungen sie hervorrufen und welche Reaktionen auf die Äußerung entsprechender Vergleiche oder Metaphern folgen, wird ebenso thematisiert wie die sprechakttheoretische Klassifizierung von

---

4 Da eine systematische korpuslinguistische Untersuchung von NS-V/M, die jegliche sprachlichen Realisierungsformen sowie die komplette funktionale Vielfalt abbilden würde, zum gegenwärtigen Zeitpunkt mit den derzeit verfügbaren technischen Mitteln nicht realisierbar ist, wurde hierfür auf exemplarische Belegsammlungen zurückgegriffen (s. Kap. 3). Eine umfassende Korpusanalyse wurde für eine spezifische Form der NS-V/M, die in ausgewählten Texten realisiert sind, vorgenommen (s. Kap. 4 und 5).

NS-V/M (Kap. 3.4). In diesem Zusammenhang werden sie nicht nur als diffamierende und Aufmerksamkeit erzeugende Äußerungen (Kap. 3.4.2), sondern auch als Ausdruck expressiver Sprechakte definiert (Kap. 3.4.1.1.2). Ihr Einsatz in geschichtsrevisionistischer Funktion sowie als Stilmittel in satirischen Diskursen wird in diesem Teilbereich der Arbeit ebenso analysiert. Aufgrund der funktionalen Vielseitigkeit von NS-V/M ist hier jedoch kein Anspruch auf Vollständigkeit zu erheben. Stattdessen zeigen die Kapitel eine Bandbreite der Illokutionen auf, die stets mit weiteren Phänomenen ergänzt werden kann. Auch einschlägige Reaktionen auf solche Äußerungen, die im öffentlichen Kommunikationsraum unmittelbar folgten und öffentlich zugänglich sind, werden im Hinblick auf entsprechende kommunikative Funktionen erläutert. Die öffentliche Wahrnehmung, Sanktionen und mögliche langfristige Effekte, die mit NS-V/M einhergehen können, werden im Anschluss an diese Analyse erörtert und anhand der Referenzverschiebung des Terminus *Holocaust* herausgearbeitet (Kap. 3.4.3).

Da die historische Entwicklung der Verwendung von NS-V/M bereits ausführlich in den „Wörterbüchern der ‚Vergangenheitsbewältigung'" von Eitz/ Stötzel (2007) und (2009) dargelegt ist, gibt Kapitel 3.5 einen knappen Überblick zur Geschichte und dem öffentlichen Diskurs zum Gebrauch von NS-V/M in nationalen sowie internationalen politischen Auseinandersetzungen. Der darauffolgende Abschnitt fungiert als Übergang und inhaltliche Verknüpfung zur systematischen Korpusanalyse derjenigen NS-V/M, die eine Erscheinungsform des Antisemitismus bilden. In Kapitel 3.6 wird dementsprechend die theoretische Grundlage zum Themenkomplex des Antisemitismus und seiner spezifischen Ausprägungen innerhalb verschiedener politischer und gesellschaftlicher Rahmenbedingungen geschaffen (Kap. 3.6.1). Die Sprache als Mittel zur Tradierung judenfeindlicher Konzeptualisierungen wird in diesem Sinne gleichermaßen thematisiert wie die Verwendung von NS-V/M als Ausdruck des israelbezogenen Antisemitismus und der Funktion innerhalb der Post-Holocaust-Gesellschaft (Kap. 3.6.2). Ausgewählte Beispiele aus unterschiedlichen Diskurszusammenhängen bilden hierfür ebenso empirische Anknüpfungspunkte wie in den vorangegangenen Abschnitten. Gleichzeitig werden damit die theoretischen Grundlagen für die systematische Korpusstudie geschaffen, die den zweiten Teil der Arbeit ausfüllt.

Kapitel 4.1 bietet zunächst einen grundlegenden Einstieg in korpuslinguistische Methoden, die sich als zielführend für die Bearbeitung der Untersuchungsschwerpunkte erweisen. Sowohl Charakteristika des Korpus als auch die Vorgehensweise zur Erstellung der Korpora, bestehend aus E-Mails, die in den Jahren 2002–2014 bei der IBD und dem ZdJ eingingen, dokumentiert Kapitel 4.2. Daran anschließend werden quantitative und qualitative Analysen sowie die Ergebnisse der Auswertungen vorgestellt und im Zusammenhang mit den relevanten

Forschungsfragen diskutiert. Die Untersuchungen in den Kapiteln 4.3 und 5 beziehen sich auf die Fragestellungen 3–7 (s. Kap. 1.2) und basieren auf der Korpusanalyse, die sich methodisch aus corpus-based- und corpus-driven-Verfahren zusammensetzt. In 4.3 werden vornehmlich quantitative Auswertungen vorgenommen, die sich auf die Häufigkeitsverteilungen der E-Mails mit NS-V/M in Abhängigkeit von der jeweiligen Empfängerinstitution sowie von militärischen Auseinandersetzungen im Nahen Osten während des Untersuchungszeitraums beziehen.

In Kapitel 5 richten wir den Blick auf die Problematik der antisemitischen NS-V/M, indem die qualitativen Textanalysen vor dem Hintergrund der Fragestellungen ausgewertet und diskutiert werden. Hierbei untermauern quantitative Ergebnisse in Form statistisch deskriptiver Darstellungen die qualitative Analyse. Basierend auf der Korpusstudie sind in Kapitel 5.1 NS-V/M anhand ihrer sprachlichen Realisierung (der Vergleichs- und Metaphernstruktur sowie der lexikalischen Vergleichsindikatoren) zu klassifizieren und an exemplarischen Korpusbeispielen zu erläutern. Des Weiteren werden sie bzgl. der zugrunde liegenden Konzeptualisierungen hinsichtlich der Vergleichs- und Metaphernkonstituenten untersucht und nach ihren Komparationsbasen und metaphorischen Ursprungsbereichen kategorisiert (Kap. 5.2). NS-V/M bilden eine sprachliche Manifestationsform mehrerer Komponenten antisemitischer Konzeptualisierungen und Entwertungen. In Kapitel 5.3 werden sie daher in Verbindung mit dominanten Stereotypen, die im Kotext der untersuchten Vergleiche und Metaphern realisiert wurden, analysiert und mithilfe von Belegen aus den Korpusdaten illustriert.

Erläuterungen zur Operationalisierung der Forschungsfragen und dem methodischen Vorgehen führen jeweils den Beginn der übergeordneten Kapitel ein. Am Kapitelende sind die Ergebnisse der vorangegangenen Abschnitte zusammengefasst und Verweise auf weiterführende Literatur an entsprechenden Stellen in Fußnoten eingearbeitet, sofern inhaltliche Ausführungen über den thematischen Schwerpunkt dieser Arbeit hinausgehen. Kapitel 6 liefert rückblickend auf die in Kapitel 1.2 aufgeworfenen Forschungsfragen eine zusammenfassende Darstellung der wichtigsten Ergebnisse. Hier wird zum einen skizziert, welchen Beitrag die vorliegende Studie zu vorhergehenden Untersuchungen leistet, zum anderen werden Forschungsdesiderata formuliert, die sich aus der Beschäftigung mit NS-V/M auf unterschiedlichen Ebenen ergeben haben.

1.4 Forschungsüberblick

Diese Arbeit knüpft an drei Forschungsbereiche an, die zu unterschiedlichen Anteilen in die Bearbeitung der Fragestellungen einfließen. Zum einen nähert sie sich den syntaktischen, morphologischen und funktionalen Untersuchungen von

Vergleichen und Metaphern. Zum zweiten werden in diesem Zusammenhang NS-V und NS-M analysiert, die in ihrem kommunikativen Kontext anhand pragmatischer Gesichtspunkte zu beleuchten sind. Vor jenem Hintergrund bildet die spezielle Ausprägung der NS-V/M als Erscheinungsform des Antisemitismus einen zentralen Untersuchungsgegenstand. Zum dritten wird hiermit also an Arbeiten der empirischen Antisemitismusforschung angeknüpft, die insbesondere aktualisierte Formen der Judenfeindschaft aufgreift und Phänomene des Post-Holocaust-Antisemitismus sowie des israelbezogenen Antisemitismus untersucht. Auch aus methodischer Sicht vereint die vorliegende Arbeit unterschiedliche Ansätze, indem qualitativ und quantitativ ausgerichtete Herangehensweisen an die Themenfelder gewählt wurden. Neben exemplarischen Beispielen aus dem öffentlichen Kommunikationsraum werden Befunde einer korpuslinguistisch ausgerichteten Studie präsentiert, die nicht öffentlich zugängliche Texte umfasst. Für die Elaboration dieses komplexen Phänomens wird dabei Literatur aus mehreren Forschungszweigen herangezogen, ohne jedoch einen Anspruch auf Vollständigkeit zu erheben.

Auf die nachfolgend erwähnten Forschungsarbeiten gehe ich hier nur knapp ein, da sie wesentliche Bezugspunkte in den weiteren Kapiteln bilden und dort in ihren jeweiligen thematischen Zusammenhängen eingeführt werden. Für die theoretische Beschäftigung mit Vergleichen und Vergleichsstrukturen in der deutschen Sprache liefern Thurmair (2001), (2008) und Eggs (2006a) grundlegende Untersuchungen. Die didaktische Qualität des Vergleichsprozesses elaboriert Eggs (2006b) und eine Analyse von Vergleichen auf der Textebene stellt Thurmair (2008) bereit. Welche Wort- und Satzbildungsbildungsmittel zum Einsatz kommen, um Analogiebeziehungen herzustellen, erfasst Ortner (1985) anhand von Science-Fiction-Texten. Neben diesen und weiteren Arbeiten zu homogenen und heterogenen Vergleichen, der Komparation, zu Adjektiven und funktionalen Fragestellungen hinsichtlich verschiedener Vergleichsstrukturen (s. Bierwisch 1987a, 1987b; Varnhorn 1993; Levinson [17]2006; Trost 2006) werden die lexikographischen Zusammenstellungen von Dornseiff ([8]2004) herangezogen, um Vergleiche anhand lexikalischer, struktureller und kommunikativer Kriterien zu untersuchen und darauffolgend NS-V nach ebenjenen zu klassifizieren.

Zum Untersuchungsgegenstand der Metapher existieren zahlreiche Forschungsarbeiten, von denen auf einige ausgewählte zurückgegriffen wird, um in theoretische und terminologische Grundlagen einzuführen. Die Ausarbeitungen von Kurz ([5]2004) sowie Arbeiten von Skirl (2009) und (2010) in Bezug auf kognitive Metapherntheorien wie auch die Einführung von Skirl/Schwarz-Friesel ([2]2013) bilden dabei wesentliche Anknüpfungspunkte. Für Arbeiten und Ansätze zur Untersuchung der Funktion sprachlicher Äußerungen und der Intention ihrer Verfasser*innen, die vornehmlich auf Austin ([1958] [3]2010) und

(1962) sowie Searle ([1969] ³2010) basieren, sei an dieser Stelle auf die entsprechenden Kapitelabschnitte in 3.4 sowie auf Meibauer (²2008) verwiesen, da eine umfassende Darstellung des Forschungsfeldes der Pragmatik an dieser Stelle über das Kernthema der Arbeit hinausgehen würde.[5]

Zum konkreten Gegenstand der NS-V/M findet sich dagegen eine überschaubare Anzahl an Forschungsarbeiten – sowohl auf dem Gebiet der Linguistik als auch im Bereich der Politik- und Sozialwissenschaften. Diesem Thema nehmen sich Eitz/Stötzel (2007) und (2009) in ihren *Wörterbüchern der 'Vergangenheitsbewältigung'* aus lexikographischer Perspektive an und behandeln ausgewählte NS-V/M, die im öffentlichen Diskurs der Bundesrepublik Deutschland sowie vor 1990 in der DDR thematisiert wurden. In diesem Zusammenhang erörtern sie einzelne Diskursereignisse, innerhalb derer NS-V/M artikuliert und medial debattiert wurden. Aus pragmatischer Sicht widmet sich Pérennec (2008) in einem Artikel dem Phänomen der NS-V/M. Darin erläutert sie anhand exemplarischer Beispiele ausgewählte Realisierungsformen und die mit der Äußerung einhergehende Intention der Produzent*innen innerhalb des öffentlichen Kommunikationsraumes. Unter einem sprachkritischen Aspekt untersucht Soric (2005) das Kompositum *Bomben-Holocaust*, das in rechtsextremen Kreisen verwendet wird, um u. a. die Luftangriffe auf Dresden im Februar 1945 in geschichtsrevisionistischer Weise umzudeuten. Neben der diskurslinguistischen Analyse einer 2005 getätigten Äußerung von NPD-Abgeordneten im Landtag Mecklenburg-Vorpommerns, in der dieses Kompositum erstmals öffentlich innerhalb eines politisch-institutionellen Rahmens verwendet wurde, liefert Soric (2005) lexikologische und etymologische Ausarbeitungen zum entsprechenden Terminus.

Aus einem politikwissenschaftlichen Blickwinkel erörtert Wette (2003) die Gleichsetzung von Saddam Hussein mit Adolf Hitler in kriegspropagandistischer Absicht. Diese Analogie wurde Wette (2003) zufolge erstmals 1990 sowie in den Folgejahren immer wieder etabliert und innerhalb der politischen Rhetorik als Legitimation für den Golfkrieg bzw. den Ersten Irakkrieg 1990/1991 wie auch 2003 im Zuge des Zweiten Irakkrieges eingesetzt. Neben dieser politikwissenschaftlichen Betrachtung finden sich in zahlreichen Presseartikeln immer wieder metasprachliche Auseinandersetzungen mit NS-V/M im Allgemeinen sowie

---

5 Ebenso sei auf Kap. 3.2.2 hinsichtlich textlinguistischer und pragmatischer Erklärungsansätze zur Elaboration impliziter Bedeutungsbestandteile in sprachlichen Äußerungen verwiesen, die an dieser Stelle nicht ausführlich besprochen, sondern anhand des Untersuchungsgegenstandes im entsprechenden Abschnitt zu erläutern sind. Auch die Phänomene der Persuasion und der E-Implikaturen werden in den Kap. 3.4.1.1 sowie 3.4.1.2 anhand der Forschungsliteratur erläutert. Die Arbeit von Ortak (2004) stellt hier einen wichtigen Bezugspunkt hinsichtlich persuasiver Strategien dar. Der Ansatz zu emotionsbasierten Implikaturen und deren expressiver Bedeutung geht auf Schwarz-Friesel (2010a) zurück.

mit konkretem Bezug auf aktuelle Äußerungen (s. dazu u. a. Seitz 2002; Feuerherdt 2016). Das Emotionspotenzial jener Analogiebildungen und die damit einhergehende expressive Funktion analysiert Schwarz-Friesel (^{2}2013) in einem Kapitel der *Sprache und Emotion*. Sie klassifiziert den NS-V in diesem Kontext als

> [e]inen besondere[n] Typ des Vergleichs, der neben der kognitiv basierten Analogierelation auch eine emotionale Einstellung ausdrückt bzw. beim geschichtsbewussten und sprachsensiblen Rezipienten eine emotionale Reaktion (der Empörung) auslöst. (ebd.: 197)

Gerade für NS-V/M, mit denen auf jüdische und/oder israelische Personen, Sachverhalte oder Institutionen referiert wird, spielt der expressive Gehalt eine besondere Rolle. In ihrer Studie zur *Judenfeindschaft im 21. Jahrhundert* beschreiben Schwarz-Friesel/Reinharz (2013: 180–186, 231–240) NS-V/M als verbalantisemitische Manifestationsform und erläutern in diesem Zusammenhang die Diffamierung Israels, die Täter*innen-Opfer-Umkehr sowie die damit einhergehende Schuldabwehr- und Entlastungsfunktion. Diese psychologischen, emotiven und kommunikativen Aspekte werden in der Antisemitismusforschung im Hinblick auf die Ausprägungen und Erscheinungsformen des Post-Holocaust-Antisemitismus untersucht (vgl. Benz 2004; Heyder et al. 2005; Bergmann 2007) sowie im Rahmen der Analyse antisemitischer Argumentationsmuster des antiimperialistischen Spektrums in den Blick genommen (vgl. u. a. Kloke ^{2}1994; Haury 2002; Markovits 2004b; Rensmann 2004; Stein 2011). In sozialwissenschaftlichen Studien zur Bestimmung antisemitischer Einstellungstendenzen in der Bevölkerung dienen NS-V/M außerdem als Items, mithilfe derer der israelbezogene Antisemitismus als Ausdruck einer aktualisierten Variante der Judenfeindschaft erfasst wird (vgl. Zick/Klein 2014: 70; Zick/Küpper/Krause 2016: 46).

Linguistische Studien, in denen zum einen sprachliche sowie kommunikativfunktionale Aspekte bzgl. NS-V/M in diversen unterschiedlichen Facetten im öffentlichen Kommunikationsraum analysiert sowie klassifiziert werden und zum anderen antisemitische NS-V/M anhand linguistischer Kategorien systematisch ausgewertet werden, existieren meines Wissens zum gegenwärtigen Zeitpunkt nicht. Eine derartige Untersuchung wird dem aktuellen Forschungsstand zufolge auch methodisch erstmalig auf diese Weise durchgeführt.

1.5 Hinweise zu Schreibkonventionen

Beispieltexte sind in dieser Arbeit nicht normalisiert, sondern im Original mit orthographischen und grammatischen Normabweichungen aufgeführt. Diese Belegbeispiele werden außerdem nummeriert und vom Text abgesetzt sowie mit entsprechenden Quellenangaben oder Korpussiglen, wie [IBD_01.07.2014] oder

[ZDJ_06.02.2006], versehen, die sich am Design von Schwarz-Friesel/Reinharz (2013) orientieren. Das Buchstabenkürzel gibt an, um welche Empfängerinstitution es sich handelt: mit IBD sind alle Textausschnitte gekennzeichnet, die aus E-Mails an die Israelische Botschaft stammen und mit ZDJ solche, die den E-Mails an den Zentralrat der Juden in Deutschland entnommen wurden. Darauf folgt die Datumsangabe, die anzeigt, an welchem Tag ein Text bei der jeweiligen Institution einging.[6]

Sprachliche Ausdrücke, die als exemplarische Beispiele im Fließtext erwähnt sind, werden durch Kursivsetzung, wie *Grammatiknazi*, hervorgehoben. Zur Beschreibung semantischer sowie konzeptueller Merkmale und Strukturen kommen Kapitälchen zum Einsatz, wie in VORTEILE AUS DER NS-VERGANGENHEIT ZIEHEN.[7]

Als Alternative zum generischen Maskulinum verwende ich in Personenbezeichnungen den Asterisk, um über die grammatische Perspektive hinaus, sprachlich und konzeptuell alle Menschen auch jenseits binärer Geschlechternormen und -identitäten einzubeziehen, z. B. in Rezipient*innen. Der Asterisk, auch als Gender-Sternchen bekannt, ist eine Abwandlung des Unterstrichs (bzw. des Gendergaps), dessen Funktion Hornscheidt (2007) folgendermaßen beschreibt:

> Der Unterstrich signalisiert Brüche und Leerstellen in als eindeutig vorgestellten Genderkonzepten und irritiert damit eindeutige Wahrnehmungen. [...] Durch den Unterstrich in personalen Appellationsformen wird somit die Vorgängigkeit und Natürlichkeit von Zweigeschlechtlichkeit in Frage gestellt. (Hornscheidt 2007: 104 f.)

In Zitaten und exemplarischen Belegen wurden die Originaltexte mitsamt den generischen Ausdrücken unverändert übernommen.

Wie in 1.1 angemerkt, verwende ich in dieser Arbeit die Abkürzung NS-V/M, um den Forschungsgegenstand der NS-Vergleiche und NS-Metaphern weniger umständlich zu benennen. Sofern ich mich auf beide Ausprägungen der Analogiebildung beziehe, wird dies durch die Verbindung NS-V/M angezeigt. Auf

---

[6] Wenn der Tag des Eingangs einer E-Mail nicht ermittelt werden konnte, weil bspw. das Datum nicht vollständig in der Empfangszeile der E-Mail aufgeführt ist, findet sich in der Sigle die Angabe *00* vor dem Monat und dem Jahr, z. B. 00.09.2008. Aus Gründen der Anonymisierung und zum Schutz personenbezogener Daten wird der Name der Verfasser*innen weder vollständig noch als Abkürzung angegeben. Zur Wiederauffindbarkeit des Textausschnittes innerhalb des Korpus dient daher einerseits die Beispielnummerierung und andererseits kann durch die Wortsuche in MAXQDA der gesamte E-Mailtext ermittelt werden. Zur Siglenvergabe für die Korpustexte sowie zur Verwendung des Textcodierungs- und Analyseprogramms, MAXQDA, s. ausführlich Kap. 4.2.2.

[7] Ich orientiere mich hiermit an linguistischen und kognitionswissenschaftlichen Notationskonventionen, wie sie u. a. Schwarz-Friesel/Reinharz (2013) umsetzen (vgl. ebd.: 32).

NS-Vergleiche wird dementsprechend mit der Abkürzung NS-V und auf NS-Metaphern mittels NS-M referiert. In der Forschungsliteratur sowie in populärwissenschaftlichen und journalistischen Texten wurde bisher nicht zwischen NS-V und NS-M unterschieden. Hier finden sich u. a. Bezeichnungen wie *NS-Vergleich*, *Nazi-Vergleich* oder *Hitler-Vergleich*, die auch in Referenz auf metaphorische Ausdrücke gebraucht werden (vgl. Sötzel 1989, 1995b; Wette 2003; Eitz/Stötzel 2007, 2009; Pérennec 2008; Schwarz-Friesel ²2013; Schwarz-Friesel/ Reinharz 2013). Zur Definition von NS-V und NS-M sowie der hier gewählten alternativen Benennungen siehe Kapitel 3.1 und 3.3.1.

2 Vergleiche und Metaphern

Um einen linguistischen Zugang zum Untersuchungsschwerpunkt der NS-V/M zu ermöglichen und diese strukturell sowie funktional kategorisieren zu können, wird in den folgenden Abschnitten das theoretische und terminologische Fundament dafür geschaffen. Erst die allgemeine Verortung von Vergleichsstrukturen sowie der zugrunde liegenden Analogiebeziehungen und der verschiedenen Ausprägungen erlaubt es, die spezielle Variante der NS-V/M von anderen Vergleichen und Metaphern abzugrenzen und diese vollständig zu erfassen (s. Kap. 3 und 5).[1] In den folgenden Kapiteln werden sowohl strukturelle als auch funktionale Eigenschaften von Modalitäts-, Komparativ- und Superlativvergleichen aufgezeigt und darüber hinaus deren Erscheinung auf der Textebene zusammen mit lexikalischen Vergleichsindikatoren beleuchtet. Da bestimmte Formen von Vergleichen in ihrer Beschaffenheit den Metaphern sehr ähnlich sind und diese ebenfalls einen Schwerpunkt der Korpusanalyse bilden (s. Kap. 5), beinhaltet der letzte theoretische Abschnitt (Kap. 2.4) eine Charakterisierung von Metaphern und arbeitet in diesem Zusammenhang die Abgrenzung zu Vergleichen heraus.

2.1 Vergleiche – Theoretische und terminologische Grundlagen

Mit dem Terminus des Vergleichs werden innerhalb verschiedener Forschungszweige unterschiedliche Phänomene beschrieben. Im Bereich der Literatur bezeichnet er als rhetorisches Stilmittel „die explizite Gegenüberstellung zweier Vergleichsglieder anhand eines *tertium comparationis*" (Hahnemann 1999: 1; Hervorh. im Original) und wird damit von ähnlichen Stilfiguren, wie der Metapher, der Parabel und dem Gleichnis, unterschieden (vgl. ebd.). Die Linguistik erfasst Vergleiche zum einen als Ausdruck oder als Konstruktion von Analogiebeziehungen und behandelt sie zum anderen im Rahmen der Komparation.[2]

---

[1] Aus diesem Grund werden in diesem Kap. Beispiele zur Illustration der theoretischen Erläuterungen herangezogen, die inhaltlich keine Bezüge zum Nationalsozialismus aufweisen. Diese Beispiele stammen entweder aus dem Deutschen Referenzkorpus DeReKo (Cosmas II) des Instituts für Deutsche Sprache, aus Online-Medienartikeln oder sie wurden induktiv gebildet.
[2] In den folgenden Kapiteln wird dies genauer dargelegt, wobei der Fokus auf denjenigen Ausprägungen von Vergleichen liegt, die für die vorliegende Korpusstudie relevant sind. Bestimmte Vergleichsstrukturen, wie Art-Vergleiche, die als Prädikationen und nicht als Vergleiche im eigentlichen Sinne fungieren, tragen nicht zum Erkenntnisinteresse dieser Arbeit bei und werden daher nicht näher beleuchtet. Zur ausführlichen Darstellung von Vergleichsstrukturen im Deutschen s. Hahnemann (1999) sowie Thurmair (2001).

2.1.1 Funktion von Vergleichen

Die menschliche Fähigkeit des analogischen[3] Denkens erlaubt es uns, neue Sachverhalte, Gegenstände und Eindrücke zu erfassen, indem wir sie mit bekannten und bereits vertrauten Sachverhalten in Beziehung setzen, wobei diese Beziehungen nur über die Merkmale hergestellt werden können, die jenen Entitäten immanent sind (vgl. Peters 1986: 146). Beim Vergleichen werden Unterschiede und Gemeinsamkeiten von Vergleichsgrößen aufgezeigt, um auf diese Weise charakteristische Eigenschaften zu vermitteln. Die primäre Funktion, die dem Vergleichen zugrunde liegt, besteht also im Erkenntnisgewinn (vgl. Eggs 2006a: 38; Pérennec 2008: 12). Eggs (2006b: 45) konstatiert, dass sich Menschen auf diese Weise Wissen aneignen und sich ihre Umwelt erschließen:

> Von Geburt an integrieren wir Neues, indem wir es – bewusst oder unbewusst – in Beziehung zu bereits Bekanntem setzen und versuchen, Gemeinsamkeiten und Unterschiede zwischen beiden aufzudecken [...].

Mithilfe dieser kognitiv komplexen Leistung ist es möglich, neue Erfahrungen und Erkenntnisse vor dem Hintergrund des schon Erlernten zu klassifizieren und zu integrieren. Auch Bewertungen vorzunehmen und Handlungen zu planen sind erst in diesem Zusammenhang denkbar (vgl. ebd.: 48).

In der Didaktik stellen bestimmte Vergleichsformen eine geeignete Methode dar, um neue Wissensbestände zu vermitteln.[4] Vergleiche werden allerdings nicht nur zum Zweck der Wissensvermittlung oder als Verstehenshilfe eingesetzt, sondern können auch instrumentalisiert werden und manipulative Funktionen erfüllen (vgl. Thurmair 2008). Dies trifft u. a. auf diejenigen Vergleiche zu, welche die Korpusstudie in der vorliegenden Arbeit untersucht (s. Kap. 3 und 5). In diesem Abschnitt stehen zunächst der Aufbau, die Strukturen und die einzelnen Bestandteile sowie ausgewählte Arten von Vergleichen im Vordergrund der Betrachtung.

2.1.2 Struktur von Vergleichen

Die folgenden Kapitel verdeutlichen, dass Vergleiche auf verschiedene Weisen realisiert werden können. Da der Begriff des Vergleichens in erster Linie mit der kognitiven Fähigkeit verknüpft ist und diesem kein absolut einheitliches Muster zugrunde liegt,

---

[3] Zur Bestimmung und Illustration von Analogienbildungen s. Kap. 2.1.4.
[4] Die didaktische Qualität des Vergleichsprozesses diskutiert Eggs (2006b) bzgl. des Spracherwerbs bei Kindern und hinsichtlich der Einbeziehung von Vergleichen in den schulischen Grammatikunterricht.

stehen einer Sprache potentiell alle syntaktischen [...] und morphologisch-lexikalischen Mittel zur Verfügung [, um Vergleiche auszudrücken; L. G.]. Verschiedene Sprachen markieren den Vergleich sehr unterschiedlich, in manchen Sprachen sind sogar mehrere Typen von Vergleichskonstruktionen möglich. (Hahnemann 1999: 4)

Um hier einen ersten Einblick in die Vergleichsstrukturen des Deutschen zu geben, sind zuerst die wesentlichen Bestandteile aufzuzeigen, um im Anschluss daran komplexere Differenzierungen vorzunehmen.

Im Zuge des Vergleichens werden zwei Elemente in Beziehung zueinander gesetzt, wobei eines auf Grundlage des anderen charakterisiert wird, indem Gleichheit oder Ungleichheit dieser Elemente angezeigt wird.[5] Das Element, mit dem ein anderes verglichen wird, bildet dabei die Komparationsbasis und das Element, das es zu charakterisieren gilt, tritt als Komparandum in Erscheinung (vgl. Thurmair 2001: 1). Auf Grundlage einer gemeinsamen Eigenschaft, dem tertium comparationis, welches das dritte Element innerhalb eines Vergleichs darstellt, wird eine Korrelation zwischen Komparandum und Komparationsbasis hergestellt (vgl. Eggs 2006a: 38). Im Zuge der Komparation drückt dies üblicherweise ein Adjektiv aus, das in der Literatur als Aspekt bzw. Vergleichsaspekt bezeichnet wird (vgl. Bierwisch 1987b: 130; Hahnemann 1999: 3).[6] Hinsichtlich des tertium comparationis wird die Gleichheit oder Ungleichheit der beiden Vergleichsgrößen mithilfe der Vergleichsjunktoren[7] *als* und *wie* angezeigt. *Als* kommt zum Einsatz, um einen jeweils anderen Ausprägungsgrad bezüglich einer gemeinsamen Eigenschaft kenntlich zu machen und *wie* bzw. *wie* in Verbindung mit der Gradpartikel *so* gibt den gleichen Ausprägungsgrad an (vgl. Eggs 2006b: 52). Die folgenden Beispiele illustrieren die beschriebenen Vergleichsstrukturen:

(1) Anne schläft *so lang wie* Tom.

(2) Anne schläft *länger als* Tom.

In Bezug auf die Schlafdauer, die das tertium comparationis darstellt, werden *Anne* (Komparandum) und *Tom* (Komparationsbasis) miteinander verglichen – indes dient das Dimensionsadjektiv *lang* als Vergleichsaspekt, der das relative Verhältnis der Schlafzeit beider Vergleichsgrößen[8] angibt.

---

[5] Obwohl für gewöhnlich zwei Elemente miteinander verglichen werden, können in einigen Fällen auch mehr als zwei Entitäten die Vergleichsgrößen bilden (s. dazu die Auswertung der Korpusstudie in Kap. 5.2).
[6] In der vorliegenden Arbeit wird der Terminus des tertium comparationis verwendet.
[7] Hahnemann (1999) bezeichnet diese als Vergleichsoperatoren.
[8] Die Kasuskongruenz zwischen diesen beiden Größen stellt in allen Vergleichsstrukturen eine notwendige Bedingung dar (vgl. Hahnemann 1999: 235).

Trost (2006) berücksichtigt in seinem Vergleichsmodell neben den drei genannten Vergleichsbestandteilen u. a. auch die Vergleichsinstanz, also die*den Vergleichende*n selbst mitsamt der eigenen Vergleichskompetenz. Zudem bemerkt er, dass Komparandum und Komparationsbasis sowohl im Singular als auch im Plural vorliegen sowie aneinandergereiht sein können (vgl. Trost 2006: 75 f.). Diese Faktoren haben für die NS-V eine besondere Bedeutung, denn hierbei spielen zum einen persönliche emotionale Kriterien und Einstellungen der Vergleichsinstanzen eine wichtige Rolle (s. Kap. 3.6 und 5). Zum anderen werden innerhalb solcher Vergleiche z. T. mehrere Vergleichskonstituenten, sowohl im Singular als auch im Plural, oder verschiedene aneinandergereihte Vergleichsgrößen miteinander in Beziehung gesetzt (s. Kap. 5.2).

2.1.3 Adjektive und Komparation

Weil die gemeinsame Eigenschaft zweier Entitäten eine Bedingung darstellt, um angemessene Vergleiche bilden zu können, spielen Adjektive eine bedeutende Rolle im Komparationsprozess (vgl. Eisenberg 2006: 390). Graduierbare Adjektive wie *schön, groß, schlimm* oder *jung* repräsentieren eine Relation, „die einem Objekt x einen Wert y auf einer bestimmten Skala zuordnen" (Bierwisch 1987b: 103). Innerhalb der Gruppe der graduierbaren Adjektive unterscheidet Bierwisch (1987b: 108 f.) Dimensionsadjektive, zu denen bspw. *groß* oder *alt* gehören, und Bewertungsadjektive, wie *fleißig* oder *hässlich*.[9] Laut Dudengrammatik handelt es sich dabei um qualifizierende Adjektive, die überwiegend Gegensatzpaare bilden und deren Bedeutung nicht absolut festgesetzt ist (vgl. Duden ^{9}2016: 342 f.), sondern sich aus dem Vergleich und der darin beschriebenen Relation zwischen den Komparationsgliedern ergibt. Auch quantifizierende Adjektive, die eine unbestimmte Menge beschreiben (vgl. ebd.), z. B. *wenig* oder *viel*, erfüllen die Voraussetzung der Graduierbarkeit. Die Interpretation relativer Adjektive ist abhängig vom Kontext, in dem sie geäußert werden. Wenn sie isoliert innerhalb einer einfachen Prädikation auftreten, wie in

(3) Ferdinand ist groß,

wird die Größe des Referenten im Hinblick auf eine Bezugsnorm gemessen, die in diesem Fall die Durchschnittsgröße innerhalb der jeweiligen Gesellschaft darstellt. Sätze wie (3), die keinen expliziten Vergleich (mit relativem Adjektiv)

---

9 Da Dimensionsadjektive sekundär als Bewertungsadjektive interpretiert werden können, ist die Unterscheidung dieser beiden Kategorien auf der Sprachoberfläche nicht immer trennscharf zu gewährleisten. Zur Semantik der Graduierung s. Bierwisch (1987b).

beinhalten, sind „kontextfrei nur plausibel bei einer mitgedachten Komparationsbasis" (Thurmair 2001: 107). Das bedeutet, ihnen liegt ein impliziter Vergleich zwischen Referent und der Bezugsnorm zugrunde. In Vergleichsstrukturen hingegen bildet die Komparationsbasis eine konkrete Bezugsgröße, anhand derer die Bedeutung des Adjektivs deutlich wird (vgl. Eggs 2006b: 52f.).

(4) Ferdinand ist so groß wie Hans.

(5) Ferdinand ist größer als Hans.

Die Körpergröße von *Hans* ist als Bezugsgröße grundlegend für die Interpretation der Körpergröße von *Ferdinand* (vgl. Eggs 2006b: 53).[10]

Im Gegensatz zu den relativen (graduierbaren) Adjektiven stellen nichtgraduierbare Adjektive, deren lexikalische Bedeutungen absolute Eigenschaften repräsentieren, keine typischen Vergleichsaspekte dar. Dazu gehören einige Untergruppen der relationalen Adjektive, aber auch quantifizierende Adjektive sowie bestimmte Ausprägungen der qualifizierenden Adjektive und der adjektivisch gebrauchten Partizipien.[11] Die Graduierbarkeit von Adjektiven bildet auf den ersten Blick die Bedingung für ihre Verwendung in Vergleichen, denn augenscheinlich liegen verschiedene Ausprägungsgrade nur im Falle von relativen Eigenschaften vor. Als rhetorische Stilmittel allerdings, kommen auch absolute Adjektive in der Komparation zum Einsatz. Der überwiegend innovative Gebrauch absoluter Adjektive im Zuge der Komparation zeigt, dass sie innerhalb dieser Vergleichsstruktur „in relative Adjektive umkategorisiert" (Eggs 2006b: 57) werden können.

(6) Das Hotel verquirlt alle Klischees, die man hanseatisch nennt: Backstein und Ruß, Stahl und Hafen, und vielleicht fühlen sich deshalb Menschen, die vielleicht noch *hamburgischer als* die Hamburger sind, hier so wohl: Werber und Artdirektoren werden jedenfalls von dem Loft-Ambiente angezogen [...] (Süddeutsche Zeitung, 24. 04. 2001, 7; Hervorh. L. G.)

Die absoluten Eigenschaften von *hamburgisch* werden demnach in Relation zum Kontext konzeptuell mit Eigenschaften verknüpft, die wiederum graduierbar

---

10 Dabei fungiert die Komparationsbasis sowohl in Äquativvergleichen, wie in (4), als auch in Komparativvergleichen, wie in (5), als Bezugsgröße (vgl. Eggs 2006b: 53).
11 Quantifizierende Adjektive beschreiben u. a. geographische Eigenschaften, wie *kontinental* oder *europäisch*, wobei qualifizierende Adjektive auf bestimmte Merkmale, z. B. auf Formen oder Farben, referieren. Beispiele für adjektivisch gebrauchte Partizipien wären *suchend* oder *verschwunden*. Für eine ausführliche Zusammenstellung dieser Erscheinungsformen der Adjektive s. Duden (⁹2016: 342–345, 382f.).

sind (vgl. Eggs 2006b: 57). Im Falle von *hamburgischer* ist die Bedeutung an Merkmale geknüpft, die auf der Popularität (klischeehafter) hanseatischer Architektur sowie der geographischen Lage des beschriebenen Hotels beruhen und die von bestimmten Personen bzw. Berufsgruppen besonders geschätzt würden – insbesondere mehr als von Hamburger*innen selbst.

Die Bedeutungsanreicherung durch die Komparation ursprünglich absoluter Adjektive[12] ist keine Seltenheit für den alltäglichen Sprachgebrauch. Lexeme wie *feminin* und *maskulin* sind mitsamt ihrer graduierbaren Bedeutung Teil unseres Lexikons geworden und werden dementsprechend auch in Wörterbüchern codiert (vgl. dazu Eggs 2006b: 57 f.).

2.1.4 Analogiebeziehungen in Vergleichen

Wie bereits erwähnt, ist das Denken in Analogien und Bilden von Analogien eine zentrale kognitive Fähigkeit des Menschen, die sich nicht nur im Sprachgebrauch widerspiegelt, sondern für jegliche Bereiche der Modellbildung, wie dem Kartographieren oder der Entwicklung von Theorien und Metaphern, das Fundament darstellt (vgl. Levinson [17]2006: 159). Im Gegensatz zum Ähnlichkeitsurteil, das die konkrete Vergleichbarkeit zweier Entitäten beinhaltet, ist die Analogie durch die „Überlappung von Relationen" dieser Entitäten gekennzeichnet. Analogiebeziehungen beruhen also auf der Ähnlichkeit oder Gleichheit von Verhältnissen, die entweder zwischen den Konzepten[13] dieser Entitäten bestehen oder im Prozess der Rezeption hergestellt werden (vgl. Skirl/Schwarz-Friesel [2]2013: 59), wie folgendes Beispiel demonstriert:

(7) *Berlin ist wie ein Magnet* für Tel Aviver. […] Fast 20.000 Israelis, so wird geschätzt, leben derzeit in der deutschen Hauptstadt, und die Zeitung Haaretz hat schon vor Längerem geunkt, dass es mittlerweile in Berlin mehr israelische Künstler gebe als in Tel Aviv. Grund dafür ist aber nicht nur die Inspiration. ‚Das Leben ist einfach billiger', sagt Roy Amotz. (Süddeutsche Zeitung, 11. 01. 2014, 3; Hervorh. L. G.)

---

12 Im Falle von Farbadjektiven wird deutlich, dass sie nicht eindeutig als absolute Adjektive gefasst werden können, sondern in gewissen Kontexten eine Tönung des Positivs, also ihrer Grundform, beschreiben. Inwiefern Farb- und Formadjektive bedeutungsmodifizierende Komparative bilden können, diskutiert Trost (2006: 77–79).
13 Konzepte sind mentale Organisationseinheiten, deren Funktion darin besteht, das Weltwissen zusammen mit subjektiven Erfahrungseinheiten zu speichern und zu verarbeiten (vgl. Schwarz-Friesel [3]2008: 108 f.).

Obwohl sich die Konzepte der Komparationsbasis von denen des Komparandums unterscheiden, werden Relationen zwischen diesen beiden konstituiert. In (7) bildet der Gegenstand MAGNET die Komparationsbasis und die Stadt BERLIN das Komparandum – dabei wird eine Relation zwischen beiden Entitäten hergestellt, die auf der Eigenschaft der ANZIEHUNGSKRAFT beruht.[14] Der Erkenntnisgewinn, der durch die Analogie erzielt wird, ist also auf die Übertragung von Strukturen, dem „structure-mapping"[15] (Gentner 1983), zurückzuführen und nicht auf die Ähnlichkeit beider Entitäten an sich (vgl. Gentner 1983: 157 f.). Im Hinblick darauf betont Dutke (1994), dass aber gerade die Ähnlichkeit zwischen den Elementen des Basis- und Zielbereichs dazu führt, dass Analogiebeziehungen leichter zu erkennen sind.[16] Das bedeutet, dass die Relation, die ohnehin zwischen beiden Entitäten besteht und nicht erst etabliert werden muss, die Rezeption der jeweiligen Analogie beschleunigt und ein geringerer kognitiver Aufwand dafür notwendig ist (vgl. Dutke 1994: 16 f.). Da Analogien die Grundlage für die Perzeption und Rezeption heterogener Vergleiche darstellen, wenden wir uns nun der Gegenüberstellung dieser beiden Vergleichsarten zu.

2.1.5 Homogene und heterogene Vergleiche

Vergleiche lassen sich nach unterschiedlichen Gesichtspunkten differenzieren. Auf der einen Seite beschreiben sie solche Strukturen, in denen beide Vergleichsgrößen aus der gleichen Wirklichkeitsdomäne stammen (s. dazu Kap. 2.1.2 und 2.1.3). Diese stellen homogene Vergleiche dar, die im Englischen als „comparisons" bezeichnet werden (Levinson [17]2006: 154) und die Gleichheit oder Ungleichheit zwischen beiden Konzepten anzeigen (vgl. Eggs 2006a: 64 f.).

(8) Encyclopaedias are like dictionaries. (Ortony 179: 191; zit. nach Levinson [17]2006: 155)

Im Hinblick auf die Wahrheitsbedingungen ist die in (8) geäußerte Proposition als wahr zu bewerten – dabei werden zentrale Eigenschaften von Enzyklo-

---

14 Die figurative Bedeutung von Magnet als „Sache oder Person, die auf viele Menschen eine große Anziehungskraft hat" (Duden [3]2002: 599) ist insofern konventionalisiert, indem sie auch in Wörterbüchern codiert wird.
15 Structure-mapping definiert Gentner (1983) wie folgt: „[A]nalogy is characterized by the mapping of relations between objects, rather than attributes of objects, from base to target [...]" (Gentner 1983: 168).
16 Dazu listet er verschiedene kognitionspsychologische Experimente auf, in denen dies nachgewiesen werden konnte (s. hierzu Dutke 1994: 16 f.).

pädien und Wörterbüchern, wie die Form als NACHSCHLAGEWERKE sowie die ALPHABETISCHE BEGRIFFSANORDNUNG, in Beziehung zueinander gesetzt (vgl. Levinson ¹⁷2006: 155).

Anders verhält es sich bzgl. der heterogenen Vergleiche, die im Englischen unter den Terminus „similies" (Levinson ¹⁷2006: 155) gefasst sind und eine konzeptuelle Beziehung zwischen zwei Entitäten herstellen, die aus verschiedenen Wirklichkeitsdomänen stammen (vgl. Eggs 2006a: 64).[17] Beispiel (9) verdeutlicht, dass heterogene Vergleiche Analogiebeziehungen zwischen den Eigenschaften beider Vergleichsgrößen auf einer abstrakten figurativen Ebene etablieren (vgl. Levinson ¹⁷2006: 155).

(9) Encyclopaedias are like gold mines. (Ortony 179: 191; zit. nach Levinson ¹⁷2006: 155)

Hier wird die Relation zwischen der Eigenschaft des WERTES hergestellt, den einerseits Goldminen in Form eines materiellen Wertes aufweisen und andererseits Enzyklopädien im (figurativen) Sinne von Wissen und Information beinhalten (vgl. Levinson ¹⁷2006: 155).[18] Eggs (2006a) konstatiert, dass die Rezeption von heterogenen Vergleichen einer höheren kognitiven Anstrengung unterliegt, da

> [...] bestimmte Relationen aus dem einen, bekannten Wissenszusammenhang auf den anderen, durch den Vergleich zu charakterisierenden Wissenszusammenhang übertragen [werden müssen], wodurch sich neue Beziehungen, neue Bedeutungen, ja neue Einsichten ergeben. Der durch den Vergleich zu charakterisierende Wirklichkeitsbereich wird in diesem Fall neu strukturiert, da er gewissermaßen durch den zum Vergleich herangezogenen Wirklichkeitsbereichs [sic] hindurch gesehen wird. (Eggs 2006a: 66)

Mittels homogener Vergleiche werden lediglich neue Informationen vermittelt, die in denselben Wissensdomänen liegen und diese nicht neu arrangieren oder modifizieren müssen. Dabei wird die Funktion der Weitergabe neuen Faktenwissens erfüllt. Demgegenüber stellen heterogene Vergleiche Analogiebeziehungen zwischen zwei Konzepten her, wodurch sie neue Zusammenhänge vermitteln. Komplexe konzeptuelle Strukturen und Eigenschaften werden hierfür aus einer Wissensdomäne auf eine andere übertragen (vgl. Eggs 2006a: 66 f.).

---

17 Diese Art des Vergleichs weist eine große Ähnlichkeit zur Metapher auf und wird mitunter auch als „Analogievergleich" oder „metaphorischer Vergleich" bezeichnet (Eggs 2006a: 64, 72; Kurz ⁵2004: 22), da im Zuge der Rezeption Analogiebeziehungen etabliert werden müssen. Zur Bestimmung der Metapher und der Abgrenzung zum heterogenen Vergleich s. Kap. 2.4.
18 Der Wahrheitswert für (9) wäre in der wörtlichen Bedeutung des Satzes im Gegensatz zu (8) logisch falsch (vgl. Levinson ¹⁷2006: 155).

Modalitäts- bzw. Äquativvergleiche sowie Komparativvergleiche können ohne weiteres als heterogene Vergleiche vorliegen (*das Kind ist so klein wie eine Maus* und *das Kind ist kleiner als eine Maus*). Demgegenüber stehen Superlativvergleiche – sobald diese als heterogene Vergleiche ausgedrückt sind (*das Kind ist die kleinste Maus*), liegt m. E. kein klassischer Vergleich mehr vor, sondern ein Übergang zur Metapher.[19]

2.2 Vergleichsarten und Vergleichsstrukturen

In Bezug auf die korpuslinguistische Untersuchung von NS-V wurden bestimmte Vergleichsarten und -strukturen eruiert, die im Folgenden hinsichtlich allgemeiner linguistischer Gesichtspunkte beleuchtet werden.[20] Diesen Vergleichsarten ist bezüglich der inhaltlichen Ausrichtung von NS-V gemein, dass die miteinander in Beziehung gesetzten Vergleichsgrößen aus unterschiedlichen konzeptuellen Domänen stammen und sie somit ausschließlich in Form heterogener Vergleiche vorliegen.

2.2.1 Modalitätsvergleiche

Da Modalitätsvergleiche im Hinblick auf die Ergebnisse der Korpusstudie einen Schwerpunkt innerhalb dieser Arbeit bilden, werden sie im Gegensatz zu anderen Vergleichsformen derselben Vergleichsklasse an dieser Stelle genauer definiert und veranschaulicht. Modalitätsvergleiche bilden eine Kategorie der Äquativvergleiche,[21] die sich in erster Linie durch den Vergleichsjunktor *wie* auszeich-

---

[19] S. zu Metaphern Kap. 2.4 sowie Kap. 3.3.1 und 5.1.1.3 zur Superlativstruktur von NS-V als Schnittstellenphänomen zwischen Vergleichen und Metaphern.
[20] Speziell zu den Erscheinungsformen und Ausprägungen innerhalb der Korpustexte s. Kap. 5.1 und 5.2.
[21] Die verschiedenen Arten der Äquativvergleiche werden funktional in Bezug auf das tertium comparationis (bzw. den Vergleichsaspekt) unterschieden. Im Hinblick auf diese konstatierte Eigenschaft werden die Vergleichsgrößen miteinander in Zusammenhang gebracht bzw. voneinander abgegrenzt. Abgesehen von den hier diskutierten Modalitätsvergleichen gehören auch Gradvergleiche, Artvergleiche und Faktizitätsvergleiche zur Kategorie der Äquativvergleiche. In Gradvergleichen sind die Vergleichsgrößen im Hinblick auf einen Ausprägungsgrad einer bestimmten Eigenschaft miteinander äquivalent gesetzt und enthalten immer ein Adjektiv (*Klaus läuft so schnell wie Usain Bolt*). Artvergleiche zeichnen sich durch den Vergleich der Beschaffenheit einer Entität mit einer anderen aus, syntaktisch sind sie gewöhnlich folgendermaßen strukturiert: [NP] *wie* [NP] (*Hunde wie Mascha brauchen besonders viel Bewegung*). In Faktizitätsvergleichen werden die Vergleichsgrößen nicht in Bezug auf eine spezifische Modalität, sondern im Hinblick auf ihre Faktizität miteinander gleichgesetzt, dabei fungiert *wie* vergleichend und zu-

net: Komparandum und Komparationsbasis sind mittels dieser Partikel in Bezug auf das tertium comparationis äquivalent gesetzt. Auf dessen Grundlage werden die Vergleichsentitäten unter dem Aspekt der jeweiligen Art und Weise, also der Modalität, miteinander gleichgesetzt (vgl. Thurmair 2001: 74). Thurmair (2001: 165) spricht in diesem Zusammenhang auch von „Vergleiche[n] der Gleichheit". Dabei können Modalitätsvergleiche sowohl in Form homogener als auch in Form heterogener Vergleiche, wie in (10), vorliegen.

(10) Coach Benoit Laporte macht sich um die Qualitäten seines Stürmers keine Sorgen. ‚*Freddy ist wie ein Monster gebaut* und hat trotz der langen Pause kaum an Muskulatur verloren', schwärmt der Kanadier [...]. (Hamburger Morgenpost, 28. 02. 2014, 36; Hervorh. L. G.)

Der Eishockeytrainer Benoit Laporte vergleicht den Spieler *Frédérik Cabana* (Komparandum) mit *einem Monster* (Komparationsbasis) in Bezug auf die Eigenschaft seiner PHYSISCHEN STATUR. Da dieser Aspekt als tertium comparationis in der Vergleichsstruktur jedoch nicht explizit definiert wird, bezeichnet Thurmair (2001: 165) solche Realisierungen als „offene Vergleiche". Trotz des nicht spezifizierten Aspektes können Rezipient*innen im jeweiligen Kontext die passende Modalität problemlos erschließen, denn der*die Produzent*in verweist durch die Spezifikation der Komparationsbasis auf bestimmtes Vorwissen seitens des*der Rezipient*in (vgl. Thurmair 2008: 16 f.).

Der Junktor „*[w]ie* ist ein zentrales Signal in Vergleichskonstruktionen" (Marillier 2009: 1; Hervorh. im Original).[22] Die Gradpartikel *so* bildet keine obligatorische Komponente innerhalb von Vergleichsstrukturen, sie kann in Äquativvergleichen jedoch in Bezug auf den Vergleichsaspekt deiktisch verwendet werden. Im Zuge dessen fungiert *so* aus funktional-pragmatischer Sicht als Aspektdeixis, indem es den jeweiligen Ausprägungsgrad einer Eigenschaft anzeigt (vgl. Eggs 2006b: 53 f.), die bspw. durch ein Adjektiv realisiert wird: *so schön (wie)* oder *so weich (wie)*. Aber auch in Bezug auf die Komparationsbasis kann das deiktische *so* eingesetzt werden, um indirekt auf Eigenschaften und

---

sätzlich auch koordinierend (*Sie arbeitet wie ihre Kolleg*innen von 8 bis 16 Uhr*) (vgl. Thurmair 2001: 74 f.). Zwischen Faktizitäts- und Modalitätsvergleichen ist nicht immer trennscharf voneinander zu unterschieden, da der Kontext und das Vorwissen des*der Rezipient*in die Zuordnung eines Vergleichs zu diesen beiden Vergleichsformen beeinflussen (vgl. ebd.: 175).

22 Darüber hinaus wird *wie* vielfältig eingesetzt – sei es als temporale Subjunktion, frage- oder exklamativeinleitende Subjunktion oder als Frage- bzw. Exklamativadverb (vgl. Thurmair 2001: 46). Zur ausführlichen Darstellung der verschiedenen Funktionen von *wie* innerhalb diverser syntaktischer Strukturen s. Hahnemann (1999), Thurmair (2001) sowie Eggs (2006a) und Marillier (2009).

Merkmale zu verweisen, die das Komparandum charakterisieren sollen, z. B. *so wie ein Monster*.

Die Verwendung des unbestimmten Artikels *ein*, „der generische Referenz signalisiert" (Thurmair 2008: 17), ist in diesem Zusammenhang charakteristisch für die Komparationsbasis in Gestalt einer Nominalphrase (vgl. ebd.). Die Verwendungsfunktion besteht darin, aufseiten der Rezipient*innen ein Konzept bzgl. eines Exemplars der jeweiligen Kategorie mental zu aktivieren, das z. B. in Form eines prototypischen Vertreters, eines Schemas oder Skripts repräsentiert wird.[23] Im Zuge dessen findet die in Kapitel 2.1.1 beschriebene Strategie Anwendung, in der bekanntes Wissen zum Einsatz kommt, um neues Wissen bzgl. des Komparandums zu vermitteln (vgl. ebd.: 17 f.). Das primäre Ziel, das mit jenen Äußerungen angestrebt wird, besteht allerdings nicht ausschließlich darin, entsprechende Kenntnisse weiterzugeben. In bestimmten Kontexten kommen Modalitätsvergleiche zum Einsatz, um u. a. Bewertungen auszudrücken, persuasiv[24] auf Rezipient*innen einzuwirken, Personen zu diffamieren und persönliche Einstellungen zu artikulieren – welche Analogien in diesem Zusammenhang hergestellt werden können und welche kommunikativen sowie psychologischen Funktionen sie erfüllen, beleuchten Kapitel 3 und 5.

2.2.2 Komparativvergleiche

Komparativvergleiche zeichnen sich dadurch aus, dass Komparandum und Komparationsbasis im Hinblick auf das tertium comparationis zueinander in Beziehung gesetzt werden und bzgl. dieses Aspektes einen unterschiedlichen Ausprägungsgrad aufweisen, der typischerweise durch ein kompariertes Ad-

---

[23] Konzeptuelle Einheiten werden nicht isoliert voneinander im Langzeitgedächtnis abgespeichert, sondern zusammen (innerhalb komplexer kognitiver Strukturen) mit anderen Konzepten, die in Relation zueinander stehen. Diese Wissensstrukturen werden als Schemata bezeichnet. Schemata, die Handlungen und ganze Szenen aus Ereignissen beinhalten, sind unter dem Terminus des Skripts gefasst (vgl. ausführlich dazu Schwarz-Friesel ³2008: 115 f.). Ein Prototyp ist derjenige Vertreter einer Kategorie, der einen hohen Grad an charakteristischen Eigenschaften dieser Kategorie aufweist (vgl. Schwarz-Friesel ³2008: 108 f.).

[24] Ortak (2004: 89) bezeichnet mit Persuasion ein komplexes Strategiemuster, „mit dem Sp1 [Sprecher 1] bezweckt, bei Sp2 [Sprecher 2] Konvergenz in Handlungs- bzw. Bewertungsfragen herzustellen" (Anmerk. L. G.). Handlungsfragen umfassen dabei den praktischen Bereich (z. B. Aufforderungen durch Überreden), Bewertungsfragen betreffen den evaluativen Diskurs (z. B. Überzeugen mittels bestimmter Argumentationsstrategien) (vgl. ebd.: 85). Persuasive Strategien stellen Schwarz-Friesel (²2013: 225) zufolge „kommunikative Verfahrensweisen [dar; L. G.], die spezifisch rezipientenbeeinflussend, d. h. intentional auf eine bestimmte Wirkung ausgerichtet sind".

jektiv²⁵ zum Ausdruck gebracht wird (vgl. Thurmair 2001: 3). Das Adjektiv erscheint dabei in der Komparativform, also der zweiten Stufe der Steigerung, welche sich vom Positiv, der Grundform des Adjektivs, u. a. durch die Bildung eines Umlautes und das Komparativsuffix *-er* unterscheidet.²⁶ Im folgenden Beispiel schwindet zusätzlich der auslautende Konsonant vor dem vokalisch anlautenden Suffix (*hoch – höher*).

(11) Der Strauch ist *höher als* die Hecke.

Im Zuge der relativen Komparation wird der Komparationsbasis (*Hecke*), die das Bezugselement darstellt, ein Wert auf einer Skala zugeordnet. Diese semantische Skala bildet die Grundlage für den Ausprägungsgrad der Eigenschaft, die durch das Adjektiv ausgedrückt wird. Den zweiten Wert auf der Skala des Dimensionsadjektivs *hoch* markiert das Komparandum *Strauch* (vgl. dazu Bierwisch 1987a: 11 f.; Varnhorn 1993: 88 f.).

Das Wissen um den Ausprägungsgrad der Eigenschaft, die der Komparationsbasis zugeschrieben wird, d. h. im Falle von (11) *hoch* in Bezug auf *die Hecke*, wird von Rezipient*innen des Satzes vorausgesetzt. Die neue Information wird durch den Vergleich mit dem Komparandum vermittelt, das aufgrund dieser Bezugnahme indirekt charakterisiert wird. Weil die Vergleichsgrößen häufig nicht konkret auf der besagten Skala festgelegt sind, besteht im Hinblick auf den genauen Ausprägungsgrad der beschriebenen Eigenschaft verhältnismäßige Vagheit. Selbst wenn die Höhe der Hecke genau markiert ist, wird keine Information über die Differenz zwischen der Heckenhöhe und der Strauchhöhe gegeben und damit ist die konkrete Lage der Vergleichsgrößen auf der Skala des Adjektivs nicht zu bestimmen (vgl. Thurmair 2008: 4 f.). Laut Thurmair (2008: 5) würde ebenjene Vagheit Komparativstrukturen funktional machen, wobei die Semantik der Adjektive in diesem Fall natürlich eine besondere Rolle spielt. Persuasive oder manipulative Strategien können bspw. auf dieser Basis umgesetzt werden. Eine Grundvoraussetzung für die Auswahl der Vergleichsgrößen besteht in ihrer „Gemeinsame[n] Einordnungsinstanz" (Lang 1977: 66; zit. nach Thurmair 2008: 5) – das bedeutet, sie müssen in einer „erwartbaren Beziehung zueinander stehen" (Thurmair 2008: 5). Anderenfalls können kuriose Effekte eintreten, wie in folgendem bekannten Alogismus:

---

25 Zu syntaktischen, semantischen und pragmatischen Gesichtspunkten hinsichtlich der Funktion von Adjektiven innerhalb von Komparationsstrukturen s. Varnhorn (1993) sowie Kap. 2.1.3.
26 Darüber hinaus gibt es zahlreiche Adjektive, deren Komparativformen ohne Umlaut- oder Suffixbildung sprachlich realisiert werden. Zu morphologischen Aspekten von regelmäßig und unregelmäßig gebildeten Komparativformen s. Bierwisch (1987a: 21 f.) sowie Duden (⁹2016: 372–376).

(12) Nachts ist es kälter als draußen.

Da die Entitäten *nachts* und *draußen* keine gemeinsame Einordnungsinstanz aufweisen,[27] ist der direkte Vergleich hier unzulässig und kann nur als rhetorisches Stilmittel gelten, das der Unterhaltung dient. Heterogene Vergleiche, die als Komparativ realisiert werden, können neben der grundlegenden Vergleichsfunktion der Wissensvermittlung auch zahlreiche andere Zwecke erfüllen, die im Zuge dieser Arbeit anhand von NS-V herausgearbeitet werden (s. dazu Kap. 3.4 und 5.1.1.2).

Die Partikel *als* kommt zusätzlich zu Komparativvergleichen auch in anderen Konstruktionen zum Einsatz, in denen Analogierelationen zwischen unterschiedlichen Konzepten hergestellt werden. In modalen Vergleichssätzen kann bspw. mithilfe von *als* eine Nichtfaktivität angezeigt werden, die neben *als ob* auch mit *als wenn* oder *wie wenn* sprachlich realisiert wird (vgl. Eisenberg 2006: 119). Im folgenden Beispiel zeigt der*die Verfasser*in diese Nichtfaktivität mittels *als ob* an und stellt damit eine Analogiebeziehung zwischen dem Titel des Paul McCartney Albums und der fiktiven Äußerung eines Dinosauriers her.

(13) Am 11. Oktober erscheint das Album von Paul McCartney, es heißt ‚New', und schon der Titel ist ein Scherz. Seit mehr als 50 Jahren ist der Mann im Geschäft, und jetzt eine Platte ‚Neu' zu nennen, ist so, *als ob* ein Dinosaurier *sagte*, hey, ich bin der letzte Schrei der Evolution! (Focus, 07. 10. 2013, 126; Hervorh. L. G.)

Da es sich in (13) um einen irrealen Komparativ handelt, erscheint das Verb *sagen* in Form des Konjunktivs II, der den Modus der Irrealität bzw. Kontrafaktizität kennzeichnet (vgl. dazu Duden ^{9}2016: 528 f.). *Als* erfüllt abgesehen von der Kennzeichnung von modalen (hypothetischen und irrealen) Vergleichen sowie der Markierung von Vergleichen, die generell auf Ungleichheit der Vergleichsgrößen beruhen, außerdem zahlreiche weitere Zwecke, die über das Vergleichen hinausgehen (s. vertiefend hierzu Thurmair 2001: 46–68).[28]

2.2.3 Superlativvergleiche

Vergleichsstrukturen im Superlativ weisen keine konkrete Komparationsbasis auf, sondern geben eine Vergleichsmenge an, die alle Entitäten beinhaltet, die

---

27 Eine Tageszeit und eine Örtlichkeit sind hinsichtlich der Vergleichsstruktur semantisch nicht miteinander kompatibel.
28 Zur Erläuterung der Funktion von *als* in koordinierenden Konjunktionen s. Eisenberg (2006: 287 f.).

miteinander verglichen werden – dazu zählt auch das Komparandum selbst. Damit heben sie sich von Äquativ- wie auch von Komparativvergleichen ab und stellen eine spezielle Ausprägung der Vergleichsstruktur dar (vgl. Varnhorn 1993: 90; Thurmair 2001: 232). Das semantische Verhältnis zwischen der Vergleichsmenge und dem Komparandum bezeichnet Thurmair (2001: 232) als „Inklusionsbeziehung". Wenngleich die explizite Benennung der Vergleichsmenge nicht obligatorisch ist, kann sie jedoch, wie in (14), Teil des Vergleichssatzes sein.

(14) Der Baikalsee ist der *tiefste* aller Seen der Erde.

Das Komparandum *Baikalsee* ist Teil der Vergleichsmenge *alle Seen der Erde*. Sofern diese Menge explizit benannt ist, erscheint sie im Genitiv oder wird mit der Präposition *von* eingeleitet (vgl. Thurmair 2008: 12f.). Da innerhalb der Vergleichsmenge keine konkreten Entitäten benannt sind, wird das Komparandum demzufolge „mit möglichen vorstellbaren Entitäten einer kontextuell relevanten Menge verglichen" (ebd.: 12).[29]

Das Morphem *-st*, das als Adjektivsuffix dient, löst die Vergleichsoperation aus und zeigt den maximalen Ausprägungsgrad der Eigenschaft *tief* an. In diesem Fall stellt die TIEFE DER SEEN das tertium comparationis der Vergleichsstruktur in (14) dar. Das Indefinitpronomen *aller* dient der Verstärkung des Superlativs[30] und kann je nach Belieben auch als Präfix für das Adjektiv eingesetzt werden (vgl. Thurmair 2001: 249), z. B. in *allertiefster See*. Superlative, die nicht in relativer, sondern in absoluter Bedeutung gebraucht werden, wie *mit herzlichsten Grüßen* oder *bester Gesundheit*, bezeichnet man als Elative. Der Terminus Elativ wird in der Literatur allerdings eher vage verwendet und umfasst noch ein weiteres Phänomen, das in der Verwendung von Lexemen besteht, die zwar keine Superlativform besitzen, aber eine Höchststufe ausdrücken, bspw. *außerordentlich* (vgl. ebd.: 248). Weitere Elativformen und textuelle Eigenschaften attributiver Superlativstrukturen erörtert Kapitel 2.3.3.

---

29 Demnach würden Superlative in erster Linie nur als homogene Vergleiche realisiert werden können. Sobald dies nicht der Fall ist und ein heterogener Vergleich in Form eines Superlativs zum Ausdruck kommt, bspw. in *der Schaffner ist der schlimmste Faschist*, haben wir es m. E. mit einem Phänomen zu tun, das als Schnittstelle zwischen Vergleichen und Metaphern gelten kann. S. dazu Kap. 3.2.1, das jene Problematik anhand von NS-V allgemein erläutert und Kap. 5.1.1.3, in dem dies mit Blick auf die in der Korpusanalyse ermittelten Vergleiche diskutiert wird.
30 *Weitaus, bei weitem* oder *denkbar* fungieren ebenfalls als eine solche Verstärkung (vgl. Duden ⁹2016: 380).

2.3 Makrostrukturelle Vergleiche im Text und lexikalische Vergleichsindikatoren

2.3.1 Modalitätsvergleiche auf der Textebene

Neben den bisher besprochenen Vergleichsjunktoren stellt die Sprache ein reiches Inventar an Strukturen und lexikalischen Mitteln zur Verfügung, um Vergleiche auf unterschiedlichen Ebenen zu realisieren. Thurmair (2008) spricht in diesem Zusammenhang von makrostrukturellen Vergleichen auf der Textebene, die sie in zwei Subkategorien unterteilt. In diesem Zusammenhang kann die Funktion eines ganzen Textes darin bestehen, einen Vergleich auszudrücken, indem die Textstruktur zusammen mit den semantischen Beziehungen zwischen den Vergleichsgrößen dementsprechend angelegt ist. Bestimmte operative Mittel, die als lexikalische Vergleichsindikatoren[31] zum Einsatz kommen, wie *ähnlich* oder *genauso*, können innerhalb dieser Texte vorkommen, bilden aber keine Notwendigkeit dafür. Eine typische Textsorte, in der Vergleiche auf der Ebene der Textstruktur realisiert werden, sind u. a. wissenschaftliche Abhandlungen aus der vergleichenden Literaturwissenschaft (vgl. Thurmair 2008: 1).[32] Da die Makrostruktur dieser Textsorte per se schon einen Vergleich darstellt und die Vergleichsgrößen, also die Werke bzw. Protagonisten, den gesamten Text hindurch bekannt sind, kann „auf implizitere sprachliche Formen des Vergleichs zurückgegriffen werden" (ebd.). Das folgende Beispiel zeigt einen Vergleich zwischen den Protagonisten aus den literarischen Werken „Die Leiden des jungen Werther", „The catcher in the rye" und „Die neuen Leiden des jungen W.":[33]

(15) Eine erste *Gemeinsamkeit* zwischen *Edgar, Werther und Holden* ist ihr jugendliches Alter. Edgar ist 17, genau wie Holden. *Auch* Werther ist mit wahrscheinlich 22 Jahren immer noch recht jung [...]. Außerdem *sind alle* [...] *Figuren* jeweils die unangefochtenen Protagonisten der jeweiligen Texte [...]. Nun ist die Verwendung eines jungen Protagonisten noch nicht wirklich als Wiederaufnahme zu sehen, dazu ist dieses Merkmal zu wenig distinkt, zu weit verbreitet. Doch es steht ja im Zusammenhang mit zahlreichen anderen

---

[31] Dieser Terminus beruht auf den Ausführungen von Ortner (1985) und erweist sich gerade im Hinblick auf die in dieser Arbeit untersuchten diversen sprachlichen Realisierungen von NS-V als besonders praktikabel.
[32] Auch andere Textsorten können dieses Merkmal selbstverständlich aufweisen. Die Textsorte aus Beleg (15) ist angelehnt an ein Beispiel in Thurmair (2008).
[33] Im Zuge dieses Vergleichs werden drei Entitäten bzw. Vergleichsgrößen zueinander in Beziehung gesetzt. Hiermit wird deutlich, dass Vergleichsstrukturen auch mehr als zwei Glieder aufweisen können.

2.3 Makrostrukturelle Vergleiche im Text und lexikalische Vergleichsindikatoren — 29

> Merkmalen, ist Teil *komplexerer Übereinstimmungen zwischen den Figuren*. So werden *Edgar, Werther und Holden* nicht nur in ihrer Jugend geschildert, sondern auch in einer Situation, in der *sie* aus ihren bisherigen gesellschaftlichen Zusammenhängen, aus einer Welt, die vor allem von anderen Erwachsenen bestimmt war, in eine relative Isolation *geflohen sind*. [...] Edgar lebt in einer *Laube alleine*. Zuerst verschafft ihm das ein völlig neues *Hochgefühl* [...]. *Ähnlich isoliert* ist auch Werthers *Laube* in einem parkähnlichen Garten und auch Werther *genießt das Alleinsein*. (Carl 2008: 238, 240; Hervorh. L. G.)

Die tertia comparationis werden in (15) zum einen durch das Alter der Hauptfiguren und zum anderen durch ihre Lebensumstände dargestellt. Dass es sich dabei um *Gemeinsamkeiten* und *komplexe Übereinstimmungen zwischen den Figuren* handelt, wird explizit hervorgehoben. Die Ähnlichkeit der Vergleichsentitäten wird z. B. durch die gemeinsame Aufzählung von *Edgar, Werther und Holden* sowie durch die Verwendung der Anaphern *sie* und *alle Figuren* als Signal der Referenz auf die drei Protagonisten zusammen ausgedrückt – daraus ergeben sich wiederum Formulierungen im Plural. Die Gegenüberstellung der ähnlichen Lebensumstände von *Edgar* und *Werther* bringt der Autor außerdem dadurch zum Ausdruck, indem er die Konzepte der ISOLATION und des ALLEINSEINS auf das Leben beider Personen bezieht, die jeweils in einer *Laube leben* und das am Beginn dieses Daseins als sehr positiv bewerten (Edgar verschafft es ein *Hochgefühl* und Werther *genießt* es).

Diese eher impliziten Vergleichsindikatoren werden zusätzlich von lexikalischen Mitteln gerahmt, die Gleichheit bzw. Ähnlichkeit oder Ungleichheit bzw. Unähnlichkeit explizit ausdrücken: In Beispiel (15) handelt es sich um *genau wie* und *ähnlich*. Außerdem zeigt die Fokuspartikel *auch* die Gleichheit bzw. Ähnlichkeit bestimmter Aspekte, der tertia comparationis, im Zusammenhang mit den Vergleichsgrößen an.

Die Funktion des Textes als makrostruktureller Vergleich besteht darin, Wissen über alle Vergleichsgrößen zu vermitteln.[34] Demgegenüber stehen Vergleiche mit der Funktion, Erkenntnisse über lediglich eine der Vergleichsgrößen zu schaffen, indem die Beschreibung vertrauter Sachverhalte dafür herangezogen wird, Wissen über neue Sachverhalte weiterzugeben. Wie in Kapitel 2.1.1 beschrieben, wird damit ein Bezug zwischen bereits bekannten und neuen Wissensbestandteilen hergestellt. Auf diese Weise werden Verstehenshilfen geliefert, die als didaktisches Mittel sehr beliebt sind (vgl. Thurmair 2008: 2). Im

---

[34] Im letzten Abschnitt von (15) sind nur zwei der drei Vergleichsgrößen erwähnt, weil das Leben in einer Laube nur auf diese beiden zutrifft.

folgenden Beispiel vergleicht der*die Autor*in die Marketingstrategie der digitalen Erstellung eines Kundenprofils, das individuell auf die Bedürfnisse jener Kund*innen zugeschnitten ist, mit den Kenntnissen eines persönlichen Weinhändlers:

(16) Electronic Mail eignet sich gut für kleinere Firmen als Einstieg in das Online-Marketing. Aus den so gewonnenen Angaben – die als die eigentlich harte Währung im Informationszeitalter gelten – wird ein Kundenprofil erstellt. *Das ist gewissermaßen wie* beim Weinhändler um die Ecke, der die persönlichen Vorlieben seines Kunden kennt und ihm deshalb gleich einen besonders guten Bordeaux empfiehlt. Die Skalierung der virtuellen Kundenbeziehung geht noch weiter, indem aus dem Kunden ein ‚Mitglied' im Kundenklub wird und schließlich ein umworbener VIP. (Computer Zeitung, 03. 07. 1997, 15; Hervorh. L. G.)

Dieser heterogene Vergleich wird zur Vermittlung neuer Informationen eingesetzt und durch den Appositionsindikator *gewissermaßen* und den Vergleichsjunktor *wie* signalisiert. Auch diese Form der makrostrukturellen Vergleiche kann mittels expliziter lexikalischer Vergleichsindikatoren realisiert werden. Ortner (1985) zufolge erfüllen solche, von ihr als Vergleichssignale bezeichneten, Mittel die Funktion, auf Vergleichsstrukturen hinzuweisen. Zusätzlich zu *als* und *wie* listet sie in diesem Kontext folgende Formulierungen auf: *eine Art, gleichsam, sozusagen, gewissermaßen, ähnlich, gleich, vergleichbar*. Auch die Verben *ähneln, gleichen, erinnern an* und die Substantive *Ähnlichkeit, Verwandtschaft, Angleichung* und *Anzeichen* dienen als vergleichsanzeigende Ausdrücke. Die Suffixe *-ähnlich, -artig* oder *-gleich* werden außerdem aufgeführt und im Zuge der Analyse von Wort- und Satzbildungsmitteln in Science-Fiction-Texten diskutiert (vgl. Ortner 1985: 268).[35]

Neben den von Ortner (1985) gelisteten Lexemen setzen Verfasser*innen u. a. Wendungen, wie *das erinnert an, Parallelen können gezogen werden* oder die Negation, *es gibt keinen Unterschied*, häufig ein, um Gleichheit oder Ähnlichkeiten in Vergleichskonstruktionen sprachlich zu realisieren.[36] Inwiefern die

---

[35] Zur ausführlichen Kategorisierung dieser Vergleichsindikatoren nach Wortart, Funktion und dem syntaktischen Status der Vergleichsgröße s. Ortner (1985).
[36] Zusätzlich zu den von Ortner (1985) und Thurmair (2001, 2008) angeführten Vergleichsjunktoren und lexikalischen Vergleichsindikatoren dienen u. a. entsprechende Lexeme, die Dornseiff ([8]2004) in seiner lexikographischen Zusammenstellung als vergleichsanzeigend betitelt, als Kategorien für die sprachliche Realisierung von Analogien. Dazu zählen Lexeme wie *parallel, ebenbürtig, analog, erinnern an, entsprechen* etc. (vgl. ebd.: 73, 201).

2.3 Makrostrukturelle Vergleiche im Text und lexikalische Vergleichsindikatoren — 31

Produzent*innen von NS-V unterschiedliche Vergleichsindikatoren verwenden, um Analogien herzustellen, wird in Kapitel 3.2.2 sowie in der Auswertung der korpuslinguistischen Untersuchung in Kapitel 5.1.2 anhand qualitativer und quantitativer Analysen diskutiert.

Bevor wir uns den Vergleichsindikatoren und Strukturen zuwenden, die im Gegensatz zu den bisher erläuterten Formen Ungleichheit ausdrücken, widmen wir uns an dieser Stelle drei Varianten von Vergleichsindikatoren,[37] die hier als Übergang von Gleichheit zur Ungleichheit angeführt werden. Wie oben erwähnt, stellt die Negation der Ungleichheit ein beliebtes Mittel dar, um bestimmte Vergleiche sprachlich zu realisieren. Die Formulierung *das ist nichts anderes als* beruht auf einer doppelten Verneinung, die dazu dient, Komparandum und Komparationsbasis gleichzusetzen (vgl. Vargas 2008: 8). Die *Andersartigkeit* wird in (17) negiert und somit die Gleichheit von *Saccharose*[38] und *Haushaltszucker* betont:

(17) Kaut man auf dem Zuckerrohr, breitet sich ein süßer Geschmack im Mund aus – weil sich Saccharose aus der Pflanze löst. Der weiße Kristall *ist nichts anderes* als jener Haushaltszucker, den jeder kennt. (Die Zeit Wissen, 15. 03. 2011, 58; Hervorh. L. G.)

Semantisch und pragmatisch anders verhält es sich allerdings in der Formulierung *das ist nichts weiter als*. Obwohl hier eine syntaktisch ähnliche Konstruktion wie im obigen Fall vorliegt, wird keine Identität zwischen den Vergleichsgrößen signalisiert. Vielmehr ist hier die Komparationsbasis sinnbildlich als ein Grenzpunkt auf einer Skala markiert, der vom Komparandum nicht überschritten wird (vgl. Vargas 2008: 9).

(18) Dabei stand auf dem Schild bloß ‚Paediatrician' – was *nichts weiter als* Kinderarzt bedeutet. (Focus, 30. 11. 2009, 110 f.; Hervorh. L. G.)

Die Negation in Verbindung mit dem Adjektiv *weit* (in der Komparativform) zeigt an, dass dieser Grenzpunkt nicht übertreten wird. Damit ist der Fachterminus *Paediatrician* (Komparandum) in die besagte Skala unterhalb des Grenzpunktes, welcher die alltagssprachliche Bezeichnung *Kinderarzt* (Kompara-

---

[37] Vargas (2008) bezeichnet diese als vergleichende Reformulierungen in der Funktion als metasprachliche Strategien, mit denen bestimmte Sachverhalte in Beziehung zueinander gesetzt und Gemeinsamkeiten zwischen ihnen suggeriert werden. Zur Diskussion dieser Reformulierungen s. Vargas (2008).
[38] Zusätzlich referiert die Anapher *weißer Kristall* auf das Komparandum *Saccharose*.

tionsbasis) markiert, angeordnet (vgl. Vargas 2008: 9). Dass die Wendung *nichts weiter als* u. a. ein beliebtes Mittel darstellt, um Fachtermini zu enthüllen, erörtert Vargas (2008) detailliert.

Wie eingangs erläutert, drückt der lexikalische Vergleichsindikator *ähnlich* einen gleichen Grad aus. Demgegenüber steht die Wendung *das ist so ähnlich, aber*, mit der eine zuerst „postulierte Gleichheit durch die Verwendung von ,aber' sofort eingeschränkt wird" (Vargas 2008: 6) und sich daraus die Bedeutung der Ungleichheit ergibt. Dabei werden sowohl Ähnlichkeit als auch Ungleichheit betont, um neue Erkenntnisse über eine der Vergleichsgrößen zu vermitteln. Beide Aspekte sind gleichermaßen zentral für die Vermittlung neuen Wissens (vgl. ebd.: 7).

(19) In den 1880er-Jahren entwickelt, basiert die Ukulele auf einem gitarreähnlichen Instrument, der ‚Machete' (*ähnlich wie, aber* kleiner als der portugiesische und brasilianische ‚Cavaquinho'), mitgebracht von Einwanderern von der zu Portugal gehörenden Insel(gruppe) Madeira. (Rhein-Zeitung, 13. 04. 2010; Hervorh. L. G.)

Stellen wir uns wieder eine (Größen-)Skala vor, deren oberer Grenzpunkt die Komparationsbasis bildet – in (19) wäre es das brasilianische Zupfinstrument *Cavaquinho*. Das Komparandum, in Form der portugiesischen *Machete*, weist zu einem bestimmten Grad die Eigenschaft der Größe (tertium comparationis) in Bezug auf die Komparationsbasis auf, demnach besteht eine gewisse Ähnlichkeit zwischen beiden Vergleichsgrößen. Da im Hinblick auf das tertium comparationis jedoch nicht der obere Grenzpunkt, markiert durch die *Cavaquinho*, erreicht wird, liegt in diesem Aspekt eine Ungleichheit zwischen beiden Vergleichsgrößen vor. Auf lexikalischer Ebene wird dies einerseits mithilfe der Konjunktion *aber* und zum anderen durch das komparierte Adjektiv *kleiner* in Verbindung mit dem Vergleichsjunktor *als* signalisiert.

2.3.2 Komparativkonstruktionen

Über die bereits erläuterten Fälle hinaus, gibt es zahlreiche weitere lexikalische Vergleichsindikatoren, deren Funktion darin besteht, Ungleichheit auf textueller Ebene auszudrücken. Beispiele dafür wären: *im Gegensatz/Gegenteil dazu, im Unterschied dazu, demgegenüber, voneinander abweichen, verschieden sein*.[39]

---

39 Da die Vergleichsstrukturen, die innerhalb der vorliegenden Arbeit zu untersuchen sind, primär darauf beruhen, Gleichheit und Ähnlichkeit zwischen den Vergleichsentitäten auszu-

2.3 Makrostrukturelle Vergleiche im Text und lexikalische Vergleichsindikatoren — 33

Komparativvergleiche auf der Textebene zeichnen sich u. a. dadurch aus, dass die Komparationsbasis in gewisser Weise textuell vorbereitet wird und im konkreten Vergleichssatz nicht mehr explizit erwähnt wird. Diese textuelle Vorbereitung kann einerseits in der direkten Vorerwähnung der Komparationsbasis bestehen (vgl. Thurmair 2008: 6), wie in:

(20) Eigentlich war an diesem Tag schon alles klar. Eingeklemmt zwischen Oskar Lafontaine und Lothar Bisky sitzt der neue Spitzenkandidat, der Ronald Reagan der PDS Sachsen, an einem Tisch in der Berliner Parteizentrale. [...] Für die neue Linke wolle er sich einsetzen, sagt er. Dann verstummt er wieder. 150 Journalisten folgen den drei nach der Pressekonferenz auf den Hof. [Peter] Sodann genießt es. Ein wenig. Mikros bohren sich in sein Gesicht. Vor dem Fahrstuhl stellen sich die drei noch einmal auf: Oskar bellt, Lothar erklärt, Peter schweigt. Es sollte sein Auftritt sein, aber die anderen reden. *Sie sind lauter, professioneller.* Es ist ihre Bühne, nicht seine. Und Sodann sieht aus, als habe er das in diesem Augenblick bemerkt. (Die Zeit, 28. 07. 2005; Hervorh. L. G.)

Die Benennung der Komparationsbasis, *Peter Sodann,* im Textabschnitt vor dem konkreten Vergleichssatz lässt hier den Schluss OSKAR LAFONTAINE UND LOTHAR BISKY SIND LAUTER UND PROFESSIONELLER ALS PETER SODANN zu. Andererseits kann die Komparationsbasis aufgrund der Semantik des Komparandums leicht erschlossen werden, wie im Falle einer binären Opposition zwischen zwei Vergleichsgrößen (vgl. Thurmair 2008: 6), z. B. in:

(21) In der Nacht ist es immer kälter.

Die Bezugsgröße *Tag* bzw. die Ergänzung des Vergleichssatzes *als am Tag* ist hier nur über einen Inferenzprozess[40] zu erschließen, der auf dem Weltwissen bzgl. der binären Tag-Nacht-Opposition beruht.

Die Komparationsbasis kann aber bspw. auch mittels anderer textueller Indizien gestützt werden, die im Kontext präsent sind, z. B. durch die Verbindung mit bestimmten Prädikaten, die Zustände zu bestimmten Zeitpunkten ausdrücken (*Früher war alles günstiger*), Veränderungen anzeigen (*Lebensmittel werden teurer*) oder in der Funktion eines Imperativs zum Einsatz kommen (*Sei sparsamer!*). Die explizite Ausformulierung von *als* in Verbindung mit der Kompara-

---

drücken, soll an dieser Stelle nicht detaillierter auf einzelne lexikalische Indikatoren der Ungleichheit eingegangen werden, s. dazu Zimmermann (1987).
40 Zum Inferenzprozess und der Rezeption referenziell unterspezifizierter Angaben s. Kap. 3.2.2.

tionsbasis wäre in diesem Zusammenhang redundant und würde in erster Linie der Erleichterung des Verständnisses und der Kohärenz dienen (vgl. Thurmair 2008: 6–8).

2.3.3 Superlativkonstruktionen

Wenn der maximale Ausprägungsgrad einer Eigenschaft in Bezug auf das Komparandum ausgedrückt werden soll, kommen Superlativkonstruktionen zum Einsatz. Ebenso wie die anderen Vergleichsstrukturen, können sie auf textueller Ebene realisiert und mittels verschiedener lexikalischer Indikatoren formuliert werden. Im Falle des Elativs können hierbei einerseits Ausdrücke vorliegen, die in ihrer Grundform bereits den höchsten Ausprägungsgrad bezeichnen, bspw. *sehr, äußerst, überaus, besonders, extrem* (s. Kap. 2.2.3). Ebenfalls in diese Kategorie fallen umgangssprachliche Wendungen, wie *irre (freundlich)* oder *furchtbar (laut)* (vgl. Duden ⁹2016: 381). Daneben können bestimmte Präfixe, z. B. *mega-, hyper-* und *super-*, oder Konfixe, wie in *stinklangweilig, bitterböse* oder *knallhart*, Lexeme als Elative kennzeichnen. In erzählerischen Textsorten werden mitunter die Positivformen von Adjektiven wiederholt, um die Bedeutung eines absoluten Superlativs zu vermitteln (vgl. Duden ⁹2016: 380 f.), wie folgender Ausschnitt aus Goethes „Die Wahlverwandtschaften" zeigt:

(22) Aber es gibt auch verschlossene Früchte, die erst die rechten, kernhaften sind und die sich früher oder später zu einem schönen Leben entwickeln. Dergleichen ist gewiß Ihre Pflegetochter. Solange ich sie unterrichte, sehe ich sie immer gleichen Schrittes gehen, *langsam, langsam* vorwärts. (Goethe [1809] 1982, 264; Hervorh. L. G.)

Die Sprache, besonders im Bereich der nicht standardsprachlichen Varietäten, bietet über die genannten Phänomene hinaus zahlreiche weitere Optionen, um den maximalen Grad von Eigenschaften auszudrücken, z. B. durch Ausdrücke wie *übelst* oder *derbe*.

Auf textstruktureller Ebene wird die Komparationsbasis in Superlativvergleichen im Gegensatz zu den Komparativkonstruktionen nicht explizit realisiert. Je nach syntaktischer Form unterscheidet Thurmair (2001) und (2008) attributive, prädikative und adverbiale Superlative, wobei die attributiven am häufigsten verwendet werden.[41] Sie basieren ebenso wie die anderen auf einem

---

41 Da Superlativvergleiche innerhalb der Korpusdaten dieser Arbeit quantitativ eine weniger bedeutende Rolle einnehmen, soll hier nicht detaillierter auf die anderen speziellen Ausprägungen eingegangen werden. Zur Unterscheidung zwischen Superlativkonstruktionen hinsichtlich

2.3 Makrostrukturelle Vergleiche im Text und lexikalische Vergleichsindikatoren

Vergleich, allerdings erfolgt bei ihnen auf einer zweiten Stufe eine genaue Eigenschaftszuschreibung (vgl. Thurmair 2008: 13).

(23) Der *längste* Fluss misst 6.852 Kilometer.

Die nicht genau festgelegte Anzahl der Flüsse bildet in (23) die Vergleichsmenge und wird mit der Länge eines Vertreters aus ebendieser Menge verglichen, die im Hinblick darauf alle anderen übertrifft. Das Ergebnis des Vergleichs ist durch die Bestimmung der konkreten Kilometerangabe des längsten Flusses zu identifizieren. Die Eigenschaft, der *längste Fluss* zu sein, wird hierbei in Form einer Attribution zugeschrieben (vgl. Thurmair 2008: 13). Laut Thurmair (2008) liegt die

> Schwierigkeit in der Analyse der attributiven Superlative darin, dass der dominierende Aspekt bei diesen Konstruktionen die Eigenschaftszuschreibung qua Attribution ist, und zwar die Zuschreibung des höchsten Ausprägungsgrades der mit dem Adjektiv bezeichneten Eigenschaft an den Referenten der Nominalphrase und damit die Identifikation des Referenten als Träger dieses höchsten Ausprägungsgrades der entsprechenden Eigenschaft; der Vergleich eines Komparandums mit anderen Elementen aus der Vergleichsmenge liegt dieser Struktur lediglich zugrunde. (ebd.: 13)

Eine Strategie, Superlativvergleiche auf der Textebene zu äußern und durch andere sprachliche Mittel wieder einzuschränken, demonstriert das folgende Beispiel:

(24) ‚[I]ch bin immer wieder hierher zurückgekehrt. Wenn man viel unterwegs ist, sieht man, dass Hamburg *eine der schönsten* Städte der Welt ist.' (Christian Rach zit. in Hamburger Morgenpost, 18. 05. 2006, 2; Hervorh. L. G.)

Mit der Verwendung des unbestimmten Artikels in *eine der schönsten Städte* entzieht sich der*die Textproduzent*in der Verantwortung, den tatsächlich maximalen Grad der Ausprägung von *schön* nachweisen zu müssen (vgl. Thurmair 2008: 14). In Bezug darauf werden Superlative in bestimmten Textsorten häufig als Stilmittel gebraucht, welchen eine besondere Funktion zukommt – wie andere Vergleichskonstruktionen kommen auch sie im Rahmen persuasiver Kommunikationsstrategien zum Einsatz.[42]

---

ihrer syntaktischen Funktionen als attributive, prädikative und adverbiale Superlative s. Thurmair (2001: 233–254).

[42] Thurmair (2008) weist dies anhand von Reiseführertexten nach. In Kap. 3.2 sowie 3.4 werden NS-V (und NS-M) hinsichtlich ihrer sprachlichen Realisierung, u. a. in Superlativkonstruktionen, sowie in Bezug auf ihr Potenzial als persuasive Strategien diskutiert.

2.4 Metaphern – Theoretische und terminologische Grundlagen

Die Metapher kann grundsätzlich als nicht-wörtlicher Gebrauch eines sprachlichen Ausdrucks verstanden werden, d.h. die Verwendung entspricht nicht dessen lexikalischer Bedeutung, die im Sprachsystem codiert ist, sondern einer übertragenen (vgl. Skirl/Schwarz-Friesel ²2013: 1f.). Der Terminus geht dabei auf den von Aristoteles gebrauchten altgriechischen Begriff *epiphorá* („Übertragung" oder „Hinübertragen") zurück, der bezeichnenderweise selbst eine Metapher darstellt (vgl. Kurz ⁵2004: 7; Eggs 2006a: 45). Metaphern werden sprachlich realisiert, indem Konzeptkombinationen in bestimmten Kommunikationszusammenhängen erstellt werden, die entweder auf bestehenden Analogiebeziehungen beruhen oder diese erst etablieren (vgl. Skirl/Schwarz-Friesel ²2013: 6–8 und s. Kap. 2.1.4).[43]

(25) Dein Schreibtisch ist eine Müllhalde.

In (25) liegt die Form der Metapher *X ist ein Y* vor, wobei mit dem Ausdruck X (*dein Schreibtisch*) auf das Konzept$_1$ und mit dem Ausdruck Y (*eine Müllhalde*) auf Konzept$_2$ referiert wird. Dem Verstehensprozess liegt folgende Konzeptualisierung zugrunde: „KONZEPT$_1$ IST WIE KONZEPT$_2$ BEZÜGLICH DER MERKMALE Z" (Skirl/Schwarz-Friesel ²2013: 9). Der Vergleichsjunktor *wie* deutet hier bereits die enge Verwandtschaft zum Prozess des Vergleichens an – auch im Falle der Metapher wird, wie im obigen Beispiel, ein Konzept (SCHREIBTISCH) durch den Rückgriff auf ein anderes Konzept (MÜLLHALDE) beschrieben. Die Analogierelation konstituiert sich dabei in Bezug auf die Merkmale Z (CHAOTISCH, UNORDENTLICH, VERSCHMUTZT etc.) (vgl. ebd.).

2.4.1 Metapherntheorien

Im Laufe der Zeit wurden verschiedene Metapherntheorien entwickelt, die das Verstehen von Metaphern beschreiben und auf unterschiedlichen Ansätzen be-

---

[43] Ich beziehe mich hier auf die Definitionen von Skirl/Schwarz-Friesel (²2013: 7f.), die Metaphern als Ausdruck von Konzeptualisierungen basierend auf den Prämissen der Kognitiven Linguistik beschreiben und in diesem Zusammenhang das Modell der ‚Conceptual Metaphor Theory' von Lakoff/Johnson (1980) (kritisch) diskutieren. Als Konzeptualisierung definieren Skirl/Schwarz-Friesel (²2013: 8) den „Prozess der Bildung von geistigen, intern gespeicherten Repräsentationen".

ruhen.⁴⁴ Den Ursprung bildet die ‚Substitutionstheorie', die auf Aristoteles' Annahmen basiert. Er geht davon aus, dass ein ursprüngliches Wort durch ein anderes, also den metaphorischen Ausdruck, substituiert wird und zwischen beiden Ausdrücken eine Analogiebeziehung vorliegt.

Eine Ausprägung dieser Theorie stellt die ‚Vergleichstheorie' dar, der zufolge eine Metapher ein Vergleich sei, der lediglich um den Vergleichsjunktor *wie* verkürzt ist (vgl. Kurz ⁵2004: 8 f.; Levinson ¹⁷2006: 148). Das Problem der traditionellen Substitutionstheorie besteht in der Prämisse, dass die Bedeutung der Metapher mit nur einem Wort ausgedrückt wird, also nicht mithilfe einer erläuternden Paraphrase umschrieben werden soll und darüber hinaus kontextunabhängig zu interpretieren ist. Der populäre Beispielsatz aus der klassischen Rhetorik in (26) wäre demnach allein mit der Äußerung in (27) zu paraphrasieren (vgl. Skirl/Schwarz-Friesel ²2013: 56).

(26) Achill ist ein Löwe.

(27) Achill ist mutig.

Skirl/Schwarz-Friesel (²2013: 56 f.) konstatieren in diesem Zusammenhang, dass zum einen nicht nur ein einziger Ausdruck den semantischen Gehalt einer Metapher definieren muss, denn im vorliegenden Fall könnten u. a. auch STARK, ÜBERLEGEN oder GEFÄHRLICH einbezogen werden. Andererseits ist die Bedeutung einer jeden Metapher nicht immer ohne weiteres ableitbar. Um das Metaphernverstehen in seiner ganzen Komplexität zu erfassen, erweist sich die Substitutionstheorie daher als zu statisch und zu wenig flexibel.

Auf Basis sprachphilosophischer Modelle wurden im 20. und 21. Jahrhundert weitere Theorien erarbeitet, modelliert und weiterentwickelt.⁴⁵ Eine Alternative zur Substitutionstheorie bietet die ‚Interaktionstheorie',⁴⁶ die das Fundament für diverse Ansätze der modernen Metaphernforschung bildet. Anhand

---

44 Aufgrund der thematischen Ausrichtung dieser Arbeit wird an dieser Stelle ein kurzer Überblick über die verschiedenen Theorieansätze gegeben, ohne diese umfassend zu diskutieren. Ausführliche Darstellungen und Zusammenfassungen dazu liefern u. a. Kurz (⁵2004), Eggs (2006a), Skirl/Schwarz-Friesel (²2013) sowie Skirl (2009), an deren Arbeiten die nachfolgenden Überlegungen anknüpfen.
45 S. dazu u. a. die ‚Bildfeldtheorie', die maßgeblich von Weinrich (1958) geprägt wurde, allerdings im Rahmen dieser Arbeit nicht weiter ausgeführt wird. Zum Terminus des ‚Bildfeldes', vor allem auf dem Gebiet der literaturwissenschaftlich ausgerichteten Metaphernforschung, s. Peil (1990: 209).
46 Die Interaktionstheorie geht auf Black (1962) zurück und basiert auf Richards' (1936) kognitionspsychologischem Ansatz, nach dem das menschliche Denken bereits metaphorisch funktioniert (vgl. Eggs 2006a: 47).

dieser Theorie wird vorausgesetzt, dass der metaphorische Ausdruck nicht durch einen anderen Ausdruck ersetzbar ist, ohne damit einen Verlust an Bedeutung in Kauf zu nehmen (vgl. Kurz ^{5}2004: 8). Im Zuge des Rezeptionsprozesses findet schließlich eine Interaktion zwischen den kognitiven Wissensbeständen, die jeweils an beide Ausdrücke[47] geknüpft sind, statt. Kurz (^{5}2004: 8) spricht hier von einem „wechselseitige[n] Interpretationsprozess". Dadurch, dass jene Wissensbestände bzw. Konzepte in Beziehung zueinander gesetzt werden, ergeben sich entsprechende Merkmale, die durch eine Metapher zum Ausdruck gebracht werden sollen (vgl. Skirl/Schwarz-Friesel ^{2}2013: 58).[48] Ebenso wie die Substitutionstheorie geht die Interaktionstheorie auf einen Ansatz zurück, demzufolge Metaphern als vornehmlich semantisches Phänomen verstanden werden (vgl. Levinson ^{17}2006: 148).

Kognitive Theorien zum Metaphernverstehen, u. a. die ‚Konzeptuelle Metapherntheorie' nach Lakoff/Johnson (1980), greifen die Annahme auf, dass mit metaphorischen Äußerungen Beziehungen zwischen Konzeptualisierungen dargestellt oder hergestellt werden.[49] Im Rahmen dieser kognitiven Metapherntheorien wird postuliert, dass bei der Rezeption metaphorischer Ausdrücke der Struktur *X ist ein Y* ein Mapping stattfindet, bei dem Teile der konzeptuellen Struktur, also spezifische Merkmale, von KONZEPT$_2$, das den Ursprungsbereich (‚source domain') darstellt und mit Y bezeichnet wird, auf das KONZEPT$_1$, den Zielbereich (‚target domain'), der als X gekennzeichnet ist, projiziert werden. Der konzeptuellen Metapherntheorie zufolge gilt dies besonders im Falle von abstrakten Sachverhalten, die mithilfe des metaphorischen Rückgriffs auf einen konkreten und erfahrungsnahen Gegenstand charakterisiert werden sollen (vgl. Lakoff/Johnson 1980: 246 f., 252 f.; Skirl/Schwarz-Friesel ^{2}2013: 10, 58),[50] wie das folgende Beispiel zeigt:

---

[47] Diese bezeichnet Richards (1936) als „tenor" und „vehicle", Black (1962) definiert sie als „principal subject" bzw. „subsidiary subject".
[48] Welche Gemeinsamkeiten die Interaktionstheorie bzgl. der Anwendung der Blending Theory (Theorie der konzeptuellen Integration) aufweist, erörtert Skirl (2009: 27 f., 73–76) in seiner Abhandlung zum semantischen Phänomen der Emergenz mit Blick auf das Metaphernverstehen.
[49] Sie begreifen eine Metapher vorwiegend als „gestalthafte Wissensstruktur, die als ‚metaphors we live by' unser gesamtes Leben, Denken, Wahrnehmen, Sprechen und Handeln bestimmt" (Eggs 2006a: 54). Als Vertreter der holistischen Kognitionslinguistik unterscheiden sie dabei nicht zwischen sprachlichem und konzeptuellem Wissen – sie verstehen Metaphern somit als konzeptuelle Phänomene (vgl. Skirl/Schwarz-Friesel ^{2}2013: 10). Im Rahmen dieser Arbeit werden Metaphern als Formen der sprachlichen Realisierung betrachtet, deren Bedeutung sich durch die Kombination von Konzepten konstituiert, indem Merkmale des einen Konzepts auf das andere übertragen werden.
[50] Das heißt, dass mit Metaphern für gewöhnlich komplexe Sachverhalte in der Terminologie vertrauter und greifbarer Gegenstandsbereiche ausgedrückt werden (Lakoff/Johnson 1980: 109).

(28) Neid ist ein Virus.

Im Zuge der Rezeption wird eine Analogierelation zwischen beiden Konzepten etabliert, die dadurch gekennzeichnet ist, dass Eigenschaften des konzeptuellen Ursprungsbereichs VIRUS, bspw. PHYSISCH UND PSYCHISCH BEEINTRÄCHTIGEND sowie ANSTECKEND, auf den konzeptuellen Zielbereich NEID per Mapping übertragen werden und dieser somit charakterisiert wird.

Sowohl der situative Kontext als auch der sprachliche Kotext, in dem eine Metapher vorliegt, besitzen eine besondere Relevanz hinsichtlich semantischer und pragmatischer Aspekte. Kommen wir an dieser Stelle zurück auf die Interaktionstheorie, die in den letzten Jahren zu einer pragmatischen Theorie weiterentwickelt wurde. Demnach ist die Bedeutung einer Metapher eindeutig an die kommunikative Situation gebunden. Die metaphorische Bedeutung wird in diesem Zusammenhang nicht auf Grundlage der syntaktisch-semantischen Einheit bestimmt, sondern im Hinblick auf die Verwendung der Metapher innerhalb von Kommunikationszusammenhängen – nur so kann in bestimmten Fällen entschieden werden, ob es sich überhaupt um eine metaphorische Äußerung handelt oder nicht (vgl. Kurz ⁵2004: 14 f.).[51] Für den Satz *X ist ein Löwe* kann bspw. erst unter Berücksichtigung des Ko- und Kontexts entschieden werden, ob eine metaphorische oder wörtliche Bedeutung vorliegt.[52] Neben dieser Unterscheidung können metaphorische Äußerungen, in denen dieselben Lexeme und dazugehörigen Konzepte vorliegen, außerdem unterschiedliche Bedeutungen vermitteln. Die folgenden Beispiele illustrieren, dass die Metapher des *Löwen* in Anlehnung an (26), entgegen der Annahme der Substitutionstheorie, in verschiedenen Ko- und Kontexten unterschiedliche semantische Eigenschaften aufweisen kann.

(29) Dieser *Timothée Atouba* setzt sich an den Restauranttisch auf der ausladenden Terrasse des Stadions [...]. ‚*Er ist ein Löwe*‘, sagt sein Trainer, ‚*unerschrocken, eigenwillig, ausdrucksstark.*‘ (NZZ am Sonntag, 25. 05. 2003, 34; Hervorh. L. G.)

Der Gebrauch innovativer Metaphern kann in dem Ansatz von Lakoff/Johnson (1980) u. a. jedoch nicht erfasst werden – diesen und weitere Punkte problematisiert Skirl (2009: 65–73).
51 Glucksberg/Haught (2006) gehen in ihrer psycholinguistischen Studie der Frage nach, auf welche Weise Metaphern und Vergleiche in der Sprachrezeption verarbeitet werden. Sie zeigen im Zuge dessen, welche wichtige Rolle der Kontext für die Verarbeitung von metaphorischen Bedeutungen einnimmt (vgl. Glucksberg/Haught 2006: 376 f.).
52 *X ist ein Löwe* muss nicht zwingend eine metaphorische Lesart haben, sondern kann in den entsprechenden Kommunikationszusammenhängen wörtlich verstanden werden, z. B. in *X ist ein schlafender Löwe im Berliner Zoo*.

(30) [...] der eine hat *eine mächtige Mähne*, der andere lange braune Locken; *der eine ist ein Löwe*, der andere ein Model, das so aussieht, wie man sich wohl Jesus vorzustellen hat. Es geht um Männerbilder, und schon auf dem Cover der britischen Zeitschrift Arena wird das Terrain vermessen: Raubtier oder Retter, so lautet die Alternative. (Süddeutsche Zeitung, 30. 05. 1998, 17; Hervorh. L. G.)

(31) *Richard Sennett ist ein Löwe* unter den Wissenschaftlern, ein *wortgewaltiger* Theoretiker [...] (Die Zeit, 11. 10. 2012; Hervorh. L. G.)

In (29) und (30) werden die Merkmalszuschreibungen für besagte Metapher explizit in Form von Appositionen verbalisiert, die den metaphorischen Ausdruck charakterisieren.[53] Das Attribut *wortgewaltig*, in Bezug auf den Soziologen *Richard Senett* im Beispiel (31) ist zusätzlich selbst metaphorisch geprägt und charakterisiert den *Löwen*, wobei sich hier die Komponente *gewaltig* in der Bedeutung von STARK und EINDRUCKSVOLL mit der Konzeptualisierung des LÖWEN verbindet. Die Beschreibung eines Löwen als *wortgewaltig*, d. h. als eloquent und sprachgewandt, verdeutlicht, dass durch die Verwendung von innovativen Metaphern[54] Analogierelationen hergestellt werden, die aus den einzelnen Konzepten (MÄNNLICHES KATZENARTIGES RAUBTIER und SPRACHGEWANDTER WISSENSCHAFTLER) nicht selbstverständlich ableitbar wären. Sobald Bedeutungsmerkmale nicht in der kognitiven Domäne[55] des metaphorischen Begriffs verankert sind, also keinen Bestandteil der Wortbedeutung an sich bilden und nur im Zusammenhang mit dem Ko- und Kontext konstruiert werden können, gelten sie als emergent (vgl. Skirl/Schwarz-Friesel ²2013: 58; zum Phänomen der Emergenz in Bezug auf das Metaphernverstehen s. Skirl 2009).

In der vorliegenden Arbeit werden Metaphern zum einen in ihrer konzeptuellen Dimension und zum anderen in ihrer Funktion innerhalb spezieller Kommunikationssituationen mit Berücksichtigung des Ko- und Kontextes bestimmt.[56] Betrachten wir darum zunächst funktionale Charakteristika von

---

53 Die Eigenschaften *unerschrocken, eigenwillig, ausdrucksstark* werden in (29) im Anschluss an die Realisierung der Metapher artikuliert. Auf das äußerliche Merkmal der *mächtigen Mähne* zielt hingegen die Löwen-Metapher in (30) ab.
54 Die Form der innovativen Metapher wird in Absatz 2.4.3 bzgl. der Arten von Metaphern dargelegt.
55 Die Verbindung von semantischen Informationen mit dem Konzept bildet die kognitive Domäne (vgl. Schwarz 2000: 38).
56 Unter anderem Levinson (¹⁷2006: 156 f.) plädiert dafür, Metaphern nicht nur als semantisches, sondern auch als pragmatisches Phänomen zu erfassen. Zur Metapher an der Schnittstelle zwischen Semantik und Pragmatik s. auch Sperber/Wilson (1986) sowie Carston (2002).

Metaphern allgemein, um anschließend auf das Verhältnis von Vergleichen und Metaphern einzugehen sowie in den Kapiteln 3.4 und 3.6.2.2 spezifische Funktionen von verschiedenen Ausprägungen der NS-V/M zu diskutieren.

2.4.2 Kommunikative Funktionen von Metaphern

Metaphern können je nach Intention der Produzent*innen diverse kommunikative Funktionen erfüllen. Einige grundlegende werden im folgenden Abschnitt vorgestellt.[57] Wie die verschiedenen Formen der Vergleiche, erweisen sich Metaphern ebenfalls als ein beliebtes Mittel, um abstrakte Sachverhalte, die teilweise nicht leicht verständlich und beschreibbar wären, über den Rückgriff auf bekannte und anschauliche Konzepte zu verdeutlichen. Demgegenüber können Metaphern auch eingesetzt werden, um von einem konkreten Gegenstand zu abstrahieren. In beiden Fällen steht dabei die darstellende Funktion der Metaphern, die u.a. eine Komplexitätsreduktion bewirken soll, im Zentrum (vgl. Kirchhoff 2010: 133 f.).

Abgesehen von der erkenntnisfördernden Wirkung, erfüllen Metaphern vielfältige weitere Aufgaben und können z. B. zu Zwecken der Persuasion[58] eingesetzt werden (vgl. Skirl/Schwarz-Friesel ²2013: 61 f.). Zudem eignen sie sich zur Vermittlung von Evaluationen, da sie durch die Aktivierung bestimmter Konzepte konventionell mit negativen oder positiven Wertungen bzw. mit bestimmten Konnotationen verknüpft sind. In diesem Zusammenhang können Werturteile mit metaphorischen Äußerungen einhergehen, die wiederum beeinflussend auf Rezipient*innen wirken und in bestimmten Kontexten außerdem als Ersatz für eine kohärente Argumentation dienen können (vgl. Skirl/Schwarz-Friesel ²2013: 63; Kirchhoff 2010: 133 f.).[59]

Verbunden mit der Funktion der Vermittlung von Evaluationen ist außerdem die Emotionalisierung, die sowohl über Positiv- als auch über Negativwertungen, welche mit der Metapher übermittelt werden, erfolgen kann (vgl. Skirl/Schwarz-Friesel ²2013: 63; Dutke 1994: 21 f.). Zu beachten ist hier, dass die wer-

---

[57] Spezielle Funktionen im Rahmen der Herstellung von Analogien zum Nationalsozialismus zeigt Kap. 3.4.
[58] Zur Bestimmung von Persuasion s. Kap. 2.2.2 sowie spezifisch in Bezug auf NS-V/M Kap. 3.4.1.2.
[59] Im Zuge einer diskursanalytischen Untersuchung von Metaphern diskutiert Kirchhoff (2010) die kognitive Funktion von Metaphern, die sie als Frames definiert, welche innerhalb eines bestimmten Kommunikationszusammenhangs den jeweiligen Deutungsrahmen bestimmen. Auf Grundlage des Framings durch metaphorische Konzepte werden Bedeutungen, Bewertungen und Lösungsansätze für jeweilige Probleme vermittelt (s. dazu Kirchhoff 2010: 130–134).

tenden und emotionalen Komponenten bis hin zu (direkten oder indirekten) Handlungsaufforderungen der Produzent*innen von den Rezipient*innen nicht akzeptiert, sondern durchaus infrage gestellt werden können (vgl. Skirl/Schwarz-Friesel ²2013: 63).[60] Dies zeigt sich bspw. im folgenden Zeitungstextausschnitt, der sich kritisch mit der Rhetorik innerhalb der Debatte über geflüchtete Personen auseinandersetzt:

(32) Auffällig ist zunächst mal der rhetorische Gleichklang. Hier wie dort ist von bevorstehenden *Invasionen, Fluten, einem Tsunami* die Rede, also von unbeherrschbaren Urgewalten, die man bemerkenswerterweise selbst in Gang zu setzen in der Lage ist und die alles wegschwemmen, was sich auf ihrem Weg befindet. Die Griechen setzen rhetorisch noch eins drauf, ja, ihre Vermengung von *Flüchtlingsflut* und *Terrorschwadronen* erinnert an den Film ‚World War Z', in dem weltweit vordringende Migrantenströme als mörderische Zombiemasse gezeigt werden. (Süddeutsche Zeitung, 16. 03. 2015, 11; Hervorh. L. G.)

Neben diesen kommunikativen Funktionen geht Kirchhoff (2010) u. a. auf die Funktionen innerhalb einer Gesellschaft bzw. Sprachgemeinschaft ein. Der kollektive Gebrauch bestimmter Metaphern kann demnach zur „Erzeugung von Gemeinschaft und Konstitution von Gesellschaft" (ebd.: 134) beitragen. In öffentlichen Diskursen prägen sie außerdem gesellschaftliche Denkmuster und können innerhalb der Kommunikationsgemeinschaft, „[...] einen Beitrag zur kollektiven *Wirklichkeitskonstruktion* [leisten], indem sie eine gemeinsame Erfahrungswelt erzeugen" (ebd.; Hervorh. im Original).[61]

2.4.3 Arten von Metaphern

Metaphern können anhand diverser Gesichtspunkte kategorisiert werden – einige ausgewählte Aspekte sind im Folgenden skizziert.[62] Eine Vorgehensweise Metaphern zu klassifizieren, besteht darin, sie nach ihrer Gebräuchlichkeit im Alltag bzw. nach ihrer Innovativität zu unterscheiden (vgl. Skirl/Schwarz-Friesel ²2013:

---

60 Zum perlokutionären Effekt von Sprachhandlungen, der mit der Intention des*der Äußerungsproduzent*in nicht übereinstimmen muss und sich bspw. in der Problematisierung und Zurückweisung entsprechender Metaphern zeigt, s. Kap. 3.4.1.2.
61 Zur gesellschaftspolitischen und wirklichkeitskonstruierenden Dimension bzgl. funktionaler Aspekte von Metaphern s. Kirchhoff (2010).
62 Diese Auswahl wurde u. a. auf Grundlage des Vorkommens der jeweiligen Metaphernart im Korpusmaterial getroffen.

29–33). Solche metaphorischen Ausdrücke, die durch häufige Verwendung in den Standardwortschatz aufgenommen und auf diese Weise über einen längeren Zeitraum stabilisiert wurden, bezeichnet man als lexikalisierte Metaphern. Abhängig vom individuellen Sprachbewusstsein der einzelnen Sprachproduzent*innen, werden diese Metaphern kaum noch als solche wahrgenommen – sie verlieren ihren metaphorischen Effekt, wie die Komposita *Tischbein* oder *Motorhaube* zeigen (vgl. Kurz [5]2004: 19). Aufgrund der Bedeutung einzelner Komponenten, wie *Bein* oder *Haube*, ist gegenwärtig nachzuvollziehen, dass es sich im Falle dieser Komposita um ursprünglich metaphorische Ausdrücke handelt.[63] Eine weitere Form der Metapher, die zwar ebenfalls nicht mehr neuartig, aber trotzdem noch nicht vollständig lexikalisiert ist, stellt die konventionalisierte bzw. klischeehafte Metapher[64] dar, die relativ trivial und, wie der Name vermittelt, klischeehaft wirkt, z. B. *das Feuer der Liebe* oder *die Sonne lacht* (vgl. Skirl/Schwarz-Friesel [2]2013: 29; Kurz [5]2004: 20).

Die Wendung *die Sonne grinst* hingegen ist als Form der kreativen Metapher zu betrachten, die auf bekannte Konzeptkombinationen hindeutet und diese modelliert oder ausbaut. Eine dritte Erscheinungsform bilden Metaphern, mit denen völlig neue (auch ungewöhnliche) Konzeptkombinationen hergestellt werden und die nicht auf bekannte bzw. etablierte Konzeptverbindungen anspielen. Diese innovativen Metaphern sind ebenso wie andere Metaphernarten in verschiedenen Textsorten zu erfassen,[65] besonders frequent findet man sie jedoch in literarischen Texten (vgl. Skirl/Schwarz-Friesel [2]2013: 30 f.). Das zeigt bspw. der Titel des Gedichtbandes „Sprachgitter" von Paul Celan ([5]2003) aus dem Jahre 1959, in dem Sprache als ein Geflecht (aus verschiedenen Materialien) konzeptualisiert wird. Mittels innovativer Metaphern werden „konzeptuelle Komponenten völlig verschiedener Referenzdomänen" (Schwarz-Friesel [2]2013: 204) miteinander verknüpft. Die Unterscheidung von innovativen und kreativen Metaphern basiert auf ihrer mentalen Verankerung. Da Sprecher*innen und Rezipient*innen bei der Metaphernproduktion und -perzeption auf unterschiedliche individuelle und kulturelle Wissensbestände zurückgreifen, ist eine klare

---

[63] Metaphern, die gegenwärtig nur noch in ihrer übertragenen Bedeutung verwendet werden, gelten als sogenannte tote Metaphern. S. dazu Skirl/Schwarz-Friesel ([2]2013: 28 f.) sowie Lakoff/Johnson (1980: 55 f.), die mit ‚Metaphors we live by' u. a. die Lebendigkeit solcher Metaphern postulieren.
[64] Skirl/Schwarz-Friesel ([2]2013: 29) bezeichnen diese als ‚klischeehafte' Metapher und verwenden ‚konventionalisierte' und ‚lexikalisierte' Metapher synonym. Kurz ([5]2004: 20) trennt konventionalisierte und lexikalisierte Metaphern voneinander, wobei er in seiner Definition von konventionalisierten Metaphern die klischeehafte Wirkung ebenfalls angibt.
[65] Metaphern und Metaphernkomplexe innerhalb von Textzusammenhängen thematisieren Skirl/Schwarz-Friesel ([2]2013: 65–71) ausführlich.

Trennung zwischen kreativen und innovativen Metaphern nicht in jedem Fall möglich (vgl. ebd.).

Ein weiteres Verfahren Metaphern zu kategorisieren, besteht darin, sie anhand morphologischer und syntaktischer Kriterien abzubilden. Neben Adjektivmetaphern, welche einen Ausdruck des Zielbereichs mit Eigenschaften beschreiben, die semantisch mit diesem eigentlich nicht kompatibel sind, z. B. *glühend heißer Schnee*, finden wir auch Verbmetaphern. Sie kommen häufig in der Funktion einer Personifikation zum Ausdruck (vgl. Skirl/Schwarz-Friesel ²2013: 25 f.), wie in folgendem Beispiel:

(33) *Der Computer redet* Deutsch, Englisch oder Japanisch. *Er dolmetscht* in Sekundenschnelle [...]. (Mannheimer Morgen, 28. 11. 2001; Hervorh. L. G.)

Den umfassendsten Bereich stellen die Substantivmetaphern dar, die wiederum verschiedene Klassen bilden. Die im Korpusmaterial prominentesten sind die substantivischen Prädikativmetaphern der Form *X ist ein Y*, die im vorliegenden Kapitel bereits dargelegt wurden.[66] Die formale syntaktische Anordnung der Lexeme *X* und *Y* in der jeweiligen Substantivmetapher kann dabei unterschiedlich realisiert werden, die Interpretation der Struktur bleibt aber gleich, wie in folgenden Beispielen, die auf der Grundstruktur *Der Terror ist ein Apostel* basieren. Eine Genitivmetapher dazu würde *Apostel des Terrors* lauten, die Form einer Präpositionsmetapher liegt in *der Apostel für den Terror* vor und *der Terror, als ein Apostel* bildet auf Grundlage der Konjunktion eine sogenannte „als"-Metapher. Eine Appositionsmetapher stellt *der Terror, ein (hassender) Apostel* dar und die Struktur der Kompositummetapher liegt in *Terror-Apostel* vor (nach Skirl/Schwarz-Friesel ²2013: 21).

Eine besondere Ausprägung stellt die Substantivmetapher im Hinblick auf den Gebrauch von Eigennamen dar, die auf spezielle (bekannte) Entitäten referieren.[67] Im Zuge dessen ist die Verwendung von Personen-, Produkt- und Markennamen ein beliebtes Mittel der Metaphernbildung (vgl. ebd.: 25), bspw. in *das ist der Mercedes unter den Kühlschränken*.

---

66 Zu den NS-M im Korpusmaterial s. Kap. 5.1.4 sowie Kap. 3.3 zu ausgewählten Formen, die im öffentlichen Kommunikationsraum gebraucht werden.
67 Im Korpus finden sich zahlreiche Anspielungen, die mittels bestimmter Begriffe aus dem Konzeptbereich des Nationalsozialismus realisiert werden. Sie liegen sowohl in Form von Vergleichen als auch in Form von Metaphern vor (s. dazu Kap. 5.1.3 und 5.1.4). Neben der substantivischen Prädikativmetapher wurden im Zuge der Korpusanalyse außerdem zahlreiche Metaphern in Gestalt von Komposita eruiert.

2.5 Zum Verhältnis von Metaphern und Vergleichen

Dadurch, dass Metaphern des Typs *X ist ein Y* einen logischen Widerspruch beinhalten, werden sie, wie eingangs erläutert, auf der konzeptuellen Ebene mit KONZEPT$_1$ (X) IST WIE KONZEPT$_2$ (Y) HINSICHTLICH DER MERKMALE Z paraphrasiert. Mithilfe des Vergleichsjunktors *wie* wird lediglich die Ähnlichkeit beider Konzepte ausgedrückt und der logische Widerspruch auf diese Weise aufgehoben (vgl. Skirl/Schwarz-Friesel ²2013: 12); das illustrieren auch die folgenden Beispielsätze:[68]

(34) Encyclopaedias are like gold mines.

(35) Encyclopaedias are gold mines.

Zwischen Metaphern und heterogenen Vergleichen besteht eine enge Verbindung (vgl. Levinson [17]2006: 155 und Kap. 2.1.5). Die Rezeption eines heterogenen Vergleichs sowie einer Metapher geht mit einem höheren kognitiven Aufwand einher als die eines homogenen Vergleichs,[69] weil sich damit neue konzeptuelle Relationen, Bedeutungen und Erkenntnisse ergeben. Im Gegensatz zu homogenen wird in heterogenen Vergleichen ein Wirklichkeitsbereich herangezogen, um einen anderen zu charakterisieren, der somit neu strukturiert wird (vgl. Eggs 2006a: 66). Dies erfolgt durch die Konstruktion der Analogierelation über das tertium comparationis bzw. über die gemeinsamen Merkmale Z, die sowohl für das Verständnis von Beispiel (34) als auch für (35) zu inferieren sind. In diesem Fall besteht die Beziehung laut Levinson ([17]2006: 155; Hervorh. im Original) in folgender Analogie:

(36) *knowledge* : *value* : encyclopaedias :: *gold* : *value* : gold mines

---

[68] Die aus Levinson ([17]2006: 155) entnommenen Beispiele fungierten bereits in Kap. 2.1.5 als Illustrationen, wobei die Metapher in (35) eine Ergänzung dazu bildet.
[69] Der homogene Vergleich dient primär dazu, Gemeinsamkeiten und Unterschiede zwischen verschiedenen Vergleichsgrößen darzustellen, wohingegen beim heterogenen Vergleich keine Analogierelation etabliert wird. Wie in 2.1.5 erörtert, werden durch homogene Vergleiche bspw. im Zuge der Komparation Informationen in Bezug auf die Vergleichsgrößen vermittelt, die denselben Wissensdomänen entstammen und diese nicht neu arrangieren oder modifizieren müssen (vgl. Eggs 2006a: 66 f.).

Die Bedeutungskomponenten WISSEN und WERT sowie GOLD und WERT sind dabei in beiden Fällen über Implikaturen[70] zu erschließen (vgl. Levinson [17]2006: 155).

Der Verstehensprozess von heterogenen Vergleichen und Metaphern der Struktur *X ist ein Y* gestaltet sich also sehr ähnlich – worin besteht aber nun der grundlegende Unterschied zwischen beiden Formen der Bildung von Analogierelationen?

Obwohl die Abwesenheit des expliziten Vergleichsjunktors *wie* oder anderer lexikalischer Vergleichsindikatoren dies vermuten lässt, kann nicht darauf geschlossen werden, dass die Metapher lediglich einen verkürzten Vergleich darstellt (vgl. Eggs 2006a: 44; Levinson [17]2006: 156 und Kap. 2.4.1). Zwar basieren beide Formen auf einem ähnlichen kognitiven Prozess, jedoch wird durch die syntaktische Struktur des Vergleichs eine „inhaltliche Barriere" (Peters: 1986: 147) zwischen den Konzepten der Lexeme angezeigt. Aufgrund des Fehlens dieser Barriere[71] in metaphorischen Äußerungen, findet eine Änderung des referenziellen Bezugs statt. Peters (1986: 148) spricht in diesem Zusammenhang von einer Bedeutungsübertragung, die eine Metapher im Gegensatz zu einem Vergleich leisten kann. Es sind also zum einen die formalen lexikalischen Indikatoren (*ähnlich, wie, genauso* etc.), die Metaphern und heterogene Vergleiche unterscheiden, und zum anderen ist es ein mit der Äußerung verbundener Wirkungsmechanismus.[72] Aus der interaktionistischen Perspektive folgt, dass Metaphern „mit gegenseitig bedingten Bedeutungsveränderungen der beteiligten Begriffe einhergeh[en]" (Dutke 1994: 20).[73]

In den Beispielen (37) bis (39) wird deutlich, dass sowohl syntaktische als auch semantische Unterschiede zwischen heterogenen Vergleichen und Metaphern bestehen können:

---

70 Implikaturen stellen Schlussfolgerungen dar, die von Rezipient*innen gezogen werden müssen, um Bedeutungen zu ermitteln, die über das auf der Sprachoberfläche explizit genannte hinausgehen (vgl. dazu Levinson [17]2006: 97–166 und Kap. 3.2.2).
71 Diese wird durch den Vergleichsjunktor und einen anderen lexikalischen Vergleichsindikator sprachlich realisiert.
72 In Bezug auf die Unterscheidung von Metaphern und Vergleichen spricht Kirchhoff (2010: 128) von einer „echten Gleichsetzung", die durch eine Metapher realisiert wird und bzgl. des Vergleichs von einer „nicht vollständigen Gleichsetzung" (ebd.). Da sie sich in ihrer Erläuterung jedoch nicht auf heterogene Vergleiche, deren Vergleichsgrößen aus unterschiedlichen konzeptuellen Domänen stammen, sondern auf homogene Vergleiche bezieht, greift diese Gegenüberstellung beider Formen m. E. zu kurz.
73 Dutke (1996) trennt jedoch die Metapher und die Form des heterogenen Vergleichs nicht voneinander ab. Er bezeichnet bspw. den Vergleich, „Ein Anwendungsprogramm ist wie ein Hamburger", als Metapher (s. dazu Dutke 1996: 21).

(37) Paul brüllt wie ein Löwe.

(38) Paul ist wie ein Löwe.

(39) Paul ist ein Löwe.

In (37) und (38) deutet der Vergleichsjunktor *wie* auf das Identische zwischen den Vergleichsgrößen in den eigentlich heterogenen Wissenszusammenhängen hin. Gemeinsamkeiten zwischen beiden Entitäten in ihrer wörtlichen Bedeutung (innerhalb ihrer unterschiedlichen Erfahrungsräume) werden im Zuge der Rezeption aufgedeckt – in Vergleichen werden die Lexeme, die auf die Vergleichsgrößen referieren, stets usuell gebraucht (vgl. Eggs 2006a: 71; Kurz ^{5}2004: 21). Dabei signalisiert das Verb *brüllt* in (37) eindeutig, welcher Merkmalsbereich bzw. welches tertium comparationis relevant ist, um den Vergleich zu verstehen. Die Analogierelation zwischen *Paul* und *einem Löwen* soll demnach lediglich in Bezug auf die Artikulation von Lauten hergestellt werden.

In der Metapher (39) dient *Löwe* aus syntaktischer Sicht als Prädikat und wird semantisch in figurativer Bedeutung gebraucht bzw. verstanden. Ein heterogener Vergleich[74] und eine Metapher unterscheiden sich einerseits, indem sie verschiedene Sinnerwartungen hervorbringen (vgl. Kurz ^{5}2004: 21) und andererseits darin, dass die Metapher neue Bedeutungen konstituiert. Demzufolge stellt die Metapher die linguistisch und kognitiv anspruchsvollere Operation gegenüber dem heterogenen Vergleich dar (vgl. Eggs 2006a: 71). Mit Blick auf die Metapher postuliert Kurz (^{5}2004: 22) außerdem:

> [...] wir [können sie] erläutern indem wir z. B. Umschreibungen, Vergleiche bilden, die aber nie an den Punkt kommen, wo alles gesagt ist. Die Metapher setzt einen nicht ganz festgelegten Spielraum an Bedeutungen frei. Sie gibt viel zu denken, ohne jedoch verbindlich zu sein.

In Bezug auf kognitive Bedingungen ist die Abgrenzung von heterogenen Vergleichen und Metaphern trotz ihrer Ähnlichkeit von besonderer Relevanz. Als durchaus maßgeblich erweist sich die Unterscheidung im Hinblick auf die zahlreichen Varianten der sprachlichen Realisierung,[75] die insbesondere im Rah-

---

[74] Kurz (^{5}2004: 22) bezeichnet diesen als „metaphorischen Vergleich". Aus Gründen der eindeutigen terminologischen Abgrenzung und der Verschiedenartigkeit beider Verfahren wird in dieser Arbeit weiterhin der Terminus des heterogenen Vergleichs verwendet.

[75] Auf der sprachlichen Oberfläche kann zwischen einer Metapher der Gestalt *X ist ein Y* und einem heterogenen Vergleich lediglich im Hinblick auf die existierenden oder fehlenden formalen Vergleichsindikatoren in Form des Junktors *wie* oder anderer lexikalischer Mittel differenziert werden.

men der heterogenen Vergleiche durch verschiedene Junktoren sowie diverse lexikalische Mittel gekennzeichnet ist, wie vergleichsbezeichnende Lexeme o. ä., s. dazu auch Kap. 2.2 und 2.3 sowie Kap. 5.1 zu den NS-V, die im Zuge der Korpusstudie ermittelt wurden.

Demgegenüber unterscheiden sich die hier untersuchten Vergleiche und Metaphern anhand funktionaler Kriterien jedoch nicht voneinander. Beide Arten der Analogieherstellung können den kommunikativen Funktionen der Evaluation, Persuasion sowie der Emotionalisierung dienen. Die Kapitel 3.4 und 3.6 zeigen darüber hinaus weitere kommunikative Funktionen von NS-V/M, mit denen außerdem gleiche Wirkungen in Bezug auf Adressat*innen sowie Rezipient*innen erzielt werden sollen.[76]

Ein Schnittstellenphänomen zwischen Metaphern und heterogenen Vergleichen stellen m. E. Superlative dar, die heterogene Vergleichsgrößen beinhalten, d. h. deren Komparandum nicht Teil der konzeptuellen Vergleichsmenge ist. Die Kapitel 3.2.1 sowie 5.1.1.3 diskutieren diesen Sachverhalt in Bezug auf die sprachliche Realisierung von NS-V in Gestalt des Superlativs.

2.6 Zusammenfassung

Mithilfe von Vergleichen werden Unterschiede und Gemeinsamkeiten von Entitäten aufgezeigt, um damit spezifische Eigenschaften von Personen, Gegenständen und Sachverhalten zu vermitteln. In diesem Zusammenhang wird ein Komparandum durch den Vergleich mit einer Komparationsbasis hinsichtlich des tertium comparationis charakterisiert. Strukturell liegen Vergleiche u. a. als Modalitätsvergleiche, Komparativvergleiche oder Superlativvergleiche vor, die entweder explizit mittels Vergleichsjunktoren und entsprechenden morphologischen Markierungen oder mithilfe von verschiedenen lexikalischen Vergleichsindikatoren sprachlich realisiert sind.

Neben homogenen Vergleichen, in denen Komparandum und Komparationsbasis aus derselben konzeptuellen Domäne stammen, bilden heterogene Vergleiche eine besondere Erscheinungsform, die gerade in Bezug auf den Untersuchungsgegenstand der vorliegenden Arbeit relevant ist. Hierbei werden Analogiebeziehungen zwischen Entitäten hergestellt, die unterschiedlichen konzeptuellen Bereichen angehören und damit den Metaphern ähneln. Auch die

---

[76] Da beide Varianten im Hinblick auf das in Kap. 3–5 untersuchte Datenmaterial einen festen Bestandteil bilden, werden sie jeweils als NS-V/M gemeinsam aufgeführt, unter der Voraussetzung, dass sich die zu diskutierenden Phänomene sowohl auf die Ausprägung des Vergleichs als auch auf die Metapher beziehen.

kommunikativen Funktionen dieser heterogenen Vergleichsformen stimmen je nach Kontext und Kommunikationssituation mit denen metaphorischer Äußerungen überein. Hervorzuheben sind dabei die Kriterien der Wissensvermittlung, der Persuasion, der Evaluation und der Emotionalisierung.

Unterschiede zwischen heterogenen Vergleichen und Metaphern basieren in erster Linie auf deren Realisierung auf der Sprachoberfläche, die im Falle von Vergleichen eine ‚lexikalische Barriere' zwischen den, in eine konzeptuelle Verbindung zueinander gebrachten, Entitäten aufweisen. Diese wird bspw. mittels Junktoren, morphologischer Markierungen oder mit lexikalischen Vergleichsindikatoren, wie *ähnlich, genauso, parallel dazu* oder *nichts anderes als*, angezeigt. Ein weiterer Unterschied zwischen diesen Formen der Analogiebildung bezieht sich auf die Bedeutungskonstitution und den Rezeptionsprozess, der im Falle von Metaphern durch einen höheren kognitiven Aufwand geprägt ist.

Aufgrund ihrer Ähnlichkeiten bzgl. der Konzeptverbindung und weil die kommunikativen Funktionen von metaphorischen Äußerungen und heterogenen Vergleichen deutliche Schnittmengen aufweisen, werden sie in den folgenden Kapiteln zusammen als NS-V/M aufgeführt, sofern es sich nicht um spezielle Ausprägungen ihrer individuellen sprachlichen Realisierung als Vergleich oder Metapher handelt. Ein weiterer Grund für die gemeinsame Nennung liegt außerdem in ihren gemeinsamen Eigenschaften als sprachliche Manifestationsformen des Post-Holocaust- und des israelbezogenen Antisemitismus (s. dazu Kap. 3.6.2).

3 NS-Vergleiche und NS-Metaphern im öffentlichen Kommunikationsraum

Dieses Kapitel geht den ersten beiden Forschungsfragen nach und deckt konzeptuelle, lexikalische sowie strukturelle und kommunikativ-funktionale Eigenschaften von NS-V/M auf. Da jene Äußerungen sowohl sprachliche als auch pragmatisch funktionale Aspekte umfassen und innerhalb der jeweiligen Kommunikationssituationen ein komplexes Phänomen darstellen, sind die einzelnen Analysekriterien nicht isoliert voneinander, sondern im Zusammenhang miteinander zu beleuchten. Anhand exemplarischer Beispiele,[1] die aus verschiedenen Diskursen stammen und im öffentlichen Kommunikationsraum, d. h. in Interviews, Presseartikeln, TV-Beiträgen oder im Internet, artikuliert wurden, zeige ich ausgewählte linguistische Gesichtspunkte der NS-V/M auf und erörtere sie im Kontext der damit verbundenen Phänomene. Je nach Erkenntnisinteresse der unterschiedlich ausgerichteten Abschnitte werden die mit den illustrativen NS-V/M einhergehenden Konzeptualisierungen ebenso beschrieben wie die entsprechenden Kommunikationssituationen. Für ausgewählte Beispiele sind in diesem Zusammenhang auch öffentliche Reaktionen auf entsprechende Äußerungen aufgeführt und in Kapitel 3.4.3 zusammengestellt. Eine Voraussetzung dafür ist selbstverständlich die öffentliche Zugänglichkeit zu den jeweiligen Reaktionen.

Kapitel 3.5 gibt einen kurzen Überblick über die historische Entwicklung öffentlich geäußerter NS-V/M innerhalb verschiedener Diskurse. Es bildet damit einen Abschluss der Thematisierung von NS-V/M, welche nicht Teil antisemitischer Diskurse sind, und schafft einen Übergang zu jenen Äußerungen, die als Phänomen des Verbal-Antisemitismus in Erscheinung treten. Hierbei handelt es sich um eine bestimmte Ausprägung von NS-V/M, die innerhalb ihrer jeweiligen Kontexte und aufgrund der angeführten Vergleichsgrößen bzw. Metaphernkomponenten sowie entsprechender tertia comparationis eine Täter*innen-Opfer-Umkehr ausdrücken und damit als eine Manifestationsform des Post-Holocaust-Antisemitismus zutage treten.

Spezielle emotive und funktionale Dimensionen dieser Analogiebildungen werden abschließend thematisiert, um anknüpfend daran in die Korpusanalyse

---

[1] Wie in Kap. 2 stammen die Beispiele entweder aus der Datenbank des Deutschen Referenzkorpus, DeReKo (Wikipedia-Diskussionen, Zeitungstexte, literarische Texte und Plenarprotokolle), aus Onlineartikeln von Zeitungen oder Blogs. Einige historische Textbeispiele sind dem umfangreichen Material entnommen, das Eitz/Stötzel (2007/2009) in ihren Bänden des *Wörterbuchs der „Vergangenheitsbewältigung"* zusammengetragen und untersucht haben. Zu Illustrationszwecken wurden einige Beispiele in Kap. 3.4.1.1.2 auch induktiv gebildet.

einzuführen, welche den Hauptgegenstand dieser Arbeit bildet. Da für die korpuslinguistische Untersuchung in Kapitel 4 und 5 die Auseinandersetzung mit den Entwicklungslinien und Klassifikationen des Antisemitismus sowie eine Bestimmung von NS-V/M als Element desselben eine Grundvoraussetzung bildet, stellt Kapitel 3.6 das theoretische Fundament dafür bereit. An illustrativen Beispielen aus dem öffentlichen Kommunikationsraum werden hierbei zunächst einige sprachliche, konzeptuelle und funktionale Gesichtspunkte betrachtet, die anschließend im Rahmen der systematischen Korpusstudie in Kapitel 5 ausführlich erörtert werden.

3.1 NS-Vergleiche und NS-Metaphern – Definitorische Grundlagen und Abgrenzung zu historisch-kritischen Vergleichen

Die Herstellung einer Analogierelation zwischen Konzepten von Entitäten, die dem Nationalsozialismus zuzuordnen sind und diversen anderen Entitäten, die keinen Bezug dazu aufweisen, werden als *NS-Vergleich* oder als *NS-Metapher* bezeichnet. Die NS-bezogene Entität fungiert in diesem Zusammenhang üblicherweise als Komparationsbasis bzw. metaphorischer Ursprungsbereich und die andere bildet das Komparandum bzw. den metaphorischen Zielbereich. Obwohl das Komparandum in den selteneren Fällen eine NS-bezogene Entität beinhaltet,[2] folgt die Zuweisung der Vergleichs- und Metaphernkonstituenten nicht zwingend einem festen Muster. In der vorliegenden Arbeit wird zudem die Ausprägung einer solchen Analogiebildung als Metapher herausgearbeitet, da in der Forschungsliteratur überwiegend die Termini ‚NS-Vergleich' und ‚Nazi-Vergleich' auch in Referenz auf metaphorische Ausdrücke gebraucht werden (vgl. Sötzel 1989, 1995b; Wette 2003; Eitz/Stötzel 2007: 489, 2009: 12; Pérennec 2008; Schwarz-Friesel [2]2013: 197; Schwarz-Friesel/Reinharz 2013: 231). Weshalb hier eine alternative Benennungspraxis umgesetzt wird, ist in Kapitel 3.3 dargelegt.

Bereits in der frühen Nachkriegszeit wurden sowohl national als auch international Vergleiche von Personen, Institutionen, Praktiken, Verbrechen und Prozessen aus der Zeit des Nationalsozialismus mit aktuellen Sachverhalten strategisch eingesetzt, um die politische Konkurrenz öffentlich zu diffamieren oder zu stigmatisieren. Auch die Verwendung von Lexemen, die dem charakte-

---

[2] Im Zuge der Korpusanalyse wurde lediglich ein NS-V ermittelt, in dem die NS-bezogene Entität auf der sprachlichen Oberfläche als Komparandum und nicht wie üblicherweise als Komparationsbasis realisiert ist (s. Beispiel (87) in Kap. 5.1.1.1).

ristischen Inventar des NS-Vokabulars angehören, kann zur Bildung solcher Analogien beitragen.[3] 1983 tauchte der Ausdruck ‚Nazi-Vergleich' das erste Mal metasprachlich auf.[4] Ein Artikel der Zeit problematisierte diese kommunikative Praxis und setzte sich unter dem Titel „Nazi-Vergleiche – Falsche Munitionskiste" (Die Zeit, 02. 12. 1983, S. 10; zit. nach Eitz/Stötzel 2007: 491) sprachkritisch mit jenen Vergleichen auseinander, die anlässlich der sogenannten Nachrüstungsdebatte getätigt und hier erstmals explizit als solche benannt wurden (vgl. Eitz/Stötzel 2007: 489 f.).

Mit Blick auf funktionale Aspekte des Vergleichens, wie sie Kapitel 2 erörtert, handelt es sich bei NS-V/M um eine „allgemeine diskursive Praxis, die alle kommunikativen Maximen verletzt und die kognitive Rolle des Vergleichs bewusst missbraucht" (Pérennec 2008: 1). Strukturell können sie als Vergleiche in Erscheinung treten, indem sie entweder durch Vergleichsjunktoren oder mittels verschiedener lexikalischer Vergleichsindikatoren gekennzeichnet sind, in Bezug auf ihre kommunikative Funktion unterscheiden sie sich jedoch deutlich von konventionellen Vergleichen. Im Gegensatz zu den homogenen Vergleichen, die in 2.1.5 und 2.2 erörtert wurden, dienen NS-V nicht dazu, tatsächliche Unterschiede und Gemeinsamkeiten von Entitäten aufzuzeigen, obwohl sie z. T. als Komparative und Superlative vorliegen (s. hierzu Kap. 3.2.1 und 5.1.1). Damit ein homogener oder ein heterogener Vergleich als akzeptabel und plausibel aus der Perspektive von Rezipient*innen bewertet werden kann, müssen die miteinander in Beziehung gesetzten Vergleichsgrößen im Hinblick auf die Vergleichsdimension „in gewissen wesentlichen Hinsichten identisch sein" (Eggs 2006a: 68). Wenn diese Voraussetzung nicht erfüllt wird, kann ein bestimmter Sachverhalt (in Gestalt des Komparandums), der mit dem jeweils anderen Sachverhalt (in Gestalt der Komparationsbasis) verglichen wird, entweder verharmlost oder dämonisiert werden (vgl. ebd.: 69).[5]

Unter dem Gesichtspunkt der hier analysierten NS-V drücken Sprachproduzent*innen eine Dämonisierung aus, da die in Beziehung zueinander gesetzten

---

[3] Zur systematischen Untersuchung der Verwendung von NS-Vokabular in NS-V s. Kap. 5.1.3. Einzelne Beispiele aus dem öffentlichen Kommunikationsraum werden mit Blick darauf in Kap. 3.2.2 und 3.3.2 erörtert.
[4] Eitz/Stötzel (2007) und (2009) weisen dies anhand des Korpusmaterials ihrer Untersuchung zum Diskurs über NS-V nach. Bereits in den Jahren zuvor wurden NS-V/M im öffentlichen Sprachraum ebenfalls als unangemessen beurteilt, allerdings ohne sie direkt als solche zu bezeichnen. Zum historischen Überblick und dem Diskurs über NS-V/M s. Kap. 3.5.
[5] Anders verhält es sich bei homogenen Vergleichen in Form einer Komparation, im Zuge derer die Vergleichsgrößen eine „gemeinsame Einordnungsinstanz" (Thurmair 2008: 5 nach Lang 1977: 66) besitzen, wie in *Heinrich Himmler war größer als Joseph Goebbels*. Da hier beide Vergleichsentitäten aus dem thematischen Bereich des Nationalsozialismus stammen, handelt es sich nicht um einen NS-V.

Größen nicht in einer plausiblen Relation zueinander stehen, sondern die Komparationsbasis aus dem Bereich des Nationalsozialismus eine starke negative Bewertung in Bezug auf das Komparandum vermittelt. Verharmlost wird durch diese Vergleichspraxis jedoch der Sachverhalt, der die Komparationsbasis bildet. Das bedeutet, dass eine Bagatellisierung des Nationalsozialismus von den Äußerungsproduzent*innen entweder unbewusst evoziert, bewusst in Kauf genommen oder gar beabsichtigt wird (s. dazu Kap. 3.4). Der Vergleich in (40) stammt aus einer Erklärung der Initiative „Meine Stimme für Tiere" und richtet sich gegen das Pharmaunternehmen Boehringer Ingelheim:

(40) Mitarbeiter Boehringers, die in Tierversuchslaboren arbeiten, sind wie Nazis aus der Geschichte Deutschlands [...]. (zit. nach TAZ, 04. 10. 2008, 30)

Die Analogie wird mithilfe des Vergleichsjunktors *wie* in Form eines Modalitätsvergleichs zwischen den MITARBEITER*INNEN des Konzerns und den NATIONALSOZIALIST*INNEN hergestellt, wobei das tertium comparationis nicht explizit vorliegt.[6] Es bildet das gemeinsame konzeptuelle Fundament und ist in (40), wie auch in zahlreichen anderen NS-V, im Rezeptionsprozess zu erschließen. Hier bezieht sich das tertium comparationis auf die ethisch umstrittenen Tätigkeiten von Mitarbeiter*innen des Pharmaunternehmens (*die in Tierversuchslaboren arbeiten*), welche durch die Referenz auf *Nazis aus der Geschichte Deutschlands* mit NS-VERBRECHEN in eine konzeptuelle Verbindung gebracht werden. Die Produzent*innen stellen eine Assoziation zwischen TIERVERSUCHEN und NS-VERBRECHEN her und legen die Gleichsetzung des Leides von NS-Opfern mit dem Leid von Versuchstieren nahe.[7] Diese Äquivalenz wird jedoch nicht auf der sprachlichen Oberfläche realisiert, sondern ausschließlich implikatiert.[8]

In Bezug auf das tertium comparationis von NS-V konstatiert Stötzel (1995b: 371), dass es „bei ruhiger sachlich-konzentrierter Überlegung als Vergleichsgrundlage nicht anerkannt werden würde", da die behaupteten Ähnlichkeiten einen niedrigen Grad an Relevanz aufwiesen. Hinsichtlich argumentativer Funktionen von Analogien sinkt deren Überzeugungskraft je mehr relevante Unähn-

---

6 Zu referenziell unterspezifizierten Vergleichsbestandteilen in NS-V s. Kap. 3.2.2 sowie speziell in den untersuchten antisemitischen NS-V Kap. 5.2.9.
7 Diese Art der Gleichsetzung von leidtragenden Tieren und den Opfern der Shoah wurde im Laufe der Jahre von verschiedenen Tierschutzorganisationen wiederholt praktiziert. S. dazu bspw. die Kampagnen der Tierrechtsorganisation Peta, die 2003 und 2004 mit dem Slogan „Der Holocaust auf Ihrem Teller" gegen Massentierhaltung zu mobilisieren versuchte (vgl. Eitz/Stötzel 2007: 350 f.).
8 Zur näheren Betrachtung von Implikaturen in NS-V/M sowie referenziellen Unterspezifikationen innerhalb dieser Äußerungen s. Kap. 3.2.2.

lichkeiten beide Vergleichsglieder besitzen (vgl. Stötzel 1989: 250), wie im Falle der suggerierten Äquivalenz in (40). Die Mitarbeiter*innen des Pharmaunternehmens weisen keine relevanten gemeinsamen Merkmale mit NS-Verbrecher*innen auf und die Praxis der Tierversuche hat weder einen logischen Bezug zu NS-Verbrechen allgemein noch spezifisch zur Shoah.

Eine besondere Bedeutung für NS-V/M trägt darüber hinaus der emotionale Gehalt – einerseits in Bezug auf den Ausdruck emotionaler Haltungen des*der Produzent*in selbst und andererseits hinsichtlich der damit intendierten und tatsächlich ausgelösten emotionalen Wirkungen seitens der Rezipient*innen. Die Reaktion von sprach- und geschichtsbewussten Personen auf NS-V/M ist in diesem Zusammenhang überwiegend von Empörung gekennzeichnet (vgl. Schwarz-Friesel ²2013: 197). Schwarz-Friesel (²2013) konstatiert hierzu, dass durch die „semantisch implikatierten Konzeptualisierungen", die NS-V zugrunde liegen, d. h. in (40) MITARBEITER*INNEN VON BOEHRINGER WEISEN BEZÜGLICH IHRER HANDLUNGEN ÄHNLICHKEITEN ZU NATIONALSOZIALIST*INNEN AUF, „[...] die emotionalen Komponenten NEGATIV-BEWERTUNG und INTENSITÄT höchstmögliche Werte [erfahren]" (ebd.: 197; Hervorh. im Original). Welche verschiedenen Intentionen und Wirkungen durch das Äußern von NS-V/M beabsichtigt sein können, spezifiziert Kapitel 3.4.

Die Bestandteile von NS-V können unterschiedliche Konstituenten beinhalten – so wurden im Laufe der Zeit nach 1945 im öffentlichen Kommunikationsraum inhaltlich ganz verschiedene Personen und Sachverhalte in eine konzeptuelle Verbindung gebracht: von der ABTREIBUNG ALS HOLOCAUST, der DDR ALS KONZENTRATIONSLAGER und zahlreichen Analogiebildungen zwischen ADOLF HITLER und prominenten POLITIKER*INNEN.

Dass den Ausdrucksmöglichkeiten solcher Vergleiche ein ebenso großes Repertoire auch auf nonverbaler Ebene zur Verfügung steht, demonstrieren u. a. Fotomontagen und ikonische Darstellungen,[9] wie die Abbildungen Angela Merkels auf Transparenten von Pegida-Anhänger*innen im Oktober 2015 in Dresden. Darauf ist die Bundeskanzlerin in brauner Uniform mit der dazugehörigen Armbinde dargestellt, welche anstelle des Hakenkreuzes das Eurozeichen zeigt.[10]

Ob verbal oder nonverbal realisiert, NS-V/M verletzen die Regeln der Political Correctness, weil sie eine Relativierung der nationalsozialistischen Verbrechen bewirken (vgl. Hölscher 2008: 16). Das tertium comparationis, das in Vergleichen

---

9 Verschiedene Illustrationen, die als NS-V fungieren, untersucht Pérennec (2008: 3).
10 Der Tagesspiegel berichtete über NS-V/M im Umfeld von Demonstrationen der sogenannten Patriotischen Europäer gegen die Islamisierung des Abendlandes (Pegida) unter dem Titelbild, das ein solches Plakat mit Angela Merkel zeigt (Tagesspiegel, 04. 11. 2015, Merkel und Hitler in einem Satz. Nazi-Vergleiche haben bei Pegida Konjunktur).

3.1 Grundlagen und Abgrenzung zu historisch-kritischen Vergleichen — 55

und Metaphern einen wesentlichen Bezugspunkt darstellt und die Analogierelation legitimieren soll, ist für NS-V/M jedweder Art nicht akzeptabel, da durch sie die Singularität der millionenfachen Ermordung von Juden*Jüdinnen in der NS-Zeit aus dem Bewusstsein ausgeschlossen wird und somit eine historische Verdrängung eintritt (vgl. Stötzel 1989: 265, 1995b: 371; zu möglichen langfristigen Effekten s. Kap. 3.4.3). In bestimmten Kontexten und Diskurszusammenhängen bildet die Etablierung von Täter*innen- und Opferrelationen, die durch NS-V/M konstituiert werden können, ein spezielles funktionales Charakteristikum dieser Analogiebildungen.[11]

Von den bisher beschriebenen NS-V, mit denen die komplexe Vergleichsprozedur zweckentfremdet wird (vgl. Pérennec 2008: 1), sind jene Vergleiche abzugrenzen, die Sachverhalte, Institutionen sowie Personen und Personengruppen aus der NS-Zeit historisch-kritisch thematisieren.[12] Sie dienen dem Erkenntnisgewinn und können als angemessene Vergleiche eingestuft werden, da sie nicht in instrumentalisierender Funktion zum Einsatz kommen. Solche Vergleiche stellen Analogierelationen zwischen verschiedenartigen Entitäten und Sachverhalten her oder dienen dazu, diese aufzuzeigen, um bspw. auf Kontinuitäten hinzuweisen und sie zu problematisieren. Dabei ist stets zu berücksichtigen, dass abgesehen von den Ähnlichkeiten in vielen Hinsichten zahlreiche Unähnlichkeiten zwischen den Vergleichsgrößen bestehen (vgl. Bremerich-Vos 1989: 249). Folglich ist

> [e]in Argument aus einer Analogie [...] umso stärker, je mehr relevante Ähnlichkeiten es gibt, und es verliert entsprechend an Überzeugungskraft, wenn die Zahl der relevanten Unähnlichkeiten wächst. (ebd.: 250)

Ein solcher Fall wird bspw. in einem Artikel der Tageszeitung Die Welt deutlich, der unter der Überschrift „Wo die NPD mit der NSDAP wesensverwandt ist" das NPD-Verbotsverfahren thematisiert (Die Welt, 03. 03. 2016). Indem der Politikwissenschaftler Steffen Kailitz vom Hannah-Arendt-Institut für Totalitarismusforschung anhand von Belegen aus dem Parteiprogramm der Nationaldemokratischen Partei Deutschlands (NPD) Parallelen zur Nationalsozialistischen Deutschen Arbeiterpartei (NSDAP) aufdeckt, stellt er eine Analogiebeziehung zwischen beiden Parteien her und weist somit auf die Gefahren, die von der NPD ausgehen,

---

11 Dabei ist es nicht erforderlich, dass Täter*innen und Opfer explizit auf der sprachlichen Oberfläche benannt werden (s. dazu Kap. 3.4, 3.6.2.2 sowie Kap. 5).
12 In der Geschichtswissenschaft fungieren Vergleiche im Sinne der Komparatistik als Erkenntnisinstrument, wobei gewährleistet werden muss, dass das tertium comparationis der beiden Vergleichsgrößen angemessen ist und Ähnlichkeiten wie auch Unterschiede systematisch untersucht werden (vgl. Wette 2003: 236).

hin. Eine politolinguistische Analyse des Grundsatzprogramms der Alternative für Deutschland (AfD) liefert Kämper (2017), in der sie neben zahlreichen sprachlichen und kommunikativen Spezifika die völkisch-nationalistische Ausrichtung der Partei herausarbeitet sowie persuasive Kommunikationsstrategien aufdeckt. Aus der Untersuchung geht hervor, dass das AfD-Programm lexikalische und stilistische Parallelen zu dem der NSDAP sowie dem der Deutschnationalen Volkspartei (DNVP) in den 1920er Jahren aufweist. In ihrer Auswertung verdeutlicht Kämper (2017), dass die Grundsatzerklärung der AfD nicht auf demokratischen Werten basiert, die dem Grundgesetzt entsprechen. Sie postuliert in diesem Zusammenhang:

> Eine Partei und ihr Programm gehört als Gegenstand des politischen Diskurses in die Öffentlichkeit einer demokratischen, pluralistischen Gesellschaft und muss auch der kritischen Bewertung unterzogen werden. Wenn diese Bewertung den Befund zutage fördert, dass hier diskriminierend und nationalistisch argumentiert wird, ist es Aufgabe des Diskurses, etwaige Normalisierungseffekte zu verhindern und als Korrektiv zu agieren. Die Politolinguistik kann hier einen wichtigen Beitrag leisten. (Kämper 2017: 18)

Auch Vergleiche zwischen den Forderungen der Boycott-Divestment-and-Sanctions-Kampagne (BDS),[13] die sich für den Boykott israelischer Güter sowie für Kapitalabzug und Sanktionen gegen Israel einsetzt, und nationalsozialistischen Appellen dienen der Entlarvung des israelbezogenen Antisemitismus (s. dazu Kap. 3.6.1). So zeigt z. B. ein Artikel der Jüdischen Allgemeinen, dass die BDS-Forderungen den „Kauft nicht bei Juden"-Aufrufen zu Zeiten des Nationalsozialismus gleichen (vgl. Jüdische Allgemeine, 07. 04. 2016). Dass Boykottappelle gegenüber Israel überwiegend strukturidentisch mit den nationalsozialistischen Aufrufen sind, arbeiten Schwarz-Friesel/Reinharz (2013: 185 f.) im Zuge der linguistischen Korpusanalyse von Zuschriften an den ZdJ und an die IBD heraus.

Die beschriebenen historischen Vergleiche basieren auf einem kritischen sowie sensiblen Sprach- und Geschichtsbewusstsein – im Gegensatz zu unangemessenen NS-V/M handelt es sich hierbei um fundierte Beurteilungen. Stötzel (1995b) betont die Bedeutsamkeit zwischen solchen Vergleichen zu unterscheiden, welche die deutsche Geschichte instrumentalisieren und solchen, „in denen aus einer Sorgeerhaltung heraus an die ‚eigene' Geschichte erinnert wird, um auf eine als nazistisch empfundene Handlungsweise aufmerksam zu machen" (ebd.: 375). Im Hinblick darauf ist zu betonen, dass geschichtsrelativierende NS-V/M z. T. als eine Art Sorgeerhaltung getarnt formuliert werden, um auf Akzep-

---

[13] Zur BDS-Kampagne s. Babbin/London (2014).

tanz und Zustimmungsbereitschaft seitens der Rezipient*innen zu stoßen (dies illustrieren auch einige Korpustexte, wie Beispiel (246) in Kapitel 5.3.2).[14]

3.2 Sprachliche Realisierung und Struktur von NS-Vergleichen

3.2.1 Vergleichsarten und Struktur

Wie unterschiedlich und vielseitig die Möglichkeiten sind, Vergleiche sprachlich zu realisieren, wurde in Kapitel 2 erläutert – die verschiedenen Formen der Verbalisierung treffen auch auf NS-V zu. Dabei können die Arten der Vergleichsstrukturen von Modalitätsvergleichen (41) über Komparativvergleiche (42) bis hin zu Superlativen (43) ebenso variieren wie der Gebrauch expliziter Vergleichsjunktoren, (41) und (42), oder morphologischer Markierungen, (42) und (43). Das vorliegende Kapitel gibt einen ersten Einblick in mögliche Formen der sprachlichen Realisierung von NS-V. Die detaillierte und systematische Darstellung dieser Phänomene folgt in Kapitel 5.1.1 basierend auf den Ergebnissen der korpuslinguistischen Untersuchung von NS-V in E-Mails an die IBD und den ZdJ.

(41) [...] Wenn ich Sie sehe, dann sage ich auch: Für mich sind Kommunisten *genauso schlimm wie Nationalsozialisten*. Darüber können wir einmal sprechen. (Äußerung des Bundesinnenministers Wolfgang Schäuble, Plenarprotokoll der Sitzung des Parlaments, Landtag von Baden-Württemberg am 11. 02. 1998, Stuttgart, 42. Sitzung der 12. Wahlperiode 1996–2001, 3356; Hervorh. L. G.)

(42) Eine Anwohnerin, die sich erbost über die Ingewahrsamnahme von Jugendlichen zeigte, blaffte eine Polizistin an: ‚Ihr seid *viel schlimmer, als die Nazis* es waren!' (TAZ, 04. 06. 2012, 21; Hervorh. L. G.)

(43) Nebenbei stellt sich heraus, dass Deutsche, Schweden und Norweger sich im Krieg eigentlich total gut verhalten haben, weil *die schlimmsten Nazis* ja bekanntlich Engländer waren. (Süddeutsche Zeitung, 04. 04. 2013, 12; Hervorh. L. G.)

---

14 In ihrer Studie eruieren Schwarz-Friesel/Reinharz (2013: 323–334), dass Personen antisemitische Äußerungen u. a. als besorgte Kritik verschleiern und diese in Form von Moralapellen, Ratschlägen und Handlungsaufforderungen an die IBD und den ZdJ richten. Die Äußerungsproduzent*innen verfolgen damit das Ziel, sich selbst als moralische Instanzen zu autorisieren und die eigenen Aussagen somit zu legitimieren.

Diesen Textausschnitten ist einerseits die Komparationsbasis *Nazis* bzw. *Nationalsozialisten* gemeinsam und andererseits das attributive Adjektiv *schlimm*, mit dem jeweils das tertium comparationis angezeigt wird. Obwohl heterogene Vergleiche überwiegend in Form von Modalitätsvergleichen realisiert sind,[15] können NS-V, wie in (42) und (43), auch andere Vergleichsstrukturen im Sinne der Komparation aufweisen. Dabei ist es nicht zwingend erforderlich, dass dies durch ein Adjektiv in komparierter Form oder mittels des Vergleichsjunktors *als* signalisiert wird. Auch Wendungen, wie *X und Y übertreffen die Nazis, X stellt Hitler in den Schatten* oder *Goebbels war harmlos im Gegensatz zu X*, fungieren als Komparationen, die ohne Junktor und morphologische Markierungen ausgedrückt werden.

Modalitätsvergleiche können ebenfalls ohne den Gebrauch expliziter Vergleichsjunktoren realisiert sein. Eine Vielzahl lexikalischer Vergleichsindikatoren ermöglicht diverse Ausdrucksvarianten, die Äquivalenz zwischen zwei oder mehreren Entitäten signalisieren. Innerhalb des Komplexes der NS-V begegnen uns u. a. vergleichsanzeigende Formulierungen, wie *X ähnelt der NS-Zeit, X ist vergleichbar mit einem KZ, es gibt Parallelen zwischen X und Adolf Hitler* oder in Form einer Negation *es gibt keinen Unterschied zwischen diesem Vorgehen und dem der Nazis*.[16] Wie die beiden anderen Vergleichsarten müssen auch Superlative ebenso wenig in ihrer klassischen Struktur vorliegen, sondern können u. a. in Gestalt von Elativen, z. B. *X ist ein Ober-Nazi* oder *das sind extreme NS-Methoden*, zum Ausdruck kommen. Trotzdem gibt es zwischen den Superlativformen und den anderen Vergleichen einen besonderen Unterschied, dem wir uns hier anhand des Textausschnittes in (43) widmen.

Formulierungen, die dazu dienen, einen Vergleich auf der höchsten Komparationsstufe zu realisieren, beinhalten im Regelfall Vergleichsgrößen aus derselben konzeptuellen Domäne oder sie besitzen eine implizite Komparationsbasis, die eine Vergleichsmenge darstellt und im Zuge der Rezeption erschlossen wird (vgl. dazu Thurmair 2008: 12 f.). Demnach werden Superlative für gewöhnlich als homogene Vergleiche realisiert. In Anbetracht von NS-V trifft dies allerdings nicht zu, weil hier Analogierelationen zwischen Vergleichsgrößen aus unterschiedlichen konzeptuellen Bereichen hergestellt werden. Zudem beinhalten Superlativvergleiche im Gegensatz zu Modalitäts- und Komparativvergleichen

---

15 Zur Bestimmung heterogener Vergleiche in Abgrenzung zu homogenen s. Kap. 2.1.5.
16 Inwiefern solche und weitere vergleichsanzeigenden Lexeme sowie die Negation eines Unterschiedes der Herstellung von NS-V innerhalb der untersuchten E-Mails dienen, wird in Kap. 5.1.2 anhand qualitativer und quantitativer Befunde erörtert. Auch Superlative, die nicht in konventioneller Gestalt, sondern mittels Elativen realisiert sind, bilden einen Schwerpunkt in der Korpusanalyse, s. dazu Kap. 5.1.1.3.

keine Vergleichsjunktoren oder ähnliche lexikalische Indikatoren, die eine Vergleichsstruktur explizit anzeigen, sondern lediglich morphologische Markierungen. Meines Erachtens handelt es sich hier um eine Schnittstelle zwischen NS-M und NS-V in Gestalt eines Superlativs, wie (43) verdeutlicht. In diesem Beispiel wird der konzeptuelle Zielbereich bzw. das Komparandum, *Engländer*, durch eine bestimmte Relation zum Ursprungsbereich bzw. der angegebenen Vergleichsmenge, *Nazis*, charakterisiert (vgl. Skirl/Schwarz-Friesel ²2013: 9f. und Kap. 3.3.2). Sprachlich manifestiert sich dies durch die prädikative Formulierung, wie sie auch in substantivischen Metaphern gebraucht wird. Das Komparandum in Superlativen, in (43) *Engländer*, ist automatisch Teil der Gruppe, welche durch die Vergleichsmenge, *die Nazis*, festgelegt ist.[17] Darüber hinaus wird das Komparandum als spezielle Entität mit der stärksten Ausprägung der Eigenschaft *schlimm* (tertium comparationis) explizit aus der Vergleichsmenge der *Nazis* herausgestellt und hervorgehoben. Der Vergleich in (43) stammt aus einer Filmkritik zu ‚An – Enemy To Die For', in welcher der*die Autor*in den Superlativ und die Konstruktion aus Modalpartikel mit Adverb in *ja bekanntlich* einsetzt, um das historische Wissen der Rezipient*innen anzusprechen und die filmische Inszenierung des Zweiten Weltkrieges ironisch zu problematisieren. In dieser Äußerung wird die Darstellung der *Engländer* als besonders negativ und fälschlicherweise als *die schlimmsten Nazis* kritisiert.[18] In Anbetracht der Tatsache, dass es sich dabei um ein Historiendrama handelt, das u. a. den Beginn des Zweiten Weltkrieges thematisiert, wird aus dem Auszug der Rezension deutlich, dass der*die Autor*in ein aus dem Film hervorgehendes revisionistisches Geschichtsbild erkennt und dieses auf polemische Weise anprangert.

3.2.2 Referenziell unterspezifizierte Vergleichsbestandteile

In allen NS-V wird eine der Vergleichs- oder Metaphernkonstituenten durch eine oder mehrere Entitäten gebildet, die einen inhaltlich-konzeptuellen Bezug zum Nationalsozialismus aufweisen. Diese müssen nicht explizit auf der Sprachoberfläche realisiert werden, daher stellen referenzielle Unterspezifikationen hierbei

---

[17] Dass Superlative keine typische Komparationsbasis aufweisen, sondern eine (explizite oder implizite) Vergleichsmenge angeben, welche jegliche Entitäten beinhaltet, die miteinander verglichen werden, zeigt Kap. 2.2.3. Zu dieser Menge gehört auch das Komparandum selbst. Damit heben sich Superlativvergleiche von Modalitäts- und Komparativvergleichen ab und stellen eine besondere Form der Vergleichsstruktur dar (vgl. dazu Varnhorn 1993: 90; Thurmair 2001: 232).
[18] Eine Formulierung im Komparativ (*schlimmer als die Nazis*) würde den Zweck des Kritisierens ebenso erfüllen, jedoch die Polemik nicht in dieser Weise ausdrücken.

keine Seltenheit dar. Über implizite Varianten in Form von Andeutungen und Anspielungen[19] können Analogierelationen gebildet werden, die von Rezipient*innen zu erschließen sind. Einige solcher impliziten Phänomene werden im Folgenden anhand einzelner Vergleichsbestandteile, wie bestimmten lexikalischen Vergleichsindikatoren, Vergleichsreferenten und entsprechenden tertia comparationis, erörtert.

Für die sprachliche Realisierung einer Analogie müssen weder typische Vergleichsstrukturen mit den dazugehörigen operativen Mitteln, d. h. Junktoren oder morphologische Markierungen, noch explizit verbalisierte Vergleichsbestandteile, wie entsprechende Vergleichsgrößen oder tertia comparationis, notwendigerweise vorliegen. Pérennec (2008: 3) vertritt die Auffassung, dass NS-V generell nie ganz explizit ausgedrückt werden. Das ist m. E. jedoch nicht völlig zu generalisieren, denn sowohl anhand der eingeführten Beispiele (41) bis (43) als auch in der Korpusauswertung wird deutlich, dass NS-V rein formal wie alle anderen Vergleiche verbalisiert sein können.

Im Zuge ihrer Untersuchung ermittelt Pérennec (2008), dass bestimmte linguistische Bestandteile und pragmatische Voraussetzungen des prototypischen Vergleichsmusters im Falle eines NS-V fehlen. Häufig bleibt demzufolge das tertium comparationis implizit und muss von den Rezipient*innen ermittelt werden (vgl. Pérennec 2008: 3). Es handelt sich hierbei also um eine Implikatur, die es zu erschließen gilt. Als Implikatur wird die zusätzliche Bedeutung einer Äußerung bezeichnet, die über die wörtliche Bedeutung dieser Äußerung selbst hinausgeht. Somit können bestimmte Bedeutungen vermittelt werden, die nicht auf der semantischen Oberflächenstruktur eines Satzes ablesbar sind – das Gemeinte wird dementsprechend implikatiert und nicht explizit geäußert. Im Verstehensprozess werden durch das Ziehen von Schlussfolgerungen (Inferenzen) implizite Wissensbestände, z. B. in Form von Hintergrundwissen, aktiviert (vgl.

---

19 Lennon (2001) untersucht Anspielungen als Manifestationsformen von Intertextualität und Indirektheit in sprachlichen Äußerungen. Dabei verweisen solche Anspielungen auf spezifische Texte und/oder Wissensstrukturen, denen ein expliziter Verweis auf den anderen Text oder auf den*die Verfasser*in fehlt, wie es bspw. in einem „offenen Zitat" (ebd.: 11) der Fall wäre. Es wird demnach gemeinsames Hintergrundwissen bzgl. der jeweiligen Texte oder der Sachverhalte, auf die referiert wird, vorausgesetzt (s. dazu auch Kap. 3.4.1). Lennon (2001: 13–19) differenziert zwischen verschiedenen Arten von Anspielungen, z. B. Anspielungen auf Zitate (aus literarischen Werken, von bestimmten Personen etc.), auf Titel (von literarischen Werken, Liedern, Filmen, Sendungen etc.), auf Sprichwörter, auf gattungsbezogene Formulierungen (aus Märchen etc.), auf Eigennamen von Personen sowie auf allgemeine Redensarten bzw. Idiome. Im Hinblick auf NS-V/M stellen Anspielungen eine typische Form der Herstellung von Analogierelationen zwischen zwei oder mehreren Entitäten dar. Zu verschiedenen Ausprägungen dieser Form der antisemitischen NS-V/M s. Kap. 5.1.3.

Meibauer ²2008: 26 f.; Spitzmüller/Warnke 2011: 148 f.). Wenn die zusätzliche Bedeutung in Abhängigkeit vom Äußerungskontext inferiert werden muss, handelt es sich um eine konversationelle Implikatur (vgl. Meibauer ²2008: 27).[20] Im Verstehensprozess dieser Vergleiche, deren Bestandteile nicht explizit auf der Wortebene realisiert sind, müssen die Bedeutungen der fehlenden Komponenten auf Grundlage des Kontextes elaboriert oder anhand lexikalischer Indikatoren ermittelt werden. In folgendem Textausschnitt liegen gleich mehrere Formen von NS-V und NS-M vor, die sich einerseits in Bezug auf die Vergleichsgrößen und andererseits hinsichtlich ihrer Struktur sowie der Vergleichsindikatoren unterscheiden.

(44) In der Anonymität der Foren hat man ganz andere Vergleiche parat: Abu Ghraib *ist Auschwitz* [...] Rumsfeld *erinnert an* Goebbels, ‚wir Deutschen' dagegen haben ‚aus der Nazizeit gelernt'. (Süddeutsche Zeitung, 18. 05. 2004, 13; Hervorh. L. G.)

Die Analogierelationen werden jeweils zwischen explizit benannten Vergleichs- bzw. Metaphernkomponenten hergestellt, wobei die erste in der substantivischen Prädikativmetapher *Abu Ghraib ist Auschwitz* vorliegt.[21] Der Vergleichsindikator *erinnert an* in (44) ist eines zahlreicher indirekter Mittel (vgl. Pérennec 2008: 3), die zur Realisierung von NS-V dienen. Die Aussage *X erinnert an Y* erfüllt eine ähnliche Funktion wie der Vergleichsjunktor *wie* in klassischen Modalitätsvergleichen, da auch sie eine gewisse Gleichheit zwischen zwei Entitäten ausdrückt. Diese Übereinstimmung wird allerdings nicht ausformuliert, sondern vage angedeutet und das tertium comparationis bleibt hier implizit. Eindeutig und explizit benannt werden in (44) hingegen die Komparationsbasis *Goebbels* und das Komparandum in Gestalt des ehemaligen amerikanischen Verteidigungsministers *Rumsfeld*.

Neben dem tertium comparationis werden in implizit geäußerten NS-V auch andere Vergleichsgrößen weggelassen. Im Rezeptionsprozess muss dabei ent-

---

20 Demgegenüber basiert die konventionelle Implikatur auf der (konventionellen) Wortbedeutung und wird nicht auf Grundlage des Kontextes erschlossen. Als Beispiel diskutiert Meibauer (²2008: 37 f.) die mit dem Konnektor *aber* ausgedrückte Implikatur des Kontrastes. Zu konventionellen und konversationellen Implikaturen hinsichtlich der Konversationsmaximen und dem Kooperationsprinzip nach Grice (1989) s. ausführlich Meibauer (²2008: 24–40). An dieser Stelle sei auf die Kritik an der Grice'schen Konzeption von Vertreter*innen der ‚relevance theory' hingewiesen, die auf Grice' Maxime der Relevanz basiert (s. dazu Sperber/Wilson, 1986, sowie Carston, 2002).
21 NS-M der Struktur *X ist ein Y* werden u. a. in Kap. 3.3 beleuchtet und in Bezug auf das untersuchte Korpusmaterial in 5.1.4 diskutiert.

weder die fehlende Konstituente aus dem Kotext erschlossen werden oder sie „ergibt sich aus der Semantik" (Poitou 1998: 108) der vorhandenen Vergleichskonstituente. Dieser Fall tritt u. a. ein, wenn beide Vergleichsgrößen vorhanden sind und lediglich in veränderter Reihenfolge vorliegen (vgl. ebd.: 100–102)[22] oder eine der Größen ausschließlich umschrieben wird, z. B. als *dunkles Kapitel der Geschichte*.

Ebenso wie referenziell unterspezifizierte Vergleichsgrößen sind auch lexikalische Vergleichsindikatoren innerhalb von NS-V zu ermitteln, mit denen implizit Analogierelationen etabliert werden. Formulierungen wie *X erinnert mich an den Holocaust, wo ist der Unterschied zwischen X und Hitler?* oder *hier werden Erinnerungen an Auschwitz wach* sind nur einige der zahlreichen Konstruktionen, welche in dieser Funktion zum Einsatz kommen. Eine Vielzahl referenziell unterspezifizierter Wendungen, die dazu dienen, Analogien zum Nationalsozialismus herzustellen, wurden u. a. im Rahmen der Korpusuntersuchung eruiert (s. hierzu Kap. 5.1.2). Hierzu zählen auch iterative Ausdrücke, wie *wieder (einmal), schon wieder* oder *wiederkehrend*, die präsupponieren,[23] dass ein Sachverhalt in der Vergangenheit bereits auf die gleiche Art und Weise stattgefunden hat wie es aktuell der Fall sei.

Bezüge zu NS-Verbrechen, NS-Funktionsträger*innen oder -Institutionen können somit einerseits explizit und andererseits mittels referenziell unterspezifizierter Äußerungen hergestellt werden. Dadurch, dass auf der grammatischen und lexikalischen Oberfläche nicht alle Informationen und Relationen explizit abgebildet werden, die zum Verständnis notwendig wären (vgl. Schwarz-Friesel/ Consten 2014: 66), müssen Rezipient*innen die jeweiligen Referenten bzw. Vergleichsgrößen oder Metaphernkomponenten sowie das tertium comparationis erschließen. Da Referenten in zahlreichen Texten „nicht explizit erwähnt oder nur vage referenzialisiert" (Schwarz-Friesel/Consten 20014: 66) sind, ist ein gewisses Maß an kognitiver Aktivität erforderlich, um das jeweilige Textweltmodell aufzubauen und basierend auf dem Weltwissen, die nicht explizit genannten (Vergleichs-)Bestandteile zu elaborieren (vgl. ebd.).

Kommen wir damit nun zum tertium comparationis, das neben den Vergleichsgrößen und den vergleichsauslösenden Lexemen ebenfalls implikatiert werden kann, wie der Textausschnitt in (45) demonstriert. Mit den Ausdrücken

---

[22] Zur Auslassung der Komparationsbasis in Vergleichskonstruktionen s. Poitou (1998). Derartige Befunde, die im Rahmen der Korpusanalyse eruiert wurden, liefert Kap. 5.2.9.
[23] Zusätzlich zu anderen lexikalischen Mitteln fungieren Iterativa als Auslöser für Präsuppositionen, die implizite Voraussetzungen oder Vorbedingungen für das Verständnis von Äußerungen bilden und u. a. mittels sprachlicher Präsuppositionstrigger, bspw. durch Iterativa oder mithilfe faktiver Verben, ausgelöst werden (vgl. dazu Levinson [17]2006: 181–185).

3.2 Sprachliche Realisierung und Struktur von NS-Vergleichen — 63

Nachfolger oder *Wiedergänger*[24] referieren NS-V auf Personen, die u. a. mit Adolf Hitler in eine konzeptuelle Verbindung gebracht werden. Hans Magnus Enzensberger betitelte den damaligen irakischen Premierminister, Saddam Hussein, als *Nachfolger* Adolf Hitlers in einem Essay, der 1991 im Spiegel unter dem Titel „Hitlers Wiedergänger" erschien. Nachdem der Autor anführt, worin sich andere autokratische „Alleinherrscher" von diesen beiden unterscheiden, charakterisiert er Saddam Hussein basierend auf spezifischen Eigenschaften, die er Hitler zuschreibt.

(45) Diese Monster [Figuren wie Franco, Batista, Marcos, Pinochet] geben keine Rätsel auf. Sie lassen sich von ihrem Selbsterhaltungstrieb leiten. Insofern gehorcht ihr Vorgehen einem Interessenkalkül, und das macht sie ihrerseits kalkulierbar. Hitler wußte sich von solchen Überlegungen frei. Eben hierin ist Saddam Hussein sein genuiner *Nachfolger*. Er kämpft nicht gegen den einen oder anderen innen- oder außenpolitischen Gegner; sein Feind ist die Welt. (Der Spiegel 6/1991, 04. 02. 1991; Anmerk. und Hervorh. L. G.)

Die Gemeinsamkeit, das tertium comparationis des Vergleichs, zwischen Hitler und dem damaligen irakischen Staatspräsidenten wird gleichzeitig als Abgrenzungskriterium herangezogen, um den Unterschied dieser beiden gegenüber verschiedenen anderen Despoten der Weltgeschichte zu illustrieren. Durch diese Differenzierung zu anderen Autokraten, die Enzensberger im Unterschied zu Adolf Hitler und Saddam Hussein als *kalkulierbar* beschreibt, hebt er das gemeinsame Merkmal der UNBERECHENBARKEIT zwischen den beiden Vergleichsreferenten hervor.

In (45) muss das tertium comparationis mithilfe des komplexen anaphorischen Ausdrucks, *solche Überlegungen*, der sich auf die Propositionen im Satz davor bezieht, erschlossen werden. Eine andere Form des Vergleichs, bei dem das tertium comparationis allerdings explizit ausgedrückt wird, finden wir in NS-V, die mit der Fokuspartikel[25] *auch* realisiert sind. Die Vergleichsstruktur liegt in solchen Fällen implizit vor, die Vergleichskonstituenten werden, wie in (46), aber explizit benannt:

---

24 Durch den Bestandteil *Wieder-* wird hier der lexikalische und konzeptuelle Bezug zu den genannten Iterativa deutlich. Der Ausdruck *Wiedergänger* bezeichnet in verschiedenen kulturellen Räumen den ruhelosen Geist eines Toten (vgl. Duden ^{25}2009: 1177).

25 Als Fokuspartikeln werden jene Partikeln bezeichnet, die Alternativen zu ihrem Bezugswort präsupponieren und entweder eine Exklusion, wie *nur*, oder eine Inklusion anzeigen. *Auch* fungiert in diesem Sinne als inkludierende Fokuspartikel (vgl. Duden ^{9}2016: 602), d. h. in (46) handele neben *Bush* mindestens eine weitere Person (*Hitler*) nach dem gleichen Prinzip der ABLENKUNG (explizit benanntes tertium comparationis).

(46) ‚Bush will von seinen innenpolitischen Schwierigkeiten ablenken. Das ist eine beliebte Methode. Das hat *auch* Hitler schon gemacht.' (zit. nach FAZ, 20. 09. 2002; Hervorh. L. G.)[26]

Die Fokuspartikel *auch* dient laut Pérennec (2008: 7) als „‚schwaches' bzw. implizites Vergleichsinstrument", das auf Gemeinsamkeiten bzgl. Handlungen, Eigenschaften oder Merkmalen zweier Entitäten (*Hitler* und *Bush*) verweist. Die konstatierte gemeinsame Eigenschaft bildet dabei das tertium comparationis, das in Vergleichskonstruktionen mit *auch* explizit geäußert wird (*die Methode, von innenpolitischen Schwierigkeiten abzulenken*). Der Bezug auf ein einziges gemeinsames „irrelevantes" Merkmal, das „fälschlicherweise als tertium comparationis dargeboten wird" (Pérennec 2008: 7), soll hinsichtlich der Rezeption dazu führen, dass dieses Merkmal auf das Wesen beider Vergleichsgrößen ausgeweitet wird (vgl. ebd.).[27]

Der Vergleich in (46), der von der ehemaligen Bundesjustizministerin Herta Däubler-Gmelin formuliert und am 18. 09. 2002 im Schwäbischen Tagblatt veröffentlicht wurde, schlug in den darauffolgenden Tagen und Wochen große Wellen der öffentlichen Empörung. Zahlreiche Medien und Politiker*innen kommentierten ihn kritisch. Obwohl Däubler-Gmelin nachträglich betonte, dass ihre Äußerung keine Gleichsetzung von George W. Bush und Adolf Hitler gewesen sei, führte diese letztendlich zu ihrem Rücktritt nach der Bundestagswahl am 22. 09. 2002 (vgl. Eitz/Stötzel 2007: 314; Pérennec 2008: 7 und Kap. 3.4.3 zu den öffentlichen Reaktionen).

Eine der zentralen Fragen mit Blick auf die sprachliche Realisierung von referenziell unterspezifizierten NS-V ist an dieser Stelle zu klären: Aus welchem Grund werden diese Vergleiche also implizit und nicht explizit geäußert?

Wie bereits ausgeführt, werden Bezüge zur NS-Zeit oder zu konkreten NS-Entitäten mithilfe der oben erläuterten Formulierungen hergestellt, in denen z. B. bestimmte Vergleichsbestandteile fehlen oder nur angedeutet sind – erst im Zuge des Inferenzprozesses kann die vollständige Bedeutung konstituiert werden. Dadurch „entziehen sich Nazi-Vergleiche meistens der Verifizierbarkeit und sind schwer anfechtbar" (Pérennec 2008: 3). Eine grundlegende Eigenschaft von Implikaturen besteht u. a. in ihrer Aufhebbarkeit (vgl. Levinson

---

[26] Zu den nicht intendierten Reaktionen auf NS-V/M s. Kap. 3.4.1.2 sowie zu konkreten Auswirkungen und Sanktionen Kap. 3.4.3.
[27] Ausgehend vom Prinzip der maximalen Relevanz konstatiert Pérennec (2008), dass Rezipient*innen annehmen, es handele sich in diesem Kontext um ein relevantes gemeinsames Merkmal. Eine solche Schlussfolgerung erfasst sie als Paralogismus, der für die Herstellung und das Verstehen dieser Analogien ausschlaggebend ist (vgl. ebd.: 7).

2006: 114). Sich diesen Sachverhalt zunutze zu machen, bezeichnet Pérennec (2008: 6) als „rhetorischen Trick", durch den eine inhaltliche Nähe zwischen Entitäten suggeriert wird, die konzeptuell keine Verbindung zueinander aufweisen. Das bedeutet, mittels referenziell unterspezifizierter Angaben und Andeutungen versuchen sich die Produzent*innen vor konkreten Sanktionen zu schützen, die ein explizit verbalisierter NS-V nach sich ziehen könnte.[28] Letztlich bleibt es den Rezipient*innen überlassen, den NS-V zu akzeptieren oder nicht und ihn somit zu legitimieren bzw. abzulehnen und auf mögliche Gefahren hinzuweisen, die mit derartigen Vergleichen einhergehen können (öffentliche Reaktionen auf diese Äußerungen werden in Kap. 3.4.3 sowie im Hinblick auf historische Entwicklungen in 3.5 erörtert).[29]

Eine andere weitverbreitete Variante der Herstellung von Analogierelationen besteht in der Verwendung NS-spezifischer Termini oder Phrasen, die sowohl explizit als auch implizit zur Herstellung von NS-V/M beitragen können.[30] Diese Anspielungen mittels NS-Vokabular wurden u. a. von der Frauenrechtsbewegung ‚Femen' im Jahr 2013 eingesetzt, um mit ihrem Protest gegen Prostitution auf der Hamburger Herbertstraße besonders starkes Aufsehen zu erregen. Während ihrer Protestaktion schrieben Aktivist*innen „Arbeit macht frei" an eine Wand, um davor zu posieren (vgl. Fetz 2013). Durch die Verwendung der KZ-Toraufschrift stellen sie in diesem Kontext eine Analogie zwischen dem Hamburger Prostitutionsmilieu und Konzentrationslagern her. In einer solchen Dekontextualisierung wird Prostitution mit der Internierung von Menschen in Konzentrationslagern gleichgesetzt. Die Dekontextualisierung beschreibt die Herauslösung eines Lexems oder einer Äußerung aus seinem originalen historischen Zusammenhang und die Übertragung auf einen anderen Sinnzusammenhang (vgl. Schwarz-Friesel/Reinharz 2013: 217).

> Die ursprünglichen Bedeutungen dieser Wörter werden durch den dekontextualisierenden, ahistorischen Gebrauch hinsichtlich ihrer Referenzfunktion verschoben. Sie referieren [...] nicht mehr auf die unikalen historischen Ereignisse und Stätten des Völkermordes [...]. (ebd.: 186)

---

[28] Weitere Funktionen impliziter Äußerungen zählen u. a. Linke/Nussbaumer (2000) auf. Zusätzlich zu solchen Insinuationen und Andeutungen, für die Produzent*innen nicht haftbar gemacht werden wollen, erfassen die Autor*innen sprachliche Ökonomie, Ästhetik und Selbstdarstellung, Signalisierung der gemeinsamen Gruppenzugehörigkeit, negative Höflichkeit, Ironie, Fallen-Stellen mittels Suggestivfragen und vorläufiges Sprechen, etwa in der Theoriebildung (vgl. Linke/Nussbaumer 2000: 446 f.).
[29] Diese Aspekte treffen ebenso auf NS-M zu.
[30] Auch in der Korpusanalyse wird deutlich, dass NS-Vokabular eine bedeutende Rolle in diesem Zusammenhang spielt. Derartige Anspielungen thematisiert Kap. 5.1.3.

Demgegenüber beziehen sie sich auf andere Entitäten, die im Vergleich in Form eines Komparandums und in der Metapher als konzeptueller Zielbereich zum Ausdruck kommen.

Ein weiterer NS-V, der ebenfalls aus dem Protestumfeld von Femen stammt und von der Aktivistin Inna Schewtschenko artikuliert wurde, reiht sich in die verbalen Angriffe, die von dieser Frauenrechtsorganisation ausgehen, ein. Für erneute Schlagzeilen sorgte Schwetschenko mit folgender Äußerung, in der sie mithilfe des vergleichsanzeigenden Lexems *vergleichbar* eine Analogierelation zwischen dem HIDSCHĀB und einem KONZENTRATIONSLAGER herstellt, das sie als Stätte des größten Völkermordes der Geschichte instrumentalisiert und die Shoah auf diese Weise relativiert:

(47) ‚Das Kopftuch ist vergleichbar mit einem Konzentrationslager' (zit. nach Die Zeit, 28. 04. 2013)

Dass implizite und explizite NS-V/M in sprachlicher, ikonographischer oder darstellender Form durchaus als provokative Mittel eingesetzt werden, um öffentliche Aufmerksamkeit zu erregen, wurde nicht erst von Gruppierungen wie Femen erkannt, sondern hat eine lange Tradition.[31] Sowohl als Instrumente in Protestaktionen als auch in anderen Funktionen tragen sie gleichzeitig zur Relativierung und zur Trivialisierung der NS-Vergangenheit sowie zur Verhöhnung der Opfer des NS-Regimes bei (vgl. Schwarz-Friesel [2]2013: 200 und Kap. 3.4).

3.3 NS-Metaphern und Nazi-Komposita

3.3.1 NS-Metaphern – *Hitler* und *Holocaust* als metaphorische Ausdrücke

Da Analogien zwischen Personen, Instanzen oder Sachverhalten des Nationalsozialismus und diversen anderen Entitäten nicht nur in der Struktur von Vergleichen auftreten, sondern auch in Form von Metaphern realisiert werden, wenden wir uns an dieser Stelle dem Phänomen der NS-M zu. Im Gegensatz zur Auffassung von Pérennec (2008: 1, 8) wird eine Metapher hier nicht als „indirekter Vergleich" betrachtet, sondern als eigene Realisierungsform besagter Analogien, die sich u. a. in einer Gleichsetzung ausdrückt. Aus diesem Grund wurde im Zuge der Korpusanalyse eine Trennung der Kategorien NS-V und NS-M vorgenommen. Im Vordergrund der Betrachtung stehen hier metaphorische Wendungen der Grundstruktur *X ist ein Y*, die in NS-M häufig in ebendieser

---

[31] Zur historischen Verankerung der NS-V/M s. Kap. 3.5.

Form als substantivische Prädikativmetaphern oder in Gestalt eines Kompositums vorliegen.[32]

Wie in Abschnitt 2.4 dargelegt, sind innerhalb metaphorischer Äußerungen keine formalen lexikalischen Mittel vorhanden, die als Vergleichsindikatoren fungieren (*genauso wie, ähnlich, wesensverwandt*). Darüber hinaus erzeugen sie Konzeptualisierungen, die aufgrund der Herstellung einer Analogierelation zwischen konzeptuellem Ursprungs- und Zielbereich etabliert werden. Auf diese Weise wird das Konzept des Zielbereichs hinsichtlich spezifischer Merkmale mithilfe des Konzepts des Ursprungsbereichs charakterisiert (vgl. dazu Peters 1986: 148; Skirl/Schwarz-Friesel [2]2013: 7–11). In den Beispielen (48), (49) und (50) wird jeweils eine Analogiebeziehung zwischen *Adolf Hitler* (konzeptueller Ursprungsbereich) und *Saddam Hussein, Mahmud Ahmadinedschad* sowie *Robert Mugabe* (jeweiliger konzeptueller Zielbereich) gebildet, wobei letztere gleichermaßen den Titel *Hitler des 21. Jahrhunderts* erhalten und *Saddam Hussein* durch das Genitivattribut als *Hitler des Orients* bezeichnet wird.

(48) Saddam Hussein ist nicht nur aus amerikanischer Sicht weitaus mehr als ein skrupelloser Diktator. In einer Zeit schwindender Feindbilder verkörpert Saddam das Böse schlechthin, [...] *ein Hitler des Orients*. (Die Zeit, 07. 11. 1997, 3; Hervorh. L. G.)

(49) ‚Wir haben gelernt: Wehret den Anfängen, und Ahmadinedschad ist weit über die Anfänge hinausgegangen. Deshalb dürfen wir *dem Hitler des 21. Jahrhunderts* nicht mit einem diplomatischen Schmusekurs begegnen', forderte Friedman. (nach Braunschweiger Zeitung, 12. 06. 2006; Hervorh. L. G.)

(50) Der anglikanische Bischof der südafrikanischen Hauptstadt Pretoria, Joe Seoka, rief dazu auf, für Mugabes Ablösung zu beten. Mugabe sei ‚*ein Hitler des 21. Jahrhunderts*' und ein Mörder. (Braunschweiger Zeitung, 13. 12. 2008; Hervorh. L. G.)

In seiner Forderung in (49) deutet Michel Friedman bereits an, worauf er sich bezieht bevor er die genannte Metapher explizit äußert. Aus der NS-Vergangenheit sollte eine Sensibilität bzgl. der Gefahren resultieren, die von einem antisemitischen Machthaber wie Ahmadinedschad ausgehen. Anstelle eines *diplo-*

---

[32] Die qualitativen und quantitativen Auswertungen der Analyse von NS-M in den Korpustexten sind in Kap. 5.1.4 zusammengetragen.

*matischen Schmusekurses*³³ gegenüber dem einstigen iranischen Präsidenten sei ihm außenpolitisch Einhalt zu bieten.

Dass *Hitler* in den obigen Texten nicht usuell, sondern in Gestalt einer Metapher gebraucht wird, ist u. a. formal durch die Verwendung der bestimmten und unbestimmten Artikel als Determinative sowie aufgrund der Genitivattribute ersichtlich (*der Hitler des X*, *ein Hitler des X*) (vgl. dazu Thurmair 2002: 90 f.). Die Funktion dieser metaphorischen Verwendung des Eigennamens besteht u. a. darin, die Grundhaltung der mit Hitler in Verbindung gebrachten Person als undemokratisch und diktatorisch zu bewerten (vgl. Eitz/Stötzel 2007: 295). Schwarz-Friesel (²2013) hält in Bezug darauf fest:

> Je geringer das erkennbare tertium comparationis, je kleiner die gemeinsame Schnittmenge ist, desto schwerer wiegt übrigens der Vergleich in seiner politisch-kommunikativen Dimension und desto unverhältnismäßiger erscheint uns die konzeptuelle Analogie. (Schwarz-Friesel ²2013: 198)

Für metaphorisch verwendete Eigennamen lassen sich verschiedene Grade der Usualität ermitteln (vgl. Thurmair 2002: 90). Im Hinblick auf die Klassifizierung von Metaphern nach ihrer Innovativität und Konventionalisierung (vgl. Skirl/Schwarz-Friesel ²2013: 29–33) ist die Hitler-Metapher m. E. weder als lexikalisierte noch als innovative Metapher einzustufen, da ihre häufige Verwendung im öffentlichen Kommunikationsraum im Laufe der Jahre nach Ende des Zweiten Weltkrieges gewisse Habitualisierungstendenzen zeigt (vgl. Eitz/Stötzel 2007: 297).³⁴ Diese Art der NS-M ist in ihrer Gestalt und Funktion als Metapher eindeutig identifizierbar und kann daher nicht als lexikalisierte Erscheinungsform eingestuft werden. Sie wird zum einen von der Sprachgemeinschaft als metaphorisch motivierte Äußerung bewusst wahrgenommen – zum anderen ist sie aufgrund ihres häufigen Gebrauchs weder als innovativ noch als außergewöhnlich zu bewerten. Da sie auf bekannte Konzeptkombinationen (PERSON X als HITLER) bezogen ist, jedoch ganz unterschiedliche Referenten beinhaltet, betrachte ich dieses Phänomen als Ausprägung der sogenannten kreativen Meta-

---

33 Diese Beschreibung Friedmans stellt ebenfalls eine Metapher dar, mit der er die diplomatischen Beziehungen zwischen der Islamischen Republik Iran und der Bundesrepublik Deutschland im Jahre 2006 als angepasst und harmonisch kritisiert.
34 Die Wochenzeitung Der Freitag kritisierte den öffentlichen Gebrauch solcher NS-V/M im Jahre 2002 bspw. als inflationär (vgl. dazu Eitz/Stötzel 2007: 295 f.). Auch in verschiedenen Formen des Vergleichs wurde und wird die Analogiebildung zwischen Adolf Hitler und anderen Personen kontinuierlich realisiert. Eitz/Stötzel (2007: 295) subsumieren die Form „X = Hitler" ebenfalls als Ausprägung eines Hitler-Vergleichs.

pher (vgl. dazu Skirl/Schwarz-Friesel ²2013: 29 f.),[35] auch wenn sie inhaltlich weder von Erfindungsreichtum noch von Phantasie geprägt ist.

Zusätzlich zu Hitler-Metaphern existieren zahlreiche weitere Varianten der NS-M, in denen u. a. bekannte Nationalsozialist*innen, Konzentrationslager wie auch die Shoah[36] bzw. der Holocaust als metaphorische Bezeichnungen dekontextualisiert und instrumentalisiert werden. Die Wortbildung *Babycaust* in (51) bildet eine solche Metapher, die darüber hinaus weitere sprachliche Besonderheiten aufweist.

(51) Abtreibungsgegner dürfen mit dem Kampfbegriff ‚*Babycaust*' gegen Abtreibungen protestieren. (Mannheimer Morgen, 31. 05. 2000; Hervorh. L. G.)

Im Hinblick auf den Ausdruck *Babycaust* sind zwei sprachliche Phänomene interessant: Zum einen geht er aus der Bildung eines Okkasionalismus[37] in Gestalt eines Determinativkompositums hervor, das sich aus den Konstituenten *Baby* und *Holocaust* zusammensetzt, wobei der erste Bestandteil des Determinatums *Holo-* in Folge einer Amalgamierung getilgt wurde.[38] Zum anderen wird durch die metaphorische Verwendung von *Holocaust*, im Sinne von *Abtreibung ist ein Holocaust*, eine Analogierelation zwischen Schwangerschaftsabbrüchen und der systematischen Ermordung von über sechs Millionen Juden*Jüdinnen wäh-

---

35 Zur Klassifizierung von Metaphern hinsichtlich der Innovativität und ihrer Verwendung s. Kap. 2.4.3.
36 In dieser Arbeit wird der Terminus *Shoah* als metasprachliche Bezeichnung für den millionenfachen Mord an Juden*Jüdinnen im Nationalsozialismus verwendet, um die Singularität dieses Verbrechens herauszustellen. Im Hinblick auf die Beispiele für NS-V/M, die ausnahmslos das Lexem *Holocaust* als Vergleichs- oder Metaphernkomponente beinhalten, wird in der Analyse mittels Kursivierung hervorgehoben, dass es sich hier um den Ausdruck aus dem jeweiligen Belegbeispiel handelt. Zur Problematik der Extension und der polysemen Verwendung von *Holocaust* s. Kap. 3.4.3.
37 Okkasionalismen sind Wörter, die in speziellen Kontexten gebildet werden und in einigen Fällen auch nur innerhalb dieser verständlich sind, d. h. ein Okkasionalismus bleibt im Gegensatz zu einem Neologismus sowohl auf einen Verwendungsbereich als auch auf einen einzelnen Kontext beschränkt. Da einige solcher Wortbildungen in einem „Zwischenbereich" (Peschel 2002: 6) inmitten dieser beiden Phänomene liegt, können Neologismen und Okkasionalismen nicht immer trennscharf voneinander abgegrenzt werden (vgl. ebd.: 5 f.). Neologismen sind neu eingeführte oder neuartig gebrauchte sprachliche Ausdrücke, die zu einem gewissen Grad als usuell gelten, nicht nur in einem einzigen Kontext gebraucht werden (vgl. Peschel 2002: 6) und stilistisch markiert sind. Sie werden durch diverse Mittel der Wortbildung, Entlehnungen aus anderen Sprachen oder im Zuge von Metaphernbildung realisiert. Neologismen erfüllen entweder die Funktion, neue Entitäten zu benennen oder werden entsprechend mit expressiver und/ oder persuasiver Intentionen gebraucht (vgl. Duden ⁹2016: 687 f.; Bußmann ³2002: 463).
38 Zum Prozess der Amalgamierung s. Bußmann (³2002: 766).

rend der Zeit des Nationalsozialismus hergestellt.[39] Zu beachten ist, dass der Ausdruck *Babycaust* in seiner Gesamtheit als metaphorisch verstanden wird, denn nur der Ursprungsbereich, also *Holocaust*, wird hier metaphorisch gebraucht. Das bedeutet, dass es sich bei diesem Ausdruck nicht um eine Kompositummetapher der Form XY handelt,[40] bei der eine Relation zwischen den beiden Konstituenten des Kompositums X und Y gebildet wird (vgl. dazu Skirl 2010: 26). Der Zielbereich ist also nicht die in der Metapher enthaltene Konstituente *Baby*, sondern die Praxis des SCHWANGERSCHAFTSABBRUCHS.

Den Okkasionalismus *Babycaust* verwenden Abtreibungsgegner*innen, wie Vertreter*innen der katholischen Kirche oder sogenannte Lebensschutzinitiativen seit der Gesetzesregelung des § 218 im Jahre 1979, um Schwangerschaftsabbrüche als höchstmöglich unmoralisch zu dämonisieren und deren rechtliche Bestimmung zu delegitimieren.[41] Bis heute werden Metaphern und Vergleiche, denen das Konzept HOLOCAUST (als konzeptueller Ursprungsbereich oder als Komparationsbasis) zugrunde liegt, in den Auseinandersetzungen um § 218 und auch innerhalb anderer gesellschaftspolitischer (Konflikt-)Felder als stigmatisierende Schlagwörter oder Phrasen verwendet (vgl. Eitz/Stötzel 2007: 344–359). So sorgte im August 2017 die Aufschrift „Sportgerichtsbarkeit = Vereinsholocaust" auf einem Transparent einer Ultra-Fangruppe des FC Erzgebirge Aue für Empörung, die weit über die Fußfanballszene hinausging (Die Zeit, 20. 08. 2017). Um gegen intransparente Bestimmungen der Sportgerichte des Deutschen Fußballbundes (DFB) zu protestieren, präsentierten Fans bei einem Auswärtsspiel gegen Eintracht Braunschweig das Banner, auf dem die sportgerichtliche Sanktionierung von Regelverstößen, z. B. der Einsatz von Pyrotechnik, durch die okkasionelle Kompositumbildung *Vereinsholocaust* als HOLOCAUST AN DEN FUSSBALLVEREINEN dargestellt wird. Mit solchen Äußerungen, in denen verschiedene Sachverhalte als *Holocaust* referenzialisiert werden, leugnen Produzent*innen die Präzedenzlosigkeit der Shoah, sie relativieren und trivialisieren dieses Menschheitsverbrechen unabhängig von der inhalt-

---

39 Ähnliche Komposita, die den Terminus *Holocaust* als Metapher beinhalten und die in diesem Zusammenhang verwendet wurden bzw. werden, existieren in Form von *Embryocaust* oder *Kinderholocaust*. Die konzeptuelle Verknüpfung von HOLOCAUST und SCHWANGERSCHAFTSABBRUCH mittels Metaphern oder Vergleichen findet nicht nur im deutschsprachigen Raum statt, sondern wird ebenso in verschiedenen europäischen Staaten sowie den USA von ähnlichen Gruppierungen eingesetzt (vgl. dazu Eitz/Stötzel 2007: 344 f.).
40 Kap. 3.2.2 diskutiert u. a. eine solche Kompositummetapher anhand des Beispiels *Feminazi*.
41 So existiert bspw. eine Website mit der Bezeichnung http://www.babykaust.de/, von der aus man über einen Link auf die Seite http://www.abtreiber.com gelangt, welche Kliniken und Ärzte auflistet, die Schwangerschaftsabbrüche durchführen (letzter Zugriff auf beide URLs 28. 02. 2019).

lichen Ausrichtung ihrer Analogiebildungen (vgl. Stötzel 1989: 272; Schwarz-Friesel/Reinharz 2013: 184; Feuerherd 2016: 2 sowie Kap. 3.4.3 zur Bedeutungserweiterung und Referenzverschiebung von *Holocaust*).

Wie alle metaphorischen Ausdrücke sind auch NS-M durch das Fehlen der Junktoren, der lexikalischen Vergleichsindikatoren und morphologischen Markierungen gekennzeichnet: Sie beinhalten im Gegensatz zu NS-V keine sprachlichen und „inhaltlichen Barrieren" (Peters: 1986: 147) zwischen den Analogiebestandteilen. Pérennec (2008: 8) zufolge zeichnen sich NS-M gegenüber anderen Metaphern durch eine spezifisch suggestive Eigenschaft aus. Sie konstatiert, dass Produzent*innen ihre Äußerungen im Unterschied zu gewöhnlichen Metaphern als wörtlich verstanden wissen wollen (vgl. ebd.). Üblicherweise zielen Verfasser*innen darauf ab, dass eine Metapher im Zuge der Rezeption als nicht-wörtlicher Gebrauch eines sprachlichen Ausdrucks identifiziert wird und Rezipient*innen ebenjene Bedeutung als eine übertragene verstehen, da die explizit wörtliche Bedeutung logische und konzeptuelle Widersprüche beinhalten würde (vgl. Skirl/Schwarz-Friesel ²2013: 1 f.). In Bezug auf NS-M verhalte es sich jedoch anders, denn sie „verwischen [...] absichtlich dieses Analyse-Moment, indem sie vorgeben, der als Nazi angeprangerte sei wirklich ein solcher" (Pérennec 2008: 8). Die explizite Gleichsetzung, die mit substantivischen Prädikativmetaphern oder in Kompositummetaphern ausgedrückt wird, soll in diesem Zusammenhang nicht als kontradiktorisch erkannt werden (vgl. ebd.). Dies ist primär in Bezug auf Personenbezeichnungen als *Nazi* möglich oder wenn Produzent*innen auf bestimmte Sachverhalte referieren, die in Verbindung mit dem Nationalsozialismus stehen. Sobald sie allerdings Eigennamen innerhalb der metaphorischen Äußerungen gebrauchen, wie in den oben diskutierten Hitler-Metaphern, werden logische und konzeptuelle Widersprüche deutlich. Um die Äußerungsbedeutung dann zu erschließen, müssen diese Diskrepanzen im Zuge des Rezeptions- und Interpretationsprozesses zunächst aufgelöst werden – das geschieht indem die Metapher als nicht-wörtlicher Ausdruck erkannt und verstanden wird (vgl. zur metaphorischen Verwendung von Eigennamen Thurmair 2002: 90 f.).

Wie eingangs erwähnt, weisen NS-M in Bezug auf die sprachliche Realisierung klare Unterschiede zu NS-V auf – hinsichtlich funktionaler Eigenschaften im öffentlichen (wie auch im nicht öffentlichen) Kommunikationsraum sind jedoch keine wesentlichen Gegensätze zwischen NS-M und NS-V zu verzeichnen. Bevor Kapitel 3.4 diese illokutiven und perlokutiven Aspekte von NS-V/M herausarbeitet, werden zunächst einige ausgewählte Varianten spezieller Komposita diskutiert, die als Personenbezeichnungen in verschiedenen Kontexten zum Einsatz kommen.

3.3.2 Nazi-Komposita als okkasionelle Wortbildungen – *Feminazis*, *Grammatiknazis* und *Musiknazis*

Im öffentlichen Kommunikationsraum, u. a. in Online-Kommentarbereichen der Social Media, auf Blogs oder anderen Websites, begegnen uns in Auseinandersetzungen von User*innen vielfach personenbezeichnende Komposita, die das Determinatum *Nazi* beinhalten und in ihren jeweiligen Ko- und Kontexten als Okkasionalismen[42] zu identifizieren sind. Dass der Ausdruck *Nazi* als (sprachökonomische) Kurzform von *Nationalsozialist* eine „abwertende Fremdbezeichnung bzw. Beleidigung [...] sowie Vorwurfs- und Diffamierungsvokabel" (Eitz/Stötzel 2009: 256) darstellt, die im öffentlichen Kommunikationsraum wiederkehrend über mehrere Epochen hinweg eingesetzt wurde, zeigen Eitz/Stötzel (2009: 256–276) anhand ihrer materialreichen Untersuchung.[43] Durch die mit der Bezeichnung verknüpfte Konnotation vermitteln Äußerungsproduzent*innen eine Negativbewertung, die in NS-V/M instrumentalisiert wird (vgl. ebd.). Dabei bleibt die Wortbedeutung im Sinne des Ursprungs als NATIONALSOZIALIST*IN bzw. VERTRETER*IN DER NATIONALSOZIALISTISCHEN IDEOLOGIE weiterhin bestehen, wie u. a. die Äußerung in (40) illustriert.

Wie verhält es sich aber im Hinblick auf die Verwendung der Bezeichnung *Nazi* bspw. in okkasionellen Wortbildungen, wie in den Personenbezeichnungen *Grammatiknazi*, *Musiknazi* oder *Feminazi*? Der folgende Textausschnitt greift diesen Ausdruck auf, mit dem das ehemalige Piratenpartei-Mitglied Anke Domscheit-Berg von damaligen Parteikolleg*innen beleidigt wurde:

(52) Domscheit-Berg, eine bekennende Feministin und ehemalige Managerin bei Microsoft, wurde oft als ‚*Feminazi*' oder ‚Karrieristin' beschimpft. (Die Zeit, 02. 10. 2014; Hervorh. L. G.)

Das Kompositum *Feminazi* ist eine Amalgamierung aus den Bestandteilen *Feminist*in*[44] und *Nazi* und wird bevorzugt im antifeministischen Spektrum verwen-

---

42 Diese Bezeichnungen werden eventuell von Teilen der Sprachgemeinschaft zu einem gewissen Grad als konventionalisiert wahrgenommen. Inwiefern die im Folgenden diskutierten Komposita bereits als Neologismen klassifiziert werden können, ist aufgrund der Nähe und nicht eindeutigen Differenzierungsmöglichkeit zwischen Okkasionalismen und Neologismen nicht vollständig zu bestimmen.
43 Zur Etymologie und den verschiedenen Verwendungsweisen der Bezeichnung *Nazi* bspw. als polemische Replik auf *Sozi*, dem abgekürzten spöttischen Ausdruck für *Sozialdemokrat*, s. Eitz/Stötzel (2009: 257 f.).
44 Aufgrund der Tilgung des Wortendes ist die Rekonstruktion der Konstituente *Femi-* nicht vollständig nachvollziehbar. Dass es sich bei dieser Komponente um *Feminist*in* (und nicht um *Feminismus* o. ä.) handelt, kann zum einen mit der Funktion als (abwertende) Personenbezeich-

det, um feministische Vertreter*innen und deren Positionen bspw. als fanatische Ideolog*innen zu diffamieren.[45] Feminismus wird im Zuge dessen mit Faschismus oder Rassismus gleichgesetzt und somit als ideologisches Feindbild stilisiert, das es zu bekämpfen gelte (vgl. Rosenbrock 2012: 68). Geprägt wurde die Verunglimpfung *Feminazi* von dem amerikanischen Radiomoderator Rush Limbaugh Anfang der neunziger Jahre, der sich damit gegen einzelne Personen und ganze Personengruppen positionierte, die sich für reproduktive Selbstbestimmungsrechte von Frauen einsetzen (vgl. Rudman 2012).

> When Rush Limbaugh first began using the term ‚feminazi' in the 1990s, he said that it described ‚a specific type of feminist' and that there were ‚probably no more than 25 of them.' However, since then, he has used the term as a broader slur to attack feminists, pro-choice activists, and progressive women. (ebd.)

Limbaugh selbst definiert die eigens kreierte Bezeichnung folgendermaßen: „I often use it to describe women who are obsessed with perpetuating a modern-day holocaust: abortion" (Limbaugh 1992: 194; zit. nach Rudman 2012). Die Verbindung der Wortschöpfung *Feminazi* mit dem im vorherigen Kapitel diskutierten metaphorischen Gebrauch von *Holocaust* in der Konzeptverbindung ABTREIBUNG ALS HOLOCAUST zeigt die vielfältigen inhaltlichen Anknüpfungspunkte, die durch solche Metaphern deutlich werden. Ein Unterschied zwischen den Komposita *Babycaust* und *Feminazi* besteht hinsichtlich der Bedeutung und der Verwendung des jeweiligen Grundwortes, *Holocaust* bzw. *Nazi*. Im Gegensatz zu *Holocaust* sind an die Bezeichnung *Nazi* nicht die Eigenschaften der Spezifität des nationalsozialistischen Völkermordes und seine Singularität geknüpft. Der Ausdruck *Nazi* bzw. der dazugehörige Plural wurde und wird verwendet, um auf verschiedene Personen und Personengruppen historisch und gegenwärtig zu referieren und sie als Anhänger*innen nationalsozialistischer Ideologien zu klassifizieren, z. B. in *Neonazi(s)* (vgl. Eitz/Stötzel 2009: 256 f.), oder um Personen, die keine ideologischen Verbindungen dazu aufweisen, abzuwerten. Für die Extension von *Holocaust* kann eine derart weitreichende Referenzfunktion nicht beansprucht werden, da hiermit die Shoah als singuläres Menschheitsverbrechen bezeichnet wird.[46] Durch den dekontextualisierenden Gebrauch die-

---

nung und zum anderen mit dem Ursprung dieser Wortbildung erklärt werden. Dabei ist anzunehmen, dass die deutsche Variante auf die englische Form zurückgeht. Barrett (2006: 105) definiert das Kompositum, welches in den 1990 Jahren im amerikanischen Sprachraum erstmals öffentlich verwendet wurde, als „blend of feminist and Nazi".
45 Zum Teil werden dabei Frauen von antifeministischen Vertreter*innen generell mit Feminist*innen und Feminismus gleichgesetzt (vgl. Rosenbrock 2012: 68).
46 Bereits 1942 wurde in einem Eintrag des Oxford English Dictionary diese Bezeichnung in Bezug auf den Mord an Juden*Jüdinnen während des Nationalsozialismus verwendet. Im deut-

ses Lexems zur Benennung anderer Phänomene, bspw. im Zuge von Metaphern oder Vergleichen, wird die Shoah relativiert, trivialisiert und die damit verbundenen „antisemitischen Spezifika werden geleugnet" (Feuerherdt 2016: 3), wie auch Kapitel 3.3.1 anhand des Kompositums *Babycaust* verdeutlicht.

Da die Bezeichnung *Nazi* mittlerweile in unterschiedlichen Kontexten zum Einsatz kommt, um auf bestimmte Eigenschaften von Personen oder Personengruppen auf satirische (figurative) Weise zu referieren[47] und/oder sie zu diffamieren, wird die ursprüngliche Wortbedeutung ebenfalls verschoben. Eitz/ Stötzel (2007: 316) konstatieren, dass die Wurzeln dieser „,skurrile[n]' Sprachpraxis" in den Vereinigten Staaten liegen, wo das Potenzial von *Nazi* als Mittel der Beleidigung in etwa dem von „,Volltrottel'" entspricht (ebd.).

Kommen wir noch einmal auf die linguistische Charakterisierung des Ausdrucks *Feminazi* zurück. Morphologisch betrachtet, handelt es sich hierbei um ein Determinativkompositum, das sich durch eine Amalgamierung herausbildet. Aus semantischen Gesichtspunkten, liegt dabei eine Metapher der Struktur XY[48] vor, durch die eine Analogierelation zwischen den beiden Konstituenten auf Grundlage des Musters *X ist ein Y*[49] hergestellt wird. Dabei werden bestimmte Eigenschaften, die mit dem Ursprungsbereich (NAZI) in Verbindung zu bringen sind, als Charakterisierung des Zielbereichs (FEMINIST*IN) angewendet, bspw. DOGMATISCH UND FANATISCH EINER IDEOLOGIE FOLGEND oder AGGRESSIV. Den Ursprungsbereich bildet in diesem Beispiel das Determinatum bzw. das Grundwort und der Zielbereich wird in Gestalt des Determinans bzw. des Bestimmungswortes realisiert (vgl. Skirl 2010: 25; Skirl/Schwarz-Friesel ²2013: 22).[50]

---

schen Wortschatz etablierte sich der Terminus *Holocaust* erst in den achtziger Jahren und wird seitdem als Lemma in Wörterbüchern geführt (vgl. Eitz/Stötzel 2007: 322 f.).
47 S. dazu die in Folge dieses Kap. diskutierten Komposita *Grammatiknazi* und *Musiknazi*. Auf einer persönlichen Wiki-Seite verzeichnet Jähnig (2011) zahlreiche deutschsprachige Nazi-Komposita, die durch Google-Suchanfragen ermittelt werden können. *Musiknazi*, *Feminazi* und *Sprachnazi* besetzen demzufolge obere Listenplätze. Weitere frequent gebildete Nazi-Komposita sind laut Auflistung u. a. *Ökonazi*, *Juranazi*, *Hiphopnazi*, *Technonazi* und *Gesundheitsnazi*.
48 Skirl (2010: 25) bezeichnet diese Art der Metapher als Kompositummetapher der Form AB. Um terminologisch mit den Darstellungen in Kap. 2.8 kongruent zu sein, werden hier X und Y zur Abstraktion der Konzepte verwendet.
49 Den Prozess des Metaphernverstehens führt Kap. 2.4 aus. Die hier beschriebene Art der Kompositummetapher, in der Y metaphorisch verwendet wird, basiert im Verstehensprozess auf folgender Struktur: ‚Konzept $_X$ (bezeichnet durch X) ist wie Konzept $_Y$ (bezeichnet durch Y) in Bezug auf die Merkmale Z' (in Anlehnung an Skirl 2010: 33).
50 Dabei müssen die beiden Komponenten von Kompositummetaphern generell nicht zwingend in genau dieser Struktur vorliegen (vgl. Skirl 2010: 25 f.).

Okkasionelle Wortbildungen, wie *Feminazi*, lassen sich als Phänomen der Semantik-Pragmatik-Schnittstelle beschreiben, denn im Prozess ihrer Interpretation müssen Rezipient*innen semantisches Wissen mit Wissensinhalten aus pragmatisch-kommunikativen Zusammenhängen aktivieren und verbinden. Die Bedeutung der Metapher wird auf der Basis von sprachlichem Kotext zusammen mit dem kommunikativen Kontext erfasst (s. dazu Skirl 2010: 24 f.).

Sowohl strukturell als auch semantisch andersartige Phänomene stellen im Gegensatz dazu okkasionelle Komposita, wie *Grammatiknazi*[51] oder *Musiknazi*, dar. In diesen Fällen beinhaltet nur das Determinatum eine Personenbezeichnung (*Nazi*), die metaphorisch gebraucht wird und den Ursprungsbereich der Metapher bildet. Im Gegensatz zur Kompositummetapher *Feminazi* ist bspw. in *Grammatiknazi* der konzeptuelle Zielbereich nicht in der Wortbildung selbst enthalten, da die Konstituente *Grammatik* lediglich eine Spezifizierung des Ausdrucks *Nazi* darstellen soll. Es wird also keine Analogierelation zwischen den beiden Konstituenten des Kompositums hergestellt, sondern zwischen dem Kompositum, das als Ganzes eine Metapher bildet, und einer weiteren Entität, die im Ko- oder Kontext präsent ist. Im folgenden Beitrag verwendet ein*e Verfasser*in den Ausdruck als scherzhafte Selbstbezeichnung im Zusammenhang mit einem Wikipedia-Artikel:

(53) Ich spiel mal *Grammatiknazi*: Sollte es im 2. Absatz nicht gewogen anstatt gewiegt heißen? (Wikipedia-Diskussion: Wurst, 2011; Hervorh. L. G.)

Paraphrasiert werden kann die Wendung in (53) mit: *Ich verhalte mich wie ein Nazi hinsichtlich der Grammatik in Bezug auf die Merkmale* NORMKONFORM, STRENG, PEDANTISCH, AUTORITÄR, BELEHREND *usw.*, die das tertium comparationis bilden. Da diese Eigenschaften kaum relevant bzgl. des Konzepts NATIONALSOZIALIST bzw. NAZI sind sowie Ko- und Kontext keine inhaltliche Anschlussfähigkeit bieten, wirken diese Analogiebildungen, die sowohl als polemische Kritik fungieren als auch der Diffamierung dienen können, in erster Linie skurril (s. Kap. 3.4.2.3 zur Funktion der Satire und Unterhaltung).

---

[51] Daneben findet die englische Bezeichnung *Grammar Nazi* ebenfalls Verwendung im deutschen Sprachraum, bspw. auf der Website http://www.grammatik-nazi.de, auf der in ikonischen Darstellungen verschiedene Komponenten der NS-Symbolik abgebildet werden. Auf dieser Seite findet sich in diesem Zusammenhang der Buchstabe „G" als angedeutetes Hakenkreuz, das die Bildunterschrift *Grammar Nazi* trägt. Jene Abbildung erscheint unter dem Titel „Der Grammatik-Nazi sagt ...". Diesem Leitsatz folgend werden Anweisungen zum normgerechten Sprachgebrauch gegeben, wie „... für das Wort ‚einzig' existiert kein Superlativ! Die von vielen Unwissenden verwendete Steigerungsform ‚einzigste' ist vollkommen unsinnig" (http://grammatik-nazi.de; letzter Zugriff 28. 02. 2019).

Der Ausdruck *Grammatik* ist hier metonymisch zu verstehen und zielt allgemein auf die normgerechte Verwendung der Standardsprache ab, auf die sogenannte *Grammatik-* oder *Sprachnazis* ostentativ hinweisen und im Falle von Normabweichungen Kritik an den jeweiligen Sprachproduzent*innen üben.[52] Eine ähnliche Variante der bereits beschriebenen Wortbildung in Gestalt von *Sprachnazi* kommt in einem Beitrag in der Sequenz (54) zum Ausdruck, die ebenfalls einer Diskussion unter Wikipedia-Autor*innen entnommen ist:

(54) S1: Auch wenn der Artikel schweizbezogen ist, entspricht es dennoch Wikipedia Standards Schriftdeutsch, d. h. Hochdeutsch zu verwenden. Zahlreiche Worte, z. B. Rossschwanz statt Pferdeschwanz [...].

S2: Was bist denn du für ein *Sprachnazi*? Es gibt in der deutschen Sprache nicht nur das (Nord)Deutsche. Sondern eben auch die südliche Varianten [...]. (Wikipedia-Diskussion: Giuliano Bignasca, 2007; Hervorh. L. G.)

Im Gegensatz zur Verwendung in (53) wird die Metapher *Sprachnazi* in (54) von S2 nicht als polemische Selbstbezeichnung gebraucht, sondern in herabsetzender Funktion als pejorative Fremdbezeichnung in einer empörten Reaktion auf den Hinweis von S1, darauf zu achten, Wikipedia-Artikel in standarddeutscher Schriftsprache zu verfassen.

Ein ähnliches Phänomen wie *Grammatik-* oder *Sprachnazi* bildet das Kompositum *Musiknazi* hinsichtlich morphologischer, semantischer und pragmatischer Aspekte. Semantische Ähnlichkeiten liegen im Bereich der Attribute vor, mit denen eine Person als *Nazi* charakterisiert wird. Der thematische Bereich, auf den diese Attribuierungen angewendet werden, ist dabei in Form des Determinans realisiert, d. h. für die ausgewählten Beispiele *Grammatik* in (53) bzw. *Sprache* in (54) und *Musik* in (55).

(55) Viele meiner Freunde sind da sehr strikt, der etwas schiefe Begriff ‚*Musiknazi*' trifft auf sie zu. Sie sind regelrecht ideologisch und wissen genau, was man hören darf und was auf gar keinen Fall. (Süddeutsche Zeitung, 14. 12. 2013, V2/5; Hervorh. L. G.)

---

52 Eine Eigenschaft, die mit der Metapher *Grammatik-* bzw. *Sprachnazis* ausgedrückt wird, bezieht sich auf das Verhalten in Online-Diskussionen. Personen, die als ebenjene betitelt werden (oder sich selbst so bezeichnen), machten etwa Verfasser*innen von Online-Zeitungs- und Blog-Artikeln oder andere User*innen, die sie in Online-Diskussionen als vermeintliche Gegner wahrnehmen, nachdrücklich auf ihre Orthographie- und Grammatikfehler aufmerksam, wobei die inhaltliche Diskussion damit z. T. abgeblockt wird. Aufgrund dieser Kritik an rein sprachlichen Formalitäten gelten sie als penibel, rechthaberisch und belehrend (vgl. Rubel 2016).

Das tertium comparationis, das durch die Verwendung von *Nazi* in Bezug auf *Musik* vermittelt werden soll, stellt der*die Textproduzent*in von (55) mit der Attribuierung als *strikt* und *regelrecht ideologisch* explizit heraus. Der satirische Blogbeitrag beschreibt die Bezeichnung *Musiknazi* folgendermaßen:

(56) Charakteristisch für M. ist ein festgefahrener Musikgeschmack. Er teilt die Menschheit in die verschiedenen Musikgenres ein. In seinen Kreisen ist er überaus beliebt, gern geladen und bekannt für sein herausragendes Fachwissen. Mit *Herrenmenschen* seiner Art teilt er den Musikgeschmack und eine starke soziale Bindung. [...] Mit *Untermenschen* – alle, die einen anderen Musikgeschmack haben – geht er auf Konfrontation. Versuche gemeinsamer Unternehmungen sind auf Grund fehlender gemeinsamer Codes oder fehlender Überschneidung von Lebenseinstellungen oft zum Scheitern verurteilt. (Musik – mit allem und viel scharf, 08. 05. 2015; Hervorh. L. G.)

Dieser Textausschnitt definiert die Bezeichnung *Musiknazi* u. a. durch den Rückgriff auf Lexeme des NS-typischen Vokabulars. Auch wenn im Nationalsozialismus primär der Ausdruck *Herrenvolk* verwendet wurde, referieren die Bezeichnungen *Herrenmenschen* und *Untermenschen* in (56) ebenfalls auf die Höher- bzw. Minderwertigkeit bestimmter Personengruppen anhand sozialdarwinistischer und rassistischer Theorien, wobei diese figurativ auf den MUSIKGESCHMACK angewendet werden – ergo auf die Einteilung von Menschen, die anhand ihres jeweiligen Musikgeschmacks in sogenannte *Herrenmenschen*, deren Neigung mit der des *Musiknazis* übereinstimmt, und in *Untermenschen*, die demgegenüber andere Musikstile präferieren. Anhand einer solchen Wortwahl wird deutlich, dass NS-V/M konzeptuell ausgeweitet und bspw. mit NS-Vokabular verknüpft sein können (s. Kap. 5.1.3).

Mit Blick auf die Verwendung von *Nazi*, wie in den diskutierten Komposita, ist außerdem die Funktion als Fremd- oder Selbstbezeichnung interessant. In bestimmten Kontexten werden Nazi-Komposita als Parodie, Satire und zum Zweck der Unterhaltung eingesetzt. In einem solchen Rahmen werden sie nicht nur gebraucht, um auf andere Personen oder Entitäten zu referieren, sondern sie können auch der scherzhaften Selbstbezeichnung dienen, wie es u. a. durch *Grammatiknazi* in (53) zum Ausdruck kommt.

Die eingangs diskutierte Kompositummetapher *Feminazi* dient, wie bereits erläutert, als abwertende Fremdbezeichnung dem Zweck der Diskriminierung und Diffamierung. Jedoch wird diese Vokabel derweil auch von Feminist*innen im Sinne einer ironischen Selbstbezeichnung aufgegriffen, um bspw. antifeministische Positionen zu persiflieren,[53] wie in der folgenden Äußerung:

---

53 Hier bildet die negative Evaluierung, die mit der Bezeichnung einhergeht, eine relevante Bedeutungskomponente. Von einer sprachlichen Aneignung eines abwertenden Begriffs als

(57) [...] ‚lustig gemeint' ist das ja sowieso immer alles, nur leider versteh ich als humorlose *Feminazi* immer keine Satire [...] (Mädchenmannschaft, 20. 07. 2011; Hervorh. L. G.)

Mit den Ausführungen in diesem Abschnitt wurden anhand ausgewählter Beispiele relevante linguistische und kommunikative Aspekte sowohl jener Nazi-Komposita erläutert, die als Kompositummetaphern der Form XY vorliegen, als auch solche, in denen eine Konstituente als metaphorischer Ausdruck Verwendung findet. In der zweiten Variante wird eine Analogierelation zu einem Zielbereich hergestellt, der nicht im Kompositum selbst enthalten ist. Beide Ausprägungen nimmt Kapitel 5.2.2 in Bezug auf die Ergebnisse der Korpusanalyse in den Blick.

3.4 Kommunikative Funktionen und Wirkungen von NS-Vergleichen und NS-Metaphern

Die Tatsache, dass NS-V nicht die für Vergleiche üblichen Funktionen des Erkenntnisgewinns erfüllen, wurde bereits erörtert und anhand exemplarischer Textbeispiele illustriert. Die kommunikative Funktion ist an den Sprechakt der Illokution (vgl. dazu Austin [1958] ³2010, 1962; Searle [1969] ³2010) angelehnt und umfasst die Intention von Äußerungsproduzent*innen in Bezug auf die geäußerte Proposition innerhalb eines bestimmten kommunikativen Kontextes (vgl. Brinker ⁶2005: 18; Levinson ¹⁷2006: 240–243). Gegenüber der kognitiven Funktion, die den Verstehensprozess von sprachlichen Äußerungen betrifft, beschreibt die kommunikative Funktion „die Relevanz für konkrete Kommunikationssituationen und darüber hinaus für kommunikative Prozesse in einer Sprachgemeinschaft" (Kirchhoff 2010: 133).

In den vorangegangenen Abschnitten konnte gezeigt werden, dass eine primäre Intention, die NS-V/M[54] zugrunde liegt, darin besteht, Aufmerksamkeit zu

---

Ausdruck von Stolz und Selbstachtung kann in diesem Zusammenhang jedoch nicht die Rede sein. Allerdings wird durch die Verwendung von Feminazi als Selbstbezeichnung eine ironische Distanzierung zur konventionellen Wortbedeutung und der damit verbundenen Konnotation ausgedrückt (vgl. Bianchi 2014: 39 f.). Zu den Gebrauchsweisen von pejorativen Selbstbezeichnungen s. Bianchi (2014).

54 Da sowohl NS-V als auch NS-M eingesetzt werden, um die im Folgenden erörterten kommunikativen Funktionen zu erfüllen und damit bestimmte Wirkungen zu erzielen, werden beide Varianten gemeinsam aufgeführt. Zu Gemeinsamkeiten und Unterschieden von heterogenen Vergleichen und Metaphern in Bezug auf kognitive und funktional kommunikative Aspekte s. Kap. 2.5.

erregen und in einem besonders starken Ausmaß Kritik zu üben sowie Personen zu diffamieren (vgl. Schwarz-Friesel ²2013: 199).[55] Im Gegensatz zu verbalen Entgleisungen oder „affektiven Ausrutschern'"[56] (ebd.: 198) bilden NS-V/M geplante Äußerungen, die Produzent*innen je nach Intention bewusst verwenden, um bestimmte Wirkungen hervorzurufen, welche in unterschiedlichen Diskurszusammenhängen und Kommunikationssituationen differenziert zu betrachten sind.

In den vorherigen Kapiteln lag der Fokus auf der sprachlichen Realisierung von NS-V/M sowie auf einführende Überlegungen zur Absicht der Verfasser*innen, wobei die funktionalen und intentionalen Aspekte angedeutet und lediglich benannt wurden. Im Folgenden sind NS-V/M aus einer sprechakttheoretischen Perspektive zu betrachten und zu charakterisieren. Dafür werden die kommunikativen Funktionen, deren zugrundeliegenden Intentionen sowie die damit einhergehenden Reaktionen und möglichen Effekte in einem sprechakttheoretischen Zusammenhang erörtert und anhand einiger Beispiele aus dem öffentlichen Kommunikationsraum illustriert. Ein Überblick über typische Illokutionen und Perlokutionen dient dazu, die Heterogenität dieses Forschungsgegenstandes zu verdeutlichen und die Verbindungen zwischen einzelnen kommunikativ-funktionalen Ausprägungen aufzuzeigen. Hierbei können jedoch nicht sämtliche Aspekte vollständig einbezogen[57] und in jedem Fall trennscharf voneinander abgegrenzt werden – insbesondere die Verknüpfungen und Übergänge zwischen speziellen Funktionen demonstrieren das Zusammenspiel der verschiedenen kommunikativen Phänomene.

Bevor einzelne spezielle kommunikative Funktionen, intendierte Wirkungen und tatsächliche Reaktionen dargelegt werden, widmen wir uns zunächst der sprechakttheoretischen Einordnung von NS-V/M, anhand der wir das expressive und persuasive Potenzial solcher Äußerungen in den Blick nehmen.

---

55 Bei nicht historisch-kritischen Vergleichen, sondern den als NS-V/M gefassten Äußerungen, handelt es sich nicht um eine legitime Kritik (s. Kap. 3.1), die sich als kommunikative Handlung durch eine rationale Argumentation und einen sachlichen Meinungsaustausch auszeichnen würde, sondern um de-realisierende sprachliche Muster, die bewusst als Abwertung und/ oder als geschichtsrevisionistische Mittel zum Einsatz kommen. Den Unterschied zwischen Kritik und verbaler Gewalt zeigen Schwarz-Friesel/Reinharz (2013: 203–209) auf.
56 Zur Einordnung öffentlich getätigter NS-V/M als Entgleisungen und als nicht intentionale Äußerungen s. Kap 3.4.3.
57 Da die systematische Korpusanalyse, die dieser Arbeit zugrunde liegt, eine klare inhaltliche Ausrichtung in Bezug auf antisemitische NS-V/M und damit auch in Bezug auf spezifische kommunikative Funktionen hat, werden in diesem Kap. nicht alle erdenklichen funktionalen Aspekte vorgestellt, sondern solche, die weitestgehend auch im Zusammenhang mit antisemitischen NS-V/M relevant sind.

3.4.1 Sprechakttheoretische Aspekte

3.4.1.1 Zur Illokution – direkte und indirekte Sprechakte

Die mit NS-V/M vermittelten Propositionen wurden anhand der bisher diskutierten Beispiele (40) bis (57) sowie in der eingangs gegebenen Definition (Kap. 3.1 und 3.2) beschrieben. In diesem Zusammenhang wurde deutlich, dass sie einen außersprachlichen Sachverhalt nicht abbilden, sondern verzerrt darstellen,[58] um bestimmte Wirkungen zu evozieren.[59] Einzig und allein semantische und lexikalische Aspekte von NS-V/M herauszuarbeiten, würde daher zu kurz greifen. Insbesondere die Funktionen, die mit solchen Äußerungen innerhalb der entsprechenden Kommunikationssituationen einhergehen, verdeutlichen ihren Charakter als Sprachhandlungen.[60]

Der sprachliche Handlungstyp, d. h. der illokutionäre Akt,[61] in dem NS-V/M überwiegend in Erscheinung treten, ist der des Assertivs – dies zeigt sich einerseits in Bezug auf die bisher erörterten Beispiele in den vorherigen Kapiteln und andererseits im Hinblick auf die Datenauswertung der Korpusanalyse in Kapitel 5. Die hier untersuchten Äußerungen in Form des Assertivs erfüllen die Funktion, eine durch den*die Äußerungsproduzent*in vorgenommene Negativbewertung in Bezug auf das Komparandum des Vergleichs bzw. des konzeptuellen Zielbereichs der Metapher vorzunehmen und dies im jeweiligen kommuni-

---

58 Diese Verzerrungen basieren auf dem Verstoß gegen die Konversationsmaximen nach Grice ([1975] ³2010: 199–204; s. dazu auch Pérennec 2008). Schwarz-Friesel/Reinharz (2013: 209) bezeichnen jene als De-Realisierungen, die auf einem „mentale[n] Deutungsschema zu einem spezifischen außersprachlichen Sachverhalt" beruhen und dazu führen, dass „dieser Sachverhalt verzerrt, eingeengt oder komplett falsch wahrgenommen und bewertet wird".
59 An dieser Stelle wird nicht näher auf die Teilbereiche des lokutionären Aktes und des propositionalen Gehaltes eingegangen, s. dazu ausführlich Austin (1962) und Searle ([1969] ³2010) sowie Erläuterungen hierzu von Meibauer (²2008: 86 f.) und Levinson (¹⁷2006: 236 f.).
60 Dass intentionale sprachliche Äußerungen als Handlungen zu bewerten sind, zeigen pragmalinguistische Ansätze, die u. a. auf Austin ([1958] ³2010), Searle ([1969] ³2010) und Grice ([1975] ³2010) zurückgehen.
61 Der Sprechakt der Illokution (bzw. der illokutionäre oder illokutive Akt) drückt den Zweck der Sprechhandlung gegenüber Kommunikationspartner*innen aus. Die Illokution besteht bspw. in einer Behauptung bzw. Feststellung (Assertiv), einer Aufforderung (Direktiv), einem Versprechen (Kommissiv), einem emotionalen Ausdruck in einer sozio-regulativen Funktion (Expressiv) oder einer Deklaration (Deklarativ). Diese Sprechakte können explizit mithilfe performativer Verben (z. B. *feststellen, bitten, versprechen, gratulieren, kündigen*) oder implizit geäußert werden. Die häufiger realisierten impliziten Sprechakte werden nicht anhand von performativen Verben, sondern mittels anderer illokutionärer Indikatoren identifiziert, wie Modalverben und -partikeln, Satzmodi, Interpunktion oder in der gesprochenen Sprache über die Intonation, vgl. hierzu Searle (1976) sowie Meibauer (²2008: 86–89) und Levinson (¹⁷2006: 236–243).

kativen Kontext zu verdeutlichen. Je nach tertium comparationis der Vergleichs- bzw. Metaphernkonstituenten fällt eine solche Bewertung unterschiedlich intensiv aus.

> Je geringer das erkennbare Tertium Comparationis, je kleiner die gemeinsame Schnittmenge ist, desto schwerer wiegt übrigens der Vergleich in seiner politisch-kommunikativen Dimension und desto unverhältnismäßiger erscheint uns die konzeptuelle Analogie. (Schwarz-Friesel ²2013: 198)

Schwarz-Friesel (²2013: 198) gibt dafür eine Reihe von Beispielen an, welche die unterschiedliche Gewichtung des tertium comparationis und damit die negative Bewertung der mit *Hitler* gleichgesetzten Person veranschaulichen – begonnen bei „Ahmadinejad ist der Hitler des Nahen Ostens" bis hin zu „[d]er Dalai-Lama ist der Hitler des Nahen Ostens" (ebd.). Demzufolge erscheint die auf Basis der Metapher etablierte Analogierelation im letzten Fall besonders unverhältnismäßig.[62]

Dass es sich in erster Linie um Negativevaluationen handelt, wenn zwischen NS-bezogenen Entitäten und anderen eine Analogierelation hergestellt wird, ist basierend auf der im kollektiven Bewusstsein präsenten und verankerten NS-Geschichte unzweifelhaft,[63] da sprachsensible und historisch reflektierte Rezipient*innen sich darüber im Klaren sind, dass „[k]eine andere Epoche so sehr für Inhumanität und Monstrosität [steht]" (Schwarz-Friesel/Reinharz 2013: 182).[64] Demgegenüber kann die mit NS-V/M einhergehende Bewertung je nach Einstellung der Äußerungsproduzent*innen allerdings auch positiv ausfallen. Wenn diese einen affirmativen Bezug zum Nationalsozialismus aufweisen, ist

---

[62] Inwieweit durch NS-V/M im Gegensatz zu historisch-kritischen Vergleichen keine angemessenen Analogien hergestellt werden und es sich damit nicht um legitime Kritik handelt, erläutert Kap. 3.1. Es zeigt sich, dass die Stärke der tatsächlichen Argumentation, die mit solchen Analogien verfolgt wird, abhängig von der Größe der relevanten Ähnlichkeiten bzw. Schnittmengen zwischen den in Bezug gesetzten Entitäten ist. Je mehr relevante Unähnlichkeiten also zwischen den Vergleichsgrößen bzw. den Metaphernkomponenten bestehen, desto weniger Aussagekraft hat auch die mit der Analogiebildung angestrebte Argumentation.

[63] Dies wurde u. a. anhand verschiedener Analysen gezeigt (vgl. u. a. dazu Stötzel 1989, 1995a, 1995b; Eitz/Stötzel 2007, 2009; Wette 2003; Pérennec 2008; Schwarz-Friesel ²2013; Schwarz-Friesel/Reinharz 2013). Zum kollektiven Bewusstsein bzw. Gedächtnis s. Kap. 3.6.1.1 sowie umfassend Assmann (1988) und Erll (²2005). Die emotionale Komponente der Negativbewertung wird in Kap. 3.4.1.1.2 herausgearbeitet.

[64] Wenn jedoch Rezipient*innen nicht über ein gewisses Maß an Sprachsensibilität oder Geschichtsbewusstsein verfügen, ist es möglich, dass von den Produzent*innen intendierte Wirkungen und Reaktionen ausbleiben und/oder bestimmte nicht-intendierte Effekte eintreten. Zu den Reaktionen, die aus verschiedenen Gründen von der intendierten Wirkung abweichen können, s. Kap. 3.4.1.2.

es möglich, dass sie mit NS-V/M positive Wertungen im Hinblick auf das Komparandum oder den metaphorischen Zielbereich vermitteln wollen. Das demonstriert bspw. folgender Sachverhalt: Zur Fußball-Europameisterschaft 2016, die in Frankreich stattfand, wurden T-Shirts und Fanartikel vom Onlineversandhandel shirtzshop.de vertrieben, die den Aufdruck „Frankreichfeldzug 10. Juni–10. Juli 2016" in Frakturschrift und eine Grafik zeigen, auf der zwei Büsten von Soldaten mit Stahlhelmen abgebildet sind, die von einem Ehrenkranz umgeben einen Fußball einschließen.[65] Auch wenn damit kein vollständig formulierter Sprechakt vorliegt, ist der Sprachhandlungswert hier trotzdem klar erkennbar. Diese Anspielung aus der Kombination von Lexem, Typographie und Grafik, die einen affirmativen Bezug zur militärischen Offensive der Wehrmacht während des Zweiten Weltkrieges beinhaltet, drückt eine positive Wertung bzgl. des konzeptuellen Zielbereichs aus, der das Auftreten der deutschen Fußballfans in Frankreich und den erhofften Sieg der deutschen Fußballnationalmannschaft umfasst.[66]

Auf der anderen Seite ist zu konstatieren, dass Produzent*innen, die sich mit der nationalsozialistischen Ideologie identifizieren, NS-V/M ebenso einsetzen, um Sachverhalte oder Personen höchstmöglich negativ zu bewerten, denn ihnen ist durchaus bewusst, welches persuasive Potenzial solche Analogien innerhalb ihrer jeweiligen Kommunikationssituation in sich bergen. Die Funktion der Diskreditierung steht in diesen Fällen über dem konzeptuellen Widerspruch zwischen eigener Ideologie und dem Mittel zur Diffamierung (vgl. Schwarz-Friesel/Reinharz 2013: 182).[67]

Welche Bewertungen mit NS-V/M tradiert werden sollen und in welcher Stärke diese Evaluationen vorliegen, wird vom jeweiligen situativen Kontext, den einzelnen Rezipient*innen sowie der An- und Abwesenheit der im NS-V/M adressierten Person(en) determiniert (s. dazu Kap. 3.4.1.1.1). Inhaltlich bestimmen selbstverständlich auch die jeweiligen Vergleichs- bzw. Metaphernkompo-

---

[65] Eigentümer der Firma L&H Shirtzshop GmbH mit Sitz in Halle (Saale) ist Sven Liebich, ein ehemaliger Chef der rechtsextremen Kameradschaft Halle, der öffentlich durch sein Auftreten im Rahmen von Querfront-Demonstrationen und -Protesten bekannt wurde (vgl. Könau 2015); URL zu den Artikeln im Onlineversand: http://www.shirtzshop.de/shirtzshop/detail_frankreichfeldzug-gold-edition-euro2016-fussball-em-paris-sieg-t-shirt-motiv_7772_0_0_0_search_frankreichfeld_0_date_desc_0.html, letzter Zugriff 28. 02. 2019).
[66] Auf eine Positivbewertung, die mit NS-V/M vermittelt werden soll, sei hier nur knapp verwiesen, da sie im Hinblick auf die in der vorliegenden Arbeit untersuchten Daten keine relevante Rolle spielt.
[67] S. dazu Schwarz-Friesel/Reinharz (2013: 181f.), außerdem Kap. 3.4.1.2 zur geschichtsrevisionistischen Funktion des Kompositums *Bomben-Holocaust* sowie entsprechende Ausführungen in Kap. 4.3.3 und 5.1.3.

nenten und das tertium comparationis sowie die Form der sprachlichen Realisierung die kommunikative Funktion. In Bezug auf den letztgenannten Faktor können wir davon ausgehen, dass Komparativ- und Superlativvergleiche, die im Regelfall dazu dienen, eine Ungleichheit zwischen verschiedenen Entitäten aufzudecken, eingesetzt werden, um eine Verstärkung der mit der Äußerung vermittelten Bewertung anzuzeigen. Die Beispiele (41) bis (43) demonstrieren, dass die Form der Komparation dazu beiträgt, die mit dem NS-V verbundene Evaluation zu intensivieren. Das Adjektiv *schlimm* stellt das tertium comparationis dar und zeigt den Grad der Negativbewertung bzgl. des jeweiligen Komparandums an – *X sind so schlimm wie die Nazis* in Form des Modalitätsvergleiches, *X sind schlimmer als die Nazis* als Komparativ und *X sind die schlimmsten Nazis* in Gestalt des Superlativs. Als Parameter der Intensität bestimmt das kompariterte Bewertungsadjektiv zudem den Aktivierungsgrad einer Emotion.[68]

Kommen wir an dieser Stelle noch einmal zurück zu den verschiedenen Arten der illokutionären Akte hinsichtlich der Herstellung von NS-V/M. Die Proposition eines solchen Sprechaktes kann theoretisch in Form verschiedener Sprechakttypen ausgedrückt werden, wobei neben dem bisher betrachteten Assertiv, wie in (58), auch ein Direktiv, wie (59), eine plausible Variante darstellt.

(58) Er handelt wie Hitler.

(59) Bitte handeln Sie nicht wie Hitler!

In diesen Fällen wurden beide Sprechakte implizit, ohne performative Verben, realisiert. Aufgrund der Illokutionsindikatoren des Satzmodus und der Partikel *Bitte* als Höflichkeitsformel kann in (59) auf die jeweilige Illokution der Aufforderung geschlossen werden.[69] Je nach Kommunikationssituation und Äußerungskontext kann dieser Direktiv auch die illokutionäre Kraft eines Ratschlags, eines Anflehens oder einer Warnung aufweisen (zu den illokutionären Kräften s. Levinson [17]2006: 236 f.). Aus diesem Grund sei hier nochmals auf den Stellenwert des Ko- und Kontextes sowie der situativen Rahmenbedingungen hingewiesen, sobald kommunikativ-funktionale Spezifika von NS-V/M untersucht werden. Welche Dimension dabei die expressive Komponente innerhalb solcher Äuße-

---

68 S. dazu Kap. 3.4.1.2. Hinsichtlich der Bestimmung von Emotionen anhand der Parameter der Intensität, der Dauer und der Qualität sei auf Schwarz-Friesel ([2]2013: 69–72) sowie Schmidt-Atzert/Peper/Stemmler ([2]2014: 25 f.) verwiesen.
69 Im Hinblick auf die tatsächliche Höflichkeit, die primär als Indikator für soziale Achtung zwischen den Kommunikationsbeteiligten gilt (s. dazu Brown/Levinson 1987), kann für NS-V/M, die eine starke Form der Negativbewertung ausdrücken, keine Aufrichtigkeit angenommen werden, da hier das Diffamierungspotenzial im Vordergrund steht.

rungen einnimmt, welche Rezipient*innen damit angesprochen werden und inwiefern Adressat*innen dieser Vergleiche innerhalb der jeweiligen Kommunikationssituation anwesend sind, wird in den nachfolgenden Kapiteln (3.4.1.1.1 und 3.4.1.1.2) dargelegt.

Im Gegensatz zu den assertiven und direktiven Sprechakten stellen Äußerungen mit NS-V/M in Gestalt von Kommissiva oder Deklarativa weniger plausible Varianten dar.[70] Die Voraussetzung für die Herstellung einer Analogie mithilfe eines deklarativen Sprechaktes bestünde darin, dass der*die Produzent*in in der Lage sein müsste, die Proposition der Äußerung innerhalb eines institutionellen Rahmens zur außersprachlichen Wirklichkeit zu machen und damit eine Zustandsveränderung in der realen Welt herbeizuführen (vgl. dazu Searle 1976: 10–16). NS-V/M können also zum einen in Form verschiedener illokutionärer Akte realisiert werden und zum anderen im Ko- und Kontext mit verschiedenen Sprechakttypen vorliegen, in die sie eingebettet sind, z. B. innerhalb von Drohungen oder Verwünschungen.

Betrachten wir abschließend das Phänomen der indirekten Sprechakte, die mit Blick auf NS-V/M ebenfalls bedeutsam sind. Bei diesen Sprechakten handelt es sich um Äußerungen mit bestimmten Illokutionsindikatoren, die

> eine Illokution X signalisieren, eine Interpretation der Äußerung jedoch zum Resultat kommt, dass eine Illokution Y gemeint sein muss. Die ausdrückliche Illokution muss also nicht die gemeinte und zu verstehende sein. (Linke/Nussbaumer 2000: 445)[71]

Diese wörtlich ausgedrückte Illokution bezeichnet Searle (1982: 62) als sekundäre Illokution („SECONDARY illocutionary act") und die gemeinte als primäre Illokution („PRIMARY illocutionary act").[72] Aufgrund der kommunikativen Kompetenz der Rezipient*innen, d. h. ihrer Fähigkeit, Äußerungen in den jeweiligen Kommunikationssituationen angemessen zu verstehen, ist die primäre Funktion eines indirekten Sprechaktes problemlos zu ermitteln (vgl. Schwarz-Friesel 2010: 2).[73] Im Hinblick auf Äußerungen mit NS-V/M können indirekte Sprechakte bspw.

---

70 Diese wären theoretisch innerhalb einer Kommunikationssituation der Satire oder der Komik bspw. als ironische Äußerungen in der Funktion der Negativbewertung des Komparandums vorstellbar.
71 Typische Beispiele für jene indirekten Sprechakte sind (direkt) formulierte Fragen, die als indirekte Handlungsaufforderungen fungieren. Da diese Fragen auf gesellschaftlichen Höflichkeitskonventionen beruhen, deren Gebrauch standardisiert ist, werden sie als konventionelle indirekte Sprechakte bezeichnet. Demgegenüber unterliegen nicht-konventionalisierte indirekte Sprechakte einem (kognitiv) aufwendigeren Schlussprozess (vgl. dazu Meibauer ²2008: 102 f.).
72 Hervorh. im Original.
73 Dass es in bestimmten Fällen trotzdem zu kommunikativen Missverständnissen kommen kann, ist dabei selbstverständlich nicht ausgeschlossen.

sekundär als Frage realisiert werden, die jedoch keine Beantwortung intendieren, sondern primär eine Evaluation ausdrücken. In diesen Fällen sprechen wir von rhetorischen Fragen, die Meibauer (^{2}2008: 109) als indirekte assertive Sprechakte in der Funktion einer Behauptung und Bewertung klassifiziert.

(60) Erinnert so ein Vorgehen nicht an SS-Methoden?

Mithilfe solcher Äußerungen, sowohl in Gestalt von Ergänzungs-Interrogativsätzen als auch in Form von Entscheidungs-Interrogativsätzen, wie in (60), können Produzent*innen die gleichen Absichten wie mit allen NS-V/M verfolgen, egal wie diese sprachlich realisiert sind.[74] Neben rhetorischen Fragen als indirekte Sprechakte sind in Bezug auf NS-V/M besonders die emotional basierten (expressiven) Bewertungen, die mit ihnen einhergehen und u. a. ihre Charakterisierung als expressive Sprechakte begründen, relevant (s. Kap. 3.4.1.1.2).

3.4.1.1.1 Kommunikationssituation – Produzent*innen, Adressat*innen und Rezipient*innen

NS-V/M können innerhalb eines jeden Diskurses zu jeder Zeit und von allen Sprachproduzent*innen geäußert werden – ob öffentlich, privat, in geschriebenen Texten oder in mündlichen Gesprächen. Obwohl es sich bei den in Kapitel 5 analysierten Korpusdaten um nicht öffentlich getätigte NS-V/M handelt,[75] soll an dieser Stelle allgemein auf gewisse kommunikative Rahmenbedingungen verwiesen werden, die hinsichtlich der Funktion dieser Äußerungen wesentlich sind.

Pérennec (2008) erörtert sowohl, welche Rolle die Produzent*innen als auch die Rezipient*innen und Adressat*innen von NS-V/M im öffentlichen Kommunikationsraum spielen. Demnach würde ein solcher Vergleich

> [...] umso leichter vom Publikum akzeptiert, als er von einem angesehenen Philosophen oder Politiker stammt. Merkt aber das Publikum, dass der Redner die kommunikativen Maximen grob verletzt, wird sein Ethos, sein Ansehen in Mitleidenschaft gezogen. Von solchen Personen erwartet man ein musterhaftes linguistisches Verhalten und dazu noch eine exakte Kenntnis der Geschichte, zumindest des eigenen Landes [...] (Pérennec 2008: 9)

---

[74] Zu den beiden Interrogativsatz-Formen in rhetorischen Fragen s. Meibauer (^{2}2008: 109). Rhetorische Fragen im Korpusmaterial sind in Kap. 5.1 erläutert und Beispiele dafür zeigen die Texte in (108) und (109).
[75] Die genauen Rahmenbedingungen für die in dieser Arbeit erstellte Korpusanalyse in Bezug auf die Textsorte, die jeweilige Kommunikationssituation und die Äußerungsproduzent*innen hält Kap. 4 fest. Im Gegensatz zu den hier aufgeführten illustrativen Beispielen wurden die untersuchten Vergleiche und Metaphern (in den E-Mails an die IBD und den ZdJ) nicht öffentlich getätigt, sie wenden sich außerdem in vielen Fällen direkt an die Angesprochenen selbst.

Die Adressat*innen bzw. die Angesprochenen, die in explizit personenbezogenen NS-V/M das Komparandum bilden, sind zum konkreten (öffentlichen) Äußerungszeitpunkt in den meisten Fällen nicht anwesend (vgl. ebd.: 10), obwohl dies innerhalb von Diskussionsrunden und Talkshows auch durchaus möglich sein kann.[76]

Pérennec (2008: 10) konstatiert außerdem, dass Produzent*innen diese Analogiebildungen eher im eigenen Umfeld äußern, bspw. vor Parteifreund*innen, oder sie in Interviews artikulieren. Dabei sollen die Metaphern und Vergleiche, abgesehen von der Diffamierung der Gegner*innen, „vor allem die eigene Zungenfertigkeit oder die Überzeugtheit des Sprechers beim eigenen Lager dokumentieren" (ebd.). Darüber hinaus richten sich die Produzent*innen, sofern sie ihre Äußerungen nicht im privaten Rahmen tätigen, an die nationale und internationale Öffentlichkeit (vgl. ebd.), um Aufmerksamkeit zu erregen. Wie in Kapitel 3.4.1.1 bereits ausgeführt, ist in Bezug auf die Rezeptionsgemeinschaft zu beachten, dass eine Grundvoraussetzung für das Verstehen der Äußerungen einerseits die Kenntnis historischer Fakten ist, um die Komparationsbasis bzw. die metaphorische Komponente einordnen sowie das tertium comparationis ermitteln zu können (vgl. ebd.). Andererseits stellen die Sprach- und die Geschichtssensibilität der Rezipient*innen bedeutende Faktoren dar, die einen Einfluss auf die mit NS-V/M hervorgerufenen Wirkungen haben, z. B. beim Erregen von Aufsehen und dem Auslösen von Empörung (s. Kapitel 3.4.1.2).[77]

3.4.1.1.2 Ausdruck von Emotion – E-Implikaturen und indirekte expressive Sprechakte

Dass NS-V/M als indirekte Sprechakte realisiert werden können, zeigt Kapitel 3.4.1. Neben der rhetorischen Frage in Funktion eines Assertivs kann bspw. eine Aufforderung indirekt als Frage oder Feststellung formuliert werden und eine Behauptung auch ein Ausdruck emotionaler Einstellungen sein. Dieser Aspekt wird nun auf Grundlage der von Schwarz-Friesel (2009, 2010a) entwickelten E-Implikaturen herausgearbeitet und hinsichtlich direkter und indirekter expressiver Sprechakte bzgl. des Untersuchungsgegenstandes diskutiert. Hierzu sind zunächst die dafür notwendigen theoretischen Rahmenbedingungen festzulegen.

---

76 Reichel (2011: 80–91) diskutiert in Bezug darauf ein Beispiel aus der N24-Sendung „Was erlauben Strunz" vom 05. 05. 2009, in der Hendryk M. Broder einen Anmelder und Initiator der 1. Mai-Demonstration in Berlin, Kirill Jermak, mit einem NS-V konfrontiert, der sich an ihn selbst und an die Demonstrant*innen richtet.
77 Zu Gelingensbedingungen von Sprechakten s. Searle ([1969] ³2010) sowie zum Kooperationsprinzips. Grice ([1975] ³2010).

Da die indirekten Sprechakte in einem engen Zusammenhang mit der Ausbeutung der Konversationsmaximen stehen, gehen mehrere pragmatische Ansätze davon aus, dass diese Sprechakte als konversationelle Implikaturen zu betrachten sind (vgl. Levinson ^{17}2006: 263–278).[78] Mit Blick auf den Inferenzprozess für einen indirekten Direktiv (primäre Illokution), der formal als Assertiv (sekundäre Illokution) realisiert wurde, führt Schwarz-Friesel (2009, 2010a: 3) den Terminus der Illokutions-Implikatur (I-Implikatur) ein, mittels derer im Zuge der Rezeption die primäre Illokution erschlossen wird. Zusätzlich geht sie von einer emotionsbasierten Implikatur (E-Implikatur) aus, die in bestimmten indirekten Sprechakten der I-Implikatur (bzgl. des Direktivs, also der Aufforderung) vorausgeht und eine Bewertung auf Basis einer emotionalen Einstellung des*der Äußerungsproduzent*in beinhaltet.[79] Beide Formen sind pragmatische Implikaturen,[80] die nicht Bestandteil der Satzsemantik, „sondern kontextabhängig und konzeptuell an Weltwissensaktivierung gebunden sind" (Schwarz-Friesel 2010a: 5). Dabei „[stellen] E-Implikaturen [...] die Voraussetzung für die Erschließung von I-Implikaturen dar" (ebd.).

Im Hinblick auf NS-V/M ist erkennbar, dass sie bspw. als Assertive realisiert werden (sekundäre Illokution), in ihrer diffamierenden Funktion auf Personen bezogen sind und zudem die emotionale Haltung des*der Äußerungsproduzent*in implizit oder explizit ausdrücken (vgl. dazu Schwarz-Friesel ^{2}2013: 197). Daher sind sie je nach Vergleichsgrößen, tertia comparationis und kommunikativer Funktion innerhalb eines bestimmten Kontextes m. E. als expressive Sprechakte zu charakterisieren.

---

[78] Laut Meibauer (^{2}2008: 103) unterscheiden sich beide Phänomene darin, dass in der Implikaturentheorie nach Grice ([1975] ^{3}2010) keine illokutionären Akte aufgeführt werden und den Inferenzprozessen von indirekten Sprechakten und Implikaturen nicht die gleichen Schemata zugrunde liegen.

[79] Dies elaboriert Schwarz-Friesel (2010a: 1) anhand des Beispielsatzes „In meiner Suppe ist eine Fliege". Die E-Implikatur dazu beinhaltet das emotionsbasierte Urteil „Der Zustand P ist inakzeptabel" (ebd.: 4), da es „[...] ekelhaft / unerhört / widerwärtig [ist], dass in meiner Suppe eine Fliege ist" (ebd.: 3). Die I-Implikatur enthält somit die Aufforderung „Bringen Sie mir eine neue Suppe" (ebd.: 4). Der indirekte Sprechakt umfasst demnach zum einen die Bewertung des referenziellen Sachverhalts auf Grundlage der emotionalen Einstellung des*der Äußerungsproduzent*in und zum anderen die Illokution der Aufforderung (vgl. ebd.).

[80] Im Gegensatz zu den I-Implikaturen gilt für die E-Implikaturen das Kriterium der Streichbarkeit nicht in jedem Kontext, da dies in bestimmten Fällen zu einer konzeptuellen Unplausibilität führen würde (vgl. Schwarz-Friesel 2010a: 11, ^{2}2013: 185 f.), etwa „bei Äußerungen, die auf Sinnesempfindungen und Bedürfnisse referieren" (Schwarz-Friesel ^{2}2013: 188).

Die Expressiva gehen auf die von Austin (1962) eingeführten Sprechakte der Behabitativa zurück,[81] welche sich zum einen durch ihre Funktion als „*sozio-regulatives* sprachliches Handeln" (Becker 2016: 32; Hervorh. im Original) auszeichnen, mit dem sich Sprachproduzent*innen gegenüber den Adressat*innen auf eine bestimmte Weise positionieren und damit Einfluss auf sie nehmen (vgl. ebd.). Zum anderen stellen sie in diesem Rahmen einen emotionalen Ausdruck der Sprachproduzent*innen gegenüber dem propositionalen Gehalt der Äußerung dar (vgl. Searle 1975: 12).[82]

Sprachliche Handlungen, die als aggressive Sprechakte gefasst werden können, wie Verfluchungen, Beschimpfungen,[83] Beleidigungen und Verunglimpfungen,[84] erfüllen expressive Funktionen, da durch sie negative Bewertungen bzgl. der Adressat*innen vermittelt sowie die affektiv geprägten Einstellungen der Produzent*innen in Bezug darauf ausgedrückt werden (vgl. Havryliv 2009: 73 f.; Schwarz-Friesel/Reinharz 2013: 300 f.). Darüber hinaus sollen damit aufseiten der Adressat*innen bestimmte Wirkungen hervorgerufen werden (vgl. ebd.).

Auf Personen bezogene Äußerungen, die formal als assertive Sprechakte artikuliert sind und realitätsverzerrende Inhalte vermitteln, wie es bei NS-V/M der Fall ist, dienen mitunter als Instrumente der Beleidigung, der Diffamierung und/oder der Diskriminierung von Personen (vgl. Schwarz-Friesel/Reinharz

---

[81] Austin (1962: 151) definiert diese folgendermaßen: „[…] behabitives, are a very miscellaneous group, and have to do with attitudes and social behavior. Examples are apologizing, congratulating, commending, condoling, cursing, and challenging."

[82] In vielen Fällen handelt es sich dabei um ritualisierte Formen der Kommunikation, wie die von Austin (1962) und Searle (1975) angeführten Beispiele verdeutlichen (Danken, Gratulieren, Entschuldigen etc.). Sie zählen zudem auch Sprachhandlungen auf, die u. a. mit einer negativen Bewertung bzgl. der Adressat*innen einhergehen, wie das Verfluchen oder Verwünschen. Das Kriterium des Gefühlsausdrucks stellt nicht das konstitutive Merkmal für die Sprechaktklasse der Expressiva dar (vgl. Becker 2016: 33 f.), denn emotionale Zustände können mittels aller Formen der illokutionären Akte ausgedrückt und bezeichnet werden. In bestimmten Kommunikationssituationen erfüllen Gefühlsbekundungen auch mehrere illokutionäre Funktionen, bspw. in Gestalt eines Versprechens und einer Aufforderung (vgl. Schwarz-Friesel 2010: 7 f., ²2013: 27 f.).

[83] Abzugrenzen sind die Formen der Verfluchung und der Beschimpfung vom Fluch und vom Schimpfen. Erstere sind direkt auf Adressat*innen bezogen, wobei letztgenannte auch auf Situationen und Objekte ausgerichtet sind (vgl. Schwarz-Friesel/Reinharz 2013: 301). Zur Sprachhandlung des Schimpfens s. Marten-Cleef (1990: 309–319) und zum Fluch s. Havryliv (2009: 87–98).

[84] Havryliv (2009) und Schwarz-Friesel/Reinharz (2013) bezeichnen diese als aggressive Sprachhandlungen bzw. Sprechakte. Meibauer (2013) versammelt Beleidigungen, Beschimpfungen und Verunglimpfungen unter dem Terminus der pejorativen Sprechakte und diskutiert diese im Rahmen von Hate Speech. „Unter Hate Speech […] wird im Allgemeinen der sprachliche Ausdruck von Hass gegen Personen oder Gruppen verstanden, insbesondere durch die Verwendung von Ausdrücken, die der Herabsetzung und Verunglimpfung von Bevölkerungsgruppen dienen" (ebd.: 1).

2013: 39).[85] In Anbetracht von NS-V/M handelt es sich, wie bereits ausgeführt, um eine negative Evaluation im Sinne einer Abwertung des*der Adressat*in, die zudem explizit oder implizit die emotionale Einstellung des*der Produzent*in ausdrücken kann.[86] Der emotionale Faktor ist aggressiven Sprachhandlungen[87] inhärent, selbst wenn er nicht explizit mittels pejorativer, emotionsbezeichnender oder bestimmter emotionsausdrückender Lexeme sowie mittels typographischer Emphasesignale codiert wird.[88] Kommen wir aus diesem Grund noch einmal auf die E-Implikaturen zurück, die den indirekten expressiven Sprechakten zugrunde liegen.

Diese indirekten Sprechakte basieren auf einer referenziellen Unterspezifikation, die dadurch gekennzeichnet ist, dass Informationen bzgl. der emotionalen Einstellungen und Bewertungen nicht direkt thematisiert werden, sondern mittels E-Implikaturen zu erschließen sind. Sie beziehen sich auf Kenntnisse über positive oder negative Bewertungen von Begebenheiten, Ereignissen und Zuständen, die im Langzeitgedächtnis gespeichert sind und über die Aktivierung von Weltwissen abgerufen werden. Rezipient*innen sind somit in der Lage, den emotionalen Zustand von Äußerungsproduzent*innen zu inferieren, obwohl dieser nicht explizit verbalisiert wird, und in Verbindung mit der I-Implikatur die primäre Illokution eines Sprechaktes zu ermitteln. Dabei ist zu berücksichtigen, dass emotionsbasierte implizite Evaluationen zum einen kontextabhängig und zum anderen kulturspezifisch verschieden sein können (vgl. Schwarz-Friesel 2009, 2010a, ²2013: 186–190).

---

[85] Zur Differenzierung dieser Funktionen im Kontext von Hate Speech s. Meibauer (2013: 1–10).
[86] Wie Kap. 3.2.2 anhand bestimmter Nazi-Komposita und Kap. 3.4.2.2 verdeutlichen, gibt es auch NS-V/M, die in unterschiedlichen (satirischen) Kontexten andere Funktionen erfüllen und demzufolge nicht ausschließlich als expressive Sprechakte einzustufen sind. In diesem Kap. werden solche Formen erörtert, die diese Interpretation jedoch durchaus zulassen.
[87] Zu aggressiven Sprachhandlungen, die als Mittel der verbalen Gewalt eingesetzt werden, s. Schwarz-Friesel/Reinharz (2013: 300–323). Verbale Aggression in Bezug auf die Sprechakte Beschimpfung, Fluch, Drohung, Verwünschung sowie des aggressiven Aufforderns untersucht Havryliv (2009: 69–133). Zum Sprechakt der Verunglimpfung, der bei Havryliv unberücksichtigt bleibt, s. Meibauer (2016).
[88] Als emotionsbezeichnende Lexeme erfasst Schwarz-Friesel (²2013: 144) solche Gefühlswörter, mit denen Sprecher*innen explizit auf bestimmte Emotionen referieren, wie *Hass*, *zornig* oder *Liebe*. Demgegenüber bezeichnen emotionsausdrückende Lexeme keine Emotionen an sich, sondern vermitteln emotionale Einstellungen, bspw. mittels Interjektionen, Diminutiven oder Schimpfwörtern (vgl. ebd.: 153 f.). Emphasesignale, wie u. a. die Wiederholung von Ausrufezeichen, Hervorhebungen durch Majuskeln oder Fettdruck, dienen als Parameter der Intensität bzgl. der Codierung von Emotionen (vgl. Schwarz-Friesel/Reinharz 2013: 269).

Zum sprachlichen Ausdruck und zur Bezeichnung von Emotionen und Gefühlen s. Schwarz-Friesel (²2013: 144–172) sowie die semantisch basierten Arbeiten von Fries (2007 und 2009), in denen er die Kodierung von Emotionen in Texten untersucht.

Der Frage, inwieweit bestimmte Formen von NS-V/M emotionale Bewertungen explizit oder implizit ausdrücken und inwiefern sie somit als direkt oder indirekt expressiv einzustufen sind, widmen wir uns im Folgenden anhand dieser Beispiele:

(61) [...] Und ich hasse Israelis, die sich wie Nazis verhalten. Es ist die selbe Ideologie von Herrenmenschen – und Untermenschen, die man angeblich vernichten darf. Widerlich. Einfach nur widerlich. [...] (IBD_01.01.2014, E-Mail an die Israelische Botschaft in Deutschland)

(62) ‚Hitler, Merkel, the same shit.' (Transparent auf einer Demonstration in Zypern, Merkur, 23. 03. 2013)

(63) ‚Hitler wollte auch eine Supermacht schaffen. Angela Merkel handelt ähnlich, aber sie ist geschickter.' (zit. nach Spiegel, 18. 07. 2007)

Ein NS-V, der primär expressiv formuliert und direkt an Adressat*innen der israelischen Botschaft in Berlin gerichtet ist (61), enthält emotionsbezeichnende (*ich hasse*) und emotionsausdrückende Lexeme (*widerlich*) sowie Emphasesignale (die Wiederholung *widerlich. Einfach nur widerlich*).[89] Ein weiterer Vergleich, der auf einem Transparent im Zuge einer Demonstration gegen die Banken-Rettungspläne der EU in Nikosia zu sehen ist (62), beinhaltet mit dem Schimpfwort *shit* einen expliziten Emotionsausdruck. Diese beiden Varianten enthalten explizit emotionale Bewertungen hinsichtlich des jeweiligen Komparandums. Der letzte Vergleich (63) weist keine solcher explizit emotionsausdrückenden und emotionsbezeichnenden Wendungen auf.[90] Angela Merkel ist auch in dieser Äußerung als Komparandum die Adressatin des Vergleichs, die zum konkreten Äußerungszeitpunkt nicht anwesend ist (s. dazu Kap. 3.4.1.1). Die Vergleichsgrößen in (61) bis (63), *Israelis* und *Merkel*, erhalten durch die konzeptuelle Verbindung mit den Komparationsbasen, *Nazis* und *Hitler*, die stärkste Negativbewertung sowie den höchsten emotionalen Aktivierungsgrad (vgl. Schwarz-Friesel ^{2}2013: 197),[91] unabhängig von der sprachlichen Realisie-

---

89 Im weiteren Kotext der E-Mail kommt zum Ausdruck, dass der*die Schreibende mit dem Vergleich sowohl Personen in Israel als auch die Israelische Botschaft als deren Stellvertreter adressiert.
90 Es handelt sich hier um einen NS-V in Form eines Komparativs, der durch die Fokuspartikel *auch*, durch das vergleichsanzeigende Adjektiv *ähnlich* und mithilfe des komparierten Adjektivs *geschickter* ausgedrückt wird.
91 Die drei Bestimmungsparameter von Emotionen (Bewertung, Intensität bzw. Aktivierungsgrad und Dauer) sowie deren Ausdrucksvarianten erörtert Schwarz-Friesel (^{2}2013: 69–72). S. dazu auch die Begriffsbestimmungen in Schmidt-Atzert/Peper/Stemmler (^{2}2014: 25 f.).

rung des Vergleichs oder den explizit codierten bzw. implizit vermittelten emotionalen Evaluationen und Einstellungen.

In Bezug auf die Expressivität ist generell zu beachten, dass Äußerungen, wie (61), die durch emotionsbezeichnende und emotionsausdrückenden Lexeme sowie Emphasesignale auf eigene Gefühle referieren, „die expressivste Variante" (Schwarz-Friesel ²2013: 186) des Ausdrucks von Bewertungen und Einstellungen darstellen. Durch diese Faktoren wird das Emotionspotenzial der Äußerung auf der Sprachoberfläche direkt manifestiert – jedoch ist in diesem Zusammenhang insbesondere dasjenige emotionale Potenzial zu erwähnen, welches allen NS-V/M immanent ist, egal ob sie implizit oder explizit emotionale Bewertungen ausdrücken. Durch den konzeptuellen Bezug auf Entitäten, die der grausamsten Epoche der deutschen Geschichte zuzuordnen sind, kann davon ausgegangen werden, dass über E-Implikaturen, die durch die Konzepte der jeweiligen Metaphern- oder Vergleichskonstituenten vermittelt werden,[92] zusätzlich zur starken Negativbewertung der Adressat*innen vor allem das emotionale Potenzial dieser Vergleiche und Metaphern entfaltet wird. In den Fällen, in denen sich Äußerungsproduzent*innen gegenüber Adressat*innen mittels einer solchen (emotionsbasierten) Negativbewertung positionieren und die intendierte Wirkung darin besteht, Einfluss auf diese Adressat*innen nehmen zu wollen, handelt es sich m. E. primär um expressive Sprechakte, die (sekundär) in Form verschiedener anderer Sprechakttypen realisiert werden können, wie in (61) bis (63) als Assertive.

Neben den direkt personenbezogenen Vergleichen und Metaphern werden in verschiedenen Kontexten und Kommunikationssituationen auch objektbezogene realisiert. Laut Schwarz-Friesel (²2013: 199) soll mit objektbezogenen NS-V/M die Dimension und das Ausmaß der Kritik[93] hervorgehoben werden. In (64) geschieht genau das, indem der damalige Kanzler der Bundesrepublik Deutschland, Konrad Adenauer, eine Analogierelation zwischen der *Sowjetzone* sowie dem *sowjetischen Sektor* in Berlin und einem *Konzentrationslager* etabliert.

(64) Moskau sei dafür verantwortlich, daß durch die Umwandlung der Sowjetzone in ein Konzentrationslager ein neuer Abschnitt im Nervenkrieg um Berlin eingeleitet worden sei. [...] die Sowjetzone und der Sowjetsektor seien seit Sonntag nichts anderes als ein riesiges Konzentrationslager. (Wiedergabe der Äußerung Konrad Adenauers durch die Rheinische Post, 15. 08. 1961, 1; zit. nach Eitz/Stötzel 2007: 404)

---

92 Für die Beispiele (61) bis (63) ist dies auf die Konzepte NAZIS und HITLER bezogen.
93 Dass unverhältnismäßige NS-V legitime Kritik jedoch eindeutig übersteigen, wird in Kap. 3.4.1.1 dargelegt.

Zugleich fungiert die Herstellung einer Analogie zwischen Entitäten aus dem konzeptuellen Bereich des Nationalsozialismus und anderen Entitäten, in Gestalt eines Vergleichs oder einer Metapher, als „Intensivierung des Ausdrucks der emotionalen Betroffenheit des Sprachproduzenten" (Schwarz-Friesel ²2013: 199). Die emotionsbasierte Bewertung innerhalb dieser Sprachmuster geht direkt von den Äußerungsproduzent*innen aus und richtet sich primär an die Rezipient*innen.[94] In Bezug auf (64) setzt sich die Gruppe der Rezipient*innen aus den Journalist*innen und Leser*innen der Rheinischen Post zusammen. Mit seiner KZ-Metapher adressiert Adenauer hier explizit die Regierung der Sowjetunion mithilfe der Synekdoche *Moskau*. Die konkreten Adressat*innen[95] solcher Vergleiche können im Gegensatz zu (64) jedoch auch implizit bleiben, wenn sie nicht in der Äußerung oder im Kontext genannt sind. Mithilfe eines Schlussfolgerungsprozesses müssen diese dann inferiert werden, wobei zu berücksichtigen ist, dass sie je nach Äußerung, Ko- und Kontext sowie der Kommunikationssituation zu einem gewissen Grad vage bleiben können.

3.4.1.2 Zur Perlokution – Persuasion und Emotionalisierung

Der perlokutionäre Akt umfasst die von den Äußerungsproduzent*innen angestrebten Ziele im Hinblick auf den jeweils vollzogenen Sprechakt. Wenn in diesem Sinne die ganze Kommunikationssituation, samt der ermittelbaren eingetretenen Reaktion aufseiten der Rezipient*innen erfasst werden soll, bietet sich die Differenzierung des perlokutiven Aktes in zwei Formen an. Ortak (2004) greift in ihrer Untersuchung der Persuasion diese Zweiteilung des Sprachaktes, wie sie bereits von Austin (1962) vorgenommen wurde, auf. Das *„perlocutionary object"* stellt dabei das von Sprachproduzent*innen angestrebte Ziel im Sinne der intendierten Wirkung dar – wohingegen das *„perlocutionary sequel"* den faktisch eingetretenen Effekt nach der Rezeption beschreibt (Ortak 2004: 138 f.; Hervorh. im Original) und die jeweiligen Reaktionen beinhaltet. Dieser Effekt kann entweder mit der Intention des*der Produzent*in konvergieren oder davon abweichen. Im Gegensatz zum direkten illokutionären Akt, der durch die konventionelle Kraft des jeweiligen Sprechakttyps determiniert ist, wird die perlokutionäre Wirkung nicht konventionell bestimmt, sondern ist von den jeweiligen Äußerungsumständen abhängig (vgl. Levinson ¹⁷2006: 236 f.). Die Perlokution umfasst Levinson (¹⁷2006) zufolge damit sowohl die intendierten als

---
[94] S. dazu Kap. 3.4.1.1 in Bezug auf die Kommunikationssituation.
[95] Als Adressat*innen werden diejenigen Personen oder Institutionen bezeichnet, auf die sich der NS-V/M bezieht und die damit beleidigt und diffamiert werden (sollen).

auch die nicht intendierten Wirkungen, die eine Äußerung innerhalb eines sprachlichen oder situativen Kontextes evozieren kann (vgl. ebd.).[96]

Im vorherigen Kapitel wurden Äußerungen, die NS-V/M beinhalten, als aggressive Sprechakte charakterisiert, die bspw. der Beleidigung und der Diffamierung von Personen dienen können. Da Illokutionen bereits auf mögliche Perlokutionen hinweisen und mit diesen assoziiert sind, ist ein mögliches perlokutionäres Ziel von NS-V/M, bei dem*der Adressat*in die Reaktion hervorzurufen, beleidigt und verletzt zu sein (vgl. zum perlokutiven Aspekt des Beschimpfens Havryliv 2009: 71 f.). Laut Schwarz-Friesel/Reinharz (2013: 300 f.) wollen Produzent*innen mittels Beschimpfungen, die mit der Artikulation ihrer Gefühle verknüpft sind, eine Kränkung, Verunsicherung oder Ängstigung der Adressat*innen erreichen. Die damit einhergehende negative Bewertung ist dabei grundlegend für aggressive Sprechakte. Dass diese Äußerungen überwiegend jedoch an Rezipient*innen gerichtet werden und die direkten Adressat*innen, d. h. die diffamierten und beschimpften Personen, überwiegend zum Äußerungszeitpunkt nicht anwesend sind (vgl. Pérennec 2008: 10), wurde in Kapitel 3.4.1.1 erläutert. Wie eingangs erwähnt, charakterisiert Schwarz-Friesel (²2013: 199) NS-V/M[97] als intentional ausgerichtete Äußerungen, die ebenjene Rezipient*innen beeinflussen sollen und somit persuasive Eigenschaften besitzen. Es handelt sich überwiegend also nicht um affektive Entgleisungen, als die sie im Nachhinein öffentlich vielmals dargestellt werden, sondern um bewusst geplante Äußerungen (s. dazu Kap. 3.4.2).

Das angestrebte Ziel der Persuasion gemäß eines „ÜBERZEUGUNGSVERSUCHS"[98] liegt darin, Zustimmungsbereitschaft seitens der Rezipient*innen zu wecken (Ortak 2004: 141; Hervorh. im Original). Der mittels eines NS-V/M beurteilte Sachverhalt soll ebenso (negativ) bewertet werden wie von dem*der Äuße-

---

96 Dabei ist zu beachten, dass die Wirkungen, die von Produzent*innen intendiert werden, aus der Analyseperspektive weder vollständig noch absolut eindeutig bestimmbar sind, da die Äußerungsproduzent*innen diese in den seltensten Fällen formulieren und die Intention selbst dann eine andere sein kann als sie vorgegeben wird. Demgegenüber sind die unmittelbaren Wirkungen und die Reaktionen auf entsprechende Äußerungen eindeutig zu erfassen, sofern sie öffentlich zugänglich sind.
97 Schwarz-Friesel (²2013) unterscheidet nicht explizit zwischen NS-V und NS-M. Da die kommunikativen Funktionen dieser beiden Ausprägungen identisch sein können, werden sie hier gemeinsam genannt.
98 Entgegen dem „ÜBERREDUNGSVERSUCH", mit dem Rezipient*innen zu Handlungen angeregt (überredet) werden sollen, ist der „ÜBERZEUGUNGSVERSUCH" nicht auf der konkreten Handlungsebene zu verorten, sondern auf jener der Evaluation, s. Ortak (2004: 140 f.; Hervorh. im Original) sowie Kap. 2.2.1.

rungsproduzent*in vorgegeben. Das mit der persuasiven Strategie[99] angestrebte Ergebnis besteht also in einer Wertungskonvergenz (vgl. ebd.: 140), die Produzent*innen u. a. dadurch versuchen zu erreichen, indem sie NS-V/M kontextuell in bestimmte Argumentationsmuster einbetten, die den Vergleich oder die Metapher als legitime Warnung erscheinen lassen sollen. Um welche argumentativen Absicherungsstrategien der Legitimierung es sich im Hinblick auf antisemitische NS-V/M handelt, wird anhand einiger exemplarischer Beispieltexte[100] in Kapitel 5 dargelegt.

Zudem sollen mit solchen Äußerungen, die implizit oder explizit die emotionale Betroffenheit des*der Produzent*in ausdrücken, auch emotionale Reaktionen seitens der Rezipient*innen erwirkt werden. Weil die durch NS-V/M hervorgerufene Empörung bewusst einkalkuliert wird (vgl. Schwarz-Friesel ²2013: 199 f.), können wir m. E. von einer Strategie sprechen, deren perlokutionäres Ziel, abgesehen von der Zustimmungsbereitschaft, in einer Emotionalisierung[101] der Rezipient*innen besteht (vgl. dazu ebd.: 225 sowie Kap. 3.4.1.1.2). Die Empörung kann sich zum einen auf das Komparandum bzw. den*die Adressat*in des Vergleichs beziehen und zum anderen auf die Artikulation des NS-V/M durch den*die Produzent*in selbst. Auf diese Weise erregt er*sie ein bestimmtes Maß an Aufmerksamkeit, je nachdem, welche spezifischen Konzeptualisierungen vermittelt wurden – d. h. wer oder was sind die in Bezug zueinander gesetzten Referenten und wie öffentlichkeitswirksam wurde der Vergleich bzw. die Metapher geäußert. Diese Kriterien sind abhängig von verschiedenen Faktoren: Zum einen von der Bekanntheit des*der Produzent*in selbst und zum anderen davon, in welchem medialen Rahmen die Äußerung getätigt wurde, z. B. im Zuge eines Interviews, einer Talkshow oder in einem Online-Kommentar, sowie von der Äußerungsrezeption im öffentlichen Kommunikationsraum, z. B. durch die Presse und User*innen.

---

[99] Eine solche Strategie basiert laut Ortak (2004: 136) auf einem bewusst eingesetzten Sprachhandlungsmuster, das nach ihrer Definition entweder in Form des „POLARISIERENS" (wertende Stellungnahme des*der Sprecher*in), des „PROFILIERENS" (von dem*der Sprecher*in erhobener Legitimitätsanspruch, z. B. mittels argumentativer Verfahren etc.) oder aus der Kombination beider Maßnahmen, dem „PLAUSIBILISIEREN", umgesetzt wird, s. dazu Ortak (2004: 136, 150–186; Hervorh. im Original). Entsprechend der Wirkungsintention, der spezifischen Textsorte und dem jeweiligen Anwendungsbereich können zahlreiche verschiedene argumentative und informationsstrukturierende Vorgehensweisen mit dem Ziel der Persuasion zum Einsatz kommen. Zu den Strategien der Referenzialisierung und der Informationsstrukturierung s. Schwarz-Friesel/Consten (2014: 147–153).

[100] S. dazu u. a. die Beispiele (173) und (250).

[101] Die Emotionalisierung als persuasive Strategie erörtert Schwarz-Friesel (²2013: 224–231), die in ihrer Untersuchung zum Emotionspotenzial von Texten diesen Aspekt auch im Hinblick auf die massenmediale Krisenberichterstattung analysiert.

3.4 Kommunikative Funktionen und Wirkungen — 95

Im Zusammenhang mit den Vergleichsgrößen bzw. Metaphernkomponenten und den tertia comparationis können zudem verschiedene emotionale Reaktionen, wie Mitleid, Wut oder Trauer, intendiert sein. Mit dem in Kapitel 3.3 diskutierten Kompositum *Babycaust*, das verwendet wird, um eine Analogierelation zwischen den Konzepten des SCHWANGERSCHAFTSABBRUCHS und der SHOAH herzustellen, sollen u. a. ebendiese Emotionen evoziert werden. Die Strategie der Emotionalisierung beruht auf der Antizipation der Gefühle von Rezipient*innen – sie ist also dann erfolgreich, wenn die beabsichtigten emotionalen Reaktionen aktiviert bzw. konstruiert werden (vgl. Schwarz-Friesel ²2013: 224 f.). Hierbei stellen Analogien zum Holocaust und damit auch der Bezug und die Fokussierung auf eine Opfergruppe ein Mittel dar, das die intendierte Wirkung, emotionale Reaktionen hervorzurufen, in vielfacher Hinsicht erfüllt (s. dazu ausführlicher Kap. 3.4.3).

NS-V/M können selbstverständlich auch andere, nicht intendierte Wirkungen zur Folge haben. Dass der perlokutionäre Effekt in einer Kommunikationssituation von der Reaktion der Rezipient*innen bestimmt ist und diese vom intendierten perlokutionären Ziel des*der Äußerungsproduzent*in abweichen kann, muss in der Auseinandersetzung mit persuasiven Strategien bedacht werden. Dabei kann es sich einerseits um nicht intendierte emotionale Reaktionen aufseiten der Adressat*innen und/oder der Rezipient*innen handeln und andererseits um die Ablehnung der Bewertung, die durch eine Äußerung vermittelt wird,[102] sowie die Zurückweisung des Vergleichs oder der Metapher generell. Weil öffentlich verbalisierte NS-V/M, bspw. im Rahmen von politischen Reden, vorbereitete und durchdachte Sprachhandlungen darstellen, ist davon auszugehen, dass die Äußerungsproduzent*innen, bestimmte Effekte, die sie primär zwar nicht intendieren, dennoch einkalkulieren und im Vorfeld verschiedene denkbare Reaktionen und mögliche Konsequenzen in Erwägung ziehen (vgl. Reichel 2011: 34).[103]

Die Voraussetzung für die Untersuchung perlokutionärer Effekte besteht darin, dass die Reaktionen auf die jeweiligen Äußerungen zugänglich sein müs-

---

[102] Da in diesem Fall die mit der Persuasion angestrebte Wertungskonvergenz nicht erreicht wird, hat laut Ortak (2004) der*die Äußerungsproduzent*in verschiedene Möglichkeiten, um den Effekt zu beeinflussen, z. B. indem die Äußerung nochmals bekräftigt oder die eigene Verlässlichkeit beteuert wird, s. dazu Ortak (2004: 167–186). Im Hinblick auf öffentlich getätigte NS-V/M wird deutlich, dass diese u. a. mediale Debatten und z. T. Entschuldigungen der Produzent*innen gegenüber den jeweiligen Adressat*innen nach sich ziehen (vgl. Stötzel 1995b: 369 f. sowie Kap. 3.4.3).
[103] Aufgrund der Erfahrung aus zahlreichen vergangenen öffentlichen Debatten und medialen Diskursen ist das Wissen um die Konsequenzen solcher Äußerungen vorauszusetzen, sofern diese Auseinandersetzungen dem*der Produzent*in bekannt sind (vgl. Reichel 2011: 34).

sen – wenn diese Bedingung erfüllt ist, sind Fragestellungen hinsichtlich jener Effekte operationalisierbar. Das ist neben interaktionistischen Studien zur Gesprächsanalyse u. a. auch im Falle der öffentlich artikulierten NS-V/M möglich, sofern sie medial oder von einzelnen Rezipient*innen aufgegriffen und öffentlich Stellung dazu bezogen wurde.[104]

Welche speziellen kommunikativen Funktionen mittels verschiedener NS-V/M verfolgt werden können, welche möglichen Wirkungen intendiert sind und inwiefern diese eintreten, beleuchten die folgenden Kapitel anhand illustrativer Beispiele.[105] Dabei ist zu berücksichtigen, dass die jeweiligen Vergleichs- bzw. Metaphernkonstituenten und das tertium comparationis sowie die Kommunikationssituation einen maßgeblichen Einfluss auf die kommunikative Funktion und die damit einhergehende Wirkung von NS-V/M besitzen.

3.4.2 Ausgewählte kommunikative Funktionen und Wirkungen

3.4.2.1 Diffamieren und Aufmerksamkeit erzeugen

Das Evozieren bestimmter Wirkungen aufseiten der Rezipient*innen und Adressat*innen ist ein Hauptanliegen, das mit NS-V/M verfolgt wird.[106] Die vorherigen Abschnitte haben gezeigt, dass dabei sowohl ihr Geschichtsbewusstsein und ihre Sprachsensibilität angesprochen als auch ihre „emotionale Reaktion antizipier[t]" (Schwarz-Friesel ²2013: 199) wird. Durch die Herstellung solcher Analogien zwischen Entitäten aus dem konzeptuellen Bereich des Nationalsozialismus und damit den „moralisch verwerflichsten Personen und schlimmsten Zuständen der deutschen Geschichte" (Schwarz-Friesel ²2013: 199) werden die adressierten Personen verbal scharf angegriffen und diffamiert. Äußerungsproduzent*innen zielen dabei u. a. auf die Kränkung und Ehrverletzung der Adressat*innen ab. In Bezug auf die Rezeption von NS-V/M basiert die Diffamierung auf einem Zusammenspiel der intendierten Wirkungen bzgl. a) der Persuasion, d. h. Zustimmungsbereitschaft erlangen, und b) der Emotionalisierung, d. h. Empörung und

---

104 Die Möglichkeit, dezidierte Aussagen bzgl. der tatsächlich eingetretenen Wirkung im Hinblick auf einzelne Rezipient*innen zu treffen, deren Reaktionen nicht zugänglich sind (weil sie bspw. nicht öffentlich kommuniziert wurden), ist jedoch nicht gegeben.
105 In Bezug auf NS-V/M, die als antisemitische Phänomene einzustufen sind, werden die Aspekte der Funktion und der Wirkung sowie die jeweiligen Vergleichsgrößen bzw. Metaphernkomponenten und tertia comparationis in Kap. 3.6.2 und im Zusammenhang mit der Korpusstudie in Kap. 5 erläutert.
106 Zur Einordnung der Rezipient*innen (im Sinne der Hörer*innen) und Adressat*innen (die mit der Äußerung konkret angesprochen bzw. angegriffen werden) s. Kap. 3.4.1.1.1, das auf die Kommunikationssituation eingeht.

weitere emotionale Reaktionen seitens der Rezipient*innen gegenüber den Adressierten hervorrufen.[107]

Bereits seit Ende des Zweiten Weltkrieges werden diese Vergleiche und Metaphern als „propagandistische Mittel des politischen Schlagabtausches" (Stötzel 1989: 266) eingesetzt, um politische Gegner*innen öffentlich herabzuwürdigen (vgl. ebd.: 262).[108] Diese „hauptsächlich strategisch-diffamierend[e]" (Stötzel 1995b: 375) Vergleichspraxis wurde und wird sowohl innenpolitisch als auch international angewendet, um einerseits Personen zu diskreditieren und andererseits, um die eigene Integrität zu unterstreichen – dieser Umstand ist u. a. in Wahlkampfperioden von besonderer Bedeutung. Eitz/Stötzel (2007) konstatieren, dass sich bspw. in den siebziger Jahren die jeweiligen Konkurrent*innen, d. h. Politiker*innen, Unterstützer*innen sowie Repräsentant*innen der CDU und SPD, jeweils gegenseitig bezichtigten, weder demokratisch noch regierungswürdig zu sein und um dies zu bekräftigen, auf Analogien zum Nationalsozialismus zurückgriffen (vgl. ebd.: 300 f.).[109]

Zwei Faktoren, die Einfluss auf den perlokutionären Effekt haben und den Erfolg oder Misserfolg – im Sinne der sprechakttheoretischen Gelingensbedingungen – der Diffamierung bestimmen, sind zum einen die bereits erwähnte Sensibilität bzgl. sprachlicher Äußerungen und zum anderen das historische Verständnis und das Bewusstsein innerhalb der Rezeptionsgemeinschaft (vgl. Schwarz-Friesel ²2013: 199). Wenn diese nicht gegeben sind, würde der Vergleich oder die Metapher nicht wie geplant verstanden, es könnte keine Antizipation im emotionalen sowie im kognitiven Sinn stattfinden und somit würde sich das diffamierende Potenzial der Äußerung nicht entfalten. Eine weitere nicht intendierte Reaktion auf NS-V/M tritt bspw. ein, wenn die persuasive Strategie der Produzent*innen nicht greift und somit die angestrebte Diffamierung ausbleibt. Anstelle der Zustimmung zu der vermittelten Negativbewertung kann

---

107 In diesem Kap. werden primär öffentlich getätigte NS-V innerhalb politischer Auseinandersetzungen thematisiert und ein erster Ausblick auf die Reaktionen gegeben, die Kap. 3.4.3 näher beleuchtet.
108 Dass Vergleiche mit Personen, Parteien und Sachverhalten der NS-Zeit auch in einer warnenden Funktion gebraucht wurden, bspw. im Hinblick auf die Gefahr, die von rechtsextremen Gruppierungen und Parteien, wie der Sozialistischen Reichspartei (SRP) und später der NPD ausgingen, zeigen Eitz/Stötzel (2007: 296–300) anhand von Hitler-Vergleichen. Diese sind als kritische Auseinandersetzungen mit der nationalsozialistischen Ideologie und bestimmten Aktivitäten in diesem Kontext einzuordnen. S. dazu auch Kap. 3.1 hinsichtlich der Definition von NS-V/M und der Abgrenzung zu historisch-kritischen Analogiebildungen.
109 Dies illustrieren Eitz/Stötzel (2007: 301) anhand von Äußerungen, in denen der CDU und SPD nahestehende Personen, Zeitungen, Gruppen und die jeweiligen Politiker mit Hitler und Goebbels verglichen wurden und diese wiederum die Gegenseite mit derselben Vergleichspraxis zu diffamieren beabsichtigten.

eine Ablehnung der Bewertung und/oder der sprachlichen Vermittlung dieser Bewertung, d. h. der Einsatz des NS-V/M per se, seitens der Rezipient*innen erfolgen.[110] In diesem Fall ist auch eine Rückwirkung auf den*die Äußerungsproduzent*in selbst möglich, die einer Abwertung der eigenen Person gleichkommt,[111] wie in der folgenden Reaktion des SPD-Politikers Johannes Kahrs deutlich wird. Er weist den NS-V, der vom Schweizer Abgeordneten der Christdemokratischen Volkspartei (CVP), Thomas Müller, in Bezug auf den damaligen Bundesfinanzminister Peer Steinbrück geäußert wurde,[112] zurück und adressiert den Produzenten, indem er die Auswirkungen des Vergleichs auf ihn selbst anwendet:

(65) ‚Das ist peinlich und abwegig und artet schon in Effekthascherei aus [...] Mit solchen Vergleichen richtet sich jeder selber und zeigt wie schwach die eigenen Sachargumente sind. Wenn das so weiter geht, müsste in naher Zukunft eine Entschuldigung der Schweizer Regierung gegenüber Peer Steinbrück fällig werden.' (zit. nach Handelsblatt, 18. 03. 2009)

In einem ähnlichen Zusammenhang spricht Pérennec (2008: 11) von einer Blamage des*der Produzent*in, die häufig eine öffentliche Entschuldigung nach sich zieht,[113] wie sie in (65) von Johannes Kahrs gefordert wurde, jedoch infolgedessen nicht eintrat – im Gegensatz zu dem folgenden Fall innerhalb der Debatte um Stuttgart 21:

(66) ‚Sein Vater war Nazi-Funktionär und arbeitete für Reichspropagandaminister Joseph Goebbels: Walter Sittler, Propagandist der S-21-Bewegung.' (aus dem Newsletter „Berlin Aktuell" von Thomas Strobl; zit. nach Stuttgarter Nachrichten, 02. 11. 2010)

---

[110] Je nach Kommunikationssituation und Grad der öffentlichen Wahrnehmung ist es auch möglich, dass jene Äußerungen von der Rezeptionsgemeinschaft ignoriert werden und somit nicht der Intention der Produzent*innen entsprechen.
[111] Zu dieser Problematik im Kontext der Rhetorik in der politischen Kommunikation s. Roth (2004: 200 f.).
[112] Im Zuge eines Steuerstreits zwischen Deutschland und der Schweiz erklärte Thomas Müller: „Er [Peer Steinbrück, L. G.] erinnert mich an jene Generation von Deutschen, die vor sechzig Jahren mit Ledermantel, Stiefel und Armbinde durch die Gassen gegangen sind"' (zit. nach Handelsblatt, 18. 03. 2009). Damit bezog er sich auf eine vorhergehende Aussage Steinbrücks: „Am Rande eines Treffens der G20-Finanzminister vergangenes Wochenende in London soll Steinbrück dem Vernehmen nach hinzugefügt haben: ‚Die Kavallerie in Fort Yuma muss nicht immer ausreiten, manchmal reicht es, wenn die Indianer wissen, dass sie da ist.' Dies soll sich aber nicht konkret auf die Schweiz bezogen haben" (ebd.).
[113] Weiterführende öffentliche Sanktionen und Auswirkungen, die NS-V/M nach sich ziehen können, erörtert Kap. 3.4.3.

Die diffamierende Äußerung des damaligen CDU-Generalsekretärs Thomas Strobl im Zuge der Stuttgart 21-Proteste über den Schauspieler Walter Sittler, der sich gegen den Bau des Bahnhofes engagierte, zog entsetzte Reaktionen von Vertreter*innen verschiedener Parteien nach sich. Strobl äußerte folglich Bedauern und entschuldigte sich beim Adressaten:

(67) ‚Ich bin in der von beiden Seiten sehr emotional geführten Debatte über Stuttgart 21 über das Ziel hinausgeschossen. Dies bedauere ich und daher entschuldige ich mich hierfür bei Ihnen.' (zit. nach Stuttgarter Nachrichten, 02. 11. 2010)

Da die Analogie im Zuge eines Newsletters erschien, dessen Texte im Vorfeld geplant und vorbereitet sind, wird deutlich, dass es sich hierbei um eine kalkulierte und keine rein affektiv getätigte Aussage handelt.[114] Unterdies entschuldigt sich der Produzent in erster Linie, weil er sich wegen des politischen und öffentlichen Drucks dazu genötigt und sein Ansehen gefährdet sieht. Dass eine Entschuldigung und/oder Zurücknahme dieser Äußerungen oft durch eine öffentliche Forcierung zustande kommt, wird in Kapitel 3.4.3 gezeigt. Mit Bezug auf Goffman (1986) konstatiert Pérennec (2008: 11), dass eine derartige Entschuldigung eine „schwere imagebedrohende Handlung" gemäß eines Face Threatening Acts (FTA)[115] darstellt. Aufgrund des beinahe inflationären Gebrauchs von NS-V/M als Diffamierungsinstrumente,[116] stellt sie die Frage, inwieweit die intendierte Wirkung damit tatsächlich und langfristig erreicht würde. Die Rezeptionsgemeinschaft sei mittlerweile so sehr daran gewöhnt, dass solche Äußerungen kaum noch Beachtung fänden, sich dadurch zur Normalität entwickelten und somit den Skandalcharakter verlieren würden (vgl. ebd.). Dies ist m. E. jedoch stark von der Kommunikationssituation, dem Grad der öffentlichen Wahrnehmung sowie der inhaltlichen Dimension der Analogie, d. h. den Vergleichs- bzw. Metaphernkonstituenten sowie dem tertium comparationis, abhängig. Auch wenn nach der Äußerung von NS-V/M keine Zustimmungsbereitschaft aufseiten der Rezipient*innen eintritt, kann eine grundlegend intendierte

---

114 Reichel (2011: 34 f.) spricht in diesem Zusammenhang von der Einplanung eines eventuellen Inversionseffektes gemäß einer Rückwirkung auf den*die Äußerungsproduzent*in selbst.
115 Zum öffentlichen Selbstbild und dem Konzept des FTA s. Goffman (1986) sowie Brown/Levinson (1987).
116 Eitz/Stötzel (2007) zufolge kamen nach der Jahrtausendwende insbesondere Vergleiche zwischen Politiker*innen bzw. Staatsoberhäuptern mit Hitler in nationalen und internationalen Zusammenhängen beinahe inflationär zum Einsatz. Dabei wurden diese Analogien „nicht mehr argumentativ legitimiert, sondern hatten lediglich die Funktion, den Verglichenen zu diffamieren bzw. zu stigmatisieren" (ebd.: 313).

Wirkung, die mit der Diffamierung verknüpft ist, dennoch erzielt werden. Dabei handelt es sich um die Erregung von Aufsehen und Aufmerksamkeit, was u. a. anhand der medialen Thematisierungen und der öffentlichen Reaktionen bspw. seitens der Politik deutlich wird (s. dazu Kap. 3.4.3). Weil der provokative Wert solcher Äußerungen, die u. a. als Tabubruch wahrgenommen werden, den Produzent*innen durchaus bewusst ist, werden diese innerhalb verschiedener Diskurszusammenhänge kontinuierlich eingesetzt.

> Bis in die unmittelbare Gegenwart lässt sich beobachten, dass Nazi-Vergleiche größte mediale Aufmerksamkeit erzeugen. Aus dieser aufmerksamkeitserregenden Attraktivität erklärt sich, dass solche Vergleiche in politischen Auseinandersetzungen häufig benutzt werden, obgleich eine Art öffentlicher Konsens darüber besteht, dass gerade die betreffenden Geschichtsereignisse und verbrecherischen Personen und Institutionen einzigartig, einmalig und unvergleichbar seien. (Eitz/Stötzel 2007: 3)

Da sich der provokative Gehalt von NS-V/M aus dem historischen Wissen um die Epoche des Nationalsozialismus speist, können darauf basierend entsprechende Wirkungen überhaupt erst evoziert werden – das gilt sowohl für Produzent*innen als auch für Rezipient*innen und Adressat*innen. Stötzel (1989: 271) konstatiert dazu: „[D]as bei Politikern (aller Couleurs) voraussetzbare historische Wissen [wird] in der polemischen (Wahlkampf-) Auseinandersetzung ausgeblendet [...] zugunsten eines Augenblickvorteils der emotionalen Argumentation". Ansonsten wäre es nicht zu erklären, dass jene Vergleiche und Metaphern immer wieder artikuliert werden und für öffentliche Empörung sorgen. Sie dienen somit dem perlokutiven Ziel der Aufmerksamkeitserregung, unabhängig davon, ob eine Diffamierung tatsächlich erreicht wird oder nicht. In Abhängigkeit vom diskursiven Kontext, den Analogiebestandteilen und der Kommunikationssituation sind das Ausmaß des Aufsehens und der Empörung von längerer oder kürzerer Dauer sowie Intensität. So erhielten bspw. die vom türkischen Ministerpräsidenten, Recep Tayyip Erdoğan, artikulierten NS-V, wie in (68),[117] gegenüber der deutschen Bundesregierung im Frühjahr 2017 medial eine höhere Aufmerksamkeit als der Vergleich des CDU-Generalsekretärs Thomas Strobel gegenüber Walter Sittler in (66). Folgende Aussage formulierte Erdoğan in einer Rede vor eigenen Anhänger*innen:

(68) ‚Eure Praktiken machen keinen Unterschied zu den Nazi-Praktiken in der Vergangenheit.' (zit. nach Die Welt, 06. 03. 2017)

---

[117] Nachdem Wahlkampfauftritte türkischer Politiker*innen in Deutschland abgesagt wurden, erhob der Präsident schwere Vorwürfe und sprach infolgedessen Deutschland den Status einer Demokratie ab (vgl. Die Welt, 06. 03. 2017).

Der Bekanntheitsgrad der Äußerungsproduzent*innen und der Adressat*innen, die Art der konzeptuellen Verbindungen sowie der situative Kontext sind aller Voraussicht nach ausschlaggebend für das Erlangen von Aufsehen und medialem Interesse.[118]

Neben öffentlichen politischen Debatten werden NS-V/M genauso in privaten und in virtuellen Kommunikationsräumen geäußert, die teilweise öffentlich zugänglich sind, z. B. in Internetforen, auf diversen Social Media Plattformen, in Blogbeiträgen und in Kommentarbereichen verschiedener Medien. Sie werden innerhalb dieser Kommunikationsräume zu den gleichen Zwecken wie in öffentlichen Diskursen eingesetzt. Auch hier können sie als Werkzeuge einer persuasiven Strategie und/oder zur Diffamierung und Stigmatisierung zum Einsatz kommen. Der übermäßige Gebrauch von NS-V/M wurde in Diskussionsthreads diverser Onlineplattformen schon vor Jahren deutlich. Daher entwickelte der amerikanische Rechtsanwalt Mike Godwin 1990 als Reaktion auf die kommunikative Interaktion und die (pseudo-)argumentativen Praktiken von User*innen in Usenet-Newsgroups einen polemischen Regelsatz, welcher besagt: „As an online discussion grows longer, the probability of a comparison involving Nazis or Hitler approaches one" (Godwin 2015). Er selbst erklärt seine Motivation für die Formulierung dieses Prinzips, das als ‚godwin's law' bekannt ist, wie folgt:

> I knew enough about science to recast my distaste for these trivializing comparisons as if it were a law of nature. I framed Godwin's Law as a pseudo-mathematical probability statement, almost like a law of physics. I wanted to hint that most people who brought Nazis into a debate [...] weren't being thoughtful and independent. Instead, they were acting just as predictably, and unconsciously, as a log rolling down a hill. (ebd.)

Als sarkastische Kritik an der Vielzahl von NS-V/M, mittels derer User*innen sowohl Personen, die in der Öffentlichkeit stehen, als auch andere an der Diskussion beteiligte User*innen diffamieren, stellte er sein Gesetz auf, das seitdem populärer wurde und beliebt in (Internet-)Diskussionen eingebracht wird, um jene de-realisierenden Äußerungen auf polemische Art und Weise zurückzuweisen.

3.4.2.2 Geschichtsrevisionismus – Zum Kompositum *Bomben-Holocaust*

NS-V/M stellen ausnahmslos eine Verharmlosung und Bagatellisierung des Nationalsozialismus sowie eine Relativierung des Leides der Opfer dar. Insbesondere durch die Herstellung von Analogien in Bezug auf die Shoah wird die

---

[118] Entsprechende empirische Untersuchungen stehen hierzu gegenwärtig aus.

Spezifität und Präzedenzlosigkeit dieses Verbrechens geleugnet.[119] Feuerherdt (2016) hebt die Funktion und den damit einhergehenden Wirkungsmechanismus folgendermaßen hervor:

> Die Judenvernichtung erscheint dadurch nicht mehr als einzigartiges Menschheitsverbrechen, sie wird somit in ihrer Bedeutung und ihrem Ausmass stark relativiert, und ihre antisemitischen Spezifika werden geleugnet. Zugleich wird die unfassbare Monstrosität des Holocaust missbraucht, um ein angebliches oder reales Leid in seiner Grösse und Bedeutung extrem zu überhöhen, wodurch die Shoa ausserdem trivialisiert, ja, banalisiert wird. [...] Und mit jedem Holocaustvergleich – gleichgültig, aus welcher Motivation heraus er geschieht – wird die tatsächliche Shoa immer noch ein bisschen mehr relativiert, trivialisiert und banalisiert. (Feuerherdt 2016: 2f.)

Je nach Intention der Äußerungsproduzent*innen können Vergleiche und Metaphern, deren Komparationsbasis oder konzeptueller Ursprungsbereich die Shoah bildet, zu verschiedenen Zwecken eingesetzt werden. Dieser Abschnitt beleuchtet die Strategie des Geschichtsrevisionismus, die durch die Verwendung des Kompositums *Bomben-Holocaust* zum Ausdruck kommt. Laut Benz (2016)

> [...] etablierte sich [der Revisionismus] als Hilfsideologie im Dienste rechtsextremer Ziele mit dem Anspruch, Geschichte zu ‚entkriminalisieren' und das Geschichtsbild durch Fälschung und Manipulation zu schönen. (Benz 2016: 211)

Dabei werden pseudowissenschaftliche Argumentationen u. a. sprachlich elaboriert eingebettet, um Seriosität zu suggerieren. Revisionist*innen imitieren Wissenschaft, indem sie sich bestimmte (wissenschaftliche) Elemente und Formate zu eigenen machen, bspw. Publikationen, Vorträge, Seminare, Tagungen und Zeitschriften zu ausgewählten Themen. Die Absicht dahinter besteht nicht darin, die historische Faktenlage zu untersuchen oder zu diskutieren, sondern diese gezielt zu verändern (vgl. Benz 2016: 212; Pfahl-Traughber 2000: 241). Einige

---

[119] Kontroversen um die Singularität der Shoah und inwieweit Analogien zu anderen Menschenrechtsverbrechen unangebracht und als Geschichtsrevisionismus einzustufen sind, wurden u. a. im Historikerstreit in den Jahren 1986 und 1987 verhandelt. Auslöser für die sich anschließenden Streitfragen war ein Vortrag und ein daraus hervorgehender Artikel Ernst Noltes, der mehrere revisionistische Thesen in Bezug auf die Verbrechen der Sowjetunion und NS-Deutschlands enthielt. Aus der darauffolgenden Kritik entstand eine ca. einjährige Debatte u. a. zu den Problemen der Relativierung, des Revisionismus und der Schuldabwehr, s. ausführlich dazu Kronenberg (2008) sowie die sprachkritische Auseinandersetzung in Bezug darauf von Bremerich-Vos (1989). Zur Relativierung der Shoah durch die polyseme Verwendung des Terminus *Holocaust* in Referenz auf verschiedene Genozide, der Infragestellung ihrer Singularität und den damit einhergehenden Auswirkungen s. Kap. 3.4.3.

Techniken, die strategisch angewendet werden, um zur „moralischen Entlastung des Nationalsozialismus" beizutragen, zählt Pfahl-Traughber (2000: 241) auf:[120]

- relativierende Aussagen durch Gleichsetzungen mit anderen Untaten,
- die Herausstellung von ‚positiven' Aspekten des Nationalsozialismus,
- die einseitige und selektive Auswahl von Dokumenten,
- das manipulative Erstellen angeblicher ‚Gutachten' und
- die schlichte Erfindung von Dokumenten und Sachaussagen.

Hinsichtlich der kommunikativen Funktion von *Bomben-Holocaust*, eingebettet in den jeweiligen Kontext, greifen alle dieser Strategien, bis auf „die Herausstellung von ‚positiven' Aspekten des Nationalsozialismus" (ebd.), ineinander. Der folgende Abschnitt arbeitet dies angesichts der Funktionen und der damit einhergehenden Wirkungen heraus.

Das Kompositum *Bomben-Holocaust* kommt im neonazistischen Spektrum in revisionistischer Funktion mit Referenz auf alliierte Bombardierungen während des Zweiten Weltkrieges zum Einsatz, um Deutsche nicht als Täter*innen, die den Holocaust verursacht haben, sondern als Opfer eines Völkermordes zu stilisieren, in dem die Alliierten die Gruppe der Täter*innen bilden. Beide Sachverhalte weisen zwar einen NS-Bezug auf, sind jedoch kontextuell und konzeptuell eindeutig voneinander abzugrenzen, wodurch hiermit eine de-realisierende Analogiebildung vorliegt. Die Verwendung dieses Ausdrucks für die Luftangriffe auf deutsche Städte, insbesondere auf Dresden, geht u. a. auf die Publikation „The Destruction of Dresden" (1963) des britischen Geschichtsrevisionisten und Holocaustleugners David Irving zurück.[121] Darin behauptet er, dass die Bombardierung Dresdens als ein Vorgehen betrachtet werden könne, das als *Holocaust* zu bezeichnen wäre. Infolgedessen wurde die Analogie von anderen Autor*innen dieses Spektrums übernommen und erlangte schnell Popularität in neonazistischen Kreisen (vgl. Winter 2015: 205).[122]

Winter (2015: 205) konstatiert, dass sich diese Vokabel in dem Zusammenhang großer Beliebtheit erfreut, weil ihre Verwendung keinen Straftatbestand darstellt. Im Zuge diverser Demonstrationen und Gedenkmärsche wird der Ausdruck als Schlagwort auf Transparenten öffentlich zur Schau gestellt. In einer

---

120 In seiner Abhandlung demaskiert er ausgewählte revisionistische Behauptungen, indem er ihnen historische Fakten gegenüberstellt, s. dazu Pfahl-Traughber (2000).
121 Seit Ende der siebziger Jahre verfasst Irving Publikationen, in denen er u. a. die Shoah leugnet sowie die Rolle Adolf Hitlers und generell die deutsche Rolle im Zweiten Weltkrieg relativiert und verfälscht (s. dazu Lipstadt 1993).
122 Das Deutungsmotiv, den Luftkrieg als Kriegsverbrechen der Alliierten zu brandmarken, war bereits Teil der NS-Propaganda und wurde auch nach Kriegsende weiterhin bedient (vgl. Süß 2011: 533 f.).

Plenarsitzung des sächsischen Landtages am 21. 01. 2005 sprachen die NPD-Abgeordneten Jürgen Gansel und Holger Apfel in ihren Redebeiträgen[123] erstmals öffentlich innerhalb eines politisch-institutionellen Rahmens vom *Bomben-Holocaust*, indem sie sich auf die Luftangriffe der Royal Air Force und der United States Army Air Forces zwischen dem 13. und 15. Februar 1945 auf Dresden bezogen (vgl. Soric 2005: 180; Eitz/Stötzel 2007: 356). In seiner Rede leugnete Gansel den Zusammenhang der Bombardierung Dresdens mit der Verursachung des Zweiten Weltkrieges durch Deutschland (*1. September 1939*) und der NS-Herrschaft, bzw. dem Beginn der NS-Herrschaft (*30. Januar 1933*), mittels referenziell unterspezifizierter Angaben, die lediglich diese Datumsangaben umfassen:

(69) ‚Der *Bomben-Holocaust* von Dresden steht ursächlich weder im Zusammenhang mit dem 1. September 1939 noch mit dem 30. Januar 1933' (Der Sächsische Landtag. Plenarprotokoll 4/8, 2005, 463; zit. nach Soric 2005: 180; Hervorh. im Original).[124]

Durch das Determinativkompositum *Bomben-Holocaust*, das Eitz/Stötzel (2007: 356) als „Vorwurfsvokabel" begreifen, wird die Singularität der Shoah negiert, da die Komponente *Holocaust* ein Determinatum bildet, welches durch das Determinans *Bomben* näher bestimmt wird. Die Spezifizierung des Ausdrucks *Holocaust* suggeriert, es handle sich dabei nicht um ein präzedenzloses Verbrechen mit bestimmten Charakteristika, sondern um eines unter verschiedenen anderen, das es zu klassifizieren gelte. In erster Linie wird der Terminus *Holocaust* jedoch in geschichtsrevisionistischer Absicht instrumentalisiert, um die Alliierten als Täter*innen und die Deutschen als Opfergruppe zu fokussieren

---

[123] Davor fand eine Schweigeminute in Gedenken an die Opfer des Nationalsozialismus statt, im Zuge derer die NPD-Abgeordneten aus Protest den Saal verließen. Elf Tage vor der Sitzung hatte die NPD-Fraktion einen Antrag bei der sächsischen Landesregierung eingereicht, in dem sie, anlässlich des sechzigsten Jahrestages der Luftangriffe auf Dresden, einen Gedenktag für die Opfer sowie die Einrichtung einer Landesstiftung zur Dokumentation und eine Gedenkstätte, die in der Dresdener Innenstadt positioniert werden sollten, forderte (vgl. Soric 2005: 179).
[124] Gansel gab infolgedessen eine Erklärung ab, in der er explizit darauf hinwies, dass durch die Verwendung des Ausdrucks „der Holocaust an den Juden in keinster Weise geleugnet" (Gansel 2005) wird. In diesem Zusammenhang bezog er sich auf Norman Finkelsteins Werk „Die Holocaust Industrie" (2000), das geschichtsrevisionistische, verschwörungstheoretische und antisemitische Inhalte vereint. Gansel erklärte weiterhin, mit Blick auf etymologische Ursprünge, dass der Terminus *Holocaust* polysem verwendet werden solle und rechtfertigte seine Argumentation außerdem durch einen Verweis auf den Historiker Jörg Friedrich, den er als angeblichen Urheber des Begriffs angibt (vgl. Gansel 2005; Soric 2005: 185).
Zur Verwendung dieses Ausdrucks als Bezeichnung verschiedener Genozide und der damit einhergehenden Auswirkungen s. Kap. 3.4.3.

(vgl. Soric 2005: 186 f.; Benz 2016: 220 f.). Zu diesem Zweck wurden bspw. bereits wenige Tage nach der Militäroperation von deutscher Seite enorm überhöhte Opferzahlen verbreitet, die zu einer regelrechten Mythologisierung der Luftangriffe auf Dresden führten und in der Nachkriegszeit bis heute u. a. mit propagandistischen Absichten weiterverwendet wurden und werden. Dabei schwanken die angegebenen Zahlen zwischen 20.000 und 500.000, teilweise bis zu einer Million (vgl. Dresdner Historikerkommission 2008). Zur Ermittlung der realen Opferzahlen wurde von 2004 bis 2008 eine unabhängige Dresdner Historikerkommission eingesetzt, die insgesamt 18.000 Tote nachweisen konnte und davon ausgeht, dass bis zu maximal 25.000 Menschen während der Luftangriffe um ihr Leben kamen (vgl. ebd.).

Unabhängig davon, ob diesem Opfermythos historische Fakten entgegengestellt werden oder nicht – er wird weiterhin inszeniert und erfüllt denselben Zweck. Die mit dem Terminus *Bomben-Holocaust* hergestellte Analogie beinhaltet eine Dekontextualisierung, die auf der konzeptuellen Gleichsetzung des Massenmordes an den europäischen Juden*Jüdinnen mit den Kriegsopfern in Dresden beruht. Es klingt zunächst widersprüchlich, aber die Shoah wird durch die Verwendung des Kompositums marginalisiert und zugleich instrumentalisiert. Dies geschieht, indem Geschichtsrevisionist*innen zum einen die Strategie der Relativierung verfolgen,[125] indem sie die Shoah mit verschiedenen Untaten gleichsetzen, und zum anderen das emotionale Potenzial, welches mit dem Terminus *Holocaust* und der damit verknüpften Konzeptualisierung einhergeht, bewusst persuasiv nutzen. Den Kriegshandlungen wird somit die gleiche Dimension zugeschrieben wie dem millionenfachen administrativen Mord an Juden*Jüdinnen während der NS-Zeit (vgl. Soric 2005: 187), um die deutsche nicht-jüdischen Bevölkerung als Opfer eines Genozids zu stilisieren und ihrem Status als Leidtragende des Krieges besonderen Nachdruck zu verleihen. Hierin wird das persuasive Potenzial dieser Analogiebildungen in geschichtsrevisionistischer Funktion deutlich.

Abgesehen von der Verfälschung historischer Fakten, sollen mit solchen Äußerungen, so wie mit der Mehrheit der NS-V/M, Aufmerksamkeit erzeugt und empörte Reaktionen hervorgerufen werden – das zogen auch die Auftritte Gansels und Apfels im sächsischen Landtag nach sich (vgl. dazu Staud [4]2007: 125 f.).[126] In

---

[125] Teilweise wird in diesem Rahmen auch die Strategie der Leugnung der Shoah verfolgt, s. dazu Pfahl-Traughber (2000) sowie Braun/Geisler/Gerster (2016).
[126] Das Medienecho und die entrüsteten Reaktionen von Politiker*innen verschiedener Parteien bilden Staud ([4]2007: 125 f.) sowie Eitz/Stötzel (2007: 356 f.) ab.
In den darauffolgenden Monaten nach der Debatte über den besagten Landtagsauftritt wurde *Bomben-Holocaust* auf Platz drei des Unwortes des Jahres 2005 gewählt (vgl. http://www.unwortdesjahres.net/index.php?id=113, letzter Zugriff 28. 02. 2019).

Bezug auf die Rezipient*innen wird mit der Verwendung von Ausdrücken, wie *Bomben-Holocaust*,[127] außerdem das perlokutionäre Ziel einer langfristigen Veränderung der historischen Selbstwahrnehmung angestrebt, in der die Opferrolle der Deutschen verstärkt thematisiert und die Auseinandersetzung mit der Schuld beendet werden soll. Dies machte Gansel (2005) in seiner Erklärung zur „Aktuellen Debatte anläßlich der Bombardierung Dresdens 1945" gleichermaßen deutlich, die er infolge seines Beitrags im sächsischen Landtag abgab. Nach den Ausführungen zur semantischen Bestimmung des Terminus *Holocaust*, gibt er Zahlen von Todesopfern der Luftangriffe aus unterschiedlichen Quellen an, die bis zu 330.000 reichen, um damit den Kriegshandlungen einen „Völkermordcharakter" (Gansel 2005) zu bescheinigen.

> Die Argumentation, die ideologische Intentionen und historischen Kontext bewusst außer Acht lässt, folgt dem Muster der ‚Beweisführung' der Revisionisten, die, um den Holocaust zu marginalisieren, Quellen ohne Relevanz anführen und ein Zitationskartell einschlägiger Autoren bemühen. Die Absicht ist leicht zu erkennen, nämlich den Anschein seriöser und wissenschaftlicher Beweisführung zu erwecken, damit Verwirrung zu stiften und die eigene Lesart im Publikum zu verankern. (Benz 2016: 220)

Abschließend plädiert Gansel in seiner Erklärung für die Beendigung der bisherigen Erinnerungspolitik, die er als *neurotischen Schuldkult* tituliert.

(70) Auftritt und Wortwahl im Parlament waren nicht nur sachlich richtig, sondern geschichtspolitisch auch wichtig, um die Exzesse der Vergangenheitsbewältigung im 60. Jahr der Kriegsniederlage wenn schon nicht zu verhindern, so doch wenigstens einzudämmen. Dieses Jahr mit dem 60. Jahrestag der Bombardierung Dresdens und der Wehrmachtskapitulation ist geschichtspolitisch eines der bedeutsamsten seit Existenz der BRD; es entscheidet über die Deutungshoheit über die Geschichte des 20. Jahrhunderts. Die Erlebnisgeneration, die noch weiß, wie die Geschichte des Krieges jenseits der Umerziehungsdogmen war, tritt ab. [...] Durch die systematische Schuldneurotisierung der Deutschen sollten diese von der Vertretung ihrer Lebensinteressen abgehalten werden. Durch injizierte Schuldgefühle sollen die Deutschen moralisch gedemütigt, politisch bevormundet und finanziell ausgepreßt werden. [...] Schluß mit Selbsterniedrigungsritualen und neurotischem Schuldkult. Wir wollen die Deutschen wieder den aufrechten Gang lehren. (Gansel 2005, Erklärung des Landtagsabgeordneten Jürgen W. Gansel zu der Aktuellen Debatte anläßlich der Bombardierung Dresdens 1945)

---

127 Mit der Verwendung dieses Kompositums werden stets persuasive Strategien verfolgt, s. Kap. 3.4.1.2 zur Persuasion.

Mit der Methode der „Provokation gegen den Konsens der Erinnerungskultur" (Benz 2016: 219) verfolgte die NPD im Jahre 2005 die Strategie, einen „neuen deutschen Opferdiskurs zu etablieren" (Winter 2015: 205) und damit politische Erfolge zu erzielen. Die bewusste Provokation und die Intention, das Geschichtsbild zu revidieren, werden anhand der Aussagen in (70) u. a. auf lexikalisch-semantischer und konzeptueller Ebene durch Wendungen, wie *Exzesse der Vergangenheitsbewältigung eindämmen, Umerziehungsdogmen, Schuldneurotisierung der Deutschen, injizierte Schuldgefühle* etc. deutlich. Die direktive Ausrichtung der revisionistischen Formulierungen kommt bspw. in dem Appell *Schluß mit Selbsterniedrigungsritualen und neurotischem Schuldkult* am Ende des Textes zum Ausdruck.[128]

Weitere Auswirkungen und Effekte einer geschichtsrevisionistischen Sprachpraxis, die u. a. durch NS-V/M hervorgerufen werden, thematisiert Kapitel 3.4.3. Hier wird dargelegt, dass es zu Veränderungen der Wortsemantik kommt, wenn *Holocaust* in Referenz auf Tötungen in Kriegshandlungen allgemein oder unabhängig von Kriegen verwendet wird.

3.4.2.3 Satire, Polemik und Unterhaltung

Durch die Verwendung von NS-V/M werden die Grenzen der Political Correctness[129] überschritten (vgl. Hölscher 2008: 15 f.). Im Zusammenhang mit dem Bruch von gesellschaftlichen Tabus bildet genau dies ein wesentliches Stilelement der Satire.[130] Hierbei kommen NS-V/M in diversen Kontexten und medialen Formaten, wie dem Kabarett, in Fernsehsendungen, in Zeitschriften oder im Web zum Einsatz. Sie sollen als polemisch überspitzte Kritik fungieren oder, wie im Hinblick auf bestimmte Comedy-Formate, primär der Unterhaltung dienen. Satire stellt eine „aggressive Kritik gegenüber gesellschaftlichen oder moralischen Missständen, aber auch gegenüber Institutionen oder Einzelpersonen" (Röcke 2000: 787) dar. Diese Personen oder Personengruppen werden u. a. hinsichtlich

---

[128] Die exemplarische Aufzählung der Formulierungen soll an dieser Stelle genügen, um auf geschichtsrevisionistische Sprachverwendung hinzuweisen. Ausführlich zum öffentlichen Sprachgebrauch der NPD s. Lüger (2013, 2014). Auch die angestrebte Umdeutung von Wörtern, die in einem ideologischen Zusammenhang mit dem Nationalsozialismus, mit Ausgrenzung und Rassismus stehen, geht ebenso mit einer beabsichtigten Veränderung des historischen Bewusstseins einher. Die Forderung der ehemaligen AfD-Politikerin, Frauke Petry, das Lexem *völkisch* (wieder) positiv zu besetzen (FAZ, 11. 09. 2016), spiegelte bspw. ebenjene Absicht wider.
[129] Zum Begriff der Political Correctness s. Hölscher (2008).
[130] Obwohl die in der vorliegenden Arbeit systematisch untersuchten antisemitischen NS-V/M (Kap. 5) primär andere Funktionen erfüllen, werden hier NS-V/M im Rahmen der Satire, Unterhaltung und Polemik beleuchtet, da diese Kontexte bzgl. der Artikulation solcher Vergleiche und Metaphern äußerst relevant sind.

moralischer oder intellektueller Kompetenzen bzw. ihrer Integrität polemisch angegriffen. Die Satire bedient sich den Mitteln der Verzerrung und der Verfremdung, um eine Distanz zwischen dem kritisierten Objekt oder der Person und den Rezipient*innen zu schaffen. Dabei wird mithilfe bestimmter Figuren der Ironie, der Groteske, der Hyperbel und der Emphase das betroffene Objekt bzw. die Person verzerrt dargestellt. Der Sprache kommt innerhalb der Satire also eine bedeutende Rolle zu (vgl. Rosenberger 2015: 189). Für NS-V/M, die medial in Satiresendungen verbal oder szenisch realisiert werden, nimmt die Imitation im Rahmen der Parodie eine besondere Stellung ein.

Die Wirkungsabsichten der Produzent*innen satirischer Ausdrucksformen sind äußerst vielschichtig und je nach Kontext nicht voneinander trennbar, da die Intention bspw. darin bestehen kann, Rezipient*innen zu amüsieren, Unwahrheiten zu entlarven und damit Erkenntnisse zu vermitteln. Auch Empörung auszulösen, indem bestimmte Sachverhalte problematisiert und als verwerflich aufgezeigt werden, ist in diesem Zusammenhang ein Kennzeichen der Satire (vgl. ebd.: 190). Im Zuge dessen werden Reaktionen von Rezipient*innen evoziert, welche sowohl die kognitive als auch die emotionale Antizipation betreffen.[131] Hier sind also gleichermaßen die Perlokutionen Emotionalisierung und Persuasion sowie die Erregung von Aufmerksamkeit mit Blick auf NS-V/M allgemein zu verorten. Im Gegensatz zur Diffamierung und dem Revisionismus bilden in der Satire die unterhaltenden und amüsierenden Aspekte einen Schwerpunkt,[132] wobei je nach Kommunikationssituation, Analogiebestandteilen und Absicht des*der Produzent*in auch diffamierende und revisionistische Effekte damit einhergehen können. Die Satire dient also primär der Artikulation von Kritik in einem besonderen Ausmaß und mit bestimmten Mitteln, die u. a. auch in Gestalt von NS-V/M zum Einsatz kommen.[133] Tabubruch und Hyperbel sind

---

[131] Diese Wirkungen können allerdings nur hervorgerufen werden, wenn die Rezipient*innen verstehen, dass es sich dabei gerade nicht um die bloße Abbildung von Sachverhalten handelt, sondern um satirische Darstellungen. Welche Grundvoraussetzungen für eine erfolgreiche Kommunikation in diesem Zusammenhang relevant sind, etwa in Bezug auf gemeinsames Vorwissen und Hintergrundwissen, wird in Kap. 3.4.1.1.1 erläutert.
[132] Dies zeigen z. B. die Nazi-Komposita *Grammatik-* und *Musiknazi* aus Kap. 3.2.2, deren tertia comparationis auf derart irrelevanten Eigenschaften beruhen und die in Kontexten verwendet werden, die wenige inhaltliche Anknüpfungspunkte bieten, sodass sie besonders skurril wirken und überwiegend als scherzhafte Fremd- und Selbstbezeichnung gebraucht werden. Nichtsdestoweniger können sie auch in der Funktion einer Diffamierung zum Einsatz kommen.
[133] Wenn diese als verbale Werkzeuge des Kritisierens eingesetzt werden, müssen sich die Äußerungsproduzent*innen darüber bewusst sein, dass die subjektiven Bewertungen der Rezipient*innen dazu jeweils sehr unterschiedlich ausfallen können – von Zustimmung und Anerkennung der Äußerung als angemessene Kritik bis zur Ablehnung dieser Vergleichspraxis sind jegliche Reaktionen denkbar. Gerade durch die Kenntnis des öffentlichen Diskurses und der

sowohl wesentliche Spezifika der Satire als auch kennzeichnend für jene Vergleiche und Metaphern (vgl. Friedrich 2009: 80). Inwieweit NS-V/M in Gestalt satirischer Stilmittel innerhalb der jeweiligen Kommunikationszusammenhänge als angemessen bewertet werden können und somit einen „lohnenswerten Tabubruch" darstellen, diskutiert der Autor, Regisseur und Darsteller der NDR Satire-Sendung Extra 3, Jesko Friedrich in einem Beitrag des ARD Jahrbuchs 2009 unter dem Titel „Was darf Satire?".[134] Zunächst bestimmt er, wovon Satire generell Abstand nehmen sollte – und zwar von der Verfälschung von Tatsachen – und was sie hingegen leisten sollte:

> Ein zuspitzendes Fokussieren auf die Fehler des Feindes darf, ja muss sogar vorgenommen werden. Satire muss wehtun, sonst bleibt sie wirkungslos. [...] Die Fakten, die ironisch oder in anderer verfremdeter Form präsentiert werden, müssen trotzdem wahr sein. (Friedrich 2009: 76 f.)

Als positives Beispiel für gelungene und angemessene NS-Satiren zieht er den Charlie Chaplin Film ‚Der große Diktator' von 1940 heran, in dem Hitler der Lächerlichkeit preisgegeben und entmystifiziert werden soll, ohne „respektlos mit dem Leid der Opfer umzugehen" (ebd.: 79). Wenn die Funktion eines satirischen Beitrags allein im Zweck des Tabubruchs und der Unterhaltung von Rezipient*innen besteht, nehmen die jeweiligen Produzent*innen schlimmstenfalls „Verharmlosung, Abstumpfung und Hemmschwellensenkung für einen Lacher in Kauf" (ebd.: 80). Dies demonstriert bspw. eine Darbietung der Late-Night-Show ‚Schmidt und Pocher' vom 25. 10. 2007,[135] in der als Anspielung auf die Debatten um die Thesen und Auftritte Eva Hermans das „Nazometer" vorgestellt wurde, das wie ein Detektor auf Wörter reagiert, die eine Bedeutungskomponente aus dem konzeptuellen Bereich des Nationalsozialismus beinhalten könnten.[136] Dabei sollten durch Lexeme wie *Dusche* und *Gasherd* Assoziationen

---

Problematisierung sowie Zurückweisung von NS-V/M in politischen Zusammenhängen ist das Risiko, dass eine solche Analogiebildung als unangebracht beurteilt wird und der Sprechakt auf diese Weise misslingt, relativ groß (vgl. Reichel 2011: 45 f., 53).

134 Auf die Argumentation Friedrichs (2009) gehe ich im Folgenden hinsichtlich verschiedener Ausprägungen von NS-V/M in Unterhaltungs- und Satireformaten ein.

135 S. dazu „Nazometer – Schmidt & Pocher – Erste Sendung" (https://www.youtube.com/watch?v=Q9YRbljrF88, letzter Zugriff 28. 02. 2019).

136 Die Präsentation des „Nazometers" basiert u. a. auf Auseinandersetzungen um Äußerungen Eva Hermans, in denen sie positive Bezüge zur NS-Zeit herstellte und im Anschluss daran ihre Position als Moderatorin beim NDR aufgeben musste. Ausgelöst wurde die Debatte auf einer Präsentation ihres Buches „Das Prinzip Arche Noah", auf der sie wörtlich sagte: „Und wir müssen vor allem das Bild der Mutter in Deutschland auch wieder wertschätzen lernen, das leider ja mit dem Nationalsozialismus und der darauf folgenden 68er-Bewegung abgeschafft wurde. Mit den 68ern wurde damals praktisch alles das, alles, was wir an Werten hatzur SHOAH geweckt werden.[137] Mit solchen Darstellungen erfolgt kein Tabubruch, durch den Persönlichkeiten, Sachverhalte oder ideologische Aspekte des Nationalsozialismus verspottet werden. Der Spott richtet sich, ob intendiert oder nicht, schließlich gegen die Opfer der NS-Verbrechen. Sowohl der ZdJ als auch der SWR-Intendant, Peter Boudgoust, bezeichneten diese Grenzüberschreitung als „Geschmacklosigkeit" (Süddeutsche Zeitung, 17. 05. 2010).

Im Gegensatz dazu befürwortete Henryk M. Broder die „Nazometer"-Darbietung, indem er konstatiert: „Es gehört nun einmal zum Wesen guter Witze, dass sie geschmacklos sind" (Broder 2007) und „[s]echzig Jahre nach dem Ende des NS-Projekts sollte es allmählich möglich sein, sich über das braune Pack lustig zu machen, statt immer wieder ‚den Anfängen' zu wehren" (ebd.). Friedrich (2009) setzt sich kritisch mit dieser Art der Satire bzw. der Unterhaltung auseinander, weil die angesprochenen Adressat*innen hier weder das „braune Pack" noch deren Positionen sind, wie Broder erklärt, sondern es sich um diejenigen handelt, die sich über die Thesen Eva Hermans empört äußerten und als übermäßig sensibel dargestellt wurden. NS-V/M sollten Friedrich (2009) zufolge im Kontext der Satire nur zum Einsatz kommen, wenn eine bestimmte Kritik damit geäußert wird:

> Das Dritte Reich, seine Protagonisten und seine Symbole sollten möglichst nur dann in scherzhaftem Kontext verwendet werden, wenn der satirische Feind Altnazis, Neonazis oder Leugner und Relativierer von Naziverbrechen sind. Nur dann ‚lohnt' sich der Tabubruch, nur dann heiligt der Zweck die Mittel. In fast allen anderen Fällen sind Nazianspielungen oder Naziviergleiche unangemessen und bewirken nur, dass der Satiriker als geschmacklos angesehen oder das Dritte Reich verharmlost wird. (ebd.: 80)

Aus diesem Grund werden NS-V/M bspw. als Hitler-Parodien in der Satire-Sendung „extra 3" in erster Linie artikuliert, um ebendiese Personen und Sachverhalte zu verspotten, die einen Bezug zum Nationalsozialismus oder den darauf basierenden Ideologemen aufweisen. So dienen in der Rubrik „NNN – Neueste Nationale Nachrichten" Persiflagen Hitlers, in denen Originalaufnahmen seiner Reden gezeigt und mit einem neuen polemischen Text vertont werden, u. a. dazu, die NPD und deren Protagonisten anzugreifen, um sie der Lächerlichkeit preis-

---

ten, es war eine grausame Zeit, das war ein völlig durchgeknallter, hochgefährlicher Politiker, der das deutsche Volk ins Verderben geführt hat, das wissen wir alle, es ist damals eben auch das, was gut war, und das sind Werte, das sind Kinder, das sind Mütter, das sind Familien, das ist Zusammenhalt – das wurde abgeschafft" (zit. nach Die Welt, 2007: Eva Hermans Auftritt bei Kerner im Wortlaut (1)).

[137] In dieser Darbietung wurden keine expliziten NS-V/M artikuliert, sondern durch die Nennung von Lexemen im Kontext des „Nazometers" (als Detektor) Analogiebeziehungen zu Sachverhalten und Entitäten des Nationalsozialismus hergestellt. Diese basieren auf Inferenzprozessen, in deren Folge entsprechende Konzeptualisierungen aktiviert werden.

zugeben.[138] Als bloße Comedy-Elemente in der Funktion der Unterhaltung des Publikums sind NS-Anspielungen laut Friedrich (2009: 81) jedoch eindeutig fehl am Platz.

Führen wir uns an dieser Stelle noch einmal die Funktion der polemischen Kritik vor Augen und kommen zurück auf Eva Herman, die 2006, bereits ein Jahr vor der Debatte zu ihren geschichtsrevisionistischen Aussagen, ihr Buch „Das Eva-Prinzip – Für eine neue Weiblichkeit" veröffentlichte und damit Diskussionen über Geschlechterbilder und -rollen innerhalb der Gesellschaft auslöste.

In ihrem Text vertritt Herman antiemanzipatorische und antifeministische Positionen, die vielfach kritisiert wurden. So erörtert etwa Thea Dorn in einem Kommentar in der TAZ Textpassagen des Buches, denen sie Auszüge des NPD-Parteiprogramms gegenüberstellt und auf diese Weise die Nähe und Anschlussfähigkeit zu rechten Vorstellungen und Forderungen aufdeckt. Durch den sarkastischen Titel ihres Beitrags, „Das Eva-braun-Prinzip", wird eine Analogie zwischen Eva Herman und Eva Braun etabliert, die eine kritisch überspitze Auseinandersetzung mit den von Herman vermittelten Grundsätzen und Ansichten bzgl. ihres antiemanzipatorischen Geschlechterverständnisses einleitet. Dorn zeigt, dass die Thesen sowohl Ähnlichkeiten mit jenen der NSDAP als auch mit denen der NPD aufweisen. Dass die NPD eine programmatische Nähe zur NSDAP und damit zur nationalsozialistischen Weltanschauung besitzt, wie u. a. in ihrer völkisch-nationalistischen Ideologie und damit auch im propagierten Geschlechter- und Familienkonzept, wurde mehrfach nachgewiesen (vgl. dazu Kailitz 2007: 348 f., 353 f. sowie Mühlfeld/Schönweiss 1989 zur NS-Familienpolitik).

Die Parallelen zwischen Hermans Anschauungen und den NPD- sowie NSDAP-Positionen arbeitet Dorn pointiert heraus und betitelt diese Gegenüberstellung mit der ebenso polemisch ambigen Überschrift, die einerseits auf *braun* in der konzeptuell übertragenen Bedeutung NATIONALSOZIALISTISCH referiert und gleichzeitig eine Anspielung auf Hitlers Geliebte und spätere Ehefrau, Eva Braun, beinhaltet. Neben weiteren zeigt Dorn folgende gemeinsame Merkmale mittels einschlägiger Zitate aus Hermans Buch und einer Publikation des NSDAP-Ideologen, Alfred Rosenberg, auf:

(71) „‚Emanzipation der Frau von der Frauenemanzipation ist die erste Forderung einer weiblichen Generation, die Volk und Rasse, das Ewig-Unbewusste, die Grundlage aller Kultur vor dem Untergang retten möchte.' Was glauben

---

[138] S. bspw. „NNN: NPD-Verbotsverfahren, Extra 3, NDR" (https://www.youtube.com/watch?v=mhqN8udbTgA, letzter Zugriff 28. 02. 2019), oder „NNN: Die Pleiten, Penner und Pannen bei der NPD, Extra 3, NDR" (https://www.youtube.com/watch?v=F-Kck6LjvpE, letzter Zugriff 28. 02. 2019).

Sie? Von wem stammt dieses Zitat? Nein. Auch nicht. Nein. Es findet sich im ‚Mythus des 20. Jahrhunderts', dem zentralen Werk von Alfred Rosenberg. Er war der Chefideologe der Nazis. Bei den Nürnberger Prozessen wurde er zum Tode verurteilt. ‚Na toll', werden Sie sagen, ‚genauso klingt es ja auch.' Aber wie klingt der folgende Satz: ‚Ist es Zeit, die wahre Bestimmung der Weiblichkeit zu erkennen und in unserer Gesellschaft zu installieren, um uns zu retten'? Klingt er nicht verdammt ähnlich? Er findet sich im ‚Eva-Prinzip'. ‚Jetzt mal halblang', werden Sie einwerfen. ‚Eva ist vielleicht ein bisschen dämlich. Aber doch nicht braun.' Das ist sie natürlich nicht. Sie schreibt bloß Sätze wie: ‚Wenn wir das Feld solchen Aufwieglerinnen [gemeint sind Feministinnen, Anmerk. L. G.] überlassen, finden wir niemals einen Weg zurück zum selbstverständlichen Muttersein […] Mit der unreflektierten und gehorsamen Gefolgschaft dieser feministischen Äußerungen erlauben wir vereinzelten, mit schwarzen Kutten getarnten Scharfmacherinnen, auf unsere persönlichen Geschicke Einfluss zu nehmen und uns in unser Verderben zu führen […] Hetzen nicht gerade wir Frauen unter großem Druck diffusen Vorstellungen hinterher?' Die gehetzte Frau trieb allerdings auch schon Rosenberg um: ‚Die ‚amazonenhafte' Emanzipierte ist daran schuld, dass die Frau die Hochachtung vor ihrem eigenen Wesen zu verlieren begann und die Werte des Mannes zu den ihrigen machte. Dies bedeutete eine seelische Störung, ein Ummagnetisieren der weiblichen Natur, die denn auch heute irrlichternd dahinlebt.' Die Beantwortung der Frage, welche der beiden Textstellen den ‚stürmischeren' Sound anschlägt, überlasse ich Ihnen. Die gedankliche Nähe ist frappierend." (Dorn 2006, Das Eva-braun-Prinzip, 13 f., 29. 11. 2006)

Ob die Gegenüberstellung der Textpassagen und der polemische Stil der Autorin bei Rezipient*innen auf Akzeptanz oder auf Ablehnung stoßen, kann individuell unterschiedlich ausfallen. Dass mit dem Text kein bloßer Unterhaltungszweck verfolgt, sondern Kritik geäußert wird, ist bzgl. der Relevanz der Vergleiche, die auf eine ganz spezifische Komponente der nationalsozialistischen Ideologie abzielen, deutlich erkennbar. Die Textpassagen demonstrieren, dass eine tatsächliche Ähnlichkeit zwischen dem Geschlechterbild der NSDAP und dem von Eva Herman besteht. Des Weiteren werden in (71) die Opfer der Shoah nicht verhöhnt, sondern die völkisch-nationalistische Anschlussfähigkeit der antifeministischen Thesen Hermans problematisiert. Aus diesem Grund, kann hier m. E. von historisch-kritischen Vergleichen gesprochen werden, die im Rahmen dieses Textes jedoch nicht als sachliche, sondern als sarkastische Kritik artikuliert werden. Darauf, dass die kommunikativen Funktionen von NS-V/M zahlreiche Überschneidungspunkte aufweisen, wurde eingangs hingewiesen. Besonders die Äußerung scharfer Kritik, die z. T. Dimensionen einer Diskreditierung annehmen kann, sowie die Erregung von Aufmerksamkeit sind in den Bereichen Satire, Polemik und Unterhaltung mitunter wesentliche kommunikative Funktionen.

Eine andere Möglichkeit, Kritik durch den Rückgriff auf NS-V/M zu artikulieren, ist die ironische Auseinandersetzung mit solchen Äußerungen und deren inflationärer Verwendung auf metasprachlicher Ebene. Polemisch und sprachkritisch werden sie bspw. mittels Imitation oder gar durch Anleitungen zu ihrem erfolgreichen Gebrauch, wie in (73), aufgegriffen. Der „Hitlervergleichsgenerator" in (72) wurde als satirische Reaktion auf die vom türkischen Ministerpräsidenten Erdoğan inflationär geäußerten Vorwürfe der Anwendung von Nazi-Methoden in Bezug auf Deutschland Anfang 2017 auf der Website des Satiremagazins Titanic eingerichtet. Durch die manuelle Eingabe von beliebigen Namen bildet der Generator automatisch einen Vergleich zwischen Hitler (als Komparationsbasis) und dem jeweils eingegeben Komparandum auf Basis willkürlicher (bizarrer) tertia comparationis, die in Form eines Kausalsatzes präsentiert werden. Die Betreiber*innen der Website erklären die Funktionsweise mittels zahlreicher Anspielungen:

> Wer und was ist warum wie Hitler? [...] TITANIC hilft und hat einen hochkomplexen Algorithmus entwickelt, der Ihnen zuverlässig Auskunft darüber gibt, warum eine Person oder Sache wie Hitler ist. Mit dem Führerzertifikat für Netzgesundheit! Geben Sie einfach einen Namen oder eine Sache ein – und Sie bekommen blitzkriegschnell einen passenden, bombensicheren Hitlervergleich angezeigt, der auch gleich per Email der türkischen Botschaft in Berlin zugestellt wird. (Titanic, 09. 03. 2017)

Die Eingabe eines Namens ergibt bspw. folgenden Vergleich, der als Anspielung auf die NS-Zeit in charakteristischer Typographie der Frakturschrift angezeigt und mit einem Bild von Adolf Hitler sowie dem Slogan „I am Adolf Hitler and I approve this message" umrahmt wird.

(72) Paul ist wie Hitler, weil Paul sich auf die Olympischen Spiele freut. (Titanic, Hitlervergleichsgenerator, 09. 03. 2017)

(73) Lektion 1: Der Nazi-Vergleich mit Hitler, sozusagen die Königklasse. Und so funktioniert's: Finden Sie Gemeinsamkeiten zwischen Adolf Hitler und dem Beschimpfungsobjekt. [...] Ob Ihr Hitler-Vergleich ein Erfolg ist, können Sie an der öffentlichen Reaktion ablesen. [...] Im Idealfall kann Ihr Hitler-Vergleich zu internationalen Verwicklungen führen, wie bei Herta Däubler-Gmelin im Jahr 2002. [...] Wir schreiben also in unser Merkheft: Willst du maximale Empörung erreichen, geht das nur mit Nazi-Vergleichen. Vergleiche mit der SED tun heut' nur noch den Linken weh. (NDR, Extra 3, 18. 09. 2008)

Mit Blick auf die erfolgreiche Rezeption und die damit einhergehende Funktion der polemischen Kritik an der Vergleichspraxis ist entscheidend, dass die Äußerungen als ironische Sprechakte verstanden werden. Dabei müssen Rezipient*innen innerhalb der jeweiligen Kommunikationssituation wissen und erkennen, dass der*die Äußerungsproduzent*in genau das Gegenteil vom Gesagten meint und dass damit eine Negativbewertung basierend auf einer Implikatur ausgedrückt wird (vgl. Schwarz-Friesel 2009: 223).[139]

NS-V/M, die weder ironische Äußerungen auf einer metasprachlichen Ebene (als Kritik an dieser Sprachpraxis) noch historisch-kritische Analogiebildungen darstellen, werden als unangemessen eingestuft.[140] Sie dienen diffamierenden und revisionistischen Funktionen, sie sollen für Aufsehen sorgen und emotionale Reaktionen hervorrufen. Zudem entfalten sie in diesem Kontext Wirkungen, die von der Rezeptionsgemeinschaft u. a. als problematisch bewertet werden. Der folgende Abschnitt beleuchtet dieses Phänomen genauer und thematisiert in Verbindung damit mögliche langfristige Effekte, die eine solche Sprachpraxis auslöst.

3.4.3 Reaktionen im öffentlichen Kommunikationsraum – Wahrnehmung, Sanktionen und langfristige Effekte

Anhand verschiedener Beispiele konnten die vorherigen Abschnitte zeigen, dass NS-V/M, die im öffentlichen Kommunikationsraum von bekannten Persönlichkeiten geäußert werden, häufig medial thematisiert und z. T. sprachkritisch behandelt werden. Pérennec (2008) konstatiert, dass kurz nach dem Äußerungszeitpunkt regelrechte Empörungswellen ausgelöst werden, die allerdings nur von kurzer Dauer sind bis früher oder später ein nächster NS-V/M Aufsehen erregt (vgl. Pérennec 2008: 11). Vielfach werden die Produzent*innen aufgefordert, sich von ihren Äußerungen zu distanzieren und sich zu entschuldigen, wie etwa in (65). Innerhalb politischer Diskurszusammenhänge sind dabei auch Rücktrittsforderungen oppositioneller Politiker*innen zu vernehmen, wie im

---

139 Zu konversationellen Implikaturen s. Kap. 3.2.2 sowie zu emotionsbasierten Implikaturen Kap. 3.4.1.1.2. Ironie als indirekten expressiven Sprechakt diskutiert Schwarz-Friesel (2009), indem sie die Funktion emotionsbasierter Implikaturen beleuchtet.
140 Historisch-kritische Vergleiche zwischen NS-Entitäten und anderen Entitäten, die eine Nähe zu NS-Persönlichkeiten oder -Sachverhalten aufweisen, können sachlich formuliert sein, bspw. in Form eines geschichtswissenschaftlichen Erkenntnisinstruments, als Warnung eingesetzt (s. dazu Kap. 3.1 bzgl. der ideologischen Ausrichtung der NPD) und/oder als polemische, sarkastische Kritik an Personen und Gegebenheiten geäußert werden. Letztere Funktion kann dabei ebenfalls mit einer Warnung einhergehen.

Falle Herta Däubler-Gmelins (SPD), die 2002 eine Analogierelation zwischen dem damals amtierenden US-Präsidenten George W. Bush und Adolf Hitler herstellte, s. (46). Der Frankfurter Allgemeinen Zeitung zufolge reagierte der Unionspolitiker Wolfgang Schäuble folgendermaßen auf die Äußerung Däubler-Gmelins:

(74) ‚Wenn die Justizministerin das gesagt hat, was ja mehrere Zeugen bestätigen, ist völlig klar: Sie kann unabhängig vom Ausgang der Wahl einer Bundesregierung nicht mehr angehören.' (zit. nach FAZ, 20. 09. 2002)

Da die ehemalige Ministerin auf die Empörung mit der Dementierung ihrer Aussagen reagierte, „hat [sie] sich den einfachsten Weg aus dem Dilemma – die ehrliche Entschuldigung – verbaut" (FAZ, 20. 09. 2002). Die Konsequenz aus dem Eklat um ihren Vergleich bestand letztendlich im Rücktritt Däubler-Gmelins.

Die typischen Entschuldigungen nach der Empörung über NS-V/M sowie die Beteuerungen, dass es sich bei der Formulierung um einen Ausrutscher handle und man in der „emotional geführten Debatte [...] über das Ziel hinausgeschossen" sei, wie bspw. der CDU-Politiker Thomas Strobl in (67), basieren überwiegend auf öffentlichem Druck und der Furcht vor möglichen persönlichen Konsequenzen und einem Imageschaden. Die nicht beabsichtigten perlokutionären Effekte werden von den Äußerungsproduzent*innen z. T. jedoch einkalkuliert, denn auch wenn die Aussagen nachträglich zurückgenommen werden müssen und eine Entschuldigung[141] bei den Adressat*innen erfolgt, waren sie dennoch dem Zweck der Erregung von medialem Aufsehen dienlich. Laut Eitz/Stötzel (2007: 3) kommt gerade wegen der „aufmerksamkeitserregenden Attraktivität" die Vergleichspraxis so oft zum Einsatz, obwohl eine Form des öffentlichen Konsenses hinsichtlich der Singularität und Unvergleichbarkeit der deutschen NS-Geschichte bestehe. Trotzdem scheint es, als seien jene Analogiebildungen zur „Folklore in der Politik geworden" (Pérennec 2008: 11), die ein ritualisiertes Szenario nach sich ziehen. Infolgedessen werden die angeblich spontan geäußerten NS-V/M bedauert oder widerrufen und die Wirkungen der Diffamierung, Gleichsetzung sowie der Bagatellisierung als nicht intendiert erklärt (vgl. Eitz/Stötzel 2007: 4). Gar von einer „politisch-strategischen Schizophrenie" sprechen Eitz/Stötzel (2007: 4) in diesem Zusammenhang: „Hier zeigt sich am deutlichsten, wie die öffentlich behaupteten Normen bezüglich des Sprachverhaltens einerseits und der tatsächliche Sprachgebrauch andererseits auseinanderfallen".

---

141 Die Entschuldigung stellt nach Goffman (1986) einen Face Threatening Act (FTA) dar, s. hierzu Kap. 3.4.2.1.

Obwohl sie als *Ausrutscher* oder *verbale Entgleisungen* von den Produzent*innen deklariert und als solche medial kommentiert werden,[142] handelt es sich keinesfalls um bloße Ausrutscher, „sondern [um] intentional inszenierte, sorgfältig geplante Verbalattacken, welche die Empörung, die diese als Reaktion erzwingt, bewusst einkalkulieren" (Schwarz-Friesel ²2013: 200). Demgegenüber stellt eine emotional basierte Entgleisung eine nicht-intentionale Äußerung dar, die beim Übergang von der konzeptuellen zur verbalen Ebene aufgrund diverser situativer Bedingungen, wie Stress oder bestimmten emotionalen Verfassungen, zustande kommen kann. Von den Sprachproduzent*innen werden sie i. d. R. umgehend registriert und prompt korrigiert oder entschuldigt. Sie weisen damit Ähnlichkeiten zu konzeptuell motivierten Versprechern, wie den sogenannten Freud'schen Fehlleistungen, auf (vgl. ebd.: 198 f.).

Dass NS-V/M aber auch aus historischer Unkenntnis formuliert werden, demonstriert bspw. ein Slogan, mit dem die Schüler-Union Nordrhein-Westfahlen 2009 gegen Gemeinschaftsschulen protestierte und sich damit selbst diskreditierte.

(75) ‚Nicht jedem das Gleiche, sondern jedem das Seine' (zit. nach Spiegel, 11. 03. 2009)

Diese Aktion hatte, gerade auch aus bildungspolitscher Sicht, einen eklatant negativen Beiklang und wurde u. a. von der Landesschülervertretung als „außerordentliche Dummheit" bewertet (zit. nach Spiegel, 11. 03. 2009). Mit einer solchen Formulierung sollte eine Positivbewertung getrennter Schulformen ausgedrückt und seitens der Rezipient*innen erwirkt werden. Da die Verwendung des auf dem Haupttor des Konzentrationslagers Buchenwald angebrachten Leitsatzes dermaßen schädlich auf die Produzent*innen zurückwirkte und im Wissen um die historische Dimension sowie die damit verknüpfte negative Konnotation nicht als Slogan gebraucht worden wäre, zeigt, dass die Intention hiermit nicht in der Analogiebildung zwischen GETRENNTEN SCHULFORMEN und dem KZ BUCHENWALD bestand. Ein solcher nicht intentionaler Sprachgebrauch gestaltet sich in diesem Zusammenhang jedoch nicht weniger problematisch als die intentionale Verwendung von NS-typischem Vokabular und NS-V/M (vgl. dazu Stötzel 1995b: 356–369).

---

142 S. dazu bspw. die Berichterstattung bzgl. der Äußerungen Däubler-Gmelins unter dem Titel „Däubler-Gmelin-Entgleisung ‚Vier Aussagen gegen eine'" (Spiegel, 20. 09. 2002) oder die Reaktionen auf Erdoğans Vorwürfe als „ungeheuerliche Entgleisung" (NDR, 06. 03. 2017). Die Entwicklung der Thematisierung von NS-V/M im öffentlichen Kommunikationsraum untersuchen Eitz/Stötzel (2007: 493–503, 2009: 12–36) anhand zahlreicher Pressetexte.

3.4 Kommunikative Funktionen und Wirkungen — 117

Dass es sich bei der Äußerung von NS-V/M, die Seitz (2002: 11) als „Gleichsetzungsmarotte" beschreibt, generell „um eine lagerübergreifende Regression" handelt, an der „nach allen Aufarbeitungsmühen an der Banalisierung des Nationalsozialismus polemisch partizipier[t]" (ebd.) wird, offenbaren die verschiedenen Beispiele, die von Produzent*innen aus unterschiedlichen politischen Spektren innerhalb diverser Kommunikationszusammenhänge formuliert wurden und werden. Stötzel (1995b: 369) hält fest, dass sich im Gegensatz zu den ersten beiden Nachkriegsjahrzehnten, in denen NS-V/M der Diffamierung politischer Kontrahent*innen dienten und kaum problematisiert wurden, eine höhere sprachliche Sensibilität im öffentlichen Kommunikationsraum ausbildete. Dies führte dazu, dass solche Äußerungen nicht mehr unreflektiert blieben und vermehrt kritische Auseinandersetzungen sowie Sanktionierungen in Bezug darauf stattfanden. So wurde in den achtziger Jahren vor der „unbewussten Tradierung nazistischen Denkens gewarnt" (ebd.: 366 f.), die u. a. auf die Verwendung von Lexemen aus dem NS-Wortschatz zurückgeht (vgl. ebd.). Solche Tendenzen der verstärkten Sensibilisierung und Problematisierung der Vergleichspraxis führte in den Folgejahren allerdings nicht zu einer Verringerung jener geschichtsinstrumentalisierenden und -relativierenden Aussagen. In seinem Artikel in der Wochenzeitung Die Zeit stellt Seitz (2002) dazu fest:

> Die Nazi-Analogie ist zum Tabubruch mit äußerster Wirkung geworden, indem sie zugleich das Tabu immer wieder verschärft, auf dass es beim nächsten Mal aufs Neue mit größerem Eklat verletzt werde. (ebd.: 11)

Diese „kommunikativen Strategien" (Schwarz-Friesel ²2013: 199) sind laut Mittmann (2008) „als gezielte sprachpolitische Manöver zur Veränderung des Vergangenheitsdiskurses zu werten" (ebd.: 73). Vertreter*innen politisch und historisch sensiblen Sprechens warnen davor, dass geschichtsrevisionistische Topoi durch „verbale[...] Grenzverletzungen" (ebd.) in den öffentlichen Diskurs gelangen und sich somit manifestieren. Die Relativierung von (geschichtsrelativierenden) NS-V/M ist seit jeher ein Element des Political Correctness-Diskurses, in dem Kritiker*innen dieses Konzepts, etwa in der Sanktionierung entsprechender Äußerungen, eine Form der Meinungsdiktatur fürchten (vgl. ebd.: 82). Mittmann (2008) konstatiert in seinen Ausführungen zu verschiedenen Kontroversen um Political Correctness (PC):

> Diese Kritik an einer vermeintlich ritualisierten Sanktionskultur [...] nahmen PC-Gegner immer wieder auf, so dass ihre Argumentation auch in den folgenden Kontroversen über den angemessenen sprachlichen Umgang mit der NS-Vergangenheit als gezielte Strategie gewertet werden kann, über vermeintliche ‚Tabubrüche' die Grenzen des Sagbaren zu erweitern und über eine Kampagne zur Sicherstellung der potenziell gefährdeten Meinungsfreiheit politische Zustimmungsbereitschaft zu erzeugen. (ebd.: 82)

Dies bedeutet auch, dass durch die Relativierung von NS-V/M die NS-Vergangenheit ebenso marginalisiert sowie das Leid der Opfer verhöhnt wird wie durch die Realisierung solcher Vergleiche und Metaphern selbst.

Wie in den vorherigen Abschnitten mehrfach erwähnt, wird gerade durch die Herstellung von Analogien zwischen der Shoah bzw. dem Holocaust und anderen Sachverhalten, die Spezifität der Shoah negiert – ob geschichtsrevisionistische Absichten bewusst verfolgt, wie im Falle von *Bomben-Holocaust*,[143] und/oder höchstmögliche Dämonisierungen realisiert werden sollen, kann je nach Kommunikationssituation und Vergleichs- bzw. Metaphernkomponenten variieren. Dieser Umstand wird im Folgenden etwas weiter vertieft.

Laut Eitz/Stötzel (2007: 323) ist die Extension von *Holocaust* im Deutschen nicht eindeutig bestimmbar, weil damit einerseits auf die NS-Verbrechen an den jüdischen Opfern und andererseits auf die nationalsozialistischen Gewaltverbrechen an allen Opfergruppen referiert wird.[144] Darüber hinaus wurden und werden auch andere Menschenrechtsverbrechen und Völkermorde mit diesem Terminus[145] bezeichnet, wie in „American Indian Holocaust" oder „Herero Holocaust" (Zimmerer 2011: 174). Hier wurde die Bezeichnung *Genozid* durch *Holocaust* ersetzt, wobei die jeweiligen Bestimmungswörter den entsprechenden Völkermord determinieren.[146] Im kolonialgeschichtlichen Kontext dient die Verwendung von *Holocaust* als Chiffre zur

---

143 S. dazu Kap. 3.4.2.2.
144 Zu den Verbrechen an nicht-jüdischen Opfern, u. a. an Sinti*ze und Rom*nija, und der Problematik einer sogenannten „Opferkonkurrenz" s. Fischer/Lorenz (³2015: 326–334).
145 Das Lexem *Holocaust* ist eine Ableitung des griechischen Partizips ὁλόκαυστος, das mit *völlig verbrannt* übersetzt wird und im Altertum die Brandopferung von Tieren bezeichnete. Im amerikanischen und britischen Sprachraum wurde der Ausdruck bereits in den sechziger und siebziger Jahren verwendet, um die Verfolgung, Ghettoisierung und vornehmlich den systematischen Massenmord an Juden*Jüdinnen im Nationalsozialismus zu bezeichnen (vgl. Eitz/Stötzel 2007: 318 f.), den die Nationalsozialisten selbst euphemistisch als *Endlösung der Judenfrage* deklarierten (vgl. Schmitz-Bering ²2007: 174 f.). Erst ab 1979, mit der Ausstrahlung der gleichnamigen amerikanischen Fernsehserie und der öffentlichen Auseinandersetzung damit, erhielt die Vokabel Einzug in den deutschen Sprachraum (vgl. Eitz/Stötzel 2007: 321). Durch die Rede Richard von Weizsäckers zum 40. Jahrestag des Kriegsendes wird die Interpretation des Terminus *Holocaust* als Bezeichnung für den Genozid an den europäischen Juden*Jüdinnen und dessen Präzedenzlosigkeit für den historischen Diskurs grundlegend beeinflusst. Er verwendete die Bezeichnung *Völkermord an den Juden* synonym zum Terminus *Holocaust* und hob hervor, dass dieser „jedoch beispiellos in der Geschichte [ist]" (Weizsäcker 1985, Ansprache am 8. Mai zum 40. Jahrestag vor dem Deutschen Bundestag; zit. nach Eitz/Stötzel 2007: 326).
146 Das Verhältnis zwischen der europäischen Kolonialgeschichte, der kolonialen Verbrechen, und der Shoah wird ausführlich von Zimmerer (2011) thematisiert. Inwiefern der Genozid an den Herero anderen Genoziden gegenübergestellt werden kann, diskutiert er in diesem Zusammenhang ebenfalls (vgl. ebd.: 175–195).

3.4 Kommunikative Funktionen und Wirkungen — 119

Charakterisierung kolonialer Massengewalt und Massenleids […], um die weltweit herrschende Empörung über das Schicksal der Juden im Dritten Reich dazu zu nutzen, auch der eigenen Sache [der jeweiligen Opfer; L. G.] Gehör zu verschaffen. (Zimmerer 2011: 174)

Nach Soric (2005) wirkt sich die Verwendung des Lexems *Holocaust* als Hyperonym zur Bezeichnung von Massentötungen auf die Wortsemantik aus und führt damit „zur Abstrahierung der Wortbedeutung und zur allmählichen Loslösung vom Bezug" (ebd.: 187) auf die nationalsozialistischen Verbrechen gegen die europäischen Juden*Jüdinnen. Durch diese Dekontextualisierung kommt es semantisch zu einer Ausweitung der Extension, wodurch eine Vergrößerung des Referenzpotenzials stattfindet (vgl. Schwarz-Friesel/Reinharz 2013: 183). Langfristig führt dies zu einer Veränderung des historischen Bewusstseins und des Vergangenheitsdiskurses.[147] Seitz (2002) erklärt mit Bezug auf eine Feststellung Harald Welzers:

> Der Holocaust wird international längst als Metapher für das absolut Böse verwandt. Die Vergangenheit sei dadurch enthistorisiert worden, so der Sozialpsychologe Harald Welzer. Sie lasse sich als legitimatorisches Label im Kampf gegen ‚böse' Staaten und Diktatoren einsetzen. (ebd.: 11)

Dass darüber hinaus Entitäten oder Sachverhalte, die weder auf Genozide referieren noch einen Bezug zu Menschenrechtsverbrechen aufweisen, mit *Holocaust*, *KZs* oder *Auschwitz* (als Metonymie für die Shoah) in eine konzeptuelle Verbindung gebracht werden, um bestimmte Wirkungen seitens der Rezipient*innen zu erzielen, wurde in den vorherigen Kapiteln anhand der Beispiele (47), (51) und (69) diskutiert. Benz (2016) fasst die Absichten, Wirkungen und Gefahren einer solchen Sprachpraxis folgendermaßen zusammen:

> Wenn alles mit allem verglichen wird, wenn die Tragödie des Völkermords nur noch als historische Sensation wahrgenommen und beliebig in die Argumentation eingefügt wird, ist der Weg zu ihrer endgültigen Relativierung beschritten. Es gibt bereits eine fatale unre-

---

[147] Der Historikerstreit um die Thesen Ernst Noltes in den Jahren 1986 und 1987 stellt in dieser Problematik eine ausschlaggebende Debatte dar, in der die Singularität der Shoah-Verbrechen in Deutschland erstmals öffentlich verhandelt wurde. Das Zentrum der Auseinandersetzung war allgemein die historische Verortung „des NS-Staates in die deutsche Geschichte und die Konstruktion eines identifikationsfähigen Geschichtsbildes" (Eitz/Stötzel 2007: 327). Die Position, dass es sich bei der Shoah um ein Verbrechen handelt, das in seinem Ausmaß und seiner Entsetzlichkeit nicht nur einmalig, sondern auch einzigartig in der Geschichte ist und aus diesem Grund nicht mit anderen Genoziden oder Untaten gleichgesetzt werden kann, wurde u. a. von Habermas, Brumlik und Jäckel vertreten (vgl. Eitz/Stötzel 2009: 31 f.). Zum Historikerstreit s. Kronenberg (2008) sowie die sprachkritische Auseinandersetzung in Bezug auf diese Kontroverse von Bremerich-Vos (1989).

flektierte Verwendung des Begriffs ‚Holocaust', die nur dazu dient, Aufmerksamkeit zu verstärken im Sinne bekannter public relations-Strategien, die Aufregung als Stimulanz herbeiführen wollen. Wenn jeder, der über irgend etwas [sic!] besonders empört ist, den Terminus ‚Holocaust' als rhetorisches Mittel verwendet – wenn Tierschützer vom Holocaust an den Rindern sprechen, oder wenn vom ‚roten Holocaust' die Rede ist, um mit einer griffigen Formel Untaten unter kommunistischer Ideologie zu brandmarken –, dann ist der Völkermord an den Juden als ideologisch motivierte, systematisch geplante, bürokratisch perfektionierte und konsequent durchgeführte Tat seiner Einmaligkeit entkleidet und marginalisiert. (ebd.: 218)

Aufgrund der Verwendung von *Holocaust* in diversen Kontexten und der damit einhergehenden semantischen Auswirkungen wird die hebräische Bezeichnung *Shoah*[148] bewusst eingesetzt, um sicherzustellen, dass die Unvergleichbarkeit und Singularität dieses Verbrechens nicht durch Übertragungen auf andere Referenzobjekte relativiert und entwertet wird (vgl. Young 1988: 88; Eitz/Stötzel 2007: 359). Die sprachkritische Verwendung von Termini in öffentlichen und privaten Kommunikationszusammenhängen ist somit ebenfalls als langfristiger Effekt zu betrachten, der mit NS-V/M und insbesondere mit Blick auf die Herstellung von Analogierelationen zur Schoah einhergeht.

3.5 Historischer Überblick und Diskurs zu NS-Vergleichen und NS-Metaphern in Deutschland und international

Bevor wir uns der Problematik antisemitischer NS-V/M annehmen, wird abschließend ein Überblick über die historischen und diskursiven Entwicklungen von NS-V/M im öffentlichen Kommunikationsraum gegeben. Da die vorherigen Abschnitte zahlreiche exemplarische Beispiele aus der ferneren und näheren Vergangenheit umfassen, werden hier anhand ausgewählter Fälle die historischen Entwicklungslinien zusammenfassend aufgezeigt.[149]

Die von Stötzel (1989: 263) als „Frühphase" bezeichnete Periode der Verbalisierung von NS-V/M erstreckte sich vom Ende des Zweiten Weltkrieges bis in die siebziger Jahre. Während des Kalten Krieges wurden sowohl ausgehend von der

---

148 Bereits in den 1940er Jahren kam der aus der Thora abgeleitete, säkular verwendete Ausdruck in jüdischen Gemeinden Palästinas und später Israels zum Einsatz. *Shoah* bedeutet „‚großes Unheil', ‚Katastrophe' sowie ‚Untergang'" (Eitz/Stötzel 2007: 357) und wurde in der Bundesrepublik erstmals durch den gleichnamigen Film von Claude Lanzmann populär (vgl. ebd.). Zur Begriffsgeschichte s. Young (1988).
149 Die Geschichte und Entwicklung von NS-V/M im öffentlichen Kommunikationsraum sind detailliert in Stötzel (1989) und (1995b) sowie in Eitz/Stötzel (2007) und (2009) anhand zahlreicher Beispiele dargelegt.

BRD als auch von der DDR Analogien hergestellt, um die jeweils gegnerische Seite durch Gleichsetzungen mit Personen und Taten des NS-Regimes zu diskreditieren.[150] Auch im Hinblick auf innenpolitische Aspekte, wie der Abwertung oppositioneller Parteien bzw. deren Positionen finden sich NS-V/M im öffentlichen Kommunikationsraum. Die Produzent*innen waren zunächst Journalist*innen und Politiker*innen, welche in Zeitungen, Interviews und Reden von dieser diffamierenden Sprachpraxis Gebrauch machten (vgl. ebd.). So realisierte die damalige Ost-Berliner Zeitung Vorwärts im Jahre 1948 eine der ersten Analogien im Zuge des Ost-West-Konfliktes.[151] Unter dem Titel in (76) wurde das Gesetz, das die Währungsreform in der britischen und amerikanischen Zone regelte, mit dem Ermächtigungsgesetz von 1933, welches die juristische Basis für die NS-Diktatur bildete, gleichgesetzt:

(76) Bizonen-Ermächtigungsgesetz angenommen (Vorwärts – Berliner Volksblatt, 18. 05. 1948, 1; zit. nach Stötzel 1989: 264)

Dass aus dem westlichen Lager wiederum ähnliche NS-V/M geäußert wurden, zeigt die Äußerung Konrad Adenauers in Beispiel (64), der im Zuge des Mauerbaus die DDR bzw. die *Sowjetzone* als *riesiges Konzentrationslager* bezeichnete. Seit den frühen sechziger Jahren wurden zwischen dem sozialistischen DDR-Regime und der NS-Diktatur Parallelen gezogen, in denen die DDR u. a. als deren Fortsetzung dämonisiert wurde. Populäre Gleichsetzungen waren neben dem KZ-Vergleich auch Hitler-Metaphern und -Vergleiche in Bezug auf Walter Ulbricht.

Die in der Frühphase kaum kritisierten Vergleiche haben sich innen- wie auch außenpolitisch zu einer „diffamierende Manipulationsmethode [...] als fester Bestandteil der politischen Auseinandersetzung etabliert" (Eitz/Stötzel 2009: 18). Seit Ende der sechziger Jahre wurde die Vergleichspraxis vermehrt als Instrumentalisierung der NS-Vergangenheit problematisiert und der Sprachkritik unterzogen. Dass Vergleiche zwischen der DDR und NS-Deutschland in unter-

---

150 Abgesehen von den Vergleichen in diffamierender Funktion lassen sich seit Ende der 1940er Jahre auch Textbelege mit historisch-kritischen Vergleichen finden, die als Warnungen fungieren (s. Eitz/Stötzel 2007: 298–300).
151 NS-V/M, die sich gegen das Vorgehen der Alliierten richteten, wurden bereits 1945 öffentlich geäußert. So stellte bspw. die Süddeutsche Zeitung im Hinblick auf die Entnazifizierung die Fragen, „Sind das nicht die reinen Nazimethoden? Hat man sich nicht die Demokratie ganz anders vorgestellt?" (Süddeutsche Zeitung, 07. 12. 1945, S. 3; zit. nach Eitz/Stötzel 2007: 476), um Ablehnung gegenüber der Vorgehensweise sowie des gesamten Prozesses zu bekunden. Die Funktion der Äußerung innerhalb dieses Kontextes stellt in Bezug auf das Bedürfnis der Schuldentlastung einen wichtigen Aspekt dar. Zur linguistischen Untersuchung des Schulddiskurses in der frühen Nachkriegszeit s. ausführlich Kämper (2005) und (2007).

schiedlichen Epochen auch verschieden rezipiert und evaluiert wurden, d. h. zu einem Zeitpunkt als gerechtfertigt bewertet werden und zu einem anderen Zeitpunkt öffentlich auf Ablehnung stoßen, ist vor dem Hintergrund der Veränderung in der Beurteilung der DDR und der damit einhergehenden Entwicklung eines Problemhorizontes für bestimmte Sprachgebrauchsmuster zu begründen (vgl. Stötzel 1989: 267 f.). Eine Änderung der öffentlichen Haltung gegenüber NS-V/M fand dabei u. a. auf Grundlage relevanter historischer Ereignisse statt, bspw. dem Mauerbau 1961 oder der Spiegelaffäre 1962 (s. dazu ausführlich Stötzel 1989: 267–270, 1995b: 372 f.).

Die zweite Phase der NS-V/M umfasst die späten sechziger sowie die siebziger Jahre und wird geprägt von der oppositionellen Linken, die jene Äußerungen und Faschismus-Vorwürfe „zur ultimativen Polemik gegen die ‚restaurative' Bundesrepublik" (Seitz 2002: 11) vorbrachte. Abgesehen von der gerechtfertigten Empörung über die Tatsache, dass weiterhin Nationalsozialisten bedeutende Ämter in der BRD bekleideten und somit über erheblichen Einfluss verfügten, wurde Kritik an unterschiedlichen Sachverhalten vielfach mit der Anschuldigung des Faschismus verknüpft. Eine Analyse des Sprachgebrauchs der Studentenbewegung zeigt, dass *Faschismus, faschistisch, faschistoid* etc. teilweise ritualisiert als „Schimpfreflex" (Stötzel 1989: 271) gebraucht wurde, um die Polizei, liberale Hochschulprofessor*innen sowie SPD-Gewerkschaftler*innen zu diffamieren (vgl. ebd.) oder Kritik am Kapitalismus zu üben, die den Nationalsozialismus jedoch auf rein ökonomische Dimensionen reduziert (vgl. Seitz 2002: 11). Kämper (2012: 154) erfasst diese sprachliche Praxis als „diskursive Strategie der Enthistorisierung", mit der u. a. das Ziel verfolgt wurde, gegenwärtige Strukturen als autoritär und antidemokratisch herauszustellen, um darauf aufbauend das angestrebte Zukunftsmodell als tatsächlich demokratisches Konzept hervorzuheben (vgl. ebd.: 152–162).[152] Parallel dazu wird mit der Bezeichnungspraxis auch eine Umdeutung des Konzeptes FASCHISMUS vorgenommen, wie es die Schaffung und der Gebrauch spezieller Ausdrücke erkennen lassen:

> Verbindungen wie *neuer Faschismus, heutiger Faschismus*, die Prozessbezeichnung *Faschisierung*, die Zustandsbezeichnung *faschisiert* und vor allem der Neologismus *faschistoid* belegen, dass [...] das Faschismuskonzept eine Umdeutung erfährt. Die Bundesrepublik als ein dem Faschismus irgendwie vergleichbares, verwandtes System mit faschistischen Erscheinungsformen – diese Konstitution ist diskursnotwendig zur Konzeption der Gegenwart als demokratiefeindlich, des Zukunftsmodells als wirklich demokratisch. (Kämper 2012: 154; Hervorh. im Original).

---

152 Zur umfassenden Untersuchung des Demokratiediskurses der späten sechziger Jahre sowie den Strategien des Enthistorisierens mit dem Ziel des Entdemokratisierens s. Kämper (2012: 145–198).

3.5 Historischer Überblick und Diskurs zu NS-Vergleichen — 123

Innerhalb der späten sechziger und siebziger Jahre äußerte sich neben solchen verbalen Strategien zur Diffamierung, Stigmatisierung und Enthistorisierung auch eine besonders bedrohliche Tendenz in terroristischen Aktionen. Diese wurden z. T. mit Faschismusvorwürfen und mit NS-V/M, welche gegen die Opfer der NS-Verbrechen selbst gerichtet waren, begründet. Obwohl Kapitel 3.6 die Problematik der antisemitischen Analogiebildungen ausführlich herausarbeitet, soll bereits an dieser Stelle ein kurzer Einblick dazu folgen.

Der versuchte Terroranschlag gegen das jüdische Gemeindehaus in West-Berlin am 09. November 1969,[153] dem Jahrestag der Reichspogromnacht, und das dazugehörige Flugblatt (77), in dem sich die Gruppierung „Schwarze Ratten/ Tupamaros West-Berlin" zu der Tat bekennt (vgl. Kraushaar 2005: 46 f.), verdeutlichen, dass ein Element des Antisemitismus der Post-Holocaust-Ära u. a. in der Diffamierung von Juden*Jüdinnen und/oder Israel darin besteht, sie als nationalsozialistische und faschistische Reinkarnationen zu dämonisieren.[154] Folgende Zeilen dieses Flugblattes, das als Bekennerschreiben unter dem Titel „Schalom + Napalm" vier Tage nach der Tat in der anarchistischen Zeitschrift Agit 883 erschien, machen dies auf sprachlicher Ebene unmissverständlich deutlich:

(77) ‚Unter dem schuldbewussten Deckmantel der Bewältigung der faschistischen Greueltaten gegen Juden hilft sie [die USA, Anmerk. L. G.] entscheidend mit an den faschistischen Greueltaten Israels gegen die palästinensischen Araber. [...] Das bisherige Verharren der Linken in theoretischer Lähmung bei der Bearbeitung des Nahostkonflikts ist Produkt des deutschen Schuldbewusstseins: ‚Wir haben eben Juden vergast und müssen die Juden vor einem neuen Völkermord bewahren.' [...] Jede Feierstunde in Westberlin und in der BRD unterschlägt, daß die Kristallnacht von 1938 heute täglich von den Zionisten in den besetzten Gebieten, in den Flüchtlingslagern und in den israelischen Gefängnissen wiederholt wird. Aus den vom Faschismus vertriebenen Juden sind selbst Faschisten geworden, die in Kollaboration mit dem amerikanischen Kapital das palästinensische Volk ausradieren wollen.' (Agit 883, 13. 11. 1969, 1. Jg., Nr. 40, 9, Schalom + Napalm; zit. nach Kraushaar 2005: 47 f.)

---

153 Indem eine Bombe mit einem Zeitzünder im Jüdischen Gemeindehaus platziert wurde, sollte während einer Gedenkveranstaltung zu den Novemberpogromen eine Explosion ausgelöst werden, die zahlreiche Menschen, insbesondere jüdische, in den Tod reißen sollte. Aufgrund einer veralteten Zündkapsel kam es jedoch nicht zur Explosion. Zum versuchten Anschlag s. Kraushaar (2005).
154 Ausführlich dazu sowie zur Funktion verbal-antisemitischer NS-V/M s. Kap. 3.6 und Kap. 5 bzgl. der Auswertung einer korpuslinguistischen Untersuchung entsprechender Äußerungen.

Dem Terrorakt und der Argumentation in (77) liegt jeweils ein besonderes Motiv zugrunde, das neben der Geschichtsverdrängung und Verbrechensrelativierung des NS-Regimes (vgl. Stötzel 1995b: 379) explizit auf Antisemitismus basiert, der in diesem Fall mit antizionistischen und antiimperialistischen Argumentationen verknüpft ist (s. Kap. 3.6.1.2).

Um an dieser Stelle nicht der grundlegenden Thematik bzgl. antisemitischer NS-V/M und möglichen politischen Intentionen vorzugreifen, kehren wir zurück zur historischen Phase der Sensibilisierung und Problematisierung dieser Analogiebildungen im öffentlichen Kommunikationsraum. Obwohl seit Mitte der achtziger Jahre infolge des Historikerstreits die öffentliche Wahrnehmung hinsichtlich der Instrumentalisierung deutscher NS-Geschichte durch Gleichsetzungen jedweder Art eine Veränderung hin zu einem stärkeren Problembewusstsein erfuhr, minderte dies nicht die Quantität, mit der die Vergleiche und Metaphern weiterhin als Werkzeug der Diffamierung sowohl innenpolitisch als auch vermehrt international eingesetzt wurden. So erklärte etwa 1986 der damalige Bundeskanzler Helmut Kohl in einem Interview auf einer USA-Reise gegenüber dem Magazin Newsweek:

(78) Michael Gorbatschow ist ein moderner Kommunisten-Führer. Er versteht etwas von Public Relations. Goebbels verstand auch etwas von Public Relations. Man muß die Dinge doch auf den Punkt bringen. (zit. nach Rheinische Post, 25. 10. 1986, 1; zit. nach Stötzel 1989: 270).

Wie kein anderer impliziter[155] oder expliziter Goebbels-Vergleich zuvor, wurde dieser infolgedessen medial diskutiert und kritisiert. Die Reaktion der Sowjetunion bestand in einer kurzfristigen Ausladung des Bundesforschungsministers, Heinz Riesenhuber (CDU), von einem vorgesehenen Moskaubesuch (vgl. Eitz/Stötzel 2009: 156). Außerdem meldeten sich zahlreiche Oppositionspolitiker*innen zu Wort, deren Forderungen von einer öffentlichen Entschuldigung bis hin zum Rücktritt Kohls reichten.[156] Angesichts dessen kritisierte auch der ehemalige Fraktionsführer der SPD, Hans-Jochen Vogel, die Wortwahl Kohls und verglich im Anschluss daran, den damaligen CDU-Generalsekretär, Heiner Geißler, mit Goebbels (vgl. Stötzel 1989: 271). Indem NS-V/M öffentlich einerseits für Em-

---

155 In (78) liegt ein impliziter Vergleich vor, der durch die Fokuspartikel *auch* und der strukturellen Rekurrenz zum Ausdruck kommt. Implizite Realisierungsformen von NS-V beleuchtet Kap. 3.2.2 und mit Blick auf die Korpusanalyse Kap. 5.1.2.3.
156 Der Regierungssprecher Friedhelm Ost versicherte kurze Zeit später, dass Kohl mit dieser Aussage keinen Vergleich zwischen Gorbatschow und Goebbels beabsichtigte und bedaure, dass ein falscher Eindruck entstanden sei (vgl. Stötzel 1989: 270). Zur Thematisierung und Sanktionierung von NS-V/M innerhalb des öffentlichen Kommunikationsraumes s. Kap. 3.4.3.

pörung und Kritik sorgen, jedoch gleichzeitig selbst als Instrument der Diffamierung gebraucht werden, verdeutlicht die „Janusköpfigkeit der offenbar gegenüber 1960 in der Öffentlichkeit gesteigerten Sprachsensibilität" (ebd.). Die Problematisierung der Wirkung solcher Äußerungen, etwa durch Politiker*innen, wie Vogel, basiert weniger auf einer aufrichtigen und bewussten sprachkritischen Auseinandersetzung mit der eigentlichen Problematik, sondern primär auf einer Strategie, politische Gegner*innen herabzusetzen (vgl. ebd.).

Seit den neunziger Jahren wurden international so viele Politiker*innen, Staatsoberhäupter oder Terroristen mit Adolf Hitler verglichen wie nie zuvor: Seien es Slobodan Milošević, Osama bin Laden, Saddam Hussein (vgl. Seitz 2002: 11) oder, wie im Falle Däubler-Gmelins, George W. Bush.[157] Ein NS-V, der erstmals 1990 und in den Folgejahren stets realisiert wurde und innerhalb der politischen Rhetorik eine feste Größe bildete, war die Gleichsetzung Hitlers mit Saddam Hussein, die u. a. als ein Instrument der Legitimation für den Ersten Irakkrieg 1990/1991 wie auch 2003 im Zuge des Zweiten Irakkrieges zum Einsatz kam (s. hierzu Wette 2003).

Sowohl aus den zahlreichen illustrativen Beispielen der vorherigen Kapitel als auch aus den Beispielen der weiter zurückliegenden Vergangenheit geht hervor, dass NS-V/M in verschiedenen sprachlichen Realisierungen kontinuierlich gebraucht wurden und werden, um teils sehr ähnliche und teils komplett unterschiedliche Wirkungen zu erzielen. Spezielle Funktionen, die bisher lediglich angedeutet wurden, aber einen wesentlichen Bezugspunkt zur systematischen Korpusanalyse in Kapitel 4 und 5 darstellen, erfüllen jene NS-V/M, denen wir uns im folgenden Abschnitt widmen.

3.6 NS-Vergleiche und NS-Metaphern als Phänomen des Antisemitismus

In den Beispieltexten (61) und (77) wurden bereits NS-V/M aufgeführt, in denen Analogierelationen zwischen jüdischen und/oder israelischen Personen, dem Staat Israel oder anderen jüdischen und/oder israelischen Entitäten und Sachverhalten oder Personen des Nationalsozialismus hergestellt wurden. Dieser Abschnitt zeigt, dass solche Vergleiche und Metaphern ein Element des Antisemitismus nach 1945 bilden und ihnen aufgrund ihrer historischen Dimension eine besondere Rolle zukommt. Weil sie sich von den vorher thematisierten NS-V/M

---

157 S. dazu die Beispiele (46) und (74) im Hinblick auf die sprachliche Realisierung des Vergleichs sowie die öffentlichen Reaktionen und Konsequenzen für die ehemalige Bundesjustizministerin.

unter bestimmten Gesichtspunkten abheben, ist für sie an dieser Stelle ein separater Abschnitt vorgesehen, der zugleich als theoretisches Fundament für die Korpusuntersuchung in den Kapiteln 4 und 5 fungiert. Die anschließenden Überlegungen basieren auf der zweiten Untersuchungsfrage, die folgendermaßen lautet:

Inwiefern unterscheiden sich NS-V/M, die auf jüdische und/oder israelische Entitäten referieren, von denen, die andere Vergleichs- und Metaphernkonstituenten beinhalten hinsichtlich konzeptueller Spezifika sowie ihrer kommunikativen Funktion und Wirkung?

Bevor wir uns in diesem Zusammenhang den sprachlichen und funktionalen Gesichtspunkten zuwenden (Kap. 3.6.2), werden zunächst Elemente hinsichtlich der Entwicklung und der Charakteristika des Antisemitismus erläutert und die spezifischen NS-V/M als ein Phänomen innerhalb dieses Komplexes verortet.[158]

3.6.1 Antisemitismus – Entwicklungslinien und Terminologie

3.6.1.1 Kontinuitäten, Modifikationen und öffentliche Tabuisierung

Der Ausdruck *Antisemitismus* entstand in der zweiten Hälfte des 19. Jahrhunderts und wurde maßgeblich von dem Journalisten und Politiker Wilhelm Marr innerhalb des deutschen Sprachraums in Umlauf gebracht. Der Terminus gewann kurzerhand an Popularität und wurde dementsprechend auch in andere Sprachen übertragen. Obwohl er Marr zufolge als spezifische Bezeichnung für eine moderne rassistisch motivierte Ideologie gelten sollte, sind darunter mittlerweile jegliche Formen von historischer und aktueller Judenfeindschaft zu verstehen (vgl. Nonn 2008: 6). Diese Feindschaft beginnt nicht erst mit der öffentlichen Herabsetzung oder Verfolgung von Juden*Jüdinnen – Antisemitismus manifestiert sich in diversen Erscheinungsformen und Gestalten, die sich von nonverbaler und verbaler bis hin zu körperlicher Gewalt und Mord erstrecken können (vgl. Benz 2004: 234 f.). Egal auf welchen sozialen, rassistischen oder religiösen Motiven und Dimensionen diese Feindseligkeit basiert, das ganze Spektrum an judenfeindlichen Vorurteilen,[159]

---

[158] Da in diesem Rahmen nicht auf sämtliche Details der Entwicklungslinien und Ausprägungen des Antisemitismus eingegangen werden kann, finden sich Verweise auf die entsprechende weiterführende Literatur zu einzelnen Themenschwerpunkten in den Fußnoten.

[159] Vorurteile beruhen auf Stereotypisierungen, die sich auf grobe Verallgemeinerungen und Übergeneralisierungen von bestimmten Eigenschaften oder Verhaltensweisen von Personengruppen beziehen (vgl. Schwarz-Friesel/Friesel 2012: 35). Diese kollektivistischen Zuschreibungen haben überwiegend einen explizit oder implizit abwertenden Charakter (auch wenn sie

3.6 NS-Vergleiche und NS-Metaphern als Phänomen des Antisemitismus — 127

Ressentiments[160] und/oder sprachlichen Äußerungen charakterisiert den Antisemitismus (vgl. Rensmann 2004: 71). Um bestimmte Arten und Ausprägungen zu kennzeichnen und diese voneinander abzugrenzen, wird der Ausdruck häufig im entsprechenden Kontext und/oder bzgl. der historischen Epoche jeweils spezifiziert, so sprechen wir u. a. vom religiös oder rassistisch motivierten Antisemitismus, vom eliminatorischen sowie vom Post-Holocaust- oder vom israelbezogenen Antisemitismus. Diese Erscheinungsformen werden infolge einer knappen Begriffsbestimmung von *Antisemitismus* anhand ihrer historischen Entwicklungslinien skizziert.

Der Terminus selbst hat „[m]it einem realen ‚semitischen' Sprachraum oder gar einer ‚semitischen Rasse' [...] nichts zu tun" (Rensmann 2004: 71), obwohl dies bspw. durch den Gebrauch des englischen Ausdrucks „Anti-Semitism" Rensmann (2004) zufolge suggeriert wird. Er bezieht sich damit auf die Wortbildung in Form eines Determinativkompositums, in dem die semantische Relation beider Konstituenten zueinander durch die getrennte Schreibweise und den Bindestrich zusätzlich hervorgehoben wird. Dadurch, dass in diesen Zusammen-

---

als vermeintlich positive Attribuierungen erscheinen können). Vorurteile verweisen auf eine „standardisierte, verzerrende sowie simplifizierend kollektiv attribuierende und diskriminierende Denkstruktur gegenüber einer Outgroup, meist Mitgliedern von Minderheiten oder ‚anders' Perzipierter" (Rensmann 2004: 72) und können durch ihren Gebrauch „habitualisierte Denk-, Emotions- und u. U. auch Verhaltensmuster als Überzeugungen [...] internalisieren [...], unterstützt durch reduzierte sprachliche Formen" (Heinemann 1998: 7).
Stereotype bilden die Grundlage für Vorurteile. Innerhalb verschiedener Forschungszweige basiert der Terminus des Stereotyps auf unterschiedlichen Konzeptionen, z. B. innerhalb der Psychologie, Medienwissenschaft, Linguistik, Sozialwissenschaft etc. (s. dazu Reisigl 2008, 2009). Reisigl (2009) fasst die Bedeutungen und Funktionen dieses vielfältig gebrauchten Ausdrucks folgendermaßen zusammen: „Das Konzept des Stereotyps ist insgesamt ein schillernder ambiger Begriff, der in verschiedenen Disziplinen unterschiedlich aufgefasst wird. Seine Bedeutungen überlappen sich stark mit denen benachbarter Konzepte, darunter ‚Vorurteil', ‚Klischee', ‚Image', ‚Phrase', ‚Gemeinplatz' und ‚Prototyp'. Für gewöhnlich werden Stereotype im Bereich der weitgehend erfahrungsunabhängigen, sozial vorkonstruierten Kognition loziert. In der Sprachwissenschaft werden sie zudem oft auch im Bereich semiotischer und insbesondere sprachlicher Manifestationen angesiedelt. Schematische Vereinfachung, Verallgemeinerung, karikierende Verzerrung, Vorurteilshaftigkeit, Persistenz, schwierige Revidierbarkeit, habitualisierte oder usuell gewordene Iterativität, emotionale Tönung und negative oder positive Wertigkeit sind Elemente, die in die Semantik des Wortes häufig einfließen. Die Funktionen von Stereotypen lassen sich – auf den Punkt gebracht – im Spannungsfeld zwischen verfestigter Denkökonomie, sprachlichem Schematismus und gefährlicher Handlungsdetermination ausmachen" (Reisigl 2009: 124 f.).
160 Ressentiments stellen „unbewusste emotionale Abneigungen" (Schwarz-Friesel/Reinharz 2013: 115) dar, die Einstellungen und Bewertungen steuern. Sie bilden u. a. das Fundament für Stereotype und somit auch für Vorurteile. In Bezug auf Antisemitismus werden willkürlich

setzungen das erste Glied das zweite näher bestimmt, erweckt es den Anschein, es bestünde ein inhaltlicher Bezug zu bestimmten sprachwissenschaftlichen Kategorien, was faktisch nicht der Fall ist. Weil dieser Terminus „vielmehr eine völkisch rassistische Erfindung [ist], die den Judenhass pseudo-wissenschaftlich und politisch rationalisieren sollte" (Rensmann 2004: 71), verweist dessen gegenwärtige Verwendung darauf, dass es sich hierbei um eine bewusst ideologische Konstruktion handelt (vgl. ebd.).

Die antisemitische Wahrnehmung, die sich aus der antisemitischen Ideologie speist und auf einer „projektive[n] Wahrnehmungsstruktur" (Rensmann 2004: 76) basiert, hat mit dem tatsächlichen Verhalten oder mit Eigenschaften von jüdischen Menschen nichts zu tun – sie besitzt keinerlei empirische Grundlage. Vielmehr kann sie auf die antisemitische Person bzw. die Mehrheitsgesellschaft selbst zurückgeführt werden (vgl. Rensmann 2004: 76 f.; Benz 2004: 25). Antisemitismus stellt somit eine soziale Konstruktion dar, auf deren Basis sich die antisemitische Persönlichkeit selbst konstruiert (vgl. Frindte/Wammetsberger 2008: 41). Da sich die Ablehnung nicht auf Fakten, sondern auf Tradition und Emotion gründet, die jedoch von Antisemit*innen als faktisch verstanden werden, entzieht sich die Feindschaft bzw. der Hass gegenüber Juden*Jüdinnen jeglicher rationalen Debatte. Dieser Hass richtet sich gegen sie auf Grundlage ihrer bloßen Existenz, weshalb sich Antisemitismus als weitgehend resistent gegenüber Fakten und Aufklärung darstellt (vgl. Benz 2004: 10; Schwarz-Friesel/Reinharz 2013: 5).

Die historischen Wurzeln der Judenfeindschaft reichen weit zurück bis in die Antike.[161] Seit Beginn der Vertreibungen von Juden*Jüdinnen in vorchristlicher Zeit bilden sie eine Zielscheibe von Spott und Hass, wobei die Feindschaft gegen sie zum einen auf dem jüdischen Glauben, der einen Gegenentwurf zum Polytheismus darstellte, und zum anderen auf der Konzeptualisierung von Juden*Jüdinnen als die ANDEREN und FREMDEN beruht (vgl. Mayer 1991: 34 f.). Eine grundlegende Konstante des Antisemitismus besteht in ebenjener mentalen Konstruktion von Juden*Jüdinnen als GRUPPE DER ANDEREN (vgl. u. a. Holz 2001: 185 f.).[162] Aufgrund dieses Schemas repräsentiert das Judentum im „mental

---

negative Attribute, die aus der Vorstellung des*der Antisemit*in hervorgehen und sich jeglicher empirischer Basis entziehen, auf Juden*Jüdinnen projiziert (vgl. Schwarz-Friesel 2012: 35).
161 S. ausführlich dazu Poliakov (1979) sowie Ginzel (1991a).
162 Auf dieser Konzeptualisierung beruhen zahlreiche weitere antisemitische Stereotype, die bereits seit Jahrhunderten existieren und bildlich sowie sprachlich kodiert und transportiert werden. Zu den frequentesten Stereotypen zählen laut Schwarz-Friesel (2013a: 215 f.): GOTTESMORD, JÜDISCHE WELTVERSCHWÖRUNG, MACHT, GIER, RACHSUCHT, UNVERSÖHNLICHKEIT, JUDEN*JÜDINNEN SIND SCHULD AM ANTISEMITISMUS (vgl. ebenfalls dazu Benz 2004: 23; Ginzel 1991a; Schoeps/Schlör: 1995). Ab 1945 werden demgegenüber verstärkt die (Post-Holocaust-)Stereotype HOLOCAUSTAUSBEUTER*INNEN und MEINUNGSDIKTATERPRESSER*INNEN sowie STÖRENDE UND LÄSTIGE MAHNER*INNEN produziert und reproduziert (vgl. Schwarz-Friesel 2013a: 215).

fixierten, binär strukturierten Weltdeutungssystem von Antisemiten de[n] ultimative[n] Gegenentwurf zur eigenen Existenzform" (Schwarz-Friesel/Reinharz 2013: 48). Juden*Jüdinnen werden auf dieser Basis als prinzipiell negativ kategorisiert und dementsprechend als NICHT ZUGEHÖRIG konzeptualisiert (vgl. ebd.: 47 f.). Die Ausgrenzung und die damit einhergehende Stigmatisierung als FREMDE erfüllt zudem die Funktion der Stabilisierung des Eigenen bzw. der Wir-Gruppe.[163] Der Glaube an diese Eigenschaften verfestigt sich zu stereotypen Mustern. Innerhalb dieser Vorstellung etablierte sich eine Feindbildkonstruktion,[164] auf der das Stereotyp des KOLLEKTIVEN JUDEN beruht, dem eine Bedrohung für Nicht-Juden*Jüdinnen unterstellt wird (vgl. Benz 2004: 25).

Die Judenfeindschaft im Mittelalter ist geprägt vom religiös begründeten Antijudaismus,[165] dessen Grundvorwurf einerseits darin bestand, dass Juden*Jüdinnen Jesus Christus nicht als den Messias angenommen haben und andererseits, dass sie für dessen Tod am Kreuz verantwortlich seien (vgl. Eckert 1991: 71; Ginzel 1991c: 126). Auf dieser Basis manifestierte sich u. a. das Stereotyp von Juden*Jüdinnen als CHRISTUSMÖRDER*INNEN, das auch gegenwärtig in verschiedenen Kontexten reproduziert wird.[166] Dieses und weitere Stereotype wurden im Laufe der Jahrhunderte tradiert, wodurch sich die Judenfeindschaft als Bestandteil der christlich geprägten Kultur verfestigte und in verschiedenen Epochen zunehmend mit weiteren Formen des säkularisierten und modernen Antisemitismus verschmolz (vgl. Rensmann 2004: 76 f.; Schwarz-Friesel/Reinharz 2013: 64).

Die politische Dimension des Antisemitismus spiegelt sich u. a. in der Ausrichtung gesellschaftlicher sowie politischer Vereinigungen und Verbände wider, deren Grundlage der rassistische Antisemitismus bildet. Dieser verknüpft das völkische Weltbild und den Hass gegen Juden*Jüdinnen mit biologistischen Rassentheorien (vgl. Rensmann 2004: 77). Die verschiedenen Ausprägungen des Antisemitismus münden letztendlich im eliminatorischen Antisemitismus, dessen Ziel darin besteht, Juden*Jüdinnen aus der Gesellschaft auszulöschen, wie es durch die Shoah im nationalsozialistischen Deutschland geschehen sollte (vgl. Goldhagen [1996] 2012: 69).

Um die verschiedenen Ausprägungen des Judenhasses vor und nach der Shoah zu differenzieren, wird in der Antisemitismusforschung zwischen *primärem* und *sekundärem* Antisemitismus differenziert. Dabei beschreibt der sogenannte primäre Antisemitismus die bereits dargestellten, historisch bedingten

---

163 Das somit definierte Fremde wird wiederum ausgegrenzt und über die Zuschreibung negativer Eigenschaften bestimmt (vgl. Schwarz-Friesel/Reinharz 2013: 47 f.).
164 Zur Feindbildkonstruktion, die im Kontrast zum eigenen Selbstkonzept ausgerichtet ist, s. Schwarz-Friesel/Reinharz (2013: 267).
165 Den christlich geprägten Antijudaismus untersucht Nirenberg (2013).
166 Zur Verbalisierung dieses Stereotyps in gegenwärtigen Diskuszusammenhängen s. Schwarz-Friesel/Reinharz (2013: 124 f.).

Grundtypen des Antisemitismus; der sekundäre beinhaltet jene Formen, die sich nach 1945 etablierten und die Erscheinungsform des Antisemitismus nicht trotz, sondern „wegen Auschwitz" (Diner 1987: 186) kennzeichnen. Da die Bezeichnung *sekundär* aufgrund der Bedeutung von „nachrangig" oder „untergeordnet" (Duden ²⁵2009: 975) mitunter irreführend ist und suggeriert, dass es sich um eine weniger virulente Ausprägung der Judenfeindschaft handeln könnte, die keine Kontinuität hinsichtlich der klassischen Form aufweist, schließe ich mich der Kritik von Schwarz-Friesel/Reinharz (2013: 96) an und verwende die Bezeichnungen klassischer oder traditioneller Antisemitismus in Referenz auf die Judenfeindschaft vor 1945.

Die Manifestationsformen nach 1945, welche u. a. die Funktionen der Schuldabwehr und -befreiung erfüllen, werden im Folgenden als Post-Holocaust-Antisemitismus bezeichnet.[167] Der Antisemitismus in dieser Gestalt entfaltet seine Dynamik eben genau in der Verarbeitung bzw. Nicht-Verarbeitung der nationalsozialistischen Vergangenheit und der Shoah sowie dem starken Wunsch nach Entlastung (vgl. Rensmann 2004: 303).[168] Diner (1987) stellt in seiner Betrachtung des Verhältnisses zwischen jüdischen Opfern und NS-Täter*innen nach 1945 das Bestreben und das Bedürfnis der Post-Holocaust-Gesellschaft nach jener Schuldentlastung heraus:

> Scheitern einer Bewältigung dort, wo der Monstrosität des Verbrechens wegen Bewältigung sich als vergeblich offenbart; angestrengte Mühe, die sich bestenfalls als aussichtsloser Entsorgungsversuch von Schuld erweist – all das gebiert eine Kultur, die von einem durch Auschwitz hervorgerufenen Schuldgefühl geprägt wird, das ständig nach Entlastung sucht. (ebd.: 186)

Gerade mit Blick auf die Funktion von NS-V/M ist diese Ausprägung der Judenfeindschaft, die z. T. auch mit klassisch judeophoben Motiven verknüpft wird, von maßgeblicher Bedeutung. Typische Argumentationsmuster des Post-Holocaust-Antisemitismus, die sich im Laufe der Jahre als Post-Holocaust-Stereotype manifestierten, bestehen in den Unterstellungen, Juden*Jüdinnen zögen Vorteile aus der Vergangenheit und würden den Deutschen ein sogenanntes Meinungs-

---

[167] Nach 1945 können ebenso klassische und/oder aktualisierte (bspw. auf Israel bezogene) Antisemitismen artikuliert werden (s. Kap. 3.6.1.2).
[168] In ihrer Studie zum Schulddiskurs nach 1945 zeigt Kämper (2005), dass u. a. Verdrängung und Abwehr von Schuld prägend für den Täterdiskurs in der deutschen Nachkriegszeit sind. Die Strategien der Schuldabwehr und Rechtfertigung, die durch Argumentationshandlungen wie „‚Umdeuten', ‚Marginalisieren', ‚Idealisieren-Egalisieren', sowie ‚Gegenklage'" (ebd.: 497) umgesetzt werden, bilden Ausdrucksformen der persönlichen Entlastung, die u. a. dazu beitragen, ein positives Selbstbild zu kreieren (vgl. ebd.: 496 f.).

3.6 NS-Vergleiche und NS-Metaphern als Phänomen des Antisemitismus — 131

diktat auferlegen.[169] Auf diese Weise wird die deutsche Schuld relativiert bzw. so gewendet, dass durch Projektion und Täter*innen-Opfer-Umkehr Juden*Jüdinnen selbst für die Shoah verantwortlich gemacht werden. Der Vorwurf, dass Juden*Jüdinnen die (nicht jüdischen) Deutschen ständig wiederkehrend an die nationalsozialistischen Verbrechen erinnerten und somit eine patriotische Identifikation mit Deutschland erschweren würden, resultiert in der Vorstellung, der zufolge Juden*Jüdinnen jene Erinnerungen für ihre eigenen materiellen und gesellschaftlichen Vorteile ausnutzen würden (vgl. Stein 2011: 25 f.). Diese Verbindung von Denkmustern fasste der israelische Psychoanalytiker Zvi Rix in einem Satz zusammen, der ein Spezifikum des Post-Holocaust-Antisemitismus pointiert beschreibt: „Auschwitz werden uns die Deutschen nie verzeihen" (zit. nach Broder 2005: 158).

Die Bedeutung der Wechselbeziehung zwischen klassischem und Post-Holocaust-Antisemitismus betonen Schwarz-Friesel/Reinharz (2013: 96), indem sie die Formulierung *Antisemitismus trotz* und *Antisemitismus wegen Auschwitz* aufgreifen und in Bezug darauf argumentieren:

> [B]eide Dimensionen [sind] wichtig, um den Nachkriegsantisemitismus zu verstehen. *Trotz* der Erfahrung Auschwitz kam es bei vielen Deutschen zu keiner grundlegenden Veränderung in ihrer Einstellung zu den Juden (so dass die tradierten Klischees weiter im persönlichen Alltagsdiskurs bedient wurden) und *wegen* Auschwitz entwickelten sich zusätzliche auf Verantwortungsleugnung und Schamverdrängung basierende Stereotype und zwar vor allem die von JUDEN ALS STÖRENFRIEDE und LÄSTIGE MAHNER sowie JUDEN ALS HOLOCAUSTAUSBEUTER und (MEINUNGSDIKTAT-)ERPRESSER. (kursive Hervorh. L. G.)

Eine strikte Trennung dieser Erscheinungsformen würde also zu kurz greifen und die Kontinuität antisemitischer Konzeptualisierungen, die über Jahrhunderte hinweg tradiert und den jeweiligen politischen, sozialen und kulturellen Gegebenheiten angepasst wurden, nicht abbilden.[170] Dass Produzent*innen antisemitischer Äußerungen klassische Stereotype u. a. in aktualisierter Form artikulieren und mit solchen der Post-Holocaust-Epoche verknüpfen, zeigt Kapitel 5.3 anhand der untersuchten Daten mit Blick auf NS-V/M.

Darüber, ob und inwiefern sich eine Art neuer Antisemitismus entwickelt habe, wurde in den letzten Jahren ausführlich debattiert (vgl. hierzu Benz 1995;

---

[169] Empirische Befunde zu dieser Argumentationsform und den Stereotypen des HOLOCAUSTAUSBEUTERS sowie des MEINUNGSDIKTATERPRESSERS liefern Schwarz-Friesel/Reinharz (2013: 155–161). Zur Verbindung dieser Stereotype mit NS-V/M s. Kap. 5.3.

[170] Im Hinblick auf die Konzeptualisierung der HOLOCAUSTAUSBEUTUNG formulieren Schwarz-Friesel/Reinharz (2013: 157) ebenfalls ihre Kritik am Ansatz des sekundären Antisemitismus, dessen Definition sich z. T. zu eindimensional gestaltet und die jahrhundertelange Tradierung und Anpassung antisemitischer Konzeptualisierungen nicht aufgreift.

Volkov ²2000a; Salzborn 2004; Rabinovici/Speck/Sznaider 2004; Holz 2005; Weyand 2010; Schwarz-Friesel/Reinharz 2013). Weyand (2010) hält in diesem Zusammenhang fest, dass sich der Antisemitismus per se nicht erneuert habe,[171] jedoch die Antisemitismusforschung einen Fortschritt machte, indem sie „den Antisemitismus als eine weitgehend stabile Semantik entziffert" (ebd.: 67) hat, deren grundlegendes Strukturschema sich im ausgehenden 19. Jahrhundert ausbildete und sich seitdem nicht wesentlich veränderte (vgl. ebd.). Auch die maßgeblichen Argumentationsmuster und Stereotypisierungen, die für den Post-Holocaust-Antisemitismus kennzeichnend sind, fügen sich in diesen Zusammenhang ein (vgl. Holz 2001: 483–539) und werden innerhalb bestimmter Kontexte auch auf den Staat Israel projiziert (s. Kap. 3.6.1.2 sowie 5.3).

Wie bereits erläutert, besteht ein Merkmal von antisemitischen Konzeptualisierungen in ihrer Anpassungsfähigkeit an aktuelle Situationen und Rahmenbedingungen, in denen sie entsprechend transformiert, modifiziert und entsprechend verbal elaboriert werden. So basiert etwa das antisemitische Nachkriegsstereotyp von JUDEN*JÜDINNEN ALS HOLOCAUSTAUSBEUTER*INNEN, die materielle Forderungen an die Bundesrepublik Deutschland auf Grundlage der Erinnerungen an die Shoah stellen würden, auf der jahrhundertelang tradierten Konzeptualisierung von Juden*Jüdinnen „als GIERIGE[...] PARASITEN UND VOLKSSCHÄDLINGE[...]" (Schwarz-Friesel/Reinharz 2013: 96).[172] Diverse antisemitische Vorstellungen verbinden sich zu einem Konstrukt, in dem ein kognitives System aus bestimmten Glaubensinhalten zusammen mit emotional basierten Ressentiments eine wechselseitige Verbindung eingeht und auf diese Weise ein stabiles Weltdeutungsmuster bildet. Dabei spielt die Sprache als Mittel der Archivierung und Konservierung sowie für die Aktivierung und Reaktivierung antisemitischen Gedankenguts eine zentrale Rolle (vgl. ebd.: 105 sowie Kap. 3.6.1.3 und bzgl. des methodischen Zugangs der vorliegenden Untersuchung Kap. 4.1).

Auch wenn sich keine völlig neue Form des Antisemitismus nach 1945 entfaltete, so werden doch einige Aktualisierungen deutlich, die Rensmann (2004: 79) mit dem Terminus des „modernisierten Antisemitismus" erfasst. Dieser zeigt sich zum einen in der Projektion antisemitischer Stereotype auf Israel[173] sowie

---

[171] Der Kern der Judenfeindschaft bzw. des Judenhasses blieb kontinuierlich bestehen, obwohl einige Veränderungen hinsichtlich der offenen Artikulation und der Zusammensetzung der Personen, die antisemitische Aussagen treffen und/oder in diesem Zusammenhang auch Gewalt anwenden, zu verzeichnen sind (vgl. Weyand 2010: 69).
[172] Zahlreiche weitere Formen aktualisierter und modifizierter antisemitischer Stereotype decken Schwarz-Friesel/Reinharz (2013: 58–193) in ihrer Untersuchung auf.
[173] Auch die Dämonisierung, die Delegitimierung und das Anlegen anderer bzw. höherer moralischer Standards an Israel sind Komponenten des israelbezogenen Antisemitismus (vgl. Sharansky 2004 und Kap. 3.6.1.2).

3.6 NS-Vergleiche und NS-Metaphern als Phänomen des Antisemitismus — 133

der starken Fixierung auf diesen Staat und zum anderen in der Herausbildung zahlreicher indirekter und impliziter verbaler wie auch non-verbaler Ausdrucksformen, mittels derer antisemitische Inhalte tradiert werden. Beide Gesichtspunkte bilden wesentliche Faktoren in der Untersuchung antisemitischer NS-V/M, da diese vielfach auf den israelischen Staat bzw. seine Repräsentant*innen bezogen sind und oft referenziell unterspezifiziert sowie mittels Anspielungen formuliert werden.[174]

Bevor wir uns der aktuellen Ausprägung des israelbezogenen Antisemitismus widmen, ist zunächst der Umstand zu erörtern, dass nach 1945 die Tabuisierung eines öffentlich kommunizierten Antisemitismus in der Bundesrepublik Deutschland einsetzte. Obwohl explizit antisemitische Äußerungen seitdem im öffentlichen Kommunikationsraum als sozial unerwünscht gelten und größtenteils sanktioniert werden, überdauern und verfestigten sie sich weiterhin auf einer privaten Diskursebene (vgl. Bergmann/Erb 1986; Beyer/Krumpal 2010: 681 f.).[175] Dadurch wurden verschiedene Formen eines impliziten Antisemitismus etabliert, die in sozialwissenschaftlichen Abhandlungen mit dem Ansatz der *Kommunikationslatenz* zunächst theoretisch erfasst (vgl. Bergmann/Erb 1986), und in den letzten Jahren verstärkt empirisch untersucht wurden (vgl. Frindte/Wammetsberger 2008; Beyer/Krumpal 2010).[176]

Schwarz-Friesel/Reinharz (2013: 52 f., 97) kritisieren den Terminus der *Kommunikationslatenz*, da dieser teilweise uneinheitlich verwendet wird. Der Ausdruck *Latenz*, der in der Kognitionswissenschaft spezifisch auf das Phänomen der unbewussten Konzeptualisierungen referiert, bezieht sich in diesem Zusam-

---

[174] Hinsichtlich der kommunikativen Funktion antisemitischer NS-V/M s. Kap. 3.6.2.2. Zu indirekten Sprechkaten und zur referenziellen Unterspezifikation in NS-V/M s. Kap. 3.2.2, 5.1.2.7 und 5.2.9.

[175] Die öffentliche Tabuisierung von antisemitischen Ausdrucksformen, sei es auf gesellschaftlicher oder gesetzlicher Ebene, führte nicht dazu, dass antisemitische Einstellungsmuster dezimiert wurden. Rensmann (2004: 487) konstatiert in diesem Zusammenhang, dass Antisemitismus innerhalb der demokratischen Öffentlichkeit in allen politischen Lagern existiert und von unterschiedlichen Akteuren verbreitet wird.

[176] Zu sozialwissenschaftlichen Studien, in denen antisemitische Einstellungsmuster eruiert wurden, s. u. a. Bergmann/Erb (1986, 1991), Heitmeyer (2002–2012), Zick/Küpper (2006), Zick (2010), Decker/Kiess/Brähler (2012), Zick/Klein (2014) sowie Zick/Küpper/Krause (2016).

Da in diesem Forschungsbereich Antisemitismus traditionell mithilfe von quantitativen wie auch qualitativen Interviews und Umfragen untersucht wird, diese Methoden aufgrund der Thematik jedoch eher sozial erwünschte Antworten hervorrufen (vgl. Beyer/Krumpal 2010: 681), ist es für den Bereich der Einstellungsforschung bedeutend, das bestehende Methodenwerkzeug mit linguistischen Arbeitstechniken zu erweitern (s. Kap. 4.1). Die Arbeit von Schwarz-Friesel/Reinharz (2013) bildet in diesem Zusammenhang eine erste umfangreiche empirische Untersuchung, in der diverse neue Ausdrucksformen und antisemitische Sprachgebrauchsmuster vor dem Hintergrund öffentlicher und privater Kommunikationszusammenhänge untersucht werden.

menhang auf die Verlagerung der Äußerung antisemitischer Inhalte in den privaten Kommunikationsraum und/oder hin zu indirekten Artikulationsformen. Bergmann/Erb (1986) erfassen solche Erscheinungen als *Umwegkommunikation*; Adorno [1962] 1971 deklariert dieses Phänomen als *Krypto-Antisemitismus*, dessen Zweck er wie folgt benennt:

> Dieser Krypto-Antisemitismus ist eine Funktion der Autorität, die hinter dem Verbot offener antisemitischer Manifestation steht. Es liegt aber in dem versteckten selbst ein gefährliches Potential [...]. (ebd.: 109)

Demgegenüber werden explizite und offen verbalisierte antisemitische Äußerungen als *manifest* bezeichnet (vgl. Bergmann/Erb 1986; Rensmann 2004: 78 f.). Schwarz-Friesel/Reinharz (2013: 52 f.) zufolge wird die Differenzierung dieser beiden Ausprägungsvarianten jedoch weitaus eindeutiger mit den Bezeichnungen *öffentlich* versus *privat* zum Ausdruck gebracht.[177]

Die subtile Variante der Verbreitung von Antisemitismus geschieht u. a. mithilfe von „kulturellen Codes" (s. dazu Volkov 2000) und Chiffren, die durch Wortwahl, Kontext sowie nonverbale Gesten transportiert werden können. Diese Codes und Chiffren bilden einen Teil des kollektiven Bewusstseins[178] und sind als tief verwurzeltes und irrationales Weltdeutungskonstrukt zu beschreiben, das sich auf die bereits erläuterten historischen Ursprünge des Antisemitismus zurückführen lässt (vgl. Volkov 2000: 13; Benz 2004: 9 f.). Darin verdichten sich „kognitive und emotionale Repräsentationen [...] zu einem komplexen Bewertungssystem, das konzeptuell geschlossen ist und als Weltdeutungsschablone dient" (Schwarz-Friesel/Reinharz 2013: 115).

---

[177] Entsprechend der vorherigen Kap. wird auch in den folgenden Abschnitten dieser Arbeit einerseits die Unterscheidung zwischen öffentlich und privat unter dem Gesichtspunkt der Kommunikationssituation vorgenommen sowie zwischen implizit und explizit differenziert.
[178] In den auf Durkheim (1961) und Halbwachs (1985) zurückgehenden Ansätzen des kollektiven Bewusstseins bzw. Gedächtnisses wird dieses als Reservoir von Wissens- und Glaubensinhalten gefasst, welches von Mitgliedern einer Gruppe oder Gesellschaft über viele Generationen hinweg überliefert wird und Rahmenbedingungen für die Ausprägung des individuellen Gedächtnisses schafft. Das kommunikative Gedächtnis ist Teil des kollektiven Gedächtnisses und umfasst dabei verschiedene Formen der Alltagskommunikation (vgl. Assmann 1988: 10 f.), die u. a. durch Sprachgebrauchsmuster geprägt ist (vgl. Schwarz-Friesel/Reinharz 2013: 49), welche im Hinblick auf antisemitische Inhalte sowohl explizite als auch implizite Manifestationsformen beinhalten. Zum kollektiven und kulturellen sowie zum kommunikativen Gedächtnis s. Assmann (1988) und die umfangreiche Zusammenstellung von Erll (^{2}2005).

3.6.1.2 Israel als Projektionsfläche für antisemitische Konzeptualisierungen

Bevor wir zur sprachlichen Dimension und bestimmten antisemitischen Verbalisierungsformen kommen, wird zunächst diejenige Ausprägung des Antisemitismus beleuchtet, welche für die gegenwärtige Situation prägend ist und gerade mit Blick auf NS-V/M eine zentrale Rolle spielt: Der israelbezogene Antisemitismus.

Dass die Feindschaft bzw. der Hass gegenüber Juden*Jüdinnen seit jeher einen festen Bestandteil der europäischen Kultur bildet, wurde bereits hervorgehoben. Indem Stereotype offen oder verdeckt transportiert und somit tradiert wurden, konnten antisemitische Vorurteilsmuster über Jahrhunderte hinweg gesellschaftlich und kulturell absorbiert sowie bewusst oder unbewusst kultiviert werden. Diese Kultivierung und Sozialisierung der Stereotype führt dazu, dass sich bestimmte Ressentiments wie auch Motive und Bilder, die als Auslöser der Ressentiments fungieren, im Alltagsdenken tief verankern und z. T. schwierig als solche identifizierbar sind (vgl. Stein 2011: 35 f.). Stein (2011) illustriert dies am Beispiel der Beschreibung des Judentums als eine Vergeltungsreligion auf Basis des Stereotyps der RACHSUCHT, das in aktuellen Konfliktsituationen in Nahost bevorzugt reproduziert und in Bezug auf den israelischen Staat angewendet wird (vgl. ebd.: 36). Diese referenzielle Verschiebung antisemitischer Konzeptualisierungen hin zum Referenzobjekt Israel manifestiert sich in der aktuellen Formvariante des Antisemitismus, die u. a. regelmäßig in Bezug auf den Nahost-Diskurs artikuliert wird (vgl. dazu Schwarz-Friesel/Reinharz 2013: 209 f.).

Neben der Projektion diverser antisemitischer Stereotype auf Israel,[179] d. h. sowohl klassisch antijüdischer Konzeptualisierungen als auch Post-Holocaust-Stereotype, bildeten sich im Laufe der Zeit und innerhalb bestimmter Diskurse zusätzliche Stereotype heraus, die zwar direkt auf Israel referieren, aber konzeptuell eng verwandt mit klassischen Stereotypen sind, wie u. a. UNTERDRÜCKER- und UNRECHTSTAAT (vgl. Schwarz-Friesel/Reinharz 2013: 218). Darüber hinaus existieren zahlreiche weitere Entwertungsmechanismen, die den antiisraelischen Antisemitismus kennzeichnen und je nach Kontext und Kommunikationssituation modifiziert sowie angepasst werden. De-realisierende Darstellungen, die bspw. durch die Dämonisierung Israels im Sinne einer semantischen Entwertung und/oder durch die Delegitimierung des Existenzrechts sowie die unikale Fokussierung und durch die Bewertung Israels mit doppelten Standards

---

[179] Zentral sind dabei laut Stein (2011: 35–39) die Stereotype der WELTVERSCHWÖRUNG, des SELBSTVERSCHULDETEN ANTISEMITISMUS sowie die Attribuierung von Juden*Jüdinnen und/ oder Israelis als JÜDISCH-ISRAELISCHES KOLLEKTIV. Auch die klassischen Konzeptualisierungen des KINDERMORDES und der AGGRESSION spielen gerade innerhalb des Nahost-Diskurses eine besondere Rolle.

geprägt sind, bilden typische Merkmale des israelbezogenen Antisemitismus (vgl. u. a. Sharansky 2004; Pfahl-Traughber 2007; Schwarz-Friesel/Reinharz 2013).[180] Er tritt explizit oder implizit, direkt oder indirekt in Erscheinung und wird im öffentlichen wie im privaten Kommunikationsraum artikuliert.

Häufig geben Verfasser*innen antisemitische Äußerungen, die nicht explizit auf Juden*Jüdinnen, sondern auf den israelischen Staat referieren, als bloße Kritik an diesem aus; damit negieren sie die Dimension eines Antisemitismus, der sich konkret auf Israel bezieht.[181] Ergänzend zu den bisher genannten Faktoren sind hier exemplarisch einige Manifestationsformen des israelbezogenen Antisemitismus anhand der „Working Definition of Antisemitism", die ursprünglich auf einer Ausarbeitung des damaligen European Monitoring Centre on Racism and Xenophobia (EUMC) zurückgeht,[182] aufgelistet:

> Denying the fact, scope, mechanisms (e. g. gas chambers) or intentionality of the genocide of the Jewish people at the hands of National Socialist Germany and its supporters and accomplices during World War II (the Holocaust). Accusing the Jews as a people, or Israel as a state, of inventing or exaggerating the Holocaust. Accusing Jewish citizens of being more loyal to Israel, or to the alleged priorities of Jews worldwide, than to the interests of their own nations. [...] Denying the Jewish people their right to self-determination, e.g., by claiming that the existence of a State of Israel is a racist endeavor. [...] Drawing comparisons of contemporary Israeli policy to that of the Nazis. Holding Jews collectively responsible for actions of the state of Israel. (European Forum on Antisemitism 2019)

Der vorletzte Aspekt betrifft bereits die Problematik der antisemitischen NS-V/M, die in 3.6.2 und den folgenden Kapiteln dieser Arbeit den Fokus darstellen. Solche Analogiebildungen zusammen mit anderen Erscheinungsformen des

---

180 Diese Indikatoren des israelbezogenen Antisemitismus, die sogenannten drei Ds (Dämonisierung, Delegitimierung und Doppelstandards), gehen auf Sharansky (2004) zurück und stellen u. a. Eckpfeiler in zahlreichen theoretischen und empirischen Arbeiten innerhalb dieses Themenkomplexes dar. Schwarz-Friesel/Reinharz (2013) haben diese drei Aspekte um den Bereich der Dehumanisierung erweitert (vgl. ebd.: 224–227).
181 Zur Differenzierung zwischen Kritik an Israel und einer antisemitischen Äußerung s. Kap. 3.6.1.3.
182 Die Definition wird u. a. vom European Forum on Antisemitism sowie der European Parliament Working Group On Antisemitism vertreten. Diese Vereinigungen setzen sich aus parteipolitischen, zivilgesellschaftlichen und wissenschaftlichen Trägern zusammen. Neben den hier angegebenen Punkten werden in der Working Definition weitere Phänomene des Antisemitismus aufgezählt. Dabei sind zusätzlich zu den israelbezogenen Aspekten, wie Dämonisierung, Delegitimierung, Doppelstandards, der Projektion traditioneller Stereotype auf den israelischen Staat und die im Zitat genannten Ausprägungen, auch auf Juden*Jüdinnen bezogene Entwertungen aufgeführt. Hierzu zählen bspw. Diffamierungen, Bedrohungen, Aufrufe zur Schädigung und/oder Tötung von Juden*Jüdinnen sowie die Holocaustleugnung und -relativierung (vgl. European Forum on Antisemitism 2019).

israelbezogenen Antisemitismus, wie entsprechenden Stereotypisierungen, Dämonisierungen, Delegitimierungen und doppelten Standards, antisemitischen Diffamierungen und die Leugnung oder Relativierung der Shoah, bilden ein Konglomerat aus Entwertungsmechanismen, zwischen denen komplexe Wechselbeziehungen bestehen, die in antisemitischen Äußerungen zum Ausdruck kommen (s. Kap. 5).

Wie es dazu kommt, dass antisemitische Konzeptualisierungen auf Israel übertragen werden und der israelisch-palästinensische Konflikt immer wieder ein „Feld für antisemitische Ersatzhandlungen" (Frindte/Wammetsberger 2008: 40) darstellt, wurde bisher noch nicht betrachtet. Weil das im Hinblick auf die Motive und Intentionen von antisemitischen NS-V/M ein wichtiges Kennzeichen ist, werden abschließend einige historische und gesellschaftspolitische Rahmenbedingungen für die Ausprägung des israelbezogenen Antisemitismus skizziert.

Die Ablehnung des israelischen Staates basiert auf der Ablehnung des Zionismus,[183] die sich ideologisch im Antizionismus manifestiert. Ursprünglich taucht der Terminus *Antizionismus* im inner-jüdischen Kontext auf und beschreibt die Einstellung vieler europäischer Juden*Jüdinnen, die in ihren jeweiligen europäischen Zivilgesellschaften das Prinzip der Assimilation vertraten und den Zionismus aus diversen Gründen, als Form des Nationalismus, ablehnten (vgl. Volkov 2000: 77 f.). Insbesondere linke Positionen, egal ob in marxistischer oder sozialdemokratischer Form, sahen im Zionismus eine reaktionäre Ideologie, die auf Nationalismus beruhte und dadurch den sozialistischen Zielen der Arbeiterbewegung widersprach. Die Positionen gegen den Zionismus waren allerdings keineswegs einheitlich und auch in ihrer Ausprägung sowie ihrer Tiefenschärfe sehr heterogen. Dabei waren die klassisch antizionistischen Sichtweisen, wie sie vom Allgemeinen Jüdischen Arbeiterbund und der Kommunistischen Internationalen vertreten wurden, indem sie den Zionismus als jüdischen Nationalismus kritisierten, in ihrem Kern nicht antisemitisch (vgl. Stein 2011: 28 f.).

Abzugrenzen ist diese Form des Antizionismus jedoch vom marxistisch-leninistisch geprägten antiimperialistischen Antizionismus des Spät-Stalinismus, der in strukturellen, inhaltlichen und funktionalen Kriterien dem Antisemitismus gleicht,[184] sich jedoch darin unterscheidet, dass er sich niemals biologisch-

---

[183] Der auf Theodor Herzls Schrift „Der Judenstaat" (1986) zurückgehende Zionismus hat seine politischen Wurzeln im ausgehenden 19. Jahrhundert. Das erklärte Ziel der zionistischen Bewegung bestand u. a. in der Schaffung eines jüdischen Nationalstaates in Palästina, wobei dies auch eine Reaktion auf den sich verschärfenden Antisemitismus in Europa darstellte. Zum Begriff sowie der historischen, politischen und kulturellen Entwicklung des Zionismus s. Krupp (2001), Kloke (2010a) und Salzborn (2015).

[184] Ein Grund dafür besteht nach Claussen (1991) u. a. darin, dass der Antizionismus zwischen 1948 und 1953 zum sozialistischen Paradigma avancierte und die Nachfolge des zaristischen

rassistisch begründete (vgl. Haury 2002: 429). Der antiimperialistische Antizionismus zeichnet sich durch eine in sich gefestigte Ideologie aus, in deren Zentrum die Feindschaft zu Israel steht – damit bildet er das Fundament für den israelbezogenen Antisemitismus, der durch die Verknüpfung einer negativen Bewertung Israels mit den jeweiligen Stereotypen, Entwertungsmechanismen und Diffamierungen gekennzeichnet ist.[185]

Im Laufe der siebziger und achtziger Jahre wurde der Antizionismus in der BRD zu einem Grundbestandteil der sogenannten Neuen Linken, die unterschiedliche Gruppierungen subsummiert.[186] Zahlreiche Publikationen des politisch linken Spektrums dämonisierten und delegitimierten Israel seinerzeit als „zionistischen Aggressorstaat", als „Brückenkopf des Imperialismus" oder als ein „mit geraubtem Land und geschnorrtem Geld errichtetes künstliches Gebilde" mit „parasitärem Charakter" (zit. nach Haury 2004: 147, 149 f.). Eine Komponente des antiimperialistischen Antizionismus, und in weiten Teilen auch des israelbezogenen Antisemitismus, stellt der Antiamerikanismus dar. Die Ablehnung

---

Antisemitismus aus vorsowjetischer Zeit antrat. Die antizionistische Propaganda ist stetig mit antisemitischen Inhalten verknüpft worden und hat sich somit zu einer Weltanschauung entwickelt, in welcher der israelische Staat als Wurzel allen Übels galt und der Zionismus zu einer Metapher instrumentalisiert wurde (vgl. Stein 2011: 31), die mit der Behauptung einer „weltweiten Verschwörung anationaler Wallstreet-Kapitalisten" sowie der „Entgegensetzung ‚schaffende Völker' versus ‚Finanzhyänen und Parasiten'" (Haury 2002: 429) verbunden wurde. Mithilfe dieser Lexik bedienen Verfasser*innen das seit dem Mittelalter tradierte Stereotyp der GELDGIER und diffamieren damit Zionist*innen als von fremder Arbeit lebende Parasiten. Da sich der sowjetische Kommunismus als antifaschistisch definierte und jede explizite Verbindung zum Antisemitismus vermeiden musste, wurde nicht explizit auf Juden*Jüdinnen, sondern auf Zionist*innen referiert: Die Lexeme *Zionist* und *Jude* fungierten demnach als Synonyme (vgl. Stein 2011: 31). Die historischen und politischen Verbindungslinien zwischen dem Antizionismus und dem Antisemitismus zeichnet Poliakov ([1969] ²2006) detailliert nach. Zu den ideologischen Affinitäten zwischen diesen Ausprägungen (insbesondere dem antiimperialistischen Antizionismus und dem Antisemitismus) s. ebenfalls Haury (2002: 428–445).
185 Dieses Phänomen beschreiben u. a. Schwarz-Friesel/Reinharz (2013) als Anti-Israelismus (unter den sie auch den Antizionismus fassen). Dieser stellt ein auf irreale antisemitische Feindbildkonstruktionen gegründetes Aggressionsverhalten dar, das zum einen als mentale Haltung und zum anderen als wahrnehmbares Verhalten verstanden werden kann und auf israelfeindlichen Einstellungen basiert. Demnach zeichnet sich der Anti-Israelismus dadurch aus, dass alles, was kollektiv und übergeneralisierend als israelisch eingeordnet werden kann, abzulehnen ist. In seiner Konsequenz zielt der Anti-Israelismus, der eine Formvariante des Antisemitismus verkörpert, auf die Stigmatisierung und schließlich auf die radikale Veränderung oder sogar auf die Auflösung Israels ab (vgl. Schwarz-Friesel/Reinharz 2013: 198, 207–209). In der vorliegenden Untersuchung werden diese Ausprägungen als Erscheinungsformen des israelbezogenen Antisemitismus erfasst.
186 Zur Differenzierung des politisch linken Spektrums der achtziger und neunziger Jahre s. Kloke (²1994: 82–136) sowie Stein (2011: 39–41).

der USA, die innerhalb dieser Sichtweise prototypisch für Kapitalismus und Imperialismus stehen, wird dabei mit antizionistischen Konzeptualisierungen verknüpft, welche eindeutig von verschwörungstheoretischen Stereotypisierungen und der klaren Vorstellung von Gut und Böse geprägt sind (vgl. Rensmann 2004: 304 f.). Markovits (2004a: 216) zufolge sind die Furcht vor kapitalistischer Modernität und die Kritik daran die einenden Elemente, durch die Antisemitismus und Antiamerikanismus miteinander kombiniert werden. Seit Mitte des 19. Jahrhunderts verkörperten amerikanische Juden*Jüdinnen sowie die USA selbst gleichermaßen ein Exempel an Modernität: „von Geld motiviert, profithungrig, großstädtisch, universalistisch, individualistisch [...]" (Markovits 2004a: 216). Im Zusammenhang mit antisemitischen Konzeptualisierungen äußert sich das bspw. in der Vorstellung der „Wallstreet als weltweites Herrschaftszentrum jüdischen Finanzkapitals" (Rensmann 2004: 309). In Bezug auf den israelischen Staat kommt die antiamerikanische Haltung u. a. zum Ausdruck indem er als „imperialistischer Brückenkopf" (zit. nach Haury 2007: 285) des Nahen Ostens delegitimiert wird.

Ein besonderes Anliegen der (antiimperialistischen) Linken bestand seit dem Sechstagekrieg im Juni 1967 darin, sich mit den Palästinenser*innen, gewissermaßen den „Underdogs", zu solidarisieren und den Kampf der Palästinensischen Befreiungsorganisation (PLO) gegen Israel zu unterstützen (vgl. Kloke ²1994: 288). Die Dichotomie zwischen Israel, das als „böse" und „stark" attribuiert wird, und der palästinensischen Bevölkerung, die demgegenüber als „hilfsbedürftig" und „schwach" (Schwarz-Friesel 2013b: 1005) gilt, ist seit Ende der sechziger Jahre eine populäre Darstellung der Konfliktparteien. Typisch ist in diesem Zusammenhang, dass Äußerungsproduzent*innen Palästinenser*innen überwiegend als „Opfer" oder „Unterdrückte" perspektivieren und auf Israel, dem „Unterdrücker" (Schwarz-Friesel 2013b: 1005), bspw. mittels NS-V/M referieren. Dies zeigen auf sprachlicher Ebene Komposita, wie „Nazisrael" (zit. nach Kloke ²1994: 171) oder „Zionazis" (zit. nach Rensmann 2004: 315), die u. a. in Publikationen antiimperialistischer Gruppierungen zu finden sind (vgl. Kloke ²1994: 171; Rensmann 2004: 315).[187]

Das Solidarisieren mit den Palästinenser*innen, die NS-V/M und das Anlegen besonders strenger moralischer Maßstäbe an Israel erfüllen u. a. den Zweck der persönlichen Entlastung (vgl. Mertens 1995: 93) in der Post-Holocaust-Gesellschaft. Die Funktion des Antizionismus fasst Claussen (1995: 172) folgendermaßen zusammen:

---

187 Zur Realisierung solcher und weiterer Analogien s. Kap. 3.6.2 sowie Kap. 5.2.2 in Bezug auf die Korpusdaten.

> Vielen Linken dient der Antizionismus als Zauberformel, um sich von der politisch-kulturellen Altlast des europäischen Antisemitismus zu befreien, ohne sich die kritische Distanz erarbeiten zu müssen.

Dass antizionistische und antiamerikanische Positionen ein politisches Querfront-Thema darstellen, welches sowohl die antiimperialistische Linke als auch Gruppierungen der extremen Rechten sowie islamistische Vorstellungen vereint, arbeitet Rensmann (2004: 255–264) detailliert heraus. Die Funktionen des Antizionismus sind demnach also nicht auf das politisch linke Spektrum begrenzt, sondern gelten für Akteure sämtlicher politischer Couleur innerhalb der Nachkriegsgesellschaft. Bereits 1969 wies Jean Améry darauf hin, dass Antizionismus dazu dienen kann, den tatsächlichen Antisemitismus zu kaschieren, ihn zu legitimieren und ihm sogar Anerkennung zu verschaffen:

> Fest steht: Der Antisemitismus, enthalten im Anti-Israelismus oder Anti-Zionismus wie das Gewitter in der Wolke, ist wiederum ehrbar. Er kann ordinär reden, dann heißt das ‚Verbrecherstaat Israel'. Er kann es auf manierliche Art machen und vom ‚Brückenkopf des Imperialismus' sprechen. (Améry [1969] 2005: 132)

Vor dem Hintergrund gegenwärtiger Tendenzen führt Kloke (2015) Amérys Überlegung weiter und begründet, warum Antizionismus in seiner aktuellen Gefahr keinesfalls unterschätzt werden sollte:

> Insofern fungiert der Antizionismus als ein trojanisches Pferd, das das antisemitische Ressentiment aus der Schmuddel-Ecke herausholt und gesellschaftsfähig macht. Der Antizionismus, auch in seiner „gebildeten" Variante, hat seine Unschuld verloren, die er früher einmal gehabt haben mag. Wer nach Auschwitz – und auch angesichts gegenwärtiger Drohungen islamistischer Akteure (nicht nur des Iran) – dem Staat Israel seine Legitimität abspricht, zieht nicht nur Millionen israelischer Juden, sondern auch Diaspora-Juden den existenziellen Daseinsteppich unter den Füßen weg. Solange es Antisemitismus gibt, bleibt Israel potenzieller Rettungsanker, eine Art Versicherungspolice – unabhängig von der Zusammensetzung seiner Regierung oder der Art und Weise seines (kritikwürdigen) Regierungshandelns. (Kloke 2015: 168)

Améry ([1969] 2005) und Kloke (2015) charakterisieren den Antizionismus jeweils, indem sie Analogien bilden, die ähnlich zu deuten sind. Ob als „Gewitter in der Wolke" oder „Trojanisches Pferd" soll diese Form des Antizionismus den antisemitischen Kern der Ideologie verhüllen. Als „Zauberformel" dient er nach Claussen (1995: 172) der Befreiung vom Ballast des Antisemitismus und der davon geprägten Vergangenheit. Wie auch durch NS-V/M in Bezug auf Israel deutlich wird, spielt ebendiese jedoch eine maßgebliche Rolle für die Verfasser*innen der NS-V/M. Bevor wir uns jenen antisemitischen Äußerungsformen zuwenden, wird zunächst die Problematik des Verbal-Antisemitismus erörtert.

3.6.1.3 Sprache als Instrument zur Tradierung antisemitischer Konzeptualisierungen

Antisemitismus gilt seit Jahrhunderten als Exempel für die Macht und Gewalt, die durch Sprache ausgeübt werden kann (vgl. Ginzel 1991b: 16). Als Medium trägt sie maßgeblich zur Tradierung sowie zur Verankerung antisemitischer Ressentiments und Stereotype bei. Schwarz-Friesel/Reinharz (2013: 36) kennzeichnen Sprache in diesem Kontext

> als kulturelles Erbe und kollektives Wissensreservoir, als Konservierungsmittel für Mythen und Stereotype, [...] die zum kollektiven Wissen einer Gesellschaft gehören, obgleich ihr Geltungsanspruch nicht empirisch unterlegt ist.

Indem Sprache „Komponenten des kollektiven Bewusstseins [archiviert] und sie [...] über ihre bedeutungstragenden Formen transparent [macht]" (Schwarz-Friesel/Reinharz 2013: 105), werden judenfeindliche Klischees und Vorstellungen bewahrt. Dass diese historisch besonders flexibel sind und sich den jeweiligen politischen, gesellschaftlichen und kulturellen Gegebenheiten anpassen,[188] haben die vorherigen Abschnitte verdeutlicht. Durch die Untersuchung antisemitischer Äußerungen können Konzeptualisierungen und Einstellungsmuster, die ihnen zugrunde liegen, aufgedeckt und erfasst werden. Außerdem bietet die linguistische Analyse von schriftlichen oder mündlichen Äußerungen die Möglichkeit, Einblicke in die emotionale Haltung der jeweiligen Produzent*innen zu erlangen und somit Aufschluss über das komplexe Zusammenspiel kognitiver und emotionaler Faktoren bzgl. antisemitischer Denk- und Einstellungsmuster zu geben (vgl. dazu Schwarz-Friesel/Friesel 2012; Schwarz-Friesel 2013a, 2013b, 2015b, 2015c sowie Schwarz-Friesel/Reinharz 2013).[189]

Den Terminus Verbal-Antisemitismus definieren Schwarz-Friesel/Reinharz (2013: 48 f.) wie folgt:

> Als Verbal-Antisemitismus gelten alle sprachlichen Äußerungen, mittels derer Juden als Juden entwertet, stigmatisiert, diskriminiert und diffamiert werden, mit denen also judenfeindliche Stereotype kodiert und Ressentiments transportiert werden. Verbal-Antisemitismen sind demnach alle Formulierungen, in denen explizit und implizit Stereotype über Juden

---

[188] Der Thematik des sprachlichen Antisemitismus in der Frühen Neuzeit widmet sich Hortzitz (1995), indem sie u. a. rhetorische Stilmittel in tradierten antisemitischen Sprachgebrauchsmustern analysiert. Schwarz-Friesel (2015b) zeigt historische und aktuelle Kontinuitäten des sogenannten gebildeten Antisemitismus anhand sprachlicher Äußerungen auf. Zur Gegenüberstellung und der linguistischen Untersuchung verbal-antisemitischer Manifestationsformen im 19. Jahrhundert und jenen aus dem gegenwärtigen Web-Diskurs s. Becker/Giesel (2016).
[189] Der methodische Zugang zur Untersuchung antisemitischer Verbalisierungen wird in Kap. 4.1 erläutert.

ausgedrückt, anti-jüdische Konzeptualisierungen und Gefühle vermittelt und tradierte judeophobe Weltbilder transportiert werden. Konzeptuelle Repräsentationen, die sich aus stereotypen Kategorienkonstrukten zusammensetzen, sind somit immer die Basis für verbal-antisemitische Äußerungen.

Außerdem zeichnen sich antisemitische Äußerungen durch drei Grundkonstanten aus, die Schwarz-Friesel (2015d: 183) zusammenfasst:

> Verbal-Antisemitismus ist gekennzeichnet durch die Semantik der Abgrenzung, der Fixierung durch Stereotype und der Ab-/Entwertung von Juden und Judentum. Diese drei Grundkonstanten judenfeindlicher Sprachgebrauchsmuster haben eine lange Tradition, und die Konzeptualisierungen der historischen und der zeitgenössischen Judenfeindschaft ähneln sich diesbezüglich frappierend [...].

Zudem bilden die in Kapitel 3.6.1.2 dargestellten israelbezogenen Entwertungsmechanismen (Dämonisierung, Delegitimierung, unikale Fokussierung) sowie die Übertragung antisemitischer Stereotype auf den Staat Israel und die Herstellung von NS-V/M ebenfalls eine Ausprägung des Verbal-Antisemitismus.[190] Kritik an Israel, die mit antisemitischen Stereotypisierungen verknüpft wird und somit ein verzerrtes Bild von Israel zeichnet, übersteigt Kritik in Form der Beurteilung eines Sachverhalts sowie als Ausdruck problemorientierter Kommunikation und ist als Antisemitismus zu klassifizieren (vgl. Schwarz-Friesel/Reinharz 2013: 196–209).[191]

Verbaler Antisemitismus kann abgesehen von den obigen Gesichtspunkten auch hinsichtlich der Intentionalität differenziert werden. Im Falle von intentionalen antisemitischen Äußerungen liegt eine bewusste antisemitische Repräsentation auf der Konzeptualisierungsebene der Produzent*innen vor, die eindeutig beabsichtigen, Juden*Jüdinnen zu diskriminieren und zu diffamieren (vgl. Schwarz-Friesel/Reinharz 2013: 48 f.). Nicht-intentionale, also nicht bewusst artikulierte, antisemitische Äußerungen tradieren allerdings ebenso antisemitische Konzeptualisierungen und verfestigen Stereotype (vgl. ebd.). In Bezug auf die Operationalisierbarkeit stellt sich der Faktor der Intentionalität antisemitischer Äußerungen als problematisch dar, denn empirisch ist es häufig kaum nachweisbar und rekonstruierbar, inwiefern Antisemitismen intentional oder nicht intentional artikuliert wurden (vgl. Rensmann/Schoeps 2008: 15). Für die Klassifikation, ob eine Aussage als antisemitisch einzustufen ist oder

---

190 Die Klassifizierung von NS-V/M als antisemitische Äußerungen nimmt Kap. 3.6.2 vor.
191 Zur Abgrenzung von Kritik am israelischen Staat, bspw. seinen Institutionen und Vertreter*innen, politischen und gesellschaftlichen Gegebenheiten sowie Entscheidungen oder militärischen Aktionen, und Anti-Israelismus (bzw. israelbezogenem Antisemitismus) s. Schwarz-Friesel/Reinharz (2013: 194–209).

nicht, ist die Frage nach der Intentionalität jedoch unerheblich (vgl. ebd.; Schwarz-Friesel/Reinharz 2013: 48 f.), demzufolge muss Antisemitismus unabhängig von der Absicht der Äußerungsproduzent*innen anhand „ausgewiesener Kriterien durch den objektivierten sozialen Sinngehalt dechiffriert werden" (Rensmann/Schoeps 2008: 15).

Bevor antisemitische Äußerungen der konkreten lexikalischen, semantischen und pragmatischen Analyse unterzogen werden, sind Schwarz-Friesel/ Reinharz (2013) zufolge drei Kriterien zu bestimmen, die das Fundament der darauffolgenden Untersuchung bilden. An erster Stelle ist die Aussage als tatsächlicher Verbal-Antisemitismus zu klassifizieren, d. h. es ist klar auszuschließen, dass es sich dabei um eine individuelle Kritik oder Beleidigung handelt. Zum zweiten sollte herausgestellt werden, in welchem Kommunikationsraum die Verbalisierung der antisemitischen Botschaft stattfindet, also im öffentlichen, halböffentlichen oder im privaten Raum. Dies ist äußerst relevant, um die Zugänglichkeit sowie die Distribution und das damit einhergehende gesellschaftliche Wirkungspotenzial der Verbal-Antisemitismen zu erfassen.[192] Im

---

[192] Als besonderer Kommunikationsraum stellt sich in Bezug auf die Distribution antisemitischer Inhalte das Internet dar, welches durch die äußerliche Anonymität den Nutzer*innen ein Gefühl von Privatheit vermittelt, sodass antisemitische Diffamierungen, Drohungen oder Beleidigungen artikuliert werden können. Ohne oder teilweise trotz zusätzlicher Moderation auf den jeweiligen Websites und Social-Media-Plattformen, folgen selten Konsequenzen und Sanktionen hinsichtlich dieser Form der verbalen Gewalt – obwohl hier der Tatbestand der Volksverhetzung nach § 130 des Strafgesetzbuches (StGB) erfüllt wird (vgl. Schwarz-Friesel 2013a: 3 f.). Tabugrenzen spielen im Web kaum eine Rolle und das Sagbarkeitsfeld antisemitischer Äußerungen weitet sich erheblich aus (s. dazu Schwarz-Friesel 2013a). Neben impliziten und indirekten Ausdrucksvarianten, die nach 1945 herausgebildet wurden, ist im Hinblick auf derzeitige Web-Diskurse eine Radikalisierung des antisemitischen Sprachgebrauchs zu verzeichnen. Die genannten Kommunikationsspezifika des World Wide Web wirken demnach wie ein Katalysator auf diese Tendenzen (vgl. Becker/Giesel 2016: 125). Als Gegenmaßnahmen werden Initiativen gegen Hate Speech im Netz, wie die 2016 von zivilgesellschaftlichen Trägerinnen und Facebook ins Leben gerufene europaweite Online Civil Courage Initiative, gegründet, die staatlicherseits vom Bundesministerium der Justiz und für Verbraucherschutz (BMJV) unterstützt wird. Ziel ist es in diesem Zusammenhang, Strategien und Instrumente gegen Hate Speech jedweder Couleur zu entwickeln und online zu etablieren (vgl. Amadeu Antonio Stiftung 2016). Zur juristischen Bewertung von Hate Speech (im Spannungsfeld der freien Meinungsäußerung) sowie zu strafrechtlichen Bestimmungen und der Rechtsprechung des Europäischen Gerichtshofs für Menschenrechte s. Hong (2010). Das im Juni 2017 verabschiedete Netzwerkdurchsetzungsgesetz soll der Bekämpfung von Hate Speech dienen. Auf dessen Grundlage müssen strafbare Inhalte von Websitebetreiber*innen innerhalb von 24 Stunden gelöscht werden, ansonsten werden diese mit Bußgeldern belegt. In die Kritik ist dieses Gesetzt u. a. deswegen geraten, weil darin eine Gefährdung der Meinungsfreiheit gesehen wird (vgl. Netzpolitik.org 2017).

dritten Schritt ist zu analysieren, inwiefern antisemitische Äußerungen implizit oder explizit artikuliert wurden (vgl. ebd.: 50 f.).[193]

Die Ausprägungen der Verbal-Antisemitismen reichen von Beleidigungen, Leugnungen oder Relativierungen des Holocaust, Drohungen sowie NS-V/M bis hin zu subtilen Formulierungen und Anspielungen, die bspw. mithilfe von Ironie oder rhetorischen Fragen artikuliert werden. Die Erscheinungsformen sind in diesem Zusammenhang also enorm variabel – die Semantik und die antisemitischen Konzeptualisierungen bleiben dabei jedoch erhalten (vgl. Schwarz-Friesel 2015d: 181 f.). Sie werden in diversen Kommunikationssituationen allerdings „unter verbaler Camouflage kodiert" (ebd.: 183), wie Kapitel 3.6.1.1 im Zusammenhang mit der Umwegkommunikation diskutiert. Durch die Verwendung bestimmter Lexeme, wie „Israel-" oder „Finanz-Lobby", „gewisse einflussreiche Kreise" (ebd.: 182) im Sinne einer pars pro toto-Argumentation, durch rhetorische Stilmittel, Anführungszeichen, intertextuelle Bezugnahmen und zahlreiche weitere Arten der Äußerungsgestaltung innerhalb der entsprechenden Kontexte können antisemitische Vorstellungen evoziert werden. Mit solchen kommunikativen Strategien werden antisemitische Einstellungen sprachlich „entradikalisiert dargeboten und damit für einen breiteren Diskurs präsentabel gemacht" (ebd.: 183).

Antisemitismus ist als Querfront-Phänomen ein Grundbestandteil politischer Positionen der extremen Rechten, radikalen Linken sowie islamistischen Gruppierungen (vgl. Rensmann 2004: 255–264). Besonders im Zusammenhang mit antizionistischen, antiimperialistischen sowie antiamerikanischen Einstellungen und Äußerungen ähneln sich bestimmte Ausdrucksformen (vgl. ebd.: 257). Obwohl primär eine ideologisch „multiple[...] Ausbreitung" (Schwarz-Friesel 2015d: 177) des verbalen Antisemitismus zu beobachten ist und die Grenzen zwischen politisch-ideologisch geprägten Formulierungen eher verschwimmen, zeigt Schwarz-Friesel (2015c, 2015d), dass sich dennoch bestimmte Argumentationsmuster sowie die Wortwahl von Äußerungsproduzent*innen verschiedener politischer Hintergründe voneinander unterscheiden.

Eine direkte Referenz auf *Juden*Jüdinnen* findet sich bspw. fast ausschließlich in antisemitischen Texten rechter Schreiber*innen, wohingegen linke und linksliberale Verfasser*innen, die der sogenannten Mitte der Gesellschaft zuzuordnen sind, primär *Israelis* oder *Zionist*innen* in ihre antisemitischen Äußerungen einbeziehen. Außerdem bilden in Texten dieser Personen die kommunikativen Strategien der Legitimierung, der Rechtfertigung sowie der Leugnung des

---

[193] Zu impliziten Äußerungsformen, die nach Ende des Zweiten Weltkrieges die dominante Manifestationsform des Antisemitismus darstellen, s. Kap. 3.6.1.1 sowie 3.6.1.2. Sprachliche Mittel der impliziten Realisierung von NS-V sind in Kap. 3.2.2 und in 5.1.2 aufgeführt.

eigenen Antisemitismus typische Argumentationsmuster,[194] die der Absicherung eigener Aussagen und der darin vermittelten Bewertungen dienen. Vulgärantisemitische Texte zeichnen sich demgegenüber dadurch aus, dass sie diese argumentativen Strategien nicht beinhalten und antisemitische Äußerungen überwiegend nicht kaschiert werden (vgl. Schwarz-Friesel 2015c: 43 f., 2015d: 185–188).[195]

Da in der vorliegenden Arbeit NS-V/M als sprachliche Manifestationsform des Antisemitismus den Fokus bilden, wird in den folgenden Kapiteln die Breite des Spektrums an Formulierungs- und Realisierungsmöglichkeiten ausschließlich im Hinblick auf dieses Element innerhalb entsprechender Äußerungen untersucht.[196]

3.6.2 Antisemitische NS-Vergleiche und NS-Metaphern

Aus den Untersuchungen von Eitz/Stötzel (2009) zur Entwicklung von NS-V/M im öffentlichen Kommunikationsraum geht hervor, dass seit Anfang der achtziger Jahre im Zuge der Auseinandersetzung mit der israelischen Politik häufiger „rhetorische Rückverweise auf die NS-Vergangenheit" (ebd.: 24) artikuliert wurden. Die Analogiebildungen traten vielfach innerhalb von Beurteilungen und Argumentationen der (west-)deutschen Linken bzgl. diverser Ereignisse in Nahost auf.

> So wurde bei der Schuldzuweisung für die zunehmenden Spannungen zwischen Israelis und Palästinensern sowie bei der Kritik an der Annexion der Golanhöhen (1981) durch Israel und am Libanonkrieg (1982) mit Vergleichen zwischen Nationalsozialisten und Israelis argumentativ eine Korrelation hergestellt, die den Staat Israel als Fortsetzung der NS-Diktatur diffamierte. Hierbei wurde zumeist auch im Hinblick auf die eigene Schuld argumentiert [...]. (Eitz/Stötzel 2009: 24)

---

[194] Zu den kommunikativen Strategien und Argumentationsmustern in antisemitischen Texten s. Schwarz-Friesel/Reinharz (2013: 346–398).
[195] Zur politischen Verortung der Produzent*innen der Korpustexte (und bestimmten Formen der sprachlichen Realisierung antisemitischer Äußerungen) in der Studie zur Sprache der Judenfeindschaft im 21. Jahrhundert s. Schwarz-Friesel/Reinharz (2013: 18–22, 228–231).
[196] Für weitere antisemitische Ausdrucksvarianten sei auf die Arbeiten von Schwarz-Friesel (2010b, 2013a, 2013b, 2015b, 2015c, 2015d) sowie Schwarz-Friesel/Friesel (2012) und Schwarz-Friesel/Reinharz (2013) hingewiesen. Zudem liefern Braune (2010), Becker (2015), Beyer (2015), Giesel (2015), Troschke (2015), Becker/Giesel (2016) sowie Becker (2018) Analysen zu verbalantisemitischen Manifestationsformen in unterschiedlichen Diskurszusammenhängen, Textsorten und Kommunikationsräumen.

Diese Form der antisemitischen NS-V/M hebt sich von den anderen NS-V/M insofern ab, als dass sie direkt oder indirekt auf die tatsächlichen Opfer der Shoah, deren Nachkommen und/oder den Staat Israel, der u. a. von den Überlebenden gegründet wurde, referieren und somit eine Täter*innen-Opfer-Umkehr ausdrücken. Im Zuge eines solchen Vergleichs oder einer Metapher wird eine Analogierelation zwischen Entitäten des Nationalsozialismus und israelischen bzw. jüdischen oder Nahost-bezogenen Entitäten etabliert.[197] Zusätzlich zur Relativierung des Nationalsozialismus werden durch die Konzeptualisierung der OPFER VON DAMALS ALS DIE TÄTER*INNEN DER GEGENWART weitere Faktoren deutlich: Eine solche Vorstellung und Deutung offenbart das Bedürfnis wie auch den Wunsch der Schuldentlastung und dient der Erinnerungsabwehr hinsichtlich der NS-Vergangenheit – dabei handelt es sich um funktionale Kernelemente des Post-Holocaust-Antisemitismus bzw. des Entlastungsantisemitismus (vgl. dazu Heyder/Iser/Schmidt 2005: 149 f.; Schapira/Hafner 2006: 67–77; Kap. 3.6.2.2).

Dass NS-V/M, die auf den Staat Israel bzw. auf andere israelische Entitäten referieren, einen Indikator für israelbezogenen Antisemitismus darstellen, erfassen diverse Definitionen des aktuellen Antisemitismus (vgl. u. a. Markovits 2004b: 200; Heyder/Iser/Schmidt 2005: 149 f.; Stein 2011: 34; Schwarz-Friesel/Reinharz 2013: 204; European Forum on Antisemitism 2019; Kap. 3.6.1.2). In Anlehnung an die Bestimmung des Verbal-Antisemitismus nach Schwarz-Friesel/Reinharz (2013) sind NS-V/M hiermit ebenfalls als verbal-antisemitische Manifestationsform zu kategorisieren.

Entgegen der Auffassung von Pfahl-Traughber (2007: 54 f.), der einerseits den Aspekt der Intentionalität und andererseits das „Ausmaß der Gleichsetzung" (Pfahl-Traughber 2007: 55) zwischen Israel und NS-Deutschland zur Bestimmung von Antisemitismus heranzieht und somit entsprechende NS-V/M nicht notwendig als antisemitisch einordnet,[198] erfasst die vorliegende Arbeit diese ausnahms-

---

197 In dieser weit gefassten Definition wird die Vielfalt der Formen und Varianten von antisemitischen NS-V/M hinsichtlich der Vergleichsgrößen bzw. den Metaphernkomponenten sowie den Möglichkeiten der sprachlichen Realisierung berücksichtigt, s. dazu Kap. 3.6.2.1 sowie zur Korpusstudie Kap. 5.
198 In Bezug auf die Intention der Äußerungsproduzent*innen erläutert er: „[...] weder [ist] eine allgemeine Gleichsetzung notwendigerweise mit einer Aufwertung des Nationalsozialismus noch eine Gleichsetzung mit Israel zwingend mit Antisemitismus verbunden. [...] Man kann solchen Akteuren sicherlich mangelnde historisch-politische Sensibilität unterstellen, nicht aber notwendigerweise eine primär beabsichtigten Relativierung oder Verharmlosung des Antisemitismus und Nationalsozialismus" (Pfahl-Traughber 2007: 55). In Bezug auf das Ausmaß der Identifikation Israels mit dem NS-Staat konstatiert er: „Bei allen ethischen und sachlichen Einwänden gegen die erwähnten Gleichsetzungen können sie somit nur in bestimmten Fällen als antisemitisch gelten. Ein bedeutendes diesbezügliches Unterscheidungs-

los als antisemitisch. Dass die Frage nach der Intention der Verfasser*innen für die Klassifizierung von Verbal-Antisemitismen unerheblich ist und lediglich die Äußerung auf der Sprachoberfläche beurteilt werden soll (vgl. Schwarz-Friesel/ Reinharz 2013: 48 f.), erläutert Kapitel 3.6.1.3. Auch wenn NS-V/M als Kritik deklariert werden, ist zu konstatieren, dass solche dämonisierenden Äußerungen, welche die Shoah relativieren und deren Opfer bzw. die Nachkommen der Opfer dermaßen zynisch mit den Täter*innen gleichsetzen, bei weitem nicht als Form einer kritischen Auseinandersetzung[199] zu beurteilen sind (zur Täter*innen-Opfer-Umkehr s. Kap. 3.6.2.2). Das United States Department of State hält in seinem „Report on Global Anti-Semitism" (2005) angesichts dieser Problematik fest:

> An important issue is the distinction between legitimate criticism of policies and practices of the State of Israel, and commentary that assumes an anti-Semitic character. The demonization of Israel, or vilification of Israeli leaders, sometimes through comparisons with Nazi leaders, and through the use of Nazi symbols to caricature them, indicates an anti-Semitic bias rather than a valid criticism of policy concerning a controversial issue.

---

kriterium wäre in dem Ausmaß der Gleichsetzung zu sehen. Handelt es sich um eine allgemeine Identifikation, die den gesamten Staat Israel als eine neue Form des verbrecherischen Nationalsozialismus beschreibt, so stellt dies eine pauschale Dämonisierung des Judenstaates in Gestalt der formalen Dimension der erwähnten traditionellen antisemitischen Stereotype dar. Demgegenüber nehmen Gleichsetzungen bei der Einschätzung einzelner Handlungsweisen, etwa bei der Kritik an einem bestimmten militärischen Vorgehen gegen die Palästinenser, keine allgemeine Identifikation vor. Solche Auffassungen und Vergleiche sind aufgrund der Ignoranz des historisch-politischen Kontextes sachlich unangemessen und bewegen sich aus der wissenschaftlichen Perspektive auf niedrigstem Niveau. Gleichwohl müssen sie trotz allem damit verbundenen moralischen Zynismus nicht zwingend antisemitisch motiviert sein" (ebd.).

Dass es sich hierbei nicht zwingend um Antisemitismus handelt, trifft m. E. nicht zu. Vergegenwärtigen wir uns hierzu die konzeptuelle Basis dieser Äußerungen: Selbst wenn nicht der gesamte israelische Staat mit dem NS-Regime äquivalent gesetzt wird, sondern einzelne israelische Institutionen oder Politiker*innen, so werden innerhalb solcher Äußerungen konzeptuelle Verbindungen zwischen dem Nationalsozialismus, NS-Verbrechen oder NS-Funktionären und israelischen Entitäten geschaffen, in denen die (generalisierende) Konzeptualisierung von ISRAEL ALS NS-STAAT inferiert wird und damit eine Erscheinungsform des israelbezogenen Antisemitismus vorliegt.

[199] Kritik gilt als kommunikative Handlung und legitime Meinungsäußerung, die realitätsbezogene, wahrheits- und problemorientierte Bewertungen vermittelt, um bspw. auf dieser Basis Möglichkeiten zur Veränderung der Lage vorzubringen, die auf eine Verbesserung und/oder eine Problemlösung abzielen. Im Gegensatz zu den Formen der verbalen Gewalt, wie Beleidigen und Verunglimpfen etc., werden durch Kritik weder die Ehre oder die Würde der entsprechenden Adressat*innen angegriffen noch werden diese entwertet (vgl. Schwarz-Friesel/Reinharz 2013: 199 f.).

Speziell der Bezug auf Juden*Jüdinnen stellt eine Besonderheit in antisemitischen NS-V/M dar, auch wenn dieser Bezug überwiegend indirekt gegeben ist, d. h., wenn explizit auf Israel referiert wird. Ähnlich verhält es sich, wenn Produzent*innen Sachverhalte im israelisch-palästinensischen Konflikt thematisieren und bspw. Gaza mit einem KZ äquivalent setzen. In diesem Fall wird Israel für die Lage explizit oder implizit verantwortlich gemacht und somit als deren VERURSACHER konzeptualisiert. Schwarz-Friesel/Reinharz (2013: 195) sprechen hinsichtlich der sogenannten Umwegkommunikation,[200] von einer „Doppel-Referenz-Kommunikation", die dadurch gekennzeichnet ist, dass Äußerungsproduzent*innen explizit auf Israel und zusätzlich implizit auf Juden*Jüdinnen Bezug nehmen und somit beide angreifen. Durch Gleichsetzungen von Israel und NS-Deutschland werden Iganski/Sweiry (2011: 193) zufolge Juden*Jüdinnen weltweit diskreditiert und diffamiert – unabhängig davon, ob sie den israelischen Staat persönlich als Teil ihrer jüdischen Identität betrachten oder nicht:[201]

> [T]he Playing of the Nazi card in this way hurts by invoking painful collective memories for Jews and by using those memories against them, and it hurts many Jews irrespective of whether they perceive Israel and Zionism to be essential to their own Jewish identity.

NS-V/M bilden auch in quantitativen Erhebungen Items, anhand derer antisemitische Einstellungen von Personen ermittelt werden. Neben der Studie von Schwarz-Friesel/Reinharz (2013), in der ebendiese Analogiebildungen in Zuschriften an die Botschaft des Staates Israel in Berlin und den Zentralrat der Juden in Deutschland im Zeitraum von 2002 bis 2007 vollständig eruiert und von 2008 bis 2012 anhand von repräsentativen Stichproben bestimmt wurden (vgl. ebd.: 138), ist es üblich, dass Zustimmungswerte zu Äußerungen, die NS-V/M beinhalten, in sozialwissenschaftlichen Untersuchungen erhoben werden. Die Befragungen innerhalb der Langzeituntersuchung bzgl. der „Gruppenbezogenen Menschenfeindlichkeit" an der Universität Bielefeld gelten als die bislang aussagekräftigsten Studien zur Entwicklung antisemitischer Einstellungen in der Bundesrepublik Deutschland (vgl. Heitmeyer 2002–2012; Zick/Klein 2014; Zick/Küpper/Krause 2016). In diesen quantitativen Erhebungen dienen explizite und

---

200 Diese ist u. a. dadurch gekennzeichnet, dass die direkte Referenz auf Juden*Jüdinnen vermieden wird, indem die antisemitischen Äußerungen auf Israel bezogen und infolgedessen häufig als bloße Kritik getarnt werden. Zur Umwegkommunikation als Merkmal des Post-Holocaust-Antisemitismus s. Kap. 3.6.1.1.
201 Iganski/Sweiry (2011) bezeichnen u. a. die Artikulation von NS-V/M als „Playing the Nazi Card". Daneben diskutieren sie drei weitere Varianten dieser Praxis, die sich erstens in Drohungen gegen Juden*Jüdinnen, zweitens in der Leugnung, Relativierung und Falschdarstellung der Shoah und drittens in der verschwörungstheoretischen Darstellung, nach der Juden*Jüdinnen als Kollaborateur*innen der Nationalsozialisten anzusehen seien, äußert.

3.6 NS-Vergleiche und NS-Metaphern als Phänomen des Antisemitismus — 149

implizite NS-V zusammen mit anderen Testsätzen als Untersuchungsitems. Personen werden im Rahmen der Studie nach dem Grad ihrer Zustimmung bzw. Ablehnung hinsichtlich folgender Aussagen befragt:

(79) ‚Was der Staat Israel heute mit den Palästinensern macht, ist im Prinzip auch nichts anderes als das, was die Nazis im Dritten Reich mit den Juden gemacht haben.' (Zick/Klein 2014: 70; Zick/Küpper/Krause 2016: 46)

(80) ‚Israel führt einen Vernichtungskrieg gegen die Palästinenser.' (Zick/Klein 2014: 70)

Die Zustimmungsergebnisse zu (79) liegen in der repräsentativen Erhebung von Zick/Klein (2014: 70) im Jahre 2014 bei 27,1 %; zwei Jahre darauf erreichen sie 24,6 % (vgl. Zick/Küpper/Krause 2016: 47). Im Hinblick auf die referenziell unterspezifizierte Variante in (80), in der eine Analogie zur NATIONALSOZIALISTISCHEN KRIEGSFÜHRUNG durch das Lexem *Vernichtungskrieg* etabliert wird, liegen die Zustimmungen 2014 bei 39,9 %.[202] Aus den Ergebnissen der Korpusuntersuchung von Schwarz-Friesel/Reinharz (2013) geht hervor, dass zwischen 2002 und 2007 10,9 % der Verfasser*innen aus der sogenannten Mitte der Gesellschaft[203] NS-V/M in ihren Zuschriften äußern. Quantitative Auswertungen der in dieser Arbeit durchgeführten Korpusstudie zu den E-Mails mit NS-V/M, die beim ZdJ und der IBD eingingen, werden in Kapitel 4.3 präsentiert.

Inwiefern die Gleichsetzungen von Israel mit NS-Deutschland ein typisches Element des Post-Holocaust-Antisemitismus darstellen und sie damit spezielle Funktionen erfüllen, diskutiert Kapitel 3.6.2.2. Der folgende Abschnitt betrachtet zunächst einige Erscheinungsformen der sprachlichen Realisierung von antisemitischen NS-V/M anhand illustrativer Beispiele aus dem öffentlichen Kommunikationsraum.

---

[202] Die Angaben zu den relativen Häufigkeiten bzgl. der Antworten „stimme eher zu" und „stimme voll und ganz zu" wurden hier entsprechend addiert (vgl. Zick/Klein 2014: 70). Die Angaben im Bericht des Expertenkreises Antisemitismus, der im Auftrag des Bundesministeriums des Inneren (2011) erstellt wurde, beziehen sich ebenfalls auf Ergebnisse der Bielefelder Untersuchungen, die für den unabhängigen Expertenkreis zusammengefasst wurden, s. dazu Bundesministerium des Inneren (2011: 54 f.). Das Item (80) wurde in den vergangenen Jahren jedoch nicht einheitlich abgefragt. So liegen im aktuellen Bericht von Zick/Küpper/Krause (2016: 46) keine Zustimmungs- und Ablehnungswerte dazu vor.

[203] Für die Zuordnung zur gesellschaftlichen Mitte bestimmen sie folgende Variablen: „[...] die Angabe von sozialen Schichtungsmerkmalen [sind] [...] für die sozioökonomische Mitte kennzeichnend [...] (z. B. Titel, Berufsbezeichnungen, Bildungsgrad usw.), oder die Parteimitgliedschaft bzw. Nähe zu einer der etablierten Parteien. Hinzu tritt die explizite Selbstattribuierung, zur Gesellschaftsmehrheit oder -mitte zu gehören bzw. Antisemitismus und Rechtsextremismus strikt abzulehnen" (Schwarz-Friesel/Reinharz 2013: 27).

3.6.2.1 Sprachliche und graphische Realisierung

In dieser Arbeit werden Äußerungen, in denen Analogierelationen zwischen NS-bezogenen Entitäten und jüdischen bzw. israelischen Entitäten hergestellt werden, als antisemitische NS-V oder, je nach sprachlicher Realisierung, als antisemitische NS-M definiert. Die Vergleichsgrößen bzw. Metaphernkomponenten können in diesem Zusammenhang einzelne Personen oder Personengruppen, Sachverhalte allgemein, Institutionen, Symbole, Orte und Ereignisse sowie Ideologien etc. beinhalten. Die Entität aus dem konzeptuellen Bereich NATIONALSOZIALISMUS bildet hierbei die Komparationsbasis bzw. den konzeptuellen Ursprungsbereich und diejenige aus dem konzeptuellen Bereich ISRAEL, NAHOST oder JUDENTUM stellt das Komparandum bzw. den konzeptuellen Zielbereich dar.

Antisemitische NS-V/M unterscheiden sich in ihrer Struktur und sprachlichen Realisierung nicht von den anderen NS-V/M, die in den vorherigen Kapiteln diskutiert wurden (s. Kap. 3.2 und 3.3). Sie werden ebenso mittels Vergleichsjunktoren realisiert, können demnach Modalitäts-, Komparativ- oder Superlativstrukturen annehmen, sie werden unter Einsatz von verschiedenen lexikalischen Indikatoren explizit oder implizit als Vergleich geäußert und in Gestalt von Metaphern artikuliert.[204]

Neben den sprachlich formulierten Vergleichen oder Metaphern bringen Produzent*innen antisemitische Analogiebildungen auch mit nicht-sprachlichen Mitteln zum Ausdruck, bspw. durch ikonische Darstellungen, in denen Davidstern und Hakenkreuz zu einer Fusion verschmelzen,[205] anstelle des Davidsterns ein Hakenkreuz auf der israelischen Nationalflagge abgebildet ist oder respektive der Davidstern als Symbol auf der Reichskriegsflagge gezeigt wird. Zudem existieren zahlreiche Karikaturen, die ähnliche stilistische Mittel beinhalten, wie einige des Karikaturisten Carlos Latuff, der u. a. für seine antisemitischen Cartoons bekannt ist. In mehreren Darstellungen, in denen sich Latuff auf den israelisch-palästinensischen Konflikt bezieht und die israelische Politik mit der des NS-Regimes gleichsetzt, bildet er bspw. Palästinenser*innen in KZ-Kleidung ab (vgl. Hamann 2010: 278).[206] Ob in graphischen Darstellungen oder in sprachlich Manifestationsformen, Analogien bzgl. der Shoah werden vielfach

---

204 Im Zuge dessen wird u. a. auch auf Vokabular aus der NS-Zeit zurückgegriffen. Eine detaillierte Analyse der sprachlichen Realisierungsformen sowie der Vergleichs- bzw. Metaphernkomponenten findet sich in Kap. 5 in Bezug auf das systematisch und vollständig untersuchte Korpusmaterial.
205 S. hierzu bspw. ein Flugblatt, das 2011 auf der Website der Duisburger Linkspartei veröffentlicht wurde (vgl. Jüdische Allgemeine, 28. 04. 2011).
206 S. dazu die Abbildung, die im Rahmen eines kritischen Artikels auf der Website der Times of Israel veröffentlicht wurde (vgl. Times of Israel, 18. 09. 2013).

ausgedrückt und sorgen kontinuierlich für ein besonderes Maß an Aufsehen. So stellte der Vorsitzende der rechtspopulistischen Pegida-Bewegung in München, Hans Meyer, auf einer Kundgebung am Ostermontag 2016 folgende rhetorische Frage:

(81) ‚Das größte Konzentrationslager der westlichen Hemisphäre steht wo? Nicht in Deutschland. Nein, es steht in Israel. Die scheinbar haben sehr gut gelernt!' (zit. nach Süddeutsche Zeitung, 09. 05. 2016)

Meyer bezieht sich damit auf Gaza, das er als *Konzentrationslager* bezeichnet und somit die Verbrechen der Nationalsozialist*innen mit der israelischen Palästinapolitik gleichsetzt. Als Superlativ geäußert, wird die Eigenschaft der GRÖSSE als tertium comparationis herangezogen und in Bezug auf das referenziell unterspezifizierte Komparandum Gaza, das er *in Israel* verortet, höchstmöglich gesteigert. Durch den sarkastischen Satz im Anschluss präsentiert Meyer die jüdischen Shoah-Opfer als gegenwärtige Täter*innen, die von den Nazis gelernt hätten.[207]

Die verschiedenen Erscheinungsformen, in denen antisemitische NS-V/M geäußert werden, ob mittels Anspielungen, NS-Vokabular, implizit oder explizit verbalisiert, etablieren stets dieselben Analogien zwischen ISRAEL und NS-DEUTSCHLAND. Egal ob die Vergleichs- bzw. Metaphernkomponenten Personen, Sachverhalte, Parteien o. ä. darstellen, die Verbindung der Konzepte ISRAEL und NS-DEUTSCHLAND ist zumindest implizit gegeben. Das bedeutet, wenn bspw. Gaza als *KZ* referenzialisiert wird und auf der sprachlichen Oberfläche Israel oder israelische Entitäten nicht explizit benannt sind, so werden die Verursacher, die für die Errichtung der Konzentrationslager verantwortlich sind, implikatiert. Im Zuge des Rezeptionsprozesses kann mittels Inferenzziehung die Analogiebeziehung zwischen ISRAEL und NS-DEUTSCHLAND etabliert werden. Darüber sind sich die Verfasser*innen der jeweiligen Metaphern oder Vergleiche bewusst; u. a. aus diesem Grund nutzen sie diverse implizite Ausdrucksmittel zur Herstellung der Analogien. Dies beschreibt Pérennec (2008: 6) als Anwendung eines „rhetorischen Trick[s]", der dazu beitragen soll, sich bspw. vor Sanktionierungen zu schützen (s. Kap. 3.2.2).[208]

---

[207] Diese und ähnliche Formulierungen finden sich ebenso im untersuchten Korpusmaterial, s. Kap. 5.1.2.8.
[208] Zu diesen sprachlichen Manifestationsformen basierend auf der Korpusuntersuchung s. Kap. 5.1 bzgl. der Realisierung des NS-V und Kap. 5.2.9 bzgl. referenziell unterspezifizierter Vergleichsgrößen.

Dass Analogien zur Shoah ohne Nahost-Bezug bereits eine massive Relativierung und Bagatellisierung darstellen, wurde an mehreren Beispielen in den vorherigen Kapiteln diskutiert. Holocaust-Vergleiche oder -Metaphern, die außerdem auf die Palästinapolitik Israels abzielen, deklariert Feuerherdt (2016: 2) als die „infamste und degoutanteste Variante dieses Vergleichs". Antisemitismus bildet innerhalb völlig verschiedener politischer Spektren, Strömungen und Bewegungen ein verbindendes ideologisches Element. NS-V/M, die auf die Shoah referieren und in diversen thematischen Zusammenhängen zum Einsatz kommen, charakterisiert er als „lagerübergreifend höchst populär[e]" (Feuerherd 2016: 5) Erscheinungsform des Antisemitismus.[209]

3.6.2.2 Funktionen und Wirkungen

Vergleiche und Metaphern, in denen Analogiebeziehungen zwischen Sachverhalten oder Personen der NS-Zeit und anderen Instanzen oder Gegebenheiten außerhalb des konzeptuellen Bereichs des Nationalsozialismus hergestellt werden, erfüllen generell spezifische Zwecke, die Kapitel 3.4 darlegt. Primär dienen sie der Diffamierung jeweiliger Adressat*innen sowie der Aufmerksamkeitserregung im öffentlichen Kommunikationsraum. Als Instrument der Persuasion werden NS-V/M intentional eingesetzt, um diese und weitere Funktionen zu erfüllen. Produzent*innen jener Analogien richten sich dementsprechend an das historische Bewusstsein der Rezipient*innen und antizipieren darüber hinaus deren emotionale Reaktionen (vgl. Schwarz-Friesel ²2013: 197). Die Metaphern und Vergleiche fungieren somit als kommunikative Strategien, die zudem einen Ausdruck emotionaler Einstellungen der Verfasser*innen selbst beinhalten (s. Kap. 3.4.1, 3.4.2). Das trifft ebenso in Bezug auf antisemitische NS-V/M zu: Abhängig von der speziellen Kommunikationssituation, d. h. den jeweiligen Äußerungsproduzent*innen und Rezipient*innen, dem Diskurskontext und dem öffentlichen oder privaten Kommunikationsraum, dienen sie den Funktionen der Erregung von Aufmerksamkeit, der Diffamierung sowie der Erzeugung von Empörung seitens der Rezipient*innen bzgl. der Adressat*innen.[210] Darüber hinaus

---

[209] Äußerungsproduzent*innen verschiedener politischer Spektren wählen mitunter auch verschiedene Ausdrucksformen und Argumentationsmuster, wie generell in Bezug auf diverse antisemitische Formulierungen zu konstatieren ist (s. dazu Kap. 3.6.1.3). Zu gruppenspezifischen Differenzen und Ideologievokabular s. Schwarz-Friesel (2015d).

[210] Als Adressat*innen werden in diesem Zusammenhang diejenigen Personen oder Entitäten bezeichnet, gegen die sich die Äußerung richtet und die z. T. auch explizit oder implizit die Vergleichs- oder Metaphernkonstituenten bilden. Innerhalb bestimmter Kontexte und Kommunikationssituationen sind die adressierten Personen auch gleichzeitig die Rezipient*innen der Äußerungen. Zur An- bzw. Abwesenheit der Adressat*innen innerhalb der Kommunikations-

3.6 NS-Vergleiche und NS-Metaphern als Phänomen des Antisemitismus — 153

stellen sie, wie die anderen Varianten der NS-V/M, ebenfalls ein Mittel dar, mit dem Äußerungsproduzent*innen eigene emotionale Einstellungen artikulieren. Die persuasiven Intentionen, die mit NS-V/M einhergehen, werden hierbei primär im Rahmen der Artikulation im öffentlichen Kommunikationsraum deutlich.

Unabhängig von der persönlichen Motivation oder der politischen Einstellung, sind sich Verfasser*innen antisemitischer NS-V/M über deren Wirkung bewusst, denn

> [k]ein Ereignis der deutschen Geschichte ist im kollektiven Bewusstsein so präsent und emotional so aufgeladen wie die NS-Zeit. Keine andere Epoche steht so sehr für Inhumanität und Monstrosität. Die Nationalsozialisten sind im modernen Bewusstsein der Nachkriegszeit Exponenten für die größtmöglichen Verbrechen an der Menschheit. Diese im gesellschaftlichen Bewusstsein verankerte und offiziell wie öffentlich vermittelte Bewertung wird daher auf die Juden und Israelis übertragen, um diese so intensiv wie möglich zu diskreditieren. Diese Funktion hat Priorität. (Schwarz-Friesel/Reinharz 2013: 182)

Damit ist auch zu erklären, weshalb bspw. Personen, die dem politisch rechten Spektrum zuzuordnen sind, ebenfalls solche Vergleiche oder Metaphern realisieren, um Juden*Jüdinnen und/oder den israelischen Staat, die Bevölkerung oder einzelne Personen abzuwerten und zu diffamieren.[211] Der palästinensisch-israelische Konflikt wird im Kontext von NS-V/M als moralische Diskreditierung der jüdischen Opfer sowie deren Nachkommen funktionalisiert und instrumentalisiert (vgl. Rensmann 2004: 314).

Bevor wir uns der Täter*innen-Opfer-Umkehr, die antisemitischen NS-V/M inhärent ist, sowie dem darin ausgedrückten Bedürfnis nach Schuldentlastung zuwenden, werden zunächst exemplarisch zwei solcher öffentlich getätigten Vergleiche im Hinblick auf ihr Diffamierungspotenzial beleuchtet. Der erste sorgte seinerzeit für bundesweites Aufsehen, zog eine umfassende Debatte nach sich und stellt rückblickend einen Auslöser der sogenannten Möllemann-Affäre in den Jahren 2002 und 2003 dar. Der damalige nordrhein-westfälische Landtagsabgeordnete Jamal Karsli veröffentlichte im März 2002 bzgl. einer militärischen Konfrontation im israelisch-palästinensischen Konflikt eine Pressemitteilung unter dem Titel:

---

situation s. Kap. 3.4.1.1 sowie Kap. 5 zu den speziellen Rahmenbedingungen hinsichtlich der Korpusstudie.

211 Obwohl diese Äußerungen von Personen, die sich ideologisch rechts verorten und prinzipiell dem Nationalsozialismus gegenüber positiv eingestellt sind, zunächst widersprüchlich anmuten, erfüllen sie ebenso die Funktion der Diffamierung, die hierbei stärker ins Gewicht fällt als die damit verbundene Widersprüchlichkeit (vgl. Schwarz-Friesel/Reinharz 2013: 181 f.).

(82) Israelische Armee wendet Nazi-Methoden an! (Titel der Pressemitteilung von Jamal Karsli, Bündnis 90/Die Grünen; zit. nach Spiegel, 16. 05. 2002)

Mit dem Vorwurf, *Nazi-Methoden* einzusetzen, wird eine Analogie zwischen der Wehrmacht und den Israel Defense Forces (IDF) konstituiert, auch wenn strukturell und lexikalisch kein expliziter Vergleich vorliegt.[212] In seiner Erklärung macht Karsli deutlich, dass er sich nicht allein auf das israelische Militär bezieht, sondern auf den israelischen Staat, den er als „rücksichtslose Militärmacht" (vgl. Spiegel, 16. 05. 2002) bezeichnet. Die Äußerungen Karslis lösten parteipolitisch und medial eine monatelange Debatte über Antisemitismus und die Grenzen legitimer Kritik an Israel aus, infolge der er aus seiner Partei austrat, um einem Ausschluss zuvorzukommen.[213] Durch den Einsatz Jürgen Möllemanns, der Karslis Äußerungen verteidigte, wurde er kurzeitig FDP-Fraktionsmitglied im nordrhein-westfälischen Landtag bis er auch dort ausschied (vgl. Eitz/Stötzel 2009: 68 f.). Möllemann tat sich im Zuge dessen selbst durch Aussagen hervor, in denen er antisemitische Stereotype und Argumentationsmuster bediente.

(83) ,Ich fürchte, dass kaum jemand den Antisemiten, die es in Deutschland gibt, leider, die wir bekämpfen müssen, mehr Zulauf verschafft hat als Herr Scharon und in Deutschland ein Herr Friedman mit seiner intoleranten und gehässigen Art.' (zit. nach Spiegel, 05. 06. 2002)

Der ehemalige FDP-Politiker setzte sich für Karsli und dessen Positionen ein, indem er klar Stellung bezog und u. a. auch dadurch eine politische Affäre um seine Person auslöste.[214] Möllemann verteidigte Karsli ausdrücklich, wobei er den antisemitischen Gehalt Karslis Äußerung leugnete und verlautbaren ließ, er würde

(84) ,nicht dulden, dass Kritik an der Regierung Scharon als Antisemitismus diffamiert wird' (zit. nach Tagesspiegel, 07. 05. 2002).

---

212 Zum Vorwurf des Einsatzes von Nazi-Methoden im Hinblick auf die Artikulation der Stereotype des AGGRESSIVEN UNRECHTS- UND UNTERDRÜCKERSTAATS in Verbindung mit NS-V/M s. Kap. 5.3.1.
213 Kurze Zeit später gab Karsli der neu-rechten Wochenzeitung Junge Freiheit ein Interview, worin er seine antisemitische Haltung durch die Reproduktion klassisch sowie aktualisierter antisemitischer Stereotype demaskierte, indem er über die „zionistische Lobby" sprach, die „den größten Teil der Medienmacht in der Welt inne" habe und „jede auch noch so bedeutende Persönlichkeit klein kriegen" würde (zit. nach Mittmann 2008: 88).
214 Zur Diskussion um die Aussagen und Positionen Möllemanns und der sogenannten Möllemann-Affäre 2002/2003 sowie die im Zuge dessen geführte Debatte um Political Correctness s. Mittmann (2008: 87–105).

3.6 NS-Vergleiche und NS-Metaphern als Phänomen des Antisemitismus — 155

In dieser Aussage wehrt Möllemann zum einen die Beurteilung von (82) als antisemitisch ab und deutet den NS-V/M in (bloße) Kritik an der israelischen Regierung um. Zum anderen wird in (84) der Versuch deutlich, die Funktion und die Wirkung der Diffamierung, die ursprünglich durch Karslis Äußerung bezweckt werden sollte, auf die daran anschließende Kritik an dessen Statement umzuwenden. Solche Umdeutungen antisemitischer Aussagen als *kritische Auseinandersetzungen* sind typische Argumentationsstrategien im antisemitischen Diskurs, welche primär von Personen verfolgt werden, die sich keinesfalls des Verdachts unterziehen wollen, antisemitische Ressentiments in sich zu tragen. Sie beschreiben sich u. a. selbst als *Menschen mit humanistischem Weltbild*, die sich für die Belange der ungerecht Behandelten und Unterdrückten einsetzten (vgl. dazu Schwarz-Friesel/Reinharz 2013: 346–398). In Bezug auf die Äußerung von NS-V/M ist dies ein wichtiger Punkt, da zahlreiche Analogiebildungen explizit oder implizit mit Solidaritätsbekundungen und der Positionierung aufseiten der Palästinenser*innen einhergehen.[215]

Um Empörung in Bezug auf den israelischen Staat generell, bzgl. seiner Politik, seiner Institutionen oder hinsichtlich bestimmter Persönlichkeiten zu artikulieren und zugleich Mitleid mit der palästinensischen Bevölkerung auszudrücken, stellen NS-V/M in ihrer Eigenschaft als direkte oder indirekte expressive Sprechakte ein häufig gebrauchtes Instrument dar, mit dem Mitleid aufseiten der Rezipient*innen erzeugt werden soll. Die Analogiebildung des Eichstätter Bischofs, Gregor Maria Hanke, in (85) beinhaltet in diesem Zusammenhang außerdem emotionsausdrückende Lexeme:[216]

(85) ‚Morgens in Yad Vashem die Fotos vom unmenschlichen Warschauer Ghetto, abends fahren wir ins Ghetto in Ramallah. Da geht einem doch der Deckel hoch' (zit. nach Die Welt, 12. 03. 2007)

Auf einer Pilgerreise der katholischen Bischöfe brachte Hanke seine Erschütterung über die Situation in Nahost zum Ausdruck, indem er zwischen RAMALLAH und dem WARSCHAUER GHETTO eine Analogierelation konstituierte. Sie basiert auf einer Parallelisierung beider Orte, die mithilfe der adverbialen Temporalbestimmungen *morgens* und *abends* angezeigt wird. Durch den Phraseologismus, *Da geht einem doch der Deckel hoch*, hebt er in diesem Kontext seine Entrüstung hervor und stellt zwischen den jüdischen Opfern, die im Warschauer Ghetto

---

215 S. dazu Kap. 5.2.6–5.2.8 sowie zahlreiche Beispieltexte der qualitativen Korpusanalyse.
216 Zum sprachlichen Ausdruck emotionaler Einstellungen mittels emotionsausdrückender und emotionsbezeichnender Lexeme im Kontext von NS-V/M s. Kap. 3.4.1.1.2.

leben mussten, und den in Ramallah lebenden Palästinenser*innen eine konzeptuelle Verbindung her.

Wie NS-V/M, die unabhängig von antisemitischen Kontexten artikuliert werden, stellen auch die antisemitischen einen Mechanismus der Relativierung und Banalisierung des Nationalsozialismus dar. Zudem dienen die realitätsverzerrenden Kontrastierungen, abgesehen von ihrer diffamierenden Funktion, der Schuldabwehr sowie der persönlichen Entlastung (vgl. u. a. Rensmann 2004: 314; Heyder/Iser/Schmidt 2005: 149 f.; Bergmann 2007: 28 f.; Schwarz-Friesel/Reinharz 2013: 233; Becker 2018).

> Insgesamt ist die im deutschen Kontext politisch-psychologisch hervorstechende und ständig wiederholte Analogieführung und Gleichsetzung ausgerechnet des Staates Israel mit dem Nationalsozialismus ein typisches, unbewusst vom Motiv der Erinnerungsabwehr getragenes Ideologem [...]. (Rensmann 2004: 314)[217]

Die primäre Schuldabwehr der Generation deutscher Täter*innen bildet das Fundament des Antisemitismus nach 1945. Quindeau (2007) betont in diesem Zusammenhang, dass die aktualisierte Form des Post-Holocaust-Antisemitismus nicht mehr allein auf die konkrete Abwehr der Schuld beruht, sondern „auf deren Anerkennung, die Entlastung sucht" (ebd.: 163). Bergmann (2007: 35) ergänzt hierzu, dass in diesem Rahmen die Suche nach Entlastung erfolglos bleibt und sich in antisemitischen Reaktionsformen äußert. Sie weisen zwar eine unterschiedliche Motivbasis im Gegensatz zur klassischen Schuldabwehr auf, kommen dieser jedoch in bestimmten Mechanismen und Äußerungsformen gleich. Hierbei zählt er zusätzlich zur Abwehrreaktion des Problematisierens eines fortwährenden Antisemitismus durch Juden*Jüdinnen und negativen Reaktionen auf eine „fehlende jüdische Versöhnungsbereitschaft" auch die „Suche nach ‚jüdischen Tätern'" (Bergmann 2007: 35). Vor diesem Hintergrund wird außerdem das Konglomerat aus klassisch antisemitischen Konzeptualisierungen und Post-Holocaust-Stereotypen, wie RACHSUCHT, UNVERSÖHNLICHKEIT und jenes der STETIG MAHNENDEN JUDEN*JÜDINNEN deutlich sichtbar.

Antisemitische NS-V/M vereinen darüber hinaus Elemente des Post-Holocaust-Antisemitismus und des israelbezogenen Antisemitismus. Die Komplexität so-

---

[217] Rensmann (2004) diskutiert diesen Sachverhalt basierend auf dem Antisemitismus und Antizionismus innerhalb der radikalen Linken (vgl. ebd.: 310–321). Eine Untersuchung zur (psychologischen) Funktion antisemitischer NS-V/M in unterschiedlichen nationalen Kontexten steht bisher aus. Mit einer kontrastiven Studie zu britischen und deutschen Kommentarbeiträgen auf den Webseiten des Guardian und der Zeit liefert Becker (2018) Ergebnisse hinsichtlich nationaler Projektionen bzgl. jeweiliger historischer Erfahrungen und Hintergründe, die im Rahmen antisemitischer Analogiebildungen zum Ausdruck kommen.

3.6 NS-Vergleiche und NS-Metaphern als Phänomen des Antisemitismus — 157

wie die Multifunktionalität dieser Gleichsetzungen fasst Markovits (2004b: 200 f.) wie folgt zusammen:

> Mit der Nazifizierung schlägt man gleich drei Fliegen mit einer Klappe: Zuerst delegitimiert man Israel mit dem Symbol des Bösen schlechthin. Sodann demütigt und attackiert man das jüdische Volk, indem man es mit den Tätern jenes brutalen Völkermords gleichsetzt, dem es fast gelungen wäre, die Juden gänzlich auszurotten. Schließlich befreit diese böswillige Analogie zwischen Israelis und Nazis die Europäer von jeder Reue und Scham für ihre Geschichte des Jahrhunderte währenden mörderischen Antisemitismus.

Indem Israel in seiner Rolle als demokratischer Staat delegitimiert und gänzlich dämonisiert wird, kommt ebenso das Bedürfnis nach Schuldentlastung und moralischer Kompensation zum Ausdruck.[218] In der Darstellung Israels und seiner Bevölkerung, die durch den Bezug zum Nationalsozialismus innerhalb des jeweiligen Kontextes als BÖSARTIG, AMORALISCH o. ä. charakterisiert werden, haben die Verfasser*innen dieser Vergleiche oder Metaphern demgegenüber die Möglichkeit, sich selbst als positiv zu definieren (vgl. dazu Kloke 2010: 89). Dieses positive Selbstbild wird u. a. durch die Solidarisierung und z. T. auch Identifizierung mit den als SCHWACH und UNTERDRÜCKT konzeptualisierten Palästinenser*innen gestärkt, die bspw. als *Opfer der Gegenwart* beschrieben werden.[219] Die Etablierung von „absolute[n] Täter-Opfer-Oppositionen" (Schwarz-Friesel/Reinharz 2013: 231) ist ein wesentliches Merkmal der NS-V/M. Dabei ist es nicht erforderlich, dass Täter*innen und Opfer explizit auf der sprachlichen Oberfläche benannt sind. Sowohl im öffentlichen als auch im privaten Kommunikationsraum werden NS-V/M u. a. auf implizite Weise realisiert. Nachdem das vorliegende Kapitel in erster Linie die öffentlich getätigten Äußerungen beleuchtet hat, werden in den Kapiteln 4 und 5 jene nicht öffentlichen NS-V/M untersucht, die sich direkt an die IBD und an den ZdJ richten.

---

218 Im Zuge dessen spielt der Faktor der Schuldprojektion, der ein zentrales Element des Post-Holocaust-Antisemitismus darstellt, eine bedeutende Rolle. Zur psychoanalytischen Untersuchung der Projektion von Schuldgefühlen im Zusammenhang mit antisemitischen Einstellungen s. Lohl (2016).
Die Darstellung von Juden*Jüdinnen als Volk der Täter*innen und die Bezichtigung, an der Shoah mitschuldig zu sein sowie die Projektion dieser Konzepte auf den Staat Israel stellt Bergmann (2007: 28–30) als Charakteristika des Schuldabwehr-Antisemitismus neben weiteren Phänomenen im Kontext des Post-Holocaust-Antisemitismus heraus.
219 Zur Monoperspektivierung und Fokussierung der Palästinenser*innen in der Darstellung des Nahostkonfliktes in der Medienberichterstattung und der damit einhergehenden Bewertung der Konfliktparteien s. Schwarz-Friesel (2013b: 1002–1008).

3.7 Zusammenfassung

In diesem Kapitel wurden NS-V/M als Analogiebildungen zwischen Konzepten von Entitäten, die dem Nationalsozialismus zuzuordnen sind und diversen anderen Entitäten, die keinen Bezug dazu aufweisen, definiert. Die Fragen nach den strukturellen, konzeptuellen und funktionalen Charakteristika von NS-V/M sowie bzgl. bestimmter Reaktionen im öffentlichen Kommunikationsraum auf entsprechende Äußerungen wurden vor dem Hintergrund verschiedener Kontexte herausgearbeitet. Hierbei zeigte sich, dass diese Analogien als explizite und implizite Vergleiche, als Anspielungen sowie in Gestalt von Metaphern realisiert sind und in diversen diskursiven, inhaltlichen sowie funktionalen Ausprägungen vorliegen können. Abzugrenzen sind solche Formen der Analogiebildungen von historisch-kritischen Vergleichen, die in warnender Funktion bzgl. bestehender Kontinuitäten nationalsozialistischer Ideologien zum Einsatz kommen, bspw. im Hinblick auf rechtspopulistische Parteien oder Gruppierungen, wie der NPD, der AfD oder Pegida.

Seit der frühen Nachkriegszeit werden NS-V/M im nationalen sowie internationalen öffentlichen Kommunikationsraum stets gebraucht, um starke Negativevaluationen bzgl. bestimmter Personen, Institutionen oder Praktiken auszudrücken, emotionale Reaktionen zu evozieren und die politische Konkurrenz öffentlichkeitswirksam zu diffamieren. Darüber hinaus können sie geschichtsrevisionistischen Zwecken dienen, als satirische Mittel fungieren und in jedem Fall als Instrument zur Erzeugung von Aufmerksamkeit gebraucht werden. Die mit NS-V/M erzeugten Wirkungen und Reaktionen können durchaus von den intendierten Zielen der Äußerungsproduzent*innen abweichen – bestimmte Negativbewertungen, die sie im Hinblick auf die Adressat*innen erzielen wollten, fallen nicht selten auf sie selbst zurück. Öffentliche Sanktionen, wie Missbilligung der Verfasser*innen und ihrer Aussagen, Forderungen nach Zurücknahme und Entschuldigung, bis hin zu Rücktrittsforderungen von Politiker*innen sind einige der Auswirkungen, die solche Äußerungen mit sich bringen können.

Völlig unabhängig davon, ob Verfasser*innen dies intendieren oder nicht, stellen NS-V/M des Weiteren eine Verharmlosung und Bagatellisierung des Nationalsozialismus sowie eine Relativierung der Leiden der NS-Opfer dar. Insbesondere durch die Herstellung von Analogien in Bezug auf die Shoah negieren sie die Präzedenzlosigkeit und Spezifik dieses Menschheitsverbrechens. Seit Ende der sechziger Jahre entfalteten sich spezifische Formvarianten der NS-V/M, mittels derer auf Juden*Jüdinnen, Israel und/oder auf Sachverhalte im israelisch-palästinensischen Konflikt referiert wird. Zusätzlich zur Relativierung der NS-Verbrechen stilisieren solche Äußerungen die jüdischen NS-Opfer und deren Nachkommen selbst zu Täter*innen, die dadurch diffamiert und verhöhnt werden. Diese Täter*innen-Opfer-Umkehr ist Ausdruck des Post-Holocaust-Antisemitismus sowie des israelbezogenen Antisemitismus und verbindet beide Ausprägungen der Judenfeindschaft nach 1945 miteinander. Jene NS-V/M delegitimieren den israelischen Staat als undemokratisch; sie dämonisieren und stigmatisieren ihn zudem als Verkörperung des Bösen. Sprachlich können sie wie alle anderen Ausprägungen dieser Analogiebildungen realisiert werden: ob als explizite Vergleiche, Metaphern, Komposita, Anspielungen mittels NS-typischen Vokabulars oder referenziell unterspezifiziert. Auch hiermit zielen Äußerungsproduzent*innen auf das historische Bewusstsein der Rezipient*innen sowie auf emotionale Wirkungen ab. Aufgrund dieses Bewusstseins und des Wissens um den Nationalsozialismus, um die NS-Verbrechen und die Shoah werden die Rezipient*innen in einem besonderen Maße angesprochen und Israel bzw. Juden*Jüdinnen als Gruppe der Täter*innen höchstmöglich diskreditiert.

NS-V/M, die eine solche Täter*innen-Opfer-Umkehr ausdrücken (und häufig mit der Perspektivierung von Palästinenser*innen als aktuelle Opfergruppe einhergehen), dienen den Äußerungsproduzent*innen als Mittel der historischen Entlastung und Erinnerungsabwehr. Personen diverser politischer Hintergründe artikulieren seit Ende der sechziger Jahre innerhalb verschiedener Diskurszusammenhänge sowohl im öffentlichen als auch im nicht öffentlichen Kommunikationsraum NS-V/M, wobei diese Praxis im antizionistischen und antiimperialistischen Spektrum ihren Anfang nahm.

Die nicht öffentlichen Äußerungen bilden den Fokus der anschließenden Korpusuntersuchung und werden in den nachfolgenden Kapiteln mit Blick auf quantitative und qualitative Ergebnisse bzgl. ihres Vorliegens, ihrer sprachlichen Realisierung und den damit einhergehenden Konzeptualisierungen diskutiert.

4 Das E-Mail-Korpus – Methodik, Korpusdesign und quantitative Auswertungen

Im Gegensatz zu den exemplarischen Belegsammlungen in den Kapiteln 2 und 3, die dazu dienten, linguistische Charakteristika von Vergleichen, Metaphern sowie NS-V/M zu illustrieren, werden im Folgenden Auswertungen präsentiert, die auf korpuslinguistischen Analysen basieren. Für eine repräsentative und systematische Untersuchung antisemitischer NS-V/M wurde ein Korpus erstellt, das eine nach spezifischen Kriterien zusammengestellte Datenmenge beinhaltet. Es handelt sich damit um ein ausgewogenes Textkorpus. Bevor wir uns diesem E-Mail-Korpus, seinen Eigenschaften sowie den quantitativen und qualitativen Auswertungen im Detail widmen, sind zunächst einige theoretische und methodische Grundlagen der Korpuslinguistik zu skizzieren. Diese werden in Verbindung mit dem Vorgehen der Korpusstudie begründet und die Relevanz des methodischen Ansatzes als Bestandteil der Antisemitismusforschung herausgearbeitet.

4.1 Korpuslinguistik als methodischer Zugang zur Untersuchung antisemitischer NS-Vergleiche und NS-Metaphern

Als Korpora werden Sammlungen schriftsprachlicher, gesprochensprachlicher oder multimodaler Daten bezeichnet, die überwiegend digitalisiert vorliegen und sich aus den Primärdaten selbst sowie relevanten Metadaten und Annotationen zusammensetzen (vgl. Lemnitzer/Zinsmeister ²2010: 8). Die Disziplin bzw. die Methodik[1] der Korpuslinguistik definieren Lemnitzer/Zinsmeister (²2010: 9) wie folgt:

> Als Korpuslinguistik bezeichnet man die Beschreibung von Äußerungen natürlicher Sprachen, ihrer Elemente und Strukturen, und die darauf aufbauende Theoriebildung auf der Grundlage von Analysen authentischer Texte, die in Korpora zusammengefasst sind. Korpuslinguistik ist eine wissenschaftliche Tätigkeit, d. h. sie muss wissenschaftlichen Prinzipien folgen und wissenschaftlichen Ansprüchen genügen.

Bubenhofer (2009: 16) konstatiert, dass auf dem Gebiet der Linguistik seit längerem mit Textkorpora gearbeitet wird, die moderne elektronische Korpuslinguistik sich jedoch von den Ursprüngen dieser Methode in Bezug auf die umfassen-

---

[1] Inwiefern die Korpuslinguistik als Methode oder bereits als eigene Disziplin anzusehen ist, wird unterschiedlich bewertet und gilt als umstritten (vgl. dazu Bubenhofer 2009: 16).

dere Datenmenge unterscheidet. Auf deren Basis können nicht nur Aussagen über einzelne Texte, sondern über den Sprachgebrauch in größeren Textgruppen getroffen werden. „Damit wird die Korpuslinguistik als empirisch verstanden und es wird mit quantitativen Methoden gearbeitet" (ebd.).[2] Vor diesem Hintergrund bietet sich u. a. die Möglichkeit, mittels induktiver Verfahren statistisch auffällige sprachliche Strukturen sichtbar zu machen und sie anschließend zu interpretieren (vgl. ebd.).

Ein Korpus stellt einen nach spezifischen Kriterien ausgewählten Ausschnitt der (natürlichen) Sprache dar, der untersucht werden soll. Dabei richtet sich die Zusammenstellung des Datenmaterials an einer konkreten Fragestellung bzw. anhand des jeweiligen Untersuchungsgegenstandes aus. Die Metadaten bestehen in diesem Zusammenhang aus bestimmten Informationen bzgl. der Textproduzent*innen, der Textsorte oder anderen Merkmalen der Daten. Als Annotationen werden automatisierte oder manuelle Anreicherungen der Primärdaten mit spezifischen linguistischen oder außerlinguistischen Informationen bezeichnet, die auf linguistische Einheiten (z. B. Wortbestandteile, Wörter, Phrasen, Sätze) und auf ganze Textabschnitte bezogen sind. Dabei kann es sich u. a. um Annotationen von Wortarten, part-of-speech Tagging, Lemmata, morphologischen und syntaktischen sowie textstrukturellen, funktionalen oder inhaltlichen Kategorien handeln (s. dazu Lemnitzer/Zinsmeister ^{2}2010: 8–10; Scherer ^{2}2014: 3–10, 21 f.).

Um eine repräsentative Untersuchung von NS-V/M gewährleisten zu können, wurde im Zuge dieser Arbeit eine Korpusanalyse ausgewählter Texte durchgeführt. In diesem Zusammenhang ist zu betonen, dass sich das Kriterium der Repräsentativität in jedem Fall auf das Korpus selbst bezieht und damit auf die Auswahl der Datenmenge begrenzt ist. Aufgrund der diversen Erscheinungsformen von NS-V/M innerhalb unterschiedlicher Kommunikationssituationen und Textsorten (s. Kap. 3) bildet in der vorliegenden Analyse eine spezielle Ausprägung dieser Analogiebildungen den Gegenstand der korpuslinguistischen Studie: die antisemitischen NS-V/M. Hinsichtlich ihrer Funktion und allgemein vor dem Hintergrund gesellschaftspolitischer sowie historischer Gesichtspunkte führte Kapitel 3.6 diese Vergleiche und Metaphern bereits ein. Mit dem Ziel, antisemitische NS-V/M in nicht öffentlichen Kommunikationszusammenhängen anhand linguistischer Kategorien und eingebettet in verschiedene Kontexte zu untersuchen, wurde ein Korpus bestehend aus E-Mails, die beim Zentralrat der Juden in Deutschland (ZdJ) und bei der Botschaft des Staates Israel in Deutschland (IBD) eingingen,[3] zusammengestellt, codiert und ausgewertet. Im Hinblick auf die

---

[2] Die vorliegende Arbeit verbindet aufgrund der Fragestellungen und der thematischen Ausrichtung quantitative und qualitative Ansätze miteinander.
[3] Dieses Datenmaterial wurde mir freundlicherweise von Frau Prof. Dr. Dr. h. c. Monika Schwarz-Friesel und Herrn Prof. em. Dr. Evyatar Friesel für die Untersuchung zur Verfügung gestellt.

detaillierte Analyse bestimmter Merkmale dieser NS-V/M setzen sich die Primärdaten demnach aus Texten zusammen, welche ebenjene Analogien beinhalten.[4] Die zu den Korpustexten zugehörigen Metadaten wurden ebenfalls in Bezug auf das Forschungsinteresse erfasst und die Annotation bzw. Codierung[5] der Daten erfolgte anhand derjenigen Kriterien, die dem zentralen Forschungsinteresse dienen (s. Kap. 4.2).

Korpuslinguistische Untersuchungen können empirisch fundierte Erkenntnisse über sprachliche und konzeptuelle Phänomene und Strukturen liefern, indem zum einen theoretische Ansätze anhand der Korpusdaten getestet und zum anderen Theorien auf Grundlage dieser Daten gebildet werden.[6] Die Unterscheidung dieser methodischen Zugänge bezieht sich demnach auf die verschiedenen Vorgehensweisen, die im Falle von ‚corpus-driven' Analysen als induktiv und in ‚corpus-based' Studien als deduktiv zu charakterisieren sind (vgl. Bubenhofer 2009: 99–101).[7] Angesichts der Operationalisierung der vorliegenden Forschungsfragen (s. Kap. 1.2) würde weder ein gänzlich induktives Vorgehen, ohne jegliche Vorannahmen, ertragreich noch ein völlig deduktives Verfahren, das ausschließlich auf bestehenden Theorien und Hypothesen beruht, neue

---

[4] Texte, die keine antisemitischen NS-V/M beinhalten, wurden quantitativ erfasst, um statistische Auswertungen bzgl. der Forschungsfragen, die in Kap. 4.3 aufgeführt sind, vornehmen zu können. Schwarz-Friesel/Reinharz (2013) liefern in Ihrer Untersuchung des sich z. T. überschneidenden Datenmaterials Erkenntnisse hinsichtlich der Sprachgebrauchsmuster im antisemitischen Diskurs allgemein, s. dazu Kap. 4.2.1 sowie zur Korpuszusammensetzung Schwarz-Friesel/Reinharz (2013: 2–32).

[5] Im Folgenden wird der Terminus der *Codierung* verwendet, um die Anreicherung der Primärdaten mit zusätzlichen Informationen zu bezeichnen.

[6] Zu einzelnen korpuslinguistischen Untersuchungsverfahren, wie Kollokationsanalysen, n-Grammen, Kookkurrenzen und syntagmatischen Mustern s. Bubenhofer (2009: 111–129).

[7] Die im Deutschen für beide Ansätze verwendeten Termini ‚korpusbasiert' als corpus-based vs. ‚korpusgesteuert' oder ‚korpusgestützt' als corpus-driven werden in der Literatur z. T. uneinheitlich gebraucht. So beschreiben bspw. Lemnitzer/Zinsmeister ([2]2010) korpusbasierte Ansätze als induktive und grundlegend quantitative Verfahren, die zwei Ausprägungen aufweisen: Zum einen handle es sich um strikt quantitative Untersuchungen (ohne Interpretation der Daten) und zum anderen um quantitativ-qualitative Analysen (mit Interpretation der Daten). Im Unterschied dazu stellen sie den korpusgestüzten Ansatz vor, der bspw. im Bereich der Generativen Grammatik als Quelle zusätzlicher Evidenz herangezogen wird, um mittels Belegsammlungen Theorien zu stützen oder zu widerlegen (vgl. dazu Lemnitzer/Zinsmeister [2]2010: 33–37). Demgegenüber bestimmen u. a. Bubenhofer (2009) und Niehr (2014) Untersuchungen, die corpus-based ausgerichtet sind, als deduktive Vorgehensweisen und solche, die als corpus-driven orientiert sind, als induktive Verfahren (vgl. Bubenhofer 2009: 17, 100 f.; Niehr 2014: 71). Ich beziehe mich im Folgenden auf die Unterscheidung von Bubenhofer (2009) und Niehr (2014) und verwende die Termini corpus-driven in Referenz auf induktive und corpus-based in Referenz auf deduktive Vorgehensweisen.

Erkenntnisse liefern. Da sich eine strikte Trennung dieser beiden Ansätze nicht als sinnvoll erweist, wurden induktive und deduktive Herangehensweisen in einem heuristischen Analysevorgehen miteinander verknüpft.[8] Dementsprechend sind im Rahmen der Korpuserstellung und -analyse sowohl deduktive Klassifikationskriterien bestimmt und untersucht als auch induktive Kategorien, basierend auf dem Datenmaterial, geschaffen worden. Auf diese Weise war es möglich, Phänomene und Strukturen hinsichtlich der sprachlichen Realisierung und kommunikativen Funktion von NS-V/M zunächst aufzudecken und anschließend zu untersuchen.[9]

Dieses Vorgehen ermöglicht eine qualitative linguistische Analyse und zusätzlich eine quantitative Auswertung, welche einerseits die Analysekategorien beinhaltet und andererseits auf die erhobenen Metadaten bezogen ist. Die Untersuchung von NS-V/M umfasst neben den expliziten Formulierungen und Vergleichsstrukturen ein umfangreiches Repertoire an impliziten Realisierungsformen, bspw. in Gestalt von Anspielungen und Andeutungen. Da diese nicht mittels Vergleichsjunktoren, sondern mithilfe diverser lexikalischer Indikatoren oder als makrostrukturelle Vergleiche auf der Textebene ausgedrückt werden, ist es nicht möglich, für die Codierung der Texte automatisierte Verfahren einzusetzen, wie sie in der Annotation grammatischer Kategorien Anwendung finden.[10] Mit solchen Tools können anhand der sprachlichen Oberfläche automatisch bestimmte Tags vergeben werden – den implizit vermittelten Bedeutungsgehalt von Ausdrücken und Texten können sie jedoch nicht selbstständig erfassen und codieren.

Andere Programme, mit denen manuelle Codierungen durchgeführt werden können, bieten sich demgegenüber im Hinblick auf Forschungsfragen an, in denen textlinguistische und pragmatische Aspekte, wie Implikaturen, eine besondere Stellung einnehmen. Sie eröffnen zum einen die Möglichkeit, Texte auf mehreren Ebenen anhand ausgewählter Kategorien zu codieren und diese codierten Daten anschließend in Bezug auf unterschiedliche Fragestellungen au-

---

8 Auf dem Gebiet der sozialwissenschaftlichen Forschung bewährt sich bzgl. der Verbindung induktiver und deduktiver Verfahrensweisen, z. B. im Zuge der qualitativen Inhaltsanalyse (vgl. Mayring [12]2015), der Ansatz der Grounded Theory (vgl. dazu Breuer 2010; Kuckartz 2014: 101–105). Diese findet methodisch u. a. innerhalb der linguistischen Diskursanalyse Anwendung (s. hierzu Fraas/Pentzold 2008: 298 f.) und bildet eine methodische Grundlage für das Vorgehen bei der Codierung von Daten. Auch die vorliegende Untersuchung orientiert sich daran: Die Codierung der Textdaten wurde mithilfe des qualitativen Analysetools MAXQDA durchgeführt, s. Kap. 4.2.2.
9 Zur Dokumentation der Korpuserstellung sowie den einzelnen Untersuchungskriterien und -kategorien s. Kap. 4.2.2.
10 Auf die automatische Annotation gehen Bubenhofer (2009), Lemnitzer/Zinsmeister ([2]2010) und Scherer ([2]2014) ausführlich ein.

tomatisch auszuwerten. Vor dem Hintergrund des Erkenntnisinteresses dieser Arbeit und der formulierten Forschungsfragen ist es für die vorliegende Analyse von besonderer Bedeutung, sowohl quantitative als auch qualitative Auswertungen in die Studie einzubeziehen.[11] Jeder quantitativen Auswertung müsste ohnehin eine qualitative Begutachtung vorausgehen. Die Interpretation der quantitativ ausgewerteten Daten sollte Gries (2008: 11) zufolge wiederrum qualitativer Natur sein.

Schwarz-Friesel/Consten (2014: 32) betonen, dass rein quantitative Analysen, die sich auf die Häufigkeit des Vorkommens von bestimmten Wörtern, Wortgruppen oder Kategorien beziehen, nichts über Phänomene, wie Implikaturen oder das Emotionspotenzial aussagen. Diese Aspekte besitzen gerade auch in Bezug auf antisemitische Äußerungen, wie NS-V/M, und ihnen vorgelagerten kognitiven Strukturen einen besonderen Stellenwert. Dass sich Antisemitismus in der Bundesrepublik Deutschland nach 1945 gerade durch implizite Varianten auszeichnet, die als Form der Umwegkommunikation (vgl. Bergmann/Erb 1986) deutlich werden, zeigt Kapitel 3.6.1.1. Allein auf der sprachlichen Oberfläche sind die zugrunde liegenden antisemitischen Konzeptualisierungen nicht immer ohne weiteres erkennbar. Ihr antisemitischer Gehalt kann häufig erst durch das Bilden von Inferenzen und die damit einhergehende Aktivierung von Weltwissen (vgl. Schwarz-Friesel/Consten 2014: 70 f.) erschlossen werden. Um diesen Gehalt im Zuge der Untersuchung von Texten herauszustellen, ist die qualitative Analyse eine Grundvoraussetzung. Sie beinhaltet gerade im Vergleich zu rein quantitativen Datenerhebungen der Einstellungsforschung eine Reihe weiterer positiver Anknüpfungspunkte, die das methodische Werkzeug der Antisemitismusforschung erweitern und sinnvoll ergänzen können.[12]

In ihrer Studie stellen Schwarz-Friesel/Reinharz (2013) deutlich heraus, welchen Wert korpuslinguistische Untersuchungen, basierend auf Ansätzen der Kognitiven Linguistik, für die Erforschung antisemitischer Denkmuster und Einstellungen in sich bergen. „In der kognitiv-prozeduralen Textlinguistik werden aus Produzentenperspektive Texte als Spuren der kognitiven Aktivität ihrer Verwender betrachtet" (Schwarz-Friesel/Consten 2014: 23). Anhand der Analyse von Texten bzw. selbstmotivierten Äußerungen, die Ausdruck kognitiver und emotionaler Einstellungen sind, können diese Einstellungen rekonstruiert werden und somit

---

[11] Die qualitative Auswertung der linguistischen Merkmale und Analysekategorien wird von quantitativen Angaben in Kap. 5 unterstützt und ergänzt.
[12] Dies gilt jedoch nicht ausschließlich für den Bereich der Antisemitismusforschung, sondern für jegliche Forschungsgebiete und Studien, mittels derer Einstellungen und Denkmuster von Personen und/oder gesamtgesellschaftliche Tendenzen ermittelt werden sollen.

einen Einblick in Denkmuster und Beweggründe von Textproduzent*innen geben (vgl. ebd.).[13]

Wie in Kapitel 3.6.1.3 zum Verbal-Antisemitismus ausgeführt, erfüllt Sprache, global betrachtet und auf ganze Sprachgemeinschaften bezogen, eine weitere Funktion:

> Die Sprache archiviert Komponenten des kollektiven Bewusstseins und macht sie über ihre bedeutungstragenden Formen transparent. Judenfeindliche Äußerungen transportieren und tradieren geistige Stereotype, welche die Basis antisemitischer Grundeinstellungen bilden. Sie tragen daher maßgeblich dazu bei, Denkschablonen und Klischees zu erhalten. So werden über Sprachgebrauchsmuster judenfeindliche Einstellungen aktiviert und reaktiviert. (Schwarz-Friesel/Reinharz 2013: 105)

Eine Analyse sprachlicher Äußerungen und Kommunikationsformen bietet demnach auch Einblicke in Bezug auf das kollektive und kulturelle Gedächtnis einer Gesellschaft, bzw. in diesem Fall der deutschen Post-Holocaust-Gesellschaft. Im Hinblick darauf beinhaltet die Diskursgrammatik einen theoretischen Anknüpfungspunkt für die vorliegende Arbeit. Entsprechend einer funktionalen Grammatik, die Sprache generell „in kommunikativen, kognitiven und emotiven Dimensionen verortet" (Warnke et al. 2014: 68), ist die Diskursgrammatik als funktionalgrammatische Sprachwissenschaft mit einem wissensanalytischen Schwerpunkt zu klassifizieren. Durch bestimmte grammatische Konstruktionen, bspw. Vergleichsstrukturen, werden Wissenszusammenhänge konstituiert (vgl. ebd.: 72). Diese Konstruktionen und Formen bilden den Kern diskursgrammatischer Untersuchungen, da sie im Rahmen der Analyse als „Indikatoren für gesellschaftlich geteiltes Wissen verstanden werden" (ebd.). Die Einbettung der Vergleiche in den NS-Diskurs ermöglicht ihr Verständnis in diesem Zusammenhang und trägt damit zur Erfüllung ihrer kommunikativen Funktion bei. Nur durch den Bezug auf Bestandteile geteilten Wissens um die nationalsozialistischen Verbrechen, spezifische Funktionäre des Regimes oder andere Sachverhalte des Nationalsozialismus besitzen NS-V/M in ihren jeweiligen Kontexten das Potenzial entsprechende Wirkungen zu entfalten.[14] Die Untersuchung dieses Phänomens in seinen verschiedenen sprachlichen Ausprägungen ermöglicht es demnach, einen Zugang zu Vorstellungen und Denkstrukturen zu erhal-

---

13 Zum funktional-kognitiven Ansatz im Rahmen der Textlinguistik s. Schwarz-Friesel/Consten (2014: 22–24) sowie zu kognitiven Einheiten und Strukturen im Langzeitgedächtnis s. Schwarz-Friesel (^{3}2008).
14 Ausgewählte kommunikative Funktionen und Wirkungen von NS-V/M im öffentlichen Kommunikationsraum sind in Kap. 3.4 sowie spezifisch zu verbal-antisemitischen Ausprägungen in Kap. 3.6.2.2 aufgeführt.

ten, die durch die systematische Auswertung umfassenden Datenmaterials nicht nur individuell hinsichtlich des*der jeweiligen Äußerungsproduzent*in, sondern auch allgemein bestimmbar und je nach Zusammenstellung der Korpusdaten in einem größeren Rahmen generalisierbar sind. Die vorliegende Arbeit soll hierfür als ein Bezugspunkt fungieren, auf dessen Grundlage strukturelle und sprachliche Muster der NS-V/M erstmalig systematisch eruiert werden. Diese können folglich für weiterführende Untersuchungen an anderen Textdaten fruchtbar gemacht werden, in denen ebenfalls Analogiebildungen zwischen NS-bezogenen und jüdischen oder israelischen Entitäten als Ausdruck antisemitischer Einstellungen zu identifizieren sind.

Kommen wir nun zur konventionellen Untersuchung antisemitischer Einstellungsmuster und den damit eventuell verbundenen Schwierigkeiten. In der Analyse von Einstellungen wird überwiegend mit Datenerhebungen gearbeitet, die auf repräsentativen quantitativ orientierten Umfragen basieren.[15] Diese beinhalten vorformulierte Items in Form von Testsätzen, anhand derer Zustimmungs- und Ablehnungs-Häufigkeiten sowie Ratings bzgl. der Zustimmung oder Ablehnung gemessen werden.[16] Im Rahmen dieser Forschungsarbeiten besteht stets das Risiko, dass Befragte einerseits sozial erwünschte, aber nicht in jedem Fall wahrheitsgemäße Antworten geben, die ihrer tatsächlichen Einstellung entsprechen (vgl. Beyer/Krumpal 2010: 683). Andererseits können die vorformulierten Items, in Gestalt von Fragen oder Testsätzen, Primingeffekte evozieren, die dazu führen, dass die befragten Personen im Zuge der Rezeption mitunter erst stimuliert werden, bestimmte Antworten zu geben. Ein gewisses Maß an Beeinflussung der Befragten, das auf die eingesetzte Methodik und das Studiendesign zurückzuführen ist, wäre somit unumgänglich (vgl. dazu Schwarz-Friesel/Reinharz 2013: 9–13).

Die Analyse spontan produzierter Texte, die aus eigener Motivation der Verfasser*innen an ausgewählte Adressat*innen gerichtet sind, wie in der Korpusstudie, schließt diese genannten Störfaktoren aus. Dabei ist zu beachten, dass eine solche Untersuchung jedoch ausschließlich mit Daten arbeitet, die von Textproduzent*innen selbst hervorgebracht werden und den Forschenden zugänglich sind. Repräsentativitätsstandards einer solchen Studie gelten folglich für das Korpusmaterial, das nach spezifischen Parametern zusammengestellt

---

15 Eine Alternative hierzu bilden neben linguistischen Verfahren u. a. psychoanalytische Studien und qualitative Interviews, s. dazu u. a. Simmel ([1946] 2002) sowie Simmel/Adorno/Dahmer-Kloss (1993) und Salzborn (2010a).
16 Zu NS-V/M in sozialwissenschaftlichen Studien als Items für die Untersuchung des israelbezogenen Antisemitismus zusammen mit den entsprechenden Ergebnissen aus den letzten Jahren s. Kap. 3.6.2.

wurde und demzufolge einen Ausschnitt bestimmter sprachlicher Äußerungen darstellt (vgl. Lemnitzer/Zinsmeister ²2010: 50–56). Das Kriterium der Repräsentativität gilt daher nicht für die Grundgesamtheit aller Sprachproduzent*innen, wie es im Falle von quantitativen sozialwissenschaftlichen Untersuchungen möglich ist, die gesamtgesellschaftliche Tendenzen mit Blick auf bestimmte Einstellungsmuster abbilden können. Hier wird deutlich, dass beide Methoden aneinander anknüpfen und sich wechselseitig ergänzen sollten, um jegliche Facetten von antisemitischen Einstellungsmustern und Konzeptualisierungen sowie Gefühlsstrukturen erfassen und interpretieren zu können. Schwarz-Friesel/Reinharz (2013: 13) plädieren für eine methodische Erweiterung der üblichen Werkzeuge, die in der Antisemitismusforschung in den letzten Jahren zum Einsatz kamen:

> Die aktuelle Antisemitismusforschung muss sich also methodisch öffnen und neben den üblichen, ‚konservativen' Methoden der sozialwissenschaftlichen Befragung und der historischen Deskription von Einzelereignissen (interdisziplinäre) Korpusanalysen und text- wie kognitionslinguistische Detailanalysen einbeziehen, will sie dem Anspruch gerecht werden, Judenfeindschaft in ihren diversen Facetten und Erscheinungsformen inhaltlich angemessen und repräsentativ zu erfassen.

Bubenhofer (2009: 322) konstatiert hinsichtlich quantitativ ausgerichteter korpuslinguistischer Verfahren in Bezug auf diskursanalytische Fragestellungen:

> [Die] korpuslinguistische Diskurskursanalyse [ist] anschließbar an alternative sozialwissenschaftliche Methoden, Ergebnisse können verglichen und die Varietät wissenschaftlicher Verfahren erhöht werden.

In Anbetracht der quantitativen und qualitativen Untersuchung antisemitischer NS-V/M kann zum einen ermittelt werden, inwiefern diese eine typische Ausdrucksform antisemitischer Äußerungen und deren zugrunde liegenden Einstellungen darstellen. Zum anderen kann untersucht werden, wie und mit welcher Frequenz Produzent*innen diese bspw. vor dem Hintergrund bestimmter Diskursereignisse und unabhängig von bestimmten Ereignissen äußern. Durch die Erfassung der Metadaten bzgl. sozidemografischer Merkmale der Textproduzent*innen sowie der Empfängerinstitution, an die eine E-Mail mit antisemitischen NS-V/M gesendet wurde, sind auch in Bezug darauf Aussagen zu treffen (s. dazu Kap. 4.3). Die qualitativen linguistischen Analysen der Korpustexte, die sowohl die NS-V/M als auch den sprachlichen Kotext umfassen, geben Aufschluss über die mentalen und emotionalen[17] Verfassungen der Textproduzent*innen

---

[17] Zur psychologischen und emotionalen Dimension des Antisemitismus s. auch Salzborn (2010b) sowie Schwarz-Friesel/Reinharz (2013: 264–298).

und zeigen, wie solche Analogien in das Konglomerat verbal-antisemitischer Phänomene aus Stereotypen, Dämonisierungen und Delegitimierungen sowie bestimmten Argumentationsstrategien eingebettet sind. Diese Untersuchung wird zudem durch quantitative Auswertungen der jeweiligen Analysekriterien, d. h. der sprachlichen Realisierung der Vergleiche und Metaphern sowie den Vergleichs- und Metaphernkonstituenten, angereichert und unterstützt (s. dazu Kap. 5).

4.2 Design und Dokumentation des Korpus zu antisemitischen NS-Vergleichen und NS-Metaphern

4.2.1 Beschaffenheit des Korpus und die Kommunikationsform der E-Mail

Das für die Analyse erstellte Korpus basiert vornehmlich auf der Datengrundlage der Studie von Schwarz-Friesel/Reinharz (2013), die sämtliche Zuschriften in Form von Briefen, Faxen, Postkarten und E-Mails an den Zentralrat der Juden in Deutschland (ZdJ) und die Botschaft Israels in Berlin (IBD) in den Jahren 2002 bis April 2012 umfasst, welche bis Jahresende 2007 vollständig katalogisiert und anhand ausgewählter Kriterien untersucht worden sind.[18] Die vorliegende Arbeit bezieht zusätzlich die Zeitspanne ab April 2012 sowie die Jahre 2013 und 2014 ein, sodass sich ein Untersuchungszeitraum vom 31. 03. 2002 bis 31. 12. 2008 für die E-Mails an den ZdJ und 17. 10. 2003 bis 31. 12. 2014 für die IBD ergibt. Im Hinblick auf die beiden Institutionen, die jeweils verschiedene Personengruppen bzw. im Falle der Botschaft einen Staat repräsentieren, besteht das Korpus aus zwei Subkorpora, die Daten beinhalten, deren Analyse u. a. Aufschluss über NS-V/M in Verbindung mit bestimmten klassischen antisemitischen, israelbezogenen sowie Post-Holocaust-Stereotypen geben. Gerade die Analogiebildungen bzgl. Israel, die in E-Mails an den Zentralrat der Juden in Deutschland gerichtet sind, zeigen dass Juden*Jüdinnen als die Gruppe der (ISRAEL ZUGEHÖRIGEN) FREMDEN UND ANDEREN konzeptualisiert werden. Dieses Stereotyp bildet die konzeptuelle Konstante, auf der jegliche weitere Stereotype beruhen – ob in klassischer, modifizierter oder aktualisierter Form (vgl. Benz 2004: 25; Schwarz-Friesel/Reinharz 2013: 47 sowie Kap. 3.6.1 und 5.3). Im Hinblick darauf beschäftigt sich Kapitel 4.3.1 ausführlich mit den quantitativen Auswertungen der Häufigkeiten

---

[18] Dabei handelt es sich um Zuschriften, die beim ZdJ im Zeitraum vom 31. 03. 2002 bis 24. 07. 2009 und bei der IBD vom 17. 10. 2003 bis 10. 04. 2012 eingegangen sind und an die Forschungsgruppe weitergegeben wurden (vgl. Schwarz-Friesel/Reinharz 2013: 13). Zur Katalogisierung der Texte und zum Stichprobenumfang ihrer Studie s. ebd. (17 f.).

von E-Mails mit NS-V/M in Abhängigkeit von der jeweiligen Empfängerinstitution.

Die Korpusdaten bestehen aus E-Mails sowie aus Kontaktformularen, die auf der Website der IBD ausgefüllt und dementsprechend in Form von E-Mails gesendet werden können.[19] Um eine ausgewogene und einheitlich digital vorliegende und weiterzuverarbeitende Datenmenge für die Textcodierung und die anschließende Auswertung nutzen zu können, wurde das Korpus auf die Textsorte der E-Mail limitiert. Ein anderes Kriterium des Korpusdesigns bezieht sich auf das Vorhandensein eines antisemitischen NS-V/M im E-Mailtext. In Bezug auf die Forschungsfragen wurden all jene Texte ermittelt, in denen antisemitische NS-V/M vorliegen. Hierbei handelt es sich um 945 Texte mit NS-V/M von insgesamt 10.235 E-Mails im gesamten Untersuchungszeitraum.[20] Diejenigen E-Mails, welche die Variable NS-V/M aufweisen, wurden vollständig nach allen qualitativen Analysekriterien codiert und ausgewertet sowie die zur E-Mail relevanten Metainformationen aufgenommen (s. Kap. 4.2.2). Die Studie bezieht sich also nicht nur auf eine Stichprobe aus dem Untersuchungsmaterial, die das korpuslinguistische Gütekriterium[21] der Repräsentativität erfüllt (vgl. dazu Lemnitzer/Zinsmeister ^{2}2010: 50 f.), sondern sie bietet eine Analyse der Gesamtheit aller E-Mails innerhalb des Untersuchungszeitraumes, die mindestens einen NS-V oder eine NS-M beinhalten. E-Mails, die diese Variable nicht aufweisen, wurden für die statistischen Auswertungen quantitativ nach Jahren und Empfängerinstitution erfasst (s. dazu Kap. 4.3), jedoch nicht auf der Sprachebene analysiert.

Kommen wir nun zurück auf die Kommunikationsform der E-Mail,[22] die sich im besonderen Maße dazu eignet, antisemitische Äußerungen, wie es hinsicht-

---

[19] Vgl. dazu http://embassies.gov.il/berlin/AboutTheEmbassy/Pages/contact-us.aspx (letzter Zugriff 28. 02. 2019).
[20] Tab. A1 im Anhang zeigt die Anzahl aller eingegangenen E-Mails sowie aller E-Mails, die NS-V/M beinhalten, nach Institution und Jahren aufgelistet.
[21] Zu den Gütekriterien, die Spitzmüller/Warnke (2011) für die korpusorientierte Diskurslinguistik zusammenstellen und die generell für empirischen Untersuchungen dieser Art gelten, gehört u. a., dass die Auswertung der Daten den Anspruch auf Vollständigkeit erfüllen (Exhaustivität) sollen und dass diese vollständige Analyse, z. B. mithilfe von elektronischen Textanalysetools, verlässlich sein soll (Reliabilität). Außerdem müssen die Aussagen, die auf Grundlage der Datenanalyse getroffen werden, jederzeit überprüfbar sein, wobei mit gleichen Methoden auch gleiche Ergebnisse zu erzielen sind (Intersubjektive Überprüfbarkeit). Darüber hinaus ist davon auszugehen, dass bestimmte Muster und spezifische Vorkommenshäufigkeiten im Korpus miteinander korrelieren und sich die Auswertung daher auf hochfrequente bzw. statistisch signifikante Muster bezieht (Frequenzorientiertheit). Zudem sind Spitzmüller/Warnke (2011) zufolge sprachliche Phänomene, die als isolierte Fragmente auftreten, immer in Verbindung mit ihrem natürlichen Äußerungszusammenhang zu analysieren (Kontextorientierung) (vgl. ebd.: 36 f.).
[22] In der einschlägigen Literatur wird die E-Mail uneinheitlich als Textsorte oder als Kommunikationsform bezeichnet (vgl. Dürscheid 2003: 4). Abzugrenzen sind beide Bereiche bzgl. der

lich der analysierten Vergleiche und Metaphern der Fall ist, zu untersuchen. Dass diese eigeninitiativ produzierten Texte Einblicke in Denk- und Einstellungsmuster sowie in Gefühlsstrukturen der Verfasser*innen liefern, wurde im vorherigen Kapitel erörtert. Eine Vielzahl von ihnen gibt außerdem persönliche Auskünfte, z. B. Namen, Adresse, Telefonnummer, und weitere biographische Angaben über sich preis, wie die politische Einstellung, das Alter oder den Beruf.[23] Im Gegensatz zu rein anonym verfassten Äußerungen bietet die Untersuchung der E-Mails mit antisemitischen Inhalten also die Möglichkeit, soziodemografische Merkmale der Textproduzent*innen, sofern sie diese anführen,[24] als Metadaten zu erfassen und in die Untersuchung einzubeziehen (vgl. Schwarz-Friesel 2015d: 179).

Laut Schwarz-Friesel/Reinharz (2013: 22), die das gesamte Material von 2002–2007 u. a. nach Art der Zuschrift (d. h. auch Briefe, Postkarten etc.) sowie Absender*in klassifiziert haben, bilden E-Mails ab 2006/2007 die dominante Kommunikationsform in ihrem Korpus, deren Verfasser*innen häufiger anonym bleiben als jene der anderen Zuschriftenformate (s. dazu Kap. 4.3.3). Wie ein Brief ist die Kommunikationsform der E-Mail aufgrund ihrer Multifunktionalität, bspw. als Werbetext, Einladung, offizielles Schreiben an Behörden etc., nicht als einheitliche Textsorte mit einer spezifischen thematischen Textfunktion zuzuordnen (zum Brief vgl. Brinker 2005: 147 f.). Da Kommunikationsformen also lediglich im Hinblick auf situative und mediale Merkmale bestimmbar sind, in Bezug auf die kommunikativ-funktionalen Aspekte jedoch nicht definiert werden (vgl. ebd.: 148), kann beinahe jede Gebrauchstextsorte die Gestalt einer E-Mail annehmen (vgl. Dürscheid 2003: 5).

Daneben stellen E-Mails ein Medium dar, das sich als schriftbasierte Kommunikationsform[25] auszeichnet, die keine direkte Rückkopplung wie in der mündlichen Kommunikation oder im Chat zulässt. Es liegt also kein gemeinsamer Kommunikationsraum zwischen den Sender*innen und den Empfänger*innen vor. Demzufolge handelt es sich um eine asynchrone Kommunikationsform, im Zuge

---

thematischen Funktion, anhand derer eine Textsorte identifiziert werden kann. Kommunikationsformen zeichnen sich hingegen durch ihre Multifunktionalität aus (vgl. Brinker [6]2005: 148), die auch ein Merkmal der E-Mail darstellt.

23 Welche argumentationsstrategischen Ziele damit verfolgt werden, erörtern Schwarz-Friesel/Reinharz (2013: 346–356) im Zuge ihrer Studie. Zu Argumentationsmustern in Verbindung mit NS-V/M s. die Beispielanalysen in Kap. 5.

24 Inwiefern diese Angaben der Realität entsprechen, wurde stichprobenartig mittels Internet-Recherchen überprüft.

25 Abgesehen von den rein schriftlichen Texten sind im (codierten) Korpusmaterial 20 E-Mails vorhanden, die zusätzlich Grafiken, Fotos, Karikaturen oder Collagen entweder innerhalb des Textes oder als Anhänge beinhalten.

derer Äußerungen vorab geplant, elaboriert und korrigiert werden können, was z. B. innerhalb einer direkten quasi-synchronen Chat-Interaktion nicht üblich wäre (vgl. Dürscheid 2003: 8–11). Dennoch sind in Bezug auf die vorliegenden Korpusdaten zahlreiche Rechtschreib- und Grammatikfehler sowie Inkohärenzen in den Texten festzustellen. Schwarz-Friesel/Reinharz (2013) konstatieren dazu und mit Blick auf die emotionale Dimension,[26] die hinsichtlich antisemitischer Äußerungen einen besonderen Stellenwert einnimmt:

> Auch halten es viele Textproduzenten offensichtlich nicht für notwendig, ihre Anschreiben – die sie immerhin an Vertreter offizieller Institutionen wie den Botschafter, den Zentralratsvorsitzenden oder auch (in Kopie) an Regierungsvertreter wie Minister oder die Bundeskanzler(in) richten – vor dem Absenden nochmals zu prüfen, zu korrigieren oder zu revidieren. Auch die Vielzahl an Rechtschreibfehlern und falschen grammatischen Bezügen belegt die mangelnde reflexive Kontrolle, die angesichts der selbstbescheinigten Bildung und Informiertheit oder der signalisierten ‚aufgezwungenen' Zurückhaltung zu erwarten wäre. (ebd.: 291)

Im Rahmen der internetbasierten Kommunikationsformen spielen auch die Faktoren der medialen und der konzeptionellen Schriftlichkeit bzw. Mündlichkeit eine wichtige Rolle. Gerade mit Blick auf Texte, die an offizielle Institutionen und deren Vertreter*innen gesendet werden und die den Absender*innen nicht persönlich bekannt sind, wird für gewöhnlich eine konzeptionell elaborierte Schriftsprache gepflegt, die durch ein bestimmtes Maß an Distanz geprägt ist (vgl. dazu Storrer 2011: 333 f.). Jedoch scheinen die Formalitäten dieses offiziellen Handlungsbereichs[27] keinen Einfluss in Bezug auf die vorliegenden Texte zu haben, denn das damit verbundene Kriterium der persönlichen Distanz, welches sich sprachlich z. B. in bestimmten Höflichkeitsformeln ausdrückt, wird

---

26 Um grundlegend das Emotionspotenzial in Äußerungen und den vorliegenden Texten zu ermitteln, wurden emotionsbezeichnende und emotionsausdrückende Lexeme sowie typographische Emphasesignale bestimmt und codiert. Zum Ausdruck von Emotion s. Kap. 3.4.1.1.2 sowie die illustrativen Beispieltexte in Kap. 5. Orthographische und grammatische Normabweichungen stellen in der vorliegenden Analyse somit kein bestimmtes Merkmal bzgl. des emotionalen Potenzials dar, welches u. a. konkret über sprachliche Ausdrücke vermittelt wird.
27 Im Zuge seiner Textsortenbestimmung differenziert Brinker (^{6}2005: 148–150) zwischen dem privaten Handlungsbereich, in dem sich die Kommunikationspartner*innen persönlich kennen, dem offiziellen Bereich, in dem bspw. Behörden, Amtspersonen oder Institutionen verankert sind, sowie dem öffentlichen Bereich, der sich mit dem offiziellen überschneiden kann und sich auf die Medien der Massenkommunikation, wie Presse und Fernsehen, bezieht. Beim Verhältnis zwischen dem jeweiligen Handlungsbereich und normgerechter Orthographie sowie Grammatik handelt es sich um einen hypothetischen Zusammenhang, der im Zuge der vorliegenden Arbeit nicht systematisch untersucht wurde.

von zahlreichen Verfasser*innen missachtet. Dass die Normen der Höflichkeit[28] in den Texten einen sehr unterschiedlichen Stellenwert einnehmen und teilweise ignoriert werden, illustrieren die Beispieltexte in Kapitel 5.

Die im Zuge der Studie untersuchten E-Mails, die NS-V/M enthalten, erfüllen allgemein die kommunikativen Funktionen, bestimmte Sachverhalte oder Entitäten zu diskreditieren, zu diffamieren und zu beleidigen. Sie stellen zudem einen Ausdruck von Emotionen dar, sollen z. T. persuasiv und im Hinblick auf die Textproduzent*innen entlastend wirken, indem sie eine Täter*innen-Opfer-Umkehr vornehmen (s. Kap. 3.6.2.2). Da diesen Funktionen immer eine (meist negative) Bewertung einer Situation, Person oder eines Sachverhalts zugrunde liegt, sind die untersuchten E-Mails hier als argumentative Texte zu charakterisieren. Als argumentative Texten kennzeichnet Stede (2007) u. a. Kommentare und Leserbriefe, in denen Produzent*innen eigene Meinungen vermitteln, indem sie sich gegen negativ bewertete Sachverhalte positionieren und argumentieren (vgl. ebd.: 38). Neben individuellen, auf die Kommunikationssituation und den Themenschwerpunkt bezogenen Absichten dienen die E-Mails im Korpus ebenfalls diesem übergeordneten Zweck. In seinen Differenzierungskriterien zur Bestimmung von Textsorten führt Brinker (^{6}2005: 145) fünf Textklassen (Informationstexte, Appelltexte, Obligationstexte, Kontakttexte und Deklarationstexte) auf, in denen der Appelltext, bspw. in Form eines Kommentars, aufgelistet wird. Einige der E-Mails mit NS-V/M enthalten abgesehen von den Bewertungen bestimmter Sachverhalte direkte und indirekte direktive Sprechakte in Gestalt von Apellen, die u. a. an die Empfängerinstitutionen, ZdJ und IBD, oder an deren Vertreter*innen gerichtet sind. Daneben finden sich zusätzlich zur allgemeinen Form eines Appells auch konkrete Handlungsaufforderungen.[29]

Wir haben es hinsichtlich des Korpusmaterials also nicht mit typischen Texten innerhalb eines offiziellen Handlungsbereichs zu tun, wie sie üblicherweise an offizielle Institutionen gesendet werden. Die Produzent*innen artikulieren in ihren E-Mails (kognitive und emotionale) Bewertungen von Entitäten, Themen sowie Ereignissen. Da in diesen Texten zusätzlich zur sprachlichen Realisierung antisemitischer NS-V/M die persönlichen mentalen Haltungen und Konzeptualisierungen wie auch die emotionalen Einstellungen eruiert werden können, bilden sie die Datengrundlage für die vorliegende korpuslinguistische Untersuchung.

---

[28] Dabei ist zu beachten, dass Höflichkeitsformen bzw. die Einhaltung formaler Höflichkeitsregeln durch Konventionen bestimmt sind und mitunter als sogenannte Scheinhöflichkeit eingeordnet werden können (vgl. Schwarz-Friesel/Reinharz 2013: 333).
[29] S. dazu die Korpusbeispiele (245) und (246) in Kap. 5.3.2.

4.2.2 Dokumentation der Korpuserstellung und Codierung

An dieser Stelle widmen wir uns dem Prozess des Korpusaufbaus, inklusive der Erhebung der Metadaten und dem Ablauf der Mehrebenen-Codierung mithilfe verschiedener Software-Tools und Programme. Das Korpus zu NS-V/M besteht aus E-Mails an die IBD und den ZdJ, welche die Daten für die Studie von Schwarz-Friesel/Reinharz (2013) und ihrem Forschungsteam zur Nutzung wissenschaftlicher Zwecke zur Verfügung stellten.[30] Da im Rahmen dieser Studie und spezifischen Nachfolgeuntersuchungen alle E-Mails von 2002 bis 2013 in Worddokumente konvertiert sowie Siglen zur Chiffrierung und Katalogisierung der Zuschriften vergeben wurden (vgl. Schwarz-Friesel/Reinharz 2013: 17 f.), konnte die vorliegende Untersuchung auf Datenmaterial in dieser Form zurückgreifen. E-Mails, die im Jahreszeitraum von Anfang bis Ende 2014 bei der IBD eingingen, lagen als Outlookdateien vor und all jene mit antisemitischen NS-V/M wurden entsprechend konvertiert und katalogisiert.[31]

Die Siglenvergabe erfolgte dabei nach demselben Muster wie bzgl. der Daten aus den Vorjahren. Dabei gibt das Buchstaben- und Zahlenkürzel, wie in [IBD_21.03.2012_Mer_001] an, welche der beiden Institutionen die E-Mail empfing, wobei *IBD* für die Israelische Botschaft in Deutschland und *ZDJ* für den Zentralrat der Juden in Deutschland steht. Außerdem wird damit angezeigt, an welchem Tag[32] die Zuschrift einging und von wem sie verfasst wurde. Dies ist in Form eines anonymisierten Buchstabenkürzels der Nachnamen der Verfasser*innen kenntlich gemacht. Die dreistellige Zahl am Ende gibt an, wie viele Zuschriften eine Person bereits an die jeweilige Institution gerichtet hat, damit diejenigen identifiziert werden können, die sich mehrfach an die IBD oder den ZdJ wenden (vgl. Schwarz-Friesel/Reinharz 2013: 17). Wenn Textproduzent*innen anonym bleiben oder sich selbst bestimmte Nicknames geben, die als solche identifizierbar sind, wurde dies in der Sigle mit der Kurzform *ano* gekenn-

---

30 Zusätzlich zu der umfassenden Ausarbeitung in der Studie von Schwarz-Friesel/Reinharz (2013) bildet dieses Datenmaterial zusammen mit anderen Daten die empirische Grundlage für zahlreiche weitere Untersuchungen zum verbalen Antisemitismus, s. dazu Schwarz-Friesel (2010b, 2010c, 2013a, 2013b, 2015b, 2015c, 2015d, 2015e) sowie Schwarz-Friesel/Friesel (2012).
31 E-Mails ohne entsprechende NS-V/M wurden nach ihrer Häufigkeit erfasst, da sie nur für statistische Zwecke bzgl. der dritten und vierten Fragestellung relevant sind. Weil es sich bei den Texten um Datenmaterial handelt, das nicht öffentlich zugänglich ist, dürfen Auszüge in Form anonymisierter Textbeispiele zur Illustration der untersuchten Phänomene im Rahmen dieser Arbeit präsentiert werden (s. Kap. 5).
32 Wenn der Tag des Eingangs einer E-Mail nicht ermittelt werden konnte, weil bspw. das Datum nicht vollständig in der Empfangszeile der E-Mail aufgeführt ist, findet sich in der Sigle die Angabe *00* vor dem Monat und dem Jahr, z. B. 00.09.2008.

zeichnet. Diese Zuordnung der Kürzel bezieht sich allerdings auf die Texte im Korpus und wurde mit Blick auf die Anonymisierung der Verfasser*innen und zum Schutz ihrer personenbezogenen Daten in der vorliegenden Arbeit aus den entsprechenden Siglen entfernt. Daher werden die Textausschnitte nachfolgend anstelle mit [IBD_21.03.2012_Mer_001] ausschließlich mit [IBD_21.03.2012] und der Beispielnummerierung aufgeführt. Die Wiederauffindbarkeit der zugehörigen Korpustexte ist dadurch gewährleistet und wird darüber hinaus mithilfe der Textsuche in MAXQDA sichergestellt.

Um die absoluten und relativen Häufigkeiten für die statistische Auswertung der E-Mails mit NS-V/M vs. der E-Mails ohne NS-V/M in einem späteren Arbeitsschritt ermitteln zu können, wurde zunächst die Anzahl aller E-Mails, die in den Jahren von 2002 bis 2014 bei der IBD sowie 2002 bis 2008 beim ZdJ eingingen, ausgezählt (s. Kap. 4.3.1). Im folgenden Schritt wurden aus der Gesamtdatenmenge diejenigen Texte ermittelt, die in das Korpus für die qualitative Analyse der NS-V/M aufgenommen werden sollten. Dafür ist jeder Text einzeln anhand der Definition von antisemitischen NS-V/M bzgl. der Bestimmungskriterien überprüft worden (s. dazu Kap. 3.6.2). Wie in Kapitel 4.1 ausgeführt, ist es im Hinblick auf einen Forschungsgegenstand, der sich im besonderen Maße durch zahlreiche implizite Realisierungsformen und diverse Varianten der sprachlichen Umsetzung auszeichnet, nicht möglich, die relevanten Texte einzig mithilfe eines automatisierten computergestützten Verfahrens zu ermitteln, weil diese nicht in der Lage sind, implizite Bedeutungskomponenten zu erfassen, die z. T. erst im Äußerungskontext deutlich werden. Entsprechende Softwaretools kamen daher erst in den Auswertungsschritten der quantitativen Datenanalyse zum Einsatz.

Basierend auf der Definition von antisemitischen NS-V/M konnte die Entscheidung, inwiefern es sich um eine solche Analogieherstellung innerhalb einer E-Mail handelt, mit einer intersubjektiven Übereinstimmungsrate von 93,8 % getroffen werden.[33] Sofern es sich um einen inkohärenten bzw. inkonsis-

---

33 Für die Überprüfung der Qualität einer Annotationsebene bzw. einer Codierebene sowie deren zugrunde liegenden Bestimmungskriterien ist ein Inter-Annotator- bzw. ein Inter-Coder-Agreement notwendig. Um dieses zu erreichen, muss derselbe Text von mindestens zwei Codierer*innen bearbeitet werden. Dabei sind die Fälle auszuwerten, in denen Übereinstimmungen bzw. Abweichungen in der Bestimmung eines Phänomens vorliegen. Anhand dessen kann dann das Codierschema, das in den Richtlinien festgehalten ist, bei Bedarf überarbeitet werden (vgl. Mitkov 2008: 594 f.). Um dem Anspruch auf wissenschaftliche Gültigkeit zu genügen, muss die im Zuge der Annotation getroffenen Entscheidungen intersubjektiv geteilt werden (vgl. Spitzmüller/Warnke 2011: 36 f.). Damit eine intersubjektive Übereinstimmung auch im Zuge der vorliegenden Studie gewährleistet werden kann, wurde eine Stichprobe mit 20 anonymisierten Texten, von denen zwölf NS-V/M beinhalteten und acht diese Variable nicht aufwiesen, an drei weitere Personen übergeben, die zuvor mit der Definition und Bestimmung der Analogiebildungen vertraut gemacht wurden. In Bezug auf die Anweisung, die Texte, in denen

tenten Text handelte, wurde dieser nicht in das qualitativ zu analysierende Korpusmaterial, bestehend aus vollständigen E-Mailtexten mit NS-V/M, aufgenommen, da die Codierung der Texte im Anschluss ebenfalls nach konservativen Maßgaben erfolgte.[34] Auf diese Weise wurde jede E-Mail, die das zu untersuchende Phänomen beinhaltet, zusammen mit der zugehörigen Sigle in ein Worddokument gespeichert. Nach Institution und Jahren kategorisiert, konnten auf dem Weg mehrere Dateien angelegt werden, in denen die E-Mails chronologisch geordnet vorliegen. Zu jeder E-Mail sind im Zuge dessen Metadaten, basierend auf dem formalen Variablen-Set von Schwarz-Friesel/Reinharz (2013: 28), erhoben worden.[35] Zusätzlich zur bestimmenden Sigle wurden die Angaben von Klarnamen der Verfasser*innen sowie die Angaben akademischer Titel und Berufe in die Tabelle aufgenommen. Inwiefern die E-Mailschreiber*innen weitere Kontaktdaten, wie Telefonnummern und private oder berufliche Adressen aufführen, wurde ebenfalls in der Metadaten-Tabelle gekennzeichnet.

Kommen wir nun zur qualitativen Analyse und Codierung der Texte, die mithilfe der Software MAXQDA durchgeführt wurde, weil damit insbesondere computergestützte Analysen umfangreicher qualitativer Datenmengen möglich sind (vgl. dazu Kuckartz ^{3}2010: 12–20). Die Textdaten wurden zunächst in MAXQDA importiert und anschließend in Dokumentgruppen, aufgelistet nach Institution und sortiert nach Jahreszeiträumen, in ein MAXQDA-Projekt aufgenommen.

In Bezug auf die Kriterien, anhand derer einerseits antisemitische NS-V/M klassifiziert werden können und andererseits der Kotext der E-Mail, in den die jeweilige Analogie eingebettet ist, analysiert werden soll, wurde das Codesystem zunächst auf Basis deduktiver Kategorien erstellt.[36] Diese beruhen auf Ansätzen und Klassifizierungen, welche anhand der konsultierten Literatur zu Vergleichen und Metaphern sowie den Arbeiten zu NS-V/M und Antisemitismus allgemein herausgearbeitet wurden. Die dafür herangezogene Literatur in Bezug auf die zu analysierenden Aspekte ist in den Kapiteln 2 und 3 angeführt. Die Kategorisierung und Codbildung hinsichtlich der sprachlichen Realisierung sowie der Struktur des Vergleichs basiert auf den Arbeiten von Ortner

---

NS-V/M implizit oder explizit realisiert wurden, zu identifizieren, konnte eine Übereinstimmung von 93,8 % erreicht werden.
34 Diese bezieht sich sowohl auf die Entscheidung, ob ein antisemitischer NS-V/M vorlag als auch auf die Codierung aller weiteren Analysekategorien.
35 Für 325 E-Mails lagen die Metadaten aus den Jahren 2002 bis 2007, die im Zuge der Untersuchung von Schwarz-Friesel/Reinharz (2013) ermittelt wurden, bereits vor. Für 630 Texte sind die Metadaten im Zuge der vorliegenden Studie erhoben worden.
36 Zum Codesystem und den zugehörigen Kategorien s. Tabelle A5 im Anhang.

(1985), Eggs (2006a) und (2006b) sowie Thurmair (2001) und (2008). Zum Abgleich der deduktiv und induktiv gebildeten Kategorien sind auch die in Dornseiffs ([8]2004) Wortschatzzusammenstellung aufgelisteten Bedeutungsgruppen einbezogen worden, in denen das Lemma *Vergleich* in einer für diese Untersuchung entsprechenden Bedeutung vorliegt.[37] Im Hinblick auf die Klassifizierung von Metaphern dienten die Ausführungen und Einordnungen von Kurz ([5]2004), Levinson ([17]2006) und Skirl/Schwarz-Friesel ([2]2013) als theoretisches Fundament der Codeerstellung.

Zusätzlich zur Codierung der Struktur von Vergleichen als Modalitäts-, Komparativ-, oder Superlativvergleich, der Bestimmung von lexikalischen Vergleichsindikatoren und Junktoren sowie der strukturellen Kategorisierung der NS-M, bestand ein Schwerpunkt der Codierung in der inhaltlichen Bestimmung der NS-V/M. Dafür wurden die Vergleichs- und Metaphernkomponenten ermittelt und codiert.[38] Das Komparandum bzw. den metaphorische Zielbereich bilden in diesem Zusammenhang jüdische oder israelische Entitäten, Sachverhalte und Ereignisse, die in den E-Mails z. T. sehr spezifisch, wie *Benjamin Netanjahu*, und z. T. weniger präzise in Form von Metonymien oder Indefinitpronomen formuliert sind. Die Komparationsbasis bzw. der metaphorische Ursprungsbereich besteht jeweils in NS-bezogenen Entitäten,[39] Sachverhalten und Ereignissen, die ebenfalls mit einem unterschiedlichen Grad an Spezifizierung sprachlich realisiert sind.[40] Die im Vorfeld deduktiv gebildeten Codes zur Realisierung und Struktur von Vergleichen und Metaphern sowie den dazugehörigen Komponen-

---

[37] Dabei handelt es sich um die Bedeutungsgruppen 5.17 Ähnlich, 11.9 Vergleich sowie 12.36 Bildlicher Ausdruck und die darin enthaltenen Lexeme (vgl. Dornseiff [8]2004: Kap. 5.17, 11.9, 12.36). Die Untersuchung der Korpustexte zeigt, dass NS-V u. a. durch die Negation von Verschiedenheit sprachlich realisiert werden. Aus diesem Grund wurden auch Lexeme in die Codierung einbezogen, die in Bedeutungsgruppen bzgl. der *Ungleichheit* aufgeführt sind, wie 3.31 Gegenüber, 5.21 Verschieden, 5.23 Gegensatz und 11.10 Unterscheiden (vgl. ebd.: Kap. 3.31, 5.21, 5.23, 11.10).
Hier sei außerdem erwähnt, dass dieses umfassende onomasiologische Wörterbuch einen Bestandteil der elektronischen Datenbank des Projektes *Deutscher Wortschatz* der Universität Leipzig bildet (http://corpora.uni-leipzig.de/de?corpusId=deu_newscrawl_2011, letzter Zugriff 28. 02. 2019). Durch die Schlagwortsuche von *Vergleich* werden u. a. die entsprechenden in Dornseiff ([8]2004) aufgeführten Bedeutungsgruppen angezeigt, die dieses Lexem beinhalten, wobei die semantische Ambiguität von *Vergleich* in der elektronischen Suche nicht berücksichtigt wird und daher im Anschluss aufzulösen ist.
[38] Vergleichs- und Metaphernarten sowie deren Konstituenten beleuchten die Kap. 2.2, 2.3 und 2.4.
[39] Bis auf das Korpusbeispiel (87) werden die NS-bezogenen Entitäten jeweils als Komparationsbasis oder metaphorischer Ursprungsbereich realisiert, s. Kap. 5.1.1.1.
[40] Zur sprachlichen Realisierung antisemitischer NS-V/M s. Kap. 3.6.2.1 und Kap. 5.

ten wurden im Zuge des Codierprozesses mit induktiven Codes ergänzt (s. dazu bspw. Kapitel 5.1.2.2 zur Negation, 5.1.2.4 bzgl. temporaldeiktischer und 5.1.2.5 mit Blick auf iterative Ausdrücke).

Vor dem Hintergrund der Ausarbeitungen von Eitz/Stötzel (2007), die NS-V allgemein anhand ihrer Komparationsbasis als Hitler-Vergleiche, Nazi-Vergleiche und Auschwitz-Vergleiche klassifizieren sowie den Betrachtungen von Pérennec (2008) wurden auch hier im Vorfeld der Codierung bestimmte Kategorien deduktiv erstellt und im Laufe der Codierphase induktiv erweitert. Dieses Vorgehen in Verbindung mit Reanalysen und Recodierungen von Texten gestattet es, das komplexe Phänomen der antisemitischen NS-V/M möglichst differenziert zu erfassen. Wie in Kapitel 3.2 und 3.3 dargelegt, bieten gerade die Formen der sprachlichen Realisierung sowie die Einbeziehung von diversen inhaltlichen Komponenten einen breiten individuellen Spielraum für Äußerungsproduzent*innen. Allein aus diesem Grund ist es unerlässlich, ein deduktives Codesystem bzw. Kategoriengerüst sukzessive mit induktiv erstellten Codes und Kategorien zu erweitern (vgl. dazu auch Breuer ²2010: 73 f.).

Da das vielschichtige Phänomen der antisemitischen NS-V/M stets mit Stereotypisierungen, antisemitischen Entwertungsmechanismen,[41] dem sprachlichen Ausdruck von emotionalen Einstellungen sowie speziellen Text- und Argumentationsstrategien einhergehen, wurden auch jene Erscheinungen, die im Kotext der Analogiebildungen innerhalb der E-Mails verbalisiert sind, in die vorliegende Analyse einbezogen und entsprechend codiert. Weil der Untersuchungsfokus speziell auf NS-V/M liegt, zeigt Kapitel 5 im Rahmen der qualitativen Auswertung diese Phänomene immer im Zusammenhang mit und bezogen auf jene Analogiebildungen.

Im Anschluss an die Codierphase wurden quantitative Auswertungen der qualitativen Analysen und der erhobenen Metadaten mithilfe computergestützter Programme, wie der Funktion des MAXQDA-Text-Retrievals, des Code-Relations-Browsers und Microsoft Excel für die Tabellenkalkulation sowie der Statistiksoftware SPSS, vorgenommen. Kapitel 5 präsentiert und diskutiert Ergebnisse dieser qualitativen Analyse anhand illustrativer Korpusbeispiele im Zusammenhang mit den jeweiligen Häufigkeitsverteilungen. Die statistische Auswertung bzgl. bestimmter Metadaten sowie die Häufigkeit von E-Mails mit NS-V/M in Abhängigkeit von der jeweiligen Empfängerinstitution und im Zusammenhang mit bestimmten Zeiträumen wird im nächsten Kapitel vorgestellt.

---

41 Zu den Phänomenen des Verbal-Antisemitismus s. Kap. 3.6.1.3.

4.3 Quantitative Auswertungen der E-Mails mit NS-Vergleichen und NS-Metaphern

Der in den folgenden drei Abschnitten vorgestellte Teil der Korpusanalyse und -auswertung ist quantitativ ausgerichtet und bezieht sich auf die statischen Daten, die im Rahmen des Korpusaufbaus erhoben wurden.[42] Die Auswertungen in 4.3.1 und 4.3.2 umfassen dabei die absoluten und relativen Häufigkeitsverteilungen aller E-Mails, in denen NS-V/M vorliegen.[43] Ebendiese bilden somit die abhängige Variable (aV) und werden mit Blick auf die Fragestellung der Anzahl jener E-Mails gegenübergestellt, die keine NS-V/M aufweisen, und jeweils in Bezug zur unabhängigen Variable (uV) gesetzt. In 4.3.1 handelt es sich bei der uV um die entsprechende Empfängerinstitution (IBD vs. ZdJ) und in 4.3.2 wird die Anzahl der E-Mails mit NS-V/M in Bezug auf den Zeitraum untersucht, in dem militärische Auseinandersetzungen in Nahost bzw. keine Militäraktionen stattfanden (Konfliktzeitraum vs. kein Konfliktzeitraum als uV).

Die Auswertungen und Darstellungen der Ergebnisse folgen dabei spezifischen Methoden der deskriptiven Statistik, die bezogen auf die Merkmale der Daten angewendet und mit SPSS sowie Excel berechnet wurden. Da die Untersuchung nicht auf einer Stichprobe aus der Grundgesamtheit aller E-Mails basiert, sondern die Häufigkeitsverteilungen aller Texte mit und ohne NS-V/M im Untersuchungszeitraum vollständig umfasst, erfüllt die Studie neben dem Standard der Repräsentativität der Ergebnisse (s. dazu Kap. 4.1 und 4.2.1) auch das Kriterium der Signifikanz (s. ausführlich dazu Duller ^{2}2007: 232–234). Die entsprechenden Chi-Quadrat-Werte sowie die Messung der Stärke des Zusammenhangs der Variablen mithilfe des Cramerschen Assoziationsmaßes V werden in den folgenden Abschnitten erläutert. Hinsichtlich der Ergebnisse dieser quantitativen Untersuchung ist stets zu beachten, dass die statistischen Werte zwar Korrelationen, jedoch keine kausalen Zusammenhänge abbilden (vgl. Bortz/Schuster 2010: 160), denn „Korrelationen können [...] als Koinzidenzen interpretiert werden. Sie liefern bestenfalls Hinweise, zwischen welchen Merkmalen kausale Beziehungen bestehen könnten" (ebd.).

---

42 Kap. 5 bildet den größeren Teilbereich der Korpusstudie. Dabei stehen die qualitativen Analysen einzelner Kategorien unter Hinzuziehung quantitativer Auswertungen im Vordergrund.

43 In Bezug auf die folgenden Untersuchungen sind hiermit stets antisemitische NS-V/M gemeint. Demgegenüber wurden in 23 E-Mails an die IBD NS-V/M ausfindig gemacht, die nicht als antisemitische NS-V/M zu klassifizieren sind, da sie sich auf andere Staaten, z. B. auf den Iran, beziehen. Hierbei handelt es sich u. a. um Zuschriften, in denen Verfasser*innen eine solidarische Haltung gegenüber Israel ausdrücken.

4.3.1 E-Mails mit NS-Vergleichen und NS-Metaphern in Abhängigkeit von der Empfängerinstitution

Im Folgenden wird der dritten Forschungsfrage nachgegangen, die sich als erste direkt an die Korpusstudie richtet:

Besteht ein Zusammenhang zwischen den Häufigkeitsverteilungen der E-Mails mit NS-V/M und der jeweils adressierten Institution?

Das Motiv für diese Fragestellung bezieht sich auf die Verknüpfung eines Phänomens des israelbezogenen Antisemitismus und des klassischen Stereotyps der JUDEN*JÜDINNEN ALS NICHTDAZUGEHÖRIGE GRUPPE DER ANDEREN, welches seit jeher das Fundament der Judenfeindschaft darstellt und in aktualisierter Form auf der Konzeptualisierung von JUDEN*JÜDINNEN ALS ISRAELIS basiert (s. Kap. 3.6.1). NS-V/M, als Ausdruck von Antisemitismus, referieren häufig auf israelbezogene Sachverhalte, Personen, Gruppen sowie Ereignisse (vgl. Schwarz-Friesel/Reinharz 2013: 231 f.) und bilden einen Indikator für die aktuelle Ausprägung des israelbezogenen Antisemitismus (vgl. dazu Markovits 2004b: 200; Heyder/Iser/Schmidt 2005: 149 f.; Stein 2011: 34; Schwarz-Friesel/Reinharz 2013: 204; European Forum on Antisemitism 2019). In der Analogiebildung umfasst das Komparandum bzw. der metaphorische Zielbereich eine oder mehrere Entitäten, die einen Bezug zum israelischen Staat oder bestimmten Gegebenheiten im Nahen Osten aufweisen. Die beiden Institutionen, an die israelbezogene Vergleiche und Metaphern gerichtet sind, stellen aus Sicht der E-Mail-Produzent*innen repräsentative Organe des Staates Israel dar. Die Aufgabe der Repräsentation Israels erfüllt jedoch nur die IBD, nicht aber der ZdJ, welcher als Dachverband der jüdischen Gemeinden und Landesverbände in Deutschland die Gemeinschaften jüdischer Deutscher vertritt und keine institutionelle Verbindung zum israelischen Staat aufweist. Dadurch, dass also beide Institutionen unterschiedliche Instanzen und Gruppen repräsentieren, an die E-Mails mit israelbezogenen NS-V/M gesendet werden, kann gezeigt werden, dass neben den Vertreter*innen Israels jüdische Deutsche u. a. für Vorgänge in Israel, wie militärische Auseinandersetzungen oder Äußerungen von Politiker*innen, verantwortlich gemacht werden (vgl. dazu auch Schwarz-Friesel/Reinharz 2013: 15, 204 sowie Kap. 5). Dieser Umstand weist darauf hin, dass sie als nicht zur deutschen Bevölkerung gehörende Gruppe konzeptualisiert sind und in dieser Vorstellung das antisemitische Stereotyp von JUDEN*JÜDINNEN ALS NICHT-ZUGEHÖRIGE und FREMDE, bzw. in aktualisierter Variante JUDEN*JÜDINNEN ALS ISRAELIS, manifestiert wird. Mit jener Konzeptualisierung, die eine Basiskonstante des antisemitischen Weltdeutungssystems bildet, geht u. a. die Ausgrenzung und Abwertung der vermeintlichen Outgroup einher (vgl. ebd.: 115 f., 395 sowie Kap. 3.6.1).

Im vorliegenden Korpus sind also E-Mails an die IBD und den ZdJ gleichermaßen vorhanden. Die Untersuchung der relativen Häufigkeit der Variable des antisemitischen NS-V/M in Abhängigkeit von der jeweils adressierten Institution kann Hinweise und im einzelnen Fall auch Aufschluss über die Konzeptualisierung von JUDEN*JÜDINNEN ALS ISRAELIS bzw. FREMDE in Verbindung mit der Herstellung der Analogie zu NS-bezogenen Entitäten liefern (s. dazu Beispieltexte in Kap. 5). Im Hinblick auf die Forschungsfrage deutet eine schwache Korrelation zwischen den Häufigkeitsverteilungen der E-Mails mit NS-V/M und der jeweils adressierten Institution darauf hin, dass der ZdJ als Vertretung deutscher Juden*Jüdinnen ähnlich wie die IBD als Vertretung des israelischen Staates konzeptualisiert wird.

Im Rahmen der Korpuserstellung sind die E-Mails mit und ohne NS-V/M in zwei unabhängige Subkorpora aufgenommen worden, die in Bezug auf die adressierten Institutionen zusammengestellt wurden. Dabei bilden sämtliche E-Mails mit NS-V/M die Datenbasis für die anschließende qualitative Analyse.

Im Untersuchungszeitraum[44] der Texte, die an den ZdJ (31. 03. 2002 bis 31. 08. 2008) gerichtet sind, gingen 1.527 E-Mails ein, von denen 176 mindestens einen antisemitischen NS-V oder eine NS-M enthalten; das entspricht einer relativen Häufigkeit von 11,5 %. An die IBD wurden im Untersuchungszeitraum (17. 10. 2003 bis 31. 12. 2014) 8.708 E-Mails gesendet, von denen 769 bzw. 8,8 % antisemitische NS-V/M beinhalten. Für beide Subkorpora ergeben sich demzufolge insgesamt 10.235 E-Mails, wovon 945 E-Mails, d. h. 9,2 %, die Variable des antisemitischen NS-V/M aufweisen.[45] Die Kontingenztafel in Tabelle 4.1 stellt die relativen und absoluten Häufigkeiten der E-Mails mit und ohne antisemitische NS-V/M in Bezug auf die jeweilige Empfängerinstitution einander gegenüber.

Bei der Beschaffenheit der Daten handelt es sich in Bezug auf das Merkmal der Institution (uV) um nominale Daten mit zwei Ausprägungen und bzgl. des Vorhandenseins der Vergleiche bzw. -Metaphern ebenfalls um dichotome, jedoch metrische Daten, die verhältnisskaliert sind (vgl. dazu Duller ²2007: 14 f.). Da die Daten die Grundgesamtheit aller E-Mails mit und ohne antisemitische NS-V/M bilden, kann konstatiert werden, dass zwischen den Variablen eine Beziehung bzw. Abhängigkeit besteht. Der Chi-Quadrat-Test (χ^2-Test) auf Unabhängig prüft

---

44 Die unterschiedlichen Untersuchungszeiträume ergeben sich aus dem Umstand, dass beide Institutionen die an sie gesendeten E-Mails für unterschiedliche Zeiträume bereitstellten. Außerdem muss bedacht werden, dass eventuell nicht alle E-Mails in den entsprechenden Untersuchungszeiträumen weitergegeben wurden. Schwarz-Friesel/Reinharz (2013: 14) konstatieren, dass beide Institutionen bestätigen können, ab 2006 das gesamte Material vollständig an das Forschungsteam weitergeleitet zu haben.

45 Zu den Ergebnissen der Studie von Schwarz-Friesel/Reinharz (2013) im Hinblick auf die Häufigkeiten von NS-V/M in allen Formen der Zuschriften zwischen 2002 und 2007 an beide Institutionen gemeinsam s. ebd. (2013: 183).

Tab. 4.1: Kontingenztafel, Gegenüberstellung der relativen und absoluten Häufigkeitsverteilungen der aV (Anzahl der E-Mails mit und ohne NS-V/M) in Bezug auf die uV (Institution: IBD vs. ZdJ).

Institution * NS-V/M: Kontingenztafel			NS-V/M		Gesamt
			Anzahl d. E-Mails ohne NS-V/M	Anzahl d. E-Mails mit NS-V/M	
Institution	IBD	Anzahl	7.939	769	8.708
		Erwartete Anzahl†	7.904,0	804,0	8.708,0
		% innerhalb von Institution	91,2 %	8,8 %	100 %
	ZdJ	Anzahl	1.351	176	1.527
		Erwartete Anzahl	1.386,0	141,0	1.527,0
		% innerhalb von Institution	88,5 %	11,5 %	100 %
Gesamt		Anzahl	9.290	945	10.235
		Erwartete Anzahl	9.290,0	945,0	10.235,0
		% innerhalb von Institution	90,8 %	9,2 %	100 %

† Die erwartete Anzahl ist ein berechneter Wert, der dem tatsächlich beobachteten Wert gegenübergestellt wird und für die Durchführung des χ2-Tests notwendig ist.

die beobachteten Werte mit den erwarteten Werten auf deren Abhängigkeit und bietet sich insbesondere für Korpusvergleiche an (vgl. Bubenhofer 2009: 136 f., 146 f.),[46] wie hier bzgl. der Subkorpora IBD und ZdJ. Dieser Hypothesentest[47] wird in erster Linie für die Feststellung und Berechnung von Korrelationen zwischen Merkmalen bzw. Variablenausprägungen anhand von Stichproben herangezogen. Darüber hinaus (und relevant für die vorliegende Untersuchung) stellt der χ^2-Wert die Basis zur Berechnung der Stärke des Zusammenhangs zwischen der Empfängerinstitution, in Form der uV, und der Anzahl des Vorliegens von E-Mails mit oder ohne NS-V/M, in Gestalt der aV, dar.

> Der Betrag des Assoziationsmaßes χ^2 ist abhängig vom Untersuchungsumfang und der Anzahl der Ausprägungen. Man kann also nicht direkt von der Größe χ^2 auf die Stärke des Zusammenhanges schließen. Daher verwendet man zur Messung des Zusammenhanges das Cramersche Assoziationsmaß, welches auf χ^2 aufbaut. (Duller ^{2}2007: 128)

---

[46] Zur Herleitung der Formeln für die Berechnung von χ^2 s. Bubenhofer (2009: 137 f.).
[47] Die Nullhypothese (H_0) für den χ2-Test auf Unabhängigkeit lautet generell: Die Häufigkeiten der Variablenausprägungen der aV variieren nicht in Abhängigkeit von der uV. Die Hypothese (H_1) besagt demzufolge: Die Häufigkeiten der Variablenausprägungen der aV variieren in Abhängigkeit von der uV (vgl. dazu Gries 2008: 171).

Tab. 4.2: χ^2 nach Pearson zeigt die Signifikanz der Ergebnisse (p < 0.05).

Chi-Quadrat-Test	Wert	df†	Asymptotische Signifikanz p (zweiseitig)
Chi-Quadrat nach Pearson	11,259	1	0,001
Anzahl der gültigen Fälle	10.235		

† Die Df stellen Freiheitsgrade (degrees of freedom) dar, die mit df = n−1 berechnet werden (s. Bortz/Schuster [7]2010: 118 f.).

Tab. 4.3: Phi und Cramers V ergeben einen schwachen Zusammenhang.

Symmetrische Maße		Wert	Näherungsweise Signifikanz
Nominal- bzgl. Nominalmaß	Phi	0,033	0,001
	Cramer-V	0,033	0,001
Anzahl der gültigen Fälle		10.235	

Tabelle 4.2 zeigt den Signifikanzwert, der mithilfe des χ^2-Tests ermittelt wurde und als Ausgangspunkt für die Berechnung des Cramerschen Assoziationsmaßes V in Tabelle 4.3 dient.[48] Da V = 0,033 und dieses Ergebnis unter 0,3 liegt, ergibt sich ein sehr schwacher Zusammenhang zwischen den Variablenausprägungen.[49] Je näher der Wert des Cramerschen Assoziationsmaßes an 1 liegt, desto stärker ist der Zusammenhang zwischen den Variablen, je näher er an 0 liegt, desto schwächer ist er ausgeprägt (vgl. Duller [2]2007: 129). Für die vorliegenden Berechnungen der Korrelation zwischen den Variablenausprägungen der uV und aV wird deutlich, dass die Anzahl der E-Mails mit antisemitischen NS-V/M nur einen sehr schwachen Zusammenhang zur Institution aufweist. Die Berechnung zeigt, dass zwischen der Anzahl der E-Mails mit solchen Äußerungen, die sich überwiegend auf Israel beziehen, und der adressierten Institution kaum eine statistische Korrelation besteht. Dies deutet auf die ähnlichen Motive und Konzeptualisierungen hin, die der Herstellung der NS-V/M zugrunde liegen, obwohl sie in einem Fall an die tatsächlichen Vertreter*innen des israelischen Staates gerichtet sind[50] und in dem anderen an jüdische Deutsche, die inner-

---

[48] Die Tabellen 4.1 bis 4.6 basieren auf den Ausgaben von SPSS.
[49] Duller ([2]2007: 129) gibt folgende Interpretationshilfen für die Stärke des Zusammenhangs, die mittels des Cramerschen Assoziationsmaßes V bestimmt wird: „V = 0 kein Zusammenhang, 0 < V ≤ 0,3 schwacher Zusammenhang, 0,3 < V≤ 0,7 mittlerer Zusammenhang, 0,7 < V < 1 starker Zusammenhang, V = 1 vollständiger Zusammenhang".
[50] Dabei sei betont, dass es sich in beiden Fällen um unverhältnismäßige Vergleiche bzw. Metaphern handelt, die in der Funktion der Dämonisierung und Diffamierung gebraucht werden.

halb zahlreicher NS-V/M als ISRAELIS oder ISRAEL ZUGEHÖRIG und NICHT ZUR DEUTSCHEN GESELLSCHAFT GEHÖREND konzeptualisiert werden. Die Auswertung schafft somit eine statistische Basis für die Verortung dieser Konzeptualisierung.

Eine sprachliche Realisierung des Stereotyps in den E-Mail-Texten ist dabei nicht notwendig, denn der Umstand, dass solche israelbezogenen Vergleiche und Metaphern überhaupt an den ZdJ adressiert sind (und das in einem ähnlichen relativen Umfang wie an die IBD), verdeutlicht diesen Sachverhalt. Aus Sicht der Verfasser*innen stellen beide Institutionen repräsentative Organe des Staates Israel dar. So wie die Repräsentant*innen Israels wird auch der ZdJ, d. h. die Repräsentant*innen der jüdischen Gemeinden in Deutschland, mit Vorgängen in Israel bzw. mit militärischen Auseinandersetzungen in Verbindung gebracht und teilweise dafür zur Verantwortung gezogen. Die qualitative Analyse der NS-V/M bestätigt den quantitativen Befund: Lediglich 15,2 % der NS-V/M enthalten explizit auf Juden*Jüdinnen sowie konkret auf den ZdJ bezogene Analogien.[51] Insgesamt weisen die E-Mails an den ZdJ sogar einen etwas höheren Anteil an NS-V/M auf (11,5 %) als jene an die IBD (8,8 %). Da hinsichtlich der Effektstärke im Zuge der Berechnung des Cramerschen V jedoch gezeigt werden konnte, dass mit 0,033 hier nur ein geringer Zusammenhang zwischen den relativen Häufigkeiten und der Institution besteht, ist eine Interpretation des Unterschiedes von 2,7 % in diesem Sinne nicht zielführend.

4.3.2 E-Mails mit NS-Vergleichen und NS-Metaphern im Zusammenhang mit militärischen Auseinandersetzungen im Nahostkonflikt

Dieser Abschnitt geht der vierten Forschungsfrage nach, die sich wie die vorherige ebenfalls auf die statistische Auswertung der Korpustexte bezieht:

Gibt es einen Zusammenhang zwischen militärischen Auseinandersetzungen im israelisch-palästinensischen Konflikt und den Häufigkeitsverteilungen der E-Mails mit NS-V/M?

Dass bestimmte Diskursereignisse und die anschließende Berichterstattung einen Einfluss auf die Anzahl der gesendeten Zuschriften haben und diverse Themenanlässe, ob international, national oder direkt bzgl. der Situation im Nahen Osten, Beweggründe für zahlreiche Schreiber*innen darstellen, Texte an

---

[51] S. dazu Tab. A4 im Anhang. Außerdem sind in einigen Texten die Adressat*innen mit Personalpronomen angesprochen und im Kotext der E-Mail wird auf israelische Entitäten referiert. Solchen Äußerungen liegt ebenfalls die Konzeptualisierung von JUDEN*JÜDINNEN ALS ZU ISRAEL GEHÖREND zugrunde. In den E-Mails an den ZdJ bilden überwiegend israelische Entitäten die Komparanden bzw. die metaphorischen Ursprungsbereiche.

den ZdJ und an die IBD zu senden, erörtern Schwarz-Friesel/Reinharz (2013: 16) anhand ihrer Befunde und konstatieren:

> Insgesamt spiegelt sich im Zuschriftenaufkommen die mediale Aufmerksamkeit, die den jeweiligen Eskalationsphasen in Deutschland gewidmet wird, wider; je ausführlicher und kontroverser das Geschehen in Nahost in den Medien dargestellt und in der (internationalen und deutschen) Politik debattiert wird, desto mehr Zuschriften erhalten Botschaft und Zentralrat. [...] Einer Art Reiz-Reaktions-Schema folgend äußern sich die Schreiber entweder sofort nach der Rezeption der Äußerung oder am darauffolgenden Tag. Seit 2006 sind Medienberichte der ausschlaggebende Anlass für die Schreiber.

An dieser Stelle wird der Umstand, dass die Anzahl der Zuschriften allgemein und hier speziell der E-Mails, in denen der Schreibanlass im Zusammenhang mit militärischen Konfrontationen in Nahost steht, im Kontrast zur Häufigkeitsverteilung von E-Mails in Zeiträumen ohne militärische Auseinandersetzungen betrachtet. Dabei steht die Untersuchung und Gegenüberstellung der relativen Häufigkeitsverteilungen der E-Mails mit NS-V/M innerhalb der Phasen mit und ohne militärische Auseinandersetzungen im Fokus (Konfliktzeitraum vs. kein Konfliktzeitraum).[52] Je nach Stärke der Korrelation zwischen der Anzahl der E-Mails mit NS-V/M (aV) und dem jeweiligen Zeitraum (uV) ist festzustellen, dass militärische Konfrontationen in Nahost einen quantitativen Einfluss auf die Verbalisierung antisemitischer Konzeptualisierungen haben, in denen diese Analogiekonstruktionen zum Einsatz kommen. Im Zusammenhang damit muss betont werden, dass solche Auseinandersetzungen zwar Ventile für antisemitische Äußerungen darstellen, jedoch kein Auslöser für Antisemitismus per se sind, da dieser ein

> mentales Glaubens- und Weltdeutungssystem [darstellt], das seit Jahrhunderten tradiert, aber den aktuellen Gegebenheiten jeweils angepasst und entsprechend modifiziert wird, ohne dass sich die grundlegende konzeptuelle Konstante verändert. (Schwarz-Friesel/Reinharz 2013: 47; Anmerk. L. G.)

Folgende Zeiträume der militärischen Auseinandersetzung wurden erfasst: der Libanonkrieg zwischen der Hisbollah und Israel 2006,[53] die Operationen Cast

---

[52] Zur Vereinfachung werden diese beiden Zeiträume in den Tabellen zur Berechnung und Darstellungen als Konfliktzeitraum vs. kein Konfliktzeitraum bezeichnet. Dass der israelisch-palästinensische Konflikt auch während der Phasen ohne militärische Auseinandersetzungen weiter andauert, soll durch die Wahl der Bezeichnungen nicht bestritten werden.

[53] Hierbei handelt es sich um das einzige Diskursereignis, das nicht innerhalb des israelisch-palästinensischen Konflikts stattfand.

Lead 2009,[54] Pillar of Defense 2012 sowie Protective Edge 2014 gegen Einrichtungen der Hamas und als Reaktion auf den Raketenbeschuss durch diese terroristische Vereinigung. Da das Datenmaterial vom ZdJ nur bis Ende 2008 zur Verfügung gestellt wurde und in den ersten Jahren z. T. keine oder nur sehr wenige E-Mails beinhaltet, können die ausgewählten Zeiträume dafür nicht abgebildet werden. Weil eine konsistente Untersuchung somit nicht realisierbar wäre, wurden die Häufigkeitsverteilungen der E-Mails an den ZdJ nicht in die Berechnungen einbezogen. Die Analysen beinhalten demnach die Verteilungen der E-Mails an die IBD in Abhängigkeit zum jeweiligen Zeitraum. Dabei wurde die Anzahl der E-Mails, die innerhalb der Jahre gesendet wurden, in denen militärische Konfrontationen stattfanden, addiert und zur Anzahl der E-Mails innerhalb der Jahre, in denen keine militärischen Auseinandersetzungen stattfanden, ins Verhältnis gesetzt.

Obwohl die einzelnen Militäroperationen selbst nie länger als ein bis zwei Monate andauerten, ist festzustellen, dass diese auf eine konkrete Vorgeschichte zurückgehen und sich die militärische Auseinandersetzung z. T. bereits im Vorfeld andeutete; E-Mailschreiber*innen gehen bereits vor der Operation auf entsprechende Gegebenheiten ein. Außerdem thematisieren sie in den Wochen und Monaten nach der Konfrontation immer noch die jeweiligen Militäraktionen und verknüpfen diese teilweise mit anderen Sachverhalten. Um entsprechend vergleichbare Zeiträume abzugrenzen und einander gegenüberstellen zu können, wurden hinsichtlich der uV als Konflikt- bzw. kein Konfliktzeitraum jeweils ganze Jahre in die Häufigkeitsberechnungen einbezogen.[55] In einigen Fällen kann es daher dazu kommen, dass auch andere Diskursereignisse, die innerhalb dieser Zeitspannen liegen, mit in die Berechnungen einfließen. Um insgesamt eine Tendenz der Verteilungen abbilden zu können, wurde dieser mögliche Störfaktor jedoch in Kauf genommen.

Dadurch, dass in den Jahren von 2003 bis 2005 nur 26 E-Mails an die IBD vorliegen, sind diese Zeiträume als Ausreißer bzgl. des Datenumfangs deklariert und zur Eliminierung von Störfaktoren nicht in die Berechnungen einbezogen worden. Für den Zeitraum ohne wesentliche militärische Auseinandersetzungen

---

54 Die Operation Cast Lead begann bereits am 27. 12. 2008. Die E-Mails, die sich darauf beziehen, sind jedoch erst ab Anfang 2009 bei der IBD eingegangen.
55 Speziell die Vergleichszeiträume, in denen keine militärischen Auseinandersetzungen stattfanden, müssten ansonsten willkürlich gewählt werden und das könnte aufgrund anderer Diskursereignisse in diesen Zeiträumen zu Verzerrungen führen. Für die gewählte Methode und gegen die Codierung der Referenz auf die Militäraktionen spricht der Umstand, dass bestimmte E-Mails so wenig Text beinhalten, dass nicht explizit deutlich wird, ob sich die Verfasser*innen direkt auf den Konflikt beziehen.

ergeben sich damit die Jahre 2007, 2008, 2010, 2011 und 2013. Da innerhalb dieser Jahre andere Ereignisse und Sachverhalte in Bezug auf Israel, die palästinensischen Autonomiegebiete, den ZdJ sowie jüdische und/oder israelische Persönlichkeiten den Diskurs bestimmten und es darum in den einzelnen Monaten zu unterschiedlichen Häufigkeitsverteilungen der E-Mails kam, wurden ebenfalls ganze Jahre als Zeiträume (uV) gewählt. Damit kann eine verhältnismäßige Ausgewogenheit bzgl. der Daten gewährleistet werden, die der Datenmenge in den Konfliktjahren gegenübergestellt wird.

Die Abbildung 4.1 zeigt die absolute Häufigkeit der E-Mails mit und ohne NS-V/M, die bei der IBD in den Jahren von 2006 bis 2014 eingegangen sind. In den Jahren, die als Konfliktzeitraum zusammengefasst wurden, ergeben sich insgesamt 5.318 E-Mails, von denen 9,9 % antisemitische NS-V/M beinhalten. Im Zeitraum ohne militärische Auseinandersetzungen gingen 3.127 E-Mails bei der IBD ein, wovon 7,2 % jene Analogiebildungen enthielten. Die Kontingenztafel in Tabelle 4.4 führt diese Werte auf.[56]

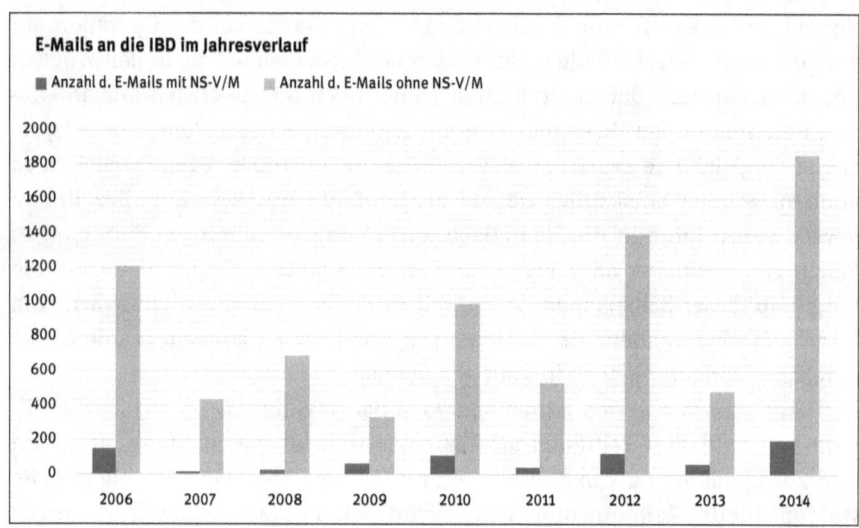

Abb. 4.1: Absolute Häufigkeitsverteilung der E-Mails mit und ohne NS-V/M an die IBD im gesamten Jahresverlauf (Konfliktzeiträume und keine Konfliktzeiträume inbegriffen).

Abbildung 4.2 stellt die relativen Häufigkeiten der E-Mails mit NS-V/M sowohl in den Konfliktzeiträumen als auch in den Jahren, in denen keine militärischen Konfrontationen stattfanden, dar. Hieraus geht deutlich hervor, dass im

---

56 Tab. A1 im Anhang zeigt die absoluten Häufigkeiten aller E-Mails nach Jahren geordnet, die bei der IBD eingingen und die Anzahl derjenigen, die NS-V/M beinhalten.

Tab. 4.4: Kontingenztafel, Gegenüberstellung der relativen und absoluten Häufigkeitsverteilungen der aV (Anzahl der E-Mails mit und ohne NS-V/M) in Bezug auf die uV (Zeitraum: Konfliktzeitraum vs. kein Konfliktzeitraum).

Zeitraum * NS-V/M: Kontingenztafel

			NS-V/M		Gesamt
			Anzahl der E-Mails ohne NS-V/M	Anzahl der E-Mails mit NS-V/M	
Zeitraum	Konfliktzeitraum	Anzahl	4.793	525	5.318
		Erwartete Anzahl	4.847,9	470,1	5.318,0
		% innerhalb von Zeitraum	90,1 %	9,9 %	100 %
	kein Konfliktzeitraum	Anzahl	3.127	243	3.370
		Erwartete Anzahl	3.072,1	297,9	3370,0
		% innerhalb von Zeitraum	92,8 %	7,2 %	100 %
Gesamt		Anzahl	7.920	768	8.688
		Erwartete Anzahl	7.920,0	768,0	8.688,0
		% innerhalb von Zeitraum	91,2 %	8,8 %	100 %

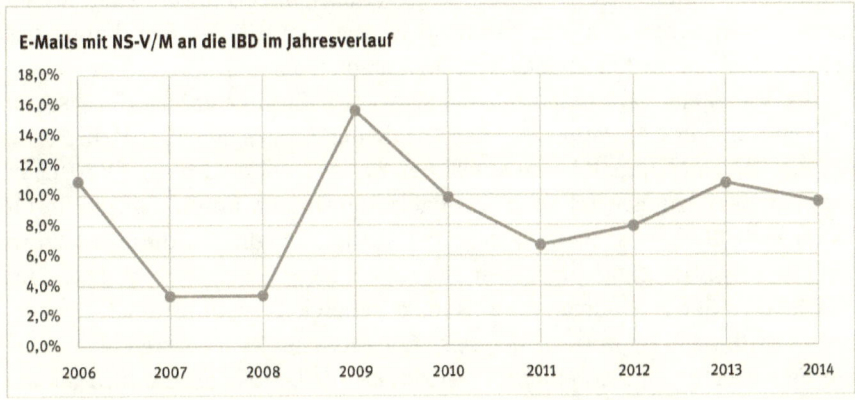

Abb. 4.2: Relative Häufigkeitsverteilung der E-Mails mit NS-V/M an die IBD im Verlauf der Jahre (Konfliktzeiten und keine Konfliktzeiten inbegriffen).

Jahre 2009 (Operation Cast Lead) die absolute Häufigkeit der E-Mails zwar geringer war als in den anderen Zeiträumen, die relative Häufigkeit der E-Mails mit NS-V/M jedoch höher ausfiel.[57] Durch die nachfolgenden Berechnungen der

---

[57] Mögliche Gründe für diese Verzerrung und die relativ geringe Anzahl der E-Mails insgesamt bestehen in der Bereitstellung des Datenmaterials, das für 2009 nur bis Oktober vorlag.

Tab. 4.5: χ² nach Pearson zeigt die Signifikanz der Ergebnisse (p < 0.05).

Chi-Quadrat-Test	Wert	df	Asymptotische Signifikanz (zweiseitig)
Chi-Quadrat nach Pearson	18,132	1	0,000
Anzahl der gültigen Fälle	8.688		

Tab. 4.6: Phi und Cramers V ergeben einen schwachen Zusammenhang.

Symmetrische Maße		Wert	Näherungsweise Signifikanz
Nominal- bzgl. Nominalmaß	Phi	0,046	0,000
	Cramer-V	0,046	0,000
Anzahl der gültigen Fälle		8.688	

Zusammenhangsstärke, in denen die relativen Häufigkeiten der E-Mails mit NS-V/M in Konfliktzeiträumen insgesamt einbezogen sind, ist die Gegenüberstellung der Häufigkeitsverteilungen erst aussagekräftig (s. dazu Tab. 4.5 und 4.6).

Die aus der Kontingenztafel in Tabelle 4.4 hervorgehenden Werte wurden wie in 4.3.1 ebenfalls dem χ²-Test unterzogen (Tab. 4.5), um die Stärke des Zusammenhangs zwischen den Variablenausprägungen mittels der Berechnung des Cramerschen Assoziationsmaßes V zu bestimmen (Tab. 4.6).

Da V = 0,046, ergibt sich nur ein schwacher Zusammenhang[58] zwischen den Variablen des Zeitraums und der Anzahl der E-Mails mit NS-V/M. In Bezug auf die Forschungsfrage ist zu konstatieren, dass während der militärischen Auseinandersetzungen im israelisch-palästinensischen Konflikt sowie im Libanonkrieg 2006 zwar mehr E-Mails bei der IBD eingingen, diese jedoch in ihrer relativen Häufigkeit bzgl. der Anzahl an NS-V/M keinen deutlichen Unterschied zu den Zeiträumen aufweisen, in denen keine militärischen Operationen stattfinden (9,9 % vs. 7,2 %). Diese Ereignisse im Nahen Osten bieten vielen Verfasser*innen also einen Schreibanlass für E-Mails an die IBD, die als Repräsentation des Staates Israels in Deutschland fungiert. Anhand der Zusammenhangswerte sowie der relativen Häufigkeiten der E-Mails konnte allerdings gezeigt werden, dass antisemitische NS-V/M konstant und relativ unabhängig von Konfliktzeiten formuliert und an die IBD gesendet werden. Dieses Ergebnis weist im weiteren Sinne auf die Beständigkeit dieser Analogiebildungen und der damit einhergehenden antisemitischen Konzeptualisierungen hin, die ohne den Bezug auf Kriege und Konfliktzeiten aktiviert und konstant

---

58 Vgl. die Interpretationshilfe des Cramerschen Assoziationsmaßes V in Duller (²2007: 129).

reproduziert werden. Die quantitative Auswertung untermauert, was an mehreren Stellen der vorliegenden Arbeit deutlich wurde: Das antisemitische Weltbild, das den Äußerungen zugrunde liegt, stellt ein stabiles Deutungskonstrukt dar (s. dazu auch Kap. 3.6). Zudem werden im Rahmen der qualitativen Analysen in Kapitel 5 ausgewählte Beispieltexte im Zusammenhang mit entsprechenden Schreibanlässen diskutiert.

4.3.3 Soziodemographische Merkmale der Verfasser*innen

Abschließend zu den quantitativen Untersuchungen werden in diesem Abschnitt die ermittelten Spezifika bzgl. der Produzent*innen der 945 E-Mails mit antisemitischen NS-V/M aufgelistet. Dabei handelt es sich um eine deskriptive Darstellung von Daten, die anhand der persönlichen Auskünfte der Verfasser*innen erfasst wurden. In ihren Texten geben Personen z. T. Klarnamen, Adressen und Titel an, wobei diese Angaben hinsichtlich des Umfangs je nach E-Mail auch sehr unterschiedlich ausfallen.[59] Inwiefern sie in jedem Fall der Wahrheit entsprechen, kann nicht vollständig geklärt werden. Personen, die sich mit ihren E-Mails häufig an die Einrichtungen wenden, können ihre Texte theoretisch immer wieder unter anderen Namen und E-Mailadressen senden. Das geschieht z. T. aber auch unter den gleichen immer wiederkehrenden Namen oder Nicknames. In Anbetracht dieser Schreiber*innen konstatieren Schwarz-Friesel/Reinharz (2013: 335), dass „[d]ie obsessive Komponente des Antisemitismus [...] hier stark zum Vorschein [kommt]".

E-Mails werden im Vergleich zu allen anderen Zuschriftenarten am häufigsten anonym gesendet (vgl. ebd.: 22), dabei geben dennoch 82 % der E-Mailschreiber*innen, die in ihren Texten NS-V/M realisieren, ihre Klarnamen an. Die Zuordnung der Textproduzent*innen erfolgte über die Angabe des Vornamens, der in 72,8 % der Texte aufgeführt wurde. 9,2 % der Zuschriften beinhalteten lediglich den Nachnamen der Verfasser*innen. Von den Personen mit angeführtem Klarnamen überwiegt in den Zuschriften an beide Einrichtungen der Anteil männlicher Vornamen mit insgesamt 62 % deutlich im Gegensatz zu den weiblichen mit 10,8 % und den anonymen mit 18 %. Ohne die Berücksichtigung des

---

[59] Schwarz-Friesel/Reinharz (2013) haben diese und weitere Kriterien (mit Ausnahme des Geschlechts) zusammen mit der politischen Tendenz in ihr Variablenset für die Untersuchung der Zuschriften an die IBD und den ZdJ aufgenommen. Zur ermittelten politischen Ausrichtung der Schreiber*innen, die im Zeitraum von 2002 bis 2007 NS-V/M an beide Institutionen richteten, s. Schwarz-Friesel/Reinharz (2013: 31 f.).

Tab. 4.7: Auflistung der Verteilung soziodemografischer Merkmale der Verfasser*innen von E-Mails mit NS-V/M.

	IBD		ZdJ		Gesamt	
	absolut	relativ in %	absolut	relativ in %	absolut	relativ in %
anonym	136	17,7	34	19,3	170	18,0
männlicher Vorname	460	59,8	126	71,6	586	62,0
weiblicher Vorname	90	11,7	12	6,8	102	10,8
nur Nachname	83	10,8	4	2,3	87	9,2
Adresse	96	12,5	30	17,0	126	13,3
akademischer Titel	27	3,5	9	5,1	36	3,8
Klarname: Vor- und Nachname	550	71,5	138	78,4	688	72,8
Klarname gesamt	633	82,3	142	45,8	775	82,0

Anteils anonymer Zuschriften, liegt das Verhältnis zwischen Verfasser*innen mit männlichem und weiblichem Vornamen insgesamt bei 85,2 % zu 14,8 %.[60]

In 13,3 % der E-Mails mit NS-V/M finden sich private oder geschäftliche Adressen und in 3,8 % erwähnen die Schreiber*innen ihre akademischen Titel. Dabei sind die letztgenannten Merkmale häufiger in Texten an den ZdJ zu erfassen. Tabelle 4.7 veranschaulicht die ermittelten Werte aufgelistet nach der Empfängerinstitution. Die Auskunft über bestimmte biographische Hintergründe oder Merkmale, bspw. die religiöse Zugehörigkeit sowie die berufliche Laufbahn oder familiäre Zusammenhänge, bilden Komponenten der kommunikativen Legitimierungsstrategie (s. ausführlich Schwarz-Friesel/Reinharz 2013: 351–354), die im Zusammenhang mit ausgewählten Korpustexten in Kapitel 5 bzgl. einzelner qualitativer Beispielanalysen angeführt sind.

Die Auflistung der soziodemografischen Merkmale demonstriert, dass Personen, die E-Mails mit NS-V/M formulieren, dem Vornamen nach zu urteilen, überwiegend männlich sind. Da diese größtenteils ihre Klarnamen angeben und einige auch persönliche Adressen mitteilen, ist davon auszugehen, dass sie

---

[60] Für die IBD liegt der männliche Anteil bei 83,6 % und der weibliche bei 16,4 %; entsprechend können für den ZdJ 91,3 % Verfasser*innen mit männlichem Vornamen und 8,7 % mit weiblichem Vornamen ermittelt werden (der Anteil anonymer Zuschriften wurde für die Berechnung nicht berücksichtigt; diese Werte sind dementsprechend nicht in Tab. 4.7 aufgeführt).

NS-V/M und andere Äußerungen in ihren Texten als legitim erachten und sich dazu bekennen. In den untersuchten Zuschriften von Schwarz-Friesel/Reinharz (2013), die jegliche Textformen wie auch Briefe in ihre Untersuchung aufgenommen haben, geben Schreiber*innen deutlich mehr Informationen über sich selbst preis als in den z. T. kurzen E-Mails mit NS-V/M. Neben biographischen Angaben, bspw. zum Bildungsstand und der politischen Verortungen nehmen sie auch verschiedene Selbstattribuierungen vor, die z. B. in der Funktion einer offensiv positiven Selbstdarstellung (*ich als Humanist*) oder der defensiven Vermeidungsstrategie (*ich bin kein Antisemit*) zum Einsatz kommen (s. dazu ausführlich Schwarz-Friesel/Reinharz 2013: 30 f., 351–368).[61] Da die hier untersuchten Korpustexte weniger Informationen und damit weniger aussagekräftiges Material zu den persönlichen Merkmalen und Hintergründen der Verfasser*innen beinhalten, wurde dafür auf eine generelle Auswertung verzichtet. Einzelne exemplarische Korpusbeispiele, in denen solche Faktoren eine Rolle spielen, erörtert Kapitel 5 anhand des Textmaterials.

4.4 Zusammenfassung

Die Analyse sprachlicher Äußerungen gewährt Einblicke in individuelle kognitive Einstellungen und emotionale Verfassungen von Sprachproduzent*innen wie auch in das kollektive und kulturelle Gedächtnis einer Sprachgemeinschaft und Gesellschaft (vgl. Schwarz-Friesel/Reinharz 2013: 105; Warnke et al. 2014: 72). Insbesondere für die Einstellungsforschung, wie die empirisch ausgerichtete Antisemitismusforschung, bietet die Korpuslinguistik wertvolle Techniken und methodische Werkzeuge, um Denkmuster anhand authentischer Texte, die auf eigene Initiative verfasst wurden, aufzudecken und einer Analyse zu unterziehen (vgl. Schwarz-Friesel/Reinharz 2013: 13). Die vorliegende Arbeit verfolgt dies im Zusammenhang mit sprachlichen Mustern und konzeptuellen Kriterien. Mit dem Ziel, antisemitische NS-V/M bzgl. ihres Vorkommens in E-Mails an den ZdJ und die IBD sowie ihrer Realisierungsformen und konzeptuellen Charakteristika systematisch zu untersuchen, wurde ein Korpus bestehend aus ebendiesen Texten erstellt. Dafür wurden jegliche im Untersuchungszeitraum gesendeten E-Mails an beide Institutionen quantitativ erfasst (10.235), im Hinblick auf NS-V/M überprüft sowie jene Texte, die entsprechende Analogien beinhalten (945), nach allen Analysekategorien vollständig codiert und ausgewertet (s. Kap. 5).

---

[61] Mit diesen und weiteren Argumentationsstrategien, bspw. der Rechtfertigung, versuchen Schreiber*innen ihre Argumentationen abzusichern (s. Schwarz-Friesel/Reinharz 2013: 346–383).

Die quantitativen Auswertungen zeigen, dass 8,8 % aller E-Mails, die an die IBD gesendet wurden, und 11,5 % aller E-Mails, die beim ZdJ im entsprechenden Untersuchungszeitraum eingingen, jene antisemitischen Analogiebildungen beinhalten. Im Hinblick auf den Zusammenhang dieser Häufigkeitsverteilungen und der jeweiligen Empfängerinstitution ergibt sich lediglich eine sehr schwache Korrelation. Dieser Befund verdeutlicht, dass ähnliche Motive und Konzeptualisierungen den Texten, in denen überwiegend eine Referenz auf Israel ausgedrückt wird, zugrunde liegen, obwohl sie in einem Fall an Vertreter*innen des israelischen Staates (IBD) gerichtet sind und zum anderen den Dachverband der jüdischen Gemeinden und Landesverbände in Deutschland (ZdJ) adressieren. Der Zentralrat vertritt die Gemeinschaft jüdischer Deutscher und weist keine institutionelle Verbindung zum israelischen Staat auf. Das antisemitische Stereotyp von JUDEN*JÜDINNEN ALS NICHT ZUGEHÖRIGE GRUPPE und in aktualisierter Form ALS ISRAELIS bildet dafür die konzeptuelle Basis. Eine explizite sprachliche Realisierung des Stereotyps ist für diese Klassifizierung nicht notwendig, denn allein die Tatsache, dass jene israelbezogenen Vergleiche und Metaphern überhaupt an den ZdJ adressiert sind und Vertreter*innen jüdischer Personen in Deutschland für Vorgänge in Nahost verantwortlich gemacht und dafür in Haftung genommen werden, verdeutlicht diese Problematik hinreichend.

Ein zweiter Schwerpunkt der Auswertungen von Häufigkeitsverteilungen der E-Mails mit NS-V/M bezieht sich auf die Herstellung solcher Analogien vor dem Hintergrund bestimmter Diskursereignisse im israelisch-palästinensischen Konflikt in den Jahren 2009, 2012 und 2014 sowie im Libanonkrieg 2006. Die Berechnungen des Cramerschen Assoziationsmaßes ergeben einen schwachen Zusammenhang zwischen den Variablen des Zeitraums (Konfliktzeitraum vs. kein Konfliktzeitraum) und der Anzahl der E-Mails mit NS-V/M. Im Hinblick auf die Untersuchungsfrage kann konstatiert werden, dass während der militärischen Auseinandersetzungen zwar mehr E-Mails mit NS-V/M gesendet werden, diese jedoch in ihrer relativen Häufigkeit bzgl. der Anzahl an NS-V/M keinen deutlichen Unterschied zu den Zeiträumen aufweisen, in denen keine militärischen Operationen stattfanden. Während in den Jahren der Konfliktzeiträume 9,9 % aller gesendeten E-Mails NS-V/M aufweisen, beinhalten in den Jahren der Deeskalationsphasen 7,2 % aller gesendeten E-Mails solche Äußerungen. Diese Ergebnisse zeigen, dass antisemitische NS-V/M konstant und relativ unabhängig von Konfliktzeiten formuliert und an die IBD gesendet werden. Das deutet u. a. auf die Stabilität jener Manifestationsformen und die Kontinuität der damit einhergehenden antisemitischen Konzeptualisierungen hin, die ohne den Bezug auf entsprechende diskursive Ereignisse, permanent reproduziert werden. Die Phasen der militärischen Konfrontation wirken z. T. wie Ventile für antisemitische Äußerungen – sie sind jedoch keine Auslöser für Antisemitismus per se, denn das antisemitische Weltdeutungsschema bildet ein stabiles Deutungskonstrukt (vgl. Schwarz-Friesel/Reinharz 2013: 115).

Im Zuge der Untersuchung wurden neben diesen Auswertungen auch ausgewählte soziodemografische Metadaten der E-Mailschreiber*innen erfasst und zusammengestellt. Die Ergebnisse zeigen, dass 82,2 % der Äußerungsproduzent*innen ihre Klarnamen nennen, 13,3 % zudem private oder geschäftliche Adressen anführen und sie in 3,8 % der Texte eigene akademische Titel angeben. Die Klarnamen beinhalten in 62 % der Texte männliche und in 10,8 % der E-Mails weibliche Vornamen. 18 % der Zuschriften sind anonyme E-Mails, die im Untersuchungszeitraum an die IBD und den ZdJ gesendet wurden. Größtenteils geben die Verfasser*innen allerdings ihre Vor- und Nachnamen an und einige teilen auch persönliche Adressen mit. Aus diesem Grund ist davon auszugehen, dass die Schreiber*innen NS-V/M in ihren Texten als durchaus legitim erachten und sich zu ihren geschichtsrelativierenden und verhöhnenden Äußerungen sowie der damit einhergehenden Täter*innen-Opfer-Umkehr bekennen (s. dazu Kap. 3.6.2). Die im vorliegenden Kapitel dargestellten quantitativen Auswertungen werden durch die in Kapitel 5 aufgeführten Ergebnisse im Zusammenhang mit konkretem Textmaterial ergänzt und anhand der Befunde, die aus der qualitativen Analyse hervorgehen, diskutiert.

5 Zur Analyse und Auswertung antisemitischer NS-Vergleiche und NS-Metaphern im E-Mail-Korpus

Dieses Kapitel präsentiert und diskutiert die Ergebnisse der qualitativen Korpusuntersuchung anhand ausgewählter Textbeispiele. Im Hinblick auf einzelne Analyseebenen, wie der Struktur und der sprachlichen Realisierung der Vergleiche bzw. Metaphern, den Vergleichs- und Metaphernkonstituenten sowie den antisemitischen Stereotypen, werden die jeweiligen Phänomene erläutert und am Textmaterial aufgezeigt. Da es sich hierbei um ein komplexes Zusammenwirken dieser einzelnen Ebenen handelt, werden sie neben den vorrangig zu erläuternden Phänomenen in Bezug auf einzelne Korpusbeispiele ebenfalls erwähnt.[1]
Im Zusammenhang damit finden sich außerdem Verweise auf weiterführende Forschungsliteratur sowie auf entsprechende Kapitel innerhalb dieser Arbeit. Je nach inhaltlichem Fokus des Abschnitts sind die Textbeispiele darüber hinaus, dem besseren Verständnis dienend, in den Äußerungskontext einzuordnen, in dem sie produziert wurden. Sobald es für das Verständnis und den argumentativen Bezug relevant ist, sind in den Fußnoten weiterführende Informationen zu den jeweiligen Sachverhalten aufgeführt.[2]

Quantitative Auswertungen in Form statistisch deskriptiver Darstellungen bzgl. der Häufigkeitsverteilungen entsprechender Phänomene innerhalb des E-Mail-Korpus finden sich in jedem Abschnitt. Da sich die Anzahl der E-Mails (insgesamt und in den einzelnen Jahren) an den ZdJ und an die IBD deutlich voneinander unterscheidet und es Verzerrungen in den Auswertungen bzgl. möglicher Zusammenhänge zwischen der Häufigkeitsverteilung eines untersuchten Phänomens und der Institution zu vermeiden gilt, nehmen die folgenden quantitativen und qualitativen Darstellungen keine Trennung der Phänomene hinsichtlich der adressierten Einrichtung vor.[3]

---

[1] Das bedeutet, wenn im entsprechenden Kapitel bspw. ein Aspekt der sprachlichen Realisierung diskutiert wird, sich das Korpusbeispiel jedoch darüber hinaus durch weitere Formulierungen und bestimmte zugrunde liegende Konzeptualisierungen auszeichnet, werden auch diese Aspekte benannt.

[2] Einige E-Mails thematisieren dabei mehrere Diskursereignisse – die diskursiven Zusammenhänge überschneiden sich demzufolge und eine klare Abgrenzung auf welchen Sachverhalt der NS-V/M bezogen ist, ist nicht in jedem Fall möglich. Da es sich in dieser Arbeit um eine Korpusstudie handelt, die Texte aus über zehn Jahren beinhaltet und eine zusätzliche Diskursanalyse zu den einzelnen Ereignissen einen anderen Fokus setzten sowie einen erheblichen Mehraufwand darstellen würde, wurde auf diskursanalytische Untersuchungen verzichtet (s. dazu Forschungsdesiderata in Kap. 6.2).

[3] Zu den Berechnungen des statistischen Zusammenhangs von Häufigkeitsverteilungen der E-Mails mit NS-V/M an den ZdJ gegenüber jenen an die IBD s. Kap. 4.3.1.

5 Analyse und Auswertung antisemitischer NS-Vergleiche und NS-Metaphern — 195

Im Gegensatz zu den kommunikativ-funktional ausgerichteten Fragestellungen bzgl. der NS-V/M, die im öffentlichen Kommunikationsraum geäußert werden und den Fokus in Kapitel 3 bilden, beziehen sich die Untersuchungsschwerpunkte hier primär auf die sprachliche Realisierung der Vergleiche und Metaphern, den zugrunde liegenden Konzepten in Gestalt der Vergleichs- und Metaphernkomponenten sowie auf antisemitische Stereotype, die damit einhergehen. Die Korpusdaten basieren auf E-Mails, die von Privatpersonen an die IBD oder den ZdJ gesendet wurden. Diese nicht öffentlich zugänglichen Texte wurden daher in einem nicht öffentlichen Kommunikationsraum artikuliert.[4] Öffentliche Reaktionen auf die Äußerungen liegen demzufolge ebenso wenig vor wie Reaktionen der Institutionen selbst (bspw. in Form von Antwort-E-Mails oder persönlichen Berichten der Mitarbeiter*innen). Das Untersuchungsobjekt ist darum einzig das Textmaterial zusammen mit den Metadaten sowie den Auskünften der Schreiber*innen über sich selbst (s. dazu Kap. 4.3.3 sowie jeweilige Korpus-Beispiele in den folgenden Abschnitten).

Im Gegensatz zu den in Kapitel 3 betrachteten Äußerungen dienen die NS-V/M in den E-Mails nicht dem Zweck der Erregung öffentlicher Aufmerksamkeit (vgl. Eitz/Stötzel 2007: 3) oder anderen öffentlich wirksamen Absichten, welche die Anwesenheit weiterer Rezipient*innen erfordern würde. Sie richten sich, anders als die diskutierten Fälle im öffentlichen Kommunikationsraum,[5] unmittelbar an die angesprochenen Adressat*innen bzw. an die Institutionen, die für sie als Repräsentanten fungieren. Das wird besonders dann deutlich, wenn die Verfasser*innen sie u. a. mittels Personalpronomen oder Namen explizit ansprechen.

Die primäre Funktion der im Folgenden diskutierten antisemitischen NS-V/M besteht in der Stigmatisierung und Diffamierung der entsprechenden Adressat*innen (vgl. Schwarz-Friesel/Reinharz 2013: 174). Je nach Kontext und der Referenz auf bestimmte Personen oder Objekte bzw. Sachverhalte erfüllen sie den Zweck, die Dimension der Negativbewertung einer Entität zu verstärken und zusätzlich die persönliche emotionale Betroffenheit zu artikulieren (vgl.

---

4 Beide Empfängerinstitutionen sind öffentliche Träger, die Schreiber*innen in einem privaten Rahmen adressieren. Die typischen Kriterien und Formalitäten, die im Rahmen der offiziellen Kommunikation mit Behörden und Institution gepflegt werden, wie persönliche Distanz und Höflichkeit (vgl. Brinker [6]2005: 148 f.; Storrer 2011: 333 f. und s. Kap. 4.2.1), sind in den E-Mails selten berücksichtigt. Neben explizit beschimpfenden Texten liegen auch durchaus elaborierte vor, in denen z. T. gewisse Höflichkeitskonventionen eingehalten werden und die ebenfalls NS-V/M beinhalten. Zum Phänomen einer solchen Scheinhöflichkeit s. Schwarz-Friesel/Reinharz (2013: 333).
5 Dass diese Vergleiche und Metaphern überwiegend an Rezipient*innen gerichtet sind, die selbst nicht diffamiert, sondern bspw. durch die extreme Negativbewertung von Sachverhalten oder Personen intentional beeinflusst werden sollen, zeigt Kap. 3.4.1 im Zusammenhang mit der Kommunikationssituation sowie der Illokution und Perlokution dieser Sprachakte.

Schwarz-Friesel ²2013: 199, s. dazu Kap. 3.4.1). In diesen Aspekten unterscheiden sich antisemitische NS-V/M nicht von solchen Analogiebildungen, die kein Phänomen des verbalen Antisemitismus darstellen. Wie in Kapitel 3.6 erörtert, weisen antisemitische NS-V/M gerade im Hinblick auf die Funktion innerhalb der Post-Holocaust-Gesellschaft jedoch ein weiteres wesentliches Charakteristikum auf. Als Ausprägung einer Täter*innen-Opfer-Umkehr dienen sie zusätzlich zur Dämonisierung von Juden*Jüdinnen bzw. Israel der persönlichen sowie gesellschaftlichen Schuldentlastung und bilden als Manifestationsform des Post-Holocaust-Antisemitismus zudem einen Ausdruck der Erinnerungsabwehr nach 1945 (vgl. auch Rensmann 2004: 314; Bergmann 2007: 28 f.).[6] In einigen E-Mailtexten kommt diese Funktion deutlich zum Ausdruck, wenn Produzent*innen z. B. explizit auf Täter*innen und Opfer referieren und sie somit die Konzeptualisierung DIE OPFER DER NAZIS ALS DIE TÄTER*INNEN VON HEUTE explizit verbalisieren (s. dazu Kap. 5.1.2.8).

Anhand der Forschungsfragen, auf denen die qualitative Analyse der Korpustexte basiert, sind die Kernpunkte der folgenden Abschnitte ausgerichtet. Im Zuge der Erörterung und Illustration dieser einzelnen Phänomene werden für ausgewählte Beispiele auch entsprechende Argumentationsmuster nach Schwarz-Friesel/Reinharz (2013: 346–396) angeführt, die der Absicherung eigener Aussagen dienen. Da einige Textausschnitte lexikalische und typographische Emotionsausdrücke bzw. Emotionsbezeichnungen und bestimmte antisemitische Stereotype beinhalten, beleuchtet das vorliegende Kapitel auch diese Aspekte zusammen mit dem zu diskutierenden Charakteristikum der NS-V/M.

5.1 Sprachliche Realisierung antisemitischer NS-Vergleiche und NS-Metaphern

Im folgenden Abschnitt wird der Frage nachgegangen, wie NS-V/M in den E-Mails an die IBD und den ZdJ sprachlich realisiert werden. Die fünfte Forschungsfrage lautet konkret:

Welche Vergleichs- und Metaphernstrukturen weisen die NS-V/M auf und welche lexikalischen Indikatoren zeigen die Analogiebildung an?

Auf konzeptuelle Aspekte der NS-V/M hinsichtlich spezifischer Vergleichs- und Metaphernkonstituenten wird in Bezug auf die exemplarischen Beispiele partiell eingegangen, da in diesem Kapitel strukturelle Gesichtspunkte sowie Er-

---

[6] S. hierzu Kap. 3.6.2.2 sowie zum israelbezogenen Antisemitismus, der durch jene NS-V/M u. a. in Erscheinung tritt, Kap. 3.6.1.2.

scheinungsformen der sprachlichen Realisierung im Vordergrund der Betrachtung stehen. Die Vergleichs- und Metaphernkonstituenten aller untersuchten NS-V/M sind in 5.2 aufgeführt.[7] Weil im Zuge der Darstellung des NS-Vokabulars in Abschnitt 5.1.3 die inhaltlichen Bezugnahmen in Form von Anspielungen und damit auch bestimmte konzeptuelle Gesichtspunkte eine größere Relevanz besitzen als in den anderen Abschnitten, sind in diesem Zusammenhang konzeptuelle Aspekte bereits ausführlicher zu thematisieren. Ebenso verhält es sich mit Blick auf NS-M, die Kapitel 5.1.4 sowohl anhand struktureller als auch unter dem Gesichtspunkt konzeptueller Spezifika betrachtet und diskutiert.

In Bezug auf die Realisierung der Vergleiche ist zu unterscheiden, inwiefern Produzent*innen explizit Modalitäts-, Komparativ- oder Superlativvergleiche herstellen, die bestimmte Vergleichsjunktoren und morphologische Markierungen aufweisen, und inwiefern sie diese mithilfe lexikalischer vergleichsanzeigender Indikatoren realisieren.[8] Die 945 E-Mails mit NS-V/M beinhalten z. T. mehrere NS-V/M innerhalb eines Textes, sodass insgesamt 1.021 NS-V/M erfasst wurden, die vollständig nach allen Analysekategorien codiert sind (s. Tabelle 5.1). Von diesen 1.021 NS-V/M weisen 794 die Form eines Vergleichs und 227 die Struktur einer Metapher auf, was einem relativen Anteil von 77,8 % zu 22,2 % entspricht.[9] Im Zuge der Korpusanalyse wurde deutlich, dass die Verfasser*innen ihre Analogiebildungen nicht nur mittels Junktoren, sondern häufig mithilfe lexikalischer Vergleichsindikatoren oder durch den Gebrauch NS-typischen Vokabulars reali-

---

[7] Trotzdem erweist sich die Betrachtung der jeweiligen Vergleichsgrößen und Metaphernkonstituenten in Bezug auf einige Textbeispiele aus illustrativen Zwecken bereits in diesem Kapitel als praktikabel. Dieses Vorgehen ermöglicht es, die Verschränkungen der inhaltlichen und strukturellen Ebene im Rahmen der Analogieherstellung in NS-V/M zu verdeutlichen. Die Spezifika von NS-V/M werden besonders in Bezug auf lexikalische Vergleichsindikatoren und den Gebrauch von NS-Vokabular deutlich; hinsichtlich der NS-M spielt die Verbindung struktureller und inhaltlicher Aspekte eine wichtige Rolle.
[8] Zu Vergleichsjunktoren sowie morphologischen Markierungen und lexikalischen Vergleichsindikatoren s. Ortner (1985), Thurmair (2001) und (2008) sowie Eggs (2006a) und (2006b). Die linguistischen Grundlagen zu den Vergleichsformen im Deutschen werden außerdem in Kap. 2.2 und 2.3 dargelegt und in Bezug auf NS-V in Kap. 3.2 angewendet.
[9] 54 Analogien wurden allein durch den Gebrauch von NS-Vokabular hergestellt, d. h. sie wurden ohne Vergleichsjunktoren, ohne die lexikalischen Vergleichsindikatoren und auch nicht direkt in Form einer Metapher realisiert. Schreiber*innen verwenden NS-typisches Vokabular, um Anspielungen zu formulieren, mit denen sie ebenfalls Analogiebeziehungen etablieren. In Tab. 5.1 sind sie den NS-V zugerechnet, s. ausführlicher dazu Kap. 5.1.3.
In den 769 E-Mails an die IBD wurden im Zuge dessen 810 NS-V/M codiert, wobei diese in 74,4 % der Belege als NS-V und in 25,6 % der Fälle als NS-M in Erscheinung treten. In den 176 E-Mails an den ZdJ wurden 211 solcher Äußerungen codiert, die zu 90,5 % als NS-V vorliegen und in 9,5 % der Fälle als NS-M. Tabelle A2 im Anhang bildet eine Zusammenstellung dieser Häufigkeitsverteilungen im Hinblick auf die Empfängerinstitution der E-Mails mit NS-V/M ab.

Tab. 5.1: Absolute und relative Häufigkeitsverteilung von NS-V/M im Korpus nach Art der Realisierung.

Herstellung der Analogie durch	Realisierung mittels	absolut	relativ in %
NS-Vergleich		794	77,8
	Vergleichsjunktoren	222	21,7
	lexikalische Vergleichsindikatoren	518	50,7
	NS-Vokabular*	54	5,3
NS-Metapher		227	22,2
	Substantivische Prädikativmetapher	137	13,4
	Kompositummetapher	90	8,8
Gesamt		1.021	100,0

* Hier sind jene Äußerungen aufgeführt, in denen die Analogiebildung einzig durch die Verwendung von NS-Vokabular zustande kommt.

sieren. Von 1.021 NS-V/M beinhalten 50,7 % jene Indikatoren, die Kapitel 5.1.2 aufführt, und in 5,3 % der Belege werden Analogien ausschließlich durch die Verwendung von NS-Vokabular hergestellt. Demgegenüber enthalten 21,8 % aller NS-V/M die klassischen Junktoren *wie* und *als* sowie Adjektive mit den entsprechenden morphologischen Markierungen der Komparativ- bzw. Superlativform.

In Bezug auf den Satzmodus der NS-V/M wurde ermittelt, dass 9,3 % der Analogien im Korpus als rhetorische Fragen vorliegen. Diese indirekten Sprechakte intendieren keine Beantwortung, sondern fungieren primär als Assertive, mit denen Produzent*innen Behauptungen ausdrücken (vgl. Meibauer ²2008: 109), die im Falle von NS-V/M eine starke Negativbewertung vermitteln.[10]

Dass die verschiedenen Ausprägungen der sprachlichen Realisierung von NS-V/M nicht nur isoliert, sondern auch in Verbindung miteinander auftreten, stellte sich im Zuge der Textanalysen ebenfalls heraus. In 7,4 % aller NS-V/M greifen Produzent*innen auf mehrere lexikalische Mittel zurück, um Analogien zwischen NS-bezogenen und israelischen und/oder jüdischen Entitäten herzustellen.[11] Einzelne Beispiele in den folgenden Abschnitten demonstrieren diesen Sachverhalt, der in Kapitel 5.1.3 hinsichtlich des Gebrauchs von NS-Vokabular

---

[10] Zu indirekten Sprechakten, der Illokution und der Perlokution von NS-V/M s. Kap. 3.4.1.
[11] Von den 1.021 NS-V/M finden sich 76 Belege, in denen mindestens zwei der verschiedenen lexikalischen Mittel in Verbindung miteinander zum Einsatz kommen. Dazu zählen sowohl Vergleichsjunktoren, lexikalische Vergleichsindikatoren, NS-Vokabular und NS-M. Eine Abstufung der Stärke der sprachlichen Mittel hinsichtlich der Herstellung von Analogien bietet einen Anknüpfungspunkt für weiterführende (psycholinguistische) Analysen.

genauer erläutert wird. Tabelle 5.1 zeigt das Verhältnis der Häufigkeitsverteilungen zwischen den unterschiedlichen Realisierungsformen der im Korpus eruierten NS-V/M, auf die wir in den nachfolgenden Abschnitten detailliert eingehen.

5.1.1 Vergleichsarten und Struktur von antisemitischen NS-Vergleichen

Die hier untersuchten NS-V stellen ausnahmslos heterogene Vergleiche dar, mit denen Verfasser*innen Analogiebeziehungen zwischen Konzepten aus verschiedenen Wirklichkeitsdomänen (vgl. Eggs 2006a: 64) bzw. unterschiedlichen konzeptuellen Bereichen herstellen. Wie Kapitel 3.2 ausführt, können diese Vergleiche strukturell und lexikalisch unterschiedlich realisiert sein. Abgesehen von der für heterogene Vergleiche typischen Form *X ist wie Y* werden NS-V auch in Gestalt von Komparativ- und Superlativvergleichen, die primär für homogene Vergleiche üblich sind, artikuliert. Zu beachten ist daher, dass NS-V auf der sprachlichen Oberfläche durchaus als Komparation realisiert sein können, die Vergleichsgrößen allerdings keinen gemeinsamen konzeptuellen Bereich aufweisen, der für die Hervorhebung von Gemeinsamkeiten und Unterschieden zweier oder mehrerer Entitäten im Hinblick auf ein gemeinsames tertium comparationis notwendig wäre. Die Analogierelation wird durch den Vergleich erst etabliert und somit eine zwischen den Konzepten bestehende Ähnlichkeit suggeriert. Tabelle 5.2 stellt die Verteilung der Vergleichsarten und deren Realisierungsform mit oder ohne Junktoren bzw. morphologische Markierungen dar, die in den nachfolgenden Abschnitten umfassend beleuchtet werden.

Tab. 5.2: Absolute und relative Häufigkeitsverteilung der sprachlichen Realisierungsformen von NS-V im Korpus.

NS-V	Realisierung	absolut	relativ in %
Modalitätsvergleich		708	89,2
	mit Junktor *wie*	176	22,2
	ohne Junktor	532	67,0
Komparativvergleich		69	8,7
	mit Junktor *als* und morpholog. Markierung	36	4,5
	ohne Junktor	33	4,2
Superlativvergleich		17	2,1
	mit morpholog. Markierung *-st*	10	1,3
	ohne morpholog. Markierung *-st*	7	0,9
Gesamt		794	100,0

5.1.1.1 Modalitätsvergleiche

Die im Korpus am häufigsten vorliegende Ausprägung des NS-V ist die des Modalitätsvergleichs – sowohl in expliziter als auch in impliziter Form. Demnach wurden insgesamt 89,2 % aller im Korpus codierten NS-V in Gestalt von Modalitätsvergleichen realisiert.[12] Von allen Vergleichen, in denen eine explizite Vergleichsstruktur vorliegt, d. h. Junktoren oder morphologische Kennzeichnungen den Vergleich anzeigen, bilden die Modalitätsvergleiche mit 22,2 % ebenfalls die dominante Manifestationsform der Herstellung antisemitischer NS-V.

Mithilfe des Junktors *wie* und/oder der Gradpartikel *so*, in *so wie* oder *genauso wie*, werden Komparandum und Komparationsbasis in Bezug auf das tertium comparationis äquivalent gesetzt (vgl. Thurmair 2001: 74). In (86) drückt der*die Schreiber*in eine Analogierelation zwischen den Vergleichsgrößen *Palästinenser* und *Juden vor 70 Jahren*, also den Opfern der Shoah, mithilfe des Junktors *wie* aus. Durch die Konstruktion *das Gleiche* wird eine Übereinstimmung in der Erfahrung der beiden Entitäten hinsichtlich der besagten Merkmale bzw. der tertia comparationis FOLTER, VERGEWALTIGUNG sowie MORD und BENACHTEILIGUNG zusätzlich hervorgehoben.

(86) Mit den Palästinensern passiert doch *das gleiche, wie* mit den Juden vor 70 Jahren und sie werden gefoltert, vergewaltigt und ermordet und in jeder Hinsicht benachteiligt [...] (IBD_06.04.2012; Hervorh. L. G.)

In dem Textausschnitt sind die Verursacher*innen bzw. die Täter*innen, welche für die Leiden der Palästinenser*innen zur Verantwortung zu ziehen seien, auf der sprachlichen Oberfläche nicht explizit genannt. Indem die Opfergruppen fokussiert und die Täter*innen implikatiert sind, liegt ein indirekter Vergleich zwischen Israel und NS-Deutschland vor. Im Zuge des Rezeptionprozesses kann die Analogiebeziehung zwischen diesen Größen hergestellt werden. Dabei wird ISRAEL HANDELT WIE NS-DEUTSCHLAND implikatiert und die Stereotype ISRAEL ALS MÖRDER sowie UNRECHTS- UND UNTERDRÜCKERSTAAT kommen basierend auf den aufgezählten tertia comparationis ebenfalls zum Ausdruck. Solche Konzeptualisierungen von ISRAEL ALS UNRECHTS- UND UNTERDRÜCKERSTAAT liegen dem folgenden Textausschnitt in (87) ebenso zugrunde wie LANDRAUB, AGGRESSION UND BRUTALITÄT. Durch den Vergleichsjunktor *wie* in Kombination mit dem Adjektiv *genau* wird der gleiche Ausprägungsgrad der im folgenden Satz beschriebenen Eigenschaften ausgedrückt (*Eroberung und militärische Besat-*

---

[12] Von insgesamt 222 explizit realisierten Vergleichen mit Junktoren oder morphologischen Markierungen (Modalitäts-, Komparativ- und Superlativvergleiche) wurden 176 als Modalitätsvergleichen codiert.

zung von Land, völkerrechtswidrige Besiedlung, Niederschlagung von Widerstand gegen das Regime mit militärischer Gewalt). Dabei gibt *genau* an, dass hier eine mit der Vergleichsgröße „bis in die Einzelheiten" (Duden 2017) einwandfreie und exakte Übereinstimmung vorliegt (vgl. ebd.).[13] Diese Hervorhebung der Gleichheit wird außerdem durch die rekurrente Verwendung von *genau wie* in Verbindung mit der Vergleichsgröße *Ihr Land* im Vorfeld der Sätze unterstützt. Mit den syntaktisch parallelen Strukturen sowie der Wiederholung der Nominalphrase *das Deutschland* in Kombination mit der Präpositionalphrase *unter Herrschaft der Nazi-Diktatur* als Komparandum betont der*die Schreiber*in die Gleichsetzung beider Staaten, wobei Israel als *zionistisches Gebilde* die Staatlichkeit abgesprochen und sein Existenzrecht infrage gestellt wird.

(87) *Genau wie* Ihr Land eroberte und besetzte das Deutschland unter Herrschaft der Nazi-Diktatur das Territorium anderer Völker und besetzte dieses militärisch. *Genau wie* das zionistische Gebilde unterzog das Deutschland unter Herrschaft der Nazi-Diktatur diese eroberten und besetzten Gebiete daraufhin einer völkerrechtswidrigen Besiedlung mit eigenen Zivilisten zum Zwecke der Änderung des demographischen Status quo. *Genau wie* Ihr Land schlug das Deutschland unter Herrschaft der Nazi-Diktatur jeden aufkeimenden Widerstand der angestammten Bevölkerung mit brutaler militärischer Gewalt nieder. (IBD_00.07.2014; Hervorh. L. G.)

Abgesehen von den oben beschriebenen rhetorischen Besonderheiten in diesem Text ist zudem auffällig, dass der Botschafter bereits in der Anrede *Sehr geehrter Herr Botschafter Hadas-Handelsman* sowie innerhalb der Komparationsbasis *Ihr Land* durch das Personalpronomen konkret angesprochen und ihm hier eine Mitverantwortung für das, aus Sicht des*der Verfassers*in, unrechtmäßige Handeln Israels übertragen wird. In diesem Zusammenhang ist Israel nicht explizit genannt, sondern wird neben der Possessivkonstruktion abschätzig als *das zionistische Gebilde* referenzialisiert, was einer Delegitimierung des israelischen Staates entspricht.[14] Des Weiteren liegt in diesem Modalitätsvergleich eine Struktur vor, die hiermit einmalig in den untersuchten NS-V auftritt. Entgegen der üblichen Realisierung, in der die NS-bezogene Entität als Komparationsbasis dient und die israelbezogene Entität das Komparandum darstellt, fungiert

---

[13] S. dazu „genau" auf Duden online. URL: http://www.duden.de/rechtschreibung/genau_akkurat_gewissenhaft (letzter Zugriff 28. 02. 2019).
[14] Zur Delegitimierung als Ausdruck des israelbezogenen Antisemitismus s. Kap. 3.6.1.2. Hier wird u. a. die Vorstellung Israels als Projektionsfläche für antisemitische Konzeptualisierungen beleuchtet.

Israel auf der sprachlichen Oberfläche in (87) als Komparationsbasis auf deren Grundlage *Deutschland unter Herrschaft der Nazi-Diktatur* charakterisiert wird. Konzeptuell wird damit eine Analogiebeziehung zwischen beiden Vergleichsgrößen über ihre jeweiligen historischen Zusammenhänge hinweg hergestellt. Diese Dekontextualisierung und die wiederholte Attribuierung von *Deutschland* als *unter der Herrschaft der Nazi-Diktatur* stehend, suggeriert eine konzeptuelle Nähe der israelischen Herrschaftsform zur Diktatur.

Die erörterten Beispiele verdeutlichen, dass der Vergleichsjunktor *wie* im Zuge der untersuchten NS-V innerhalb von Modalitätsvergleichen häufig in Verbindung mit weiteren rhetorischen und lexikalischen Mitteln zum Einsatz kommt. Wir können davon ausgehen, dass die Produzent*innen jener Vergleiche auf diese Weise, die Ähnlichkeiten der Vergleichskomponenten hervorheben und somit bestrebt sind, ihren Äußerungen Nachdruck zu verleihen.[15]

5.1.1.2 Komparativvergleiche

Mit antisemitischen NS-V kann keine tatsächliche Komparation ausgedrückt werden, da sie als heterogene Vergleiche Entitäten aus unterschiedlichen konzeptuellen Bereichen miteinander in Beziehung setzen. Auf der sprachlichen Ebene können sie demgegenüber durchaus als Komparative realisiert sein, die entweder explizit mit dem Vergleichsjunktor *als* und der morphologischen Markierung eines komparierten Adjektivs oder mittels anderer lexikalischer Mittel zum Ausdruck kommen (vgl. dazu Thurmair 2001: 3f., 2008: 6f.). Die in diesem Abschnitt diskutierten Komparativkonstruktionen dienen also nicht der realen Darstellung von Ungleichheit zweier Vergleichskomponenten in Bezug auf ein tertium comparationis, sondern sie fungieren primär als Intensivierung des NS-V, indem sie die Negativbewertung bzw. die Dämonisierung der jüdischen und/ oder der israelischen Entität herausstellen.

Im E-Mail-Korpus wurden insgesamt 8,7 % der NS-V als Komparative codiert, das entspricht einer absoluten Häufigkeit von 69 Belegen. In 41 dieser Vergleiche wird dabei das Bewertungsadjektiv *schlimmer* zusammen mit dem Junktor *als* in Verbindung mit *Hitler* in (88), mit NS-Institutionen, wie der *Waffen-SS* in (89) und allgemein mit *Nazis* in (90) gebraucht:[16]

(88) ihr seid *schlimmer als* hitler (IBD_15.07.2006; Hervorh. L. G.)

---

15 Weitere lexikalische Indikatoren, die Vergleiche anzeigen und die hinsichtlich der hier untersuchten NS-V die häufigste Realisierungsform darstellen, thematisiert Kap. 5.1.2.
16 Zu diesen und weiteren Vergleichsgrößen s. Kap. 5.2.

5.1 Sprachliche Realisierung antisemitischer NS-Vergleiche/-Metaphern — 203

(89) [ihr] solltet [...] nie vergessen dass eure angriffe *schlimmer* sind *als* die Der Waffen SS (IBD_13.08.2006; Hervorh. L. G.)

(90) Ihr verhaltet euch ja echt *schlimmer als* die NAZIs. [...] Die Nazis wußten nichts vom Holocaust , sie haben ihn erfunden. Ihr , mit eben dieser Erfahrung , baut mauern , tötet kinder und versklavt (uns deutsche) und verpöhnt den rest der menschheit (ZDJ_27.07.2006; kursive Hervorh. L. G.)

In der letzten E-Mail an den ZdJ drückt der*die Produzent*in mit dem Pronomen *Ihr* die Verantwortlichkeit deutscher Juden*Jüdinnen für Vorgänge und Geschehnisse in Israel und den palästinensischen Gebieten aus. Die Erklärungen, inwiefern *sie sich schlimmer als die Nazis verhalten*, basieren neben den klassisch antisemitischen und zusätzlich auf Israel bezogenen Stereotypen des KINDERMORDES sowie der DREISTIGKEIT UND FRECHHEIT auf den Post-Holocaust-Stereotypen JUDEN*JÜDINNEN HABEN NICHT AUS DER VERGANGENHEIT GELERNT sowie HOLOCAUSTAUSBEUTER. Die Vorstellung, dass Juden*Jüdinnen aus ihren Erfahrungen bzgl. der Shoah gelernt haben müssten, wird in den E-Mails an die IBD und den ZdJ vielfach vermittelt (s. Kap. 5.3.2). Dieser Auffassung liegt der Gedanke zugrunde, dass die Opfer des eliminatorischen Antisemitismus aufgrund ihrer Verfolgung und Ermordung in NS-Deutschland moralischer handeln müssten als andere Personen. Zusätzlich zur Gleichsetzung von Juden*Jüdinnen mit Israel bzw. Israelis wird durch Äußerungen, wie *ihr mit dieser Erfahrung baut Mauern, tötet Kinder* etc., eine Bewertung abgeben,

> die ein besonderes Ausmaß des angeblichen moralischen Versagens von Juden unterstellt (Implikatur: 'Wer im Holocaust gelitten hat, sollte sich nun anständig und friedlich benehmen') (Schwarz-Friesel/Reinharz 2013: 206).

Zusätzlich zu der Bezichtigung, dass Israel schlimmer als NS-Deutschland agiere, betonen einige E-Mailschreiber*innen auch, dass es den Palästinenser*innen, die unter einem solchen Regime zu leiden haben, heutzutage schlechter ergehe als den jüdischen Opfern während der NS-Herrschaft. In (91) kommt diese Perspektivierung, in der die Opfer eine zentrale Rolle einnehmen, zum Ausdruck:

(91) Der Vergleich der Situation der Palästinenser mit dem Juden in ihren Ghettos vor rund 65 Jahren ist wirklich ein bißchen daneben. Die Situation der Palästineneser ist nämlich *weitaus schlimmer*. (IBD_09.03.2007; Hervorh. L. G.)

In diesem NS-V, der ebenfalls die Struktur eines Komparativvergleichs aufweist und in dem der unterschiedliche Ausprägungsgrad der Eigenschaft *schlimm* bzw. in Form der Steigerung *weitaus schlimmer* angezeigt wird, bezieht sich der*die Schreiber*in auf die Situation der europäischen Juden*Jüdinnen, die während der Zeit des Nationalsozialismus (*vor 65 Jahren*) in Ghettos leben mussten. Der de-realisierenden Aussage, dass Palästinenser*innen heutzutage bzw. zum Äußerungszeitpunkt im Jahre 2007 ebenso in Ghettos leben würden und es ihnen schlechter ergehe als den Juden*Jüdinnen zum damaligen Zeitpunkt, wird durch den vorhergehenden Satz besonderer Nachdruck verliehen. Dieser wirkt ohne weiteren Kontext zunächst wie eine metasprachliche Auseinandersetzung mit NS-V und deren Bewertung in Form einer Abschwächung als *wirklich ein bisschen daneben*. Die Bewertung, nach der ein solcher Vergleich jedoch als inakzeptabel zu beurteilen ist, präzisiert der folgende Satz: Nicht die Analogiebildung per se wird abgelehnt, sondern die Gleichsetzung der Lebenssituation, die sich seitens der Palästinenser*innen als *weitaus schlimmer* darstelle als die Ghettoisierung von Juden*Jüdinnen vor 65 Jahren in Europa. Durch diese strukturelle Vorgehensweise der vorangestellten Ablehnung eines Vergleichs wird der darauffolgende NS-V in (91) besonders hervorgehoben. Außerdem fungiert *weitaus* als Gradpartikel (vgl. Bußmann ³2002: 499), die den Komparativ zusätzlich verstärkt.

Neben der im Korpus häufig vorliegenden Formulierung *schlimmer als* werden Komparative aber auch durch andere tertia comparationis in Form von Adjektiven, bspw. in (92) und (93), oder durch typographische Darstellungen, wie in (94), ausgedrückt.

(92) Ihr [...] seit *barbarischer als* Hitler zu seiner Zeit (IBD_00.07.2014; Hervorh. L. G.)

(93) Die Connection von Netanjahu und Lieberman ist ja *noch besser als* Hitler, Himmler, Goebbels und Göring zusammen. (IBD_27.10.2012, Hervorh. L. G.)

Im Gegensatz zu der dämonisierenden Bezeichnung *barbarischer als* beinhaltet *besser als Hitler* auf der wörtlichen Oberfläche die Komparativform von *gut*, die hier als Charakterisierung der Vergleichsgrößen *Netanjahu und Lieberman* auf Basis der Komparationsbasen *Hitler, Himmler, Goebbels und Göring zusammen* in polemischer Funktion eingesetzt ist. Indem hiermit vier der bedeutendsten NS-Funktionsträger den beiden israelischen Politikern gegenübergestellt und diese darüber hinaus in (nicht benannter) Eigenschaft als *noch besser* klassifiziert werden, wird der NS-V in (93) intensiviert.

Thurmair (2008) konstatiert, dass ein bedeutendes Merkmal von Komparativstrukturen auf der Textebene die Vagheit ist, die dazu beiträgt, dass Komparative funktional vielfältig zum Einsatz kommen können (vgl. ebd.: 5). Dies trifft auch auf die in den Beispielen beschriebenen Eigenschaften *schlimmer, barbarischer* oder *besser* zu.

> Auch wenn z. B. der Ausprägungsgrad der entsprechenden Eigenschaft der Komparationsbasis, die ja den Ausgangspunkt bildet, irgendwie fixiert ist [...], bleibt der Komparativ schon deshalb vage, weil das Ausmaß der Differenz zwischen beiden nicht genau festgelegt ist (es sei denn, der Sprecher fixiert das Komparandum im Kontext explizit [...]). In anderen Fällen, in denen der Ausprägungsgrad der entsprechenden Eigenschaft auch für die Basis nicht fixiert ist, sind die Strukturen noch vager: angezeigt ist dann nur ein relativer Unterschied im Ausprägungsgrad einer Eigenschaft zwischen den beiden Vergleichsgliedern; wo sich die beiden Vergleichsglieder auf der Adjektivskala befinden, ist dann weitgehend unbestimmt [...]. (Thurmair 2008: 5)

Eine weitere Form des NS-V bildet die folgende Äußerung, die ein Vergleichszeichen als Auslöser für den Komparativ und damit einen typographischen Vergleichsindikator beinhaltet:

(94) Das was Israel mit den Palästinenser macht ist alles andere als OK. [...] Was zu Vergleichen ist sind die Nazis mit den Juden zu 100 %. ((Nazis < Juden) (ZDJ_01.01.2009)

Auf sprachlicher Ebene wird in dieser Äußerung zunächst eine Gleichsetzung zwischen *Nazis* und *Juden zu 100 %* vorgenommen, wobei als Nachtrag in Klammern *Nazis < Juden* angegeben wird. Da sich der*die Verfasser*in im vorgehenden Satz auf den Umgang Israels mit den Palästinenser*innen bezieht, kann das als tertium comparationis betrachtet werden. Die Darstellung *Nazis < Juden* ist somit folgendermaßen zu paraphrasieren: *Juden*Jüdinnen behandeln Palästinenser*innen schlechter als die Nazis Juden*Jüdinnen zur Zeit des Nationalsozialismus behandelt haben.*

5.1.1.3 Superlativvergleiche

NS-V, die in Form von Superlativen realisiert sind, bilden die kleinste Gruppe der drei im E-Mail-Korpus ermittelten Vergleichsstrukturen. Von allen Vergleichskonstruktionen liegen insgesamt 17 Superlativ-Belege vor, die 2,1 % der gesamten NS-V darstellen.[17] Dass explizit verbalisierte Superlativvergleiche, die NS-bezogene Entitäten beinhalten und als heterogene Vergleiche zu klassifizie-

---

[17] Neben den Superlativkonstruktionen, die durch die morphologische Markierung des Adjektivs zum Ausdruck kommen, wurden hier auch absolute Superlative bzw. Elative codiert, die mittels Formulierungen wie *mega, äußerst* oder *höchst* realisiert sind (vgl. Duden ⁹2016: 380 f.).

ren sind, Schnittstellenphänomene zwischen Vergleichen und Metaphern darstellen, erörtert Kapitel 3.2.1. In Superlativkonstruktionen wird ein Komparandum aus einer Vergleichsmenge, in der das Komparandum selbst inkludiert ist, herausgestellt und als Vertreter dieser Gruppe mit dem maximalen Ausprägungsgrad einer Eigenschaft angezeigt (vgl. Thurmair 2001: 232). Der Superlativ wird dabei durch das Morphem -st ausgelöst. Dadurch, dass die Konstituente einen Teil der Vergleichsmenge selbst bildet, liegt es nahe, dass hier eine enge Verbindung zu substantivischen Prädikativmetaphern der Form *X ist ein Y* vorliegt. In den untersuchten Texten bilden attributive Superlative, wie in (95) und (96), eine typische Form der sprachlichen Realisierung:[18]

(95) Betreff: Gazakrieg, Herr Botschafter, seien Sie versichert, ich bin kein Rassist, und auch kein Antisemit, trotzdem erlaube ich mir die Politik ihrer Regierung heftig zu kritisieren. Ihrem Staat ist es gelungen, *das groesste Konzentrationslager der Welt* Gaza zu schaffen (IBD_00.07.2014; Hervorh. L. G.)

(96) Die Größe der KZs der Nazis ist ein Witz verglichen mit *dem größten KZ der Welt*, dem Gazastreifen, von manchem daher auch Vergasungsstreifen genannt (IBD_27.06.2012; Hervorh. L. G.)

Die Verortung Gazas als das *größte Konzentrationslager der Welt* enthält zunächst die Behauptung, dass dieses Gebiet grundlegend als ein solches gekennzeichnet sei und von allen Konzentrationslagern das größte dieser Art darstelle. Diese Zuschreibung bezieht sich auf Konzentrationslager der NS-Zeit und nicht auf andere Lager, die einen anderen historischen und nationalen Bezug aufweisen. Das verdeutlichen zum einen die Angaben im Kotext und zum anderen ist die Bedeutsamkeit dieser Epoche sowohl in der deutschen Geschichte als auch im deutschen Erinnerungsdiskurs nach 1945 und der damit verbundenen emotionalen Aufladung überaus präsent (vgl. dazu Schwarz-Friesel/Reinharz 2013: 182). Das tertium comparationis der GRÖSSE kann in den Beispielen einerseits auf den räumlichen Umfang des Gebietes referieren und andererseits die kon-

---

[18] Dass diese Ausprägung des (heterogenen) Superlativs auch als substantivische Prädikativmetapher gefasst werden kann, zeigt Kap. 5.1.4 am Beispiel *des größten KZs der Welt* (157). Sprachlich manifestiert sich dies durch die prädikative Formulierung wie sie auch in substantivischen Metaphern gebraucht wird. Das Komparandum in Superlativen ist automatisch Teil der Gruppe, welche durch die Vergleichsmenge, in dem Fall *Konzentrationslager*, festgelegt ist. Darüber hinaus wird das Komparandum als spezielle Entität mit der stärksten Ausprägung der Eigenschaft SCHLIMM (tertium comparationis) explizit aus der Vergleichsmenge herausgestellt und hervorgehoben.

zeptuellen Merkmale, die ein Konzentrationslager kennzeichnen, als besonders stark ausgeprägt beschreiben. In Bezug auf die Vernichtungslager, die von NS-Deutschland betrieben wurden, handelt es sich u. a. um Eigenschaften wie die INTERNIERUNG VON MENSCHEN sowie deren SYSTEMATISCHE UND INDUSTRIELLE ERMORDUNG, die in (95) allerdings nicht explizit benannt werden. Im Gegensatz zur E-Mail in (96), in der die okkasionelle Kompositumsbildung *Vergasungsstreifen* durch die Referenz auf die Tötung durch den Einsatz von Giftgas eindeutige Konzeptualisierungen aktiviert, bleibt in (95) eine mögliche Anreicherung der Bedeutung von *größtes* in Bezug auf *Konzentrationslager* offen. Zusätzlich zu den Superlativkonstruktionen und der Referenz auf die ganze *Welt* wird die höchstmögliche Steigerung in (96) außerdem durch die phraseologische Wendung *ist ein Witz verglichen mit* in Bezug auf die Größe der nationalsozialistischen Konzentrationslager gegenüber dem Gazastreifen unterstrichen. Mit dieser Gegenüberstellung bindet der*die Schreiber*in zusätzlich zur Superlativkonstruktion einen Komparativ in die Äußerung ein, mit dem er*sie eine besonders drastische Negativbewertung gegenüber Israel artikuliert.

Wie in den Kapiteln zu Superlativvergleichen allgemein und hinsichtlich der NS-V angeschnitten,[19] stellen Elative eine Möglichkeit dar, um einen absoluten Superlativ, der keine relativen Eigenschaften beschreibt, auszudrücken. Mittels Präfixformen, wie *Top-*, diffamieren die Verfasser*innen der folgenden Textausschnitte zum einen Mitarbeiter*innen der IBD, die als ISRAEL ZUGEHÖRIGE PERSONEN konzeptualisiert sind, und zum anderen *Benjamin Netanjahu* als *Top-Nazis*:

(97) Shalom, ihr *Topnazis* (IBD_14.02.2013; Hervorh. L. G.)

(98) Aus Israel verlautet – ich glaube, der Innenminister war es – dass Grass ein Nazi sei. Wenn die hochmoralische Instanz des jüdischen Israel dies so feststellt, dann darf ich auch mit ihrem Segen sagen, dass Netanjahu sogar ein *Top-Nazi* ist. (IBD_09.04.2012; Hervorh. L. G.)

Der Übergang des (heterogenen) Superlativvergleichs zur Metapher zeigt sich deutlich in der kurzen Formulierung des Elativs in (97). Durch den vorhergehenden Bezug auf Günter Grass stellt der*die Produzent*in von (98) einen Vergleich an, der eine Abstufung bzw. Graduierung zwischen Grass als vermeintlichen *Nazi*, mit der Konjunktivform *sei*, und dem amtierenden israelischen Ministerpräsidenten Netanjahu als *Top-Nazi* vornimmt. Basierend auf dem Kon-

---

19 S. dazu Kap. 2.2.3 sowie zu Superlativen, die konkret auf NS-V bezogen sind, Kap. 3.2.1.

sekutivsatz lässt sich dementsprechend inferieren: WENN DER ISRAELISCHE IN-
NENMINISTER GÜNTER GRASS ALS NAZI DISKREDITIERT, IST DER ISRAELISCHE MI-
NISTERPRÄSIDENT ERST RECHT EIN TOP-NAZI.

5.1.2 Lexikalische Vergleichsindikatoren in antisemitischen NS-Vergleichen

Dass die Mehrzahl der im E-Mail-Korpus codierten NS-V sprachlich mittels verschiedener lexikalischer Indikatoren und weniger häufig durch Vergleichsjunktoren realisiert sind, wurde eingangs angeschnitten. Insgesamt handelt es sich
um 572 von 794 Vergleichen, die nicht durch explizite Vergleichsstrukturen zum
Ausdruck kommen. 72 % der im E-Mail-Korpus vorliegenden NS-V wurden demnach durch die Verwendung verschiedener lexikalischer Indikatoren oder durch
den Gebrauch von NS-Vokabular verbalisiert.[20] Wie bereits angemerkt, kommen
in einigen Texten diverse Mittel zum Einsatz, um Analogiebeziehungen zwischen zwei oder mehreren Entitäten zu etablieren. Primär handelt es sich dabei
um Vergleiche, in denen Äquivalenz zwischen diesen Entitäten auf verschiedene Weise ausgedrückt wird.[21] Einige Produzent*innen der Vergleiche bedienen
sich dabei impliziten Mitteln in Gestalt von Andeutungen, bspw. Formulierungen wie *X erinnert an* oder *weckt Assoziationen* – andere wiederrum verfassen
NS-V zwar ohne explizite Junktoren, greifen aber dennoch auf eindeutig ver-
gleichsmarkierende Lexeme, wie *vergleichbar* oder *dasselbe*, zurück (vgl. dazu
auch Ortner 1985: 267 f.). Der Grad der Implizit- oder Explizitheit dieser Vergleiche variiert dabei jeweils von Text zu Text und wird zusätzlich zu den lexikalischen Vergleichsindikatoren auch vom Vorhandensein oder Fehlen der Vergleichsgrößen sowie der spezifischen Ko- und Kontexte determiniert, in die ein
NS-V eingebettet ist.

Der Grund für die Verwendung impliziter Mittel zur Herstellung von Analogiebeziehungen besteht u. a. in der Aufhebbarkeit von konversationellen Implikaturen (vgl. Meibauer 2008: 26–31; Levinson [17]2006: 114). Weil sie nicht auf der

---

[20] Wenn die Anzahl der NS-M in die Berechnung einbezogen wird und der Anteil der NS-V
ohne Vergleichsjunktoren im Hinblick auf alle realisierten Analogien festgestellt werden soll,
ergibt sich eine relative Häufigkeit von 56 % (in absoluten Werten ausgedrückt: von 1.021 Belegen der NS-V/M bilden 572 Vergleiche, die ohne Junktoren realisiert sind und auch nicht als
Metapher in Erscheinung treten).
[21] Zu Modalitätsvergleichen als Klasse der Äquativvergleiche, die auf der Textebene mithilfe
verschiedener Lexeme ausgedrückt sind, s. Thurmair (2008: 15–17) sowie Ortner (1985) hinsichtlich vielfacher Wort- und Satzbildungsmittel zur Artikulation von Vergleichen. Kap. 2.3
erläutert diese Phänomene mit einem grammatischen Fokus und Kap. 3.2.2 führt sie in Bezug
auf NS-V allgemein ein.

5.1 Sprachliche Realisierung antisemitischer NS-Vergleiche/-Metaphern — 209

sprachlichen Oberfläche realisiert sind, sondern infolge eines Inferenzprozesses erschlossen werden müssen, haben Produzent*innen impliziter Vergleiche die Möglichkeit,

> etwas zu sagen, ohne auf die impliziten Redeteile behaftbar zu sein. Das geschieht oftmals in der Absicht, Negatives über andere Menschen in die Welt zu setzen, aber auch, wenn es z. B. darum geht, tabuisierte Themen anzusprechen. (Linke/Nussbaumer 2000: 446)

Äußerungsproduzent*innen wissen diese Eigenschaft zu nutzen und können sich im Zweifelsfall auf die explizit formulierte Aussage berufen, um sich auf diesem Weg vor möglichen Sanktionen zu schützen.[22]

Die folgenden Abschnitte sind nach den unterschiedlichen Vergleichsindikatoren gegliedert, die im Rahmen der Korpusanalyse ermittelt wurden. Anhand exemplarischer Textbeispiele werden die zu diskutierenden Phänomene illustriert und mit Angaben zu den entsprechenden Häufigkeitsverteilungen innerhalb des Datenmaterials ergänzt.[23] Da in den Textausschnitten die NS-V nicht isoliert von anderen konzeptuellen, sprachlichen und argumentativen Phänomenen betrachtet werden können und gerade hierdurch die Verknüpfung von strukturellen und inhaltlichen Aspekten offenbar wird, sind diese in den entsprechenden Abschnitten für ausgewählte Beispiele ebenfalls erwähnt. Einige der Indikatoren stellen in diesem Zusammenhang bereits Schnittstellen zu den Vergleichskonstituenten dar, wie die Phrase *Nachfolger NS-Deutschlands* und die explizite Täter*innen-Opfer-Umkehr verdeutlichen (s. dazu Kap. 5.1.2.6 und 5.1.2.8).

Die Auflistung der lexikalischen Mittel richtet sich nach ihrer Funktion und Bedeutung in den NS-V/M: In den ersten Kapiteln werden Ausdrücke angeführt, mit denen aufgrund ihrer Semantik und Funktion Analogierelationen hergestellt werden. Sie sind damit den Vergleichsjunktoren am nächsten, z. B. die vergleichsbezeichnenden Lexeme (Kap. 5.1.2.1) und die Negation eines Unterschiedes (Kap. 5.1.2.2). Anschließend daran werden Ausdrücke und Wendungen beleuchtet, die auf konzeptueller Ebene Analogierelationen etablieren und z. T. an den Nationalsozialismus anknüpfen. Sie bilden somit eine Überleitung zu dem in Kapitel 5.1.3 präsentierten NS-Vokabular.

---

[22] S. hierfür Kap. 3.2.2 sowie Kap. 3.4.3 zu konkreten Fällen, in denen dieser Umstand eintrat nachdem ein NS-V im öffentlichen Kommunikationsraum artikuliert wurde.
[23] Aufgrund der Menge und der Diversität der verschiedenen lexikalischen Mittel sind hier diejenigen aufgelistet, die ab einer Anzahl von 20 Textbelegen ermittelt wurden und somit quantitativ als relevant zu betrachten sind.

Tab. 5.3: Absolute und relative Häufigkeitsverteilung der lexikalischen Vergleichsindikatoren sowie des NS-Vokabulars.

lexikalische Vergleichsindikatoren bzw. NS-Vokabular	absolut	relativ in %
Vergleichsbezeichnende Lexeme	91	15,9
Negation – *kein Unterschied*, *nichts anderes* und *nicht besser*	96	16,8
Fokuspartikeln – *auch* und *sogar*	48	8,4
Temporaldeiktische Ausdrücke – *damals* und *heute*	72	12,6
Iterativa – *wieder* und *wiederholen*	27	4,7
Nachfolger und *Renaissance NS-Deutschlands*	36	6,3
Verweis auf kollektives Wissen – *Erinnerungen wecken*	64	11,2
Explizite Täter*innen-Opfer-Umkehr – *Vom Opfer zum Täter werden*	61	10,7
NS-Vokabular†	54	9,4
Sonstige‡	23	4,0
Gesamt	572	100,0

† Hier sind jene Vergleiche aufgeführt, die einzig durch die Verwendung von NS-Vokabular zustande kommen.
‡ In die Kategorie Sonstige wurden Phänomene aufgenommen, die in einer geringeren Häufigkeit als fünf ermittelt wurden und nicht in die anderen Kategorien eingeordnet werden konnten.

5.1.2.1 Vergleichsbezeichnende Lexeme

E-Mailschreiber*innen verwenden neben vergleichsauslösenden Junktoren auch andere Lexeme, um Äquivalenz zwischen jüdischen/israelischen und NS-bezogenen Entitäten anzuzeigen. In 91 der untersuchten Vergleichskonstruktionen wurde auf Lexeme oder Lexemverbindungen, wie *gleich, ähnlich, vergleichbar, Parallelen herstellen/ziehen* oder *gleichsetzen* zurückgegriffen (vgl. Dornseiff [8]2004: 73, 201; Thurmair 2008: 1; Ortner 1985: 268), um antisemitische NS-V zu bilden. In Abhängigkeit von der Gesamthäufigkeit aller lexikalischen Vergleichsindikatoren und dem NS-Vokabular[24] entspricht dies einem Anteil von 15,9 %.

Solche Ausdrücke lösen Thurmair (2008: 1) zufolge einen Vergleich nicht direkt aus, sie benennen ihn jedoch. Diese Lexeme bezeichnen den Vergleich

---

[24] In die Gesamthäufigkeit wurde ebenfalls die Anzahl der Belege, in denen der Gebrauch von NS-Vokabular als alleiniges Mittel zur Herstellung der Analogie vorliegt, einbezogen. Demzufolge handelt es sich, wie eingangs erwähnt, um eine absolute Gesamtmenge von 572 Belegen. Wenn in den folgenden Abschnitten die Anteile der jeweiligen lexikalischen Vergleichsindikatoren an deren Gesamthäufigkeit angegeben werden, sind sie stets hierzu ins Verhältnis gesetzt.

bzw. die rhetorische Praxis des Vergleichens deskriptiv und machen die Äquivalentsetzung somit direkt bewusst (vgl. Eitz/Stötzel 2009: 12). Wie in den vorherigen Abschnitten erläutert, werden Analogien zwischen Konzepten auf ganz unterschiedliche Weise hergestellt und angezeigt. Tertia comparationis können sowohl explizit auf der sprachlichen Oberfläche geäußert als auch implizit vermittelt werden. Auch der Ausprägungsgrad dieser behaupteten gemeinsamen Eigenschaften kann dabei auf verschiedene Arten artikuliert werden. Je nachdem, ob Wendungen, wie *gleich* und *genauso*, die eine direkte Äquivalenz anzeigen, zum Einsatz kommen oder Formulierungen, wie *ähnlich* und *ungefähr*, Anwendung finden, drücken die Produzent*innen ein unterschiedliches Maß an Übereinstimmung der Vergleichsgrößen aus. In den folgenden Beispielen wird dieser Umstand anhand der verschiedenen Formulierungen deutlich.

(99) Ich will hiermit meine tiefste Verachtung für den israelischen Staat ausdrücken! Das barbarische Vorgehen der politischen und militärischen Führung ihres Landes ist dem Verhalten der Naziführung unter Hitler *gleich zu setzen*! (IBD_20.01.2009; Hervorh. L. G.)

(100) gottgewollte Verbrechen [werden] gegen die nicht jüdische Bevölkerung des Siedlungsgebietes mit dem Ziel der Tötung und Vertreibung, *vergleichbar* mit den ‚Säuberungsaktionen' der NS-Verbrecher in den von der Hitlerwehr- macht besetzten Ländern Mittel-, Ost- und Südost-Europas, begangen. (IBD_31.01.2010)

(101) Ich muss sagen,dass Israel total menschenunfreundlich handelt.Warum tun sie *ähnliche* Dinge die während des Holocaust passiert sind jetzt anderen Völkern an???? (ZDJ_27.07.2006; Hervorh. L. G.)

(102) was sich derzeit im ‚Gaza-Streifen' [...] abspielt ist kaum noch in Worte zu fassen. [...] Spontan fällt mir hier aus meinem Leistungskurs Geschichte nur die Vernichtung des Warschauer Ghettos ein. *So ungefähr* muß es damals auch abgelaufen sein. (IBD_05.07.2006; Hervorh. L. G.)

Die Schreiber*innen greifen mit *gleichsetzen*, *vergleichbar* sowie *ähnlich* und *so ungefähr* auf verschiedene lexikalische Mittel zurück, mit denen unterschiedliche Intensitäten der Äquivalenz hinsichtlich der tertia comparationis bzgl. der Vergleichskonstituenten ausgedrückt werden. Trotz dieser Unterschiede der sprachlichen Realisierung und dem Grad der Übereinstimmung kommen in allen Fällen jedoch gleichermaßen Analogien zwischen dem NS-Regime und dem israelischen Staat zum Einsatz, um ihn zu dämonisieren.

In (103) endet der Text, in dem die israelische Militäroperation Cast Lead u. a. mittels emotionsausdrückender Lexeme bewertet und auf das rhetorische Stilmittel der Ellipse zurückgegriffen wird, mit dem Attribut *naziähnlich*. Als

Wortbildungsmittel dient -ähnlich in Gestalt eines Suffixes als Ausdruck eines Vergleichs (vgl. Ortner 1985: 262).

(103) seit 27. 12. 2008 tobt im Gaza-Streifen ein Massaker, ein Gemetzel, ein Abschlachten, ein Zerstören ungeheuren Ausmaßes. Menschenverachtend. Brutal. Barbarisch. Feige. Terroristisch. Unbarmherzig. Grauenvoll. Bestialisch. *Naziähnlich*. (IBD_25.02.2009; Hervorh. L. G.)

Über die beschriebenen Lexeme und Morpheme hinaus werden auch Wendungen, wie *Parallelen sehen, ziehen* oder *drängen sich auf* sowie *Assoziationen aufrufen* bzw. *wecken* als sprachliche Mittel gebraucht, die keinen expliziten Vergleich herstellen und trotzdem Analogien konstruieren. Mittels referenzieller Unterspezifikation, z. B. durch den bloßen Bezug auf die *Geschichte* bzw. die *Vergangenheit* zeigt sich, dass die Schreiber*innen in ihren Formulierungen eine gewisse Vagheit ausdrücken wollen, indem sie die Vergleichskonstituenten nicht explizit anführen. Im Zuge des Rezeptionsprozesses müssen somit die für das Verständnis notwendigen Informationen inferiert werden (vgl. Schwarz-Friesel/Consten 2014: 66).

(104) Räumt doch erst mal in eurem eigenen Land auf. Was passiert denn da mit den Palestinensern? Irgendwie *sehe ich da auch paralelen* zur früheren Zeit in Deutschland (ZDJ_13.04.2007; Hervorh. L. G.)

(105) Ob Grenzzaunbau, massenhafte Verhaftung oder Enteignung – all diese Methoden *rufen Assoziationen* zu der jüngsten Geschichte *auf*. (IBD_02.07.2006; Hervorh. L. G.)

Bezugnahmen auf die *deutsche Geschichte* werden aber nicht nur mittels impliziter Äußerungen realisiert, sondern auch explizit verbalisiert, wie (106) verdeutlicht:

(106) Wieviel Männer, Frauen und Kinder hat Israel allein in den letzten Tagen getötet, verwundet, mißhandelt, verbrannt, gedemütigt ,terrorisiert, zerbomt, ihr Eigentum zerstört, die Unverletzbarkeit der Wohnung verletzt, Willkür ausgesetzt ? Wenn ich diese Handlungen bewerte würde, würde ich *an die dunkelsten Tage der deutschen Geschichte erinnert- die Parallelen drängen sich unwillkürlich auf*. (IBD_14.07.2014; Hervorh. L. G.)

Trotz der Verwendung des Konditionalsatzes und der Konjunktivkonstruktion als Mittel der Abschwächung (*Wenn ich bewerten würde, würde* [...]), gibt der*die Schreiber*in vor, dass der Vergleich aufgrund des israelischen Vorgehens automatisch zustande käme. Mit der Formulierung *Parallelen drängen*

5.1 Sprachliche Realisierung antisemitischer NS-Vergleiche/-Metaphern — 213

sich auf und dem Gebrauch der Modalpartikel *unwillkürlich* als Ausdruck einer referenziellen Überspezifikation wird die eigene Kompetenz und Glaubwürdigkeit (vgl. Schwarz-Friesel/Consten 2014: 148) sowie eine allgemeingültige Bewertung und Interpretation der Lage in Nahost suggeriert.

5.1.2.2 Negation – *kein Unterschied*, *nichts anderes* und *nicht besser*

Von allen Formen der lexikalischen Vergleichsindikatoren wurden am häufigsten Negationen verwendet, um NS-V auszudrücken. Insgesamt sind 96 dieser Vergleiche ermittelt worden, die in Bezug auf sämtliche Ausprägungen der Vergleichsindikatoren einen Anteil von 16,8 % bilden. Diese Wendungen zeigen eine Äquivalenz zwischen Vergleichskonstituenten, indem sie einen Unterschied zwischen ihnen negieren.[25] Eine typische Formulierung beinhaltet der folgende Textausschnitt:

(107)   Auf Beirut allein, sind in den letzten 12 Tagen durch israelische Armee mehr Bomben gefallen als was auf Bagdad 2003 , *kein Unterschied* zwischen Nazi- Deutschland und Israel von heute (ZDJ_25.07.2006; Hervorh. L. G.)

Die Gleichheit der Akteure *Nazi-Deutschland* und *Israel von heute* in Bezug auf das tertium comparationis der militärischen Vorgehensweise wird hier durch die Negation des *Unterschieds* verbalisiert. Diese Bedeutung vermitteln Äußerungsproduzent*innen auch indem sie abgesehen von expliziten Formen, wie *kein Unterschied*, bspw. rhetorische Fragen verwenden. Als indirekte Sprechakte intendieren diese Fragen keine Beantwortung, sondern fungieren primär als Assertive, die eine Behauptung ausdrücken (vgl. Meibauer ²2008: 109).[26] Ob als Ergänzungs-Interrogativsatz, wie in (108), oder als Entscheidungs-Interrogativsatz, wie in (109), formuliert – die Schreiber*innen stellen gleichermaßen Analogien zwischen israelbezogenen und NS-bezogenen Entitäten her.

(108)   *Wo ist der Unterschied* zum Nazi im KZ, der schnell vor dem Früstück einen wehrlosen Juden abknallt und dem israelischen Jungmann, der schnell mal ohne jegliche Abschussgefahr nach Beirut fliegt und ein paar wehrlose Araber noch schnell vor dem Frühstück abknallt? (IBD_12.08.2006; Hervorh. L. G.)

---

[25] Lexeme, die Verschiedenheit anzeigen, wurden mit den Wortlisten der Bedeutungsgruppen in Dornseiff (⁸2004) abgeglichen. Darunter fallen die darin aufgeführten Kategorien 3.31 Gegenüber, 5.21 Verschieden, 5.23 Gegensatz und 11.10 Unterscheiden in den jeweiligen Kapiteln.
[26] Zu indirekten Sprechakten und rhetorischen Fragen s. Kap. 3.4.1.1.

(109) *Kann mir einmal der Unterschied* zwischen den Nazi-Verbrechen an der jüdischen Bevölkerung und dem Vorgehen der israelischen Regierung gegen die palästinensische Bevölkerung *erklärt werden*? (IBD_00.07.2014; Hervorh. L. G.)

Beide Fragen implikatieren, dass es *keinen Unterschied* zwischen den Handlungen des israelischen Staates und denen des NS-Regimes gebe. Eine weitere Formulierung, die als Negation realisiert vorliegt und die Analogiebeziehungen etabliert, findet sich in der Wendung *nichts anderes*.

(110) Aber was Sie mit den Palästinensern seit Jahren machen entbehrt jeder Grundlage und darum ist Israel ja auch oft genug von der UNO gerügt wurden. Ich bin der Meinung das Ihre Regierung *nichts anderes macht wie* vor 60 Jahren Hitlerdeutschland und das ist Völkermord. (IBD_30.07.2014; Hervorh. L. G.)

(111) Ich gehe sogar noch einen Schritt weiter und werfen Ihnen vor, daß Ihre Siedlungspolitik im Nahen Osten *nichts anderes ist als* das was Adolf Hitler leider von 1933 bis 1945 getan hat. Auch sie betreiben meiner Meinung nach Völkermord! (ZDJ_29.07.2006; Hervorh. L. G.)

In beiden E-Mails an die unterschiedlichen Institutionen in Bezug auf zwei verschiedene militärische Auseinandersetzungen in den Jahren 2006 und 2014 ziehen die Textproduzent*innen einen imaginierten *Völkermord* explizit als tertium comparationis heran. Diese Dekontextualisierung wird eingeleitet mit *nichts anderes wie* bzw. *nichts anderes als*, wodurch eine Gleichsetzung in Form einer doppelten Verneinung stattfindet.

> Trotz einer vorgestellten Ungleichheit (durch das ‚Anders-Sein' und durch den Gebrauch von ‚als') hat man es eigentlich mit einer umgekehrten Polarität zu tun, d. h. zwischen dem Comparandum und dem Comparatum wird eine Gleichheit behauptet. Der Prozess beruht auf einer Doppelverneinung [...]. (Vargas 2008: 8)

Wie eingangs erläutert, artikulieren zahlreiche Verfasser*innen in ihren Texten das Post-Holocaust-Stereotyp JUDEN*JÜDINNEN HABEN NICHT AUS DER SHOAH GELERNT. Verbunden mit dieser Konzeptualisierung ist der Anspruch an Juden*Jüdinnen sowie an Israelis und Israel, sich überdurchschnittlich moralisch zu verhalten. Ganz konkret kommt diese Vorstellung auch innerhalb von NS-V zum Ausdruck, die durch Verneinung der Komparativform *besser* realisiert sind.[27] *Nicht besser* wurde in 50,5 % aller NS-V verwendet, die auf Negation be-

---

27 Einige der Texte, die eine Negation des Komparativs *besser* beinhalten, weisen in diesem Zusammenhang ebenfalls Junktoren auf, s. (113) und (114). Im Gegensatz dazu findet sich in

ruhen und Analogierelationen herstellen. Dieses Phänomen findet sich sowohl in elaborierten Texten, in denen gewisse Höflichkeitskonventionen gewahrt werden, z. B. (112), als auch in E-Mails, die von verbaler Gewalt geprägt sind, wie in (113) und (114).

(112) Sehr geehrte Frau Knobloch, das was ihrem Volk angetan wurde kann man nicht verzeihen. Doch jetzt muß mal mit dem Ganzen Schluß sein. Was ihre Landsleute mit den Palästinenzern da machen ist auch *nicht viel besser*. (ZDJ_25.11.2008; Hervorh. L. G.)

(113) WAS FÜR EINE SCHANDE! Ihre Armee, Herr Botschafter, ist doch *keinen Deut besser als* Hitlers SS, die 1943 den Aufstand des Warschauer Ghettos niederschlug. (IBD_00.07.2014; kursive Hervorh. L. G.)

(114) Ihr Gottverdammten Juden seit auch *nicht besser wie* es die Nazis waren. Ihr ermordet Frauen und Kinder in Palästina und stehlt ihnen Ihr Land und wundert Euch warum sie nicht eure Freunde sein wollen. Ihr seit das letzte auf dieser Welt. (IBD_19.11.2012; Hervorh. L. G.)

Zusätzlich zur Analogiebildung und dem Ausdruck von Empörung, der allen drei Textausschnitten zugrunde liegt, sind in (113) und (114) mit *Schande, gottverdammt* und *das Letzte auf dieser Welt* explizit emotionsausdrückende und hyperbolische Lexeme bzw. Lexemverbindungen realisiert. Die Expressivität wird in (113) des Weiteren durch den Satzmodus des Exklamativs sowie durch die Verwendung von Majuskeln als typographische Emphasesignale im ersten Satz deutlich.[28] In (112) liegt mit der Fokuspartikel *auch* zusätzlich zur Negation von *besser* ein weiterer lexikalischer Vergleichsindikator innerhalb eines NS-V vor, der im nachfolgenden Abschnitt beleuchtet wird.

5.1.2.3 Fokuspartikeln – *auch* und *sogar*

In den Korpustexten wurden 48 Belege für die Verwendung von *auch* in der Funktion eines lexikalischen Indikators von NS-V identifiziert. Dies entspricht einer relativen Häufigkeit von 8,4 % im Verhältnis zur Gesamthäufigkeit aller lexikalischen Vergleichsindikatoren. *Auch* dient in dem Zusammenhang als eine

---

(112) lediglich die Formulierung *ist auch nicht viel besser* ohne explizit verbalisierten Junktor und Komparationsbasis.
28 Zum Ausdruck von Emotion in NS-V/M s. Kap. 3.4.1.1.2. Das Emotionspotenzial in NS-V eruiert Schwarz-Friesel ([2]2013: 197–200) sowie im Hinblick auf Verbal-Antisemitismus Schwarz-Friesel/Reinharz (2013: 267–289). Zur Codierung von Emotionen in Texten durch Exklamativsätze s. Fries (2007: 312f., 2009: 24f.).

Fokuspartikel, die Inklusionsbeziehungen anzeigt. Diese Partikel ist ein beliebtes Mittel, um Gemeinsamkeiten hinsichtlich bestimmter Eigenschaften von Personen, Handlungsweisen und anderer Sachverhalte aufzuzeigen (Helbig ²1990: 91 f.; Duden ⁹2016: 602). Pérennec (2008: 7) definiert *auch*, wie in Kapitel 3.2.2 beschrieben, als „,schwaches' bzw. implizites Vergleichsinstrument", das von Produzent*innen bewusst eingesetzt wird, um eine konzeptuelle Verbindung zwischen den Vergleichsgrößen zu suggerieren. Die tertia comparationis dieser Vergleichskonstruktionen können diverse inhaltliche Ausprägungen aufweisen und liegen in den untersuchten Vergleichsformen mit *auch* stets explizit vor, wie der Textausschnitt in (115) aus einer E-Mail an den ZdJ anlässlich des Libanonkrieges 2006 illustriert:

(115)   nur weil kranke politiker in israel versuchen ihre taten, hitler war *auch* krank, in der welt zu rechtfertigen, muss es heute nicht heißen das dies länger geduldet wird. (ZDJ_05.08.2006; Hervorh. L. G.)

Die erklärte gemeinsame Eigenschaft *krank* im Sinne von NICHT ZURECHNUNGSFÄHIG bildet hier das tertium comparationis, das in dem Einschub zum Vorschein kommt, der die Herstellung der Analogie auslöst. *Auch* bezieht sich direkt auf dieses tertium comparationis, welches mithilfe der Fokuspartikel akzentuiert wird. Eine zentrale Eigenschaft von Fokuspartikeln besteht generell darin, „im Verbund mit ihrer Bezugsgröße den Informationskern (Fokus) des Satzes [zu bilden]" (Duden ⁹2016: 601), der in (115) die behauptete Gemeinsamkeit beider Vergleichsgrößen umfasst. Pérennec (2008: 7) erläutert, dass in NS-V die zwischen den Vergleichsgrößen herausgestellte bzw. behauptete gemeinsame Eigenschaft ein irrelevantes Merkmal darstellt, das den Rezipient*innen präsentiert wird.[29] Durch die zweifache Nennung dieses konstruierten Merkmals hinsichtlich beider Vergleichsgrößen stellt der*die Produzent*in von (115) zusammen mit der Fokuspartikel *auch* die Analogierelation her. Ebenso verhält es sich in der E-Mail in (116), in der *auch* im Vorfeld des Satzes der Akzentuierung der vorgeblich gemeinsamen Eigenschaft dient (vgl. Pasch et al. 2006: 576 f.).[30]

(116)   Ich habe gehört, dass die meisten israelischen Menschen hinter den Handlungen Ihrer Regierung stehen sollen. Das bedeutet aber nicht, dass die Morde dadurch legitimiert werden. *Auch* hinter der Naziregierung in

---

[29] Dies gilt im Übrigen auch für NS-M, in denen ebenfalls Merkmale durch die Herstellung von Analogien auf die entsprechenden Konzepte der Metaphernkomponenten übertragen werden.

[30] Im Handbuch der deutschen Konnektoren erläutern Pasch et al. (2006) verschiedene Akzentuierungsvarianten von Fokuspartikeln (s. ausführlich ebd.: 576 f.).

5.1 Sprachliche Realisierung antisemitischer NS-Vergleiche/-Metaphern — 217

Deutschland haben die meisten Deutschen gestanden – und damit die Verbrechen erst ermöglicht. (IBD_00.00.2014; Hervorh. L. G.)

In dieser Äußerung unterstellt der*die Verfasser*in israelischen Bürger*innen eine Gemeinsamkeit mit den Deutschen zu Zeiten der NS-Herrschaft, da sie die Tätigkeiten der Regierung genauso unterstützen würden wie ebenjene Deutschen es taten. Zusätzlich nimmt er*sie eine Einschränkung der Personengruppen mithilfe eines Quantors (*die meisten*) vor, der beide Vergleichsgrößen bestimmt. Die Bildung einer Analogierelation erfolgt in (116) zum einen zwischen den *meisten Deutschen* und den *meisten israelischen Menschen* sowie zwischen den Konstituenten *Naziregierung* und *Ihrer* (der israelischen) *Regierung*.

Neben *auch* wurde in den Korpusdaten ebenfalls die Fokuspartikel *sogar* als vergleichsanzeigendes Element ermittelt. Durch *sogar* wird sowohl die Inklusionsbeziehung und die Hervorhebung eines Elementes angezeigt als auch eine Erwartungshaltung ausgedrückt, indem es präsupponiert, dass eine „Erwartung nicht nur erfüllt, sondern sogar überboten wird" (Helbig ²1990: 218). Das demonstriert der folgende Textausschnitt, der zusätzlich zum NS-V die antisemitischen Stereotype der RÜCKSTÄNDIGKEIT und RACHSUCHT beinhaltet:

(117) Niemand versteht Eure stupiden auf dem altbiblischen Talionsprinzip beruhenden Vergeltungsmaßnahmen. Viele auf Euerer Seite begründen ihr Vorgehen mit dem von Gott gegebenen Land Israel. Doch Ich sage Euch, Gott gibt weder Land noch nimmt er es. Das tun die Menschen. Gott ist größer als alles andere auf dieser Welt und er interessiert sich einen Dreck dafür welche Gruppe von Menschen welches Land bekommt. Diese dumme Begründung das von Gott erwählte Volk zu sein haben *sogar* die Leute aus dem Dritten Reich gebraucht. [...] Mfg Ein Bruder (IBD_14.07.2006; Hervorh. L. G.)

Der Schreiber, der sich in der Abschiedsformel seiner E-Mail als *ein Bruder* bezeichnet, stellt in (117) eine Analogie zwischen Nationalsozialist*innen, die er nicht explizit als solche, sondern als *Leute aus dem Dritten Reich* bezeichnet, und israelischen Bürger*innen her. Letztere werden hier mittels pronominaler Anredeformen (*Ihr, Eure, Euch*), die nicht den für offizielle Kommunikationssituationen angemessenen Höflichkeitskonventionen entsprechen (vgl. dazu Brinker ⁶2005: 149), direkt adressiert. Mithilfe der Fokuspartikel *sogar* bildet er die Analogie, hebt die fokussierte Vergleichskonstituente *Leute aus dem Dritten Reich* hervor und drückt die Erwartungshaltung bzgl. des tertium comparationis in Verbindung mit dieser Konstituente aus. Da die *Begründung das von Gott erwählte Volk zu sein*, laut Verfasser, selbst von Nationalsozialist*innen gebraucht wurde, bewertet er diese Selbstzuschreibung, die er den Adressat*innen unterstellt, als noch schwerwiegender und schockierender.

5.1.2.4 Temporaldeiktische Ausdrücke – *damals* und *heute*

Von allen NS-V, in denen keine Vergleichsjunktoren vorliegen, wurden im Korpusmaterial 72 der untersuchten Analogiebildungen mittels verschiedener Temporalbestimmungen realisiert. Dieser Wert entspricht einer relativen Häufigkeit von 12,6 % im Verhältnis zur Gesamthäufigkeit der lexikalischen Vergleichsindikatoren. Gemeinhin werden zeitliche Orientierungen mithilfe von temporaldeiktischen Ausdrücken artikuliert. „Time deixis concerns the encoding of temporal points and spans *relative* to the time at which an utterance was spoken (or a written message inscribed)" (Levinson [17]2006: 62; Hervorh. im Original). Mithilfe verschiedener Ausdrücke, wie temporaler Adverbien, situieren Produzent*innen Geschehnisse, Sachverhalte, Objekte und Personen in einer bestimmten Zeit oder äußern „eine temporale Beziehung hinsichtlich des Zeitpunktes, der Dauer und der Wiederkehr bzw. Wiederholung" (Duden [9]2016: 587).

Obwohl temporaldeiktische Formulierungen keine direkten Vergleichsrelationen bezeichnen, werden sie von zahlreichen E-Mailschreiber*innen verwendet, um Verbindungen zwischen Konzepten jüdischer und/oder israelischer Entitäten und NS-bezogenen Entitäten oder Gegebenheiten zu etablieren. Diese Art der Analogiebildung beruht primär auf der Gegenüberstellung und Parallelisierung bestimmter Sachverhalte aus der zurückliegenden NS-Zeit mit jeweils (zum Äußerungszeitpunkt) aktuellen Vorgängen in Nahost. Auf Geschehnisse, die sich in der Vergangenheit zugetragen haben, wird sowohl mit einfachen als auch mit komplexen Temporalbestimmungen, wie *früher, einst, vor 70 Jahren* etc. referiert – demgegenüber werden gegenwärtige Sachverhalte mittels *jetzt* und *heute* eingeordnet.[31]

(118) *Einst* wurden Juden durch ein verbrecherisches Nazi-Regime vertrieben, enteignet und ermordet. *Heute* fallen israelische Bomben auf Frauen und Kinder, werden Palästinenser vertrieben, und als Menschen zweiter Klasse behandelt. (IBD_22.11.2012; Hervorh. L. G.)

(119) *Vor 70 Jahren* der Warschauer-Getto Aufstand, Er wurde von den Nationalsozialisten bzw. der deutschen Wehrmacht blutig niedergeschlagen. Europa gedenkt dem Massaker ! *Heute* Gaza-Getto Aufstand der wieder von einer ‚Herrenrasse' blutig niedergeschlagen wird. (IBD_02.08.2014; Hervorh. L. G.)

Wie in zahlreichen NS-V, die ohne Vergleichsjunktoren realisiert sind, zeigt sich auch im Hinblick auf die temporaldeiktischen Ausdrücke, dass sie nicht als ein-

---

[31] Weiterführend zur Bestimmung von „coding time" und „receiving time" s. Levinson ([17]2006: 62).

zige Vergleichsindikatoren in den Texten vorliegen, sondern in Verbindung mit weiteren lexikalischen Mitteln artikuliert werden. In (119) handelt es sich einerseits um den iterativen Ausdruck *wieder* sowie den völkischen Ausdruck *Herrenrasse*, der u. a. einen zentralen Terminus der nationalsozialistischen Ideologie darstellt (vgl. dazu Eitz/Stötzel 2009: 367).[32] Ähnlich verhält es sich in der E-Mail (120), in der ein*e Verfasser*in sowohl die temporaldeiktischen Ausdrücke *heute* und *vor siebzig Jahren* sowie die Perfektform verwendet als auch eine explizite Täter*innen-Opfer-Umkehr vornimmt, um die Analogie zwischen *Palästinenser*innen* und *jüdischen Vorfahren* herzustellen:

(120) Die Palästinenser sind *heute* in der verzweifelten Lage, in der Ihre Vorfahren *vor siebzig* Jahren gewesen sind – völlig verlassen von der Weltgemeinschaft. Die Opfer von damals sind zu Tätern geworden. Gott wird unterscheiden zwischen Gerechten und Ungerechten. (IBD_00.07.2014; Hervorh. L. G.)

5.1.2.5 Iterativa – *wieder* und *wiederholen*

Auch iterative Ausdrücke fungieren in NS-V, die keine klassische Vergleichsstruktur aufweisen, als lexikalische Vergleichsindikatoren.[33] Sie präsupponieren, dass ein Ereignis oder ein Sachverhalt in der Vergangenheit bereits stattgefunden hat und sich nun in dieser Art und Weise wiederholt (vgl. Levinson [17]2006: 182). Iterativa ähneln in ihrer Bedeutung und inhaltlichen Ausrichtung als Vergleichsindikatoren den Temporalbestimmungen und werden innerhalb von NS-V z. T. in Verbindung mit ihnen geäußert, wie Beispiel (121) zeigt. Im Korpusmaterial wurden 27 Belege für diese Form der Vergleiche ermittelt, was einem Anteil von 4,7 % im Verhältnis zur Gesamtmenge aller Vergleiche, die ohne Junktoren vorliegen, entspricht.

(121) Am schlimmsten ist jedoch, daß die Nachfahren der Menschen, die damals litten, heute *wieder* so etwas tun. (IBD_12.07.2014; Hervorh. L. G.)

Zusätzlich zu der im NS-V inhärenten Negativbewertung wird hier durch den Superlativ *am schlimmsten* die Bewertung des Sachverhalts zusätzlich explizit ausformuliert und somit auch die emotionale Haltung ausgedrückt. In (122) ge-

---

[32] Zur Verwendung von Iterativa s. Kap. 5.1.2.5 und zum Gebrauch des Ausdrucks *Herrenrasse* s. Kap. 5.1.3.
[33] S. dazu ebenfalls die Ausführungen zu Iterativa als Präsuppositionsauslöser und ihre Funktion in NS-V in Kap. 3.2.2.

schieht dies ebenfalls durch das Adjektiv *pervers*, welches in Verbindung mit der Intensitätspartikel *besonders* die Negativbewertung verstärkt, damit als Emotionsausdruck dient und den NS-V einleitet. Dadurch, dass der Vergleich mit der expliziten emotionsausdrückenden Bewertung *tragisch* abschließt, erscheint der komplexe NS-V eingefasst in die Bewertungen der israelischen Handlungsweise. Der iterative Ausdruck stellt hier einen unter mehreren lexikalischen Vergleichsindikatoren dar:

(122) Und was besonders pervers erscheint: dass die israelische Führung in manchen Hinsichten die früher von meinen Vorvätern am jüdischen Volk begangenen Untaten teilweise *wiederholt*, wie in einer Art Freudscher ‚Fehlleistung': Sippenhaft, Zerstörung von Wohnungen und ziviler Infrastruktur, Attentate und Folter an Gegnern, Getthoisierung von Bevölkerungsteilen, und nun: die Hitlerverbrecher sind der eigenen Ideologie nach mit dem (vermeintlichen Präventiv-) Angriff gegen Polen ja auch einen angenommenen Angriffswillen im Osten (Stalins) zuvorgekommen.. -- hier trifft sich einmal mehr der Täter im früheren Opfer; tragisch! (IBD_08.04.2012; Hervorh. L. G.)

Der Verfasser dieser E-Mail sendet über viele Jahre hinweg E-Mails an die IBD, die in 27 Fällen NS-V/M beinhalten. In diesem und anderen Texten verknüpft er mehrere lexikalische Vergleichsindikatoren, wie die Fokuspartikel *auch*, die Temporalbestimmung *früher*, die Äußerungen *Untaten teilweise wiederholt* sowie *der Täter trifft sich im früheren Opfer*. Der zynische Bezug auf eine *Art Freudsche Fehlleistung* im Hinblick auf israelische Maßnahmen gegen die Hamas deckt u. a. das antisemitische Denkmuster auf, nach dem JUDEN*JÜDINNEN AUS DER NS-VERGANGENHEIT GELERNT HABEN MÜSSTEN.[34] Nach Auffassung des Schreibers gleichen die Handlungsmotive Israels denen der NS-Täter*innen – demnach würden die am *jüdischen Volk* begangenen *Untaten* von den *früheren Opfern* nunmehr (unbewusst) an den Palästinenser*innen vollzogen werden. Seine de-realisierenden Äußerungen bettet er zudem in abschwächende Aussagen, wie *in manchen Hinsichten* und *teilweise* ein, um nicht pauschalisierend aufzutreten und sich auf diese Weise abzusichern. Die Abschwächungen in antisemitischen Texten sind Ausdruck einer Strategie, im Rahmen derer sich Personen formal nicht radikal äußern, um bspw. Rücksichtnahme zu suggerieren.[35] Die Analogie zwischen den Vergleichsgrößen bleibt hierbei jedoch beste-

---

[34] S. dazu Kap. 5.3.2.
[35] Ausführlich zu Argumentationsmustern und entsprechenden Strategien in antisemitischen Texten, wie der Vermeidungsstrategie durch Abschwächung, s. Schwarz-Friesel/Reinharz (2013: 362f., 357–369).

hen. Derart zurückhaltend und entschuldigend äußert sich auch der*die Verfasser*in der folgenden E-Mail, in der er*sie einen NS-V durch die Andeutung *diesen Fehler zu wiederholen* realisiert.

(123) zunächst einmal möchte ich mich dafür entschuligen, was Ihrem Volk von den Deutschen unter der Herrschaft des Naziregimes angetan wurde. Auch wenn ich erst 1959 geboren wurde, so mißbillige ich das aufs Tiefste, was Ihrem Volk von Hitler und seinen Schergen angetan wurde. Doch ich bitte Sie, nicht diesen Fehler zu *wiederholen*. (IBD_18.09.2011; Hervorh. L. G.)

Das tertium comparationis, worin *dieser Fehler* besteht, bleibt im vorliegenden Vergleich implizit und muss anhand der Bezüge im Kotext und mittels Weltwissen inferiert werden, denn auch im Text selbst sind die Taten nicht explizit erläutert, sondern mit der referenziell unterspezifizierten Angabe *was Ihrem Volk von Hitler und seinen Schergen angetan wurde* angedeutet.

5.1.2.6 *Nachfolger* und *Renaissance NS-Deutschlands*

Einen kleineren Anteil an lexikalischen Vergleichsindikatoren bilden Formulierungen, mit denen Schreiber*innen auf Israel als *Nachfolger* oder *Renaissance NS-Deutschlands* referieren. In (45) wurde bereits ein Essay von Hans Magnus Enzensberger diskutiert, in dem er 1991 Saddam Hussein als *Nachfolger* und *Wiedergänger Hitlers* betitelt, die Ähnlichkeiten anhand eines tertium comparationis herausstellt und ihn bzgl. dieser Eigenschaft von anderen Autokraten abgrenzt (s. Kap. 3.2.2). In 36 der im Korpus vorliegenden NS-V, die ohne Junktoren realisiert sind, werden solche Bezugnahmen auf Hitler oder NS-Deutschland geäußert, was einem Anteil von 6,3 % im Verhältnis zu sämtlichen lexikalischen Vergleichsindikatoren entspricht. Diese weisen einen gewissen Zusammenhang mit den Iterativa *wieder* und *wiederholen* auf, da sich die Bedeutungen der Lexeme in der Funktion als lexikalische Vergleichsindikatoren in NS-V ähneln. Das heißt, sowohl die Iterativa als auch das Lexem *Renaissance* können auf Sachverhalte, Personen und Prozesse verweisen, die in der Vergangenheit bzgl. bestimmter Merkmale bereits in ähnlicher Form vorlagen und sich anhand eines Vorbildes aus der Vergangenheit konstituieren. In der Übersetzung von *Renaissance* im Sinne einer „Wiedergeburt" (Etymologisches Wörterbuch des Deutschen [8]2005: 1114) wird dieser Bedeutungsgehalt ersichtlich. Als *Nachfolger* bezeichnen Produzent*innen von NS-V einzelne Personen, Gruppen oder andere Entitäten, die dem Leitbild des Nationalsozialismus folgen und im Hinblick auf ideologische Faktoren, Handlungsweisen oder bestimmte Charakteristika daran anknüpfen. Sie stellen auf diese Weise eine Analogie zwischen den in Beziehung zueinander gesetzten Konstituenten her. Neben der Dekontextualisierung historischer Sachverhalte werden somit Dämonisierungen und Diffamierungen bzgl. des israelischen Staates, Israelis und/oder Juden*Jüdinnen zum Ausdruck gebracht.

Im folgenden Beispiel stellt der*die Verfasser*in sarkastisch die Position Israels als *würdiger Nachfolger* NS-Deutschlands heraus und artikuliert des Weiteren eine Verwünschung[36] sowie die Aufforderung, sich zu schämen, die ein bedeutendes Element in zahlreichen Korpustexten darstellt:[37]

(124) Israel ist der würdige *Nachfolger* des 3. Reiches, nur wesentlich effektiver .. Schämen sie sich ! mögen Ihnen die ermordeten arabischen Kinder in Ihren Träumen erscheinen (IBD_14.07.2006; Hervorh. L. G.)

In einigen der NS-V mit Bezug auf Israel als *Nachfolger* des nationalsozialistischen Regimes liegen Verknüpfungen mit anderen vergleichsanzeigenden Mitteln vor, wie bspw. durch *auskennen* und die Fokuspartikel *auch* in folgender E-Mail, die im Zusammenhang mit den Auseinandersetzungen um die Gazaflottille der Ship-to-Gaza-Aktion im Jahre 2010 bei der IBD einging.

(125) Typisach JUDEN. Mit Deportationen kennt ihr euch ja auch gut aus. [...] Ihr seid einfach die *Nachfolger* der NAZIS. (IBD_00.05.2010; kurs. Hervorh. L. G.)

In der zynischen Aussage in (125) wird die Fokuspartikel *auch* von der Modalpartikel *ja* begleitet, die als Akzentuierung fungiert und zudem signalisiert, dass Produzent*in und Rezipient*in gemeinsames Vorwissen hinsichtlich der Deportationen von Juden*Jüdinnen während der NS-Herrschaft teilen. Hier kann *ja* gleichzeitig als Appell an die Rezipient*innen dienen, die Erinnerung an jene NS-Verbrechen in sich wachzurufen (vgl. Helbig ²1990: 165), was insbesondere den spöttischen Charakter dieses E-Mailausschnitts deutlich macht. Dass die Titulierung von Juden*Jüdinnen als *Nachfolger der Nazis* keiner weiteren Argumentation bedarf, wird mithilfe der Modalpartikel *einfach* angezeigt, durch die der Eindruck entstehen soll, dass diese These nicht zu bestreiten ist (vgl. ebd.: 133). Zusätzlich zur Partikel dient das Adjektiv in *typisch Juden*, mit

---

[36] Zu Verwünschungen und anderen Sprechhandlungen der verbalen Gewalt in Zuschriften an die IBD und den ZdJ s. ausführlich Schwarz-Friesel/Reinharz (2013: 299–322) sowie Kap. 3.4.1.1. bzgl. NS-V/M als aggressive Sprechhandlungen.
[37] S. dazu entsprechende Ausführungen in Kap. 5.2.1.

5.1 Sprachliche Realisierung antisemitischer NS-Vergleiche/-Metaphern — 223

dem sie stereotypisierend durch überzeitliche Charaktereigenschaften gekennzeichnet werden,[38] der Signalisierung einer Unanfechtbarkeit der nachfolgenden Behauptung. Klein (1994: 8) zufolge handelt es sich hierbei um ein suggestives Verfahren, mit dem Behauptungen gegen mögliche Argumentationen und Problematisierungen immunisiert werden sollen.

Neben der Attribuierung Israels als *Nachfolger* NS-Deutschlands referieren E-Mailschreiber*innen außerdem auf den israelischen Staat, indem sie ihn als dessen *Renaissance* bezeichnen und ihn somit gleichermaßen als undemokratisch delegitimieren. Das folgende Korpusbeispiel weist darüber hinaus das Stereotyp ISRAEL ALS UNTERDRÜCKER- UND UNRECHTSSTAAT auf:

(126) Wo Menschenrechte mit Füßen getreten werden, Mord und Totschlag legalisierte Mittel der staatlichen Politik sind, Verdächtige ohne Prozeß ‚liquidiert' werden, erlebt das 3. Reich eine unrühmliche *Renaissance*. Jeder, der da wegschaut und schweigt macht sich mitschuldig am Genozid eines ganzen Volkes. (IBD_05.07.2006; Hervorh. L. G.)

Aber nicht nur durch den direkten Bezug auf Vorgänge in Israel, durch die *das 3. Reich eine unrühmliche Renaissance erlebt*, wird das Konzept der WIEDERGEBURT innerhalb von NS-V zum Ausdruck gebracht. In (127) bezieht sich der*die Verfasser*in mit *Renaissance* auf das Kampflied der SA, das von der Reichsregierung als zweite Nationalhymne bestimmt wurde und dessen Verbreitung nach 1945 gemäß § 86a StGB strafbar ist (vgl. Bundesamt für Verfassungsschutz 2015: 60).[39]

(127) Angesichts Israels Politik im Nahen Osten wäre das Horst-Wessels-Lied doch die gebührende Nationalhymne Israels und damit die *Renaissance* eines alten gut bekannten Liedes aus längst vergangenen Zeiten. (IBD_01.05.2012; Hervorh. L. G.)

Über den Bezug auf das *alte gut bekannte Lied* etabliert er*sie die Analogie zwischen Israel und NS-Deutschland. Nicht *Israel* per se stellt demnach die *Renaissance* dar, sondern Israel würde dem Lied zu ebenjener verhelfen, wenn

---

[38] Diese Eigenschaften müssen dabei nicht explizit genannt werden. Die Äußerung *typisch Juden* basiert außerdem auf der antisemitischen Konzeptualisierung von JUDEN*JÜDINNEN ALS RASSE.
[39] In § 86a sind strafgesetzliche Bestimmungen bzgl. der Verwendung von Kennzeichen verfassungswidriger Organisationen aufgeführt.

es das Horst-Wessel-Lied als Nationalhymne einsetzen würde.[40] Mit der höhnischen Anspielung greift der*die Produzent*in ein aus der NS-Geschichte populäres Kampflied auf und verweist lediglich auf *längst vergangene Zeiten*,[41] die er*sie mit der aktuellen Politik in Nahost in Verbindung bringt. Die daraus resultierende Schlussfolgerung, dass ISRAELS POLITIK ÄHNLICHKEITEN ZUR POLITIK NS-DEUTSCHLANDS AUFWEIST, muss durch die Anspielung auf den Titel des Horst-Wessel-Liedes inferiert werden (vgl. Lennon 2001: 14 f.). Äußerungen, die Anspielungen als Manifestationsformen von Intertextualität und Mittel der indirekten Kommunikation beinhalten, werden im Kontext von NS-V/M häufig durch den Gebrauch NS-typischen Vokabulars realisiert (s. Kap. 5.1.3).

5.1.2.7 Verweis auf kollektives Wissen – *Erinnerungen wecken*

Referenziell unterspezifizierte Angaben,[42] wie *das weckt Erinnerungen, das erinnert an die Vergangenheit* oder *kommt bekannt vor* sind ebenfalls Wendungen, die gebraucht werden, um NS-V zu verbalisieren ohne Vergleichsjunktoren zu verwenden. Verfasser*innen stellen durch den Gebrauch von Lexemen, wie *erinnern* und *kennen*, Bezüge zu Wissensbeständen her, die im kollektiven Gedächtnis[43] verankert und emotional stark geprägt sind.[44] Im Zuge der Rezeption solcher Äußerungen, in denen die Vergleichsglieder und das tertium comparationis sowohl explizit benannt als auch implikatiert sein können, werden Analogien zwischen NS-bezogenen Entitäten oder Geschehnissen und jüdischen und/ oder israelischen Entitäten bzw. Geschehnissen im Nahen Osten etabliert. Obwohl diese Form der NS-V z. T. formal eher diskret erscheinen, stehen sie ande-

---

[40] Es handelt sich in (127) demnach nicht um die Verwendung von *Renaissance* in der Funktion eines lexikalischen Vergleichsindikators, sondern um eine zusätzliche Komponente zur Analogieherstellung im Rahmen einer Anspielung.
[41] Aufgrund der Kürze des Textes und der fehlenden persönlichen Angaben kann hier nicht festgestellt werden, ob es sich bei diesem positiven Bezug auf das SA-Kampflied als ein *altes, gut bekanntes Lied aus längst vergangenen Zeiten* um eine ironische Äußerung handelt oder die politische Einstellung des*der Verfassers*in selbst als rechts einzustufen ist. Dass rechte Schreiber*innen zusätzlich zu anderen Verbal-Antisemitismen auch NS-V/M verwenden, um Israel und/oder Juden*Jüdinnen zu diffamieren und gleichzeitig selbst positive Bezüge zu den NS-Verbrechen und der NS-Herrschaft allgemein äußern, wird in den Kap. 3.4.1.1 und 4.3.3 beleuchtet sowie von Schwarz-Friesel/Reinharz (2013: 181 f.) im Rahmen ihrer Untersuchungen erörtert.
[42] Die referenzielle Unterspezifikation und die Elaboration des Textweltmodells legen Schwarz-Friesel/Consten (2014: 66 f.) dar. Referenziell unterspezifizierte Angaben in NS-V sind in Kap. 3.2.2, 5.1.2.1. und 5.2.9 beleuchtet.
[43] Zum kollektiven und kulturellen Gedächtnis s. Kap. 3.6.1.1 sowie Assmann (1988).
[44] Dornseiff (^{8}2004: 73) listet *erinnern an* innerhalb der Bedeutungsgruppe 5.17 Ähnlich zusammen mit Lexemen wie *entsprechen, parallel, dergleichen* etc. auf.

5.1 Sprachliche Realisierung antisemitischer NS-Vergleiche/-Metaphern — 225

ren Varianten in ihrer Funktion der Dämonisierung in nichts nach. 64 aller NS-V und entsprechend 11,2% der Äußerungen, in denen Analogien nicht durch Vergleichsjunktoren hergestellt werden, enthalten Formulierungen wie in den folgenden Beispielen:

(128) Zu erwarten, dass sich die Menschen hier an die Untaten der Reichsprogromnacht *erinnern* im Angesicht der aktuellen Vorgänge in Palästina wäre selbst-verständlich, wenn sich der Zentralrat von eben diesen fortwährenden Menschenrechtsverletzungen klar distanzieren würde. (ZDJ_09.11.2006; Hervorh. L. G.)

(129) Wundert es Sie eigentlich, dass immer mehr Menschen die Israelis mit den Nazis gleichsetzen? Die Israelis bombardieren für jede Spielzeugrakete, die ihr Land trifft, ebenfalls 10 mehrstöckige Gebäude. *Kommt einem schon bekannt vor*, oder? (ZDJ_26.07.2006; Hervorh. L. G.)

In (128) wird die Gleichsetzung nicht explizit ausgedrückt, wohingegen der*die Produzent*in von (129) mit der ersten rhetorischen Frage, die bereits ein vergleichsbezeichnendes Verb beinhaltet, die Äquivalentsetzung einleitet und dieser mit der zweiten rhetorischen Frage Nachdruck verleiht. Beide Texte zeigen gleichermaßen deutlich, dass eine typische Argumentationsstrategie der Verfasser*innen solcher E-Mails mit NS-V/M und anderen antisemitischen Inhalten darin besteht, auf weitere Personen oder Personengruppen zu verweisen und in ihrem Namen zu sprechen, um eigene Aussagen abzusichern. Selbst wenn jene anderen Personen nicht genauer definiert sind und nur als *die Menschen* sowie *immer mehr Menschen* bezeichnet werden,[45] greift hier die Strategie der Rechtfertigung, welche Schwarz-Friesel/Reinharz (2013) zufolge in diesem Fall mit der defensiven Vermeidungsstrategie einhergeht.[46]

---

[45] Auch durch die Verwendung des Indefinitpronomens in *Kommt einem schon bekannt vor* in (129) macht der*die Verfasser*in einerseits deutlich, dass diese Ansicht nicht nur eine individuelle ist und sie allgemein geteilt würde. Gleichzeitig kann der Gebrauch von Indefinitpronomen als Abschwächung von Äußerungen fungieren, die extreme Negativbewertungen, verbale Gewalt o. ä. beinhalten. Zur Abschwächungsstrategie s. Schwarz-Friesel/Reinharz (2013: 362 f.).
[46] Das Argumentationsmuster der Rechtfertigung beschreiben Schwarz-Friesel/Reinharz (2013) als Absicherung der eigenen Argumentationen, indem verschiedene Arten von Begründungen angeführt werden, z. B. der Bezug auf politische, religiöse oder andere Autoritäten, welche die gleichen Auffassungen wie der*die Verfasser*in vertreten (s. dazu ebd.: 369–382). Die Vermeidung stellt eine defensive Form der Legitimierung dar, die dadurch gekennzeichnet ist, dass eigene Aussagen aufgrund des Wissens um die Brisanz der Thematik und möglicher gesellschaftlicher Sanktionen auf unterschiedliche Weise relativiert werden, z. B. mittels Negationen wie *Ich bin kein Antisemit* (s. dazu ebd.: 357 f.).

Der Verweis auf Andere ist ebenfalls als Rechtfertigungsstrategie zu sehen, wenngleich diese auch stark an die Funktion der Vermeidung gekoppelt ist (da der Schreiber es vermeidet, die vorgetragene Meinung als seine eigene auszudrücken). Eine antisemitische Äußerung wird dabei nicht als persönliche Meinung, sondern auf der sprachlichen Ebene explizit als Einstellung einer anderen Person oder Gruppe wiedergegeben. (ebd.: 372)

Für Verfasser*innen ist es dabei wichtig, hervorzuheben, dass ihre Auffassungen zu den jeweils beschriebenen Sachverhalten von einer definierten oder nicht definierten Mehrheit an Personen intersubjektiv geteilt werden. Demgegenüber spricht in der folgenden Aussage der*die Produzent*in für sich selbst. Da auch hier kein direkter Bezug auf Israel stattfindet, muss inferiert werden, wer für die Lage in den *Palästinensergebieten, die an groß angelegte KZs erinnern*, verantwortlich ist.

(130) Mich *erinnern* die Palästinensergebiete an groß angelegte KZs. (IBD_05.06.2009; Hervorh. L. G.)

Abgesehen von den Vergleichen, in denen Verfasser*innen auf eigene Erinnerungen oder auf jene von anderen Personen referieren, wie es in (128), (129) und (130) gegeben ist, werden darüber hinaus NS-V formuliert, die Erinnerungen von Juden*Jüdinnen und/oder Israelis thematisieren:

(131) Das alles, müßte euch Israelis doch *bekantvorkommen*. [...] Reicht euch die Hand, und kämpft mit Demokratischen mitteln für Frieden, und arbeitet zusammen mit den Palästinensrn. Macht es besser als Deutschland gegenüber Juden in Deutschland, in den 30er und 40er Jahren!! (IBD_18.02.2006; Hervorh. L. G.)

(132) Ihr Juden als Opfer des Holocaust solltet eigentlich *wissen wie es ist* unterdrückt und verfolgt zu werden (IBD_14.07.2014; Hervorh. L. G.)

Mit solchen Erklärungen richten sich Schreiber*innen direkt an Überlebende der Shoah und deren Nachkommen. Zusätzlich zum Ausdruck ihrer persönlichen Empörung verhöhnen sie die Opfer und ihre Nachfahren, indem sie auf deren Erinnerungen und Erfahrungen aus der NS-Zeit Bezug nehmen und sie explizit oder implizit in Zusammenhang mit der gegenwärtigen Situation der Palästinenser*innen bringen. Diese Äußerungen sind darüber hinaus z. T. im Kotext von Ratschlägen oder Appellen realisiert, wie etwa die Direktiva in (131) demonstrieren.

Die Schmähung der Opfer werfen einige Textproduzent*innen den Nachkommen selbst vor und rechtfertigen damit ihren Vergleich, den sie bspw. in

Form einer Warnung artikulieren. Auf diese Weise stellen sie sich selbst als besorgte Personen dar, die gleichzeitig als moralische Instanzen auftreten. In der folgenden E-Mail kommt die Absicherungsstrategie der Selbstlegitimierung in Zusammenhang mit dem NS-V explizit zum Ausdruck,[47] indem der*die Schreiber*in in der Abschiedsformel direkt auf sich selbst als *ein sehr besorgter Mensch*, dem der *Weltfrieden* am Herzen liegt, referiert:

(133) Die Vorgehensweise betrachte ich als Verhöhnung der Holocaust-Überlebenden durch die israelische Regierung, da diese die leidvolle Situation in Isolation *kennen und wissen was dies bedeutet*! [...] in tiefer Sorge um den Weltfrieden, ein sehr besorgter Mensch (IBD_31.05.2010; Hervorh. L. G.)

Die Analogie wird in (133) durch den Verweis auf das Wissen und die Erfahrungen der Holocaust-Überlebenden gebildet und damit in eine konzeptuelle Verbindung mit den Lebensbedingungen in Gaza gebracht.

5.1.2.8 Explizite Täter*innen-Opfer-Umkehr – *Vom Opfer zum Täter werden*

Dass vor dem Hintergrund des Post-Holocaust-Antisemitismus NS-V/M eine Täter*innen-Opfer-Umkehr ausdrücken, in der sich u. a. das Bedürfnis nach Entlastung widerspiegelt,[48] beleuchtet Kapitel 3.6. Juden*Jüdinnen werden dabei als die OPFER DER NATIONALSOZIALIST*INNEN IN DER VERGANGENHEIT und als daraus hervorgegangene TÄTER*INNEN DER GEGENWART konzeptualisiert. Bergmann (2007: 30) konstatiert in diesem Zusammenhang, dass der Zweck der Beschuldigung von Juden*Jüdinnen und Israelis als *Tätervolk* darin besteht, die Verbrechen der eigenen Geschichte als ausgeglichen betrachten zu können: Wenn die damaligen Opfer nun ähnliche Verbrechen begehen, „haben sie jeden moralischen Anspruch verwirkt" (ebd.).

Der Bezug auf Juden*Jüdinnen erfolgt dabei primär über die Referenz auf Israel und/oder Israelis, deren Verhalten als Nachkommen der NS-Opfer gegenüber den Palästinenser*innen dem der NS-Täter*innen gleichkomme. Aus den Opfern, die in der Vergangenheit größtmögliches Leid ertragen mussten, seien

---

[47] Hier greift das Argumentationsmuster der Selbstlegitimierung durch den Bezug auf Normen und Werte, die gesellschaftlich allgemein positiv bewertet werden, wie Humanismus und Pazifismus. Zu dieser und anderen Formen der Selbstlegitimierung und Selbsterhöhung s. Schwarz-Friesel/Reinharz (2013: 351–357).

[48] Zur Funktion der Schuld- und Erinnerungsabwehr sowie dem Bestreben nach Exkulpation s. Rensmann (2004: 314), Heyder/Iser/Schmidt (2005: 149 f.), Schapira/Hafner (2006), Bergmann (2007), Schwarz-Friesel/Reinharz (2013: 233).

demzufolge Täter*innen der Gegenwart erwachsen, die nun selbst mit ähnlichen Methoden und Mitteln arbeiteten oder sich Eigenschaften und Charakterzüge ihrer einstigen Peiniger zu eigen machten. Neben den antisemitischen NS-V/M, denen solche Konzeptualisierungen ohnehin inhärent sind und die Täter*innen- und Opferrelationen somit nicht explizit ausdrücken, wurden im Untersuchungsmaterial 61 Vergleiche ermittelt, in denen die Täter*innen-Opfer-Umkehr explizit formuliert ist. Dies entspricht einem Anteil von 10,7 % im Verhältnis zu allen NS-V, die ohne explizite Vergleichsjunktoren vorliegen.[49]

In den folgenden Beispielen drücken Verfasser*innen ihre Empörung über Israel aus, indem sie tertia comparationis aufzählen, die belegen sollen, dass sich die Opfer des Nationalsozialismus zu den Täter*innen der Gegenwart in der Gestalt Israels entwickelt hätten. In (134) ist das tertium comparationis innerhalb eines Direktivs dem Vergleich vorangestellt und in (135) sind die konstatierten gemeinsamen Eigenschaften der Vergleichskomponenten in einen Exklamativsatz eingebettet:

(134) Hört mit dem Morden auf. [...] *Opfer werden zum Täter*. (ZDJ_01.08.2006; Hervorh. L. G.)

(135) Wie kann die Regierung eines Landes, dessen Gründung viel mit Verfolgung, Vertreibung, Vernichtung seines Volkes insbesondere (aber nicht nur) in Deutschland zu tun hat, wie kann diese Regierung mit eben jenen Mitteln (Verfolgung, Vertreibung, Ausgrenzung, Ghettoisierung, Vernichtung etc.) sein Land gestalten? *Aus Opfern werden Täter*, die mit ähnlichen Mitteln agieren, wie es diejenigen getan haben, deren Opfer sie waren. (IBD_00.05.2010; Hervorh. L. G.)

Äußerungen mit NS-V, in denen Analogien durch Wortverbindungen, wie *vom Opfer zum Täter werden*, realisiert sind,[50] basieren auf dem antisemitischen Stereotyp JUDEN*JÜDINNEN HABEN NICHT AUS DER SHOAH GELERNT (s. dazu

---

[49] Dass es sich bei der Verwendung dieser Ausdrücke ausschließlich um konzeptuelle Bezüge auf NS-Deutschland und die Shoah handelt, wird anhand der Kotexte der E-Mails, der Adressierung der Äußerungen innerhalb der Kommunikationssituation (an jüdische oder israelische Institutionen) sowie anhand der Diskurszusammenhänge, in denen sie getätigt wurden, deutlich. Codiert wurden demzufolge nur Äußerungen, in denen *Täter* und *Opfer* als Bestandteile von NS-V vorlagen.

[50] Sowohl in (135) als auch in (136) sind über diese Äußerung hinaus weitere lexikalische Vergleichsindikatoren vorhanden, die den NS-V anzeigen. Dabei handelt es sich in (135) um *eben jene Mittel* sowie *ähnliche Mittel* und in (136) um die Gleichsetzung der Taten durch *so etwas* und die Fokuspartikel *auch* in Bezug auf die Scham, die mit diesen Taten einhergeht.

5.1 Sprachliche Realisierung antisemitischer NS-Vergleiche/-Metaphern — 229

Kap. 5.3.2). Auch in (136) artikuliert der*die Verfasser*in diesen Vorwurf und bezieht sich dabei explizit auf die *Schuld*, die seinerzeit von NS-Deutschland ausging und gegenwärtig der israelische Staat mit seinem Handeln auf sich lade.[51]

(136) Das ist unerträglich! Wie können Sie so etwas tun, mit den Erfahrungen, die Sie selbst, Ihr Volk machen musste, machen musste durch die Schuld meines Volkes. Schämen muss sich nun auch der Staat Israel, der eine grausame Schuld auf sich geladen hat. *Aus Opfern werden Täter.* (IBD_22.01.2009; Hervorh. L. G.)

Einerseits wird in zahlreichen NS-V die Anschuldigung, *nicht aus der Geschichte gelernt* zu haben, explizit oder implizit geäußert und andererseits wird den Diffamierten auf sarkastische Weise unterstellt, selbst *von den Nazis gelernt* zu haben und das erlangte Wissen gegenwärtig im Umgang mit Palästinenser*innen anzuwenden. In (137) verknüpft der*die Produzent*in bspw. die explizite Täter-Opfer-Umkehr mit der Konzeptualisierung des LERNENS:

(137) Vom Opfer zum Täter ! Ihr habt gut gelernt ! (ZDJ_07.08.2006)

Somit hätten Juden*Jüdinnen aufgrund ihrer Erfahrungen aus der Shoah ‚keine Lektion gelernt', die sie dazu befähigen müsste, mit anderen Menschen besonders moralisch umzugehen. Das Gegenteil geschehe, wonach sie sich an den Erfahrungen bzw. am *Wissen* bedienten, das sie durch die Shoah *erlangt* hätten, um Menschen gleichermaßen Leid zuzufügen. In spöttischen Äußerungen drücken E-Mailschreiber*innen die Konzeptualisierung der WISSENSVERMITTLUNG durch *Lehre* und das *Lernen von den Nazis* aus und verbinden diese mit weiteren polemischen Aussagen und Analogien, wie die folgenden Beispiele illustrieren:

(138) hochachtung-prima von den nazis gelernt. (IBD_31.05.2010)

(139) Die Zionisten hatten gute Lehrmeister – von '39 – '45 ! (ZDJ_21.01.2007)

(140) Ihr seid *gelehrige Schüler* der Peiniger Eurer Vorväter. (IBD_00.05.2010)

In der E-Mail in (141) kommt die Konzeptualisierung JUDEN*JÜDINNEN LERNEN VON DEN NAZIS UND WENDEN DAS GELERNTE AN durch die Bildung mehrerer

---

[51] *Täter*, *Opfer* und *Schuld* bilden zentrale Vokabeln im Diskurs der deutschen *Vergangenheitsbewältigung*, s. dazu Eitz/Stötzel (2009: 506 f.) sowie zum Schulddiskurs in der frühen Nachkriegszeit und dem damit verbundenen Vokabular Kämper (2005) und (2007).

Analogien zum Ausdruck, mittels derer Juden*Jüdinnen als besonders perfide dämonisiert werden.[52] Der*die Verfasser*in entwickelt hier ein Szenario, in dem die Metapher *der Holocaust war eine Ausbildung* die zentrale Konzeptualisierung bildet,[53] auf der die weiteren Analogien basieren. Die im Text entfalteten Thesen werden in das Konzept der AUSBILDUNGSLAUFBAHN eingepasst, sie bauen aufeinander auf und konstituieren somit die Argumentation. Auf diese Weise wird eine Vorstellung von Juden*Jüdinnen vermittelt, die nach der Shoah, in der die *Nazis ihre Lehrmeister waren*, mit ihrem eigens dafür gegründeten *Meisterbetrieb* gegenwärtig den *Holocaust* an den Palästinenser*innen verüben würden.[54]

(141) *Der Holocaust war eine Ausbildung, die Nazis die Lehrmeister und die Juden die Lehrlinge.* Als die Juden *ausgelernt* hatten, haben sie einen Staat und einen *Holocaust Meisterbetrieb* gegründet, in dem Palästinenser brutal fertig gemacht werden. (IBD_29.05.2013; Hervorh. L. G.)

5.1.3 NS-Vokabular als Ausdruck von Anspielungen und als Bestandteil von NS-Vergleichen und NS-Metaphern

Für die NS-Zeit charakteristische Lexeme und Phrasen, d. h. darin verankerte oder frequent verwendete Formeln, Titel, Eigennamen oder Bezeichnungen, werden innerhalb von NS-V/M eingesetzt, um Analogierelationen herzustellen. Eitz/Stötzel (2009: 5) definieren diese als „,belastet' eingestufte Vokabeln" und Schwarz-Friesel/Reinharz (2013: 174) erfassen sie als „Versatzstücke aus der NS-Ideologiesprache".[55] Dass Ausdrücke und Phrasen, die dem Inventar des

---

52 Die Dämonisierung und Diffamierung von Juden*Jüdinnen ist eine grundlegende Funktion der antisemitischen NS-V/M. Je nach E-Mail werden z. T. zusätzlich explizite Dämonisierungen artikuliert, die im Kotext der NS-V/M in Erscheinung treten.
53 Da im Rahmen dieser Metapher der konzeptuelle Zielbereich keine jüdische und/oder israelische Entität darstellt, handelt es sich hierbei nicht um eine NS-M, wie sie in den Kap. 3.3 und 5.1.4 beleuchtet wird. Diese substantivische Prädikativmetapher ist hinsichtlich ihrer Neuartigkeit als innovative Metapher einzustufen, da hier Konzeptualisierungen basierend auf neuen Konzeptverbindungen hergestellt und vermittelt werden (s. dazu Kap. 2.8.3 sowie Skirl/Schwarz-Friesel ²2013: 30).
54 Zur Kontroverse um den Begriff *Holocaust* und dessen Extension sowie zu den Auswirkungen einer Verschiebung des Referenzpotenzials dieses Lexems auf das historische (kollektive und individuelle) Bewusstsein s. Kap. 3.4.3.
55 Schwarz-Friesel/Reinharz (2013) erläutern in diesem Zusammenhang einerseits Sprachgebrauchsmuster, mittels derer Juden*Jüdinnen während des Nationalsozialismus diffamiert wurden, bspw. durch stereotypisierende Metaphern wie *Blutsauger* oder Kollektivattribute wie *Geldschacherer* (vgl. ebd.: 175), und gehen anschließend auf Vergleiche ein, in denen NS-Vokabular von rechten Verfasser*innen verwendet wird.

5.1 Sprachliche Realisierung antisemitischer NS-Vergleiche/-Metaphern — 231

NS-Vokabulars angehören, instrumentalisiert werden, um bestimmte Konzeptualisierungen zu aktivieren, persuasiv auf Rezipient*innen einzuwirken sowie Personen oder Institutionen zu diffamieren, zeigen die Kapitel 3.2.2 und 3.4. Die Zuordnung entsprechender Ausdrücke, die im Rahmen der Korpusuntersuchung als NS-Vokabular einzustufen waren, wurde mit den Wortlisten des entsprechenden diskursrelevanten Vokabulars abgeglichen, die auf den lexikografischen Studien von Eitz/Stötzel (2007) und (2009) sowie Schmitz-Berning (^{2}2007) beruhen.[56]

Aufgrund ihrer historischen Relevanz und den im kollektiven Bewusstsein verankerten Erinnerungen und Kenntnissen ist gerade der expressive Gehalt dieser Ausdrücke von besonderem Belang, selbst wenn innerhalb der Äußerungen selbst keine Emotionsbezeichnungen oder -ausdrücke codiert sind.[57] Um NS-V zu realisieren, greifen Produzent*innen zum einen auf NS-Vokabular in Verbindung mit vergleichsanzeigenden bzw. -auslösenden Lexemen zurück. Auf der anderen Seite finden Lexeme, wie *Endsieg*, *Herrenvolk* oder *Endlösung* in Bezug auf Israel, Israelis und/oder Juden*Jüdinnen unabhängig von anderen Vergleichsauslösern Verwendung, um Analogien zwischen Konzepten basierend auf der Semantik und der Konnotation dieser Ausdrücke zu etablieren und damit Diffamierungen zu artikulieren.[58] Schwarz-Friesel/Reinharz (2013: 186) bestimmen im Rahmen ihrer Untersuchungen die Verwendung von *Konzentra-*

---

[56] Zur Codierung der Texte mithilfe eines deduktiv und induktiv erstellten Kategoriensystems s. Kap. 4.2.2.
[57] Das Emotionspotenzial sowie E-Implikaturen und expressive Sprechakte sind im Zusammenhang mit NS-V/M in Kap. 3.4.1.1.2 ausführlich erläutert.
[58] Antisemitische NS-V/M, die NS-Vokabular beinhalten, werden von Menschen verfasst, die politisch unterschiedlich zu verorten sind (bzgl. der Manifestationsformen im Spektrum der antiimperialistischen Linken s. Kap. 3.6.1.2). Dass Personen mit ideologisch rechten Einstellungsmustern ebenfalls NS-V/M herstellen, wurde in Kap. 3.6.2.2 ausgeführt. Diese Produzent*innen sind der nationalsozialistischen Ideologie, nach der Juden*Jüdinnen eine „minderwertige Rasse" (Schwarz-Friesel/Reinharz 2013: 181) darstellten, prinzipiell positiv gesinnt. Trotzdem formulieren sie Gleichsetzungen zwischen Juden*Jüdinnen und Nazis. Letztere würden der Ideologie zufolge dem überlegenen *Volk* angehören und sind in diesem Weltdeutungsmuster eigentlich positiv attribuiert. Solche Analogiebildungen, die der Diffamierung dienen, beinhalten damit einen logisch-konzeptuellen Widerspruch. Da sich jedoch rechte Verfasser*innen der Wirkmächtigkeit und dem Diffamierungspotenzial von NS-V/M stets bewusst sind, setzen sie diese ebenfalls als Mittel der Diskreditierung ein. Laut Schwarz-Friesel/Reinharz (2013) überwiegt diese Funktion und die Kontradiktion zur eigenen ideologischen Verortung wird damit überlagert (vgl. ebd.: 181f.). Neben Zuschriften, deren politische Tendenz als politisch rechts, rechtsextrem oder links sowie linksextrem zu verorten ist, diskutieren Schwarz-Friesel/Reinharz (2013) ausführlich den Antisemitismus, der von der sogenannten (politischen und sozioökonomischen) Mitte der Gesellschaft ausgeht und der sich in 65 % der Zuschriften an den ZdJ und die IBD widerspiegelt (vgl. ebd.: 19).

tionslager, *Holocaust* und *Endlösung* in unterschiedlichen Zusammenhängen als Dekontextualisierung und kritisieren die damit einhergehende Referenzverschiebung:

> Die ursprünglichen Bedeutungen dieser Wörter werden durch den dekontextualisierenden, ahistorischen Gebrauch hinsichtlich ihrer Referenzfunktion verschoben. Sie referieren in den Texten nicht mehr auf die unikalen historischen Ereignisse und Stätten des Völkermordes, sondern werden als Diffamierungsmittel gegenüber Juden oder Israelis benutzt. So spiegelt sich die kommunikative Strategie der Täter-Opfer-Umkehr mit ihrer derealisierenden Wirkung auch auf der verbalen Mikrostrukturebene wider. (ebd.)

Im gesamten Korpusmaterial wurden 129 Belege für den Gebrauch NS-typischen Vokabulars ermittelt, von denen 75 (58,1 %) in Kombination mit Vergleichsjunktoren, lexikalischen Indikatoren oder in Form von NS-M in Erscheinung treten, wie die Äußerungen (153) bis (155) bzgl. der Anspielung auf die *Endlösung* zeigen. Der Vergleich wird im Zuge dessen durch die Verwendung dieser sprachlichen Mittel realisiert und das NS-Vokabular dient zusätzlich auf semantisch-konzeptueller Ebene dazu, Analogien zu etablieren und jeweilige Konzeptualisierungen zu aktivieren. Die Anspielung ergänzt in diesem Zusammenhang den Vergleich oder die Metapher. Das Korpusmaterial zeigt, dass demgegenüber 54 (41,9 %) dieser Analogien ohne weitere vergleichsauslösende oder vergleichsanzeigende Mittel hergestellt werden, sondern allein durch die Verwendung des jeweiligen lexikalischen Ausdrucks, der aus dem Nationalsozialismus bekannt ist.[59] Hierbei handelt es sich um Anspielungen, die als „Vehikel der indirekten Kommunikation" (Lennon 2001: 11) Analogiebeziehungen etablieren. Wenn ein spezifisches Lexem oder, wie in den folgenden beiden Beispielen, ein bekanntes Zitat herangezogen wird, um auf einen anderen Sachverhalt als den ursprünglichen zu referieren, sprechen wir aufgrund semantisch-funktionaler Gesichtspunkte von einer Form der Anspielung (vgl. ebd.: 14).

(142) Will Israel totalen Krieg (IBD_27.11.2012)

(143) „...wollt ihr den totalen Krieg ???????...', Ich kanns nicht fassen, dass dies die Ideologie des Zentralrats der deutschen Juden sein soll. Aber leider

---

Die Korpusdaten, die das Fundament der vorliegenden Untersuchung bilden, umfassen ausschließlich E-Mails an diese beiden Institutionen, in denen NS-V/M vorliegen. Diese Texte beinhalten zum großen Teil wenige Informationen über die Verfasser*innen selbst und liefern damit selten aussagekräftiges Material bzgl. ihrer politischen Verortung. Aus diesem Grund wurde in den Auswertungen auf generelle Zuweisungen verzichtet, s. dazu Kap. 4.3.3.

59 Eine Gegenüberstellung dieses Wertes mit den ermittelten Vergleichsarten findet sich in Tab. 5.1 sowie mit lexikalischen Vergleichsindikatoren in Tab. 5.3.

5.1 Sprachliche Realisierung antisemitischer NS-Vergleiche/-Metaphern — 233

haben Sie bisher jede israelische Regierung unterstuezt, so faschistisch und rassistisch ihre Politik auch sei. (ZDJ_03.08.2006)

In diesen Äußerungen finden sich Anspielungen auf einen Kernpunkt der Sportpalastrede von Joseph Goebbels, die als Prototyp der persuasiven NS-Propaganda gilt (vgl. Benz 2000: 198; Schmitz-Berning ²2007: 612). Die Analogie zwischen Israel und NS-Deutschland wird durch die Referenz auf den *totalen Krieg* ausgedrückt – in (142) mit Bezug auf den zum damaligen Zeitpunkt aktuellen Diskurs zur israelischen Militäroperation Pillar of Defense und in (143) im Rahmen des Libanonkrieges zwischen der Hisbollah und Israel. Die Wendung geht auf die Konzeption eines völkischen Krieges[60] zurück und wurde durch die „massensuggestive Rede" (Schmitz-Berning ²2007: 612) am 18. 02. 1943 im Berliner Sportpalast populär, in welcher der Reichspropagandaleiter die Bevölkerung auf „radikalere Maßnahmen der inneren Kriegführung zur Steigerung der Rüstungsleistungen an der *Heimatfront* einstimmte" (ebd.; Hervorh. im Original). Er wandte sich mit folgenden Worten an das Publikum:

(144) Die Engländer behaupten, das deutsche Volk wehrt sich gegen die totalen Kriegsmaßnahmen der Regierung. Es will nicht den totalen Krieg, sagen die Engländer, sondern die Kapitulation. Ich frage euch: *Wollt ihr den totalen Krieg?* Wollt ihr ihn, wenn nötig, totaler und radikaler, als wir ihn uns heute überhaupt erst vorstellen können? (Joseph Goebbels, Rede im Berliner Sportpalast, 18. 02. 1943; Hervorh. L. G.)

Eine derartige Form der Kriegsführung wird Israel in den dekontextualisierenden Äußerungen in (142) und (143) jeweils in Bezug auf unterschiedliche Diskursereignisse vorgeworfen. Dieses Phänomen der Anspielung auf ein Zitat und die damit einhergehende implizite Herstellung von Analogiebeziehungen ist dabei die einzige Erscheinungsform im gesamten Korpusmaterial. Häufiger werden auf die NS-Zeit zurückgehende ideologisch geprägte Ausdrücke oder die gemäß § 86a StGB strafbaren[61] Grußformeln *Heil (Hitler)* und *Sieg Heil* verwendet, um beabsichtigte Assoziationen seitens der Rezipient*innen zu we-

---

60 Die Unterscheidung zwischen Kombattant*innen und Nichtkombattant*innen wird in diesem Zusammenhang aufgelöst und sämtliche Mittel der ganzen Bevölkerung werden für das Kriegsziel mobilisiert. Die Bezeichnung des *totalen Krieges* geht auf den gleichnamigen Titel des Buches von Erich Ludendorff aus dem Jahre 1936 zurück (vgl. Schmitz-Berning ²2007: 612).
61 Zur Verwendung von verfassungsfeindlicher Kennzeichen und Parolen s. Bundesamt für Verfassungsschutz (2015: 60).

cken.⁶² Die folgenden Beispiele zeigen Formen der Verwendung des Hitlergrußes in Bezug auf unterschiedliche israelische Persönlichkeiten, wie dem israelischen Botschafter Yakov Hadas-Handelsman und dem israelischen Präsidenten Benjamin Netanjahu, sowie mit Referenz auf den israelischen Staat. Indem Schreiber*innen die Formel *Heil* als dämonisierende Anspielung gebrauchen, stellen sie eine Analogiebeziehung zwischen Hitler und der jeweiligen Person bzw. Entität her.⁶³

(145)   Ich sage *Heil* Hadas Handelsman. (IBD_23.10.2013; Hervorh. L. G.)

(146)   Ich habe gehört, dass sich die Israeli neuerdings mit *Heil* Netanjahu begrüßen (IBD_20.10.2012; Hervorh. L. G.)

(147)   Netanjahu der HITLER des Judenlandes. Liebermnan der Handlanger. HEIL ISRAEL!!!!!!!!!!!!!!!!!!!!!!!!!!!!! (IBD_00.05.2012; kursive Hervorh. L. G.)

Neben der Verwendung von *Heil Israel* in Kombination mit Emphasesignalen liegt in (147) mit *Netanjahu der Hitler des Judenlandes* eine für das Korpusmaterial charakteristische Manifestationsform der antisemitischen NS-M vor, die Kapitel 5.1.4 behandelt.⁶⁴ Auch der folgende Text an den ZdJ enthält mehrere Anspielungen, die durch den Gebrauch von NS-Vokabular und durch den Einsatz typografischer Mittel zum Ausdruck kommen:

(148)   Israel hatte die Anerkennung der Palästinenser, aber ohne Palästina gibt es kein *GroSSisrael* und keinen Homogenen Judenstaat. So wünsche ich, der Nazi-Nachkomme, *Sieg und Heil* für das Volk der Völker, des *Herren Volk*, und noch viele Situationen, in den es sich schuldig macht. (ZDJ_30.10.2006; Hervorh. L. G.)

---

62 Dabei handelt es sich ausschließlich um die Artikulation des Hitlergrußes zur Herstellung von Analogiebeziehungen und nicht um eine für rechte Verfasser*innen typische Formulierung, die in ihren Texten bspw. Drohungen und Vernichtungsphantasien ausdrücken (vgl. zu diesen Manifestationsformen Schwarz-Friesel/Reinharz 2013: 318).
Für die historische Verankerung und Entwicklung dieser Grußformel sei auf Schmitz-Berning (²2007: 299–301) sowie auf die sozio- und pragmalinguistische Untersuchung dazu von Ehlers (2012) verwiesen.
63 Da Hitler innerhalb der Anspielungen in (145) und (146) nicht explizit benannt wird, müssen zum Verständnis solcher Äußerungen Inferenzen gezogen werden, die durch eine Informationsanreicherung mit Bestandteilen aus dem Weltwissen zustande kommen. Zur referenziellen Unterspezifikation und der konzeptuellen Elaboration s. Schwarz-Friesel/Consten (2014: 63–73) sowie hinsichtlich der NS-V/M s. Kap. 3.2.2 und 5.2.9.
64 Diese Variante der NS-M wird u. a. in Kap. 3.3.1 als solche definiert und in verschiedenen anderen Kontexten außerhalb des israelisch-palästinensischen Konfliktes erörtert.

5.1 Sprachliche Realisierung antisemitischer NS-Vergleiche/-Metaphern — 235

Der sich selbst als *Nazi-Nachkomme* bezeichnende Verfasser greift in (148) auf ein reiches Inventar an Anspielungen zurück, um die Diffamierungen und Dämonisierungen zu intensivieren. Mit der Bezeichnung *GroSSisrael* drückt er eine Anspielung auf die expansionistischen Bestrebungen NS-Deutschlands aus. Durch die darin hervorgehobenen Binnenmajuskeln *SS*, die eine eigenständige Bedeutung tragen und auf die nationalsozialistische Schutzstaffel referieren, wird zunächst ein Bezug zur konzeptuellen Domäne des NATIONALSOZIALISMUS hergestellt. Auf dieser Basis unterstellt der Schreiber Israel implizit expansionistische Bestrebungen, die mit der Absicht zur Errichtung eines Großdeutschen Reiches[65] vergleichbar wären. Eine Analogiebeziehung wird somit zwischen dem (angestrebten und zum Teil verwirklichten) Großdeutschen Reich und Israel etabliert.

Die Äußerung *sich schuldig machen* ist in den NS-Kontext zusammen mit der Selbstbezeichnung als *Nachkomme der Nazis*, die in der deutschen Vergangenheit Schuld auf sich luden, eingebunden. Mit der Formel *Sieg und Heil* realisiert der Produzent von (148) einen direkten expressiven Sprechakt und bezieht sich auf die israelische Bevölkerung, die er in Anlehnung an die nationalsozialistische Rassenlehre als *Herrenvolk* bezeichnet. Die Lexeme *Herrenvolk*, *Herrenrasse* und *Herrenmensch* bilden zusammen mit der Grußformel *Heil* sowie der Anspielung auf die *Endlösung* die im Korpus am häufigsten gebrauchten Lexeme aus dem NS-Vokabular. Dafür wurden 95 Belege ermittelt, die einem Anteil von 73,6 % an der Gesamtmenge des NS-Vokabulars entsprechen.[66]

Wie bereits anhand des Textes in (119) bzgl. der temporaldeiktischen Ausdrücke als lexikalische Vergleichsindikatoren für NS-V gezeigt wurde, realisieren Schreiber*innen Anspielungen auf die nationalsozialistische Rassenlehre u. a. in Kombination mit vergleichsanzeigenden oder -auslösenden Lexemen. Im folgenden Ausschnitt aus einer E-Mail verwendet der*die Verfasser*in sowohl den Junktor *wie* und das Demonstrativpronomen *dieselbe*, um einen Modalitätsvergleich auszudrücken, als auch die Lexeme *Herrenmenschen* und *Un-*

---

[65] Die Funktionen der Ausdrücke *Großdeutschland* und *großdeutsch* erfassen Eitz/Stötzel (2007: 277) als Geschichtsvokabel zur Bezeichnung des Sachverhaltes an sich sowie als Programm- bzw. Fahnenwörter in ideologisch rechten Kontexten. Darüber hinaus fungieren sie als „Warnungs- und Vorwurfsvokabeln zur Bezeichnung der Bundesrepublik Deutschland im Ausland" (ebd.).

[66] Im Zuge der Analyse wurde *Heil* 55 Mal, *Herrenmenschen* 28 Mal und *Endlösung* zehn Mal ermittelt. Andere Bezeichnungen, die ebenfalls als Anspielungen und damit zur Herstellung der Analogien eingesetzt werden und im Korpus in einer geringen Häufigkeit (unter zehn Belegen) vorliegen, sind in diesem Zusammenhang *Endsieg*, *Totaler Krieg*, *Deportation*, *Gaskammer/Vergasung*, *Reichskristallnacht*, *Lebensraumpolitik* sowie *Säuberung*.

termenschen, um die Ideologie zu spezifizieren, die in (149) thematisiert und explizit als *widerlich* bewertet wird:

(149) Ich habe die Nazis gehaßt. Und ich hasse Israelis, die sich *wie* Nazis verhalten. Es ist *die selbe* Ideologie von *Herrenmenschen* – und *Untermenschen*, die man angeblich vernichten darf. Widerlich. Einfach nur widerlich. (IBD_01.01.2014; Hervorh. L. G.)

Der Bezug auf die völkische Rassenideologie, welche die Basis „und die instrumentalisierte Legitimation für die Menschheitsverbrechen" (Eitz/Stötzel 2009: 367) im Nationalsozialismus darstellt, wird in zahlreichen E-Mails mit der Referenz auf Juden*Jüdinnen, Israelis und Israel geäußert, um Analogien zwischen ihnen und den Nazis hinsichtlich gemeinsamer Geisteshaltungen und Handlungen zu etablieren.

(150) Halten sich die Israelis inzwischen für die *Herrenrasse* im Nahen Osten??? (IBD_00.05.2010; Hervorh. L. G.)

(151) Die rassistischen Greultaten der Israelischen *Herrenmenschen* gehen weiter! (IBD_30.04.2008; Hervorh. L. G.)

(152) Alle 2 Jahre scheinen sich die ‚*Herrenmenschen*' aus dem *Herrenstaat* Israel an unschuldiger arabischer Bevölkerung auszutoben! (IBD_16.01.2009; Hervorh. L. G.)

Die von den Nationalsozialist*innen geplante vollständige Vernichtung der europäischen Juden*Jüdinnen wurde während der NS-Zeit in amtlichen Texten und im Schriftverkehr als *Endlösung* bzw. *Endlösung der Judenfrage* tituliert (vgl. Schmitz-Bering ²2007: 174 f.; Eitz/Stötzel 2007: 163). Der Terminus *Endlösung* stellt in diesem Zusammenhang eine „Tarnbezeichnung" (Eitz/Stötzel 2007: 163) dar, die zu den euphemistischen Ausdrücken des Nationalsozialismus gehört, mit denen auf die Shoah referiert wurde (vgl. Benz 2000: 217).[67]

In den E-Mails an die IBD und den ZdJ finden sich ebenfalls Bezüge auf die *Endlösung* hinsichtlich der Kriegsführung im Libanonkrieg 2006 und während der Militäroperation Protective Edge sowie bzgl. des Umgangs mit der palästinensischen Bevölkerung. Mit solchen dämonisierenden Anschuldigungen unterstellen die Verfasser*innen Israel, ebenfalls einen gezielten Vernichtungs-

---

[67] Zur historischen Verortung dieses Ausdrucks s. Benz (2000: 216 f.) und Schmitz-Bering (²2007: 174 f.) sowie zur Entwicklung und Verwendung der Bezeichnung im öffentlichen Kommunikationsraum nach 1945 s. weiterführend Eitz/Stötzel (2007: 163–184).

plan, wie ihn NS-Deutschland verfolgte, auszuführen. Die Anspielung auf die *Endlösung* ist in den folgenden Beispielen als substantivische Prädikativmetapher realisiert – hier kommt eine Gleichsetzung des militärischen Vorgehens Israels mit der unikalen nationalsozialistischen Vernichtungsabsicht zum Ausdruck.

(153) Betreff: *Endlösung* Palästinänzer. Schande (IBD_00.07.2014; Hervorh. L. G.)

(154) Sehr geehrter Herr Botschafter Stein, muss die unfreie Welt bald mit dem Israelischen Einsatz nuklearer Waffen gegen die Menschen im Gaza rechnen? oder ist der unverältnismässige Einsatz von Panzern, Lufwaffe und Bomben bereits die *Endlösung*? (IBD_28.06.2006; Hervorh. L. G.)

(155) Setzen sie ihre Kraft ein die aggressivste Kriegsmaschinerie des nahen Osten zu stoppen. Israel will eine ‚*Endlösung*'. (ZDJ_31.07.2006; Hervorh. L. G.)

In einigen Texten, wie etwa in (143), (152) und (155), markieren die Äußerungsproduzent*innen ihre Anspielungen und damit die intertextuellen Bezugnahmen auf nationalsozialistisch geprägte Lexeme und Phrasen mithilfe von Anführungszeichen. Schwarz-Friesel/Reinharz (2013) werten diesen Umstand als Indikator dafür, „dass die Verfasser mit vollem Bewusstsein und intentional auf solche Sprachgebrauchsmuster zurückgreifen" (ebd.: 184).

Das anschließende Kapitel thematisiert zusätzlich zu den ermittelten NS-M, wie sie in den letzten Beispielen bereits zum Ausdruck kamen, auch spezifische Schnittstellenphänomene zwischen Anspielungen, Vergleichen und Metaphern anhand exemplarischer Textausschnitte.

5.1.4 Antisemitische NS-Metaphern

Wie Anspielungen und Vergleiche werden auch Metaphern gebraucht, um Analogien herzustellen, die Vorstellungen aktivieren, in denen ISRAEL ALS NS-REGIME und/oder ISRAELIS sowie JUDEN*JÜDINNEN ALS NATIONALSOZIALIST*INNEN konzeptualisiert werden. Unterschiede zwischen Vergleichen und Metaphern basieren sowohl auf den Formen der sprachlichen Realisierung als auch auf der Konstituierung ihrer Bedeutung im Rahmen der Rezeption (vgl. dazu Peters: 1986: 147 f.; Kurz ^{5}2004: 21 f.; Eggs 2006a: 71).[68] Neben den auf kogniti-

---

[68] Zur Erläuterung von NS-M im öffentlichen Kommunikationsraum s. Kap. 3.3 sowie einführend zu Metapherntheorien, Arten von Metaphern und der Abgrenzung zu Vergleichen Kap. 2.8.

ven Kriterien beruhenden Differenzen zwischen NS-M und NS-V, dienen NS-M in Abhängigkeit von spezifischen Kontexten und Kommunikationssituationen denselben kommunikativen Funktionen – sowohl im öffentlichen Kommunikationsraum als auch im nicht öffentlichen, wie es die Rahmenbedingungen der Korpusstudie vorgegeben.[69] Darüber hinaus weisen NS-M nicht nur Unterschiede zu NS-V auf, sie zeichnen sich auch allgemein gegenüber Metaphern aus, in denen keine Bezugnahmen auf den Nationalsozialismus vorliegen. Pérennec (2008: 8) beschreibt die suggestive Eigenschaft von NS-M[70] gegenüber anderen Metaphern folgendermaßen:

> Das Wesen der Metapher setzt aber voraus, dass der Rezipient erkennt, dass der/das so Bezeichnete eben nicht das ist, wonach er/es benannt wird, dass die Aussage also kontradiktorisch ist. Nazi-Vergleiche verwischen jedoch absichtlich dieses Analyse-Moment, indem sie vorgeben, der als Nazi angeprangerte sei wirklich ein solcher.

Mithilfe von NS-M drücken Produzent*innen persönliche Einstellungen aus, sie verfolgen bestimmte kommunikative Funktionen und wollen Pérennec (2008) zufolge ihre Äußerungen als wörtlich verstanden wissen – ganz im Gegenteil zu ‚herkömmlichen' Metaphern (vgl. Kurz [5]2004: 15). Dieser Aspekt wird besonders in Bezug auf antisemitische NS-M deutlich, bei denen gerade eine wörtliche Lesart zusätzlich zur Dekontextualisierung beiträgt und die thematisierten Sachverhalte als real und damit als überaus drastisch dargestellt werden. Aufgrund ihrer sprachlichen Realisierung und dem inhärenten logisch-konzeptuellen Widerspruch handelt es sich hierbei trotzdem um Metaphern. Die Intention ihrer Verfasser*innen spielt für die vorliegende linguistische Analyse sprachli-

---

[69] Die verschiedenen Funktionen von NS-V/M im öffentlichen Kommunikationsraum werden in Kap. 3.4 thematisiert und hinsichtlich antisemitischer Ausprägungen in Abschnitt 3.6.2.2 diskutiert. Auf das Korpusmaterial – und damit auf den nicht öffentlichen Kommunikationsraum bezogen – findet sich eine Einordnung der kommunikativen Funktion in der Einführung von Kap. 5.
Die Umstände, dass sich die verschiedenen kommunikativen Funktionen nicht voneinander unterscheiden und Metaphern z. T. als „indirekte" (Pérennec 2008: 1) oder „verkürzte" Vergleiche (Levinson [17]2006: 148) definiert werden, geben einen Hinweis darauf, wieso in Forschungsarbeiten, etwa der von Pérennec (2008), und im öffentlichen Diskurs die NS-M selten spezifisch als Metaphern bezeichnet, sondern überwiegend unter den allgemein gebräuchlichen Terminus des *NS-Vergleichs* subsumiert werden. Eitz/Stötzel (2007) und (2009) weisen in ihren Arbeiten jeweils auf die Ausprägung der Metapher hin (vgl. 2007: 76), fassen die verschiedenen Varianten der Analogiebildungen jedoch generell als „Auschwitz-Vergleiche", „Hitler-Vergleiche" und „Nazi-Vergleiche" zusammen (Eitz/Stötzel 2007: 76, 295, 489).
[70] Da Pérennec (2008) insgesamt keine Trennung zwischen NS-V und NS-M vornimmt, bezieht sie sich hier auf den *Nazi-Vergleich*, den sie in der Erscheinungsform einer Metapher beschreibt.

cher Äußerungen und deren Strukturen keine Rolle (s. dazu auch den Faktor der Intentionalität bzgl. der Produktion und Reproduktion von Verbal-Antisemitismen 3.6.1.3).

Im Zuge der Analyse wurden 227 Metaphern erfasst, mit denen E-Mailschreiber*innen den ZdJ, die IBD, Juden*Jüdinnen und/oder Israelis allgemein, konkrete Personen oder den israelischen Staat diffamieren und dämonisieren. Im Verhältnis zur Gesamtmenge aller Analogiebildungen, die sprachlich verschieden realisiert sind, entspricht die Anzahl der Metaphern einem Anteil von 22,2 %.[71] Die im Korpus dominierenden Ausprägungen der Metapher stellen hinsichtlich ihrer Struktur Substantivmetaphern dar, von denen 90 als Kompositummetaphern der Form *X+Y* und 137 als Prädikativmetaphern des Typus *X ist ein Y* realisiert sind.[72] Dass diese beiden strukturell verschiedenen Varianten mitunter dieselben Konstituenten *X* und *Y* beinhalten, demonstrieren die folgenden Beispiele:

(156) Die Idee des Beschusses des *Gaza-KZ* mit Phosphor Bomben dürfte man direkt aus NS Lehrbüchern entnommen haben (IBD_00.06.2010; Hervorh. L. G.)

(157) Der *Gazastreifen ist das grösste KZ* der Welt (IBD_00.06.2010; Hervorh. L. G.)

In beiden Äußerungen charakterisieren die Produzent*innen den konzeptuellen Zielbereich GAZA mithilfe des Ausdrucks *KZ*, der den konzeptuellen Ursprungsbereich KONZENTRATIONSLAGER bildet.[73] Die Herstellung der Analogierelation wird in (156) durch die Kompositummetapher *Gaza-KZ* und in (157) durch eine substantivische Prädikativmetapher innerhalb einer Superlativkonstruktion realisiert. Basierend auf den Merkmalen eines Konzentrationslagers, wie INTER-

---

[71] Zur Häufigkeitsverteilung der NS-M und ihrer strukturellen Ausprägung gegenüber den verschiedenen Erscheinungsformen der NS-V s. Tabelle 5.1.
[72] Dieses Kapitel geht primär auf die strukturellen Aspekte der NS-M sowie auf Verbindungen und Schnittstellen mit anderen Formen der Realisierung von Analogien ein. Konzeptuelle Spezifika der Metaphernkonstituenten werden in Kap. 5.2 in Bezug auf die Gesamtmenge der NS-V/M dargestellt.
Zur Klassifikation der Metaphern hinsichtlich der involvierten Wortarten und der syntaktischen Struktur s. Kap. 2.8.3.
[73] Insgesamt wurden 55 Metaphern eruiert, in denen KONZENTRATIONSLAGER als metaphorischer Ursprungsbereich dient. Dies entspricht einem Anteil von 24,2 % in Bezug auf sämtliche NS-M innerhalb des Korpus. Die Menge aller NS-V/M, in denen Äußerungsproduzent*innen auf Konzentrationslager referieren, erörtert Kap. 5.2.6 mit Blick auf konzeptuelle Spezifika der Vergleichs- und Metaphernkonstituenten.

NIERUNG, ZWANGSARBEIT, INSTITUTIONALISIERTER MASSENMORD etc. ist der Gazastreifen in beiden Beispielen als ein Ort konzeptualisiert, an dem ebenjene Verbrechen begangen werden. Die tertia comparationis benennt der*die Verfasser*in in diesem Zusammenhang jedoch nicht explizit.[74] Eine Gleichsetzung, d. h. die „IST-Relation" (Skirl/Schwarz-Friesel ²2013: 12), wird entweder mithilfe der Kopula oder durch die nominale Bezeichnung eines Sachverhalts, eines Ortes oder einer Person ausgedrückt (vgl. Pérennec 2008: 8).

In (157) liegt keine gewöhnliche Prädikativmetapher vor, wie es bspw. in *Gaza ist ein KZ* der Fall wäre, sondern eine Superlativkonstruktion, in der Gaza als *das größte KZ der Welt* bezeichnet wird. Hierbei handelt es sich um ein Schnittstellenphänomen zwischen Vergleichen und Metaphern, das bereits im entsprechenden Abschnitt zu den Vergleichsstrukturen unter 5.1.1.3 mit Blick auf die Korpusdaten diskutiert wurde.[75] Superlativvergleiche stellen für gewöhnlich homogene Vergleiche dar,[76] in denen die hervorgehobene Konstituente, z. B. *Gaza*, in die Vergleichsmenge, d. h. alle *Konzentrationslager der Welt*, eingeschlossen wäre und als Vertreter dieser Menge den maximalen Ausprägungsgrad der jeweiligen gemeinsamen Eigenschaft aufweisen müsste (vgl. Thurmair 2001: 232). *Gaza* und *Konzentrationslager* gehören jedoch nicht derselben konzeptuellen Domäne an – die im Superlativ ausgedrückte IST-Relation beinhaltet einen logisch-konzeptuellen Widerspruch. Aus diesem Grund handelt es sich bei den Wendungen in (95), (96) und (157) nicht um tatsächliche Superlative, sondern um metaphorische Äußerungen, welche die Struktur eines Superlativs annehmen. Durch die Zuordnung Gazas zu einem Konzentrationslager und durch die zusätzliche Verwendung des Superlativs steigern Verfasser*innen dieser Dekontextualisierungen ihre Anschuldigungen und drücken damit einen besonderen Schweregrad aus.

Durch die Herstellung einer Analogie zwischen Gaza und einem KZ sind auf der sprachlichen Oberfläche die beiden Orte benannt, die primär mit Opfergruppen in Verbindung gebracht werden – die Juden*Jüdinnen während der NS-Zeit durch die Referenz auf *Konzentrationslager* und die palästinensischen Bewohner*innen des Gazastreifens durch den Bezug auf *Gaza*. Infolge der Fokussierung auf die Opfer müssen im Zuge der Rezeption auch die jeweiligen Tä-

---

[74] Pérennec (2008: 8) konstatiert diesbezüglich, dass für NS-V die tertia comparationis von zentraler Bedeutung sind und diese im Rahmen von NS-M nicht explizit zum Ausdruck kämen. Die vorliegende Korpusanalyse hat im Hinblick darauf ergeben, dass in den E-Mails, die eine NS-M beinhalten, ebenso tertia comparationis im Kotext angeführt werden, wie u. a. die Beispiele in (152), (153) und (158) illustrieren.
[75] In Kap. 3.2.1 wurde dieser Sachverhalt bzgl. der Struktur von NS-V allgemein eingeführt und anhand des Beispiels in (43) aus dem öffentlichen Kommunikationsraum diskutiert.
[76] Zur Unterscheidung zwischen homogenen und heterogenen Vergleichen s. Kap. 2.1.5.

ter*innen inferiert werden. Anhand des Ko- und Kontextes sowie durch das Hinzuziehen von Weltwissen machen Schreiber*innen somit den israelischen Staat für die dargestellte Situation verantwortlich. Sofern Israel im Kotext nicht bereits explizit mit NS-Deutschland in Beziehung gesetzt wird, erfolgt die Analogieherstellung zwischen diesen beiden (impliziten) Entitäten im Zuge eines Inferenzprozesses (vgl. dazu auch Meibauer ²2008: 26f.; Schwarz-Friesel/Consten 2014: 66).[77]

Überschneidungen zwischen NS-M und bestimmten Vergleichsstrukturen sind nicht die einzigen Kombinationen der sprachlichen Realisierung von Analogien, die im Zuge der Korpusanalyse ermittelt wurden. Die ironische Anspielung in (156) auf *NS-Lehrbücher*, in denen bestimmte Vorgehensweisen im Krieg propagiert würden, zeigt, dass NS-M keineswegs isoliert von anderen Formen der Analogiebildung auftreten, sondern in Verbindung miteinander realisiert werden. In dieser Äußerung stellt der*die Produzent*in zudem eine Analogierelation her, die auf der Konzeptualisierung DES LERNENS VON DEN NATIONALSOZIALIST*INNEN beruht und damit eine Täter*innen-Opfer-Umkehr beinhaltet (s. dazu Kap. 5.1.2.8).

Auch im Hinblick auf Anspielungen, die mittels NS-Vokabular ausgedrückt werden, konnte an den Beispielen zur *Endlösung* in (153) bis (155) gezeigt werden, dass in bestimmten Texten Gleichsetzungen zwischen Sachverhalten hergestellt werden, die aus unterschiedlichen konzeptuellen Domänen und verschiedenen historischen Zusammenhängen stammen. In der folgenden sarkastischen Äußerung bezeichnet der*die Produzent*in das militärische Vorgehen Israels als *Endlösung*, welche durch die *Vernichtung Palästinas* annähernd erreicht sei:

(158) lasst uns die kleinen Unannehmlichkeiten von Kana und den Tod der UN-Soldaten vergessen und weitermachen mit der Vernichtung Palästinas. Die *Endlösung* ist nahe. [...] *Heil* (IBD_14.08.2006; Hervorh. L. G.)

Metaphorische Bezüge auf die Shoah werden des Weiteren durch die Referenz auf *Auschwitz* geäußert. In (159) dient *Auschwitz* gleichzeitig als Metonymie für den institutionellen Mord an den europäischen Juden*Jüdinnen, der hier den Opfern selbst bzw. deren Nachkommen in Gestalt von *Israel* vorgeworfen wird. Auffällig ist im folgenden Beispiel außerdem die durchgehende Großschreibung, die im restlichen Text der E-Mail nicht vorliegt. Verfasser*innen verwenden Majuskeln u. a. als typographische Emphasesignale, die hinsichtlich des

---

[77] Referenziell unterspezifizierte Komparationsbasen oder metaphorische Ursprungsbereiche innerhalb der untersuchten NS-V/M werden in den Auswertungen in Kap. 5.2.9 aufgeführt und anhand illustrativer Beispiele erörtert.

Emotionspotenzials eines Textes einen Parameter der Intensität bilden (vgl. Schwarz-Friesel/Reinharz 2013: 269). Dem Geschriebenen soll damit Nachdruck verliehen und die persönliche emotionale Involviertheit manifestiert werden.

(159) Den besseren Schutz der Grenzen Israels hätte man auch ohne 1000 Tote durch Antrag an den von Israel verachteten UNO-Sicherheitsrat bekommen können [...] ISRAELS RACHEPOLITIK FÜHRT ZU *AUSCHWITZ* (ZDJ_01.09.2006; kursive Hervorh. L. G.)

Der*die Schreiber*in konzeptualisiert Israel als RACHSÜCHTIGEN UND AGGRESSIVEN UNRECHTSSTAAT, dessen Vorgehen im Libanonkrieg 2006 in eine Analogie zu *Auschwitz* eingebettet wird. Eitz/Stötzel (2007: 76) zufolge stellt die Bezugnahme auf ebenjenes Konzentrationslager das seit den fünfziger Jahren am häufigsten gebrauchte Synonym dar, das in öffentlichen Auseinandersetzungen und Publikationen als Referenz auf den Völkermord im Nationalsozialismus zum Einsatz kommt. Gleichzeitig wird der Ausdruck seither in metaphorischer Bedeutung verwendet bzw. instrumentalisiert, um Sachverhalte verschiedener Art als höchstmöglich unmoralisch und grausam anzuprangern, wie es u. a. (159) zeigt. Das gilt ebenfalls für Analogiekonstruktionen, die durch den Gebrauch des Lexems *Holocaust* realisiert werden.[78] Im Gegensatz zu *Auschwitz* handelt es sich hierbei jedoch nicht um eine Metonymie. Im folgenden Beispiel liegt im Kotext der Metapher zusätzlich der Euphemismus *ethnische Säuberung* vor.

(160) *Holocaust* im Nahen Osten, Ethnische Säuberung : Israel bedroht Mindestens eine Viertelmillion Menschen in Gaza (IBD_16.07.2014; Hervorh. L. G.)

E-Mailschreiber*innen werfen Israel einen *Holocaust* an den Palästinenser*innen vor, den sie z. T. durch die okkasionelle Bildung des Determinativkompositums *Palästinenserholocaust* spezifizieren, wie die Texte in (161), (162) und (163) illustrieren.[79]

---

[78] Zur Diskussion der Holocaust-Metapher im öffentlichen Sprachgebrauch am Beispiel des Schlagwortes *Babycaust*, mit dem gegen Schwangerschaftsabbrüche protestiert wird, s. Kap. 3.3. Die geschichtsrelativierende Funktion des Ausdrucks *Bomben-Holocaust* betrachtet Kap. 3.4.2.2 und Kap. 3.4.3 erörtert die Problematik der allgemeinen Verwendung von *Holocaust* als Hyperonym für Massentötungen, die damit einhergehenden referenziellen Verschiebungen und die möglichen Auswirkungen auf das Geschichtsbewusstsein.

[79] Insgesamt wurden 80 Metaphern eruiert, in denen der HOLOCAUST (bzw. die SHOAH) als metaphorischer Ursprungsbereich fungiert. Dies entspricht einer relativen Häufigkeit von 35,2 % und damit dem größten Anteil im Verhältnis zu sämtlichen NS-M innerhalb des Korpus. Die Menge aller NS-V/M, in denen Äußerungsproduzent*innen auf die Shoah referieren, be-

5.1 Sprachliche Realisierung antisemitischer NS-Vergleiche/-Metaphern — 243

(161) Mich würde mal interessieren, ob Herr Hadas Handelsman Netanjahus Politik des *Palästinenserholocausts* befürwortet? (IBD_19.06.2013; Hervorh. L. G.)

(162) Die einzige Antwort, die mir auf den *Palästinenserholocaust* der Juden einfällt, ist die Wiedereröffnung von Auschwitz, um den Juden die Grenzen aufzuzeigen. (IBD_16.08.2014; Hervorh. L. G.)

In (162) bezieht sich der*die Verfasser*in abgesehen von der Bezichtigung des sogenannten *Palästinenserholocausts* ebenfalls auf *Auschwitz*, das hier jedoch nicht in Gestalt einer Metapher gebraucht wird, sondern im Rahmen des indirekten Sprechaktes einer Drohung gegen Juden*Jüdinnen zum Einsatz kommt. Diese würden einen Holocaust betreiben, dem Einhalt geboten werden könne, indem *Auschwitz wiedereröffnet* werde.[80]

Abgesehen von *Palästinenserholocaust* liegt in Beispiel (163) zusätzlich eine weitere Analogie vor, die mit einer im Korpus häufig gebrauchten Nomination ausgedrückt wird. Die Bezugnahme auf *Hitler* stellt sowohl im öffentlichen Kommunikationsraum als auch in den untersuchten Textdaten eine beliebte Strategie zur Diffamierung von Personen dar. Wie die Anspielung in folgender Äußerung verdeutlicht, werden mitunter auch ganze Personengruppen mit *Hitler* assoziiert.

(163) HJ stand früher für Hitlerjugend, heute steht HJ für Hitler Juden, also Juden, die sich wie Hitler aufzuspielen versuchen und *Palästinenserholocaust* begehen (IBD_16.07.2014; Hervorh. L. G.)

Die Anspielung auf die Jugendorganisation der NSDAP,[81] die temporaldeiktischen Bezugnahmen *früher* und *heute* sowie der anschließende explizite Modalitätsvergleich bilden das Fundament für die Analogieherstellung zwischen *Hitler* und *Juden*. Die daran anknüpfende Holocaust-Metapher entfaltet basierend auf dieser Konzeptualisierung ihre Wirkung.

In den untersuchten E-Mails produzieren Schreiber*innen neben Vergleichen zwischen Hitler und jüdischen und/oder israelischen Personen oder Perso-

---

leuchtet Kap. 5.2.8 in Bezug auf die konzeptuellen Spezifika der Vergleichs- und Metaphernkonstituenten.
80 In den Korpustexten findet sich die metonymische Verwendung des Lexems *Auschwitz* primär im Rahmen von Drohungen und Mordphantasien.
81 Die Bezugnahme auf die *Hitlerjugend* stellt eine onomastische Anspielung auf einen Eigennamen dar (vgl. dazu Lennon 2001: 13).

nengruppen auch Hitler-Metaphern.[82] Durch die Instrumentalisierung dieses Namens werden zum einen der mit Hitler in Beziehung gesetzten Person demokratische Werte abgesprochen und zum anderen wird suggeriert, dass relevante Kongruenzen hinsichtlich politischer Handlungsweisen und/oder individueller Charakterzüge bestünden (vgl. Eitz/Stötzel 2007: 296). Das folgende Beispiel in (164) beinhaltet eine Metapher, die eine Analogierelation zwischen *Hitler* (in Pluralform) und den als *Verbrecher* attribuierten Israelis herstellt:

(164) na ihr verbrecher, seit 65 Jahre wollt ihr die Palästinenser ausrotten. Es gelingt euch nicht, *ihr Hitler* (IBD_00.06.2010; Hervorh. L. G.)

Gegenüber einer solch speziellen Variante der Hitler-Metapher in Gestalt eines Plurals finden sich im Korpusmaterial überwiegend Belege, in denen Produzent*innen metaphorische Bezüge zwischen *Hitler* und einer konkreten Person etablieren. Der folgende Text, der in lyrischer Form verfasst wurde, enthält diese Metapher, die formal durch den unbestimmten Artikel zum Ausdruck kommt. Die Analogierelation wird hier über die Prädikation am Ende des Gedichts gebildet, in welcher der damalige israelische Ministerpräsident Ariel Scharon als *ein Hitler* charakterisiert wird.

(165) Als Christ und Deutscher sag' ich nein! Auch wenn's Herrn Spiegel stören sollte. Was Scharon treibt, das darf nicht sein, Selbst Herzl wohl grad dies nicht wollte. Drum müssen wir nun endlich wagen, Nach Holocaust und Barbarei, Dass es nicht angeht, müssen's sagen, Dass *Scharon ein Hitler sei*. (ZDJ_11.04.2002; Hervorh. L. G.)

Der Verfasser des Textes an den ZdJ verfolgt durch die persönliche Zuschreibung der Zugehörigkeit als *Christ und Deutscher* und die Verwendung der Personalpronomen *ich* und *wir* sowohl die argumentative Strategie der Selbstlegitimierung als auch die der Abgrenzung gegenüber Juden*Jüdinnen. Darüber hinaus rechtfertigt er seine Haltung mit der Bezugnahme auf die Absichten Theodor Herzls, die mit den Handlungen Ariel Scharons inkompatibel seien, ohne dies explizit zu begründen. Dass er zudem eine Pflicht und Notwendig darin sieht, die Entwicklungen in Israel anzuprangern und Scharon als Hitler

---

82 Insgesamt wurden 30 Metaphern ermittelt, in denen HITLER als metaphorischer Ursprungsbereich fungiert. Dies entspricht einem Anteil von 13,2 % in Bezug auf sämtliche NS-M innerhalb des Korpus. Die Menge aller NS-V/M, in denen Äußerungsproduzent*innen auf Adolf Hitler referieren, beleuchtet Kap. 5.2.3 hinsichtlich der konzeptuellen Spezifika der Vergleichs- und Metaphernkonstituenten.

anzuklagen, kommt durch den scheinbar kausalen Bezug in der Aussage *nach Holocaust und Barbarei* sowie durch die Verwendung des Modalverbs *müssen* zum Ausdruck. Die aus der NS-Vergangenheit gezogenen Lehren würden demnach sowohl den Schreiber als auch die Gesellschaft dazu verpflichten, dem israelischen Ministerpräsidenten Einhalt zu gebieten.

Die konzeptuellen Spezifika in Form aller Vergleichs- und Metaphernkonstituenten werden im folgenden Kapitel gemeinsam aufgelistet. Da bereits in diesem Abschnitt die dominantesten Ausprägungen der NS-M bzgl. ihrer metaphorischen Ursprungsbereiche beleuchtet wurden, zeigt Tabelle 5.4 zusammenfassend eine Darstellung dieser Erscheinungsformen der ermittelten NS-M. Eine weiterführende Zusammenstellung, die jegliche metaphorischen Ursprungsbereiche und alle Komparationsbasen umfasst, liefert Kapitel 5.2.[83]

Tab. 5.4: Absolute und relative Häufigkeitsverteilung der NS-M nach konzeptuellem Ursprungsbereich.

NS-Metapher nach konzeptuellem Ursprungsbereich	absolut	relativ in %
Holocaust-Metapher	80	35,2
KZ-Metapher	55	24,2
Hitler-Metapher	30	13,2
Nazi-Metapher	26	11,5
Ghetto-Metapher	19	8,4
Sonstige	17	7,5
Gesamt	227	100,0

5.2 Konstituenten der antisemitischen NS-Vergleiche und NS-Metaphern – Akteure, Sachverhalte und Ereignisse

Dieses Kapitel geht der folgenden Forschungsfrage nach:

Welche konzeptuellen Spezifika in Form von Vergleichs- und Metaphernkonstituenten weisen antisemitische NS-V/M auf?

---

[83] Um Wiederholungen mit den in Kap. 5.2 präsentierten Ergebnissen zu vermeiden, sind an dieser Stelle in Kap. 5.1.4 lediglich die frequentesten metaphorischen Ursprungsbereiche in Verbindung mit Beispieltexten aufgeführt. Zusätzlich zu den im Text genannten Metaphern gibt Tab. 5.4 auch Häufigkeiten der ermittelten Nazi- und Ghetto-Metaphern an. Diese und weitere NS-M, die z. B. auf israelische Institutionen referieren, thematisiert das nächste Kap.

Um die Problematik auf charakteristische Phänomene in NS-V/M einzugrenzen, wird gezeigt, welche Entitäten als Vergleichsgrößen und Metaphernkonstituenten dabei in eine Analogiebeziehung zueinander gesetzt sind. Die im Korpus ermittelten Vergleiche und Metaphern werden in den folgenden Abschnitten basierend auf den Komparationsbasen bzw. den metaphorischen Ursprungsbereichen, d. h. den Akteur*innen in Form von Personen und Funktionsträger*innen sowie nationalsozialistischen Institutionen und bestimmten NS-Verbrechen, aufgeführt und anhand exemplarischer Beispiele illustriert.[84] Tabelle 5.5 präsentiert dazu eine quantitative Auflistung der verschiedenen Vergleichs- und Metaphernkonstituenten, die im Zuge der Korpusuntersuchung eruiert wurden. Die Abschnitte 5.2.1 bis 5.2.5 beleuchten primär Gruppen und Organisationen, die nationalsozialistische Täter*innen repräsentieren. In diesen Analogiebildungen werden dementsprechend jüdische und/oder israelische Personen und Institutionen als Täter*innen konzeptualisiert. Demgegenüber thematisieren die abschließenden Kapitel 5.2.6 bis 5.2.9 NS-V/M, in denen NS-Verbrechen und die Orte, an denen sie stattfanden, als Vergleichs- oder Metaphernkomponenten dienen. In diesen Äußerungen fokussieren Produzent*innen insbesondere Opfer und deren leidvolle Erfahrungen. Die Reihenfolge der Auflistung aller Vergleichs- und Metaphernkonstituenten richtet sich nach der Häufigkeit ihres Auftretens und der inhaltlichen Spezifität bzw. der Verbindung mit ähnlichen Entitäten innerhalb der gleichen Kategorie, z. B. die der NS-Funktionäre (Kap. 5.2.4), die nach der Referenz auf Hitler (Kap. 5.2.3) angeführt wird, weil es sich hierbei ebenfalls um personenbezogene NS-V/M handelt. Obwohl die Kategorie der NS-Organisationen häufiger im Korpusmaterial erfasst wurde als die Kategorie der spezifischen Funktionäre, ist sie aus diesem Grund nach ihnen angegeben (Kap. 5.2.5).

Dass im Rahmen einiger Vergleiche und Metaphern mehrere Vergleichs- und Metaphernbestandteile vorliegen, verdeutlichen sowohl die Beispieltexte als auch die quantitativen Auswertungen der Häufigkeitsverteilungen. Sofern innerhalb eines Vergleichs Analogiebeziehungen zwischen mehr als zwei Entitäten hergestellt wurden, konnte dies im Zuge der Textcodierung berücksichtigt werden. Daher sind in den 1.021 codierten Analogiebildungen 1.128 NS-bezogene Entitäten erfasst worden, welche als Komparationsbasen bzw. metaphorische Ursprungsbereiche fungieren und in den folgenden Abschnitten näher beleuchtet werden. In Verbindung damit wurden 1.123 Komparanden bzw. metaphorische Zielbereiche codiert – dazu zählen u. a. JUDEN*JÜDINNEN, ISRAEL, das

---

[84] Die quantitativen Auswertungen hierzu sind in Tabelle 5.5 aufgelistet und werden darüber hinaus in den jeweilgen Abschnitten angeführt. Tabelle A3 im Anhang zeigt eine Zusammenstellung dieser Häufigkeitsverteilungen differenziert nach der jeweiligen Empfängerinstitution der E-Mails.

5.2 Konstituenten der antisemitischen NS-Vergleiche und NS-Metaphern — 247

ISRAELISCHE MILITÄR und bestimmte Persönlichkeiten, wie politische Vertreter*innen. In 48,6 % der Analogiebildungen referieren die Verfasser*innen explizit auf israelische Entitäten, wobei 16,6 % davon auf Politiker*innen bezogen sind. In 16,9 % der NS-V/M finden sich Personalpronomen, die als Vergleichsgrößen realisiert sind und in E-Mails an die IBD ermittelt wurden. Da mit Äußerungen, wie *ihr seid schlimmer als die Nazis*, Vertreter*innen des israelischen Staates angesprochen werden und hier eine übergeneralisierende Konzeptualisierung von ISRAELIS offenbar wird, handelt es sich dabei ebenfalls um israelbezogene NS-V/M. In 7,3 % ihrer Analogiebildungen beziehen sich die Produzent*innen auf Gaza und die Politik gegenüber den Palästinenser*innen. Juden*Jüdinnen stellen in 20,8 % der Äußerungen explizit realisierte Vergleichs- oder Metaphernkonstituenten dar.[85] Diese Ergebnisse führen vor Augen, dass sich in den untersuchten Äußerungen überwiegend ein israelbezogener Antisemitismus widerspiegelt, welcher, aufgrund der immanenten Täter*innen-Opfer-Umkehr und der generellen Funktion von antisemitischen NS-V/M, als aktualisierte Ausprägung des Post-Holocaust-Antisemitismus zu verorten ist. In den folgenden Abschnitten werden die jüdischen und/oder israelbezogenen Konstituenten im Hinblick auf die damit in Analogierelation gesetzten NS-bezogenen Vergleichsgrößen oder Metaphernkomponenten anhand exemplarischer Beispiele aus dem Korpus beleuchtet. Dabei zeigt sich, dass auch hier Überschneidungen vorliegen können, wenn die Äußerungsproduzent*innen mehrere Entitäten als Vergleichsgrößen oder Metaphernbestandteile anführen.

E-Mails mit NS-V/M wurden in allen sprachlichen und konzeptuellen Facetten nicht nur im Rahmen bestimmter Auseinandersetzungen im israelisch-palästinensischen Konflikt an die IBD und an den ZdJ gesendet. Die Analyse zeigt, dass sie im gesamten Untersuchungszeitraum von 2002 bis 2014 zu diversen Themen und z. T. auch ohne erkennbaren diskursbezogenen Schreibanlass verfasst wurden. Da der korpuslinguistische Schwerpunkt hier auf den sprachlichen und konzeptuellen Phänomenen dieser Analogien liegt und nicht auf den konkreten Diskursereignissen selbst, werden jeweilige Schreibanlässe nur im Zusammenhang mit ausgewählten Korpusbeispielen angegeben.[86]

---

[85] 4,7 % von den auf Juden*Jüdinnen bezogenen NS-V/M enthalten Personalpronomen, die in E-Mails an den ZdJ das Komparandum oder den metaphorischen Zielbereich bilden. Daneben finden sich auch referenziell unterspezifizierte Vergleichs- bzw. Metaphernkonstituenten. Tabelle A2 im Anhang liefert eine ausdifferenzierte Zusammenstellung der Häufigkeitsverteilungen dieser und weiterer Kategorien aufgelistet nach der Empfängerinstitution der E-Mails.
[86] Zur quantitativen Auswertung der Texte mit NS-V/M im Zusammenhang mit militärischen Auseinandersetzungen im israelisch-palästinensischem Konflikt s. Kap. 4.3.2.

Tab. 5.5: Absolute und relative Häufigkeit der Komparationsbasen und konzeptuellen Ursprungsbereiche der NS-V/M.

Komparationsbasis bzw. metaphorischer Ursprungsbereich		absolut	relativ in %
NS-Deutschland		156	13,8
	NS-Regime	47	4,2
Nazis		306	27,1
Hitler		173	15,3
NS-Funktionäre			
	Goebbels	15	1,3
	Eichmann	5	0,4
	Heß	4	0,4
	Himmler	3	0,3
	Göring	2	0,2
NS-Organisationen			
	SS, SA	33	2,9
	Wehrmacht	17	1,5
	NSDAP	5	0,4
	Gestapo	3	0,3
Konzentrationslager		85	7,5
Warschauer Ghetto		30	2,7
Shoah		129	11,4
referenziell unterspezifiziert		115	10,2
Gesamt		1.128	100,0

5.2.1 Referenz auf NS-Deutschland und das NS-Regime

In den Korpustexten wurden 203 Belege ermittelt, in denen sich Verfasser*innen allgemein auf NS-Deutschland beziehen und auf dieser Basis Analogien zum israelischen Staat herstellen. Im Verhältnis zu allen anderen codierten Komparationsbasen bzw. Metaphernkonstituenten ergibt sich hierfür ein Anteil von 18 %. Mit jenen Vergleichen und Metaphern referieren Textproduzent*innen auf den deutschen NS-Staat, indem sie die entsprechende Vergleichs- oder Metaphernkonstituente als *NS-Deutschland*, *Nazi-Deutschland* oder *Hitler-Deutschland* bezeichnen. Dass die nationalsozialistische Herrschaftsperiode im öffentlichen Kommunikationsraum nach 1945 mit verschiedenen Ausdrücken, wie

NS-Regime, *Diktatur Hitlers* oder *Drittes Reich*, gefasst wird, offenbart die Komplexität der historischen Erfahrungen und damit einhergehende verschiedene Perspektiven auf die Bewertung dieser Herrschaft (vgl. Eitz/Stötzel 2007: 133). Die Funktion von NS-V/M, starke Negativbewertungen zu artikulieren und zu evozieren, wird bzgl. des israelischen Staates durch die konzeptuelle Verbindung mit NS-Deutschland deutlich.[87]

Die folgenden Beispiele beinhalten Texte, die bei der IBD als direkte Reaktionen auf die Auseinandersetzungen an Bord des Hauptschiffes, Mavi Marmara, der Gaza-Flottille am 31. Mai 2010 eingingen. In allen drei Äußerungen wird eine Analogie zwischen ISRAEL und NS-DEUTSCHLAND hergestellt, wobei sich die Schreiber*innen konkret auf *Nazi-Deutschland* bzw. *Hitler-Deutschland* beziehen und verschiedene tertia comparationis anführen. Ebenjene bilden den konzeptuellen Bezugspunkt, der als Legitimationsmittel für den Vergleich fungieren soll (vgl. dazu Schwarz-Friesel ²2013: 197). In (166) handelt es sich dabei um die Krankheitsmetapher des *Krebsgeschwürs*, die zudem als Instrument der Diffamierung zum Einsatz kommt, in (167) und (168) sind es die VON ISRAEL BEGANGENEN TATEN, die als Gemeinsamkeit mit dem nationalsozialistischen Deutschland angeführt werden:

(166) ISRAEL, WIE *NAZI-DEUTSCHLAND*, EIN KREBSGESCHWÜR IN DER WELT !!! (IBD_31.05.2010; kursive Hervorh. L. G.)

(167) Das was Sie da gegen Die Schiffe mit Privatpersonen getan haben, verurteile ich genau wie Ihre Siedlungspolitik. ich bin 1952 geboren und habe immer zu Israel gehalten aber nun sag ich das Israel auch nicht besser ist wie das *Hitlerdeutschland* es war. Unschuldige töten NEIN DANKE (IBD_31.05.2010; kursive Hervorh. L. G.)

(168) ich bin seit vielen Jahren ein Freund Israels und habe in meiner Familie und im Freundeskreis immer die Position Israels vertreten (auch wenn ich oft gegen meine eigene Meinung argumentieren musste. Der heutige Angriff gegen den Schiffskonvoi stellt aber alle Ihre bisherigen Menschenrechtsverletzungen in den Schatten. Schämen Sie sich über dieses brutale Vorgehen Ihrer Armee !!! Ich wurde oft gefragt, wo ist eigentlich der Unterschied zwischen dem was *Nazi-Deutschland* den Juden angetan hat, und dem was der Staat Israel treibt ? Seit heute weiß ich hierauf

---

[87] Dies ist selbst dann der Fall, wenn die Produzent*innen solcher Äußerungen selbst eine positive Haltung gegenüber der NS-Ideologie besitzen, s. dazu Kap. 3.4.1.1 sowie Schwarz-Friesel/Reinharz (2013: 181 f.).

keine Antwort mehr. Israel hat mit dieser Aktion einen weiteren Freund verloren!! (IBD_31.05.2010; Hervorh. L. G.)

In den beiden letzten E-Mails formulieren die Verfasser*innen zusätzlich zu den antisemitischen NS-V auch Selbstdarstellungen, die sie als Legitimierung der nachfolgenden Äußerungen einsetzen.[88] *Ich habe immer zu Israel gehalten* sowie *ich bin seit vielen Jahren ein Freund Israels und habe immer die Position Israels vertreten* etc. sind typische Argumentationsmuster, mit denen sich Schreiber*innen als ehemals Israel zugewandt positionieren, sich jedoch ‚wegen des israelischen Verhaltens abwenden mussten' und sich selbst in der Pflicht sehen, an Israel zu appellieren.[89]

Auch der Direktiv in Form der Maßregelung *Schämen Sie sich* in (168) wird in den untersuchten Texten in dieser oder ähnlicher Gestalt verwendet, um mitunter die persönliche Empörung bzgl. der geschilderten Sachverhalte auszudrücken. Weitere bewusste und unbewusste Beweggründe, die mit einer solchen Sprechhandlung einhergehen, begründen Schwarz-Friesel/Reinharz (2013: 219) mit der Feststellung, dass Äußerungsproduzent*innen die Aufforderung, sich zu schämen, häufig artikulieren,

> [...] um Israel gegenüber mit moralischer Überlegenheit entgegenzutreten. Hier wird ganz offensichtlich mittels der Täter-Opfer-Umkehr die emotionale Dimension von Scham und Schande, die kollektiv in Bezug auf die deutsche NS-Vergangenheit gefühlt werden sollte bzw. müsste, auf Israel übertragen.

In Bezug auf den Gaza-Konflikt 2014 und der damit verbundenen israelischen Militäroperation formulieren Schreiber*innen Vergleiche, in denen sie Analogien zu NS-Deutschland herstellen. In (169) wird dies außerdem mit dekontextualisierenden Bezügen auf die rassistische Praxis der Apartheid in Südafrika verknüpft.[90] Auch in (170) findet sich eine solche Dekontextualisierung, die infolge eines Berichts der Menschenrechtsorganisation Amnesty International formuliert und an die IBD gesendet wurde. In beiden Texten liegt zudem eine Komparation vor, im Zuge derer die Negativbewertung gegenüber Israel im Vergleich zu Südafrika und NS-Deutschland gesteigert wird. In (169) bewertet der*die Ver-

---

[88] Zu den argumentativen Strategien, die in den Zuschriften an die IBD sowie den ZdJ ermittelt wurden, s. umfassend Schwarz-Friesel/Reinharz (2013: 346–398).
[89] In 47 E-Mails wurden Wendungen wie jene codiert, die z. T. mit dem Stereotyp ISRAEL IST SELBST SCHULD AM ANTISEMITISMUS verknüpft sind. Diese Problematik im Zusammenhang mit moralischen Appellen an Israel führt Kap. 5.3 aus.
[90] Zum Begriff der Dekontextualisierung in NS-V/M s. Kap. 3.2.2 sowie zur Apartheidanalogie in Bezug auf Israel s. Schwarz-Friesel/Reinharz (2013: 216–222).

5.2 Konstituenten der antisemitischen NS-Vergleiche und NS-Metaphern — 251

fasser*in *Südafrika* und *Nazideutschland* polemisch als *reinste Paradise* gegenüber Israel und artikuliert in diesem Zusammenhang Vernichtungsphantasien. Daneben liegt mit der Äußerung in (170) ein expliziter Komparativvergleich vor.

(169) Ich bin gegen Judenvernichtung, um es klar zu sagen, aber ich bin für die Ausrottung Israel, ein Terror und Apartheitsstaat. Südafrika und *Nazideutschland* waren dagegen die reinsten Paradise. (IBD_02.08.2014; Hervorh. L. G.)

(170) Ich finde auch, dass Amnesty die Realität verzerrt. Israel ist KEIN Apartheitsstaat. Vielmehr ist Israel schlimmer als das *dritte Reich*, wo Palästinenser noch grausamer behandelt werden als damals die Juden und die damals immerhin zu Recht. (IBD_25.03.2014; kursive Hervorh. L. G.)

Produzent*innen von NS-V/M beziehen sich zusätzlich zum Verweis auf den NS-Staat außerdem auf die politische Herrschaftsform. So finden sich in 47 Texten direkte Referenzen auf die nationalsozialistische Gewaltherrschaft, die als *Regime* bezeichnet wird. Mit diesen Analogien zwischen der israelischen Regierungsform und dem *NS*- bzw. *Nazi-Regime* delegitimieren sie das politische System Israels als undemokratisch und diktatorisch:

(171) Man kann die Israelische Regierung durchaus mit dem *NAZI-Regime* vergleichen. Zum Teil gleiche Gedankenzüge! (ZDJ_27.07.2006; kursive Hervorh. L. G.)

(172) Kindermörder. So langsam werdet ihr dem *Nazi-Regime* immer ähnlicher. (IBD_24.07.2014; Hervorh. L. G.)

(173) Ihre Propaganda und Ihre Methoden erinnern ganz stark an die Methoden des *Hitlerregimes*. Die durch das *Hitlerregime* ermordeten Menschen würden sich im Grab umdrehen und auf Sie spucken wenn sie wüßten wie der Staat Israel sich verhält und offensichtlich die Methoden des *Hitlerregimes* perfektioniert habt und sich auf eine Stufe mit diesen Verbrechern stellt. (IBD_17.01.2009; Hervorh. L. G.)

In (171) bilden die *gleichen Gedankenzüge* das tertium comparationis und in (172) fungiert das klassisch antisemitische Stereotyp KINDERMÖRDER, welches hier auf Israel projiziert wird, als gemeinsamer konzeptueller Bezugspunkt. Der*die Verfasser*in von (173) wiederholt sowohl die Komparationsbasis *Hitlerregime* als auch das tertium comparationis *der gleichen Methoden* mehrfach.[91]

---

[91] In den untersuchten NS-V/M wurde der Terminus *NS-Methoden* in dem Zusammenhang erfasst. Zur Erläuterung dieses tertium comparationis s. Kap. 5.3.1 sowie entsprechende Ausführungen in Eitz/Stötzel (2007: 476–488).

Außerdem kommt im Kotext eine Referenz auf die Opfer der Shoah, welche die Handlungsweisen des israelischen Staates im Rahmen der militärischen Operation Cast Lead verachten würden, zum Ausdruck. Die Phraseologismen *sich im Grab umdrehen* und *auf Sie spucken* fungieren hierbei als Emotionsausdrücke, die sich auf Empörung und Missbilligung der NS-Opfer bzgl. scheinbarer o. ä. aktueller israelischer Vorgehensweisen beziehen. Mit dem Verweis auf *die durch das Hitlerregime ermordeten Menschen* stellt sich der*die Schreiber*in als eine Art Fürsprecher*in der Opfer des NS-Regimes und damit als reflektierte und moralisch agierende Person dar. Hierbei handelt es sich jedoch nicht um eine direkte und explizite Selbsterhöhung, sondern um eine indirekte Ausprägung dieser Absicherungsstrategie.[92]

5.2.2 Referenz auf Nazis

Mit den Bezeichnungen *Nazi, Nazis* und *Nationalsozialisten* werden in antisemitischen NS-V/M Juden*Jüdinnen, Israelis, die israelische Regierung oder einzelne Personen dämonisiert und verunglimpft. Der Gebrauch von *Nazi* als „Vorwurfs- und Diffamierungsvokabel" (Eitz/Stötzel 2009: 256)[93] sowie der Bezug auf jene in der Funktion als Vergleichs- und Metaphernkonstituenten bildet in den Korpustexten die häufigste Realisierungsform von NS-V/M. Im Zuge der Untersuchung wurden 306 Äußerungen ermittelt, in denen Analogiekonstruktionen zwischen den Konzepten NATIONALSOZIALIST*INNEN und JUDEN*JÜDINNEN und/oder ISRAELIS vorliegen. Dies entspricht einem relativen Anteil von 27,1 % hinsichtlich der Gesamtmenge aller Komparationsbasen bzw. metaphorischen Ursprungsbereiche. Da es sich in den analysierten E-Mails an die IBD und den ZdJ ausschließlich um antisemitische NS-V/M handelt, stellt die Verwendung der Bezeichnung *Nazi* in diesem Zusammenhang stets eine Instrumentalisierung des Begriffs dar, durch den irrationale Kontrastierungen und „absolute Täter-Opfer-Oppositionen" (Schwarz-Friesel/Reinharz 2013: 231) geschaffen werden.[94] Beispiel (174) verdeutlicht diesen Sachverhalt anhand des Bezugs auf die

---

92 Die Formen der offensiven Selbsterhöhung im Zusammenhang mit der Legitimierungsstrategie erläutern Schwarz-Friesel/Reinharz (2013: 351–356) anhand verschiedener Kategorien, wie der Bejahung positiv bewerteter Normen oder der Angabe biographischer Daten durch die Textproduzent*innen selbst.
93 Zur Begriffsgeschichte und -entwicklung sowie der Verwendung dieser Bezeichnung im öffentlichen Kommunikationsraum s. ausführlich Eitz/Stötzel (2009: 256–276).
94 In anderen Kontexten und Kommunikationssituationen fungiert die Verwendung von *Nazi* bspw. als Schimpfwort, mit dem eine Beleidigung ausgedrückt wird (vgl. Eitz/Stötzel 2007: 316 sowie Kap. 3.3.2). Der inflationäre Gebrauch und die damit einhergehende Instrumentalisierung des Ausdrucks trägt u. a. zur Relativierung und Banalisierung der nationalsozialistischen

5.2 Konstituenten der antisemitischen NS-Vergleiche und NS-Metaphern — 253

NS-Verbrechen an den jüdischen Opfern. Der Vergleich zwischen den *Nationalsozialisten* und der *israelischen Regierung* wird hierbei durch die Formulierung *nichts anderes als*[95] angezeigt:

(174) Jedoch muss ich nunmehr feststellen das die Israelische Regierung nichts anderes macht als die *Nationalsozialisten* mit den juden im dritten Reich. Es werden Kinder ermordet und Familien auseinander gerissen. (ZDJ_10.08.2006; Hervorh. L. G.)

In den folgenden Textausschnitten etablieren die Verfasser*innen ähnliche Analogien, die sie im Rahmen von aggressiven Sprechakten zusammen mit Beschimpfungen und Ausdrücken der verbalen Gewalt artikulieren.[96] In diesem Kontext werden u. a. die expressiven Funktionen solcher Äußerungen deutlich, da einerseits durch die NS-V/M negative Bewertungen und damit verbunden persönliche emotionale Einstellungen artikuliert werden. Andererseits ist zu konstatieren, dass die expliziten Beschimpfungen zusätzlich als (affektive) Verstärkung der de-realisierenden Schmähungen fungieren. In (175) bezieht sich der*die Schreiber*in zunächst auf *israelische Arschlöcher*, die nicht genauer definiert sind – deren Negativbewertung als *heutige Nazis* wird jedoch gegenüber den deutschen Nationalsozialist*innen mittels der Komparativform *schlimmer* gesteigert.[97] Der Text endet mit einer Verwünschung, die sich gegen israelische Personen richtet, welche der*die Verfasser*in nunmehr als *israelische Naziarschlöcher* angreift:

(175) weil isrealische Arschlöcher menschenverachtend egoistisch und dadurch die heutigen *Nazis* sind – nur schlimmer, weil sie das Leid kennen: Nieder mit den *israelischen Naziarschlöchern* !!! (IBD_05.12.2012; Hervorh. L. G.)

Die Äußerung in (176) zeigt eine Referenz auf den israelischen Staat, der in Analogie zu *den Nazis* durch die okkasionelle Bildung eines Kompositums als *Nazi-Israel* diskreditiert wird. Die Verwendung der Majuskeln dient zudem als

---

Gewaltherrschaft bei. Zu den langfristigen Effekten dieser Sprachpraxis und den damit einhergehenden Gefahren s. Kap. 3.4.3.
[95] *Nichts anderes als* erfasst Vargas (2008) als eine Kategorie der Reformulierungen, s. dazu die Ausführungen bzgl. der Modalitätsvergleiche auf der Textebene in Kap. 2.3.1.
[96] Aggressive Sprechakte und ihre expressive Funktion werden in Kap. 3.4.1.1.2 erörtert, s. dazu auch Havryliv (2009) und Schwarz-Friesel/Reinharz (2013: 300 f.).
[97] Zur Verwendung von Komparativkonstruktionen in NS-V s. Kap. 5.1.1.2 sowie zu den lexikalischen Vergleichsindikatoren der temporaldeiktischen Ausdrücke Kap. 5.1.2.4.

Hervorhebung der Analogiebildung, in deren Zusammenhang Israel außerdem als MISSGEBILDETER UNRECHTSSTAAT konzeptualisiert ist:

(176) Der Krueppel- und Unrechtsstaat Israel ist die Fortsetzung der kranken Gedanken der NAZIS – deshalb nenne ich Israel *NAZI ISRAEL!* (IBD_15.06.2009; kursive Hervorh. L. G.)

Die okkasionelle Bildung von Determinativkomposita, wie *Nazi-Israel* oder *Nazi-Jude* in (177), ist eine Art der sprachlichen Realisierung von NS-V/M.[98] Bei diesen Formen wird die konzeptuelle Verbindung zwischen dem ISRAELISCHEN STAAT, ISRAELIS sowie JUDEN*JÜDINNEN und NAZIS bzw. dem NATIONALSOZIALISMUS auf Basis bestimmter, als gemeinsam proklamierter, Merkmale geschaffen. Die tertia comparationis müssen hierbei jedoch nicht explizit genannt sein, wie die nachfolgenden Korpusbeispiele demonstrieren, in denen sich Verfasser*innen auf den ehemaligen israelischen Außenminister Avigdor Lieberman beziehen:

(177) Lieberman in Muenchen. WIE DUMM IST DIESER *NAZIJUDE*. (IBD_29.04.2011; kursive Hervorh. L. G.)

(178) Lieberman, diesen *JUDEN-NAZI* sollte man als persona non grata nie nach D. einreisen lassen. Solche Dreckskerle brauchen wir nicht! scheiss arroganter jude (IBD_06.12.2012; kursive Hervorh. L. G.)

Im Unterschied zur Äußerung in (177), die im Rahmen eines Staatsbesuches Liebermans an die IBD gerichtet war, wird dieser in (178) nicht als *Nazi-Jude*, sondern als *Juden-Nazi* diffamiert.[99] Da in Determinativkomposita das Determinatum, d. h. die zweite Konstituente, die Bedeutung des gesamten Kompositums angibt und das Determinans als erste Einheit die zweite semantisch näher bestimmt (vgl. Skirl 2010: 25 f.), werden in beiden Beispielen unterschiedliche Bestandteile fokussiert. In *Nazi-Jude* wird der Angesprochene in stereotypisierender Weise als JUDE MIT EIGENSCHAFTEN EINES NAZIS konzeptualisiert, wohingegen mit *Juden-Nazi* die stereotype Konzeptualisierung NAZI MIT JÜDISCHEN EIGENSCHAFTEN aktiviert wird. In beiden Fällen finden jedoch de-realisierende

---

98 Kap. 3.3.2 erläutert morphologische Aspekte dieser okkasionellen Wortbildung und beleuchtet in diesem Zusammenhang verschiedene Nazi-Komposita.

99 Lieberman solle nach Auffassung des*der Verfassers*in ebenso wie Günter Grass, der infolge seines Gedichts von Israel zur persona non grata erklärt wurde, ein Einreiseverbot nach Deutschland erhalten.

Analogiebildungen zwischen den Konzepten JUDE und NAZI statt,[100] die als sprachliches Instrument der Diffamierung zum Einsatz kommen. In folgendem Textausschnitt ist ein ähnliches Phänomen ersichtlich, das außerdem eine typische Ausprägung der Umwegreferenz darstellt,[101] in der sich der*die Verfasser*in explizit auf *Zionist*innen* bezieht. Sie bilden in (179) den metaphorischen Zielbereich, der durch den konzeptuellen Ursprungsbereich NAZIS charakterisiert wird:

(179) *Zionazis*! Ihr denkt ihr koennt die gleichen Verbrechen begehen, die man gegen das Volk der Juden im Dritten Reich begangen habt? (ZDJ_01.08.2006; Hervorh. L. G.)

Die Metapher *Zionazis* liegt als Determinativkompositum vor, das infolge einer Amalgamierung gebildet wurde und die Endung des Determinans getilgt ist. Die Konzeptualisierung von ZIONIST*INNEN als NAZIS soll durch einen solchen Okkasionalismus[102] evoziert werden. Basierend darauf diskreditieren und delegitimieren Äußerungsproduzent*innen sowohl das zionistische Modell als auch seine Vertreter*innen. Als tertium comparationis führt der*die Schreiber*in *die gleichen Verbrechen*, wie sie von NS-Deutschland an den Opfern der Shoah begangen wurden, an, spezifiziert diese jedoch nicht genauer. Auch wenn Palästinenser*innen im gesamten Text der E-Mail nicht explizit erwähnt sind, ist im Inferenzprozess (durch Hinzuziehen von Weltwissen) abzuleiten, dass sie als OPFER DER ZIONISTISCHEN TÄTER*INNEN konzeptualisiert werden.

5.2.3 Referenz auf Hitler

Die Bezugnahme auf Adolf Hitler ist innerhalb der untersuchten Äußerungen eine der häufigsten Realisierungsformen von NS-V/M in den E-Mails an die IBD

---

100 Diese Wortbildungen stellen m. E. Schnittstellenphänomene zwischen Metaphern und heterogenen Vergleichen dar. Durch den Ausdruck der IST-Relation zwischen JUDE und NAZI in (176) findet eine Konzeptübertragung zwischen zwei Personen statt. Da es sich hierbei um menschliche Lebewesen handelt, ergibt sich keine typisch semantische Kontradiktion, jedoch ein konzeptueller, auf einer Dekontextualisierung beruhender, Widerspruch.
101 Die Umwegkommunikation als Merkmal des Post-Holocaust-Antisemitismus wird in Kap. 3.6.1.1 erläutert. Zum israelbezogenen Antisemitismus und der Entwicklung des Antizionismus s. Kap. 3.6.1.2 sowie zur Verwendung dieses und ähnlichen Vokabulars in antiimperialistischen antizionistischen Zusammenhängen s. Kloke (^{2}1994: 171–173), Haury (2002, 2004) und Rensmann (2004: 297–321).
102 Okkasionelle Metaphernbildungen als Phänomen der Semantik-Pragmatik-Schnittstelle beleuchtet Skirl (2010).

und den ZdJ. Mit insgesamt 173 Textbelegen, die einen Anteil von 15,3 % im Hinblick auf die Menge sämtlicher Komparationsbasen und metaphorischen Ursprungsbereiche darstellen, liegt hiermit eine charakteristische Ausprägung der personenbezogenen NS-V/M vor.[103] Sie fungieren ebenso wie die Referenz auf Nazis als kommunikative Strategien, die als Instrument der Diffamierung eingesetzt werden, um Personen oder Personengruppen zu unterstellen, „dass in ihnen nationalsozialistisches Gedankengut weiterlebe bzw. dass sie nationalsozialistische Verhaltensweisen tradierten" (Eitz/Stötzel 2007: 295). Durch die Gleichsetzung mit Adolf Hitler, der nicht nur als Vertreter, sondern auch als Personifikation für die nationalsozialistische Gewaltherrschaft steht, werden Politiker*innen und Repräsentant*innen von israelischen oder jüdischen Institutionen, Juden*Jüdinnen sowie der israelische Staat generell mitsamt seiner Bevölkerung dämonisiert.[104] Die damit einhergehende Empörung, welche einerseits von Äußerungsproduzent*innen selbst ausgedrückt wird und andererseits auf der Seite der Rezipient*innen erzeugt werden soll, richtet sich gegen die Adressat*innen, d. h. die in den Vergleichsgrößen oder Metaphernkonstituenten benannten Personen, selbst. Neben diesem direkten Bezug auf die Dämonisierten wird die Empörung außerdem explizit oder implizit hinsichtlich der Umstände und Entscheidungsträger*innen artikuliert, die solche Handlungs- und Denkweisen überhaupt ermöglichen und zulassen würden.[105]

(180) Mir fehlen die Worte,wenn ich die aktuellen Bilder in den Nachrichten sehe. Was glaubt ihr Israelis eigendlich wer Ihr seit und was Ihr so tun könnt??? Ihr leidet unter Größenwahn!!!! *Hitler* war scheiße,aber Ihr seit nichts besser.!!! (IBD_19.07.2006; Hervorh. L. G.)

---

[103] Dies demonstrieren darüber hinaus entsprechende Beispiele aus dem öffentlichen Kommunikationsraum, s. dazu sowohl die Äußerungen in den exemplarischen Textbeispielen in Kap. 3 als auch die Belege im Wörterbucheintrag zu den Hitler-Vergleichen in Eitz/Stötzel (2007: 295–317), in dem auch Hitler-Metaphern unter diesen Terminus subsummiert sind.

[104] Schwarz-Friesel/Reinharz (2013) halten in Bezug auf die Realisierung solcher Vergleiche fest: „Der gesamte Staat Israel wird entweder direkt mit dem Nazi-Regime gleichgesetzt oder über die Nennung von Namen bekannter NS-Verbrecher in Analogie zu ihm gesetzt" (ebd.: 232).

In diesem und dem folgenden Kap. werden NS-V/M beschrieben, in denen Schreiber*innen auf Funktionäre der NS-Herrschaft referieren. Da der Bezug auf Adolf Hitler hierbei deutlich überwiegt (mit 139 vs. 24 codierten Belegen), wird dieser Sachverhalt im vorliegenden Kap. separat behandelt und im Anschluss unter 5.2.4 der Fokus auf weitere NS-Verbrecher gelegt, die in den untersuchten Äußerungen angeführt sind.

[105] Zur Illokution und Perlokution sowie dem damit einhergehenden Emotionspotenzial von NS-V/M s. Kap. 3.4.

5.2 Konstituenten der antisemitischen NS-Vergleiche und NS-Metaphern — 257

Der Ausschnitt in (180) zeigt den Beginn einer E-Mail, der von Emotionsausdrücken geprägt ist, mithilfe derer der*die Verfasser*in die persönliche Betroffenheit und Empörung bzgl. des militärischen Vorgehens Israels im Libanonkrieg 2006 äußert. Die Konstruktion *mir fehlen die Worte* sowie der Exklamativsatz *Was glaubt Ihr wer Ihr seid?*, die Wiederholung der Interpunktionszeichen als Emphasesignale und die Beschimpfung am Ende bringen die emotionale Haltung verstärkt zum Ausdruck. Indem der*die Schreiber*in die personaldeiktischen Ausdrücke *Ihr* sowie *ihr Israelis* generalisierend als Komparandum einsetzt und damit die Adressat*innen des Vergleichs bestimmt, werden die Vertreter*innen der IBD als Empfänger*innen der E-Mail gemeinsam mit der israelischen Bevölkerung als Personen diskreditiert, die *nicht besser als Hitler* sind.[106]

Obwohl in zahlreichen Texten Analogien zwischen Adolf Hitler und konkret benannten Persönlichkeiten hergestellt werden, beziehen sich die Produzent*innen u. a. auf mehr oder weniger klar definierte Personengruppen, die sie durch die Gleichsetzung zu diffamieren beabsichtigen. Neben der Äußerung in (180) und der NS-M in (164)[107] verdeutlicht das auch folgender Textausschnitt:

(181) Es gibt 9,4 Mio. Palästinenser und die wollt ihr miesen kleinen Juden alle liquidieren. Im Vergleich dazu war *Hitler* mit seinen n u r 6 Mio. ja noch ganz human. (IBD_18.11.2012; kursive Hervorh. L. G.)

Diese E-Mail beinhaltet einen Komparativ, der zwar ohne die morphologischen Spezifika realisiert wurde, aber dafür durch die Gegenüberstellung der Anzahl von ermordeten Juden*Jüdinnen in der Shoah (*nur 6 Mio.*) und der gesamten Bevölkerungszahl der Palästinenser*innen (*9,4 Mio.*) ausgedrückt wird. Juden*Jüdinnen, die in der Beleidigung *ihr miesen kleinen Juden* als JÜDISCH-ISRAELISCHES KOLLEKTIV konzeptualisiert sind, verdächtigt der*die Schreiber*in, Palästinenser*innen *liquidieren* zu wollen. Gegenüber dieser de-realisierenden Unterstellung sei *Hitler* und in dem Zusammenhang die tatsächliche Vernichtung von Juden*Jüdinnen während der NS-Zeit als *noch ganz human* zu bewerten. Mit solchen Äußerungen und Verhöhnungen drücken Verfasser*innen außerdem ihre positive Haltung gegenüber der Ermordung von Juden*Jüdinnen sowie der NS-Herrschaft allgemein aus oder nehmen für die Täter*innen-Opfer-Umkehr eine extreme Verharmlosung der NS-Verbrechen in Kauf.

---

[106] Zur sprachlichen Realisierung von NS-V durch die Verwendung von Negationen, wie *nicht besser als*, s. Kap. 5.1.2.2.
[107] Hitler-Metaphern, die in Bezug auf verschiedene metaphorische Zielbereiche zum Ausdruck kommen, beleuchtet Kap. 5.1.4.

Des Weiteren zeigt sich in der einseitigen Fokussierung auf Adolf Hitler und auf einige wenige NS-Funktionäre das Bedürfnis, sie als Alleinverantwortliche der nationalsozialistischen Verbrechen zu identifizieren und damit die deutsche Gesellschaft (inklusive sich selbst) bzgl. ihrer NS-Vergangenheit zu entlasten.[108] Dass gerade im Rahmen von Vergleichen mit Hitler oder in Hitler-Metaphern, Verfasser*innen zusätzlich zur Analogieherstellung zwischen dem Diktator und bestimmten Personengruppen auf spezifische israelische und/oder jüdische Persönlichkeiten referieren, wurde anhand der Metapher in (165) demonstriert.[109] Im Zuge der Korpusanalyse traten auch jene Varianten der NS-V/M zutage, in denen Analogierelationen zwischen amtierenden israelischen Ministerpräsidenten und Hitler explizit hergestellt werden, wie die folgenden Textbeispiele bzgl. Benjamin Netanjahu illustrieren:

(182) Netanjahu der *HITLER* des Judenlandes. Liebermnan der Handlanger. HEIL ISRAEL!!!!!!!!!!!!!!!!!!!!!!!!!!!!!! (IBD_00.05.2010; kursive Hervorh. L. G.)

(183) Soll ich die Reinkarnation *Adolf Hitlers*, also den Netanjahu mal mit Heil mein Führer oder Heil Hitler ansprechen? Nicht dass ich dieses Schwein so ansprechen würde, nur als hypothetische Frage. (IBD_00.07.2014; Hervorh. L. G.)

Im Unterschied zu (182) und (183) sind in der E-Mail in (184) die tertia comparationis, die den Vergleich zwischen Hitler und Netanjahu legitimieren sollen, konkret benannt und argumentativ eingebunden. Die ANNEXION ANDERER NATIONEN und die TÖTUNG VON UNSCHULDIGEN werden hier als gemeinsame Merkmale angeführt und durch den Gebrauch der Fokuspartikel *auch* hervorgehoben:[110]

---

108 In den Untersuchungen zum Schulddiskurs der frühen Nachkriegszeit eruiert Kämper (2005) das Bedürfnis, auf bestimmte Funktionsträger*innen im NS-Apparat als die „*wirklich Schuldigen*" (ebd.: 303; Hervorh. im Original) zu referieren und sie „[...] zu einer Handvoll Verbrechern [zu] [konzentrieren]" (ebd.). Heer (2008) analysiert in seiner Publikation „Hitler war's – Die Befreiung der Deutschen von ihrer Vergangenheit" ebendiese Geschichtsdarstellungen u. a. in Fernsehreportagen und deckt anhand des Materials damit einhergehende Entlastungsfunktionen in der deutschen (Post-Holocaust-)Gesellschaft auf.
109 Auch diverse NS-V/M aus dem öffentlichen Kommunikationsraum beinhalten Hitler-Metaphern, wie u. a. das Beispiel der Äußerung von Herta Däubler-Gmelin in (46) zeigt (s. Kap. 3.2.2).
110 Im Text in (184) greift der Verfasser zudem auf die Absicherungsstrategie der Selbstlegitimierung zurück, indem er den Vergleich mit biographischen Angaben zu seiner Herkunft (*als Schweizer Bürger in Deutschland lebend*) einleitet (vgl. Schwarz-Friesel/Reinharz 2013: 351–357). Der NS-V wird dabei sowohl durch die Konstruktion *Netanjahu hat von Nazi-Deutschland gelernt* sowie mithilfe des vergleichsbezeichnenden Lexems in *ist mit Hitler vergleichbar* angezeigt. Speziell zu diesen sprachlichen Realisierungsformen s. Kap. 5.1.2.1 und 5.1.2.8.

5.2 Konstituenten der antisemitischen NS-Vergleiche und NS-Metaphern — 259

(184) Als Schweizer Bürger in Deutschland lebend verurteile ich die Morde an der Zivilbevölkerung im Gaza Streifen durch Israelitische Mörder. Ihr Herr Netanjahu hat sehr viel von Nazi Deutschland gelernt und ist durchaus mit *Hitler* vergleichbar, welcher auch Land anderer Nationen annektierte und unschuldige Leute töten ließ. (IBD_25.07.2014; Hervorh. L. G.)

In den E-Mails, die vor 2009, der zweiten Amtszeit Netanjahus als Ministerpräsident, an die IBD und den ZdJ gesendet wurden, beziehen sich Schreiber*innen in ihren Metaphern und Vergleichen mit Hitler u. a. auf die zum jeweiligen Zeitpunkt amtierenden israelischen Ministerpräsidenten Ariel Scharon oder Ehud Olmert:

(185) Erinnern Sie sich noch daran, was *Hitler* einst in Polen tat ?! Nichts mehr und nichts weniger ist es, was einst der Kriegsverbrecher und Massenmörder ariel sharon tat. Nichts mehr und nichts weniger ist es, was heute der Kriegsverbrecher und Massenmörder ehud olmert macht! (ZDJ_04.08.2006; Hervorh. L. G.)

Auch zwischen Yakov Hadas-Handelsman, dem israelischen Botschafter, und Adolf Hitler wird durch die Verwendung von lexikalischen Vergleichsindikatoren, wie in (186), oder mittels Anspielungen, in (187), eine Analogiebeziehung etabliert:

(186) sehr geehrter herr botschafter – vergleicht man die bilder des warschauer aufstsndes und dessen niederschlagung, so erinnert es mich doch sehr an das, was sie und ihre regierung z.zt in gaza veranstalten – sie haben sehr gut von *adolf hitler* gelernt (IBD_31.07.2014; Hervorh. L. G.)

(187) Die *jüdische 88* steht wohl für *Heil Handelsman*. (IBD_25.01.2013; Hervorh. L. G.)

Das letzte Beispiel verdeutlicht, dass Analogien auch dann gebildet werden, obwohl Vergleichsgrößen auf der Sprachoberfläche nicht benannt sind. Durch die Anspielung auf den in rechtsextremen Kontexten verwendeten Code *88*,[111] der für die Buchstaben HH und damit für *Heil Hitler* steht, sowie dessen Attribuierung als *jüdische 88* wird zu verstehen gegeben, dass HH in diesem Zusammenhang als *Heil Handelsman* interpretiert werden sollte. Im Zuge des Inferenzprozesses ist es Rezipient*innen möglich, die referenzielle Unterspezifikation

---

111 Zu diesen und anderen politischen Codes und Symbolen sowie deren Funktion in rechten Zusammenhängen s. ausführlich Korgel/Borstel (2002).

mit Informationen aus dem Weltwissen anzureichern und somit die Analogie zwischen Handelsman und Hitler herzustellen.[112]

Die Produzent*innen der untersuchten NS-V/M, in denen Gleichsetzungen mit Adolf Hitler vorliegen, beziehen sich nicht nur auf konkrete Personen oder Personengruppen, sondern referieren bspw. auch auf den Staat Israel, der in der Metapher in (188) als *Tyrann namens Hitler* personifiziert wird. In (189) artikuliert der*die Verfasser*in konkret die eigene Befugnis, Israel mit Hitler, basierend auf dem tertium comparationis des RASSISMUS, vergleichen zu können. Dabei wird der Vergleich zuerst metasprachlich thematisiert und anschließend mithilfe der lexikalischen Vergleichsindikatoren *nichts anderes* und *auch* realisiert.

(188)   Ist Isreal mutiert zu einen *Tyrannen Namens Hitler* (sorry für die Worte aber Millionen denken auch so) der alle Töten will den ihn in die Quere kommt ? (ZDJ_02.08.2006; Hervorh. L. G.)

(189)   Also wenn ich das mal sagen darf und ich nehme mir dieses Recht des Vergleiches, Israel macht nichts anderes wie es *HITLER* gemacht hat ! Auch Israel macht sich des Rassismus SCHULDIG ! (ZDJ_04.05.2007; kursive Hervorh. L. G.)

Nach der Herstellung der Analogiebeziehung zwischen ISRAEL und HITLER formuliert der*die Produzent*in von (188) den abschwächenden (schein-)höflichen Einschub *sorry für die Worte* und verbindet dies mit dem Argumentationsmuster der Rechtfertigung. Durch den anschließenden Bezug auf andere Personen (*Millionen*), die *auch so denken*, soll die geäußerte Behauptung abgesichert werden.

5.2.4 Referenz auf NS-Funktionäre

Israelische und/oder jüdische Persönlichkeiten werden in personenbezogenen NS-V/M u. a. mit NS-Funktionären gleichgesetzt. Solche Analogiekonstruktionen liegen in 29 Äußerungen vor und damit durchaus seltener als die im vorhergehenden Kapitel erörterten Vergleiche und Metaphern, in denen Verfasser*innen konzeptuelle Bezüge zu Adolf Hitler herstellen.[113] Im Hinblick auf die Gesamt-

---

[112] Die referenzielle Unterspezifikation und die Elaboration des Textweltmodels erläutern Schwarz-Friesel/Consten (2014: 66 f.). Referenziell unterspezifizierte Angaben in NS-V thematisieren die Kap. 3.2.2 und 5.2.9.
[113] Die Analysen fördern zutage, dass die Komparanden bzw. die metaphorischen Zielbereiche dieser Analogiebildungen überwiegend durch konkrete Personen oder Personengruppen

menge aller Vergleichs- und Metaphernkonstituenten bilden diese Bezugnahmen einen relativen Anteil von 2,6 % und stellen somit den kleinsten Bereich der Komparationsbasen und metaphorischen Ursprungsbereiche dar. Dass solche Äußerungen z. T. auch mehrere Vergleichskomponenten beinhalten können, zeigt die folgende rhetorische Frage, in der neben *Goebbels* auch *Hitler* als Vergleichsgröße fungiert:

(190)   Wieso denke ich immer an *Hitler und Göbbels*, wenn ich die verantwortlichen Politiker Israels reden höre? (IBD_16.01.2009; Hervorh. L. G.)

Im Kontext der Militäroperation Cast Lead werden in (190) die *dafür verantwortlichen israelischen Politiker*innen* kollektiv mit *Hitler* und *Goebbels* in eine Analogierelation gebracht, die sich auf die vorgeblichen Gemeinsamkeiten hinsichtlich der Reden dieser Politiker*innen gründet. Ob sich der*die Schreiber*in hier auf inhaltliche Aspekte oder die Art und Weise bezieht, führt er*sie im Kotext der E-Mail nicht aus. Die Äquivalentsetzung zwischen israelischen Politiker*innen oder diplomatischen Vertreter*innen mit Joseph Goebbels basieren in den Korpustexten auf verschiedenen tertia comparationis. Sie beziehen sich zum einen auf den Bereich der politischen Propaganda, für die Goebbels exemplarisch steht.[114] Hierbei werden sowohl bestimmte Aussagen als auch die Rhetorik von israelischen Vertreter*innen mit den Reden des Reichspropagandaministers in Verbindung gebracht, um ihnen ähnliche Agitationsmethoden und, wie in (191) bzgl. des damaligen UN-Botschafters Dan Gillerman, vergleichbare Geisteshaltungen zu unterstellen:[115]

(191)   Aber es scheint so zu sein – wie bei allen Herrenvölkern – die eigenen Toten sind um ein vielfaches wertvoller als die der anderen – es sind ja

---

besetzt sind und keine allgemeinen Bezüge auf Israel geäußert werden, wie es u. a. im Hinblick auf die Hitler-Vergleiche und -Metaphern der Fall ist (s. dazu Kap. 5.2.3).
114 Als Reichsminister für Volksaufklärung und Propaganda sowie Vorsitzender der Reichskulturkammer trat er u. a. durch seine demagogischen Reden in den Vordergrund und trug in besonderem Maße zur Manifestierung der nationalsozialistischen Ideologie in der Bevölkerung bei (vgl. Benz 2000: 19; Eitz/Stötzel 2009: 143). Zur Instrumentalisierung seines Namens in Goebbels-Vergleichen, deren Entwicklung sowie die Auseinandersetzung damit im öffentlichen Kommunikationsraum s. Eitz/Stötzel (2009: 143–163).
115 Zusätzlich zum Vergleich mit Goebbels wird im Kotext außerdem ein weiterer NS-V artikuliert. Der*die Schreiber*in verwendet in diesem Zusammenhang den Vergleichsjunktor *wie* und den aus dem NS-Vokabular geprägten Ausdruck des *Herrenvolkes*, um auch die israelische Bevölkerung in die Konzeptualisierung einzubeziehen. Zur Verwendung der Lexeme *Herrenrasse/Herrenvolk* und zum Gebrauch von NS-Vokabular in Anspielungen s. Kap. 5.1.4.

nutzlose Tiere, die ausgerottet gehören – so sprach einst *Goebbels* sinngemäß – heute redet Israels UN-Botschafter so. (ZDJ_24.07.2006; Hervorh. L. G.)

Zum anderen ziehen die E-Mailschreiber*innen in ihren Texten Vergleiche, in denen sie das Aussehen von Goebbels thematisieren und dies als tertium comparationis in einer Analogie anführen, um bspw. den israelischen Botschafter in Deutschland zu diffamieren, wie diese beiden Äußerungen demonstrieren:

(192) Ihr Botschafter erinnert mich ein wenig an *Goebbels*. [...] Ich meine von den Gesichtszügen und der Größe. Hahaha. (IBD_02.05.2012; Hervorh. L. G.)

(193) Der Botschafter Yakov Hadas Handelsman sieht auf dem Foto dieser Homepage so aus wie *Joseph Goebbels*, das ist sicher nicht rühmlich, wie ich finde, es sei denn, es soll damit gesagt werden, dass er so einer ist wie *Goebbels*, dann ist das Foto passend (IBD_26.01.2013; Hervorh. L. G.)

Im Unterschied zu dem höhnischen Vergleich in (192),[116] in dem die unterstellte Gemeinsamkeit allein auf dem äußerlichen Erscheinungsbild beruhen soll, wird diese in (193) außerdem auf das Wesen des mit Goebbels Verglichenen ausgedehnt. Die vage Attribuierung, *dass er so einer ist wie Goebbels*, beschreibt jedoch keine konkrete gemeinsame Eigenschaft, die generell in NS-V/M oftmals nicht ausbuchstabiert wird (vgl. dazu Pérennec 2008: 3). Das verdeutlicht auch die folgende rhetorische Frage, in der wiederum Yakov Hadas-Handelsman angesprochen wird:

(194) Jude Handelsman sind sie eher wie Netanjahu und *Hitler* oder wie Lapid und *Hess*??? (IBD_24.01.2013; Hervorh. L. G.)

In dieser Äußerung redet der*die Schreiber*in den Botschafter direkt mit *Jude* an und würdigt ihn herab.[117] Der Sprechakt beinhaltet neben der expressiven

---

[116] Mit der Interjektion *hahaha* imitiert der*die Produzent*in Gelächter über die eigene vorhergegangene Äußerung. Damit kann sowohl Spott als auch die Absicht, diese Äußerung als ironisch zu interpretieren, angezeigt werden. Dafür spricht bspw. auch die Nennung des tertium comparationis in Form eines expliziten Einschubes *Ich meine von den Gesichtszügen und der Größe*. Im Hinblick auf die sprachliche Realisierung wird der Vergleich hier durch die Konstruktion *erinnert an* signalisiert. Mit diesem lexikalischen Vergleichsindikator setzt sich Kap. 5.1.2.6 auseinander.

[117] Zur Verwendung der Bezeichnung *Jude* in der Funktion eines Schimpfwortes in verschiedenen Kontexten s. Hortzitz (1995: 34) und Schwarz-Friesel/Reinharz (2013: 43, 305).

5.2 Konstituenten der antisemitischen NS-Vergleiche und NS-Metaphern — 263

Ausrichtung auch eine direktive und assertive Illokution. Yakov Hadas-Handelsman wird aufgefordert, sich zu positionieren – entweder auf der Seite Netanjahus, der mit Hitler in eine Analogiebeziehung gesetzt ist, oder auf der Seite Yair Lapids, dem damaligen israelischen Finanzminister, der in einen konzeptuellen Zusammenhang mit Hitlers Stellvertreter, Rudolf Heß, gebracht wird. In (194) bringt der*die Produzent*in mehrere Analogiebeziehungen innerhalb einer spöttischen und abwertenden Entscheidungsfrage zum Ausdruck.

Die Gegenüberstellung von Netanjahu und Lapid, die jeweils beide in Verbindung mit NS-Verbrechern genannt werden, suggeriert die konzeptuelle Nähe dieser Politiker mit ebenjenen Nationalsozialisten,[118] welche sich hinsichtlich ihrer Stellung im Staat unterscheiden. Da dieser Umstand auch auf die israelischen Politiker zutrifft, wird die Konklusion nahegelegt, dass hier eine Ähnlichkeit der jeweiligen Personen vorliegt, die jedoch nicht näher definiert ist. Es handelt sich dabei also um einen Sophismus, dem beabsichtigten Trugschluss, der die Nachahmung einer logischen Schlussfolgerung darstellt (vgl. Löhner 2014: 206).[119] Der NS-V umfasst dabei mehrere Ebenen, die innerhalb dieser Frage miteinander verknüpft werden. Neben den Analogien zwischen Netanjahu und Hitler sowie Lapid und Heß wird auch der israelische Botschafter Hadas-Handelsman als NS-VERBRECHER konzeptualisiert, da die Aufforderung an ihn gerichtet ist, sich für eine der Parteien zu entscheiden.

Vergleiche, wie (194), die mehrere Vergleichsgrößen beinhalten, werden von E-Mailschreiber*innen auf unterschiedliche Weise realisiert. Das folgende Beispiel beinhaltet wiederum einen polemischen Komparativvergleich, in dem ein*e Verfasser*in den israelischen Ministerpräsidenten zusammen mit seinem damaligen Stellvertreter und Außenminister, Avigdor Lieberman, Personen gegenüberstellt, die gewisse Spitzenpositionen des NS-Apparats bekleideten.[120] Die Vertreter Israels überträfen demnach den Reichskanzler, Adolf Hitler, den Reichsführer der SS, Heinrich Himmler, den Reichpropagandaminister, Joseph Goebbels und den Oberbefehlshaber der Luftwaffe, Hermann Göring.[121]

---

[118] Diese Form des NS-V wird innerhalb der in Kap. 5.1.2 aufgeführten Realisierungsformen nicht weitergehend erörtert, da solche Analogiebildungen im Zuge der Korpuscodierung lediglich in weniger als fünf Fällen ermittelt wurden.
[119] Pérennec (2008) kennzeichnet in ihren Ausführungen Paralogismen als Formvariante von NS-V, die bspw. durch die Fokuspartikel *auch* ausgelöst werden können (vgl. ebd.: 6 f.).
[120] Dieses Korpusbeispiel wird außerdem in Kap. 5.1.1.2 hinsichtlich der Vergleichsstruktur und der sprachlichen Realisierung erläutert.
[121] Zu biografischen Informationen bzgl. der genannten NS-Funktionäre s. weiterführend Benz (2000: 146, 197, 224 f.) sowie Tofahrn (^{2}2012: 162–164).

(195) Die Connection von Netanjahu und Lieberman ist ja noch besser als *Hitler, Himmler, Goebbels und Göring* zusammen. (IBD_27.10.2012; Hervorh. L. G.)

Schreiber*innen drücken im Rahmen der NS-V/M auch Vernichtungsphantasien bzgl. des israelischen Staates und insbesondere seiner Politiker*innen aus, indem sie ihnen u. a. das gleiche Schicksal wie entsprechenden NS-Größen wünschen.

(196) Ich hoffe der Staat Israel wird irgendwann mit all seinen Verbrechern und Mördern vernichtet werden. Eure Politiker sollten hängen wie *Eichman*, denn sie sind genau so. FUCK ISRAEL (IBD_00.06.2010; kursive Hervorh. L. G.)

In dem Vergleich in (196) werden hinsichtlich des tertium comparationis gleich zwei Aspekte deutlich. Zum einen würden Israels *Politiker* gemeinsame Eigenschaften mit dem SS-Obersturmbannführer Adolf Eichmann aufweisen, der als Referent im Reichssicherheitshauptamt (RSHA) für die Planung und Veranlassung der Shoah verantwortlich war und damit als Personifizierung des sogenannten ‚Schreibtischtäters' gilt (vgl. Tofahrn ²2012: 160; Eitz/Stötzel 2007: 546 f.). Deshalb sollten israelische Politiker*innen die gleiche Todesstrafe, wie sie an Eichmann am 01. Juni 1962 in Israel vollzogen wurde, erhalten. Der in (196) geäußerte Hass und die damit einhergehenden Vernichtungswünsche werden durch die Beschimpfung am Ende, die kollektiv auf Israel bezogen ist, ein weiteres Mal betont.[122]

5.2.5 Referenz auf NS-Organisationen – Wehrmacht und SS

In 5,1 % aller Vergleichs- und Metaphernkonstituenten der NS-V/M, die in den E-Mails an die IBD und den ZdJ geäußert werden, referieren Schreiber*innen auf nationalsozialistische Organisationen, wie die Gestapo, die NSDAP, die SA, die SS und die Wehrmacht.[123] In 58 Korpusbelegen stellen sie Analogierelationen zwischen jenen und israelischen Organisationen her, in denen sie den Staat

---

[122] Solche Handlungen der verbalen Gewalt, die in den Zuschriften an die IBD und den ZdJ codiert sind, werden u. a. im Hinblick auf Vernichtungswünsche sowie Beschimpfungen und Drohungen von Schwarz-Friesel/Reinharz (2013: 299–345) erörtert.
[123] Einen umfassenden Überblick zu diesen Organisationen, deren Aufbau und Funktion geben u. a. Schmitz-Berning (²2007: 424 f., 551 f., 590 f.) sowie Benz (2000: 81–93, 109–115).

5.2 Konstituenten der antisemitischen NS-Vergleiche und NS-Metaphern — 265

Israel diffamieren und die NS-Verbrechen relativieren. Hierbei fokussieren sich die Produzent*innen vorrangig auf militärische Vorgehensweisen Israels sowie auf geheimdienstliche Tätigkeiten. 43 dieser NS-V/M wurden innerhalb von E-Mails artikuliert, die anlässlich militärischer Auseinandersetzungen im israelisch-palästinensischen Konflikt bzw. im Kampf gegen die Hisbollah bei den jeweiligen Institutionen eingingen. Hiermit handelt es sich um die Operationen Cast Lead 2009, Pillar of Defense 2012 sowie Protective Edge 2014 und den Libanonkrieg 2006.[124] Die folgenden beiden Textausschnitte, in denen Analogien zwischen den Israel Defense Forces (IDF) und der Wehrmacht vorliegen, stammen aus E-Mails, die anlässlich des Libanonkrieges[125] an den ZdJ gerichtet waren:

(197) Ich kann keinen wesentlichen Unterschied mehr feststellen zwischen der isrelischen Armee und der *deutschen Wehrmacht* beim Ueberfall auf Polen 1939. Beide sind unglaublich brutal vorgegangen. Warschau wurde auch tagelang bombardiert. (ZDJ_31.07.2006; Hervorh. L. G.)

(198) Die Mittel und Methoden der israelischen Kriegsführung, die sich vor allem gegen die libanesischen Kinder und Frauen, die Zivilbevölkerung, die Infrastruktur richtet, ähneln verblüffend der Kriegsführung der *deutschen Wehrmacht* und führen der Welt bilderbuchhaft vor, was nur noch in Geschichtsbüchern zu finden ist. (ZDJ_13.08.2006; Hervorh. L. G.)

Gegenüber der allgemeinen Beschreibung, die in (198) bzgl. der *Methoden der Kriegsführung* als tertium comparationis angeführt ist, bezieht sich der*die Verfasser*in von (197) konkret auf den *Überfall auf Polen* durch die *deutsche Wehrmacht*, der den Beginn des Zweiten Weltkrieges kennzeichnet. Abgesehen von der Referenz auf die nationalsozialistischen Streitkräfte finden sich im Korpus auch Äußerungen, in denen Analogien zwischen der israelischen Armee und der SS hergestellt werden, wie in diesem Vergleich, der anlässlich des Gazakrieges 2014 an die IBD adressiert wurde.

(199) Ihre Armee, Herr Botschafter, ist doch keinen Deut besser als *Hitlers SS*, die 1943 den Aufstand des Warschauer Ghettos niederschlug. (IBD_00.07.2014; Hervorh. L. G.)

---

[124] Zu einzelnen Diskursereignissen und der Berechnung des Zusammenhangs zwischen militärischen Auseinandersetzungen und der Artikulation von NS-V/M s. Kap. 4.3.2.
[125] In einem Interview mit dem Spiegel kritisierte der Vizepräsident des ZdJ, Salomon Korn, die monoperspektivische Konfliktberichterstattung über den Libanonkrieg, in der er überwiegend Israel als alleinigen Aggressor fokussiert sieht (vgl. Spiegel 2006: 82).

Dass die Bezeichnung SS als eine Chiffre gilt, die NS-Verbrechen beschreibt (vgl. Eitz/Stötzel 2007: 567), zeigen u. a. Äußerungen, in denen die israelbezogenen Vergleichs- oder Metaphernkonstituenten nicht explizit benannt sind, sondern generell von *einer SS* die Rede ist, die als *jüdisch* attribuiert wird. Basierend auf solchen Vergleichen und Metaphern werden Konzeptualisierungen aktiviert, in denen JUDEN*JÜDINNEN ALS NS-VERBRECHER auftreten, denen es sich *zur Wehr zu setzen* gelte, wie in der rhetorischen Frage in (201).

(200) Ich kann leider keine Differenz zwischen der damaligen NAZI-SS & der heutigen NEO-NAZIS noch der jetzigen *JUDEN-SS* feststellen!!!!!!! (IBD_27.11.2012; kursive Hervorh. L. G.)

(201) Wohin kann man Geld für Waffen überweisen, damit sich die Palästinenser gegen die *jüdischen SS Totenkopfverbände* zur Wehr setzen können? (IBD_19.11.2012; Hervorh. L. G.)

Durch die Referenz auf die SS generell und spezifisch auf die Totenkopfverbände der SS, die bei der Errichtung der Konzentrationslager, deren Betrieb und damit maßgeblich am nationalsozialistischen Völkermord beteiligt waren (vgl. Schmitz-Berning ²2007: 590 f.), wird der Vorwurf gegen Israel und Juden*Jüdinnen implikatiert, selbst ein derartiges Verbrechen zu begehen. Mit dem Kompositum *Juden-SS* und dem Ausdruck *jüdische SS Totenkopfverbände* werden die mit den Organisationsbezeichnungen verknüpften Bedeutungen und die damit einhergehende negative Konnotation instrumentalisiert, um Vorwürfe und Diskreditierungen auszudrücken. Die Produzent*innen dieser Art der NS-V/M beschränken sich dabei nicht auf einzelne nationalsozialistische Organisationen, sondern referieren auf verschiedene Institutionen, die sie mit israelischen in Verbindung bringen. Zwischen dem israelischen Auslandsgeheimdienst und unterschiedlichen NS-Organisationen werden bspw. im Rahmen von Anspielungen Analogierelationen hergestellt:

(202) Wie heißt die *jüdische SA*? MosSAd? (IBD_12.07.2014; Hervorh. L. G.)

(203) Ich heiße [...], Christ und dem Herrn verpflichtet. [...] Sie missachten jegliches Menschliches Leben. Ihr Geheimdienst heißt Mossard (Kurzform für *Gestapo* ?) und tötet jeden der nicht eurer Meinung ist. (IBD_12.07.2014; Hervorh. L. G.)

In den E-Mails anlässlich der Operation Protective Edge 2014 artikulieren die Schreiber*innen Anspielungen auf die Sturmabteilung (SA), der paramilitärischen Kampftruppe der NSDAP, sowie auf die Geheime Staatspolizei (Gestapo), die als Reichsbehörde ab 1936 der SS und damit ebenfalls der NSDAP unterstellt war (vgl. Schmitz-Berning ²2007: 269, 551 f.). In beiden Aussagen beziehen sie sich polemisch auf den Mossad, den sie entweder als *SA* oder als *Gestapo* referenzialisieren. Der Verfasser von (203), der sich zu Beginn seines Textes selbst als *Christ und dem Herrn verpflichtet* bezeichnet, führt das tertium comparationis des TÖTENS VON MENSCHEN an, deren Geisteshaltung nicht mit der des israelischen Staates konform sei.

Eine weitere Organisation, die in NS-V/M herangezogen wird, um Institutionen eine ideologische Nähe zum Nationalsozialismus zu attestieren und sie damit als undemokratisch und diktatorisch zu delegitimieren, stellt die NSDAP dar. Deren weltanschaulicher Kern, der wesentlich von Antisemitismus, extremem Nationalismus und Rassismus geprägt war (vgl. Schildt 2005: 259), bildet in solchen Analogien das gemeinsame Merkmal, welches in der folgenden Äußerung (und im gesamten E-Mailtext) implizit bleibt.

(204) Der Innenminister von der jüdisch-fundamenatlistischen *Schas-NSDAP* hält Grass also für einen Nazi. (IBD_09.04.2012; Hervorh. L. G.)

Als Reaktion auf das von Günter Grass veröffentliche umstrittene Gedicht, „Was gesagt werden muss", verhängte der israelische Innenminister, Elijahu Jischai, ein Einreiseverbot nach Israel über ihn. Da er die Erklärung Grass' als Persona non grata außerdem mit dessen Tätigkeit als Jugendlicher in der Waffen-SS begründete (vgl. Detering/Øhrgaard 2013: 200–204), unterstellt der*die Verfasser*in von (204) im Gegenzug der Partei Jischais, der orthodoxen Schas, eine ideologische Verwandtschaft zur NSDAP, die in der okkasionellen Kompositummetapher *Schas-NSDAP* zum Ausdruck kommt.[126] Jischais Begründung des Einreiseverbotes gegen Grass, die auf einem Gesetz basiert, welches Nationalsozialist*innen die Einreise nach Israel untersagt (vgl. Welt, 09. 04. 2012), soll durch die Projektion des Vorwurfs, selbst nationalsozialistisch zu agieren, abgewehrt werden.

5.2.6 Referenz auf Konzentrationslager

In den vorherigen Abschnitten wurden primär Personen, Organisationen und Institutionen diskutiert, die in NS-V/M als Akteur*innen die Position der Ver-

---

[126] Zur morphologischen Bestimmung von Kompositummetaphern, mit denen Analogierelationen zum Nationalsozialismus hergestellt werden, s. Kap. 3.3 sowie spezifisch im Hinblick auf das Korpusmaterial zu entsprechenden antisemitischen NS-V/M Kap. 5.1.4.

gleichs- oder Metaphernkonstituenten einnehmen. Darüber hinaus zeigt die Korpusanalyse, dass auch andere Entitäten einen wichtigen Bestandteil innerhalb dieser Analogiebildungen darstellen. So etablieren die Verfasser*innen in 85 Texten Analogierelationen zwischen den palästinensischen Autonomiegebieten und Konzentrationslagern des NS-Regimes. Dies entspricht einem Anteil von 7,5 % im Verhältnis zur Gesamtmenge aller Komparationsbasen und metaphorischen Ursprungsbereiche im Korpusmaterial. Die sprachliche Realisierung solcher Analogien in Gestalt von Metaphern, in denen bspw. GAZA ALS KONZENTRATIONSLAGER konzeptualisiert wird, beleuchtet Kapitel 5.1.4. Neben dieser Variante der NS-M, wie sie auch in (205) und (206) zum Ausdruck kommt, finden sich außerdem Texte in denen aus struktureller Sicht Vergleichskonstruktionen vorliegen,[127] in denen Produzent*innen explizit auf Konzentrationslager referieren, indem sie dieses Lexem oder die Abkürzung KZ verwenden.[128] Die Beispiele in (207) und (208) aus Texten an den ZdJ zeigen demgegenüber Metaphern, die ebenjene sprachlichen Realisierungen aufweisen.

(205) Betreff: Gazastreifen, Westjordanland. Beide Gebiete sind ein *großes Konzentrationslager* für Palästinenser. [...] Die verantwortlichen Juden sind nicht besser als die Nationalsozialisten (ZDJ_19.01.2008; Hervorh. L. G.)

(206) Das ist Realität inPalästina. Israel stiehlt, vertreibt und mordet. Und die Welt schweigt dazu, wenn in diesem *überdimensionierten KZ* die Menschen immer weniger werden. (ZDJ_23.02.2007; Hervorh. L. G.)

In den Äußerungen in (205) und (206) werden IST-Relationen[129] zwischen den PALÄSTINENSISCHEN GEBIETEN und KONZENTRATIONSLAGERN etabliert, wobei diese hinsichtlich ihrer Ausmaße als *groß* und *überdimensioniert* charakterisiert

---

127 Andere Beispiele für solche NS-M bilden die Belege (154) und (155). Des Weiteren demonstrieren Textausschnitte in (96) und (124) Vergleiche, in denen Analogiebeziehungen zwischen den palästinensischen Gebieten und den nationalsozialistischen Konzentrationslagern hergestellt werden. Dabei wird der Vergleich in Kap. 5.1.1.3 hinsichtlich der sprachlichen Realisierung in einer Superlativkonstruktion und in Abschnitt 5.1.2.6 bzgl. des vorliegenden lexikalischen Vergleichsindikators thematisiert.
128 Die im Nationalsozialismus üblicherweise amtsintern verwendete Abkürzung KL wurde in den vierziger Jahren durch die Kurzform KZ, in Anlehnung an die Abkürzung Z für *Zuchthaus*, ergänzt und ab 1945 im öffentlichen Sprachgebrauch durch KZ abgelöst (vgl. Schmitz-Berning ²2007: 351–356, 367). Im Korpusmaterial wurden allerdings keinerlei Belege der Verwendung von KL als Kurzform von *Konzentrationslager* ermittelt.
129 S. hierzu die Ausführungen in Skirl/Schwarz-Friesel (²2013: 12) und Kap. 2.8 bzgl. der Metaphern sowie Kap. 3.3 und 5.1.4 zu NS-M. In diesem Zusammenhang wird der mit jener NS-M einhergehende konzeptuelle Widerspruch ebenfalls erörtert.

5.2 Konstituenten der antisemitischen NS-Vergleiche und NS-Metaphern — 269

werden. Im ersten Beispiel artikuliert der*die Verfasser*in zusätzlich zur besagten Analogie eine weitere, die er*sie in Gestalt des Komparativvergleiches im zweiten Satz realisiert. Die für das Konzentrationslager *verantwortlichen Juden* seien demnach *nicht besser als die Nationalsozialisten*.[130] In (206) wird hingegen *Israel* als Akteur haftbar gemacht, der von der Weltgemeinschaft jedoch nicht zur Verantwortung gezogen würde. Diesen Aussagen liegen die israelbezogenen antisemitischen Konzeptualisierungen des UNRECHTS- und UNTERDRÜCKERSTAATES zugrunde, die innerhalb der untersuchten NS-V/M die prominentesten antisemitischen Stereotype bilden.[131]

Angesichts der NS-Verbrechen, die in Metaphern und Vergleichen mit Konzentrationslagern instrumentalisiert werden, drücken die Produzent*innen primär Empörung und die eigene emotionale Haltung zum Gesagten aus – gleichzeitig zielen sie auf die Auslösung emotionaler Reaktionen seitens der Rezipient*innen ab.[132] Schwarz-Friesel (^{2}2013: 199) kennzeichnet diese Art der Vergleiche wie folgt:

> Bei objektbezogenen NS-Vergleichen soll das Ausmaß des zu Kritisierenden verdeutlicht werden und der Vergleich dient der Intensivierung des Ausdrucks der emotionalen Betroffenheit des Sprachproduzenten.

Die Referenz auf Vernichtungs- und Arbeitslager, die ein zentrales Element des Unterdrückungssystems der NS-Herrschaft darstellten,[133] bildet im Kontext von NS-M/V eine De-Realisierung, durch die der Terror und der institutionalisierte Massenmord an allen NS-Opfern relativiert und die Singularität dieser Verbrechen negiert wird (vgl. Eitz/Stötzel 2007: 396).[134] Dies illustrieren auch die folgenden Äußerungen in E-Mails an die IBD anlässlich des Libanonkriegs 2006 und des Gaza-Konfliktes 2014:

(207) Was Israel mit der Annektierung des Gaza macht ist für mich persönlich eine Form von *KZ*! Hier werden Menschen eingesperrt und durch Bomben und Panzern von Israel getötet! (IBD_19.07.2014; Hervorh. L. G.)

---

130 Zur Struktur dieser Komparativvergleiche s. Kap. 5.1.1.2.
131 Antisemitische Stereotype, die zusammen mit den NS-V/M artikuliert werden, beleuchtet Kap. 5.3.
132 In Kap. 3.4.1.1 und 3.4.1 werden Illokutionen und Perlokutionen von NS-V/M erörtert.
133 Zur Errichtung und Funktion der Lager sowie der Struktur der Häftlingsgruppen s. ausführlich Benz/Distel (^{2}2005) und (2009) sowie Tofahrn (^{2}2012: 21 f.).
134 Zu den Effekten, die NS-V/M nach sich ziehen und der Debatte um die Singularität dieser Verbrechen s. Kap. 3.4.3.

(208) Samaria und Judäa und Gaza werden bis auf weiteres die größten *KZs* aller zeiten bleiben. *Vernichtungslager* mit kleiner flamme! (wie früher in *Auschwitz*, oder so). (IBD_15.05.2006; Hervorh. L. G.)

In (207) bezeichnet der*die Schreiber*in den Gazastreifen *als eine Form von KZ*, in dem Menschen durch Israel getötet würden. Die angeblich gezielte Tötung von Menschen und die vorgebliche Annexion des Gebietes präsentiert er*sie als tertia comparationis des Vergleichs, der durch die Lexeme *eine Form von* angezeigt wird. Der Ausschnitt in (208) hingegen weist sowohl einen expliziten Superlativ- als auch einen expliziten Modalitätsvergleich auf. Zuerst werden die von Israel offiziell als *Samaria und Judäa* benannten Gebiete, die das Westjordanland bilden, sowie *Gaza* als *größte KZs aller Zeiten* tituliert, welche die nationalsozialistischen Konzentrationslager überträfen. Anschließend deklariert der*die Verfasser*in diese Territorien als *Vernichtungslager*, die er*sie durch den expliziten Modalitätsvergleich mit Auschwitz, dem größten nationalsozialistischen Konzentrations- und Vernichtungslager, gleichsetzt. Seit der Berichterstattung über die NS-Prozesse wurde *Auschwitz* im öffentlichen Sprachgebrauch zunächst als Chiffre für den Mord an den europäischen Juden*Jüdinnen und „später als Hyperonym für alle nationalsozialistischen Verbrechen" (Eitz/ Stötzel 2007: 25) verwendet. Benz (2000: 229) definiert *Auschwitz* in diesem Kontext als „Synonym für den Zivilisationsbruch des Menschheitsverbrechens an den Juden und anderen ethnischen Minderheiten".

In den Äußerungen (205) bis (207) werden „irreale Kontrastierungen etabliert. Sie konstituieren absolute Täter-Opfer-Oppositionen" (Schwarz-Friesel/ Reinharz 2013: 231), in denen der israelische Staat, seine Vertreter*innen, Israelis allgemein und/oder Juden*Jüdinnen als Täter*innen dargestellt werden. Diesen Akteur*innen, die semantisch die Agensrolle besetzen, stehen die als Opfer fokussierten Palästinenser*innen gegenüber, welche die Patiensrolle bilden (vgl. Schwarz-Friesel 2013b: 1005), wie u. a. die obigen Beispiele illustrieren. Zwischen den palästinensischen Menschen und den tatsächlichen NS-Opfern etablieren die Äußerungsproduzent*innen somit explizit oder implizit Analogiebeziehungen – auf diese Weise werden die Opfer des größten Menschheitsverbrechens und deren Nachkommen als TÄTER*INNEN DER GEGENWART konzeptualisiert. Diese Vorstellung kommt ebenfalls in den Vergleichen und Metaphern der folgenden Abschnitte zum Ausdruck.[135]

---

[135] Dabei trifft dieser Sachverhalt auch für die anderen Varianten der NS-V/M zu, in denen hauptsächlich die Akteur*innen fokussiert sind (Kap. 5.2.1 bis 5.2.5). Der Unterschied besteht jedoch darin, dass in diesen Ausprägungen die Opfer auf der Sprachoberfläche selten explizit benannt sind und demzufolge inferiert werden müssen.

5.2.7 Referenz auf das Warschauer Ghetto

Aus der Auswertung der Korpusuntersuchung geht hervor, dass Gaza nicht nur als Konzentrationslager referenzialisiert wird, sondern in den antisemitischen NS-V/M auch mit dem Warschauer Ghetto in einen konzeptuellen Zusammenhang gebracht wird. Hier stellen Verfasser*innen Analogierelationen zwischen der palästinensischen Bevölkerung und jüdischen Ghettobewohner*innen her, wobei Israel durch jene Vergleiche und Metaphern als Verursacher dieses Status dämonisiert wird und damit eine Relativierung der Situation von Juden*Jüdinnen unter der NS-Herrschaft einhergeht. Es handelt sich dabei ebenso um objektbezogene NS-V/M, in denen Schreiber*innen ihre emotionalen Einstellungen artikulieren und durch die in den De-Realisierungen vermittelten Evaluationen emotionale Reaktionen antizipieren (vgl. Schwarz-Friesel ²2013: 199).

Von allen untersuchten E-Mails mit NS-V/M weisen 2,7 % Vergleichs- bzw. Metaphernkonstituenten auf, in denen sich Schreiber*innen auf das Warschauer Ghetto beziehen. Das entspricht einer absoluten Häufigkeit von 30 Belegen, in denen sie Analogierelationen zwischen *palästinensischen Gebieten* oder dem *Gazastreifen* und dem größten jüdischen Ghetto Europas[136] herstellen. Ab 1942 fungierte es als Sammellager für die Deportation deutscher und polnischer Juden*Jüdinnen in das Vernichtungslager Treblinka (vgl. dazu Tofahrn ²2012: 93, 99). In einigen dieser NS-V/M sind entsprechende tertia comparationis, die sich auf das Leben in einem Ghetto beziehen, explizit angeführt. Das zeigt auch die Behauptung in (209), obwohl in diesem Beispiel der Bezug auf die PALÄSTINENSISCHEN GEBIETE ALS GHETTO inferiert werden muss. Demgegenüber bleiben in anderen Äußerungen, z. B. in (210) und in (211), die vermeintlichen gemeinsamen Merkmale jedoch implizit.

(209) *Warschau Ghaza.* Palästina wird seit 2 Generationen bestialisch gequält und gedemütigt. (IBD_09.03.2007; Hervorh. L. G.)

(210) Na ja, für Israel gibt es ja gar kein Palästina. Es gibt nur *Gettos* für die Palästinenser, vergleichbar mit *Warschau*. (IBD_16.07.2013; Hervorh. L. G.)

(211) Ich protestiere hiermit auf das schärfste gegen diesen abscheulichen Angriff auf die Hilfsflotte für Gaza (Gaza ist zu vergleichen mit dem *Warschauer Getto*)! (IBD_00.06.2010; Hervorh. L. G.)

---

[136] In Warschau wurden 500.000 Menschen von der Außenwelt hermetisch abgeriegelt, sie mussten hier auf engstem Raum unter unmenschlichen Bedingungen leben. Weiterführend zur Ghettoisierung der jüdischen Bevölkerung s. Benz (2000: 209–229). Den Ghetto-Aufstand und seine Niederschlagung beleuchtet u. a. Tofahrn (²2012: 99).

In (212) bezieht sich der*die Schreiber*in auf eine kritische Stellungnahme der damaligen Präsidentin des ZdJ, Charlotte Knobloch, zu den Äußerungen des katholischen Bischofs, Gregor Maria Hanke, der die Situation der Palästinenser*innen in Ramallah mit jener der Juden*Jüdinnen im Warschauer Ghetto verglich.[137] Seine Aussage bewertet der*die Verfasser*in hier als legitim und klassifiziert die Kritik daran als abwegig. Im Zuge der Äquivalentsetzung plädiert er*sie für den Vergleich Hankes und konstatiert anschließend, dass *Verbrechen* zwar *individuell* seien, das *Leid* der Opfer sich jedoch durchaus *gleichen* könne:

(212) Ich muss schon an Ihrem Verstand zweifeln, dass Sie einen Vergleich zwischen palästinensischen Siedlungen mit dem *Warschauer Ghetto* für unzulässig halten. Verbrechen sind immer individuell, aber das empfundene Leid kann sich gleichen. (ZDJ_09.03.2007; Hervorh. L. G.)

Im folgenden Textausschnitt sind israelische Juden*Jüdinnen als OPFER DER NAZIS und TÄTER*INNEN DER GEGENWART konzeptualisiert, indem sie zunächst in der Patiensrolle eingeführt werden und ihnen im Anschluss die Agnesrolle zugeschrieben wird. Die temporaldeiktischen Ausdrücke *früher* und *heute* zeigen in diesem Zusammenhang sowohl einen Vergleich zwischen dem *Gazastreifen* und dem *Warschauer Ghetto* als auch einen Vergleich zwischen *Nazis* und *Israelis (Juden)* an:

(213) Was früher u. a. das *Warschauer Ghetto* war, ist heute der Gazastreifen. Die Nazis waren gegen die Juden und die Israelis (Juden) sind heute gegen die Palästinenser. (IBD_09.01.2011; Hervorh. L. G.)

In einigen E-Mails mit NS-V/M bzgl. des Warschauer Ghettos finden sich darüber hinaus auch Vergleiche, in denen das Vorgehen des israelischen Militärs mit der Niederschlagung des Ghetto-Aufstandes 1943 gleichgesetzt wird, wie in dieser Erklärung anlässlich der Operation Cast Lead im Jahre 2009:

(214) mir kommen immer mehr Gedanken i.d. Sinn, die das Vorgehen der israel. Armee mit dem *Massaker der Nazis im Warschauer Ghetto* vergleichen : Gaza = *Warschauer Ghetto* (IBD_19.01.2009; Hervorh. L. G.)

Um die persönliche Betroffenheit und die als unverhältnismäßig bewertete Militäraktion hervorzuheben, zieht der*die Produzent*in von (214) einen Vergleich

---

[137] Zur Äußerung Hankes s. Beispiel (85) in Kap. 3.6.2.2.

zwischen der Vorgehensweise der *Nazis*, d. h. der SS und der deutschen Polizeiverbände, die den Widerstand der Juden*Jüdinnen im Warschauer Ghetto brechen sollten (vgl. Tofahrn ²2012: 99), und besagter Militäroperation der IDF gegen die Hamas im Gazastreifen.[138] Durch diesen Vergleich wird ebenfalls eine Analogie zwischen den palästinensischen Kriegsopfern und den Bewohner*innen des Warschauer Ghettos implikatiert, deren Aufstand sich gegen die Deportationen richtete und die infolge dessen direkt erschossen oder in Vernichtungslager gebracht wurden. Aus einer solchen de-realisierenden Gleichsetzung des militärischen Vorgehens Israels mit der Niederschlagung des Ghetto-Aufstandes resultiert sowohl die Verharmlosung der Hamas als auch die Verhöhnung der jüdischen Opfer.

5.2.8 Referenz auf die Shoah

In 129 Äußerungen, bzw. in 11,4 % der im vorliegenden Korpus erfassten NS-V/M, konstruieren die Produzent*innen Analogien zwischen dem nationalsozialistischen Völkermord an den europäischen Juden*Jüdinnen und Vorgängen im israelisch-palästinensischen Konflikt. Hierbei wird zum einen unterstellt, dass Israel einen Genozid an den Palästinenser*innen begehe und zum anderen, dass dabei Ausmaße erreicht würden, wie sie aus der Shoah bekannt sind. Mit einem solchen Vorwurf wird nicht nur die Präzedenzlosigkeit dieses Zivilisationsbruchs negiert,[139] sondern auch der gesamte israelische Staat als bösartiger Täter dämonisiert, der gegenwärtig das gleiche Unrecht verübe wie es Teile seiner Bevölkerung und deren Vorfahren einst erleiden mussten.

Die Analogiebildung zwischen militärischen Auseinandersetzungen im israelisch-palästinensischen Konflikt oder anderen politischen Umständen auf der einen Seite und der Shoah auf der anderen zeugt von einer derart emotiven Dimension, die sich implizit oder explizit als expressiver Sprechakt äußert. Das

---

138 Diese Terrororganisation ist für eine vorsätzliche Vermischung von Zivilist*innen und bewaffneten Kämpfer*innen verantwortlich und nimmt somit die Schädigung und den Tod von Zivilpersonen in kriegerischen Auseinandersetzungen, wie es auch in derjenigen 2008/2009 der Fall war, bewusst in Kauf (vgl. Oz-Salzberger 2008).
139 Soric (2005: 187) weist auf die Folgen des Gebrauchs von *Holocaust* außerhalb des NS-Kontextes hin. In Bezug auf die Funktion und die Wirkung der Bedeutungsveränderung, die mit dem Gebrauch von *Holocaust* als Hyperonym für Völkermorde einhergeht, s. Kap. 3.4.3. Andere Analogiebildungen zur Shoah, wie sie bspw. in den Komposita *Babycaust* oder *Bombenholocaust* ausgedrückt werden, sowie bestimmte Intentionen, die mit einer solchen Bezeichnungspraxis einhergehen, werden in den Kap. 3.3.1 und in 3.4.2.2 bzgl. der Problematik des Geschichtsrevisionismus erörtert.

Wissen um die Grausamkeit dieses NS-Verbrechens und dessen Opfer, die in solchen Äußerungen als TÄTER*INNEN DER GEGENWART konzeptualisiert werden, bildet stets die Grundlage der Analogiebildungen und der damit einhergehenden Täter*innen-Opfer-Umkehr. Ob als direkte oder indirekte Expressiva realisiert, geben die NS-V/M Auskunft über die emotionale Verfassung ihrer Produzent*innen.[140] Dabei zielen sie, wie in den vorherigen Kapiteln ausgeführt,[141] seitens der Rezipient*innen sowie der Adressat*innen u. a. auf die Wirkung der Emotionalisierung und der Diffamierung ab.

Die Verfasser*innen verbal-antisemitischer NS-V/M referieren in ihren Aussagen auf die Shoah mithilfe verschiedener Ausdrücke, überwiegend aber durch den Gebrauch des Lexems *Holocaust* in vergleichender oder metaphorischer Funktion. Im Zuge der Korpuscodierung wurde keine Äußerung ermittelt, in denen der Ausdruck *Shoah* in diesem Zusammenhang Verwendung fand. Andere Bezeichnungen, wie *Massenvernichtung*, kamen in den NS-V/M hingegen zum Einsatz, wie (215) illustriert. Hier zieht der*die E-Mailschreiber*in einen Vergleich, indem er*sie die Praxis des Gleichsetzens explizit benennt:

(215) Die Unterdrückung in den palästinensischen Autonomiegebieten setze ich gleich mit der *Massenvernichtung der Juden* im 2 Weltkrieg. (IBD_16.07.2006; Hervorh. L. G.)

Insgesamt ist zu konstatieren, dass *Holocaust* das am häufigsten verwendete Lexem darstellt, auf das in dieser Variante der verbal-antisemitischen NS-V/M zurückgegriffen wird – ob als Metapher, bspw. in (219), oder in Vergleichskonstruktionen,[142] wie die folgende Äußerung zeigt, in der Israel ein *Völkermord an den Palästinensern* vorgeworfen wird. In einem expliziten Modalitätsvergleich kennzeichnet der*die Produzent*in jenen imaginierten als *genauso übel*:

(216) Dieser Völkermord in Gaza an den Palästinensern ist genauso übel wie der *Holocaust*, aber leider haben die Juden nichts aus der Geschichte gelernt. Hören sie auf damit. (IBD_11.07.2014; Hervorh. L. G.)

---

140 Zum Ausdruck von Emotionen in NS-V/M mittels direkter expressiver Sprechakte sowie mit indirekten Sprechakten (über E-Implikaturen) s. Kap. 3.4.1.1.2.
141 S. hierzu Kap. 3.4 allgemein zur Funktion und Wirkung von NS-V/M im öffentlichen Kommunikationsraum sowie Kap. 3.6.2.2 zu verbal-antisemitischen NS-V/M in diesem Zusammenhang.
142 In 79,4 % der Vergleichs- und Metaphernkonstituenten, die auf die Shoah referieren, fungiert der Ausdruck *Holocaust* als Komparationsbasis oder metaphorischer Ursprungsbereich.

5.2 Konstituenten der antisemitischen NS-Vergleiche und NS-Metaphern — 275

Neben den Stereotypen des UNRECHTS- UND UNTERDRÜCKERSTAATS findet sich hier mit JUDEN*JÜDINNEN HABEN NICHTS AUS DER GESCHICHTE GELERNT ebenfalls eine der häufigsten antisemitischen Konzeptualisierungen, die in den untersuchten E-Mails zum Ausdruck kommt.[143] Der direktive Sprechakt, ein bestimmtes Vorgehen, das als *Holocaust* referenzialisiert wird, zu unterlassen oder Israel daran zu hindern, wird nicht nur in (216) artikuliert, sondern in insgesamt 144 (14,1 %) der untersuchten NS-V/M. (217) demonstriert ebenjenen Fall, in dem der*die Schreiber*in fordert, Israel müsse *mit allen Mitteln gestoppt werden*. Für die Opfer des Nationalsozialismus fehlt in diesem Zusammenhang allerdings jegliche Empathie und bereits mit dem ersten Satz wird eine Schlussstrichforderung[144] implikatiert. Die Aussage *der Holocaust war schrecklich, aber er ist Geschichte* verdeutlicht den Wunsch, die Erinnerung daran hinter sich zu lassen. Nunmehr solle Israel für einen solchen Genozid zur Verantwortung gezogen werden.

(217) Mag sein, dass der Holocaust schrecklich war, aber er ist Geschichte. Der *Holocaust* an den Palästinensern ist aktuell, schrecklich und muss verhindert werden, Israel muss mit allen Mitteln gestoppt werden. (IBD_15.10.2012; Hervorh. L. G.)

Auch der folgende Textausschnitt illustriert, dass die Thematik des Erinnerns und *Entschuldigens* einen zentralen Topos im Kontext antisemitischer NS-V/M darstellt. *Junge Israelis* werden hier aufgefordert, sich zu entschuldigen, da ihre Handlungen eine ähnliche historische Relevanz erhalten würden wie der Holocaust:

(218) Eher sollten sich Junge Israelis heute entschuldigen was sie in Palästina anrichten was sicher auch irgendwann in die Geschichte eingehen wird ähnlich dem *Holocaust*. (ZDJ_23.03.2008; Hervorh. L. G.)

Die Fokuspartikel *auch* hebt in diesem Vergleich das dargebotene tertium comparationis *in die Geschichte eingehen* hervor. Zusätzlich zu solchen Formen der Vergleiche wurden zahlreiche Äußerungen ermittelt, in denen Metaphern in Gestalt von Determinativkomposita vorliegen, z. B. *Palästinenserholocaust*.[145] Wie

---

[143] Zu den dominantesten antisemitischen Stereotypen in NS-V/M s. Kap. 5.3.
[144] Zur Schlussstrichforderung in Verbindung mit der Erinnerungs- und Verantwortungsabwehr s. Adorno ([1962] 1971) wie auch Rensmann (2004: 314), Bergmann (2007), Quindeau (2007) und Schwarz-Friesel/Reinharz (2013: 281).
[145] Weiterführend zu NS-M, in denen HOLOCAUST den Ursprungsbereich der Metapher bildet, s. Kap. 5.1.4.

die folgenden Textausschnitte bzgl. der israelischen Militäroperationen 2012 und 2014 zeigen, wird dabei eine Äquivalentsetzung zum *Holocaust* durch eine Spezifizierung im Determinans ergänzt. In diesen beiden Äußerungen beziehen sich Produzent*innen direkt auf Juden*Jüdinnen, die als Täter*innen beschuldigt und in (220) zusätzlich beschimpft werden.

(219) Im Gazastreifen tobt der *Palästinenserholocaust*. Schon wieder haben die Juden zwei Palästinenser mit Luftangriffen und Billdozern getötet. (IBD_ 22.10.2012; Hervorh. L. G.)

(220) Wollen die jüdischen Schweinepolitiker ihren *Palästinenserholocaust* zu Weihnachten fortsetzen?? (IBD_19.12.2014; Hervorh. L. G.)

Mit der folgenden Äußerung, in der Juden*Jüdinnen als UNMENSCHLICHE und BÖSARTIGE WESEN konzeptualisiert sind, die Freude daran hätten, Palästinenser*innen zu vernichten, spezifiziert der*die Verfasser*in die Metapher als *jüdische Palästinenser-Holocaust-Party*.[146]

(221) Willkommen zur jüdischen *Palästinenser Holocaust Party*. VOn Zyklon B bis Zyklon J ist alles für den Palästinenser Vernichtungs SpaSS vorhanden. (IBD_16.05.2013; Hervorh. L. G.)

Neben dieser Analogie referiert er*sie in (221) ebenfalls auf *Zyklon B*, das im Vernichtungslager Auschwitz-Birkenau zum Massenmord eingesetzte Giftgas, und bringt es mit der nicht näher bestimmten Andeutung *Zyklon J* in Verbindung. Eine andere Anspielung artikuliert der*die Schreiber*in außerdem durch die Verwendung der Binnenmajuskeln in *SpaSS*, womit er*sie indirekt auf die an der Durchführung der Vernichtung beteiligte SS Bezug nimmt.[147]

5.2.9 Referenziell unterspezifizierte Konstituenten

Einige Beispiele im Kapitel 5.1.2 zu den lexikalischen Vergleichsindikatoren zeigen bereits, dass Vergleiche zwischen bestimmten Akteuren, Sachverhalten

---

146 Worauf sich der*die Produzent*in dieser Äußerung bezieht, ist nicht mit Sicherheit zu bestimmen und kann weder aus dem Kontext der E-Mail selbst noch aus etwaigen bekannten Diskursereignissen direkt in Israel oder den palästinensischen Autonomiegebieten abgeleitet werden. Die Ausscheidung Israels beim Eurovision Song Contest in Malmö am 16. 05. 2013, dem Tag des Eingangs der E-Mail, steht in einem möglichen Zusammenhang mit der Äußerung in (221) (vgl. Eurovision Song Contest 2013).

147 Diese Form der Anspielung wurde in mehreren Korpustexten codiert. Zu solchen und ähnlichen Anspielungen in NS-V/M s. Kap. 5.1.3. Hinsichtlich der Referenz auf NS-Organisationen, wie der SS, als Vergleichs- oder Metaphernkonstituente s. Kap. 5.2.5.

5.2 Konstituenten der antisemitischen NS-Vergleiche und NS-Metaphern — 277

oder Ereignissen konstituiert werden, ohne dass eine explizite Referenz auf NS-Verbrechen, bestimmte Personen, NS-Institutionen oder -Organisationen erkennbar ist. Die Analogien werden in diesem Zusammenhang basierend auf vagen Andeutungen und referenziell unterspezifizierten Ausdrücken hergestellt.[148] Phrasen, wie *Erinnerungen an früher wecken, etwas aus der Vergangenheit kennen* oder *Parallelen zum dunkelsten Kapitel der Geschichte ziehen*, erfordern, dass beim Textverstehen im Inferenzprozess die fehlenden spezifischen Informationen in Form von Vergleichskomponenten und tertia comparationis ergänzt werden, sofern diese im Kotext nicht genannt sind. Schwarz-Friesel (2006: 68) hält dazu fest:

> Die nicht genannten Relationen und fehlenden referentiellen Werte werden vom Rezipienten auf der Basis seines Weltwissens und im Leseprozess aktualisierten Textweltmodells erstellt. Lücken werden bei der Referentialisierung konzeptuell gefüllt (und diese Möglichkeit der Spezifizierung ist vom Produzenten, der dieses Wissen beim Rezipienten voraussetzt, implizit in die Textstruktur gelegt).

Dass es sich bei den fehlenden Bestandteilen innerhalb der untersuchten Vergleiche jeweils um Entitäten aus dem konzeptuellen Bereich des NATIONALSOZIALISMUS handelt, wurde anhand des sprachlichen Kotextes und des Äußerungskontextes in Verbindung mit bestimmten Diskursereignissen, die als Schreibanlass erkennbar sind, ermittelt. Insgesamt wurden 115 NS-V/M erfasst, in denen Vergleichs- oder Metaphernkonstituenten nicht explizit realisiert, sondern angedeutet oder referenziell unterspezifiziert dargeboten sind. Dies entspricht einem Anteil von 10,2 % im Verhältnis zu sämtlichen Komparationsbasen bzw. metaphorischen Ursprungsbereichen.

Die Verfasser*innen solcher Äußerungen beziehen sich mittels unterschiedlicher Formulierungen u. a. auf die Shoah, das Vorgehen der Wehrmacht im Zweiten Weltkrieg, die NS-Politik und auf NS-Verbrechen allgemein oder die Niederschlagung des Aufstandes im Warschauer Ghetto.[149] Um diese Bezugnahmen auszudrücken, werden häufig Lexeme oder Mehrwortverbindungen wie *Vergangenheit, Unrecht, deutsche Geschichte, schlimmste Zeiten der Geschichte, vor 70 Jahren* oder bestimmte Jahreszahlen in Kombination mit *erinnern an*,

---

[148] Zu den entsprechenden Beispielen und Ausdrücken s. Kap. 5.1.2.1 bzgl. der vergleichsbezeichnenden Lexeme, Kap. 5.1.2.5 zu den Iterativa und 5.1.2.6 zu den Formulierungen *Erinnerungen wecken* und *bekannt vorkommen*. In diesen Abschnitten stehen hauptsächlich die expliziten oder impliziten Vergleichsindikatoren im Vordergrund. Dabei werden Beispiele gezeigt, in denen die Vergleichsgrößen explizit genannt werden oder implizit bleiben und somit zu erschließen sind.

[149] Zu den aufgezählten Sachverhalten s. entsprechende vorhergehende Abschnitte in Kap. 5.2.

Ähnlichkeit haben, Parallelen ziehen oder *vergleichen* verwendet, wie die folgenden Textausschnitte bzgl. unterschiedlicher Diskursereignisse demonstrieren. Egal, um welche Andeutungen es sich handelt, die Täter*innen-Opfer-Umkehr zwischen Israel, Israelis sowie Juden*Jüdinnen und dem NS-Regime wird in allen Äußerungen deutlich. In (222) ist in diesem Zusammenhang sogar explizit die Rede vom *israelischen Tätervolk*:

(222) Ich hätte es nie für möglich gehalten, dass aus einem Volk mit einer so *grausamen und schmerzhaften Vergangenheit* wie das israelische ein solches *Tätervolk* werden kann. Wie können Sie von mir eine historische Verantwortung erwarten wenn Sie selbst völlig verantwortungslos handeln? (IBD_13.03.2011; Hervorh. L. G.)

Zusätzlich zur Analogie kommt in der anschließenden Frage außerdem die Ablehnung der historischen Verantwortung zum Ausdruck, die mit einem *verantwortungslosen Handeln* Israels in Verbindung gebracht und auf diese Weise abgewehrt wird. Dass Juden*Jüdinnen Opfer grausamer NS-Verbrechen wurden, erkennt auch der*die Verfasser*in der folgenden Aussage an, in der er*sie argumentiert, dass gerade deswegen das Handeln der *jüdischen Regierung* nicht nachvollziehbar sei.[150]

(223) Ich bin Jahrgang 58 und weiß *welches Unrecht* Ihrem Volk angetan wurde, um so unverständlicher ist mir das Verhalten der jüdischen Regierung in Israel, dort passiert jetzt *das selbe* mit den Palistinänsern. (ZDJ_05.11.2006; Hervorh. L. G.)

In den nachfolgenden Beispielen referieren die Schreiber*innen auf die *deutsche Geschichte* bzw. deren *schlimmste Zeiten* und drücken zudem explizit ihre persönliche emotionale Haltung hinsichtlich der beschriebenen Sachverhalte aus. So werden in (224) bspw. die Emotionsbezeichnungen *Hass und Ekel* in Bezug auf die nicht näher definierten *verwendeten Methoden* gebraucht. Der*die

---

150 Hierin werden die Stereotype JUDEN*JÜDINNEN SIND ISRAELIS sowie JUDEN*JÜDINNEN HABEN NICHTS AUS DER GESCHICHTE GELERNT artikuliert (zu den typischen antisemitischen Konzeptualisierungen innerhalb der untersuchten E-Mails s. Kap. 5.3). Die einleitende Phrase weißt in (223) das Argumentationsmuster der Selbstlegitimierung auf, mit dem Schreiber*innen u. a. durch biographische Angaben oder der Herausstellung von persönlicher Informiertheit zu entsprechenden Themen die eigenen Standpunkte (pseudo-)argumentativ untermauern und sich als unbeteiligt an der Shoah ausweisen wollen. Zu diesen und weiteren Absicherungsstrategien s. Schwarz-Friesel/Reinharz (2013: 346–398).

5.2 Konstituenten der antisemitischen NS-Vergleiche und NS-Metaphern — 279

Verfasser*in von (225) drückt sich hingegen etwas zurückhaltender aus, indem er*sie lediglich von *Beunruhigung aufgrund der Parallelen zur deutschen Geschichte* spricht – für den *Hass*, der auf den Juden*Jüdinnen liegt, seien sie aufgrund dessen selbst verantwortlich.

(224) Das Verhalten der derzeitigen israelischen Politiker lässt nur Hass und Ekel in meinem Herzen aufkommen. Die verwendeten Methoden haben leider sehr viel *Ähnlichkeit mit den schlimmen Zeiten in unserer Geschichte* (IBD_31.05.2010; Hervorh. L. G.)

(225) Ich bin wirklich beunruhigt, nicht zuletzt aufgrund der *Parallelen zur deutschen Geschichte*. Es sieht doch wirklich so aus, als ob das jüdische Volk da einen Haß auf sich zieht, der am Ende Stoff für einen wirklich schlimmen Krieg bietet. (ZDJ_16.08.2006; Hervorh. L. G.)

Andeutungen, dass es sich bei den sogenannten *Methoden* um die Massenvernichtung von Menschen handelt, werden in einigen E-Mails bspw. durch die Referenz auf Gedenkstätten oder Gedenktafeln, die in Zukunft zur Erinnerung an getötete Palästinenser*innen errichtet würden, geäußert. In (226) referiert der*die Produzent*in in einem solchen Zusammenhang auf die Gedenkstätte *Yad Vashem* in Israel und in (227) wird eine konzeptuelle Verbindung zu *Stolpersteinen* hergestellt, mit denen an die Opfer der Shoah in zahlreichen europäischen Ländern erinnert wird. Mit solchen Äußerungen fokussieren Produzent*innen primär palästinensische Opfer, die sie in eine Analogiebeziehung zu den über sechs Millionen ermordeten europäischen Juden*Jüdinnen bringen.

(226) Sollen die Palaestinenser eventuell auch ihr *YAD Vashem* bauen – die wissen bestimmt genau wieviel ihr umgebraht habt. PFUI!!!!!!!!!!!!!!!!!! !!!!!!!!!!!!!!!!!!!!!!!!!!! (IBD_26.01.2009; Hervorh. L. G.)

(227) Auch in Israel wird es einmal *Stolpersteine* geben, dier an vertriebene, gedemütigte und ermordete Opfer (Palästinenser) erinnern werden (IBD_22.02.2008; Hervorh. L. G.)

Das Leid von Palästinenser*innen wird auch im Kontext von militärischen Auseinandersetzungen thematisiert und mit der *Situation vor 70 Jahren* sowie *Verbrechen gegen die Menschlichkeit* verknüpft. Dabei appelliert der*die Verfasser*in von (229) an die israelischen Vertreter*innen, den militärischen Vorgehensweisen entgegenzuwirken, um auf diese Weise zu verhindern, dass dadurch automatisch Parallelen zu den völkerrechtswidrigen Taten des NS-Regimes gezogen würden.

(228) Muss ein Palästinenser erschossen werden, weil er einen Stein gegen den Grenzzaun wirft? Ist das korrekt so? Böse Gedanken würden diese *Situation mit der vor 70 Jahren* vergleichen.... Ist in diesem Gedankenspiel ein israelischer Soldat besser, als ein jener *aus einer anderen Zeit*? (IBD_03.12.2012; Hervorh. L. G.)

(229) Es ist ein Kriegsverbrechen, und dieses unmenschliche Vorgehen gehört angeklagt. Es ist ein *Verbrechen gegen die Menschlichkeit*. [...] Lassen Sie es nicht zu, dass Parallelen gezogen werden zu den *Vorgängen vor 70 Jahren*. (IBD_02.08.2014; Hervorh. L. G.)

Zusätzlich zu den referenziell unterspezifizierten Angaben, mit denen sich Schreiber*innen auf NS-Verbrechen beziehen, formulieren sie auch Anspielungen, in denen sie u. a. Adolf Hitler heranziehen. Zum einen wird dies durch die Verwendung von NS-Vokabular realisiert, wie in Kapitel 5.1.3 hinsichtlich des Hitlergrußes bzgl. politischer Vertreter*innen Israels erläutert.[151] In diesem Zusammenhang finden sich Äußerungen wie *Heil Netanjahu* oder *Heil Olmert* in zahlreichen Grußformeln der untersuchten E-Mails. Eine andere Form der referenziell unterspezifizierten Bezugnahme auf Hitler zeigt sich in den polemischen Anspielungen *größter Feldherr* oder *ein Österreicher, der die Weltherrschaft anstrebte*:

(230) Scharon gilt als einer der *größten Feldherrn* in der Geschichte des jüdischen Staates. [...] allein die Formulierung ‚größter Feldherr' jagt den Deutschen meiner Generation Schauer über den Rücken und weckt furchtbare Assoziationen. (IBD_13.01.2014; Hervorh. L. G.)

(231) Es ist für mich unverständlich, dass in Israel so viel Menschenverachtung gegenüber Nichtjuden, insbesondere Araber (Palästinenser) herrscht, obwohl die Eltern und Großeltern durch die Nazis so viel schreckliches erleben mußten. Es gab ja mal *einen Österreicher, der die Weltherrschaft anstrebte*, aber genau das findet sich im Talmud wieder! (ZDJ_17.10.2007; Hervorh. L. G.)

In (230) stellt der*die Schreiber*in zwischen dem zum Äußerungszeitpunkt bereits verstorbenen ehemaligen Ministerpräsidenten Israels, Ariel Scharon, und

---

[151] Inwiefern NS-typisches Vokabular als Bestandteil von NS-V/M und Ausdruck von Anspielungen generell fungiert, erörtert Kap. 5.1.3 in Bezug auf die sprachliche Realisierung dieser Vergleiche und Metaphern. Die Verwendung der Grußformel *Heil* innerhalb der analysierten Texte wird dabei u. a. in den Blick genommen.

Adolf Hitler eine Analogiebeziehung her, indem Scharon als *größter Feldherr* referenzialisiert wird. Diese Bezeichnung geht ursprünglich auf den Chef des Oberkommandos der Wehrmacht, Wilhelm Keitel, zurück, der Hitler 1940 als Reaktion auf den für die Wehrmacht erfolgreichen Westfeldzug als „,größte[n] Feldherr[en] aller Zeiten'" huldigte (Benz 2000: 181).[152] Der*die Verfasser*in von (230) konstruiert die Analogiebeziehung mithilfe der vergleichsbezeichnenden Phrase *Assoziationen wecken*. In Verbindung mit den Emotionsausdrücken *Schauer über den Rücken laufen* und *furchtbar* wird zudem eine starke Negativbewertung verbalisiert. In (231) konstituiert der*die Schreiber*in explizit eine Äquivalenz zwischen den Zielen des Diktators und den Inhalten des Talmuds. Hierbei spielt er*sie auf Hitler bzgl. seiner Herkunft und Absicht mithilfe der unterspezifizierten Relativkonstruktion *ein Österreicher, der die Weltherrschaft anstrebte* an. Dass ebenjener damit gemeint ist, muss im Zuge der Rezeption inferiert werden. Neben dem Vergleich artikuliert der*die Verfasser*in innerhalb der Textpassage außerdem das Stereotyp ISRAELIS HABEN NICHTS AUS DER GESCHICHTE GELERNT. Diese Konzeptualisierung bildet eine typische Manifestation des Post-Holocaust- und des israelbezogenen Antisemitismus,[153] die häufig in Kombination mit NS-V/M zum Ausdruck kommt und im nachfolgenden Kapitel zusammen mit weiteren dominanten Stereotypausprägungen erläutert wird.

5.3 Antisemitische Stereotype in NS-Vergleichen und NS-Metaphern

Das folgende Kapitel behandelt die Frage nach der Integration von NS-V/M in das Konglomerat antisemitischer Konzeptualisierungen:

In Verbindung mit welchen antisemitischen Stereotypen werden NS-V/M in den E-Mails an die IBD und den ZdJ artikuliert?

Wie in den vorherigen Abschnitten bereits deutlich wurde, finden sich innerhalb der NS-V/M sowie im Kotext dieser Analogiebildungen verschiedene Stereotype, die auf Juden*Jüdinnen und/oder Israel und Israelis projiziert werden. Da diese bisher lediglich im Hinblick auf einzelne exemplarische Beispiele erwähnt, nicht aber gesondert betrachtet wurden, beleuchtet dieses Kapitel die dominan-

---

[152] Dieser Titel wurde bereits während der Zeit des Nationalsozialismus von Militärs in nicht öffentlichen Kommunikationssituationen spöttisch mit dem Akronym *Gröfaz* abgekürzt (vgl. Craig 1989: 628).
[153] Zu den verschiedenen Formen des Antisemitismus im Hinblick auf historische, gesellschaftliche und politische Entwicklungen s. Kap. 3.6.1.

testen Stereotypausprägungen innerhalb der Korpustexte.[154] Als Phänomene des Verbal-Antisemitismus tragen sowohl die Artikulation von Stereotypen als auch die Äußerung von NS-V/M zur Tradierung und Manifestation antisemitischer Denkmuster bei. Gerade als Ausdrucksformen des Post-Holocaust- und des israelbezogenen Antisemitismus in der Funktion der Entlastung und Schuldabwehr besitzen Analogien zwischen jüdischen oder israelischen Entitäten und jenen aus der konzeptuellen Domäne des NATIONALSOZIALISMUS einen bedeutenden Stellenwert (s. hierzu Kap. 3.6.1 und 3.6.2). Die nachfolgenden Abschnitte geben einen Überblick über frequente Stereotypmanifestationen, die im Zuge der Korpusanalyse in Verbindung mit NS-V/M ermittelt wurden.[155] Hierbei zeigt sich, dass sie in den Texten zum einen als tertia comparationis – und damit als konkrete Bestandteile der NS-V/M – und zum anderen im Kotext der Analogiebildung sprachlich realisiert sind. Die Korpusbeispiele in den anschließenden Kapiteln verdeutlichen diesen Umstand und veranschaulichen des Weiteren, dass auch dabei Verschränkungen von Stereotypen vorliegen, die sowohl als tertia comparationis fungieren als auch im Kotext vor oder im Anschluss an NS-V/M artikuliert werden. Durch die Analyse jener Verknüpfungen kommt außerdem das Konglomerat der antisemitischen Entwertungsmechanismen zum Vorschein.

Insgesamt wurden in den 945 E-Mails mit NS-V/M 1.483 Textstellen ermittelt, in denen die Schreiber*innen an den ZdJ und die IBD die Konzeptualisierungen von ISRAEL ALS UNRECHTS- UND UNTERDRÜCKERSTAAT, ALS AGGRESSOR und KINDERMÖRDER sowie die Vorstellung JUDEN*JÜDINNEN/ISRAELIS HABEN KEINE LEHREN AUS DER VERGANGENHEIT GEZOGEN, sie seien SELBST SCHULD AM ANTISEMITISMUS und wären HOLOCAUSTAUSBEUTER*INNEN sprachlich realisieren. Dass diese Stereotype nicht nur einzeln und isoliert voneinander, sondern in Verknüpfung mit weiteren antisemitischen Konzeptualisierungen und Formen der Entwertung artikuliert werden, ist ebenfalls ein Ausdruck für den vielschichtigen und komplexen Charakter des verbalen Antisemitismus.

Wie in Kapitel 4.3.1 diskutiert, zeigen NS-V/M, die an den ZdJ gerichtet sind und Israel bzw. israelische Sachverhalte thematisieren, dass eine konzeptuelle Verbindung zwischen Juden*Jüdinnen und Vorgängen in Israel hergestellt wird

---

154 Schwarz-Friesel/Reinharz (2013) liefern einen umfassenden und detaillierten Einblick in antisemitische Stereotypformen innerhalb der Zuschriften an die IBD und an den ZdJ in den Jahren 2002–2012. Die vorliegende Arbeit beleuchtet antisemitische Stereotype stets mit Blick auf antisemitische NS-V/M.
155 Hierbei werden ausschließlich die Stereotype gelistet, die eine absolute Häufigkeit von mindestens 70 Belegen innerhalb der Korpustexte aufweisen. Zur Erläuterung sämtlicher klassischer, aktualisierter und Post-Holocaust-Stereotype sei auf die entsprechenden Ausführungen in Schwarz-Friesel/Reinharz (2013: 58–173) verwiesen, die anhand zahlreicher Beispiele diese antisemitischen Stereotypverbalisierungen illustrieren.

5.3 Antisemitische Stereotype in NS-Vergleichen und NS-Metaphern — 283

und jüdische Personen z. T. für militärische Auseinandersetzungen in Nahost zur Verantwortung gezogen sowie angeklagt werden. Hierdurch wird deutlich, dass JUDEN*JÜDINNEN ALS ISRAELIS und somit als NICHT ZUGEHÖRIGE GRUPPE konzeptualisiert und von der Mehrheitsgesellschaft abgegrenzt werden (vgl. Schwarz-Friesel/Reinharz 2013: 395). Da diese Konzeptualisierung jenen an den ZdJ gesendeten E-Mails mit israelbezogenen NS-V/M ohnehin zugrunde liegt, werden sie in den folgenden Abschnitten nicht gesondert, sondern stets in Verbindung mit anderen im Korpus dominanten Stereotypen erörtert.

Tab. 5.6: Absolute und relative Häufigkeit der dominanten antisemitischen Stereotype in E-Mails mit NS-V/M.

Dominante Stereotype	absolut	relativ in %
‚Israel als Unrechts- und Unterdrückerstaat'	476	32,1
‚Israel als brutaler Aggressor'	345	23,3
‚Israel als Mörder'	142	9,6
‚Israel als Kindermörder'	74	5,0
‚Juden*Jüdinnen und Israel sind schuld am Antisemitismus'	136	9,2
‚Holocaustausbeutung – Juden*Jüdinnen und Israelis ziehen Vorteile aus der Shoah'	142	9,6
‚Juden*Jüdinnen und Israelis haben nichts aus der Shoah gelernt'	168	11,3
Gesamt	1.483	100,0

5.3.1 ‚Israel als Mörder' sowie ‚aggressiver Unrechts- und Unterdrückerstaat'

Die in Verbindung mit NS-V/M am häufigsten realisierten Stereotype sind solche, in denen Israel als AGGRESSIVER UNRECHTS- UND UNTERDRÜCKERSTAAT sowie als MÖRDER, insbesondere als KINDERMÖRDER, konzeptualisiert ist. Sie bilden mit 1.037 ermittelten Belegen einen Anteil von insgesamt 69,9 % hinsichtlich der dominanten Stereotype in den Korpustexten.[156] Die Ausprägungen jener antisemitischen Konzeptualisierungen gehen z. T. auf jahrhundertelang tradierte klassische Stereotype zurück (vgl. dazu Ginzel 1991a; Erb 1995; Stein 2011: 35 f.), die auf den israelischen Staat projiziert werden.[157] In diesen NS-V/M, mit denen Israel direkt als NS-Staat klassifiziert wird, treten automatisch

---

[156] Zur Anzahl der Stereotype ISRAEL ALS UNRECHTS- UND UNTERDRÜCKERSTAAT, AGGRESSION UND BRUTALITÄT sowie MORD und KINDERMORD s. Tab. 5.6.
[157] Kap. 3.6.1.2 beleuchtet diese Formen des israelbezogenen Antisemitismus im Einzelnen.

die Stereotype des UNRECHTS- UND UNTERDRÜCKERSTAATS in Erscheinung. Zudem werden sie im Rahmen solcher Analogiebildungen u. a. durch die Nennung spezifischer tertia comparationis realisiert, wie die folgenden Beispieltexte illustrieren:

(232) Sie können keinen Frieden erwarten, wenn Sie immer die Vernichtung oder totale Unterwerfung Ihrer Gegner erwarten. Außerdem hatte ich von israelische Regierung nicht erwartet, genau die Methoden verwenden, die damals Hitler gegen Partisanen benutzt hatte. Hitler und Nazis haben die ganzen Dörfer vernichtet, weil die Partisanen sich dort versteckt hatten. Das macht ganeu jetzt die israelische Armee und Regierung. (ZDJ_29.07.2006)

(233) Doch machen die Israelis nun dort weiter, wo die Deutschen vor 60 Jahren aufgehoert haben. Die Bestrafung eines ganzen Volkes (Libanesen) fuer die Taten einzelner erinnert zu stark an die Nazi-Methoden der Sippenhaft. (IBD_17.07.2006)

In (232) und (233) unterstellen die Verfasser*innen dem israelischen Staat anlässlich der Auseinandersetzungen mit der Hisbollah im Jahre 2006, NS-Methoden anzuwenden und konzeptualisieren ihn als UNTERDRÜCKERSTAAT und AGGRESSOR, der Verbrechen beginge, wie sie aus der NS-Zeit bekannt sind. Gleiches gilt für den Auszug in (234), in dem Israel ebenfalls *Nazimethoden* in Bezug auf den Umgang mit Palästinenser*innen vorgeworfen werden:

(234) Bitte stoppen Sie Ihre Nazimethoden gegen das palaestinensische Volk umgehend. Wir sind so entsetzt ueber Ihre brutalen Kriegsverbrechen, die nur mit dem Vorgehen von Adolf Hitler zu vergleichen sind. Der Widerstand gegen Ihr unwuerdiges Regime waechst taeglich. (IBD_30.06.2006)

Eitz/Stötzel (2007) zufolge bilden „Komposita wie *Nazi-Methoden* bzw. *NS-Methoden* oder Kollokationen wie *nationalsozialistische Methoden* oder *Methoden der Nazis*" (ebd.: 476; Hervorh. im Original) komprimierte NS-V, die als Vorwurfsvokabeln in diversen gesellschaftspolitischen Diskursen eingesetzt werden, um „zumeist unspezifische Parallelen zum Nationalsozialismus" (ebd.) hervorzuheben.[158] Dass mitunter durchaus eine spezifische Herstellung solcher

---

[158] Die Verwendung dieser Ausdrücke im öffentlichen Kommunikationsraum erörtern Eitz/Stötzel (2007: 476–488).

Parallelen angestrebt wird, zeigen die im Rahmen dieser Arbeit untersuchten Korpustexte – allen voran die in den obigen Beispielen aufgeführten Konzeptualisierungen, wie die VERNICHTUNG VON DÖRFERN, SIPPENHAFT und BRUTALE KRIEGSVERBRECHEN.

Ein weiteres Stereotyp, das seit dem Mittelalter ein grundlegendes antijudaistisches Element darstellt, basiert auf der Ritualmordlegende. Sie geht mit der de-realisierenden Vorstellung und Beschuldigung einher, dass JUDEN*JÜDINNEN ALS RITUALMÖRDER*INNEN Christenkinder töten würden, um deren Blut zu trinken.[159] Diese Bezichtigung wurde auch im Nationalsozialismus als Hetzpropaganda wiederholt eingesetzt (vgl. Hortzitz 1995: 23). In den analysierten E-Mails artikulieren Verfasser*innen eine solche Darstellung in Verbindung mit NS-V/M, in denen sie Juden*Jüdinnen und/oder Israel als BESTIALISCHE KINDERMÖRDER UND NAZIS konzeptualisieren. Die Beschimpfungen in (235) zeigen zudem eine Verbindung des Stereotyps mit einem weiteren bereits seit dem Mittelalter tradierten Konzept – dem des CHRISTUSMORDES, der ebenfalls von Juden*Jüdinnen verschuldet worden sei (vgl. Eckert 1991: 71):[160]

(235) Ihr Moerderbande!!!!!!!!!!!!!!!!!!!!!!!!!!!!Ihr dreckigen Juden!!!!!!!!!!!!!!!!!!!!!!!!!!!!!!!! Ihr seid noch viel zu viele. Kindermoerder!!!!!!!!!!!!!!!! Christusmoerder!!!!!!!!!!!!!!!!!!!!!!!!!!! Das ist was ihr seit 2008 Jahren koennt!!!!!!!!!!!!!!!!!!!!! Ihr seid die NAZIS von heute (ZDJ_27.12.2008)

(236) aber ihr seit schlimmer als die Nazis!!! Ihr scheiß Kindermörder!!!!!!!!!!!! !!!!!!!!!!!!!!!!!!!!!! (IBD_11.07.2014)

Die Schreiber*innen der E-Mails verbinden NS-V/M mit zahlreichen Stereotypen, die den israelischen Staat als MORDENDEN UNRECHTS- UND UNTERDRÜCKERSTAAT konzeptualisieren, der mit ausnahmsloser BRUTALITÄT und AGGRESSION gegen die benachbarten arabischen Staaten und die palästinensischen Autonomiegebiete vorginge. Seine Legitimität hätte er aufgrund dessen ohnehin eingebüßt und wäre unzweifelhaft mit dem NS-Regime vergleichbar. Demgegenüber werden Terrororganisationen wie die libanesische Hisbollah als *gemeinnützige* Institutionen, die durch Israel drangsaliert würden, verharmlost:

(237) aufgrund Ihres unzivilisierten Verhaltens, Ihrem brutalen, rücksichtslosen und unmenschlichen Verhaltens gegenüber Kindern, Störung der Öf-

---

[159] Zur Ritualmordlegende s. die Ausführungen von Erb (1995) und von Braun (1995).
[160] Zum mittelalterlichen Judenhass und den zentralen Konzeptualisierungen des christlichen Antijudaismus s. Eckert (1991) sowie Nirenberg (2013).

fentlichkeitsarbeit der gemeinnützlichen Hisbollah und Unterdrückung arabischer Bewegung, die sich dem israelischen Joch widersetzen, wollte ich Ihnen nur sagen: Tschüss. Der jetzige Krieg, den Sie mit Ihrem Olmert-Regime angezettelt haben wie einst das NS-Regime, wird Ihr Untergang sein. Sie machen den Nationalsozialisten alle Ehre. (IBD_15.07.2006)

Gerade in Perioden kriegerischer Auseinandersetzungen, wie anhand der aufgeführten Beispiele erkennbar, äußern Verfasser*innen jene Konzeptualisierungen und bringen Vorwürfe gegen den vermeintlich *terroristischen und faschistischen Täterstaat Israel* hervor,[161] einen regelrechten *Ausrottungskrieg gegen Palästinenser*innen* zu führen:

(238) Für die israelische Regierung bieten die Verbrechen der Hamas einen überaus willkommenen Anlass, um den schon immer verfolgten Ausrottungskrieg gegen die palästinensische Bevölkerung fortzusetzen, deren Unterdrückung und Vertreibung . [...] Kann mir einmal der Unterschied zwischen den Nazi-Verbrechen an der jüdischen Bevölkerung und dem Vorgehen der israelischen Regierung gegen die palästinensische Bevölkerung erklärt werden? (IBD_00.07.2014)

(239) das regime in israel inhuman, menschenverachtend, pro faschistisch, terroristisch. die welt soll sich nun vereinen um das naziregime in israel zu stürzen. juden sind längst keine opfer mehr, juden sind täter, mörder, terroristen, besatzer, aggressoren. kampf dem holocoust an den palästinensern durch die israelis. (IBD_31.05.2010)

Neben den Bezichtigungen gegenüber Israel richten E-Mailschreiber*innen Handlungsaufforderungen an die Staatengemeinschaft, das sogenannte israelische *Naziregime* zu bekämpfen, s. Beispiel (239). Des Weiteren offenbart sich hier die Konzeptualisierung von JUDEN*JÜDINNEN ALS ISRAELIS, indem Israel als *Naziregime* sowie Juden*Jüdinnen damit einhergehend als Gruppe der *Täter, Mörder, Terroristen, Besatzer* und *Aggressoren* fokussiert werden, die einen *Holocaust an den Palästinensern* verübten.

---

161 Zur expliziten Täter*innen-Opfer-Umkehr in den untersuchten NS-V/M s. Kap. 5.1.2.8 sowie zur Funktion dieser Strategie vor dem Hintergrund des Post-Holocaust-Antisemitismus s. Kap. 3.6.2.2.

5.3.2 ‚Juden*Jüdinnen und Israelis haben nichts aus der Shoah gelernt'

In zahlreichen E-Mails an die IBD und den ZdJ artikulieren Verfasser*innen gepaart mit NS-V/M die Vorstellung, dass Juden*Jüdinnen und Israelis aus ihren und den schmerzvollen Erfahrungen ihrer Vorfahren Lehren hätten ziehen sollen, die sie befähigten, nach besonderen moralischen Maßstäben zu agieren. Dieses Denkmuster, das in zahlreichen (pseudo-)argumentativen Zusammenhängen zum Einsatz kommt, wurde im Zuge der Korpusanalyse 168 Mal erfasst, was einem Anteil von 11,3 % in Bezug auf alle dominanten Stereotypausprägungen entspricht.

Zu den Schuldzuweisungen, die in Verbindung mit den NS-V/M artikuliert werden, kommt außerdem der Vorwurf hinzu, weder lernfähig bzgl. der eigenen Vergangenheit noch empathiefähig für die Leiden der Palästinenser*innen zu sein. Schwarz-Friesel/Reinharz (2013) stellen im Rahmen ihrer Untersuchung mit Blick darauf fest:

> Die Geschichte hat bislang nicht gezeigt, dass leidvolle Erfahrung ein ganzes Volk kollektiv sensibler, besser (oder schlechter) macht und dies an folgende Generationen weitergibt. Trotzdem wird genau dies bei Israel aufgrund der Basis des homogenen Konzepts KOLLEKTIVER JUDE als Selbstverständlichkeit unterstellt. Hier werden pseudo-psychologische Zusammenhänge konstruiert, die der doppelten moralischen Verdammung von Israelis und Juden dienen: 'Sie sind verwerflich, weil sie Gewalt anwenden. Und dies, obgleich sie doch aufgrund ihrer leidvollen Geschichte gelernt haben und geläutert sein müssten. Das wiederum macht sie zu besonders schlechten Wesen.' (ebd.: 236; Hervorh. im Original)

In den folgenden Ausführungen artikuliert der*die Produzent*in ebendiese Vorstellungen und beschuldigt Juden*Jüdinnen, sich als *ewiges Opfervolk* auszugeben, das de facto jedoch ein *Tätervolk* sei:

(240) Durch die schlimmen, nicht zu rechfertigende und nicht entschuldigenden Verbrechen im 3. Reich, macht ihr wohl auf ewig einen auf Opfervolk. In vielen Bereichen seid ihr aber mittlerweile auch Tätervolk. Gerade euer Volk, welches so viele Grausamkeiten erleben mußte, sollte 3 mal drüber nachdenken, wie ihr euch, zum Beispiel gegenüber den Palästinensern verhaltet. Ihr unterdrückt und vertreibt sie, schikaniert und diffamiert sie usw. (IBD_08.11.2013)

Der paradoxe Anspruch an Juden*Jüdinnen, dass sie aus den NS-Verbrechen, die an ihnen begangen wurden, hätten lernen sollen, wird entweder explizit formuliert, wie in (241), oder muss im Zuge der Rezeption inferiert werden, was die Aussage in (242) verdeutlicht:

(241) Dieser Völkermord in Gaza an den Palästinensern ist genauso übel wie der Holocaust, aber leider haben die Juden nichts aus der Geschichte gelernt. (IBD_11.07.2014)

(242) Ihr Juden als Opfer des Holocaust solltet eigentlich wissen wie es ist unterdrückt und verfolgt zu werden. (IBD_14.07.2014)

Abgesehen von Äußerungen, in denen der Vorwurf gemacht wird, *keine Lehren aus der Vergangenheit gezogen* zu haben, finden sich auch Texte, in denen bspw. Israel unterstellt wird, *die falschen Lehren daraus gezogen* zu haben:

(243) Ich finde Israel zeigt mit so einem Verhalten, dass es die falschen Lehren aus dem Holocaust gezogen hat. Es bedient sich teilweise der gleichen Mittel wie der Mörderstaat der Nazis damals. (IBD_31.05.2010)

Ob Schreiber*innen *die falschen Lehren* oder *gar keine Lehren* anprangern, die aus den Erfahrungen der Shoah resultieren – die Funktion der Diskreditierung und die damit einhergehende Anklage, moralisch versagt zu haben, sind in beiden Varianten zentrale Bestandteile der Argumentation, welcher zufolge *die Deutschen durchaus aus ihrer Vergangenheit gelernt* hätten. Dass Israelis demgegenüber nicht gelernt hätten, wird in (244) mit der rhetorischen Frage am Ende des Textes behauptet:

(244) Der schon länger von allem abgeriegelte Gazastreifen -von der Wasserversorgung ganz zu schweigen - erinnert mich doch sehr an das Warschauer Ghetto. [...] Sie wissen aber auch, dass der Blick in die Vergangenheit zwar wichtig ist, noch wichtiger ist aber der Blick in die Gegenwart und Zukunft. Und was geschieht die letzten Jahrzehnte und gerade eben in Israel ??? Wir Deutschen (die meisten zumindest) haben gelernt ... die Israelis auch ??? (IBD_30.07.2014)

Die Kontrastierung zwischen der Ingroup, zu der sich der*die Äußerungsproduzent*in zugehörig sieht, und der abzugrenzenden Outgroup, d. h. den Juden*Jüdinnen bzw. Israelis, verstärkt in diesem Zusammenhang deren Negativbewertung und moralische Herabwürdigung. Dieser zufolge wird Juden*Jüdinnen implizit die konstante Charaktereigenschaft der UNVERBESSERLICHKEIT zugesprochen und je nach Inhalt der Äußerung auf den israelischen Staat projiziert (vgl. Schwarz-Friesel/Reinharz 2013: 237).[162] Schwarz-Friesel/Reinharz (2013:

---

[162] Mithilfe dieser Abgrenzungsstrategie werden Deutsche und Juden*Jüdinnen in Opposition zueinander gesetzt und implizit oder explizit bewertet. Diverse sprachliche Mittel, z. B. die

395) weisen allgemein darauf hin, dass die gängigste Variante einer solchen Diskreditierung NS-V/M darstellen. Das folgende Beispiel illustriert sowohl diese Kontrastierung zwischen In- und Outgroup als auch das Bedürfnis nach Schuldentlastung, das den Post-Holocaust-Antisemitismus kennzeichnet.[163]

(245) Bitte hört auf den Deutschen eine Schuld zuzusprechen, denn Ihr seid nicht besser, schlimmer noch – ihr habt nicht einmal was aus der deutschjüdischen Vergangenheit gelernt. Wir Deutschen schon! (IBD_05.06.2009)

Einige Verfasser*innen der E-Mails mit NS-V/M treten in mahnender Funktion auf. Da sie selbst aus der NS-Vergangenheit gelernt hätten, würden sie nun in der Pflicht stehen, Israel, Israelis und/oder Juden*Jüdinnen vor ebenjenen Fehlern zu warnen und sie in die Verantwortung zu nehmen (vgl. Schwarz-Friesel/Reinharz 2013: 325). In diesem Zusammenhang appellieren sie an die Adressat*innen ihrer Texte und formulieren Direktiva, die sie an die IBD oder den ZdJ sowie an entsprechende Vorsitzende richten.[164]

(246) Jetzt macht Frieden und akzeptiert die Palästinenser mit ihren Gefühlen und Wünschen und Rechten! Ansonsten machen Sie sich schuldig, wie sich meine Großväter schuldig gemacht haben, für deren taten ich mich noch heute schäme. Lernen auch Sie aus der Geschichte! das ist auch Ihre Pflicht. (IBD_22.01.2009)

In solchen Äußerungen dient die Fokuspartikel *auch* als Marker, mit dem die Aufforderung *ebenfalls aus der Geschichte zu lernen*, da es *ebenfalls die Pflicht der Israelis sei*, hervorgehoben wird.

Das Beispiel in (247) zeigt eine Kombination aus der Konzeptualisierung, ISRAELIS HABEN KEINE LEHREN AUS DEN NS-VERBRECHEN GEZOGEN und der Vorstellung ISRAELIS HABEN PRAKTIKEN VON DEN NAZIS ERLERNT. Die zynische Bemerkung *obwohl, doch, sie haben gelernt* wird in Gestalt einer nachgeschobenen

---

Personalpronomen *wir* vs. *ihr*, können dafür eingesetzt werden, eine Kontrastierung zwischen positiv bewerteter In- und negativ bewerteter (diskreditierter) Outgroup zu markieren. S. ausführlich zu den Abgrenzungsstrategien Schwarz-Friesel/Reinharz (2013: 391–396).
163 Zum Phänomen der Schuldabwehr und der Entlastungsfunktion im Hinblick auf NS-V/M s. Kap. 3.6.2.2 sowie die Arbeiten von Rensmann (2004: 180–215), Heyder/Iser/Schmidt (2005) und Bergmann (2007).
164 Zu Apellen, Ratschlägen und Handlungsaufforderungen, mit denen Schreiber*innen an die IBD und den ZdJ ihre Äußerungen bspw. als besorgte Kritik legitimieren und sich damit selbst als moralische Instanzen autorisieren, s. auch Schwarz-Friesel/Reinharz (2013: 323–334).

Berichtigung realisiert.[165] Demzufolge hätten Israelis zwar keine ethisch-moralischen Lehren aus der Shoah gezogen, jedoch das *Schänden und Verfolgen von Menschen* durch die Nazis ebenso wie eine *aggressive Nazipolitik* übernommen.

(247) Sie haben nichts aus der Geschichte gelernt. Schade. Obwohl, doch, sie haben gelernt, ebenso zu schänden un zu verfolgen wie früher die Nazis. Heute sind sie die Nazis. Weder haben ihre Opfer noch haben ihre Landsmänner dies verdient. Beenden Sie ihre aggressive Nazipolitik und setzen sie sich endlich für den Frieden ein, sowohl im Namen der israelischen Bevölkerung (!!!) als auch im Namen der Palästinensischen Mitmenschen!!! (IBD_02.11.2011)

5.3.3 ‚Holocaustausbeutung – Juden*Jüdinnen und Israelis ziehen Vorteile aus der Shoah'

Eine gängige Vorstellung, die als Ausdruck des Post-Holocaust-Antisemitismus auch ein häufiges Phänomen innerhalb der Korpustexte darstellt, ist die Unterstellung einer materiellen oder gesellschaftlichen Vorteilsnahme, die Juden*Jüdinnen und Israel durch die Shoah erzielen würden. Bei dieser Konzeptualisierung von JUDEN*JÜDINNEN ODER ISRAEL ALS HOLOCAUSTAUSBEUTER*INNEN handelt es sich um eine der prominentesten Ausdrucksformen des Antisemitismus nach 1945.[166] Sie bildet Schwarz-Friesel/Reinharz (2013: 155 f.) zufolge das Fundament aller modernen Stereotype und stellt ein fortwährend reproduziertes Klischee dar, mit dem die Erinnerung an die NS-Verbrechen und damit verbunden an die sogenannte Entschädigungs- oder Widergutmachungspolitik[167] diskreditiert wird. Dieses Nachkriegsstereotyp geht ursprünglich auf das jahrhundertelang tradierte antisemitische Konzept einer JÜDISCHEN GELDGIER zu-

---

165 Zum lexikalischen Vergleichsindikator *von Nazis lernen* s. Kap. 5.1.2.8, das diese Formulierung im Zusammenhang mit der expliziten Täter-Opfer-Umkehr erörtert.
166 In aktuellen Erhebungen, wie der 2016 erschienen Mitte-Studie der Friedrich Ebert Stiftung, stimmen 25,6 % der Befragten der Aussage „Viele Juden versuchen, aus der Vergangenheit des Dritten Reiches heute ihren Vorteil zu ziehen" zu. Die Werte der Antworten „stimme voll und ganz zu" sowie „stimme eher zu" wurden hier addiert (vgl. Zick/Küpper/Krause 2016: 44 f.).
167 Den umstrittenen Ausdruck der *Wiedergutmachung* und dem damit einhergehenden Zynismus dieser Form eines unsensiblen Sprachgebrauchs führt Stötzel (1989: 274) anhand einer Äußerung der deutsch-israelischen Autorin Lea Fleischmann auf, welche die Bezeichnung *Wiedergutmachung* als nachträgliche Verhöhnung des Leides der Opfer beschreibt.

rück und bildet dafür eine aktualisierte Formvariante,[168] mit der außerdem das Bedürfnis nach Schuldentlastung ausgedrückt wird (vgl. ebd., Bergmann 2007: 33). Im Zuge der Korpusanalyse wurde die Konzeptualisierung der HOLOCAUST-AUSBEUTUNG 142 Mal codiert, was einer relativen Häufigkeit von 9,6 % im Verhältnis zu allen dominanten Stereotypmanifestationen entspricht.

Die Unterstellung, dass sich Juden*Jüdinnen durch die Erinnerung an die Shoah wirtschaftlich bereichern und sich Vorteile zu verschaffen suchen, „bietet die Möglichkeit, sich gegenüber entsprechenden Forderungen abzuschirmen und diese von finanziellen Interessen diktiert zu sehen" (Bergmann 2007: 33). Jenem Vorwurf liegt das Motiv des unmoralischen Handelns zugrunde, das insbesondere dann wirkungsmächtig ist, wenn bspw. der ZdJ als jüdische Vertretung zu einer moralischen Instanz erklärt wird, welche aus unlauteren Intentionen agiere, bspw. dem Streben nach Privilegien und nach einer nationalen wie internationalen Sonderstellung. Die Erinnerungsabwehr drückt sich hierbei des Weiteren in der Bezichtigung aus, Juden*Jüdinnen oder Israel würden den nichtjüdischen Deutschen *ein schlechtes Gewissen einreden* sowie einen *Schuldkomplex einimpfen* und diesen *aufrechterhalten* (vgl. ebd.: 33 f.). Solche Äußerungen, wie im folgenden Beispiel, beinhalten implizite oder explizite Schlussstrichforderungen, die ebenfalls eine Erscheinungsform des Post-Holocaust-Antisemitismus bilden. Zusätzlich zu diesen Phänomenen wird in (248) außerdem das tradierte und nach 1945 aktualisierte Stereotyp des MEINUNGSDIKTATS artikuliert, welches den Deutschen angeblich auferlegt sei und insbesondere nach der Shoah konstant bedient würde.[169]

(248) Diesesmal seit ihr zu weit gegangen---was glaubt ihr wer ihr seid ????? Jeder der frei seine Meinung sagt ist in euren Augen ein Nazi und diese Aussage dient nur dazu *den von euch gewollten Schuldkomplex der deutschen ständig warm zu halten*. [...] Eines tages werden auch die Uniformen (wie bei Herrn Grass) die iselischen Einheiten die ständig die Palästinenser ermorden genauso in Veruf kommen wie die Uniform des Herrn Grass. (IBD_10.04.2012; Hervorh. L. G.)

---

[168] Zur Kontinuität und den Entwicklungen antisemitischer Konzeptualisierungen sowie deren Anpassung an historische, politische und gesellschaftliche Rahmenbedingungen s. Kap. 3.6.1.
[169] Die Vorstellung, dass JUDEN*JÜDINNEN EINEN MASSGEBLICHEN EINFLUSS AUF DIE MEINUNGSBILDUNG BESITZEN, WEIL SIE DIE PRESSE BEHERRSCHEN würden, kursiert bereits seit dem 19. Jahrhundert (vgl. Schwarz-Friesel/Reinharz 2013: 166). Dass diese Konzeptualisierung auch eine Ausprägung des Post-Holocaust-Antisemitismus darstellt und bspw. häufig in Verbindung mit dem Stereotyp der HOLOCAUSTAUSBEUTUNG realisiert wird, stellen Schwarz-Friesel/Reinharz (2013: 155 f.) im Zuge der Auswertung ihrer Studie fest.

Anlässlich der Grass-Debatte im April 2012 artikuliert der*die Verfasser*in von (248) einen NS-V mithilfe der Anspielung auf Uniformen der IDF, die *genauso in Verruf geraten werden* wie die Uniform von Günter Grass. Dass es sich bei dieser referenziellen Unterspezifikation der Komparationsbasis um eine Wehrmachtsuniform handelt, muss im Inferenzprozess elaboriert werden. Mit Aussagen, in denen Produzent*innen das Stereotyp der HOLOCAUSTAUSBEUTUNG zusammen mit der Forderung, einen Schlussstrich unter die NS-Vergangenheit zu ziehen, formulieren, relativieren sie die deutsche Verantwortung und Schuld. Eine solche Schuld wird mittels NS-V/M wiederum Juden*Jüdinnen und/oder Israel zugeschrieben (vgl. Stein 2011: 26). Stein (2011) konstatiert hierzu:

> Durch Projektion und Schuldumkehr erfolgt eine Verschiebung auf der Täter-Opfer-Achse. Darüber hinaus erwächst die sekundärantisemitische Erscheinungsform aus dem Umstand, dass Juden die Deutschen an die Verbrechen der jüngeren Vergangenheit erinnerten und in der Folge eine positive, patriotische Identifikation mit Deutschland erschwerten. (ebd.: 26)[170]

Eine solche patriotische Identifikation drückt der*die Verfasser*in im folgenden Beispiel durch das Beharren auf den deutschen Nationalstolz aus, den er*sie im Anschluss an eine Schlussstrichforderung äußert. Das referenziell unterspezifizierte Zugeständnis, *auch wenn 6 Jahre ziemlich scheiße verlaufen sind*, beinhaltet eine Relativierung der Shoah und bezieht sich auf die Zeitspanne des Zweiten Weltkrieges, der auf diese Weise banalisiert wird.

(249) Ich finde es reicht so langsam. Ich finde es sollte Schluss sein mit Ihrer ständigen Kritik an deutschen Ideen oder Aussagen oder Scherzen. Der 2. Weltkrieg ist 1945 zu Ende gegangen. Gott sei Dank. [...] Auch wir haben Historie. Diese sollte auch nicht verschmäht werden. Auch wir dürfen stolz auf uns sein. Auch wenn 6 Jahre ziemlich scheiße verlaufen sind. Ach übrigens, was macht Ihr eigentlich mit den Menschen die in Palestina leben??? Ich will Euch jetzt in keinster Weise mit Nationalsozialisten vergleichen, aber ich denke auch Euch hat keiner das ´Recht gegeben andere Menschen wegen deren Glauben zu vernichten. Dies versucht Ihr aber und des solltet Ihr ganz schnell aufhören. (ZDJ_10.03.2008)

Die Stereotype von STÄNDIG MAHNENDEN JUDEN*JÜDINNEN, die nicht Teil der deutschen Mehrheitsgesellschaft seien sowie PALÄSTINENSER*INNEN VERNICH-

---

170 Anstelle der Bezeichnung des sekundären Antisemitismus bzw. „sekundärantisemitischer Erscheinungsformen" wird in der vorliegenden Arbeit der Terminus Post-Holocaust-Antisemitismus verwendet; zur Begründung dafür s. Kap. 3.6.1.1.

TEN würden, werden in (249) ebenfalls produziert und in den Komplex aus Erinnerungs- und Schuldabwehr integriert.[171] Die Analogie zwischen *Nationalsozialisten* und *Juden*Jüdinnen*, die mittels der Personal- und Reflexivpronomen *Ihr* und *Euch* direkt adressiert werden, etabliert der*die Schreiber*in mithilfe einer Ja-Aber-Konstruktion,[172] in der zuerst ein Zugeständnis in Form eines verneinten NS-V ausgedrückt wird: *Ich will Euch jetzt in keinster Weise mit Nationalsozialisten vergleichen.* Darauf folgt anschließend der Einwand, der das tertium comparationis beinhaltet und die Bildung der Analogie unterstützt: *aber ich denke auch Euch hat keiner das Recht gegeben andere Menschen wegen deren Glauben zu vernichten. Dies versucht Ihr aber.*

Die Vorstellung, dass Juden*Jüdinnen und/oder Israel HOLOCAUSTAUSBEUTUNG beitrieben und VORTEILE AUS DER NS-VERGANGENHEIT zögen, z. B. indem sie ungehindert die gleichen Verbrechen wie die Nazis begingen, wird in E-Mails an die IBD und den ZdJ zusammen mit der Attribuierung als MAHNER*INNEN, die den Deutschen ein *schlechtes Gewissen einreden* würden, artikuliert. Diese Auffassung vertritt auch der*die Schreiber*in des folgenden Textes, in dem er*sie darüber hinaus die Argumentations- bzw. Absicherungsstrategie der defensiven Selbstverteidigung anwendet. Anhand von Äußerungen, wie *es ist ein sehr dunkles Kapitel der deutschen Geschichte, welches mehr wie grausam war* und *meine Generation hat damit nichts zu tun*, wird das Bestreben der Absicherung gegen einen möglichen Antisemitismus-Vorwurf deutlich:[173]

(250) Immer noch wird einem als Deutscher ein schlechtes Gewissen eingeredet, wenn es um den Holocaust geht. Sicher ist es ein sehr dunkles Kapitel der deutschen Geschichte, welches mehr wie grausam war. Aber meine Generation hat damit nichts zu tun. Sicherlich bekommt Israel auch finanzielle Mittel von der Bundesregierung als Ausgleich für die Greueltaten von damals. Nur ich muss sagen, Ihre Aktionen, die Sie mit den Palästinensern machen, sind kein bisschen besser wie die Nazis von damals. (IBD_00.05.2010)

---

171 Die stereotype Vorstellung von JUDEN ALS FREMDE bzw. ISRAELIS kommt hier zum Ausdruck, indem sich der*die Schreiber*in direkt an den ZdJ wendet und auf diese Weise deutsche Juden*Jüdinnen für Geschehen im Nahen Osten verantwortlich macht.
172 Schwarz-Friesel/Reinharz (2013: 365) charakterisieren Ja-Aber-Konstruktionen als Phänomen der Vermeidungsstrategien, die einerseits der Sanktionsabwehr und andererseits der Stärkung des positiven Selbstbildes der Verfasser*innen dienen.
173 Zu den verschiedenen Ausprägungen dieses Argumentationsmusters s. Schwarz-Friesel/Reinharz (2013: 357–368).

In (250) bezieht sich der*die Verfasser*in des Weiteren auf *finanzielle Mittel*, die Israel *als Ausgleich für die Gräueltaten* zur Verfügung gestellt würden. Im folgenden Textausschnitt ist in diesem Zusammenhang konkret die Rede von *betteln* und *Reparationszahlungen*. Juden*Jüdinnen bzw. Israelis werden hier als DREISTES UND ARROGANTES VOLK konzeptualisiert, das sich AM DEUTSCHEN VOLK BEREICHERN UND AN DEN PALÄSTINENSER*INNEN NS-VERBRECHEN VERÜBEN würde. Die emotionsausdrückenden Lexeme und Phrasen sowie die typographischen Emphasesignale markieren außerdem den expressiven Gehalt, der in (251) zum Ausdruck kommt:

(251) Habe aber langsam die Schnauze gestrichen voll von Eurem/Ihrem Volk!!! Was maßt Ihr Euch an??? Angeblich seit Ihr so stolz aber müßt betteln beim Deutschen Volk? Wenn Ihr doch genug Geld für Militärausgaben habt,warum braucht Ihr dann meins?????????????? [...] Mein Volk immernoch um Reparationszahlungen bitten? Dasselbe zu tun mit den Palästinensern wie damals Adolf Hitler? (IBD_08.04.2012)

5.3.4 ‚Juden*Jüdinnen und Israel sind schuld am Antisemitismus'

Die Bezichtigung den Antisemitismus durch ihr Verhalten selbst zu verschulden, ist ein weit verbreitetes Erklärungsmuster, das gegen Juden*Jüdinnen vorgebracht wird. In den zurückliegenden Epochen wurde der Hass gegen sie überwiegend mit imaginierten jüdischen Weltbeherrschungsplänen, Zinsgeschäften und Blutritualen begründet (vgl. Schwarz-Friesel/Reinharz 2013: 161). „[...] [I]m 21. Jahrhundert [sind es] zeitgemäße Täterprofile, die konstruiert werden, um Juden als Verursacher der gegen sie gerichteten Antipathie darzustellen" (ebd.).

In einem Report der amerikanischen Militärregierung im Jahre 1947 ist diese Konzeptualisierung erstmals als Ausprägung des Post-Holocaust-Antisemitismus in der deutschen Nachkriegsgesellschaft eruiert worden. Demnach würde ein Großteil der deutschen Bevölkerung die Auswirkungen des (eliminatorischen) Antisemitismus rationalisieren, indem Juden*Jüdinnen für den Hass gegen sie verantwortlich gemacht werden. Die Schuld an den NS-Verbrechen wird in dem Zusammenhang direkt auf ebenjene Opfergruppe projiziert, die es nicht anders verdient hätte (vgl. Bergmann 2007: 20). Neben dieser Vorstellung wird in aktuellen antisemitischen Konzeptualisierungen dem israelischen Staat und seiner Politik die Schuld an der Existenz bzw. am Anstieg von Antisemitismus zugeschrieben.[174]

---

[174] In der 2016 erschienenen Mitte-Studie, die von der Friedrich Ebert Stiftung in Auftrag gegeben wurde, rechnen die Autor*innen das Item „Durch ihr Verhalten sind Juden an ihren

Gerade im Kontext von israelbezogenen NS-V/M äußern E-Mailschreiber*innen derartige Vorstellungen. Somit sind 136 Belege im Zuge der Korpusanalyse erfasst worden, in denen das Stereotyp JUDEN*JÜDINNEN UND ISRAEL SIND SELBST SCHULD AM ANTISEMITISMUS auf unterschiedliche Art und Weise verbalisiert ist. Dies entspricht einem relativen Anteil von 9,2 % in Bezug auf die dominanten antisemitischen Stereotype innerhalb der untersuchten E-Mails mit NS-V/M. Hier offenbart sich, dass israelbezogene antisemitische Konzeptualisierungen wie auch jene Post-Holocaust-Stereotype in Verbindung miteinander auftreten und Verfasser*innen antisemitische Einstellungen in Deutschland und international damit begründen, dass Israel genauso handele wie es einst NS-Deutschland tat. Dieser Auffassung liegt die Vorstellung eines jüdisch-israelischen Kollektivs und damit die Äquivalentsetzung von Juden*Jüdinnen mit Israelis bzw. dem Staat Israel zugrunde. Schwarz-Friesel/Reinharz (2013: 163) stellen im Hinblick darauf fest:

> [K]eine noch so gewalttätige Aktion in Israel [kann] den Anstieg von Antisemitismus rechtfertigen [...], da dieser auf einer unzulässigen Gleichsetzung von Juden und Israelis sowie einer judeophoben Kollektivschuldzuweisung beruht.

Sowohl E-Mails, in denen Äußerungen mit israelbezogenen NS-V/M an den ZdJ adressiert sind, als auch die Texte an die IBD, in denen NS-V/M artikuliert werden und Israel für antisemitische Einstellungen in Haftung genommen wird, verdeutlichen eine solche Perspektive, die in den nachfolgenden Korpusbeispielen zum Ausdruck kommt:

(252) Der Antisemitismus wächst auch deswegen ständig, weil Sie sich nicht vom Terror distanzieren. Oder finden Sie es in Ordnung das die israelis menschenverachtende Mauern bauen? Was ist mit den radikalen Siedlern? Sie nehmen sich einfach illegal Land. Das alles sind unglaubliche Ungerechtigkeiten. Beziehen Sie position, ansonsten wird der Antisemitismus deutlich stärker werden unf dies ist auch gut so! [...] Leider haben Sie nun mal angefangen Land anderer Menschen zu beschlagnahmen und diese in Ghettos zu stecken. Das werden Sie, genau wie Deutschland den Genozid, noch bitter bezahlen müssen. (ZDJ_16.04.2007)

Verfolgungen mitschuldig" dem traditionellen Antisemitismus zu. 7,3 % der befragten Personen bejahten diese Aussage. Der israelbezogene Antisemitismus wird im Rahmen dieser Erhebung u. a. mithilfe der Zustimmungsraten bzgl. des Items „Bei der Politik, die Israel macht, kann ich gut verstehen, dass man etwas gegen Juden hat" erfasst. Dieser Erklärung stimmten 40,4 % der Befragten zu (vgl. Zick/Küpper/Krause 2016: 44 f.). Für beide Items wurden die Zustimmungsraten der Antworten „stimme eher zu" sowie „stimme voll und ganz zu" addiert.

(253) Der israelische Staat ist ein Mörderstaat. Worin unterscheidet sich dieser Sttat vom deutschen Terrorsystem 33–45? Sie müssen sich nicht wundern, dass Juden gehaßt werden. (IBD_17.11.2012)

Zusätzlich zur Artikulation verschiedener antisemitischer Stereotype, die u. a. auf den Staat Israel projiziert werden, referieren zahlreiche Verfasser*innen explizit auf ihren persönlichen Antisemitismus und ihren Hass, der durch Israel selbst herbeigeführt und entfacht werde. In (252) verbalisiert der*die Schreiber*in eine derartige Haltung durch die Bewertung *der Antisemitismus wird deutlich stärker werden und dies ist auch gut so*. In (254) werden auch Drohungen und Vernichtungsphantasien artikuliert: Der Verfasser bezeichnet sich hier selbst als *früherer Bewunderer von Israel*, der nunmehr *ein Hasser dieses Volkes* geworden ist und ihm die Vernichtung wünscht.

(254) Als Schweizer Bürger in Deutschland lebend verurteile ich die Morde an der Zivilbevölkerung im Gaza Streifen durch Israelitische Mörder. Ihr Herr Netanjahu hat sehr viel von Nazi Deutschland gelernt und ist durchaus mit Hitler vergleichbar, welcher auch Land anderer Nationen annektierte und unschuldige Leute töten ließ. [...] Als früherer Bewunderer von Israel bin ich heute ein Hasser Ihres Volkes geworden. Ich hoffe, dass Ihr Volk vernichtet wird, denn solche Mörder haben keine Überlebensberechtigung mehr in der heutigen Zeit. (IBD_25.07.2014)

Die Textausschnitte in (255) und (256) zeigen Äußerungen, in denen die Stereotype JUDEN*JÜDINNEN UND ISRAEL ALS HOLOCAUSTAUSBEUTER*INNEN, DIE NICHTS AUS DER SHOAH GELERNT HABEN sowie ISRAEL ALS MÖRDER, UNRECHTS- UND UNTERDRÜCKERSTAAT[175] zusammen mit Analogien zwischen NS-Deutschland und Israel sowie der Konzeptualisierung des SELBSTVERSCHULDETEN ANTISEMITISMUS artikuliert werden. Jeweils am Ende der Texte realisieren die Produzent*innen diese Zuschreibung – zum einen emphatisch mit Ausrufezeichen in (255) und zum anderen formal abgeschwächt als rhetorische Frage in (256):

(255) Ihr habt das Land dann als Entschädigung bekommen. Und statt aus der Vergangenheit zu lernen habt ihr nichts weiter zu tun als auch einen

---

[175] Diese Konzeptualisierungen stellen die dominanten Manifestationsformen der antisemitischen Stereotype, die mit NS-V/M einhergehen, dar und werden in den Abschnitten 5.3.1 bis 5.3.4 erörtert. In jenen Texten und den anderen analysierten E-Mails referieren sie auf Israel und/oder auf Juden*Jüdinnen, die als NICHT DEUTSCHLAND ZUGEHÖRIGE FREMDE und ISRAELIS konzeptualisiert sind, s. dazu die angeführten Beispiele in den jeweiligen Kapiteln.

Völkermord zu begehen. Und das schlimme ist, das wir Deutschen diese Morde auch noch mit bezahlen. Von den Geldern der Wiedergutmachung! Und ehrlich gesagt wägst die simpatie in Deutschland mit den Palästinensern und der Hass gegen euch wägst von Tag zu Tag! (ZDJ_13.01.2009)

(256) Was dort passiert hat alle Maße überschritten und erinnert extrem an die Vernichtung der Juden im Warschauer Getto. Unter dem Vorwand der Selbstverteidigung schafft Ihre Regierung holocaust-ähnliche Zustände unter der Zivilbevölkerung in Gaza. Mit der ständigen Tötung von Kindern haben Sie alle moralischen Hemmungen abgelegt. Wie ist es da verwunderlich, dass es auch in Deutschland zu antisemitischen Meinungsäußerungen kommt? (IBD_24.07.2014)

Das letzte Beispiel zeigt die E-Mail eines*r Reisebüroinhabers*in an die IBD im Sommer 2014 anlässlich der Militäroperation Protective Edge, die er*sie explizit als *Holocaust an den Palästinensern* bezeichnet:

(257) bitte stoppen Sie den Holocaust an den Palästinensern. Wir stoppen sonst die Vermittlungen von Reisen nach Israel. Wir haben bereits viele Stornierungen. Sie fördern unnötig eine Zunahme des Antisemitismus. Kehren Sie um! (IBD_31.07.2014)

Der Direktiv im ersten Satz ist mit einer Konsequenz im zweiten Satz verknüpft, die einzutreten droht, wenn der irrealen Aufforderung nicht Folge geleistet würde. Der Androhung, Reisevermittlungen nach Israel einzustellen, folgt der Hinweis, dass ohnehin bereits zahlreiche Tourist*innen von ihren geplanten Israelreisen Abstand nehmen würden. Dass dies nicht zuletzt der problematischen Sicherheitslage während des Gaza-Konfliktes 2014 und den damit verbundenen Reisewarnungen des Auswärtigen Amtes geschuldet ist, erwähnt der*die Verfasser*in nicht. Hingegen wird betont, dass Israel für die *Zunahme des Antisemitismus* durch die Militäroperation verantwortlich sei und diesen Anstieg *unnötig fördern* würde. Die Reisestornierungen bringt er*sie somit in eine konzeptuelle Nähe zum eigens verschuldeten Antisemitismus. Auf die Artikulation des Stereotyps ISRAEL IST SELBST SCHULD AM ANTISEMITISMUS folgt als Abschluss ein weiterer Direktiv in Form eines Apells. Ratschläge und Moralapelle, wie *Kehren Sie um!*, *Denken Sie nach!* oder *Schämt euch!*, bilden im Rahmen von antisemitischen Äußerungen in E-Mails an die IBD und an den ZdJ häufig gebrauchte Sprechhandlungen, mit denen sich Verfasser*innen in einer den Adressat*innen hierarchisch übergeordneten Position verorten (vgl. Schwarz-Friesel/Reinharz 2013: 323–334).

5.4 Zusammenfassung

Die in diesem Kapitel aufgeführten und diskutierten NS-V/M fungieren in erster Linie als Stigmatisierungen und Diffamierungen jüdischer und/oder israelischer Personen, Institutionen oder des Staates Israel. Zusätzlich zu einer extremen Negativbewertung bringen Produzent*innen mit ihren expressiven Äußerungen auch die eigene emotionale Involviertheit in Form von Hass, Empörung oder Mitleid mit den Palästinenser*innen zum Ausdruck. Solche NS-V/M, die eine Täter*innen-Opfer-Umkehr darstellen und damit eine typische Ausprägung des Post-Holocaust-Antisemitismus bilden, dienen des Weiteren der Schuldentlastung. Sie verkörpern eine Form der Erinnerungsabwehr nach 1945, mit der außerdem der Nationalsozialismus und die Shoah relativiert werden. Antisemitische NS-V/M sind ein sprachlich heterogenes Phänomen, das sowohl kommunikative als auch psychologische Funktionen innerhalb der deutschen Post-Holocaust-Gesellschaft erfüllt. Als Ausprägung der Täter*innen-Opfer-Umkehr heben sich jene von anderen NS-V/M, wie sie in Kapitel 3.1 bis 3.5 herausgearbeitet wurden, ab.

Die Auswertung der Textanalysen liefert folgende Ergebnisse für die sprachlichen Realisierungsformen der Herstellung dieser Analogien: Mit 89,2 % bilden Modalitätsvergleiche die dominante Formvariante der NS-V, die überwiegend mithilfe verschiedener lexikalischer Vergleichsindikatoren realisiert sind. Eine Gleichsetzung mit dem Junktor *wie* kommt in 176 (24,9 %) von 708 NS-V zum Einsatz. Demgegenüber wurde ein umfangreiches Repertoire an lexikalischen Mitteln erfasst, mit dem antisemitische NS-V in den E-Mails an die IBD und an den ZdJ sprachlich manifestiert werden. Die frequentesten Vergleichsindikatoren sind in diesem Zusammenhang vergleichsbezeichnende Lexeme, wie *ähnlich* und *vergleichbar*, sowie die Negation eines Unterschiedes zwischen NS-bezogenen und jüdischen bzw. israelischen Vergleichsgrößen. Daneben existieren zahlreiche Ausdrücke, wie Fokuspartikeln, temporaldeiktische Bezeichnungen und Iterativa, mittels derer Verfasser*innen NS-V implizit artikulieren, indem sie bspw. lediglich auf ein gemeinsames tertium comparationis hinweisen. Auch Phrasen, wie *Erinnerungen wecken*, *Nachfolger sein* oder die explizite Täter*innen-Opfer-Umkehr, *vom Opfer zum Täter werden*, sind Ausdrücke, die im Zuge der Korpusuntersuchung als lexikalische Vergleichsindikatoren ermittelt wurden. Darüber hinaus bildet auch die Verwendung NS-typischen Vokabulars einen Bestandteil der NS-V/M. Solche Anspielungen liegen einerseits in Kombination mit lexikalischen Indikatoren oder Vergleichsjunktoren vor und werden andererseits als einzige Mittel zur Herstellung der Analogierelationen zum Einsatz gebracht. Lexeme, wie *Herrenvolk*, *Herrenmenschen* oder *Endlösung*, und der Hitlergruß sind in diesem Zusammenhang Ausdrücke, die am häufigsten gebraucht werden, um jene Analogierelationen zu etablieren.

Den verschiedenen Ausprägungen der NS-V stehen die im Korpus erfassten NS-M gegenüber, die 22,2 % aller Analogiebildungen darstellen. Äußerungsproduzent*innen realisieren NS-M als substantivische Prädikativmetaphern oder in der Struktur von Kompositummetaphern. Im Hinblick darauf wurde eruiert, dass Metaphern, welche die konzeptuellen Ursprungsbereiche SHOAH, KONZENTRATIONSLAGER und HITLER aufweisen, die dominantesten Erscheinungsformen der NS-M innerhalb des Korpusmaterials sind. Neben den beiden strukturellen Ausprägungen der NS-M zeigt sich eine Vielzahl an Vergleichsformen, die Verfasser*innen mithilfe diverser lexikalischer Mittel artikulieren. Anhand der exemplarischen Beispieltexte wurde herausgestellt, dass die sprachlichen Realisierungsformen der Analogien nicht isoliert, sondern auch in Kombination miteinander auftreten – so wurden in 945 E-Mails insgesamt 1.021 NS-V/M erfasst.

Des Weiteren konnte hinsichtlich der Superlative demonstriert werden, dass es sich hierbei um ein Schnittstellenphänomen zwischen NS-M und NS-V handelt, bei dem die in Relation gesetzte Konstituente konzeptuell als Teil einer Vergleichsmenge verortet wird, z. B. in *Gaza ist das größte KZ*. Diese (üblicherweise homogene) Vergleichsoperation basiert wie eine Metapher auf einer IST-Relation zwischen der Vergleichsgröße und der Vergleichsmenge, aus der ebenjenes Element hervorgehoben wird. Hierbei handelt es sich also um eine Überschneidung mit metaphorischen Äußerungen, die ebenfalls auf einem logisch-konzeptuellen Widerspruch beruhen.

In den antisemitischen NS-V/M führen die Äußerungsproduzent*innen verschiedene Vergleichsgrößen und Metaphernkonstituenten an, um Analogien zwischen israelischen und/oder jüdischen und NS-bezogenen Entitäten herzustellen. Die quantitative Auswertung dieser Analogiebestandteile zeigt, dass sie überwiegend auf israelische oder jüdische Akteur*innen referieren, die sie mit NS-Deutschland, Nationalsozialist*innen allgemein, Adolf Hitler sowie einzelnen NS-Funktionären und Institutionen in einen Zusammenhang bringen (68,1 %). Generalisierende Bezugnahmen auf Nazis (27,1 %), NS-Deutschland (18 %) und auf Adolf Hitler (15,3 %) bilden hierbei die häufigsten Ausprägungen der untersuchten NS-V/M. Spezifische Verweise auf einzelne NS-Verbrecher, wie Joseph Goebbels, Heinrich Himmler oder Rudolf Heß, und auf bestimmte nationalsozialistische Organisationen, wie die NSDAP, die SS oder die Wehrmacht, finden sich demgegenüber eher selten (7,7 %).

Mit Blick auf die jüdischen und/oder israelischen Referenten als Vergleichs- und Metaphernkonstituenten wurde gezeigt, dass die Analogiebildungen überwiegend auf israelische Entitäten bezogen sind. 48,6 % referieren konkret auf Israel und in 16,9 % der NS-V/M liegen Personalpronomen vor, welche die IBD adressieren, z. B. in Wendungen wie *Ihr verhaltet euch wie Nazis*. Solche Äquivalentsetzungen beinhalten zusätzlich eine übergeneralisierende Konzeptualisierung von ISRAEL und ISRAELIS. Die dominante Erscheinungsform der NS-V/M sind demzufolge israelbezogene Äußerungen, die im vorliegenden Kontext als aktualisierte Ausprägung des Post-Holocaust-Antisemitismus zu identifizieren sind.

Neben den Metaphern und Vergleichen, in denen primär die Akteur*innen fokussiert sind, wurden in den Korpusdaten 21,6 % NS-V/M ermittelt, in denen Schreiber*innen Analogierelationen zwischen der Shoah, Konzentrationslagern, dem Warschauer Ghetto und den Lebensbedingungen der palästinensischen Bevölkerung herstellen. Palästinenser*innen werden in diesen relativierenden Äußerungen explizit oder implizit als Opfergruppe perspektiviert, die mit den Opfern der Shoah in eine konzeptuelle Verbindung gebracht wird. Dass in solchen relativierenden Äußerungen das Leid der millionenfach ermordeten Menschen verhöhnt und „das Emotionalisierungspotenzial der Rezipienten schamlos instrumentalisiert" (Schwarz-Friesel ²2013: 200) wird, zeigt sich anhand der untersuchten Texte und an den illustrativen Beispielen in den vorangegangenen Kapiteln.

Im Rahmen der Korpusanalyse traten außerdem implizite Analogiebildungen zutage, in denen die Komparationsbasen oder metaphorischen Ursprungsbereiche referenziell unterspezifiziert sind. Phrasen, wie *Ihr Vorgehen erinnert an die deutsche Vergangenheit*, bilden 11,2 % der NS-V/M in den E-Mails an die IBD und den ZdJ. Obwohl diese Andeutungen eher vage formuliert sind, transportieren sie dieselbe Semantik und dasselbe illokutive Potenzial wie NS-V/M, in denen Vergleichs- und Metaphernkonstituenten explizit benannt werden.

Die Analogien zu NS-Deutschland und zu NS-Verbrechen sind darüber hinaus an verschiedene antisemitische Stereotypmanifestationen gekoppelt, die Produzent*innen entweder als tertia comparationis oder im Kotext der NS-V/M realisieren. Sie sind sowohl Ausdruck des israelbezogenen als auch des Post-Holocaust-Antisemitismus und gehen z. T. auf jahrhundertelang tradierte Konzeptualisierungen zurück. In diesem Zusammenhang bilden die Stereotype ISRAEL ALS UNRECHTS- UND UNTERDRÜCKERSTAAT, ALS AGGRESSOR und MÖRDER mit 69,9 % die frequentesten Konzeptualisierungen (von insgesamt 1.483 dominanten Stereotypcodierungen). Die Post-Holocaust-Stereotype JUDEN*JÜDINNEN/ISRAELIS HABEN KEINE LEHREN AUS DER VERGANGENHEIT GEZOGEN, sie seien SELBST SCHULD AM ANTISEMITISMUS und VERSCHAFFEN SICH VORTEILE AUS DER SHOAH stellen daneben den anderen Teilbereich der im Korpus dominanten Stereotypverbalisierungen dar. Gerade durch die Verknüpfung von NS-V/M mit anderen antisemitischen Konzeptualisierungen, die ebenfalls Formen der Entlastungs- und Schuldabwehrstrategien bilden, werden die verschiedenen Facetten des Post-Holocaust-Antisemitismus im Zusammenhang miteinander deutlich. Sowohl israelbezogene als auch auf Juden*Jüdinnen bezogene konzeptuelle Anknüpfungspunkte an NS-V/M und deren Verflechtungen mit weiteren antisemitischen Entwertungsmechanismen verdeutlichen, dass es sich hierbei um einen mehrdimensionalen Komplex handelt, der sich in Texten entfaltet, die Analogiebildungen zwischen Israel und NS-Deutschland beinhalten.

6 Resümee und Ausblick

6.1 Zusammenfassung der Ergebnisse

Die vorliegende Untersuchung hat in Verbindung mit wesentlichen Beiträgen der Antisemitismusforschung gezeigt, welche Mechanismen antisemitischen NS-V/M zugrunde liegen und wie diese im Komplex der verschiedenen Ausdrucksformen des Antisemitismus zu verorten sind. Darauf aufbauend liefert sie die erste umfassende empirische Analyse zur sprachlichen Realisierung jener Vergleiche und Metaphern, ihrer konzeptuellen Spezifika sowie ihrer Verbindung mit antisemitischen Stereotypen. Zusätzlich zur qualitativen und quantitativen korpuslinguistischen Auswertung jener antisemitischen Manifestationsformen wurden im Vorfeld NS-V/M anhand von Belegen aus dem öffentlichen Kommunikationsraum bzgl. lexikalischer, grammatischer und pragmatischer Gesichtspunkte untersucht. Neben ihrer funktionalen Heterogenität zeichnen sie sich sprachlich ebenso durch eine Vielgestaltigkeit aus, die in den Belegsammlungen der öffentlich getätigten Äußerungen und insbesondere im Rahmen der Korpusstudie zum Ausdruck kam. Diese Studie liefert eine systematische und umfangreiche Analyse der NS-V/M, deren Geltungsanspruch auf die Korpusdaten zu beziehen ist. Im abschließenden Kapitel widmen wir uns nun den grundlegenden Ergebnissen der Analyse.

In der vorliegenden Arbeit wurde der NS-Vergleich (NS-V) anhand linguistischer Kriterien als besonderer Typus des Vergleichs herausgearbeitet, der zwar eine strukturelle und sprachliche Äquivalenz zu typischen Vergleichen aufweist, sich jedoch funktional deutlich davon abhebt. Da seine Sprachoberfläche keinen Unterschied zu herkömmlichen Modalitäts-, Komparativ- und Superlativvergleichen besitzt, kann er explizit mittels Junktoren ausgedrückt oder durch lexikalische Vergleichsindikatoren angezeigt werden (s. Kap. 2, 3.2 und 5.1). Eine Analogiebildung zwischen Personen, Institutionen und Sachverhalten, die mit dem Nationalsozialismus in einer konzeptuellen Verbindung stehen, und anderen Entitäten muss dabei nicht zwingend in der Struktur eines Vergleichs vorliegen – sie kann auch in Gestalt einer Metapher verbalisiert sein. Diese wurde als NS-Metapher (NS-M) definiert (s. Kap. 3.3 und 5.1.4) und hinsichtlich kommunikativer Eigenschaften sowie ihrer Konstituenten im Zusammenhang mit den NS-V untersucht (s. Kap. 3.4–3.6, 5.2 und 5.3).[1]

---

[1] Die Referenz auf NS-V zusammen mit NS-M wurde durch die Verwendung der Abkürzung NS-V/M kenntlich gemacht. Generelle Gemeinsamkeiten und Unterschiede von Metaphern und Vergleichen sind in Kap. 2.4.4 aufgeführt.

6.1 Zusammenfassung der Ergebnisse — 303

Unterschiede zwischen Vergleichen und Metaphern basieren sowohl auf den Formen der sprachlichen Realisierung als auch auf der Konstituierung ihrer Bedeutung im Rahmen der Rezeption (s. Kap. 2.4.4). Produzent*innen von NS-M wollen Pérennec (2008: 8) zufolge ihre Äußerungen für gewöhnlich als wörtlich verstanden wissen – ganz im Gegenteil zu ‚herkömmlichen' Metaphern, die den nicht-wörtlichen Gebrauch eines Lexems innerhalb einer spezifischen Kommunikationssituation darstellen, in der die Metapher als solche identifiziert werden soll (vgl. Kurz ^{5}2004: 15; Skirl/Schwarz-Friesel ^{2}2013: 3). Gegenüber NS-M weisen NS-V bestimmte syntaktische Strukturen und/oder lexikalische Mittel auf, die den Vergleich auslösen bzw. anzeigen und damit keine vollständige konzeptuelle Gleichsetzung der Konstituenten beinhalten. Beide sprachlichen Realisierungsformen basieren auf tertia comparationis, die explizit formuliert oder zu inferieren sind, sofern sie nicht auf der sprachlichen Oberfläche vorliegen.

Neben der sprachlichen Realisierung zielte die erste Forschungsfrage auch auf funktionale Charakteristika dieser Äußerungen ab. NS-V dienen im Gegensatz zu Vergleichen nicht den Zwecken der Wissensvermittlung und des Erkenntnisgewinns, sondern zahlreichen unterschiedlichen kommunikativen Funktionen, die ebenso NS-M erfüllen können. Pérennec (2008: 12) konstatiert hierzu: „Vom Instrument der Erkenntnis mutiert also die Analogie zum Instrument der Manipulation oder der Subversion". Die Auffassung konnte insofern gestützt werden, als dass diverse Ausprägungen von NS-V und auch von NS-M innerhalb verschiedener Kommunikationssituationen ermittelt wurden, in denen sie diese Zwecke und darüber hinaus verschiedene weitere erfüllen. Als Mittel der Persuasion, der Emotionalisierung, der Aufmerksamkeitserzeugung und der Diffamierung bilden NS-V/M Sprechakte, die in verschiedenen Kontexten zum Einsatz kommen. Außerdem verdeutlicht das Datenmaterial in Kapitel 3 zusammen mit der herangezogenen Literatur, dass NS-V/M im Rahmen der Satire und Unterhaltung, als Mittel des Geschichtsrevisionismus und insbesondere als Manifestationsform des verbalen Antisemitismus von verschiedenen Personen fortwährend produziert und reproduziert werden.

Abgegrenzt wurden NS-V/M, die als aggressive Äußerungen starke emotionale Bewertungen beinhalten und den Nationalsozialismus relativieren, von historisch kritischen Vergleichen.

Als sachliche oder auch sarkastische Kritik geäußert, weisen sie in warnender Funktion auf problematische politische Entwicklungen hin, die bspw. auf ideologischen Parallelen zum völkischen Nationalismus oder auf kommunikativen und argumentativen Ähnlichkeiten zu Texten und Parolen des Nationalsozialismus beruhen (s. Kap. 3.1 sowie 3.4.2.3). Hierbei steht die Entlarvung nationalsozialistisch geprägten Gedankenguts, völkisch-rassistischer und antisemitischer Sprachgebrauchsmuster sowie antidemokratischer Positionen im

Fokus der kritischen Auseinandersetzung.[2] Inwiefern die Analogiebildungen von der Rezeptionsgemeinschaft bzw. von Teilen dieser Gemeinschaft als normativ gerechtfertigt eingeschätzt werden, folgt jedoch keinem starren Schema. Innerhalb des Diskurses findet kontinuierlich eine Verhandlung über die Norm selbst statt.[3]

Belegbeispiele diverser NS-V/M, die über mehrere Jahrzehnte hinweg im öffentlichen Kommunikationsraum geäußert wurden, sind ermittelt und hinsichtlich funktionaler Charakteristika klassifiziert sowie in Bezug auf öffentliche Reaktionen diskutiert worden (Kap. 3.4 und 3.5). Hier wurde gezeigt, dass in diesem Zusammenhang ein Ablauf in beinahe ritualisierter Form stattfindet – begonnen bei der Artikulation eines NS-V/M, über die darauffolgende öffentliche Empörung bis hin zur Entschuldigung (s. auch Eitz/Stötzel 2007: 4; Pérennec 2008: 11). Wenn die Äußerungen nicht, wie in den meisten Fällen als *Entgleisung*[4] bedauert, sondern abgestritten oder gar gerechtfertigt wurden, wie im Falle Herta Däubler-Gmelins (Kap. 3.4.3) oder Jamal Karslis (Kap. 3.6.2.2), fielen die politischen und persönlichen Konsequenzen z. T. schwerwiegender aus, indem die entsprechenden Personen u. a. Ämter niederlegen mussten. Obwohl NS-V/M auch öffentlich vielfach als Geschichtsrelativierungen problematisiert worden sind und daraus wiederum ablehnende und entrüstete Reaktionen gegenüber den Produzent*innen hervorgingen, hält diese auch das Wissen um einen möglichen Imageschaden nicht davon ab, solche Analogien herzustellen. Wir können also davon ausgehen, dass Produzent*innen entsprechende Reaktionen und Sanktionen im Vorfeld ihrer geplanten Aussagen, z. B. in politischen Reden oder Pressemitteilungen,[5] durchaus bedenken. Je nach Kommunikationssituation und thematischem Kontext verfolgen sie mit ihren Äußerungen unterschiedlich ausgerichtete Ab-

---

2 S. Kailitz (2007) zur nationalsozialistischen Ideologie der NPD, Schwarz-Friesel/Reinharz (2013: 185 f.) zu Boykott-Aufrufen der BDS-Kampagne sowie Kämper (2017) zu Parallelen zwischen dem Grundsatzprogramm der AfD und den Parteiprogrammen der DNVP sowie der NSDAP in den 1920er Jahren (Kap. 3.1). Neben diesen wissenschaftlichen Ausarbeitungen finden sich im öffentlichen Kommunikationsraum auch zahlreiche satirisch-überspitzte Problematisierungen. Eine sarkastische Auseinandersetzung mit den Positionen Eva Hermans in Verbindung mit der nationalsozialistischen Familienpolitik liefert bspw. Dorn (2006) in einem Artikel der TAZ, s. Kap. 3.4.2.3 Beispiel (71).
3 An dieser Stelle gilt es Folgeuntersuchungen anzusetzen, welche die Herausbildung und Veränderung der Norm hinsichtlich der Artikulation von NS-V/M in unterschiedlichen Diskurszusammenhängen in den Blick nehmen.
4 Dass es sich hierbei jedoch keinesfalls um Entgleisungen, sondern um intentional geplante und gezielt eingesetzte Äußerungen handelt, wurde mit Bezug auf Schwarz-Friesel ([2]2013: 198 f.) in Kap. 3.4.3 aufgezeigt.
5 S. dazu u. a. die Äußerung Erdoğans in einer öffentlichen Rede (68) und die Pressemitteilung Jamal Karslis in Beispiel (82).

sichten. Insofern besitzt die, durch den „Tabubruch mit äußerster Wirkung" (Seitz 2002: 11) erzielte, öffentliche Aufmerksamkeit demnach einen höheren Stellwert als die mögliche Zurückweisung der Äußerung bzw. der damit vermittelten Bewertung (s. Kap. 3.4.1.2 zur Perlokution). Dies betrifft bei weitem nicht nur NS-V/M, die von Politiker*innen artikuliert werden, sondern all jene, denen öffentliche Beachtung zukam, wie die Slogans und Parolen von bestimmten Tierrechtsorganisationen, von Femen oder von Abtreibungsgegner*innen illustrieren.[6]

NS-V/M sind nicht nur Äußerungen, die einen Sachverhalt verzerrt, eingeengt und falsch darstellen. Mittels solcher Analogiebildungen wird außerdem die NS-Zeit instrumentalisiert, um möglichst starke Negativbewertungen auszudrücken sowie emotionale Reaktionen zu evozieren – gleichzeitig werden NS-Verbrechen auf diese Weise relativiert sowie das Leid der Opfer marginalisiert und verhöhnt (vgl. Schwarz-Friesel ²2013: 200). Insbesondere durch die Herstellung von Analogierelationen zwischen der Shoah und anderen Sachverhalten oder Verbrechen wird ihre Spezifität negiert. Die Bezeichnung verschiedener Verbrechen und Genozide als *Holocaust* führt zudem zu einer Veränderung der Wortsemantik (vgl. Soric 2005: 187). Es kommt zur Ausweitung der Begriffsextension, aus der langfristig Veränderungen des historischen Bewusstseins und des Vergangenheitsdiskurses resultieren können (s. Kap. 3.4.3). Besonders deutlich wird dies u. a. anhand der Verwendung des Kompositums *Bomben-Holocaust* in Referenz auf alliierte Bombardierungen während des Zweiten Weltkrieges und des damit intendierten Geschichtsrevisionismus (s. Kap. 3.4.2.2).

In Bezug auf die Korpusstudie wurden im Vorfeld jene NS-V/M, in denen Produzent*innen Analogien zwischen NS-bezogenen und jüdischen und/oder israelischen Entitäten etablieren, im Zusammenhang mit Erkenntnissen aus der Antisemitismusforschung als ein Phänomen des Verbal-Antisemitismus definiert (s. Kap. 3.6.2). Die zweite Forschungsfrage, die konzeptuelle und funktionale Gemeinsamkeiten sowie Unterschiede zwischen dieser Erscheinungsform und anderen NS-V/M in den Blick nimmt, wurde dementsprechend aufgestellt.

Seit dem Sechstagekrieg 1967 finden sich vermehrt NS-V/M im öffentlichen Kommunikationsraum, die auf Israel, Israelis oder Juden*Jüdinnen referieren. Je nach Vergleichs- und Metaphernkonstituenten werden der israelische Staat, seine Vertreter*innen oder jüdische Personen allgemein als undemokratisch delegitimiert, als Verkörperung des Bösen dämonisiert und stigmatisiert. Jene Vergleiche und Metaphern bilden Phänomene des Verbal-Antisemitismus, die zusätzlich zur Diskreditierung und der mit NS-V/M einhergehenden Relativierung der NS-Verbrechen stets eine Täter*innen-Opfer-Umkehr ausdrücken (s.

---

[6] Die verschiedenen Diskurszusammenhänge werden in Bezug auf die Beispiele (40), (47) und (51) in Kap. 3 diskutiert.

Kap. 3.6). Von anderen NS-V/M unterscheiden sie sich insofern, als dass die tatsächlichen Opfer der Shoah, deren Nachkommen und/oder der Staat Israel, der u. a. von den Überlebenden der Shoah gegründet und bevölkert wurde, hiermit als aktuelle Täter*innen der Gegenwart diffamiert werden, die den Nationalsozialist*innen gleichkämen. Eine solche realitätsverzerrende Kontrastierung offenbart das Bedürfnis nach persönlicher Schuldentlastung und ist Ausdruck der Erinnerungsabwehr in Bezug auf die deutsche NS-Vergangenheit (s. Kap. 3.6.2.2). Diese Mechanismen stellen Kernelemente des Post-Holocaust-Antisemitismus dar (vgl. u. a. Rensmann 2004: 314; Bergmann 2007: 28), welche in den untersuchten NS-V/M mehrheitlich als israelbezogene Formvarianten des Verbal-Antisemitismus manifestiert sind (s. Kap. 3.6 sowie 5.2). Äußerungsproduzent*innen zielen mit solchen NS-V/M ebenso auf das historische Bewusstsein der Rezipient*innen wie auf emotionale Wirkungen ab. Aufgrund des Wissens um die Shoah werden Rezipient*innen[7] in einem besonderen Maße angesprochen und Israel, Israelis bzw. Juden*Jüdinnen als Gruppe der Täter*innen höchstmöglich diskreditiert (s. Kap. 3.6.2).

Dass diese Art der Diffamierung über Jahre hinweg nicht an Brisanz verloren hat und konstant in einer Gesellschaft artikuliert wird, die von ihrer NS-Geschichte geprägt ist, demonstrieren sowohl die Belege aus dem öffentlichen Kommunikationsraum als auch v. a. die Ergebnisse der Korpusstudie. Nicht öffentlich getätigte Äußerungen bilden die Datengrundlage für diese Untersuchung, die sowohl quantitativ als auch qualitativ ausgerichtete Analysen liefert und deren wesentliche Ergebnisse an dieser Stelle zusammengefasst werden.

Aus der Auswertung der 10.235 vorliegenden E-Mails, die zwischen März 2002 und Dezember 2014 an die IBD und den ZdJ gesendet wurden, geht hervor, dass 8,8 % aller E-Mails an die IBD sowie 11,5 % der Texte an den ZdJ antisemitische NS-V/M aufweisen. Mit Blick auf die dritte Untersuchungsfrage wurde hierfür der statistische Zusammenhang zwischen der Anzahl der E-Mails mit NS-V/M und der jeweiligen Empfängerinstitution berechnet. Dabei stellt sich heraus, dass zwischen diesen Variablen lediglich eine schwache Korrelation besteht (s. Kap. 4.3.1). Verfasser*innen beziehen sich mit ihren NS-V/M überwiegend auf Israel, israelische Institutionen und Personen oder Sachverhalte im israelisch-palästinensischen Konflikt, auch wenn sie ihre E-Mails an den ZdJ und damit an den Dachverband der jüdischen Gemeinden und Landesverbände in Deutschland richten (s. Kap. 5.2). In 72,8 % der Vergleiche und Metaphern bilden entweder israelische Entitäten oder Gaza und die Politik gegenüber den Palästinenser*innen die Vergleichs- bzw. Metaphernkonstituenten. Demgegen-

---

[7] Zur Kommunikationssituation und der Klassifizierung von Produzent*innen, Adressat*innen und Rezipient*innen s. Kap. 3.4.1.1.1.

über wird in 20,8 % der Äußerungen explizit auf Juden*Jüdinnen referiert (s. Kap. 5.2).[8] Die Ergebnisse zeigen, dass sich in den untersuchten Äußerungen überwiegend ein israelbezogener Antisemitismus widerspiegelt, der als aktualisierte Ausprägung des Post-Holocaust-Antisemitismus zu verorten ist.

Die an den ZdJ adressierten israelbezogenen NS-V/M verdeutlichen, dass jüdische Deutsche und deren Repräsentant*innen für Vorgänge im israelisch-palästinensischen Konflikt verantwortlich gemacht und dafür kollektiv in Haftung genommen werden. Das seit Jahrhunderten tradierte antisemitische Stereotyp von JUDEN*JÜDINNEN ALS NICHT ZUGEHÖRIGE manifestiert sich hiermit in aktualisierter Form, in der JUDEN*JÜDINNEN ALS ISRAELIS konzeptualisiert und auf diesem Weg kollektiv ausgegrenzt werden (vgl. auch Schwarz-Friesel/Reinharz 2013: 395; Schwarz-Friesel 2015b: 18).

In Bezug auf die vierte Forschungsfrage wurde die Korrelation zwischen der Häufigkeitsverteilung der E-Mails mit NS-V/M auf Zeiträume mit und ohne militärische Auseinandersetzungen im israelisch-palästinensischen Konflikt berechnet. Die Auswertung ergab ebenso einen schwachen Zusammenhang zwischen der Anzahl der E-Mails mit NS-V/M und dem jeweiligen Zeitraum (s. Kap. 4.3.2). Während der Jahre, in denen die Militäroperationen Cast Lead (2009), Pillar of Defense (2012) und Protective Edge (2014) sowie der Libanonkrieg zwischen der Hisbollah und Israel (2006) stattfanden, sind 22,4 % mehr E-Mails bei der IBD eingegangen (5.318) als in Phasen ohne militärische Auseinandersetzungen (3.370), welche die Jahre 2007, 2008, 2010, 2011 und 2013 umfassen.[9] Die Ereignisse im Nahen Osten bieten demnach vielen Verfasser*innen einen Schreibanlass für E-Mails an die IBD, die als Repräsentation des Staates Israels in Deutschland fungiert. Obwohl in Konfliktphasen insgesamt deutlich mehr E-Mails an die IBD gesendet wurden, fällt der quantitative Unterschied zwischen jenen E-Mails, die NS-V/M beinhalten, bzgl. der entsprechenden Zeiträume eher gering aus. So sind für die Phasen der militärischen Auseinandersetzungen 9,9 % Texte mit NS-V/M und für die Phasen ohne Militäroperationen 7,2 % ermittelt worden. Der sich daraus ergebende Zusammenhang zwischen der relativen Anzahl der E-Mails mit NS-V/M und dem entsprechenden Zeitraum be-

---

[8] Andere Vergleichsgrößen bzw. Metaphernkomponenten sind referenziell unterspezifiziert (s. dazu Tab. A4 im Anhang).
[9] Zu den Operationalisierungen der Forschungsfragen, den Berechnungen im Einzelnen und der Diskussion der Ergebnisse s. Kap. 4.3.2. Die Auswertungen beinhalten ausschließlich die Häufigkeitsverteilungen der E-Mails an die IBD, da das Datenmaterial vom ZdJ nur bis Ende 2008 zur Verfügung gestellt wurde und dies in den ersten Jahren nur sehr wenige E-Mails umfasst. Um die Problematik dieser möglichen Verzerrung auszuschließen, ist die Anzahl der E-Mails an den ZdJ nicht in die Berechnungen einbezogen worden.

sitzt lediglich eine leichte Effektstärke. Das Ergebnis zeigt somit, dass NS-V/M konstant, sowohl im Zusammenhang mit als auch unabhängig von militärischen Konfrontationen, produziert werden. Dieser Befund weist auf die Beständigkeit und Stabilität der NS-V/M und der damit einhergehenden antisemitischen Konzeptualisierungen hin.

Die Fragen, wie die NS-V/M sprachlich realisiert sind, welche konzeptuellen Spezifika sie im Einzelnen aufweisen und welche weiteren antisemitischen Stereotype im Zusammenhang damit artikuliert werden, sind in Kapitel 5 untersucht worden. Die qualitative Analyse der NS-V/M in den E-Mails an die IBD und an den ZdJ ging stets in Verbindung mit quantitativen Auswertungen der entsprechenden Kategorien einher – die daraus resultierenden Ergebnisse wurden anhand exemplarischer Korpusbeispiele illustriert. Insgesamt zeichnen die Auswertungen ein vielschichtiges Bild der sprachlichen Erscheinungsformen von NS-V/M,[10] wobei mit 77,8 % gegenüber 22,2 % deutlich mehr Vergleiche als Metaphern ermittelt wurden. Trotz ihrer Eigenschaft als heterogene Vergleiche realisieren die Produzent*innen sie auch in Gestalt von Komparativ- und Superlativstrukturen, die üblicherweise homogene Vergleiche kennzeichnen. Demnach können NS-V auf der sprachlichen Oberfläche durchaus als Komparation vorliegen. Die Vergleichsgrößen besitzen allerdings keinen gemeinsamen konzeptuellen Bereich, der in Bezug auf homogene Vergleiche für die Hervorhebung von Gemeinsamkeiten und Unterschieden der Entitäten notwendig wäre. Die konzeptuelle Verbindung zwischen ihnen wird in NS-V/M, auch wenn sie als Komparative oder Superlative in Erscheinung treten, hergestellt und auf diese Weise eine zwischen den Konzepten bestehende Ähnlichkeit suggeriert.

Die Ausprägung des Modalitätsvergleichs bildet mit 89,2 % jedoch die eindeutig dominante, welche mehrheitlich keine Junktoren, sondern lexikalische Vergleichsindikatoren aufweist. Aus der Klassifikation dieser Indikatoren und deren Häufigkeitsverteilungen (s. Kap. 5.1.2) geht hervor, dass die Negation *kein Unterschied zwischen* oder *X ist nichts anderes als Y* zusammen mit vergleichsbezeichnenden Lexemen, wie *ähnlich*, und temporaldeiktischen Ausdrücken, z. B. *damals war X und heute ist das Y*, die am häufigsten gebrauchten lexikalischen Vergleichsindikatoren in den analysierten NS-V darstellen. Daneben wurden auch Wendungen erfasst, in denen auf *Erinnerungen an die NS-Zeit* sowie auf *Nachfolger der Nationalsozialisten* referiert oder eine explizite Täter*innen-Opfer-Umkehr verbalisiert wird. Im Zuge der Untersuchung konnten darüber hinaus iterative Ausdrücke sowie die Fokuspartikeln *auch* und *sogar* ermittelt werden, mit denen Produzent*innen u. a. tertia comparationis hervorheben, um

---

[10] S. ausführlich zur sprachlichen Realisierung Kap. 5.1., zu den Konstituenten der NS-V/M Kap. 5.2 und zu antisemitischen Stereotypen, die im Kotext dazu artikuliert werden, Kap. 5.3.

einen expliziten Vergleich zu umgehen. Die Befunde der Analyse von Vergleichsstrukturen und deren sprachlicher Realisierung zeigen die Heterogenität und die sprachliche Komplexität der Analogiebildungen auf (s. Kap. 5.1.2). Dass NS-V oft implizite Formen annehmen, dementsprechend keine Junktoren oder vergleichsbezeichnenden Lexeme beinhalten und nicht explizit als Vergleiche artikuliert werden, ist mit der Eigenschaft der Aufhebbarkeit konversationeller Implikaturen zu erklären. Um implizite Bedeutungsbestandteile zu verstehen, die zur Herstellung der Analogierelationen in NS-V notwendig sind, müssen Rezipient*innen Inferenzen ziehen. Äußerungsproduzent*innen haben somit die Möglichkeit, sich auf das explizit Gesagte zu berufen – für die implikatierte Bedeutung des NS-V müssen sie sich nicht haftbar machen wie es für eine explizite Aussage der Fall wäre (vgl. Linke/Nussbaumer 2000: 446 f.). Dies trifft ebenso auf nicht explizit genannte Vergleichsgrößen zu.[11]

Mit der Verwendung NS-typischen Vokabulars, wie *Herrenrasse*, *Endlösung* oder der Grußformel *Heil*, in Referenz auf israelische und/oder jüdische Entitäten sowie Sachverhalte im israelisch-palästinensischen Konflikt werden Anspielungen auf den Nationalsozialismus ausgedrückt, die ebenfalls der Herstellung von Analogierelationen zwischen den entsprechenden Konzepten dienen (s. Kap. 5.1.3). Hierbei handelt es sich um Lexeme und Phrasen, mit denen Verfasser*innen auf lexikalisch-semantischer und konzeptueller Ebene Verbindungen zum Nationalsozialismus etablieren und diese innerhalb von NS-V/M dekontextualisierend verwenden.[12] In den Korpustexten wurden 129 Belege für den Gebrauch solcher Lexeme ermittelt, die teilweise in Kombination mit Vergleichsjunktoren, lexikalischen Indikatoren oder als NS-M realisiert sind. In Bezug auf NS-V/M, in denen die Analogierelationen ausschließlich auf dem Einsatz von NS-Vokabular beruhen, wird deutlich, dass damit keine typischen lexikalischen Vergleichsindikatoren vorliegen, sondern die Komparationsbasen und metaphorischen Ursprungsbereiche bereits konkret benannt sind. Diese Form der Anspielung tritt als Verbindung zwischen Vergleichsindikator und Vergleichsreferent in Erscheinung.

Dass zahlreiche andere NS-V/M nicht durch einzelne Junktoren oder entsprechende Lexeme, sondern von mehreren vergleichsanzeigenden Ausdrücken in Verbindung miteinander artikuliert werden, geht aus den Korpusbeispielen in Kapitel 5 hervor. In diesem Zusammenhang konnte auch gezeigt werden, dass NS-V/M in den untersuchten E-Mails nicht ausschließlich isoliert voneinander auftreten, sondern außerdem im Kotext von und mit anderen NS-V/M vorliegen.

---

[11] S. dazu folgende Absätze bzgl. der referenziell unterspezifizierten Vergleichs- und Metaphernkonstituenten sowie Kap. 5.2.9.
[12] Zur Dekontextualisierung s. Schwarz-Friesel/Reinharz (2013: 217) sowie Kap. 3.2.

Im Rahmen der Korpusuntersuchung wurden zusätzlich zu den NS-V ebenso verschiedene Varianten der NS-M erfasst. Von den 227 Metaphern, die ausschließlich Substantivmetaphern bilden, sind 137 als Prädikativmetaphern der Gestalt *X ist ein Y* und 90 als Kompositummetaphern in der Form *XY* realisiert. Die Auswertungen der konzeptuellen Eigenschaften in Bezug auf die metaphorischen Ursprungsbereiche von NS-M verdeutlichen, dass sie überwiegend auf Sachverhalte bezogen sind und häufig die SHOAH (35,2 %) sowie KONZENTRATIONSLAGER (24,2 %) thematisieren. Diese Ergebnisse wurden u. a. in Bezug auf die sechste Forschungsfrage eruiert, die auf konzeptuelle Spezifika der Komparationsbasen und der metaphorischen Ursprungsbereiche innerhalb der untersuchten NS-V/M abzielt (s. Kap. 5.2).

Die NS-V referieren derweil überwiegend auf Akteure, wie auf Adolf Hitler und einzelne NS-Funktionäre, auf Personengruppen, auf spezifische NS-Institutionen und Organisationen sowie auf NS-Deutschland im Allgemeinen. Mit Blick auf die Gesamtmenge aller untersuchten NS-V/M stellen diese Äußerungen mit 68,1 % die deutlich häufigere Formvariante gegenüber solchen NS-V/M dar, in denen die Produzent*innen Sachverhalte, Orte sowie Hergänge thematisieren und dementsprechende Vergleichs- oder Metaphernkonstituenten anführen, wie das *Warschauer Ghetto*, *Konzentrationslager* oder den *Holocaust*. Mit 21,6 % bilden sie gegenüber denjenigen, die auf Akteure bezogen sind, die kleinere Gruppe. Auf Grundlage dieser Referenten werden israelische Repräsentant*innen, Organisationen oder der Staat Israel in Bezug auf vorgebliche gemeinsame Eigenschaften charakterisiert, die sie mit nationalsozialistischen Entitäten teilen würden.

Abgesehen von jenen konkreten Komparationsbasen und metaphorischen Ursprungsbereichen wurden im Hinblick darauf auch referenziell unterspezifizierte Angaben in NS-V/M erfasst. Die Auswertung der Korpusanalyse zeigt, dass 10,2 % aller Vergleichs- und Metaphernkonstituenten nicht explizit auf der Sprachoberfläche realisiert sind. Phrasen, wie *das hat Ähnlichkeiten zu den schlimmsten Zeiten in unserer Geschichte*, erfordern, dass beim Textverstehen die fehlenden spezifischen Informationen im Inferenzprozess ergänzt werden, sofern diese nicht im Kotext vorliegen. Obwohl solche Andeutungen eher vage formuliert sind, transportieren sie dieselbe Semantik und dasselbe illokutive Potenzial wie NS-V/M, in denen Vergleichs- und Metaphernkonstituenten konkret benannt sind. Äußerungsproduzent*innen formulieren Andeutungen und referenziell unterspezifizierte NS-V/M, um sich vor konkreten Sanktionen zu schützen, die explizit verbalisierte NS-V/M nach sich ziehen könnten (s. Kap. 5.2.9).[13]

---

[13] Auch NS-V/M im öffentlichen Kommunikationsraum sind dadurch gekennzeichnet (vgl. Pérennec 2008: 3 und Kap. 3.2.2).

Die untersuchten NS-V/M liegen innerhalb von E-Mails vor, die direkt an zwei Institutionen gesendet wurden, welche jüdische bzw. israelische Vertretungen verkörpern. In 21,6 % der Texte verwenden Verfasser*innen in ihren Vergleichen und Metaphern Personalpronomen, mit denen sie zwar konkret den ZdJ oder die IBD adressieren, jedoch pars pro toto Juden*Jüdinnen und Israelis in ihre Äußerungen und die damit einhergehenden Konzeptualisierungen einbeziehen (s. Kap. 5.2).[14] Ausgedrückt wird eine solche Kollektivattribuierung bspw. in Wendungen, wie *ihr seid schlimmer als die Nazis*, in denen das Komparandum bzw. der metaphorische Zielbereich durch ein Pronomen gekennzeichnet ist, das auf jüdische und/oder israelische Personen referiert.

Einen weiteren Bestandteil der untersuchten Vergleiche und Metaphern bildet das tertium comparationis. Je nach Kontext und Vergleichs- bzw. Metaphernkonstituenten kann dies unterschiedliche Merkmale umfassen, die entweder explizit geäußert oder bzgl. entsprechender Diskurszusammenhänge sowie in Verbindung mit Komponenten des Weltwissens und/oder anhand der sprachlichen Kotexte inferiert werden müssen. Die mit NS-V/M vermittelten Dämonisierungen und Delegitimierungen bestimmen maßgeblich die konzeptuelle Basis der tertia comparationis. Diese beziehen sich in den analysierten Texten vornehmlich auf die ISRAELISCHE INNEN- UND AUSSENPOLITIK, das MILITÄRISCHE VORGEHEN, das AUFTRETEN ODER AUSSEHEN VON POLITIKER*INNEN, die POLITISCHE RHETORIK sowie auf VERSTÖSSE GEGEN DEMOKRATISCHE WERTE UND GEGEN DIE MENSCHLICHKEIT.

Im Zusammenhang mit jenen Konzeptualisierungen werden durch NS-V/M und in deren unmittelbaren Kotext antisemitische Stereotype verbalisiert, die zur Beantwortung der siebten Forschungsfrage erhoben wurden (s. Kap. 5.3). Die Untersuchung ergab, dass sich in NS-V/M jegliche Erscheinungsformen des Antisemitismus miteinander verknüpfen. Insbesondere in E-Mails, die an den ZdJ gerichtet sind und Juden*Jüdinnen für Geschehnisse in Israel verantwortlich machen, wird das klassische antisemitische Stereotyp von JUDEN*JÜDINNEN ALS GRUPPE DER FREMDEN UND NICHT ZUGEHÖRIGEN bzw. JUDEN* JÜDINNEN ALS ISRAELIS reproduziert. Wie oben erläutert, werden sie im Rahmen solcher Äußerungen kollektiv für Vorgänge im Nahen Osten in Haftung genommen. NS-V/M beinhalten zudem eine Täter*innen-Opfer-Umkehr und stellen damit eine Ausprägung des Post-Holocaust-Antisemitismus dar, die überwiegend zusammen mit aktualisierten antisemitischen Konzeptualisierungen auftritt, in denen der israelische Staat dämonisiert wird. Dementsprechend verbinden sich Elemente des Post-Holocaust-Antisemitismus und des israelbezogenen Antisemitismus

---

14 Tab. A4 im Anhang präsentiert eine Auflistung der Komparanden sowie der metaphorischen Zielbereiche. Entsprechende Korpusbeispiele in Kap. 5 illustrieren dieses Phänomen.

miteinander. Die Untersuchungsergebnisse verdeutlichen, dass entweder innerhalb von NS-V/M, d. h. als tertia comparationis, oder im unmittelbaren Kotext dieser Äußerungen die Stereotype von ISRAEL ALS UNRECHTS- UND UNTERDRÜCKERSTAAT sowie als BRUTALER AGGRESSOR und MÖRDER die wesentlichen Attribuierungen darstellen. Andere identifizierte Stereotype bilden Ausprägungen des Schuldabwehr- und Entlastungsantisemitismus, der nach 1945 die vorherrschende Manifestationsform darstellt (s. Kap. 5.3.2 bis 5.3.4). Dominant treten ebenfalls die Konzeptualisierungen von JUDEN*JÜDINNEN ODER ISRAELIS ALS HOLOCAUSTAUSBEUTER*INNEN auf, die sich materielle und gesellschaftliche Vorteile aus der Shoah zu verschaffen suchen, wie auch die Bezichtigungen, Juden*Jüdinnen und Israel hätten NICHTS AUS DER SHOAH GELERNT und seien durch ihr Verhalten SELBST VERANTWORTLICH FÜR DEN ANTISEMITISMUS. Zusammen mit den Schuldzuweisungen, die ohnehin durch NS-V/M zum Ausdruck kommen, artikulieren Schreiber*innen damit zusätzlich den Vorwurf, weder lernfähig in Bezug auf die eigene Geschichte noch empathiefähig für das Leid der palästinensischen Bevölkerung zu sein. Die Diskreditierung basiert u. a. auf den Motiven der persönlichen Schuld- und Erinnerungsabwehr. Durch die Verbindung von NS-V/M – welche ohnehin als ein Phänomen des Post-Holocaust-Antisemitismus zu kategorisieren sind – mit entsprechenden Stereotypen, die ebenfalls dem Post-Holocaust-Antisemitismus angehören, manifestiert sich diese Form der Judenfeindschaft. Der Charakter des Antisemitismus als stabiles Weltdeutungskonstrukt tritt u. a. durch ebenjene Konstellationen aus klassischen, aktualisierten und Post-Holocaust-Stereotypen zutage, die konzeptuelle Anknüpfungspunkte für weitere antisemitische Attribuierungen bilden und damit die Vielschichtigkeit dieses Deutungs- und Entwertungssystems offenbaren.

6.2 Ausblick und Forschungsdesiderata im Zusammenhang mit den durchgeführten Analysen

Die vorliegende Arbeit widmete sich dem Phänomen der NS-V/M aus mehreren verschiedenen Blickwinkeln und liefert neben einer grammatischen und kommunikativ-funktionalen Einordnung dieser Äußerungen im öffentlichen Kommunikationsraum eine Klassifizierung antisemitischer NS-V/M anhand struktureller, lexikalischer und konzeptueller Spezifika. Basierend auf einer korpuslinguistischen Untersuchung, die quantitative und qualitative Auswertungen umfasst, wurde die Beschaffenheit antisemitischer NS-V/M abgebildet. Hierbei handelt es sich um eine erste umfassende empirische Analyse zur sprachlichen Realisierung dieser Vergleiche und Metaphern, ihrer zugrunde liegenden konzeptuellen Charakteristika sowie ihrer Verbindung mit antisemitischen Stereotypen. Da die Repräsentativität der Ergebnisse und damit deren Geltungsanspruch auf die Korpusstudie beschränkt ist, besteht die Möglichkeit, dass sowohl sprachliche Realisierungen als auch die Funktionen von NS-V/M in anderen Diskurszusammenhängen und auf der Grundlage einer anderen Datenzusammenstellung gegenüber den vorliegenden Befunden verschieden ausfallen. Gerade die Beschäftigung mit NS-V/M in verschiedenen Kommunikationssituationen, -räumen und diskursiven Zusammenhängen eröffnet ein breites Spektrum, welches zwar in Auszügen jedoch nicht in seinem vollen Umfang dargestellt werden konnte.[15] Anknüpfend an die empirische Studie und an die theoretischen Betrachtungen zu NS-V/M ergeben sich mehrere Forschungsdesiderata (und Herausforderungen), die nachfolgend in Verbindung mit den durchgeführten Analysen zu skizzieren sind.

Die Ergebnisse der Studie zeigen neben der funktionalen Heterogenität von NS-V/M, dass sie sich sprachlich ebenso durch eine Vielgestaltigkeit auszeichnen, die in den Belegsammlungen der öffentlich getätigten Äußerungen und insbesondere im Rahmen der Korpusstudie zum Ausdruck kam. Um generalisierende Aussagen über diese Vergleiche und Metaphern als antisemitische Phänomene treffen zu können, sind zusätzliche korpuslinguistische Untersuchungen durchzuführen, die methodisch auf weitere corpus driven-Verfahrensweisen, wie musterbasierten Suchabfragen und n-Grammen etc., gestützt sind.[16] Dafür könnten als Referenzkorpora bspw. jene E-Mails ohne NS-V/M herangezogen oder weitere Korpora erstellt werden, die sich aus einem anderen Datenmaterial als den E-Mails an die IBD und den ZdJ zusammensetzen. Zusätzlich zu strukturellen, lexikalischen und pragmatischen Fragestellungen, die primär linguistisch ausgerichtet sind, können damit gerade für die empirische Antisemitismusforschung inhaltliche und methodische Anknüpfungspunkte fruchtbar gemacht werden. Die vorliegenden Ergebnisse sind folglich für weiterführende Analysen an anderen Texten sowie Textsorten nutzbar, in denen ebenfalls Ana-

---

15 Ein Grund dafür ist, dass sich die Zusammenstellung ausgewogener Korpora, in denen NS-V/M in jeglichen expliziten wie auch impliziten Facetten automatisch identifizierbar sind und die das Gütekriterium der Repräsentativität erfüllen, mit den derzeitig verfügbaren technischen Möglichkeiten als nicht realisierbar erweist. Die qualitative Analyse impliziter Bedeutungsbestandteile, wie sie für referenziell unterspezifizierte Komponenten von NS-V/M erforderlich ist, kann (nach dem aktuellen technischen Stand) nicht mittels computergestützter Verfahren durchgeführt werden (s. Kap. 4.1 zur Methodik der vorliegenden Untersuchung).
16 Um mögliche sprachliche Spezifika von NS-V gegenüber anderen Vergleichen korpuslinguistisch zu ermitteln, könnten bspw. Texte, in denen verschiedene andere Vergleiche vorliegen, als Referenzkorpus herangezogen werden. Da es sich in diesem Zusammenhang jedoch durchaus schwer gestaltet, referenzielle Unterspezifikationen und Anspielungen zu erfassen, wären solche Formen der Analogiebildungen auszuschließen, weil sie wiederum qualitative Textanalysen erfordern würden.

logiebildungen zwischen NS-bezogenen und jüdischen oder israelischen Entitäten als Ausdruck antisemitischer Einstellungen zu identifizieren sind. In diesem Zusammenhang wäre auch eine primär diskursanalytische Studie aufschlussreich, in der Texte zu einzelnen Themenfeldern, Ereignissen oder Debatten systematisch zusammengestellt und kontrastiv ausgewertet werden.

Als Anknüpfungspunkt an die in Kapitel 4.3.2 aufgeführten quantitativen Auswertungen zu den Häufigkeitsverteilungen von Äußerungen mit antisemitischen NS-V/M im Zusammenhang mit militärischen Konfrontationen in Nahost wäre die Verbindung mit einer weiter ausdifferenzierten qualitativen Analyse möglich. Auf Basis einer diskurslinguistisch ausgerichteten Codierung der Themenstruktur und einer anschließenden Auswertung könnte genauer auf die Differenzen zwischen den Jahren mit militärischen Auseinandersetzungen eingegangen werden. Die Untersuchung kann auf diese Weise beleuchten, welche quantitativen und qualitativen Unterschiede und Gemeinsamkeiten es in Bezug auf NS-V/M zwischen den verschiedenen Konfliktzeiträumen gibt und inwiefern sich die verschiedenen konkreten Diskursereignisse in den Texten widerspiegeln. In dem Rahmen ist generell eine Analyse denkbar, die zusätzlich weitere Diskurse in den Blick nimmt. Eine daran anschließende statistische Auswertung könnte somit spezifisch auf verschiedenartige Themenfelder ausgerichtet sein. Insbesondere die Kontrastierung von Diskursen mit und ohne Nahost-Fokus wäre hierfür ein interessanter Untersuchungsgegenstand. In Anbetracht der Relevanz und des Einflusses von Social Media wären Korpora bestehend aus öffentlich zugänglichen Internetkommentaren, Tweets oder Forums- und Blogbeiträgen äußerst gehaltvolle Daten.

Angesichts der Operationalisierung der vorliegenden Forschungsfragen bot sich das in dieser Arbeit gewählte Vorgehen als optimale Lösung an, um erstens sämtliche NS-V/M in den Korpustexten unabhängig von ihrer Realisierung zu erfassen und um zweitens eine Kategorisierung der Manifestationsformen zu erstellen, die sowohl auf induktiven als auch auf deduktiven Kategorien beruht und ein möglichst differenziertes Bild von NS-V/M zu zeichnen vermag. Die Ausarbeitungen zu den Äußerungen im öffentlichen Kommunikationsraum basieren gegenüber der Korpusuntersuchung auf einer Bandbreite an Belegen und auf keiner systematischen Datenzusammenstellung. Diese wurde gewählt, um die sprachliche und funktionale Heterogenität der NS-V/M abzubilden, sie angesichts ihrer Äußerungskontexte zu beleuchten, ihre Spezifika herauszuarbeiten und zudem öffentliche Reaktionen und mögliche Auswirkungen eines solchen Sprachgebrauchs aufzuzeigen. Mit Blick auf die Analysen ergeben sich weitere kommunikative Zusammenhänge, in denen NS-V/M als Sprachgebrauchsmuster systematisch analysiert werden können, bspw. die Verwendung von *Nazi* als Fremd- und Selbstbezeichnung (s. Kap. 3.3.2). Hiermit könnten Einblicke in kommunikative, kognitive und emotive Dimensionen bzgl. der Sprachgemeinschaft und ihrer Nutzer*innen gegeben werden (s. dazu diskursgrammatische Anknüpfungspunkte in Warnke et al. 2014).

Dass in der Untersuchung von NS-V/M die Möglichkeit besteht, Konzeptualisierungen aufzudecken, die im kollektiven und kulturellen Gedächtnis einer Gesellschaft verankert sind, wurde mehrfach angemerkt. Eine umfassende Untersuchung, in der NS-V/M in unterschiedlichen nationalen Kontexten hinsichtlich ihrer Realisierungen sowie ihrer kommunikativen und psychologischen Funktionen kontrastiv ermittelt werden, steht derzeit noch aus.

Die Auseinandersetzung mit einem Sprachgebrauch, durch den NS-Verbrechen und somit der millionenfache Mord an Menschen bagatellisiert werden, ist selbstverständlich nicht nur aus sprachwissenschaftlicher, sondern auch aus historischer und gesellschaftspolitischer Perspektive von äußerster Relevanz. Wie zahlreiche Belege aus den vergangenen Jahren und Jahrzehnten zeigen, weist die Verwendung von NS-V/M im öffentlichen wie auch im privaten Kommunikationsraum deutliche Habitualisierungstendenzen auf. Einen solchen Sprachgebrauch zusammen mit seinen Auswirkungen auf Einstellungen und Handlungsabsichten aufzudecken, sollte das Ziel verfolgen, ein gesellschaftliches Bewusstsein für die damit einhergehenden Gefahren zu schaffen, wie es angesichts aktueller politischer Tendenzen immer bedeutsamer wird.

Quellen- und Literaturverzeichnis

Quellen

Nummerierte Beispiele

Induktiv gebildete Beispiele sind hier nicht aufgeführt.

(6) U01/APR.04438. The Loft Generation. Süddeutsche Zeitung, 24. 04. 2001, V2/7.
(7) U14/JAN.01324. Hier und jetzt. Süddeutsche Zeitung, 11. 01. 2014, V2/3.
(8) Ortony, Andrew. 1979. Similarity and similies in metaphors. In: Ortony, Andrew (Hg.), Metaphor and Thought. Cambridge: Cambridge University Press, 186–20 (zit. nach Levinson, [17]2006. Pragmatics. Cambridge: Cambridge University Press, 155).
(9) Ortony, Andrew. 1979. Similarity and similies in metaphors. In: Ortony, Andrew (Hg.), Metaphor and Thought. Cambridge: Cambridge University Press, 186–20 (zit. nach Levinson, [17]2006. Pragmatics. Cambridge: Cambridge University Press, 155).
(10) HMP14/FEB.02658. Der Playoff-Prototyp. Hamburger Morgenpost, 28. 02. 2014, 36.
(13) FOC13/OKT.00024. Auf ein Neues, Alter! Focus. 07. 10. 2013, 126.
(15) Carl, Mark-Oliver. 2008. (Un-)Stimmigkeiten bei Ulrich Plenzdorf. Analyse intertextueller Wiederaufnahmen in Kein runter kein fern, Die Legende von Paul und Paula, Zeit der Wölfe, Karla und Die neuen Leiden des jungen W (MeLiS – Medien – Literaturen – Sprachen in Anglistik, Amerikanistik, Germanistik und Romanistik 7). Frankfurt a. M. [u. a.]: Peter Lang.
(16) C97/JUL.03044. Electronic eignet sich gut für kleinere Firmen als Einstieg in das Online-Marketing. Computer Zeitung, 03. 07. 1997, 15.
(17) ZWI11/MAR.00020. Droge aus der Steinzeit. Die Zeit Wissen, 15. 03. 2011, 58.
(18) FOC09/NOV.00488. Psychologie. Focus, 30. 11. 2009, 110–113.
(19) RHZ10/APR.06516. Bibelwort/Namenstag Neues Testament. Rhein-Zeitung, 13. 04. 2010.
(20) Z05/JUL.00431. Rolle rückwärts. Die Zeit (Online-Ausgabe), 28. 07. 2005.
(22) GOE/AGV.00000. Goethe, Johann Wolfgang von [1809] 1982. Die Wahlverwandtschaften. In: Trunz, Erich (Hg.), Goethes Werke (Hamburger Ausgabe 6). München: C. H. Beck.
(24) HMP06/MAI.01629. Christian Rach (48). Hamburger Morgenpost, 18. 05. 2006, 2.
(29) NZS03/MAI.00563. NZZ am Sonntag, 25. 05. 2003, 34.
(30) U98/MAI.38161. Was uns die Helden melden. Süddeutsche Zeitung, 30. 05. 1998, 17.
(31) Z12/OKT.00217. Menuett des Miteinanders. Die Zeit (Online-Ausgabe), 11. 10. 2012.
(32) U15/MAR.02246. Massenverschickungswaffen. Süddeutsche Zeitung, 16. 03. 2015, 11.
(33) M01/NOV.90737. Der PC wird zum Sprachgenie. Mannheimer Morgen, 28. 11. 2001.
(40) T08/OKT.00539. Kampf mit langen Unterhosen. TAZ, 04. 10. 2008, 30.
(41) PBW/W12.00042. Protokoll der Sitzung des Parlaments Landtag von Baden-Württemberg am 11. 02. 1998. 42. Sitzung der 12. Wahlperiode 1996–2001. Plenarprotokoll, Stuttgart, 3356.
(42) T12/JUN.00388. Marsch in die Sackgasse. TAZ, 04. 06. 2012, 21.
(43) U13/APR.00373. Jetzt im Kino, Filmkritik zu ‚An Enemy to Die For'. Süddeutsche Zeitung, 04. 04. 2013, 12.

(44) U04/MAI.02819. Die Folgen der Folter: Die amerikanische Politik und das Image der Vereinigten Staaten. Süddeutsche Zeitung, 18. 05. 2004, 13.
(45) Hitlers Wiedergänger. Der Spiegel 6/1991, 04. 02. 1991. http://www.spiegel.de/spiegel/print/d-13487378.html (letzter Zugriff 28. 02. 2019).
(46) Angeblicher Hitler-Vergleich – Schröder schreibt an Bush/Ministerin spricht von Verleumdung. FAZ, 20. 09. 2002. http://www.faz.net/aktuell/politik/angeblicher-hitler-vergleich-schroeder-schreibt-an-bush-ministerin-spricht-von-verleumdung-170755.html (letzter Zugriff 28. 02. 2019).
(47) Femen-Aktivistinnen und Musliminnen reden nicht miteinander. Die Zeit, 16. 07. 2013. http://www.zeit.de/gesellschaft/zeitgeschehen/2013-07/femen-muslima-kopftuch-feminismus (letzter Zugriff 28. 02. 2019).
(48) Z97/711.05933. Saddam und die Politik des Hungers. Die Zeit, 07. 11. 1997, 3.
(49) BRZ06/JUN.05323. Proteste gegen Irans Staatschef. Braunschweiger Zeitung, 12. 06. 2006.
(50) BRZ08/DEZ.07424. Ban rügt Mugabe. Braunschweiger Zeitung, 13. 12. 2008.
(51) M00/MAI.25658. In Kürze. Mannheimer Morgen, 31. 05. 2000.
(52) Z14/OKT.00080. Es war schön mit euch. Die Zeit, 02. 10. 2014.
(53) DD11/W06.39445. Diskussion: Wurst. Wikipedia 2011. https://de.wikipedia.org/wiki/Diskussion:Wurst/Archiv/1 (letzter Zugriff 28. 02. 2019).
(54) WDD11/G30.28460. Diskussion: Giuliano Bignasca. Wikipedia 2011. http://de.wikipedia.org/wiki/Diskussion:Giuliano_Bignasca (letzter Zugriff 28. 02. 2019).
(55) U13/DEZ.02171. Dreissignochwas. Süddeutsche Zeitung, 14. 12. 2013, V2/5.
(56) Musik – mit allem und viel Scharf. 2015. http://musik-mitallemundvielscharf.de/musiknazi-der-m/ (letzter Zugriff 28. 02. 2019).
(57) „Jetzt zupacken!"?. Mädchenmannschaft. 2011. http://maedchenmannschaft.net/jetzt-zupacken/ (letzter Zugriff 28. 02. 2019).
(61) IBD_01.01.2014. E-Mail an die Israelische Botschaft in Deutschland.
(62) Proteste in Zypern – Hitler-Hetze gegen Kanzlerin Merkel. Merkur, 23. 03. 2016. http://www.merkur.de/politik/proteste-zypern-nazi-hetze-gegen-kanzlerin-merkel-fotostrecke-zr-2822021.html (letzter Zugriff 28. 02. 2019).
(63) Verbalausfall – Polnischer EU-Parlamentarier vergleicht Merkel mit Hitler. Spiegel Online, 18. 07. 2007. http://www.spiegel.de/politik/ausland/verbalausfall-polnischer-eu-parlamentarier-vergleicht-merkel-mit-hitler-a-495227.html (letzter Zugriff 28. 02. 2019).
(64) Wiedergabe der Äußerung Konrad Adenauers durch die Rheinische Post, 15. 08. 1961, 1 (zit. nach Eitz, Thorsten/Georg Stötzel. 2007. Wörterbuch der „Vergangenheitsbewältigung". Die NS-Vergangenheit im öffentlichen Sprachgebrauch. Bd. 1. Hildesheim: Olms, 404).
(65) Steuerstreit – Nazi-Vergleich. Steinbrück-Schelte eskaliert. Handelsblatt, 18. 03. 2009. http://www.handelsblatt.com/politik/deutschland/steuerstreit-nazi-vergleich-steinbrueck-schelte-eskaliert/3136950.html (letzter Zugriff 28. 02. 2019).
(66) Nazi-Vergleich. Strobl entschuldigt sich, Sittler nimmt an. Stuttgarter Nachrichten, 02. 11. 2010. http://www.stuttgarter-nachrichten.de/inhalt.nazi-vergleich-strobl-entschuldigt-sich-sittler-nimmt-an.3a1fe1f8-681d-4257-970d-f688f4b0321b.html (letzter Zugriff 28. 02. 2019).
(67) Nazi-Vergleich. Strobl entschuldigt sich, Sittler nimmt an. Stuttgarter Nachrichten, 02. 11. 2010. http://www.stuttgarter-nachrichten.de/inhalt.nazi-vergleich-strobl-

entschuldigt-sich-sittler-nimmt-an.3a1fe1f8-681d-4257-970d-f688f4b0321b.html (letzter Zugriff 28. 02. 2019).

(68) Türkische Gemeinde geißelt Erdogans „Entgleisung". Die Welt, 06. 03. 2017. https://www.welt.de/politik/deutschland/article162609024/Tuerkische-Gemeinde-geisselt-Erdogans-Entgleisung.html (letzter Zugriff 28. 02. 2019).

(69) Der Sächsische Landtag. Plenarprotokoll 4/8, 2005, 463 (zit. nach Soric, Aleksandar. 2005. „Bomben-Holocaust". Eine sprachkritische Analyse eines kontroversen Ausdrucks mit rechtsextremistischem Hintergrund. In: Aptum. Zeitschrift für Sprachkritik und Sprachkultur 2, 180).

(70) Gansel, Jürgen W. 2005. Erklärung des Landtagsabgeordneten Jürgen W. Gansel zu der Aktuellen Debatte anläßlich der Bombardierung Dresdens 1945. 26. 01. 2005. http://www.npd-fraktion-sachsen.de/2005/01/26/erklaerung-des-landtagsabgeordneten-juergen-w-gansel-zu-der-aktuellen-debatte-anlaesslich-der-bombardierung-dresdens-1945/ (letzter Zugriff 28. 02. 2019).

(71) Dorn, Thea. 2006. Das Eva-Braun-Prinzip. TAZ, 29. 11. 2006, 13–14.

(72) Hitlervergleichsgenerator. Titanic, 09. 03. 2017. http://www.titanic-magazin.de/hitlervergleichsgenerator/ (letzter Zugriff 28. 02. 2019).

(73) Telekolleg: Politiker-Deutsch – Der Nazi-Vergleich. NDR, Extra 3, 18. 09. 2008. https://www.youtube.com/watch?v=x3vtBuUeUNs (letzter Zugriff 28. 02. 2019).

(74) Däubler-Gmelin-Eklat – Schwäbische Schwertgosch vermasselt dem Kanzler das Wahlfinale. FAZ, 20. 09. 2002. http://www.faz.net/aktuell/politik/daeubler-gmelin-eklat-schwaebische-schwertgosch-vermasselt-dem-kanzler-das-wahlfinale-171516.html (letzter Zugriff 28. 02. 2019).

(75) Nazi-Slogan: CDU stoppt Kampagne ‚Jedem das Seine'. Spiegel Online, 11. 03. 2009. http://www.spiegel.de/schulspiegel/wissen/nazi-slogan-cdu-stoppt-kampagne-jedem-das-seine-a-612757.html (letzter Zugriff 28. 02. 2019).

(76) Bizonen-Ermächtigungsgesetz angenommen. Vorwärts – Berliner Volksblatt. Das Abendblatt der Hauptstadt Deutschlands, 18. 05. 1948, 1 (zit. nach Stötzel, Georg. 1989. Zur Geschichte der NS-Vergleiche von 1946 bis heute. In: Klein, Josef (Hg.), Politische Semantik. Bedeutungsanalytische und sprachkritische Beiträge zur politischen Sprachverwendung. Opladen: Westdeutscher Verlag, 264).

(77) Schalom + Napalm. Agit 883. 13. 11. 1969, 1. Jg. Nr. 40, 9 (zit. nach Kraushaar, Wolfgang. 2005. Die Bombe im Jüdischen Gemeindehaus. Hamburger Edition, Institut für Sozialforschung: Hamburg, 47).

(78) Der Kampf um Berlin. Rheinische Post, 25. 10. 1986, 1 (zit. nach Stötzel, Georg. 1995b. Der Nazi-Komplex. In: Stötzel, Georg/Martin Wengeler (Hg.), Kontroverse Begriffe. Geschichte des öffentlichen Sprachgebrauchs in der Bundesrepublik Deutschland. Bd. 4. Berlin, New York: De Gruyter, 270).

(79) Zick, Andreas/Beate Küpper/Daniela Krause. 2016. Gespaltene Mitte – Feindselige Zustände. Rechtsextreme Einstellungen in Deutschland. Hg. von der Friedrich Ebert Stiftung. Bonn: Dietz.

(80) Zick, Andreas/Anna Klein (Hg.). 2014. Fragile Mitte – Feindselige Zustände: Rechtsextreme Einstellungen in Deutschland. Hg. von der Friedrich Ebert Stiftung. Berlin: Dietz.

(81) KZ-Äußerungen des Pegida-Vorsitzenden bleiben folgenlos. Süddeutsche Zeitung, 09. 05. 2016. http://www.sueddeutsche.de/muenchen/heinz-meyer-kz-aeusserungen-des-pegida-vorsitzenden-bleiben-folgenlos-1.2984297 (letzter Zugriff 28. 02. 2019).

(82) Umstrittener Neu-Liberaler Karsli. „Ich bin kein Antisemit!". Spiegel Online, 16. 05. 2002. http://www.spiegel.de/politik/deutschland/umstrittener-neu-liberaler-karsli-ich-bin-kein-antisemit-a-196370.html (letzter Zugriff 28. 02. 2019).

(83) Möllemann-Affäre. Die Zitate, die die Republik bewegen. Spiegel Online, 05. 06. 2002. http://www.spiegel.de/politik/deutschland/moellemann-affaere-die-zitate-die-die-republik-bewegen-a-199445.html (letzter Zugriff 28. 02. 2019).

(84) Streit um Kritik an Israel. Tagesspiegel, 07. 05. 2002. http://www.tagesspiegel.de/politik/streit-um-kritik-an-israel/310656.html (letzter Zugriff 28. 02. 2019).

(85) Eines Bischofs unwürdig. Die Welt, 12. 03. 2007. https://www.welt.de/debatte/kommentare/article6068190/Eines-Bischofs-unwuerdig.html (letzter Zugriff 28. 02. 2019).

(144) Goebbels, Joseph. 18. 02. 1943. Rede im Berliner Sportpalast, Transkription der Kundgebung der NSDAP, Gau Berlin, im Berliner Sportpalast, Auszug aus der Rundfunkübertragung. Deutsches Rundfunkarchiv, Nr. 2600052. http://www.1000dokumente.de/index.html?c=dokument_de&dokument=0200_goe&object=translation&st=&l=de (letzter Zugriff 28. 02. 2019).

Beispiele im Fließtext

Die hier aufgeführten Quellen sind anhand der Seitenzahlen im Fließtext geordnet.

S. 1 Bundesregierung verbittet sich Erdoğans Nazi-Vergleich. Die Zeit, 06. 03. 2017. http://www.zeit.de/politik/2017-03/tuerkei-recep-tayyip-erdogan-nazi-vergleich-reaktionen (letzter Zugriff 28. 02. 2019).

S. 1 Bundesregierung weist NS-Vergleich als „deplatziert" zurück. FAZ, 06. 03. 2017. http://www.faz.net/aktuell/politik/inland/bundesregierung-weist-ns-vergleich-als-deplaziert-zurueck-14911303.html (letzter Zugriff 28. 02. 2019).

S. 43 Celan, Paul. [1959] ⁵2003. Die Gedichte. Kommentierte Gesamtausgabe in einem Band. Hg. und kommentiert von Barbara Wiedemann. Frankfurt a. M.: Suhrkamp.

S. 52 Nazi-Vergleiche – Falsche Munitionskiste. Die Zeit, 02. 12. 1983, 10.

S. 54 Merkel und Hitler in einem Satz. Nazi-Vergleiche haben bei Pegida Konjunktur. Der Tagesspiegel, 04. 11. 2015 (Foto: Matthias Schumann/IMAGO). http://www.tagesspiegel.de/politik/merkel-und-hitler-in-einem-satz-nazi-vergleiche-haben-bei-pegida-konjunktur/12538740.html (letzter Zugriff 28. 02. 2019).

S. 55 Wo die NPD mit der NSDAP wesensverwandt ist. Die Welt, 03. 03. 2016. http://www.welt.de/politik/deutschland/article152903269/Wo-die-NPD-mit-der-NSDAP-wesensverwandt-ist.html (letzter Zugriff 28. 02. 2019).

S. 56 Anti-BDS ohne Gesetz. Politiker wollen Israel-Boykotte politisch bekämpfen. Jüdische Allgemeine, 07. 04. 2016. http://www.juedische-allgemeine.de/article/view/id/25130 (letzter Zugriff 28. 02. 2019).

S. 70 Abtreiber Website: http://www.abtreiber.com (letzter Zugriff 28. 02. 2019).
S. 71 Babykaust Website: http://www.babykaust.de (letzter Zugriff 28. 02. 2019).

S. 70 DFB verurteilt Holocaust-Banner. Die Zeit, 20. 08. 2017. http://www.zeit.de/sport/2017-08/erzgebirge-aue-vereinsholocaust-banner-dfb (letzter Zugriff 28. 02. 2019).

S. 73 Limbaugh, Rush. 1992. The Way Things Ought to Be. New York: Pocket Books.

S. 75 Grammatik-Nazi: http://grammatik-nazi.de (letzter Zugriff 28. 02. 2019).

S. 82   Fanartikel zur Fußball-Europameisterschaft („Frankreichfeldzug"): http://www.shirtzshop.de/shirtzshop/detail_frankreichfeldzug-gold-edition-euro2016-fussball-em-paris-sieg-t-shirt-motiv_7772_0_0_0_search_frankreichfeld_0_date_desc_0.html (letzter Zugriff 28. 02. 2019).

S. 103 Irving, David. 1964. Der Untergang Dresdens. The Destruction of Dresden. Gütersloh: Bertelsmann.

S. 105 Unwort des Jahres 2005. http://www.unwortdesjahres.net/index.php?id=113 (letzter Zugriff 28. 02. 2019).

S. 107 Petry sieht „völkisch" als positiven Begriff. FAZ, 11. 09. 2016. http://www.faz.net/aktuell/politik/inland/afd-petry-sieht-voelkisch-als-positiven-begriff-14430103.html (letzter Zugriff 28. 02. 2019).

S. 109 Schmidt und Pocher. 2007. Nazometer – Schmidt & Pocher – Erste Sendung. https://www.youtube.com/watch?v=Q9YRbIjrF88 (letzter Zugriff 28. 02. 2019).

S. 110 Broder, Henryk M. 2007. Streit um Schmidt & Pocher: Rettet das Nazometer! Spiegel Online, 15. 11. 2007. http://www.spiegel.de/kultur/gesellschaft/streit-um-schmidt-pocher-rettet-das-nazometer-a-517416.html (letzter Zugriff 28. 02. 2019).

S. 110 Herman, Eva. 2007. Das Prinzip Arche Noah. Warum wir die Familie retten müssen. München, Zürich: Pendo.

S. 110 Eva Hermans Auftritt bei Kerner im Wortlaut (1). Die Welt, 10. 10. 2007. http://www.welt.de/fernsehen/article1252525/Eva-Hermans-Auftritt-bei-Kerner-im-Wortlaut-1.html (letzter Zugriff 28. 02. 2019).

S. 111 NNN: NPD-Verbotsverfahren. Extra 3, NDR, 31. 03. 2015. https://www.youtube.com/watch?v=mhqN8udbTgA (letzter Zugriff 28. 02. 2019).

S. 111 NNN: Die Pleiten, Penner und Pannen bei der NPD. Extra 3, NDR, 11. 04. 2013. https://www.youtube.com/watch?v=F-Kck6LjvpE (letzter Zugriff 28. 02. 2019).

S. 111 Herman, Eva. 2006. Das Eva-Prinzip – Für eine neue Weiblichkeit. München, Zürich: Pendo.

S. 113 Ausgabe des Hitlervergleichsgenerators. http://www.titanic-magazin.de/hitlervergleichsgenerator/?hitlervergleich=1473&hitlertemplate =16&mode= viewvergleich&cHash=fd7b5b6ee95fca3f5df4ba109322a77d (letzter Zugriff 22. 09. 2017).

S. 116 Däubler-Gmelin-Entgleisung ‚Vier Aussagen gegen eine'. Spiegel Online, 20. 09. 2002. http://www.spiegel.de/jahreschronik/a-226850.html (letzter Zugriff 28. 02. 2019).

S. 116 Sofuoglu: „Erdogan ist zu weit gegangen". NDR, 06. 03. 2017. http://www.ndr.de/nachrichten/Sofuolu-Erdogan-ist-zu-weit-gegangen,erdogan338.html (letzter Zugriff 22. 09. 2017).

S. 121 [Nazimethoden]. Süddeutsche Zeitung, 07. 12. 1945, 3 (zit. nach Eitz, Thorsten/Georg Stötzel. 2007. Wörterbuch der „Vergangenheitsbewältigung". Die NS-Vergangenheit im öffentlichen Sprachgebrauch. Bd. 1. Hildesheim: Olms, 476).

S. 150 Hakenkreuz mit Davidstern. Antisemitisches Flugblatt auf Internetseite der Duisburger Linken – Bundesspitze distanziert sich. Jüdische Allgemeine, 28. 04. 2011. http://www.juedische-allgemeine.de/article/view/id/10260 (letzter Zugriff 28. 02. 2019).

S. 150 Belgian education ministry website publishes vicious cartoon. Times of Israel, 18. 09. 2013. http://www.timesofisrael.com/belgian-education-ministry-website-publishes-vicious-cartoon (letzter Zugriff 28. 02. 2019).

Forschungsliteratur

Adorno, Theodor W. [1962] 1971. Zur Bekämpfung des Antisemitismus heute. In: Adorno, Theodor W. (Hg.), Kritik. Kleine Schriften zur Gesellschaft. Frankfurt a. M.: Suhrkamp, 105–133.

Amadeu Antonio Stiftung. 2016. Online Civil Courage Initiative (OCCI). Aktiv gegen Hate Speech im Internet. http://www.amadeu-antonio stiftung.de/aktuelles/2016/aktiv-gegen-hate-speech-im-internet/ (letzter Zugriff 28. 02. 2019).

Améry, Jean. [1969] 2005. Der ehrbare Antisemitismus. In: Jean Améry. Werke. Hg. von Stephan Steiner und Irene Heidelberger-Leonard. Stuttgart: Klett-Cotta, 131–141.

Assmann, Jan. 1988. Kollektives Gedächtnis und kulturelle Identität. In: Assmann, Jan/Tonio Hölscher (Hg.), Kultur und Gedächtnis. Frankfurt a. M.: Suhrkamp, 9–19.

Austin, John L. [1958] ³2010. Performative und konstatierende Äußerung. In: Hoffmann, Ludger (Hg.), Sprachwissenschaft. Ein Reader. Berlin, New York: De Gruyter, 163–173.

Austin, John L. 1962. How to Do Things with Words: The William James Lectures delivered at Harvard University in 1955. Hg. von James O. Urmson. Oxford: Oxford University Press.

Babbin, Jed/Herbert London. 2014. The BDS War Against Israel. The Orwellian Campaign to Destroy Israel Through the Boycott, Divestment and Sanctions Movement. New York: London Center for Policy Research.

Barrett, Grant. 2006. Lexikonartikel „Feminazi". In: The Oxford Dictionary of American Political Slang. Oxford: Oxford University Press, 105.

Becker, Matthias J. 2015. Entlastungsantisemitismus linksliberaler Couleur – Israel-Hass in den Kommentarspalten von The Guardian und Die Zeit. In: Schwarz-Friesel, Monika (Hg.), Gebildeter Antisemitismus. Eine Herausforderung für Politik und Zivilgesellschaft. Baden-Baden: Nomos, 117–134.

Becker, Matthias J. 2018. Analogien der ‚Vergangenheitsbewältigung'. Antiisraelische Projektionen in Leserkommentaren der Zeit und des Guardian (Interdisziplinäre Antisemitismusforschung/Interdisciplinary Studies on Antisemitism 8). Baden-Baden: Nomos.

Becker, Matthias J./Linda Giesel. 2016. „‚Reich' ist ein jüdischer Name …". Kontinuitäten antisemitischen Sprachgebrauchs in den Neuen Medien. In: Busch, Charlotte/Martin Gehrlein/Tom D. Uhlig (Hg.), Schiefheilungen. Zeitgenössische Betrachtungen über Antisemitismus. Wiesbaden: Springer VS, 111–130.

Benz, Wolfgang (Hg.). 1995. Antisemitismus in Deutschland. Zur Aktualität eines Vorurteils. München: dtv.

Benz, Wolfgang. 2000. Geschichte des Dritten Reiches. München: C. H. Beck.

Benz, Wolfgang. 2004. Was ist Antisemitismus? München: C. H. Beck.

Benz, Wolfgang. 2016. Die Funktion von Holocaustleugnung und Geschichtsrevisionismus für die rechte Bewegung. In: Braun, Stephan/Alexander Geisler/Martin Gerster (Hg.), Strategien der extremen Rechten. Hintergründe – Analysen – Antworten. Wiesbaden: Springer VS, 211–228.

Benz, Wolfgang/Barbara Distel (Hg.). ²2005. Der Ort des Terrors. Geschichte der nationalsozialistischen Konzentrationslager. Die Organisation des Terrors. Bd. 1. München: C. H. Beck.

Benz, Wolfgang/Barbara Distel (Hg.). 2009. Der Ort des Terrors. Geschichte der nationalsozialistischen Konzentrationslager. Arbeitserziehungslager, Ghettos,

Jugendschutzlager, Polizeihaftlager, Sonderlager, Zigeunerlager, Zwangsarbeiterlager. Bd. 9. München: C. H. Beck.
Bergmann, Werner. 2007. ‚Störenfriede der Erinnerung'. Zum Schuldabwehr-Antisemitismus in Deutschland. In: Bogdal, Klaus-Michael/Klaus Holz/Matthias N. Lorenz (Hg.), Literarischer Antisemitismus nach Auschwitz. Stuttgart: J. B. Metzler, 13–35.
Bergmann, Werner/Rainer Erb. 1986. Kommunikationslatenz, Moral und öffentliche Meinung. Theoretische Überlegungen zum Antisemitismus in der Bundesrepublik Deutschland. In: Kölner Zeitschrift für Soziologie und Sozialpsychologie 38, 223–246.
Beyer, Heiko/Ivar Krumpal. 2010. „Aber es gibt keine Antisemiten mehr": Eine experimentelle Studie zur Kommunikationslatenz antisemitischer Einstellungen. In: Kölner Zeitschrift für Soziologie und Sozialpsychologie 62, 681–705.
Beyer, Robert. 2015. „Die Israelis können tun, was sie wollen und haben dafür immer Rückendeckung". Einseitig kritische Nahostberichterstattung in der deutschen Qualitätspresse. In: Schwarz-Friesel, Monika (Hg.), Gebildeter Antisemitismus. Eine Herausforderung für Politik und Zivilgesellschaft. Baden-Baden: Nomos, 217–240.
BfV (Bundesamt für Verfassungsschutz) (Hg.). 2015. Rechtsextremismus: Symbole, Zeichen und verbotene Organisationen. https://www.verfassungsschutz.de/de/download-manager/_broschuere-2013-08-rechtsextremisten-im-internet.pdf (letzter Zugriff 28. 02. 2019).
Bianchi, Claudia. 2014. Slurs and appropriation. An echoic account. In: Journal of Pragmatics 66, 35–44.
Bierwisch, Manfred. 1987a. Dimensionsadjektive als strukturierender Ausschnitt des Sprachverhaltens. In: Bierwisch, Manfred/Ewald Lang (Hg.), Grammatische und konzeptuelle Aspekte von Dimensionsadjektiven (Studia grammatica 26/27). Berlin: Akademie-Verlag, 1–28.
Bierwisch, Manfred. 1987b. Semantik der Graduierung. In: Bierwisch, Manfred/Ewald Lang (Hg.), Grammatische und konzeptuelle Aspekte von Dimensionsadjektiven (Studia grammatica 26/27). Berlin: Akademie-Verlag, 91–286.
Black, Max. 1962. Models and Metaphors (Studies in Language and Philosophy). Ithaca: Cornell University Press.
BMI (Bundesministerium des Innern) (Hg.). 2011. Antisemitismus in Deutschland. Erscheinungsformen, Bedingungen, Präventionsansätze. Bericht des unabhängigen Expertenkreises Antisemitismus. Rostock: Publikationsversand der Bundesregierung.
Bortz, Jürgen/Christof Schuster. [7]2010. Statistik für Human- und Sozialwissenschaftler. Wiesbaden: Verlag für Sozialwissenschaften.
Braun, Christina. 1995. Viertes Bild „Blut und Blutschande". In: Schoeps, Julius H./Joachim Schlör (Hg.), Antisemitismus. Vorurteile und Mythen. München: Piper, 80–95.
Braun, Stephan/Alexander Geisler/Martin Gerster (Hg.). 2016. Strategien der extremen Rechten. Hintergründe – Analysen – Antworten. Wiesbaden: Springer VS.
Braune, Holger. 2010. Expliziter und impliziter Verbal-Antisemitismus in aktuellen Leserbriefen. In: Schwarz-Friesel, Monika/Evyatar Friesel/Jehuda Reinharz (Hg.), Aktueller Antisemitismus in Deutschland. Ein Phänomen der Mitte. Berlin, New York: De Gruyter, 93–114.
Bremerich-Vos, Albert. 1989. Sprachkritische Anmerkungen zum „Historikerstreit". In: Klein, Josef (Hg.), Politische Semantik. Bedeutungsanalytische und sprachkritische Beiträge zur politischen Sprachverwendung. Opladen: Westdeutscher Verlag, 231–258.
Breuer, Franz. [2]2010. Reflexive Grounded Theory. Eine Einführung für die Forschungspraxis. Wiesbaden: Verlag für Sozialwissenschaften.

Brinker, Klaus. ⁶2005. Linguistische Textanalyse. Eine Einführung in Grundbegriffe und Methoden. Berlin: Erich Schmidt.

Broder, Henryk M. 2005. Der ewige Antisemit. Über Sinn und Funktion eines beständigen Gefühls. Berlin: Berlin Verlag.

Brown, Penelope/Stephen C. Levinson. 1987. Politeness. Some Universals in Language Usage (Cambridge papers in social anthropology 8). Cambridge: Cambridge University Press.

Bubenhofer, Noah. 2009. Sprachgebrauchsmuster. Korpuslinguistik als Methode der Diskurs- und Kulturanalyse (Sprache und Wissen 4). Berlin, New York: De Gruyter.

Bußmann, Hadumod (Hg.). ³2002. Lexikon der Sprachwissenschaft. Stuttgart: Alfred Kröner Verlag.

Carston, Robyn. 2002. Thoughts and Utterances. The Pragmatics of Explicit Communication. Oxford: Blackwell Publishing.

Claussen, Detlev. 1991. Die antisemitische Erbschaft in der Sowjetgesellschaft. In: Brumlik, Micha/Doron Kiesel/Linda Reisch (Hg.), Der Antisemitismus und die Linke. Frankfurt a. M.: Haag und Herchen, 83–95.

Claussen, Detlef. 1995. Versuch über den Antizionismus. Ein Rückblick. In: Hentges, Gudrun/ Guy Kempfert/Reinhard Kühnl (Hg.), Antisemitismus. Geschichte, Interessenstruktur, Aktualität. Heilbronn: Distel, 169–180.

Craig, Gordon Alexander. 1989. Deutsche Geschichte 1866–1945. Vom Norddeutschen Bund bis zum Ende des Dritten Reiches. München: C. H. Beck.

Decker, Oliver/Johannes Kiess/Elmar Brähler. 2012. Die Mitte im Umbruch. Rechtsextreme Einstellungen in Deutschland. Bonn: Dietz.

Detering, Heinrich/Per Øhrgaard (Hg.). 2013. Was gesagt wurde. Eine Dokumentation über Günter Grass' „Was gesagt werden muss" und die deutsche Debatte. Göttingen: Steidl.

Diner, Dan. 1987. Negative Symbiose. Deutsche und Juden nach Auschwitz. In: Benz, Wolfgang/Dan Diner (Hg.), Ist der Nationalsozialismus Geschichte? Zu Historisierung und Historikerstreit. Frankfurt a. M.: Fischer-Taschenbuch-Verlag, 185–197.

Dornseiff, Franz. ⁸2004. Der deutsche Wortschatz nach Sachgruppen. Mit einer lexikographisch-historischen Einführung und einer ausführlichen Bibliographie zur Lexikographie und Onomasiologie. Berlin, New York: De Gruyter.

Duden. ³2002. Das Bedeutungswörterbuch (Duden 10). Bibliographisches Institut, Mannheim [u. a.]: Dudenverlag.

Duden. ²⁵2009. Die deutsche Rechtschreibung (Duden 1). Bibliographisches Institut, Mannheim [u. a.]: Dudenverlag.

Duden. ⁹2016. Die Grammatik (Duden 4). Bibliographisches Institut, Mannheim [u. a.]: Dudenverlag.

Duden. 2017. http://www.duden.de/rechtschreibung/genau_akkurat_gewissenhaft (letzter Zugriff 28. 02. 2019).

Duller, Christine. ²2007. Einführung in die Statistik mit EXCEL und SPSS. Ein anwendungsorientiertes Lehr- und Arbeitsbuch. Heidelberg: Physica-Verlag.

Dürscheid, Christa. 2003. Medienkommunikation im Kontinuum von Mündlichkeit und Schriftlichkeit. Theoretische und empirische Probleme. In: Zeitschrift für angewandte Linguistik 38, 37–56.

Dutke, Stephan. 1994. Mentale Modelle: Konstrukte des Wissens und Verstehens. Kognitionspsychologische Grundlagen für die Software-Ergonomie (Arbeit und Technik, Praxisorientierte Beiträge aus Psychologie und Informatik 4). Göttingen: Verlag für Angewandte Psychologie.

Eckert, Willehad Paul. 1991. Antisemitismus im Mittelalter. Angst – Verteufelung – Habgier: „Das Gift, das die Juden tötete". In: Ginzel, Günther B. (Hg.), Antisemitismus. Erscheinungsformen der Judenfeindschaft gestern und heute. Bielefeld: Verlag Wissenschaft und Politik, 71–99.

Eggs, Frederike. 2006a. Die Grammatik von *als* und *wie* (Tübinger Beiträge zur Linguistik 496). Tübingen: Narr.

Eggs, Frederike. 2006b. Vergleichen und Vergleiche – Implikationen der Sprachwissenschaft für die Sprachdidaktik. In: Becker, Tabea/Corinna Peschel (Hg.), Gesteuerter und ungesteuerter Grammatikerwerb. Baltmannsweiler: Schneider Verlag Hohengehren, 45–62.

Ehlers, Klaas-Hinrich. 2012. Der „Deutsche Gruß" in Briefen. Zur historischen Soziolinguistik und Pragmatik eines verordneten Sprachgebrauchs. In: Linguistik online 55(5), 3–19.

Eisenberg, Peter. ³2006. Grundriss der deutschen Grammatik. Bd. 2. Der Satz. Stuttgart, Weimar: Metzler.

Eitz, Thorsten/Georg Stötzel. 2007. Wörterbuch der „Vergangenheitsbewältigung". Die NS-Vergangenheit im öffentlichen Sprachgebrauch. Bd. 1. Hildesheim: Olms.

Eitz, Thorsten/Georg Stötzel. 2009. Wörterbuch der „Vergangenheitsbewältigung". Die NS-Vergangenheit im öffentlichen Sprachgebrauch. Bd. 2. Hildesheim: Olms.

Erb, Rainer. 1995. Drittes Bild: „Der Ritualmord". In: Schoeps, Julius H./Joachim Schlör (Hg.), Antisemitismus. Vorurteile und Mythen. München: Piper, 74–79.

Erll, Astrid. ²2005. Kollektives Gedächtnis und Erinnerungskulturen. Eine Einführung. Stuttgart: Metzler.

Etymologisches Wörterbuch des Deutschen. ⁸2005. Hg. von Wolfgang Pfeifer. München: dtv.

European Forum on Antisemitism. 2019. Working Definition of Antisemitism. https://european-forum-on-antisemitism.org/definition-of-antisemitism/english-english (letzter Zugriff 28. 02. 2019).

European Parliament Working Group On Antisemitism. 2016. http://www.antisem.eu/projects/eumc-working-definition-of-antisemitism/ (letzter Zugriff 28. 02. 2019).

Eurovision Song Contest. 2013. https://eurovision.tv/event/malmo-2013/profile?round=74 (letzter Zugriff 22. 09. 2017).

Fetz, Steffi. 2013. Femen-Aufschrei in der Herbertstraße. In: Zeit, 26. 01. 2013. http://www.zeit.de/gesellschaft/zeitgeschehen/2013-01/femen-herbertstrasse-protest (letzter Zugriff 28. 02. 2019).

Feuerherdt, Alex. 2016. Die debile Moralität der Holocaustvergleiche. In: Audiatur Online, 31. 05. 2016. http://www.audiatur-online.ch/2016/05/31/die-debile-moralitaet-der-holocaustvergleiche/ (letzter Zugriff 28. 02. 2019).

Fischer, Torben/Matthias N. Lorenz (Hg.). ³2015. Lexikon der „Vergangenheitsbewältigung" in Deutschland – Debatten- und Diskursgeschichte des Nationalsozialismus nach 1945. Bielefeld: transcript.

Fraas, Claudia/Christian Pentzold. 2008. Online-Diskurse. Theoretische Prämissen, methodische Anforderungen und analytische Befunde. In: Warnke, Ingo H./Jürgen Spitzmüller (Hg.), Methoden der Diskurslinguistik. Sprachwissenschaftliche Zugänge zur transtextuellen Ebene (Linguistik – Impulse & Tendenzen 31). Berlin, New York: De Gruyter, 287–322.

Friedrich, Jesko. 2009. Was darf Satire? Versuch einer Definition und Abgrenzung. In: ARD-Jahrbuch 2009, 76–81. http://www.ard.de/download/473334/ARD_Jahrbuch_09__Was_darf_Satire_.pdf (letzter Zugriff 28. 02. 2019).

Frindte, Wolfgang/Dorit Wammetsberger. 2008. Antisemitismus, Israelkritik, Nationalismus. Empirische Befunde. In: Berliner Debatte Initial 19(1/2), 29–42.
Gaier, Ulrich. 1967. Satire, Studien zu Neidhart, Wittenwiler, Brant und zur satirischen Schreibart. Tübingen: Niemeyer.
Gentner, Dedre. 1986. Structure-Mapping: A Theoretical Framework for Analogy. In: Cognitive Science 7, 155–170.
Giesel, Linda. 2015. „Kriegstreibende Zionisten" und „Pro-Israel-Lobby". Verbaler Antisemitismus in Kommentarbeiträgen des Neuen Deutschlands und der Taz. In: Schwarz-Friesel, Monika (Hg.), Gebildeter Antisemitismus. Eine Herausforderung für Politik und Zivilgesellschaft (Interdisziplinäre Antisemitismusforschung/Interdisciplinary Studies on Antisemitism 6). Baden-Baden: Nomos, 135–154.
Ginzel, Günther B. (Hg.). 1991a. Antisemitismus. Erscheinungsformen der Judenfeindschaft gestern und heute. Bielefeld: Verlag Wissenschaft und Politik.
Ginzel, Günther. 1991b. „... und er brüstet sich frech und lästert wild...". Über Antisemiten und Antisemitismus in Deutschland oder: Trotz alledem – es ist eine Lust, Jude zu sein. In: Ginzel, Günther B. (Hg.), Antisemitismus. Erscheinungsformen der Judenfeindschaft gestern und heute. Bielefeld: Verlag Wissenschaft und Politik, 15–33.
Ginzel, Günther B. 1991c. Vom religiösen zum rassistischen Judenhass. „Deutschland, Christenvolk, ermanne dich!". Gegen Juden, „Judengenossen" und „jüdischen Geist". In: Ginzel, Günther B. (Hg.), Antisemitismus. Erscheinungsformen der Judenfeindschaft gestern und heute. Bielefeld: Verlag Wissenschaft und Politik, 124–169.
Glucksberg, Sam/Catrinel Haught. 2006. On the Relation Between Metaphor and Simile. When Comparison Fails. In: Mind & Language 21(3), 360–378.
Godwin, Mike. 2015. Sure, call Trump a Nazi. Just make sure you know what you're talking about. In: Washington Post, 14. 12. 2015. https://www.washingtonpost.com/posteverything/wp/2015/12/14/sure-call-trump-a-nazi-just-make-sure-you-know-what-youre-talking-about/ (letzter Zugriff 22. 09. 2017).
Goffman, Erving. 1986. Interaktionsrituale. Frankfurt a. M.: Suhrkamp.
Goldhagen, Daniel J. [1996] 2012. Hitlers willige Vollstrecker. Ganz gewöhnliche Deutsche und der Holocaust. München: Pantheon.
Grice, Paul. [1975] ^{3}2010. Logik und Konversation. In: Hoffmann, Ludger (Hg.), Sprachwissenschaft. Ein Reader. Berlin, New York: De Gruyter, 194–213.
Grice, Paul. 1989. Studies in the Way of Words. Cambridge, MA: Harvard University Press.
Gries, Stefan T. 2008. Statistik für Sprachwissenschaftler (Studienbücher zur Linguistik 13). Göttingen: Vandenhoeck & Ruprecht.
Hahnemann, Suzan. 1999. Vergleiche im Vergleich: Zur Syntax und Semantik ausgewählter Vergleichsstrukturen mit „als" und „wie" im Deutschen (Linguistische Arbeiten 397). Tübingen: Niemeyer.
Hamann, Christoph. 2010. Der Holocaust im Nahostkonflikt. Schlüsselbilder als visuelles Paradigma. In: Geißler, Christian/Bernd Overwien (Hg.), Elemente einer zeitgemäßen politischen Bildung. Festschrift für Prof. Hanns-Fred Rathenow zum 65. Geburtstag. Münster: LIT Verlag, 271–290.
Haury, Thomas. 2002. Antisemitismus von links. Kommunistische Ideologie, Nationalismus und Antizionismus in der frühen DDR. Köln: Hamburger Edition.
Haury, Thomas. 2004. Von der linken Kritik des Zionismus zum antisemitischen Antizionismus von links. In: Salzborn, Samuel (Hg.), Antisemitismus. Geschichte und Gegenwart (Schriften zur politischen Bildung, Kultur und Kommunikation 2). Gießen: NBKK, 127–158.

Haury, Thomas. 2007. „Das ist Völkermord!" Das „antifaschistische Deutschland" im Kampf gegen den „imperialistischen Brückenkopf" und gegen die deutsche Vergangenheit. In: Brosch, Matthias/Michael Elm/Norman Geissler/Brigitta E. Simbürger/Oliver von Wrochem (Hg.), Exklusive Solidarität. Linker Antisemitismus in Deutschland. Berlin: Metropol, 285–300.

Havryliv, Oksana. 2009. Verbale Aggression: Formen und Funktionen am Beispiel des Wienerischen (Schriften zur deutschen Sprache in Österreich 39). Frankfurt a. M. [u. a.]: Peter Lang.

Heer, Hannes. 2008. Hitler war's. Die Befreiung der Deutschen von ihrer Vergangenheit. Berlin: Aufbau Verlag.

Heinemann, Margot. 1998. Konzepte von Stereotypen. In: Heinemann, Margot (Hg.), Sprachliche Stereotype (forum Angewandte Linguistik 33). Frankfurt a. M. [u. a.]: Peter Lang, 7–10.

Heitmeyer, Wilhelm (Hg.). 2002–2012. Deutsche Zustände. Folge 1–10. Frankfurt a. M.: Suhrkamp.

Helbig, Gerhard. ²1990. Lexikon deutscher Partikeln. Leipzig: Verlag Enzyklopädie.

Heyder, Aribert/Julia Iser/Peter Schmidt. 2005. Israelkritik oder Antisemitismus? Meinungsbilder zwischen Öffentlichkeit, Medien und Tabus. In: Heitmeyer, Wilhelm (Hg.), Deutsche Zustände. Folge 3. Frankfurt a. M.: Suhrkamp, 144–165.

Hoffmann, Ludger (Hg.). ³2010. Sprachwissenschaft. Ein Reader. Berlin, New York: De Gruyter.

Hölscher, Lucian. 2008. Einleitung. In: Hölscher, Lucian (Hg.), Political Correctness. Der sprachpolitische Streit um die nationalsozialistischen Verbrechen. Göttingen: Wallstein, 7–17.

Holz, Klaus. 2001. Nationaler Antisemitismus. Wissenssoziologie einer Weltanschauung. Weilerswist: Hamburger Edition.

Holz, Klaus. 2005. Neuer Antisemitismus? Wandel und Kontinuität der Judenfeindschaft. In: Mittelweg 36(2), 3–23.

Hong, Mathias. 2010. Hassrede und extremistische Meinungsäußerungen in der Rechtsprechung des EGMR und nach dem Wunsiedel-Beschluss des BVerfG. In: Zeitschrift für ausländisches öffentliches Recht und Völkerrecht 70, 73–126.

Hornscheidt, Antje. 2007. Sprachliche Kategorisierung als Grundlage und Problem des Redens über Interdependenzen. Aspekte sprachlicher Normalisierung und Privilegierung. In: Walgenbach, Katharina/Gabriele Dietze/Antje Hornscheidt/Kerstin Palm (Hg.), Gender als interdependente Kategorie. Neue Perspektiven auf Intersektionalität, Diversität und Heterogenität. Opladen: Budrich Verlag, 65–106.

Hortzitz, Nicoline. 1995. Die Sprache der Judenfeindschaft. In: Schoeps, Julius H./Joachim Schlör (Hg.), Antisemitismus. Vorurteile und Mythen. München: Piper, 19–40.

Iganski, Paul/Abe Sweiry. 2011. Playing the Nazi Card. Israel, Jews, and Antisemitism. In: Rensmann, Lars/Julius H. Schoeps (Hg.), Politics and Resentment. Antisemitism and Counter-Cosmopolitanism in the European Union (Jewish Identities in a Changing World 14). Leiden, Boston: Brill, 183–196.

Imhoff, Maximilian E. 2011. Antisemitismus in der Linken. Ergebnisse einer quantitativen Befragung. Frankfurt a. M. [u. a.]: Peter Lang.

Jähnig, Georg. 2011. Nazi-Komposita. http://jaehnig.org/wiki/Nazi-Komposita (letzter Zugriff 28. 02. 2019).

Kailitz, Steffen. 2007. Die nationalsozialistische Ideologie der NPD. In: Backes, Uwe/Henrik Steglich (Hg.), Die NPD. Erfolgsbedingungen einer rechtsextremistischen Partei. Baden-Baden: Nomos, 337–354.

Kämper, Heidrun. 2005. Der Schulddiskurs in der frühen Nachkriegszeit. Ein Beitrag zur
　　Geschichte des sprachlichen Umbruchs nach 1945 (Studia Linguistica Germanica 78).
　　Berlin, New York: De Gruyter.
Kämper, Heidrun. 2007. Opfer – Täter – Nichttäter. Ein Wörterbuch zum Schulddiskurs 1945–
　　1955. Berlin, New York: De Gruyter.
Kämper, Heidrun. 2012. Aspekte des Demokratiediskurses der späten 1960er Jahre.
　　Konstellationen – Kontexte – Konzepte (Studia Linguistica Germanica 107). Berlin,
　　Boston: De Gruyter.
Kämper, Heidrun. 2017. Das Grundsatzprogramm der AfD und seine historischen Parallelen.
　　Eine Perspektive der Politolinguistik. In: Sprachreport 33(2). Hg. vom Institut
　　für Deutsche Sprache Mannheim.
Kirchhoff, Susanne. 2010. Krieg mit Metaphern. Mediendiskurse über 9/11 und den „War
　　on Terror". Bielefeld: transcript Verlag.
Klein, Joseph. 1994. Medienneutrale und medienspezifische Verfahren der Absicherung
　　von Bewertungen in Presse und Fernsehen. Typologie und semiotische Distribution. In:
　　Moilanen, Markku/Liisa Tiittula (Hg.), Überreden in der Presse. Texte, Strategien,
　　Analysen. Berlin, New York: De Gruyter, 3–18.
Klemperer, Victor. [1947] ^{24}2010. LTI. Notizbuch eines Philologen. Stuttgart: Reclam.
Kloke, Martin. ^{2}1994. Israel und die deutsche Linke. Zur Geschichte eines schwierigen
　　Verhältnisses (Schriftenreihe des Deutsch-Israelischen Arbeitskreises für Frieden
　　im Nahen Osten e. V.). Frankfurt a. M.: Haag und Herchen.
Kloke, Martin. 2010a. Die Entwicklung des Zionismus bis zur Staatsgründung Israels.
　　Europäische Geschichte Online. Hg. vom Institut für Europäische Geschichte (IEG),
　　Mainz.
Kloke, Martin. 2010b. Israelkritik und Antizionismus in der deutschen Linken. Ehrbarer
　　Antisemitismus? In: Schwarz-Friesel, Monika/Evyatar Friesel/Jehuda Reinharz (Hg.),
　　Aktueller Antisemitismus. Ein Phänomen der Mitte. Berlin, New York: De Gruyter, 83–90.
Kloke, Martin. 2015. Kein Frieden mit Israel. Antizionismus in der „gebildeten" Linken. In:
　　Schwarz-Friesel, Monika (Hg.), Gebildeter Antisemitismus. Eine Herausforderung für
　　Politik und Zivilgesellschaft (Interdisziplinäre Antisemitismusforschung/Interdisciplinary
　　Studies on Antisemitism 6). Baden-Baden: Nomos, 155–172.
Könau, Steffen. 2015. Ehemaliger Chef von Nazi-Kameradschaft. Linke wollen neues Mitglied
　　Sven Liebich nicht. In: Mitteldeutsche Zeitung, 23. 04. 2015. http://www.mz-web.de/
　　politik/ehemaliger-chef-von-nazi-kameradschaft-linke-wollen-neues-mitglied-sven-
　　liebich-nicht-1154040 (letzter Zugriff 28. 02. 2019).
Korgel, Lorenz/Dierk Borstel. 2002. Rechtsextreme Symbolik und Kleidung im öffentlichen
　　Raum: Bestandsaufnahme und Handlungsstrategien. In: Grumke, Thomas/Bernd
　　Wagner (Hg.), Handbuch Rechtsradikalismus. Personen – Organisationen – Netzwerke
　　vom Neonazismus bis in die Mitte der Gesellschaft. Opladen: Leske + Budrich.
Kraushaar, Wolfgang. 2005. Die Bombe im Jüdischen Gemeindehaus. Hamburger Edition,
　　Institut für Sozialforschung: Hamburg.
Kronenberg, Volker (Hg.). 2008. Zeitgeschichte, Wissenschaft und Politik. Der
　　„Historikerstreit" – 20 Jahre danach. Wiesbaden: Springer Verlag für
　　Sozialwissenschaften.
Krupp, Michael. 2001. Die Geschichte des Zionismus. Gütersloh: Gütersloher Verlagshaus.
Kuckartz, Udo. ^{3}2010. Einführung in die computergestützte Analyse qualitativer Daten.
　　Wiesbaden: Verlag für Sozialwissenschaften.

Kuckartz, Udo. 2014. Mixed Methods – Methodologie, Forschungsdesigns und Analyseverfahren. Wiesbaden: Springer VS.
Kurz, Gerhard. ⁵2004. Metapher, Allegorie, Symbol. Göttingen: Vandenhoeck & Ruprecht.
Lakoff, George/Mark Johnson. 1980. Metaphors We Live By. Chicago: Chicago University Press.
Lang, Ewald. 1977. Semantik der koordinativen Verknüpfung (Studia grammatica 14). Berlin: Akademie-Verlag.
Lemnitzer, Lothar/Heike Zinsmeister. ²2010. Korpuslinguistik. Eine Einführung. Tübingen: Narr.
Lennon, Paul. 2001. Die Rolle von Anspielungen in britischen Zeitungstexten. In: Zeitschrift für Angewandte Linguistik (ZfAL) 34, 5–25.
Levinson, Stephen C. ¹⁷2006. Pragmatics. Cambridge: Cambridge University Press.
Linke, Angelika/Markus Nussbaumer. 2000. Konzepte des Impliziten: Präsuppositionen und Implikaturen. In: Brinker, Klaus/Gerd Antos/Wolfgang Heinemann/Sven F. Sager (Hg.), Text- und Gesprächslinguistik. 2. Halbband. Berlin, New York: De Gruyter, 435–448.
Lipstadt, Deborah. 1993. Denying the Holocaust. The Growing Assault on Truth and Memory. New York: Plume.
Löhner, Michael. 2014. Lexikonartikel „Fallazien". In: Ueding, Gert (Hg.), Historisches Wörterbuch der Rhetorik. Bd. 3. Berlin, Boston: De Gruyter, 206–208.
Lüger, Heinz-Helmut. 2013. Akzeptanzwerbung in der politischen Rede. Zum Sprachgebrauch der NPD. In: Zeitschrift des Verbandes Polnischer Germanisten, Czasopismo Stowarzyszenia Germanistów Polskich 2, 117–127.
Lüger, Heinz-Helmut. 2014. Persuasion und politische Kommunikation. Zwischen Anpassung und „seriöser Radikalität" in NPD-Redetexten. In: Bassola, Péter/Ewa Drewnowska-Vargáné/Tamás Kispál/János Németh/György Scheibl (Hg.), Zugänge zum Text (Szegediner Schriften zur germanistischen Linguistik 3). Frankfurt a. M. [u. a.]: Peter Lang, 321–342.
Marillier, Jean-François. 2009. Vergleichen gleich koordinieren? Über *wie* und *und*. In: LYLIA Lyon linguistique allemande 23, 1–13.
Markovits, Andrei S. 2004a. Antiamerikanismus und Antisemitismus in Europa. In: Rabinovici, Doron/Ulrich Speck/Natan Sznaider (Hg.), Neuer Antisemitismus? Eine globale Debatte. Frankfurt a. M.: Suhrkamp, 211–233.
Markovits, Andrei S. 2004b. Amerika, dich hasst sich's besser. Antiamerikanismus und Antisemitismus in Europa. Hamburg: Konkret Literatur.
Marten-Cleef, Susanne. 1991. Gefühle ausdrücken. Die expressiven Sprechakte (Göppinger Arbeiten zur Germanistik 559). Göppingen: Kümmerle.
Marx, Konstanze. 2011. Die Verarbeitung von Komplex-Anaphern. Neurolinguistische Untersuchungen zur kognitiven Textverstehenstheorie. Berlin: TU-Verlag.
Mayer, Reinhold. 1991. Altheidnischer Judenhaß und innerjüdische Polemik. Das judenfeindliche Dogma und seine Entstehungsgeschichte. In: Ginzel, Günther B. (Hg.), Antisemitismus. Erscheinungsformen der Judenfeindschaft gestern und heute. Bielefeld: Verlag Wissenschaft und Politik, 34–52.
Mayring, Philipp. ¹²2015. Qualitative Inhaltsanalyse. Grundlagen und Techniken. Weinheim: Beltz.
Meibauer, Jörg. ²2008. Pragmatik. Tübingen: Stauffenburg Verlag.
Meibauer, Jörg. 2013. Hassrede – von der Sprache zur Politik. In: Meibauer, Jörg (Hg.), Hassrede/Hate Speech. Interdisziplinäre Beiträge zu einer aktuellen Diskussion (Linguistische Untersuchungen 6). Gießen: Gießener Elektronische Bibliothek, 1–16.

Meibauer, Jörg. 2016. Slurring as insulting. In: Finkbeiner, Rita/Jörg Meibauer/Heike Wiese (Hg.), Pejoration (Linguistik Aktuell/Linguistics Today 228). Amsterdam, Philadelphia: John Benjamins, 145–165.

Mertens, Lothar. 1995. Antizionismus: Feindschaft gegen Israel als neue Form des Antisemitismus. In: Benz, Wolfgang (Hg.), Antisemitismus in Deutschland. Zur Aktualität eines Vorurteils (dtv 4648). München: dtv, 89–100.

Mitkov, Ruslan. 2008. Corpora for anaphora and coreference resolution. In: Lüdeling, Anke/Merja Kytö, Corpus Linguistics. An International Handbook. Bd. 1. Berlin, New York: Mouton de Gruyter, 579–597.

Mittmann, Thomas. 2008. Vom „Historikerstreit" zum „Fall Hohmann". Kontroverse Diskussionen um Political Correctness seit Ende der 1980er Jahre. In: Hölscher, Lucian (Hg.), Political Correctness. der sprachpolitische Streit um die nationalsozialistischen Verbrechen. Göttingen: Wallstein, 60–105.

Mühlfeld, Claus/Friedrich Schönweiss. 1989. Nationalsozialistische Familienpolitik. Familiensoziologische Analyse der nationalsozialistischen Familienpolitik. Stuttgart: Enke.

Netzpolitik.org. 2017. Bundestag beschließt Netzwerkdurchsetzungsgesetz. https://netzpolitik.org/2017/bundestag-beschliesst-netzwerkdurchsetzungsgesetz/ (letzter Zugriff 28. 02. 2019).

Niehr, Thomas. 2014. Einführung in die linguistische Diskursanalyse. Darmstadt: Wissenschaftliche Buchgesellschaft.

Nirenberg, David. 2013. Anti-Judaism. The Western Tradition. New York, London: Norton.

Nonn, Christoph. 2008. Antisemitismus (Kontroversen um die Geschichte). Darmstadt: Wissenschaftliche Buchgesellschaft.

Ortak, Nuri. 2004. Persuasion. Zur textlinguistischen Beschreibung eines dialogischen Strategiemusters. Tübingen: Niemeyer.

Ortner, Lorelies. 1985. Wortbildungs- und Satzbildungsmittel zum Ausdruck von Metaphern und Vergleichen in Science-Fiction-Texten oder: Von „wurstförmigen Raumkrümmern" und „Wesen wie Ameisenigel". In: Koller, Erwin/Hans Moser (Hg.), Studien zur deutschen Grammatik. Johannes Erben zum 60. Geburtstag. Innsbruck: Institut für Germanistik an der Universität Innsbruck (Innsbrucker Beiträge zur Kulturwissenschaft, Germanistische Reihe 25), 255–275.

Oz-Salzberger, Fania von. 2008. Nahost-Konflikt. Schmutzig gerechter Krieg. In: FAZ, 30. 12. 2008. http://www.faz.net/aktuell/feuilleton/nahost-konflikt-schmutzig-gerechter-krieg-1745035.html (letzter Zugriff 28. 02. 2019).

Pasch, Renate/Ursula Brauße/Eva Breindl/Ulrich Hermann Waßner. 2003. Linguistische Grundlagen der Beschreibung und syntaktische Merkmale der deutschen Satzverknüpfer. Konjunktionen, Satzadverbien und Partikeln (Schriften des Instituts für Deutsche Sprache 9). Berlin, New York: De Gruyter.

Peil, Dietmar. 1990. Überlegungen zur Bildfeldtheorie. In: Grubmüller, Klaus/Marga Reis/Burghart Wachinger (Hg.), Beiträge zur Geschichte der deutschen Sprache und Literatur (112). Tübingen: Niemeyer, 209–241.

Pérennec, Marie-Hélène. 2008. Nazi-Vergleiche im heutigen politischen Diskurs. Von den Gefahren falscher Analogien. In: LYLIA Lyon linguistique allemande 16, 1–12.

Peschel, Corinna. 2002. Zum Zusammenhang von Wortneubildung und Textkonstitution (Reihe Germanistische Linguistik 237). Tübingen: Niemeyer.

Peters, Lutz-Ingolf. 1986. Zum Verhältnis von Vergleich(en) und Metapher aus funktional-kommunikativer Sicht. In: Linguistische Studien A 145, 146–149.

Pfahl-Traughber, Armin. 2000. Revisionistische Behauptungen und historische Wahrheit. Zur Widerlegung rechtsextremistischer Geschichtslegenden. In: Butterwegge, Christoph/ Georg Lohmann (Hg.), Jugend, Rechtsextremismus und Gewalt. Analyse und Argumente. Wiesbaden: Verlag für Sozialwissenschaften, 241–258.

Pfahl-Traughber, Armin. 2007. Antisemitische und nicht-antisemitische Israel-Kritik. Eine Auseinandersetzung mit den Kriterien zur Unterscheidung. In: Aufklärung und Kritik 1, 49–58.

Poitou, Jacques. 1998. Zur Auslassung des zweiten Comparandums in Vergleichskonstruktionen. In: Dalmas, Martine/Roger Sauter (Hg.), Grenzssteine und Wegweiser. Textgestaltung, Redesteuerung und formale Zwänge. Festschrift für Marcel Pérennec zum 60. Geburtstag. Tübingen: Stauffenburg, 99–109.

Poliakov, Léon. 1979. Geschichte des Antisemitismus. Von der Antike bis zu den Kreuzzügen. Bd. 1. Worms: Heintz.

Poliakov, Léon. [1969] ²2006. Vom Antizionismus zum Antisemitismus. Freiburg: ça ira.

Quindeau, Ilka. 2007. Schuldabwehr und nationale Identität. Psychologische Funktionen des Antisemitismus. In: Brosch, Matthias/Michael Elm/Norman Geißler/Brigitta E. Simbürger/Oliver von Wrochem (Hg.), Exklusive Solidarität. Linker Antisemitismus in Deutschland. Vom Idealismus zur Antiglobalisierungsbewegung. Berlin: Metropol, 157–164.

Rabinovici, Doron/Ulrich Speck/Natan Sznaider (Hg.). 2004. Neuer Antisemitismus? Eine globale Debatte. Frankfurt a. M.: Suhrkamp.

Reichel, John. 2011. NS-Vergleiche in öffentlichen und semiöffentlichen Diskursen. Kognitive Strategien aus sprechakttheoretischer Perspektive. Unveröffentlichte Magisterarbeit, Friedrich-Schiller-Universität Jena.

Reisigl, Martin. 2008. Stereotyp. Ein ambiges Konzept zwischen verfestigter Denkökonomie, sprachlichem Schematismus und gefährlicher Handlungsdetermination [I]. In: Archiv für Begriffsgeschichte. Bd. 50, 231–253.

Reisigl, Martin. 2009. Stereotyp. Ein ambiges Konzept zwischen verfestigter Denkökonomie, sprachlichem Schematismus und gefährlicher Handlungsdetermination [I]. In: Archiv für Begriffsgeschichte. Bd. 51, 105–125.

Rensmann, Lars. 2004. Demokratie und Judenbild. Antisemitismus in der politischen Kultur der Bundesrepublik Deutschland. Wiesbaden: Verlag für Sozialwissenschaften.

Rensmann, Lars/Julius H. Schoeps. 2008. Antisemitismen in der Europäischen Union: Einführung in ein neues Forschungsfeld. In: Rensmann, Lars/Julius H. Schoeps (Hg.), Feindbild Judentum – Antisemitismus in Europa. Berlin: Verlag für Berlin-Brandenburg, 9–42.

Richards, Ivor A. 1936. The Philosophy of Rhetoric. New York, London: Oxford University Press.

Röcke, Werner. 2000. Lexikonartikel „Satire (Spätmittelalter und Frühe Neuzeit)". In: Meid, Volker (Hg.), Sachlexikon Literatur. München: dtv, 787–791.

Rosenberger, Sebastian. 2015. Satirische Sprache und Sprachreflexion: Grimmelshausen im diskursiven Kontext seiner Zeit (Studia Linguistica Germanica 121). Berlin, Boston: De Gruyter.

Rosenbrock, Hinrich. 2012. Die antifeministische Männerrechtsbewegung. Denkweisen, Netzwerke und Online-Mobilisierung. Eine Expertise für die Heinrich-Böll-Stiftung (Schriften des Gunda-Werner-Instituts 8). Berlin: Heinrich-Böll-Stiftung.

Roth, Kersten Sven. 2004. Politische Sprachberatung als Symbiose von Linguistik und Sprachkritik. Zu Theorie und Praxis einer kooperativ-kritischen Sprachwissenschaft. Tübingen: Niemeyer (Reihe Germanistische Linguistik 249).

Rubel, Bernd. 2016. Ich bin viel schlauer wie Du! Grammar-Nazis sind besserwisserische Klugscheisser – sagt die Wissenschaft, 04. 04. 2016. http://www.mobilegeeks.de/artikel/grammar-nazis-besserwisserische-klugscheisser/ (letzter Zugriff 28. 02. 2019).
Rudman, Chelsea. 2012. Feminazi: The History Of Limbaugh's Trademark Slur Against Women. http://mediamatters.org/research/2012/03/12/feminazi-the-history-of-limbaughs-trademark-slu/186336 (letzter Zugriff 28. 02. 2019).
Salzborn, Samuel (Hg.). 2004. Antisemitismus. Geschichte und Gegenwart. Bd. 2. Gießen: NBKK.
Salzborn, Samuel. 2010a. Antisemitismus als negative Leitidee der Moderne. Sozialwissenschaftliche Theorien im Vergleich. Frankfurt a. M., New York: Campus.
Salzborn, Samuel. 2010b. Zur Politischen Psychologie des Antisemitismus. In: Journal für Psychologie 18, 1–22.
Salzborn, Samuel (Hg.). 2015. Zionismus. Theorien des jüdischen Staates (Staatsverständnisse 76). Baden-Baden: Nomos.
Schapira, Esther/Georg M. Hafner. 2006. Entlastungsantisemitismus in Deutschland. In: Faber, Klaus/Julius H. Schoeps/Sacha Stawski (Hg.), Neu-alter Judenhass. Antisemitismus, arabisch-israelischer Konflikt und europäische Politik. Berlin: Verlag für Berlin-Brandenburg, 67–77.
Scherer, Carmen. ²2014. Korpuslinguistik (Kurze Einführungen in die germanistische Linguistik 2). Heidelberg: Winter.
Schildt, Axel (Hg.). 2005. Deutsche Geschichte im 20. Jahrhundert. Ein Lexikon. München: C. H. Beck.
Schmidt-Atzert, Lothar/Martin Peper/Gerhard Stemmler. ²2014. Emotionspsychologie. Ein Lehrbuch. Stuttgart: Kohlhammer.
Schmitz-Berning, Cornelia. ²2007. Vokabular des Nationalsozialismus. Berlin, New York: De Gruyter.
Schoeps, Julius H./Joachim Schlör (Hg.). 1995. Antisemitismus. Vorurteile und Mythen. München: Piper.
Schwarz, Monika. 2000. Indirekte Anaphern in Texten. Studien zur domänengebundenen Referenz und Kohärenz im Deutschen (Linguistische Arbeiten). Berlin, New York: De Gruyter.
Schwarz-Friesel, Monika. 2006. Kohärenz versus Textsinn. Didaktische Facetten einer linguistischen Theorie der textuellen Kontinuität. In: Scherner, Maximilian/Arne Ziegler (Hg.), Angewandte Textlinguistik. Perspektiven für den Deutsch- und Fremdsprachenunterricht (Europäische Studien zur Textlinguistik 2). Tübingen: Gunter Narr, 63–75.
Schwarz-Friesel, Monika. ³2008. Einführung in die kognitive Linguistik (UTB 1636). Tübingen, Basel: Francke.
Schwarz-Friesel, Monika. 2009. Ironie als indirekter expressiver Sprechakt. Zur Funktion emotionsbasierter Implikaturen bei kognitiver Simulation. In: Bachmann-Stein, Andrea/Stephan Merten/Christine Roth (Hg.), Perspektiven auf Wort, Satz und Text. Semantisierungsprozesse auf unterschiedlichen Ebenen des Sprachsystems. Festschrift für Inge Pohl (Kola 3). Trier: Wissenschaftlicher Verlag, 223–232.
Schwarz-Friesel, Monika. 2010a. Expressive Bedeutung und E-Implikaturen. Zur Relevanz konzeptueller Bewertungen bei indirekten Sprechakten: Das Streichbarkeitskriterium und seine kognitive Realität. In: Rudnitzky, W. (Hg.), Kultura kak tekst (Kultur als Text). Moskau, Smolensk: SGT, 12–27.

Schwarz-Friesel, Monika. 2010b. „Ich habe gar nichts gegen Juden!". Der „legitime"
    Antisemitismus der Mitte. In: Schwarz-Friesel, Monika/Evyatar Friesel/Jehuda Reinharz
    (Hg.), Aktueller Antisemitismus. Ein Phänomen der Mitte. Berlin, New York: De Gruyter,
    27–50.
Schwarz-Friesel, Monika. 2010c. Tatort Sprache: Aktueller Antisemitismus in Deutschland
    als verbale Strategie. In: Neef, Martin/Christina Noack (Hg.), Sprachgeschichten. Eine
    Braunschweiger Vorlesung (Braunschweiger Beiträge zur deutschen Sprache und
    Literatur 14). Bielefeld: Verlag für Regionalgeschichte, 193–213.
Schwarz-Friesel, Monika. ²2013. Sprache und Emotion (UTB 2939). Tübingen: Francke.
Schwarz-Friesel, Monika. 2013a. „Juden sind zum Töten da" (studivz.net, 2008). Hass via
    Internet. Zugänglichkeit und Verbreitung von Antisemitismen im Internet. In: Marx,
    Konstanze/Monika Schwarz-Friesel (Hg.), Sprache und Kommunikation im technischen
    Zeitalter. Wie viel Internet (v)erträgt unsere Gesellschaft? (Age of Access? Grundfragen
    der Informationsgesellschaft 2). Berlin, Boston: De Gruyter, 213–236.
Schwarz-Friesel, Monika. 2013b. Explizite und implizite Formen des Verbal-Antisemitismus
    in aktuellen Texten der regionalen und überregionalen Presse (2002–2010) und ihr
    Einfluss auf den alltäglichen Sprachgebrauch. In: Nagel, Michael/Moshe Zimmermann
    (Hg.), Judenfeindschaft und Antisemitismus in der deutschen Presse über fünf
    Jahrhunderte: Erscheinungsformen, Rezeption, Debatte und Gegenwehr. Bremen: Edition
    Lumière, 993–1008.
Schwarz-Friesel, Monika (Hg.). 2015a. Gebildeter Antisemitismus. Eine Herausforderung für
    Politik und Zivilgesellschaft (Interdisziplinäre Antisemitismusforschung/Interdisciplinary
    Studies on Antisemitism 6). Baden-Baden: Nomos.
Schwarz-Friesel, Monika. 2015b. Gebildeter Antisemitismus, seine kulturelle Verankerung
    und historische Kontinuität: Semper idem cum mutatione. In: Schwarz-Friesel, Monika
    (Hg.), Gebildeter Antisemitismus. Eine Herausforderung für Politik und Zivilgesellschaft
    (Interdisziplinäre Antisemitismusforschung/Interdisciplinary Studies on Antisemitism 6).
    Baden-Baden: Nomos, 13–34.
Schwarz-Friesel, Monika. 2015c. Antisemitische Hassmetaphorik. Die emotionale Dimension
    aktueller Judenfeindschaft. In: Interventionen. Zeitschrift für Verantwortungspädagogik
    6 (Im Zeitalter der Ideologie? Attraktivität – Wirkung – Herausforderung), 38–44.
Schwarz-Friesel, Monika. 2015d. Rechts, links oder Mitte? Zur semantischen, formalen und
    argumentativen Homogenität aktueller Verbal-Antisemitismen. In: Rauschenberger,
    Katharina/Werner Konitzer (Hg.), Antisemitismus und andere Feindseligkeiten.
    Interaktionen von Ressentiments. Frankfurt a. M., New York: Campus, 175–192.
Schwarz-Friesel, Monika. 2015e. Educated Anti-Semitism in the Middle of German Society.
    Empirical Findings. In: Fireberg, Haim/Olaf Glöckner (Hg.), Being Jewish in 21st-Century
    Germany (Europäisch-jüdische Studien 16). Berlin, Boston: De Gruyter Oldenbourg,
    165–187.
Schwarz-Friesel, Monika/Evyatar Friesel. 2012. „Gestern die Juden, heute die Muslime …"?
    Von den gefahren falscher Analogien. In: Botsch, Gideon/Olaf Glöckner/Christoph
    Kopke/Michael Spieker (Hg.), Islamophobie und Antisemitismus – Ein umstrittener
    Vergleich (Europäisch-jüdische Studien. Kontroversen 1). Berlin, Boston: De Gruyter,
    29–50.
Schwarz-Friesel, Monika/Evyatar Friesel/Jehuda Reinharz (Hg.). 2010. Aktueller
    Antisemitismus in Deutschland. Ein Phänomen der Mitte. Berlin, New York: De Gruyter.
Schwarz-Friesel, Monika/Jehuda Reinharz. 2013. Die Sprache der Judenfeindschaft im
    21. Jahrhundert (Europäisch-jüdische Studien. Beiträge 7). Berlin, Boston: De Gruyter.

Schwarz-Friesel, Monika/Manfred Consten. 2014. Einführung in die Textlinguistik. Darmstadt: Wissenschaftliche Buchgesellschaft.
Searle, John R. [1969] ³2010. Was ist ein Sprechakt? In: Hoffmann, Ludger (Hg.), Sprachwissenschaft. Ein Reader. Berlin, New York: De Gruyter, 174–194.
Searle, John R. 1975. Indirect speech acts. In: Cole, Morgan (Hg.), Syntax and Semantics. Vol. 3. Speech Acts. New York: Academic Press. 59–82.
Searle, John R. 1976. A classification of illocutionary acts. In: Language in Society 5, 1–23.
Seitz, Norbert. 2002. Nicht ohne meinen Nazi. Koch, Kohl, Däubler-Gmelin. Warum die Deutschen sich immer wieder in NS-Vergleiche verstricken. In: Die Zeit 52, 18. 12. 2002, 11. http://www.zeit.de/2002/52/Nicht_ohne_meinen_Nazi (letzter Zugriff 28. 02. 2019).
Sharansky, Natan. 2004. 3D Test of Anti-Semitism: Demonization, Double Standards, Delegitimization. In: Jewish Political Studies Review 16, 3–4.
Simmel, Ernst (Hg.). [1946] 2002. Antisemitismus und Massen-Psychopathologie. Frankfurt a. M.: Fischer.
Simmel, Ernst/Theodor W. Adorno/Elisabeth Dahmer-Kloss (Hg.). 1993. Antisemitismus. Frankfurt a. M.: Fischer Taschenbuch.
Skirl, Helge. 2009. Emergenz als Phänomen der Semantik am Beispiel des Metaphernverstehens. Emergente konzeptuelle Merkmale an der Schnittstelle von Semantik und Pragmatik (Tübinger Beiträge zur Linguistik 515). Tübingen: Narr.
Skirl, Helge. 2010. Kompositummetaphern – semantische Innovation und textpragmatische Funktion. In: metaphorik.de 19, 23–45.
Skirl, Helge/Monika Schwarz-Friesel. ²2013. Metapher (KEGLI 4). Heidelberg: Winter.
Soric, Aleksandar. 2005. „Bomben-Holocaust". Eine sprachkritische Analyse eines kontroversen Ausdrucks mit rechtsextremistischem Hintergrund. In: Aptum Zeitschrift für Sprachkritik und Sprachkultur 2, 178–189.
Sperber, Dan/Deidre Wilson. 1986. Relevance. Communication and Cognition. Oxford: Blackwell Publishing.
Spiegel. 14. 08. 2006. „Offene Rechnungen". Salomon Korn, 63, Vizepräsident des Zentralrats der Juden, über die Berichterstattung zum Libanon-Krieg, 82. http://magazin.spiegel.de/EpubDelivery/spiegel/pdf/48262907 (letzter Zugriff 28. 02. 2019).
Spitzmüller, Jürgen/Ingo Warnke. 2011. Diskurslinguistik. Eine Einführung in Theorien und Methoden der transtextuellen Sprachanalyse. Berlin, Boston: De Gruyter.
Staud, Toralf. ⁴2007. Moderne Nazis. Die neuen Rechten und der Aufstieg der NPD. Kiepenheuer & Witsch: Köln.
Stede, Manfred. 2007. Korpusgestützte Textanalyse. Grundzüge der Ebenen-orientierten Textlinguistik. Tübingen: Narr.
Stein, Timo. 2011. Zwischen Antisemitismus und Israelkritik. Antizionismus in der deutschen Linken? Wiesbaden: Verlag für Sozialwissenschaften.
Stötzel, Georg. 1989. Zur Geschichte der NS-Vergleiche von 1946 bis heute. In: Klein, Josef (Hg.), Politische Semantik. Bedeutungsanalytische und sprachkritische Beiträge zur politischen Sprachverwendung. Opladen: Westdeutscher Verlag, 261–276.
Stötzel, Georg. 1995a. Die frühe Nachkriegszeit. In: Stötzel, Georg/Martin Wengeler (Hg.), Kontroverse Begriffe. Geschichte des öffentlichen Sprachgebrauchs in der Bundesrepublik Deutschland. Bd.4. Berlin, New York: De Gruyter, 19–34.
Stötzel, Georg, 1995b. Der Nazi-Komplex. In: Stötzel, Georg/Martin Wengeler (Hg.), Kontroverse Begriffe. Geschichte des öffentlichen Sprachgebrauchs in der Bundesrepublik Deutschland. Bd. 4. Berlin, New York: De Gruyter, 355–382.

Storrer, Angelika. 2011. Sprachstil und Sprachvariation in sozialen Netzwerken. In: Frank-Job, Barbara/Alexander Mehler/Tilmann Sutter (Hg.), Die Dynamik sozialer und sprachlicher Netzwerke. Konzepte, Methoden und empirische Untersuchungen an Beispielen des WWW. Wiesbaden: VS Verlag für Sozialwissenschaften, 331–366.
Süß, Dietmar. 2011. Tod aus der Luft. Kriegsgesellschaft und Luftkrieg in Deutschland und England. München: Siedler.
Thurmair, Maria. 2001. Vergleiche und Vergleichen. Eine Studie zu Form und Funktion der Vergleichsstrukturen im Deutschen (Linguistische Arbeiten 433). Tübingen: Niemeyer.
Thurmair, Maria. 2002. Eigennamen als kulturspezifische Symbole oder: was sie schon immer über Eigennamen wissen wollten. In: Anglogermanica Online, 84–102.
Thurmair, Maria. 2008. Vergleiche(n) im Text. Von der Wissensvermittlung zur Manipulation. In: LYLIA Lyon linguistique allemande 15, 1–18.
Tofahrn, Klaus. ²2012. Chronologie des Dritten Reiches. Ereignisse, Personen, Begriffe. Darmstadt: Wissenschaftliche Buchgesellschaft.
Troschke, Hagen. 2015. Kritik, Kritik und De-Realisierung, Antisemitismus. Israel in der Nahost-Berichterstattung deutscher Printmedien zum Gaza-Konflikt 2012. In: Schwarz-Friesel, Monika, (Hg.), Gebildeter Antisemitismus. Eine Herausforderung für Politik und Zivilgesellschaft. Baden-Baden: Nomos, 253–274.
Trost, Igor. 2006. Das deutsche Adjektiv. Untersuchungen zur Semantik, Komparation, Wortbildung und Syntax (Beiträge zur germanistischen Sprachwissenschaft 19). Hamburg: Buske.
U. S. Department of State. 2005. Report on Global Anti-Semitism. http://www.state.gov/g/drl/rls/40258.htm (letzter Zugriff 22. 09. 2017).
Vargas, Elodie. 2008. Vergleichende Reformulierungen: wie, warum, wozu. In: LYLIA Lyon linguistique allemande 20, 1–12.
Varnhorn, Beate. 1993. Adjektive und Komparation. Studien zur Syntax, Semantik und Pragmatik adjektivischer Vergleichskonstrukte (Studien zur deutschen Grammatik 45). Tübingen: Narr.
Volkov, Shulamit. 2000. Antisemitismus als kultureller Code. In: Volkov, Shulamit (Hg.), Antisemitismus als kultureller Code. Zehn Essays (Beck'sche Reihe 1349). München: C. H. Beck, 13–36.
Warnke, Ingo H./Janina Wildfeuer/Daniel Schmidt-Brücken/Wolfram Karg. 2014. Diskursgrammatik als wissensanalytische Sprachwissenschaft. In: Benitt, Nora/Christopher Koch/Katharina Müller/Sven Saage/Lisa Schüler (Hg.), Kommunikation – Korpus – Kultur: Ansätze und Konzepte einer kulturwissenschaftlichen Linguistik (Giessen Contributions to the Study of Culture 11). Trier: WVT. 67–85.
Weinrich, Harald. 1958. Münze und Wort. Untersuchungen an einem Bildfeld. In: Lausberg, Heinrich/Harald Weinrich (Hg.), Romanica. Festschrift für Gerhard Rohlfs. Halle (Saale): Niemeyer, 508–521.
Welt. 09. 04. 2012. Israels Innenminister fordert Nobelpreis-Aberkennung. https://www.welt.de/politik/ausland/article106164399/Israels-Innenminister-fordert-Nobelpreis-Aberkennung.html (letzter Zugriff 28. 02. 2019).
Wette, Wolfram. 2003. Ein Hitler des Orients? NS-Vergleiche in der Kriegspropaganda von Demokratien. In: Gewerkschaftliche Monatshefte 54(4), 231–242.
Weyand, Jan. 2010. Die Semantik des Antisemitismus und die Struktur der Gesellschaft. In: Stender, Wolfram/Guido Follert/Mihri Özdogan (Hg.), Konstellationen des Antisemitismus. Antisemitismusforschung und sozialpädagogische Praxis. Wiesbaden: Verlag für Sozialwissenschaft, 69–90.

Winter, Martin Clemens. 2015. Luftkrieg – Akteure und Deutungen des Gedenkens seit 1945. In: Langebach, Martin/Michael Sturm (Hg.), Erinnerungsorte der extremen Rechten. Wiesbaden: Springer VS, 197–212.
Young, James E. 1988. Writing and Rewriting the Holocaust: Narrative and the Consequences of Interpretation. Bloomington, Indianapolis: Indiana University Press.
Zick, Andreas. 2010. Aktueller Antisemitismus im Spiegel von Umfragen – Ein Phänomen der Mitte. In: Schwarz-Friesel, Monika/Evyatar Friesel/Jehuda Reinharz (Hg.), Aktueller Antisemitismus. Ein Phänomen der Mitte. Berlin, New York: De Gruyter, 225–246.
Zick, Andreas/Anna Klein. 2014. Fragile Mitte – Feindselige Zustände: Rechtsextreme Einstellungen in Deutschland. Hg. von der Friedrich Ebert Stiftung. Berlin: Dietz.
Zick, Andreas/Beate Küpper. 2006. Politische Mitte. Normal feindselig. In: Heitmeyer, Wilhelm (Hg.), Deutsche Zustände. Folge 4. Frankfurt a. M.: Suhrkamp, 115–134.
Zick, Andreas/Beate Küpper/Daniela Krause. 2016. Gespaltene Mitte – Feindselige Zustände. Rechtsextreme Einstellungen in Deutschland. Hg. von der Friedrich Ebert Stiftung. Berlin: Dietz.
Zimmermann, Ilse. 1987. Zur Syntax von Komparationsstrukturen. In: Bierwisch, Manfred/Ewald Lang (Hg.), Grammatische und konzeptuelle Aspekte von Dimensionsadjektiven. Berlin: Akademie-Verlag (Studia grammatica 26/27), 91–286.
Zimmerer, Jürgen. 2011. Von Windhuk nach Auschwitz? Beiträge zum Verhältnis von Kolonialismus und Holocaust. Münster: LIT Verlag.

Korpora und Tools

Datenbank des Projektes Deutscher Wortschatz der Universität Leipzig. http://corpora.uni-leipzig.de/de?corpusId=deu_newscrawl_2011 (letzter Zugriff 28. 02. 2019).
Deutsches Referenzkorpus. DeReKo. http://www.ids-mannheim.de/kl/projekte/korpora/, am Institut für Deutsche Sprache, Mannheim.
Goldhahn, Dirk/Thomas Eckart/Uwe Quasthoff. Building Large Monolingual Dictionaries at the Leipzig Corpora Collection: From 100 to 200 Languages. In: Proceedings of the 8th International Language Resources and Evaluation (LREC'12).
Kontaktformular auf der Website der Israelischen Botschaft. http://embassies.gov.il/berlin/AboutTheEmbassy/Pages/contact-us.aspx (letzter Zugriff 28. 02. 2019).
MAXQDA 11. Manual. https://www.maxqda.de/download/manuals/MAX11_manual_ger.pdf (letzter Zugriff 28. 02. 2019).

Anhang

Tab. A1: Korpus: Anzahl der E-Mails.

Zeitraum	IBD		ZdJ		Gesamt	
	Anzahl E-Mails	Anzahl E-Mails mit NS-V/M	Anzahl E-Mails	Anzahl E-Mails mit NS-V/M	Anzahl E-Mails	Anzahl E-Mails mit NS-V/M
2002	–	–	240	1	240	1
2003	2	0	–	–	2	0
2004	6	1	–	–	6	1
2005	12	0	11	0	23	0
2006	1.356	148	1.015	140	2.371	288
2007	449	15	112	20	561	35
2008	713	24	149	15	862	39
2009	397	62	–	–	397	62
2010	1.098	108	–	–	1.098	108
2011	569	38	–	–	569	38
2012	1.516	120	–	–	1.516	120
2013	541	58	–	–	541	58
2014	2.049	195	–	–	2.049	195
Gesamt	8.708	769	1.527	176	10.235	945

Tab. A2: Sprachliche Realisierung der NS-V/M.

Herstellung der Analogie-beziehung durch:	Realisierung	IBD		ZdJ		Gesamt	
		absolut	relativ in %	absolut	relativ in %	absolut	relativ in %
NS-Vergleich		603	59,1	191	18,7	794	77,8
	Vergleichs-junktoren	178	17,4	44	4,3	222	21,7
Art des Vergleichs	Modalitäts-vergleich	139	13,6	37	3,6	176	17,2
	Komparativ-vergleich	32	3,1	4	0,4	36	3,5
	Superlativ-vergleich	7	0,7	3	0,3	10	1,0
	andere lexikal. Vergleichs-indikatoren	389	38,1	129	12,6	518	50,7
	NS-Vokabular*	36	3,5	18	1,8	54	5,3
NS-Metapher		207	20,3	20	2,0	227	22,2
	substantivische Prädikativ-metapher	117	11,5	20	2,0	137	13,4
	Kompositum-metapher	87	8,5	3	0,3	90	8,8
Gesamt		810	79,3	211	20,7	1.021	100,0

* Hierbei handelt es sich um Analogien, die allein durch den Gebrauch von NS-Vokabular hergestellt wurden, d. h. sie wurden ohne andere Vergleichsjunktoren, ohne die lexikalischen Vergleichsindikatoren und auch nicht in Form einer Metapher realisiert.

Tab. A3: Komparationsbasen und metaphorische Ursprungsbereiche der NS-V/M.

Komparationsbasis bzw. metaphorischer Ursprungsbereich	IBD		ZdJ		Gesamt	
	absolut	relativ in %	absolut	relativ in %	absolut	relativ in %
NS-Deutschland	117	10,4	39	3,5	156	13,8
NS-Regime	27	2,4	20	1,8	47	4,2
Nazis	245	21,7	61	5,4	306	27,1
Hitler	133	11,8	40	3,5	173	15,3
NS-Funktionäre, insg.	23	2,0	6	0,5	29	2,6
Goebbels	12	1,1	3	0,3	15	1,3
Himmler	2	0,2	1	0,1	3	0,3
Göring	2	0,2	0	0,0	2	0,2
Heß	3	0,3	1	0,1	4	0,4
Eichmann	4	0,4	1	0,1	5	0,4
NS-Institutionen, insg.	51	4,5	7	0,6	58	5,1
SS, SA	29	2,6	4	0,4	33	2,9
Wehrmacht	14	1,2	3	0,3	17	1,5
Gestapo	3	0,3	0	0,0	3	0,3
NSDAP	5	0,4	0	0,0	5	0,4
Konzentrationslager	71	6,3	14	1,2	85	7,5
Warschauer Ghetto	24	2,1	6	0,5	30	2,7
Shoah	98	8,7	31	2,7	129	11,4
Entität referenziell unterspezifiziert	85	7,5	30	2,7	115	10,2
Gesamt	874	77,5	254	22,5	1.128	100,0

Tab. A4: Komparanden und metaphorische Zielbereiche der NS-V/M.

Komparandum bzw. metaphorischer Zielbereich	IBD absolut	IBD relativ in %	ZdJ absolut	ZdJ relativ in %	Gesamt absolut	Gesamt relativ in %
Israel allg.	161	14,3	54	4,8	215	19,1
Juden	143	12,7	30	2,7	173	15,4
ZdJ (expl.)	0	0,0	6	0,5	6	0,5
Israelis	47	4,2	17	1,5	64	5,7
Zionisten	8	0,7	4	0,4	12	1,1
israel. Botschafter	16	1,4	0	0,0	16	1,4
ZdJ Vorsitzende	1	0,1	1	0,1	2	0,2
israel. Regierung	60	5,3	10	0,9	70	6,2
israel. Politiker*innen						
Politiker*innen allg.	6	0,5	2	0,2	8	0,7
Netanjahu	50	4,5	0	0,0	50	4,5
Lieberman	19	1,7	1	0,1	20	1,8
Olmert	2	0,2	8	0,7	10	0,9
Scharon	7	0,6	3	0,3	10	0,9
israel. Institution		0,0		0,0		
Militär	33	2,9	10	0,9	43	3,8
Mossad	14	1,2	0	0,0	14	1,2
Schas Partei	4	0,4	0	0,0	4	0,4
israel. Politik	10	0,9	0	0,0	10	0,9
Pronomen	190	16,9	53	4,7	243	21,6
Entkonkretisierung: Indefinitpronomen	10	0,9	3	0,3	13	1,2
Gaza, palästinensische Gebiete	25	2,2	6	0,5	31	2,8
Politik gegenüber Palästinenser*innen	37	3,3	13	1,2	50	4,5
Entität referenziell unterspezifiziert	37	3,3	22	2,0	59	5,3
Gesamt	880	78,4	243	21,6	1.123	100,0

Tab. A5: Codesystem zur qualitativen Analyse der E-Mails mit NS-V/M[†].

Code-Kategorie	Subcode ersten Grades	Subcode zweiten Grades	Subcode dritten Grades
Herstellung der Analogie durch:	**Realisierung mittels:**		
NS-Vergleich			
Art d. Vergleichs			
Modalitätsvergleich			
	Junktor *wie*		
	lexikalische Vergleichsindikatoren		
		Vergleichsbezeichnende Lexeme	
		Negation der Verschiedenheit	
		Fokuspartikeln	
		Temporaldeiktische Ausdrücke	
		Iterativa	
		Verweis auf kollektives Wissen	
		Nachfolger und *Renaissance NS-Deutschlands*	
		Explizite Täter*innen-Opfer-Umkehr	
		von Nazis lernen	
			Nazis wären stolz auf euch, Sie machen den Nazis alle Ehre
		Gegenüberstellung	
		Akronym	
		Sonstige	
Komparativvergleich			
	Junktor *als* (und morpholog. Markierung)		

Tab. A5 (fortgesetzt)

Code-Kategorie	Subcode ersten Grades	Subcode zweiten Grades	Subcode dritten Grades
Herstellung der Analogie durch:	**Realisierung mittels:**		
	ohne Junktor	in d. Schatten stellen	
		NS war harmlos dagegen	
		Typographie >	
		Sonstige	
Superlativvergleich			
	mit morpholog. Markierung *-st*		
	ohne morpholog. Markierung *-st*		
		Elativ	
		Sonstige	
NS-Metapher			
	substantivische Prädikativmetapher		
	Kompositummetapher		
NS-Vokabular			
	Herrenrasse/ Herrenvolk		
	Endsieg		
	Endlösung		
	Heil		
	Totaler Krieg		
	Endsieg		
	Deportation		
	Gaskammer/ Vergasung		
	Reichskristallnacht		
	Lebensraumpolitik		

Tab. A5 (fortgesetzt)

Code-Kategorie	Subcode ersten Grades	Subcode zweiten Grades	Subcode dritten Grades
Herstellung der Analogie durch:	**Realisierung mittels:**		
	Säuberung		
Zusatz-Code: Schnittstelle zw. Vergleich und Metapher			
Vergleichs- und Metaphernkonstituenten			
Komparationsbasis bzw. metaphorischer Ursprungsbereich			
	NS-Deutschland		
		NS-Regime	
	Nazis		
	Hitler		
	NS-Funktionäre		
		Goebbels	
		Himmler	
		Göring	
		Heß	
		Eichmann	
	NS-Organisationen		
		SS, SA	
		Wehrmacht	
		Gestapo	
		NSDAP	
	Konzentrationslager		
	Warschauer Ghetto		
	Shoah		
	referenziell unterspezifiziert		

Tab. A5 (fortgesetzt)

Code-Kategorie	Subcode ersten Grades	Subcode zweiten Grades	Subcode dritten Grades
Herstellung der Analogie durch:	Realisierung mittels:		
Komparandum bzw. metaphorischer Zielbereich			
	Israel		
	Juden*Jüdinnen		
	ZdJ expl.		
	Israelis		
		Zionist*innen	
	israel. Botschafter		
	ZdJ Vorsitzende		
	israel. Regierung		
	israel. Politiker*innen		
		Politiker*innen allg.	
		Netanjahu	
		Lieberman	
		Olmert	
		Scharon	
	israel. Institution		
		Militär	
		Mossad	
		Schas Partei	
	israel. Politik		
	Pronomen		
		Entkonkretisierung: Indefinitpronomen	
	Gaza		
	palästinens. Autonomiegebiete		

Tab. A5 (fortgesetzt)

Code-Kategorie	Subcode ersten Grades	Subcode zweiten Grades	Subcode dritten Grades
Herstellung der Analogie durch:	Realisierung mittels:		
	Politik gegenüber Palästinenser*innen		
	Entität referenziell unterspezifiziert		
Stereotype			
	bzgl. Israel		
	bzgl. Juden*Jüdinnen		
		Physiognomie	
		Gottesmörder	
		Antichristen	
		Mörder	
			Kindermörder
		rastlos, ruhelos	
		Gier, Geldmenschen, Ausbeuter	
			Shylock
			Landraub
		Übel der Welt/ Weltzersetzer	
		Rachsucht	
		Störenfriede	
		Lüge	
		Verräter	
		Hinterlist	
			Berechnung
		Arroganz	
		Dreistigkeit, Frechheit	
		Feigheit	

Tab. A5 (fortgesetzt)

Code-Kategorie	Subcode ersten Grades	Subcode zweiten Grades	Subcode dritten Grades
Herstellung der Analogie durch:	Realisierung mittels:		
		Dummheit	
		Rückständigkeit	
		Juden als Rasse, Juden=Israelis	
		Sonderrechte	
		Weltverschwörung/ Herrschaft	
			Medienkontrolle
		Illoyalität BRD gegenüber	
		nichts aus der Shoah/ Vergangenheit gelernt	
		selbst schuld am Antisemitismus	
		Holocaustausbeutung	
			Holocaust instrumentalisiert
		Mahner	
		Meinungsdiktat	
		Kritiktabu	
			Antisemitismus-Keule
		Unrecht-/ Unterdrückerstaat	
		Aggression, Brutalität, Kriegslust	
Emotion			
	emotions- ausdrückende Lexeme		
	emotions- bezeichnende Lexeme		

Tab. A5 (fortgesetzt)

Code-Kategorie	Subcode ersten Grades	Subcode zweiten Grades	Subcode dritten Grades
Herstellung der Analogie durch:	Realisierung mittels:		
	Parameter d. Intensität		
		Typographie	
		Emoticons	
	Empathieverweigerung		
	Heranziehen unzulässiger Topoi		
Einbettung in Argumentationsmuster			
	Abwehrstrategien		
		Leugnung von Antisemitismus	
		Relativierung von Antisemitismus	
	Leugnung von Antisemitismus		
		Umdeutung in Kritik	
		semantische Umdeutung	
	Relativierung NS-Verbrechen		
	Leugnung von NS-Verbrechen		
	Legitimierung		
		biograph. Angaben	
			Alter
			politische Verortung
			religiöse Zugehörigkeit

Tab. A5 (fortgesetzt)

Code-Kategorie	Subcode ersten Grades	Subcode zweiten Grades	Subcode dritten Grades
Herstellung der Analogie durch:	**Realisierung mittels:**		
			Bildung
			Beruf
		Lehren aus der deutschen Geschichte	
		Bejahung von positiv bewerteten Normen	
			Humanismus/ Pazifismus
			Gerechtigkeitsempfinden
		Informiertheit zu Israel/Juden/AS	
		Referenz nur auf „kritikwürdige" Juden/Israelis	
			Kontrastive Einteilung
		eigene Rationalität/ Objektivität	
		persönlicher Kontakt zu Juden	
		plakativer Philosemitismus (-israelismus)	
		Früher war ich pro Israel, heute dagegen	
	Vermeidung	*keine Vorurteile*	
		Ich bin kein Antisemit	
			Ich bin kein Nazi
	Rechtfertigung		
		Bezug auf Autoritäten	
			Politiker*innen

Tab. A5 (fortgesetzt)

Code-Kategorie	Subcode ersten Grades	Subcode zweiten Grades	Subcode dritten Grades
Herstellung der Analogie durch:	Realisierung mittels:		
			Journalist*innen
			Expert*innen, NGOs, Wissenschaftler*innen
			jüdische Kronzeug*innen/Autoritäten
			israelische Kronzeug*innen
			Palästinenser*innen/ arabische Israelis
		Medienbezug	
			Bibel
			Zitat
		Sprechen im Namen der Mehrheit	
	Schlussstrich		
	Delegitimierung		
		der Demokratie	
		Existenzrecht infrage gestellt	
	Abgrenzungsstrategie		
Sprechakt			
	Direktiv		
		indirekter Direktiv	
		indirekter Direktiv	*Schämen Sie sich!*
	Kommissiv		
	Expressiv		
	Deklarativ		
Grafik			

Tab. A5 (fortgesetzt)

Code-Kategorie	Subcode ersten Grades	Subcode zweiten Grades	Subcode dritten Grades
Herstellung der Analogie durch:	**Realisierung mittels:**		
	Grafik=NS-V		
	Davidstern= Hakenkreuz		
	Hitler		
weitere Analogiebildungen zu			
	Piraterie		
	Diktaturen allg.		
	Faschismus		
	DDR		
		Mauer	
	Rassismus		
		Kolonialstaat	
		Apartheid	
	GB – Nordirland		
	Nordkorea		
	USA, Bush		
	Sowjetunion, Russland, Stalin		
	Iran		
	Hamas		

† Zur Erstellung deduktiver und induktiver Kategorien s. Kap. 4.2.2.

Register

Abschwächung 204, 212, 220, 225
Alternative für Deutschland (AfD) 56, 107, 158, 304
Amalgamierung 69, 72, 74, 255
Analogie, Analogieherstellung, Analogierelation 19, 20, 36, 41, 45, 52, 53, 55, 60, 62, 64–66, 68, 81, 82
Anspielung 60, 144, 224, 230, 232–235
Antiamerikanismus 138, 139
Antiimperialistischer Antisemitismus 124
Antisemitismus 123–149, 179, 182, 227, 231, 281, 297
– Entlastung, Schuldabwehr 11, 130, 146, 156, 157, 227, 282, 300, 312
– Erinnerungsabwehr 146, 156, 159, 196, 227, 291, 298, 306, 312
– historische Entwicklung 126–135
– israelbezogener Antisemitismus 56, 127, 132, 133, 135–138, 142, 146, 147, 166, 179, 196, 247, 281–283, 295, 300, 307, 311
– klassischer Antisemitismus, Antijudaismus 128, 129, 156, 168, 285
– Post-Holocaust-Antisemitismus 50, 130–132, 146, 156, 157, 227, 255, 289–292, 294, 306, 307, 311, 312
– Täter*innen-Opfer-Umkehr 131, 146, 147, 153, 210, 219, 227, 228, 241, 247, 257, 274, 278, 286, 298, 305, 308, 311
– Verbal-Antisemitismus 140–144, 146, 147, 165, 215, 224, 239, 282, 303, 305, 306
– Working Definition of Antisemitism 136
Antizionismus 137–140, 156, 255
Apfel, Holger 104, 105
Argumentationsmuster 94, 130, 144, 145, 196, 220, 225, 250, 293
– Abgrenzung 244, 288, 289, 349
– Legitimierung 94, 144, 225, 227, 250, 278, 347
– Rechtfertigung 130, 144, 191, 225, 260, 348
– Relativierung 54, 66, 119, 144
Auschwitz 61, 62, 119, 130, 131, 140, 177, 238, 241–243, 270, 276
Ausgewählte NS-V/M
– *Babycaust* 69, 70, 73, 74, 95
– *Bomben-Holocaust* 101–106
– *Feminazi* 72–75, 77, 78
– *Grammatiknazi, Sprachnazi* 74–77
– *Musiknazi* 74–77

Boycott-Divestment-and-Sanctions-Kampagne (BDS) 56, 304

Chi-Quadrat(-Test) 180, 181
Cramersches Assoziationsmaß 181, 182, 188

Dämonisierung 52, 118, 132, 135–138, 142, 147, 157, 202, 204, 211, 234–236, 239, 252, 256, 271, 273, 311
Dekontextualisierung 65, 69, 73, 105, 232, 250, 255
Delegitimierung 132, 135–137, 142, 157, 168, 311
doppelte Standards, unikale Fokussierung 135–137, 142

E-Mail (Kommunikationsform) 170–173
Emotionspotenzial 86–92
– emotionsausdrückende Lexeme 89–91
– emotionsbezeichnende Lexeme 89–91
Erdoğan, Recep Tayyip 1, 100, 113, 116, 304

Femen 65, 66, 305
Finkelstein, Norman 104

Gansel, Jürgen 104–106
Gaza Flottille 222, 249
Godwin's law 101
Göring, Hermann 263
Graphische Realisierung von NS-V/M 54, 75, 150
Grass, Günter 254, 267

Habitualisierung 68, 315
Herman, Eva 109–112, 304
Historikerstreit 102, 119, 124
historisch kritische Vergleiche 51, 56, 79, 81, 112, 114, 121, 158, 303
Hitler, Adolf 248, 255–265, 310

Implikatur 46, 60, 61, 64, 87, 114, 163, 164, 203, 208, 309
– E-Implikatur 86, 87, 89, 91, 231, 274
Inferenz, Inferenzprozess 60, 64, 87, 209, 241, 255, 259, 277
Inter-Coder-Agreement 174
Irving, David 103
israelisch-palästinensischer Konflikt, Nahostkonflikt 123, 137, 183–188, 192, 234, 247, 265, 273

Kommunikationssituation 78–80, 82–85
– öffentlicher Kommunikationsraum 50–52, 54, 85, 86, 133, 134, 304–306, 313, 314
– Wahrnehmung, Effekte im öffentlichen Kommunikationsraum 114–119
Kontext 39–41
Konzeptualisierung, konzeptualisieren 12, 36, 38
Korpus 160, 161, 168–170
Korpuslinguistik 160, 161, 191
– Codierung 174–177
– corpus-based 162
– corpus-driven 162
– deduktiv 162, 163, 175–177
– induktiv 161–163, 176, 177
– Korpusdesign 168–170, 173–177
– qualitative Analyse 162–164, 167, 169, 174–177, 194, 196, 308
– quantitative Analyse 162–164, 168, 178–190
Korrelation, Zusammenhang 178, 182, 187, 188, 191–193
Kotext 39, 75, 83, 167, 175

Lebensschutz, Abtreibungsgegner*innen 69, 70, 73, 95
Limbaugh, Rush 73

MAXQDA 163, 174, 175, 177
Metapher 36–49, 66–71, 73–76, 78, 145, 237–240
– Funktion 40–42, 48, 49, 75–80
– Konzeptkombination 36, 43, 68
– Mapping 38, 39
– Merkmale 36, 38–40, 67
– metaphorischer Ursprungsbereich 38, 51, 70, 75, 239, 241, 242, 244–246

– metaphorischer Zielbereich 38, 51, 67, 82, 246, 247
– Rezeption 38, 39, 45, 47, 71
Metapher vs. Vergleich 45–49, 54, 55, 70, 71
Metaphernarten 42, 176
– Adjektivmetapher 44
– Appositionsmetapher 44
– Determinatum, Determinans 69, 72, 74–76
– Genitivmetapher 44
– innovative Metapher 39, 43, 44, 68
– Kompositummetapher 44, 69–71, 74, 75, 78, 197, 198, 239
– konventionalisierte Metapher 43
– kreative Metapher 43, 44, 68, 69
– lexikalisierte Metapher 43
– Prädikativmetapher (substantivische) 44, 59, 61, 67, 71, 198, 206, 239, 240, 299
– Präpositionsmetapher 44
– Substantivmetapher 44, 239, 310
Metapherntheorien 36–41
– Interaktionstheorie 37–39
– Kognitive Metapherntheorie 38
– konzeptuelle Metapherntheorie 39–41
– Substitutionstheorie 37–39
– Vergleichstheorie 37
Militäroperationen
– Cast Lead 185, 187, 265, 307
– Libanonkrieg 184, 188, 236, 265, 307
– Pillar of Defense 185, 307
– Protective Edge 185, 236, 307
Möllemann-Affäre 153, 154

Nazi-Komposita 66, 72, 74, 77, 78, 108
Neologismus 69
NS-Funktionäre 147, 248, 258, 260–264, 299, 310
– Eichmann, Adolf 248, 264
– Goebbels, Joseph 61, 98, 124, 204, 233, 248, 261–264, 299
– Göring, Hermann 204, 248, 263, 264
– Heß, Rudolf 248, 263, 299
– Himmler, Heinrich 204, 248, 263, 264, 299
NS-Metapher (NS-M) 66–71, 78, 93, 196–198, 234, 237–242
– Sprachliche Realisierung NS-M 66–72, 239–245

- Struktur NS-M 70, 71, 198
NS-Organisationen 246, 248, 264–267
- NSDAP 55, 56, 111, 112, 248, 264, 266, 267, 299
- SA 248, 264, 266, 267
- SS 202, 203, 235, 248, 263–267
- Wehrmacht 82, 154, 218, 248, 264, 265, 277, 281
NS-V/M 51–59
- Funktion (Illokution) von NS-V/M 78–80, 83, 84, 87, 89, 93, 152–157
  - Aufmerksamkeit 96–100, 152, 158
  - Diffamierung 93, 96–101, 152, 153, 155
  - Emotionalisierung 91, 92, 94–96, 108
  - Evaluation 41, 82, 83, 85, 89, 93
  - Handlungsaufforderung 42, 57, 84, 93, 172
  - Persuasion 41, 92–96, 106, 108, 152
  - Relativierung 54, 66, 102, 105, 117–119, 137, 156, 158, 271
  - Revisionismus 101–107
- historische Einordnung 120–125, 137–140
- Wirkung (Perlokution) von NS-V/M 92–96, 108, 114–120, 195, 256
NS-V/M aus dem linken Spektrum 138–140
NS-V/M aus dem rechten Spektrum 153
NS-Vergleich (NS-V) 50–54, 57–66, 194, 196–205, 207–210, 213–231, 235, 237, 238

Okkasionalismus 69, 72, 207, 255

Peta, Tierrechtsorganisationen 53, 120, 305
Priming(-effekt) 166

Querfront 82, 140, 144

Referenzielle Unterspezifikation 59–66, 89, 133, 212, 224, 234, 248, 259, 260, 276–281
Repräsentativität 161, 166, 167, 169

Shoah 69, 70, 73, 74, 95, 118–120, 129–132, 137, 147
Sozialwissenschaftliche Erhebungen, Befragungen 148, 149, 166, 167, 290
Soziodemografische Merkmale 189–191

Sportpalastrede 233
Sprachliche Realisierung von NS-V 48, 57–66, 196–199
- Explizite Täter*innen-Opfer-Umkehr 209, 210, 219, 227, 228, 286, 298, 308
- Fokuspartikeln 63, 64, 90, 210, 215–217, 220
- Iterativa 62, 63, 210, 219–221
- *Nachfolger* und *Renaissance NS-Deutschlands* 210, 221–224
- Negation 30, 31, 58, 209, 210, 213–215
- NS-Vokabular 65, 77, 197, 198, 208–210, 230–232, 234, 235, 309
- temporaldeiktische Ausdrücke 210, 218, 219, 253
- vergleichsbezeichnende Lexeme 48, 209, 210, 277, 298
- Verweis auf kollektives Wissen 210, 224–227
Sprechakt, Sprechakttheorie 80, 82–89, 91–93, 97, 109, 114, 155, 273–275
- direkter Sprechakt 80, 84
- indirekter expressiver Sprechakt 86–92, 155
- indirekter Sprechakt 79, 80, 84–87, 89, 172, 198
Stereotyp 126–132, 135–139, 141, 142, 177, 179, 183, 194–196, 281–285, 287, 290–292, 295–297, 307, 308, 311, 312
Struktur von NS-V 57–59, 199–208
- Komparativvergleich 57, 59, 83, 176, 197, 199, 200, 203, 302
- Modalitätsvergleich 57–59, 61, 83, 176, 197, 199–202, 302, 308
- Superlativvergleich 58, 59, 199, 205, 207, 240, 302

Textsorten 28, 161, 169–172
Textweltmodell 62, 277

Variablen (abhängige, unabhängige) 178, 181
verbale Gewalt 79, 88, 89, 126, 143, 147, 215
Vergleich 14, 15, 45–49
- Adjektiv, quantifizierend und qualifizierend 17, 18

- Ähnlichkeit, Gemeinsamkeit 15, 19–21, 28–32, 38, 45, 47–49
- Elativ 27, 34, 205, 207
- Funktion 15, 19, 21, 23–26, 28–33, 35, 40–42, 44, 48, 49
- heterogener Vergleich 20–23, 30, 46–48, 52, 199, 202, 205, 308
- homogener Vergleich 20, 21, 45, 46, 58, 199, 240, 299, 308
- Komparandum 16, 17, 20, 23–25, 27, 31–35, 48
- Komparationsbasis 16–18, 20, 23–26, 31–34, 48, 61
- Komparativvergleich 24, 26, 27, 33, 48
- lexikalische Vergleichsindikatoren 28–35, 49
- makrostruktureller Vergleich 28–30
- Modalitätsvergleich 22–24, 28–32, 48
- Superlativvergleich 26, 27, 34, 35, 48
- tertium comparationis 14, 16, 22–24
- Unterschied, Ungleichheit 15, 16, 20, 26, 29–33
- Vergleichsarten 22–27
- Vergleichsgröße 15–17
- Vergleichsjunktor 16, 22, 28, 30, 32
- Vergleichsstruktur 22, 23, 26–28, 30, 32, 34

Warschauer Ghetto-Aufstand 271–273

Zionismus 137, 138, 140

www.ingramcontent.com/pod-product-compliance
Lightning Source LLC
Chambersburg PA
CBHW031752220426
43662CB00007B/376